I0877661

La misión

La misión

La CIA en el siglo XXI

Tim Weiner

Traducción de
Teófilo de Lozoya y Juan Rabasseda Gascón

DEBATE

Papel certificado por el Forest Stewardship Council®

MIXTO
Papel | Apoyando la silvicultura responsable
FSC® C117695

Penguin Random House Grupo Editorial

Título original: *The Mission. The CIA in the 21st Century*

Primera edición: octubre de 2025

© 2025, Tim Weiner
Publicado por acuerdo con The Robbins Office, Inc.
Gestión de los derechos internacionales: Susanna Lea Associates
© 2025, Penguin Random House Grupo Editorial, S. A. U.
Travessera de Gràcia, 47-49. 08021 Barcelona
© 2025, Teófilo de Lozoya y Juan Rabasseda Gascón, por la traducción

Penguin Random House Grupo Editorial apoya la protección de la propiedad intelectual. La propiedad intelectual estimula la creatividad, defiende la diversidad en el ámbito de las ideas y el conocimiento, promueve la libre expresión y favorece una cultura viva. Gracias por comprar una edición autorizada de este libro y por respetar las leyes de propiedad intelectual al no reproducir ni distribuir ninguna parte de esta obra por ningún medio sin permiso. Al hacerlo está respaldando a los autores y permitiendo que PRHGE continúe publicando libros para todos los lectores. Ninguna parte de este libro puede ser utilizada o reproducida con el propósito de entrenar tecnologías o sistemas de inteligencia artificial. PRHGE se reserva expresamente la reproducción, la extracción y el uso de esta obra y de cualquiera de sus elementos para fines de minería de textos y datos y el uso a medios de lectura mecánica u otros medios que resulten adecuados (art. 67.3 del Real Decreto Ley 24/2021). Diríjase a CEDRO (Centro Español de Derechos Reprográficos, http://www.cedro.org) si necesita reproducir algún fragmento de esta obra.
En caso de necesidad, contacte con: seguridadproductos@penguinrandomhouse.com

Printed in Spain – Impreso en España

ISBN: 979-13-87600-07-5
Depósito legal: B-14.350-2025

Compuesto en M. I. Maquetación, S. L.

Impreso en Unigraf
Móstoles (Madrid)

C 6 0 0 0 7 5

Para Kate, Emma y Ruby

Debemos tener la máxima inmoralidad, y debemos también tener la máxima moralidad.

HUGH CUNNINGHAM, director de formación,
Agencia Central de Inteligencia (CIA)

Índice

Prólogo

El espía y el escriba

Entré por primera vez en la Agencia Central de Inteligencia en 1988, cuando era un joven periodista que acababa de regresar de un largo viaje por tierras de Afganistán. Me había trasladado a ese país para informar sobre los envíos de armas de la CIA por valor de miles de millones de dólares a las guerrillas afganas, cuya yihad contra los invasores soviéticos fue la última gran batalla de la Guerra Fría. Antes de mi partida, me había puesto en contacto con el portavoz de la CIA para solicitar una entrevista con él, petición que fue rechazada de plano. A continuación, puse rumbo a Afganistán. No llevaba ni un día sentado de nuevo en mi despacho de Washington cuando sonó el teléfono. ¿Estaba yo dispuesto a mantener esa entrevista ahora? No tenía ni idea de que estaba a punto de descubrir la vocación de mi vida.

Recorrí con mi coche los poco más de once kilómetros que me separaban de los campos de Langley, Virginia, y entré en el vestíbulo del cuartel general de la CIA. A mi izquierda, grabado en la pared, podía leerse un versículo del Evangelio de San Juan: «Y conoceréis la verdad, y la verdad os hará libres». Me vino un pensamiento a la cabeza. ¿Acaso era posible saber la verdad sobre la CIA? ¿Podría hacer un reportaje sobre este asunto como había hecho otrora, cuando era un periodista novato, sobre la actuación de la policía y los tribunales? La única manera de saberlo era ponerme manos a la obra y empezar a hablar con los veteranos de la agencia, a escucharlos y a tratar de comprender cómo funciona y opera un servicio secreto de inteligencia en una sociedad democrática abierta.

Unos meses más tarde, me puse en contacto con Richard Helms, el que fuera director de la CIA durante siete años con los presidentes Johnson y Nixon, que lo destituyó por negarse a encubrir el robo en el edificio de oficinas Watergate en aras de la seguridad nacional. Miembro fundador de la CIA, jefe de su servicio clandestino durante la crisis de los misiles de Cuba y los primeros días de la guerra de Vietnam, Helms tenía la elegancia de un banquero británico y la elocuencia de un brillante narrador, y disfrutaba bebiendo una buena cerveza para almorzar. A lo largo de varias horas, me dio una clase magistral de historia de la CIA. Al principio, allá por 1947, la misión de la CIA era conocer al enemigo. Los espías tenían que adivinar los secretos del Kremlin, los analistas científicos debían comprobarlos y los directores de la agencia se encargaban de informar al presidente de los Estados Unidos. «Al principio no sabíamos nada de nada —me confesó Helms—. Nuestro conocimiento de lo que pretendía el otro bando, de sus intenciones, de sus capacidades... era nulo, o casi nulo. Si conseguías una agenda telefónica, o el mapa de un aeródromo, ya era mucho. Estábamos en la oscuridad más absoluta por lo que respecta a buena parte del mundo». Las posibilidades de poder arrojar algo de luz en medio de tanta penumbra eran extremadamente reducidas. En menos de un año, la misión cambió. Los soviéticos se habían adueñado de más de media Europa. El Pentágono y el Departamento de Estado ordenaron a la CIA que combatiera el fuego con fuego y que hiciera retroceder a las fuerzas del comunismo. Conocer el mundo por medio del espionaje pasó a un segundo plano, y se optó por cambiar el mundo por medio de acciones encubiertas. Helms consideraba que eso había sido un error tremendo. En 1950, la CIA había reunido un ejército paramilitar, y durante cuatro años intentó infiltrarse en Rusia, Polonia, Ucrania, China y Corea del Norte con agentes reclutados en el extranjero, que saltaban en paracaídas al otro lado de las líneas enemigas. Eran misiones suicidas, frustradas por los espías comunistas encargados de averiguar sus planes. Siguieron siendo secretas durante muchos años, lo mismo que los violentos golpes de Estado de derechas y las conspiraciones para asesinar a líderes extranjeros. Helms se había encargado de mantenerlas en secreto. Sus sucesores, para desgracia de la CIA, no.

Helms quería que yo entendiera que la agencia no había jugado con la idea de derrocar al régimen iraní o de asesinar a Fidel Castro. Desde los tiempos de Truman, todos los presidentes habían ordenado a la CIA que interviniera con armas y dinero para controlar el destino de los países cuando el envío de marines no era una opción factible. Los funcionarios de la agencia cumplían las órdenes que recibían. Ponían en práctica la política exterior de los Estados Unidos. Su poder venía directamente del comandante en jefe de la nación. Y los directores, los espías y los analistas de la CIA dependían de la confianza que tuviera ese comandante en jefe en la información de inteligencia que le hacían llegar; si no se creía en ellos, no tenían razón de ser. Y también se vieron obligados a aprender que podía ser peligroso decirle lo que no quería oír.

Cuando empecé a cubrir las noticias sobre la CIA para el *New York Times* en 1993, la Guerra Fría había terminado, en la agencia reinaba una gran confusión y el viejo código de secretismo se derrumbaba. Un número sorprendente de altos cargos y de analistas del cuartel general de la agencia hablaba conmigo sin pelos en la lengua, al igual que lo hacían muchos miembros de la vieja guardia ya retirados, después de prestar servicio durante veinte o treinta años, y que optaban por dejar caer la máscara de la clandestinidad. La CIA comenzaba a desclasificar poco a poco algunos archivos sobre las acciones encubiertas llevadas a cabo durante la Guerra Fría en Europa, Asia y América Latina. Empezaba a vislumbrarse una imagen más nítida de su pasado. El espionaje y las misiones encubiertas no eran ese mundo de aventuras apasionantes y románticas que presentaban las películas. «No es un mundo de diversión y juego —comentaría Helms—. Es sucio y peligroso». La realidad resultaba mucho más interesante que la ficción.

Empezaba a comprender no solo lo que hacía la CIA, sino también cómo era trabajar para ella. Los periodistas y los espías no eran tan distintos. Yo podía aterrizar en Jartum o en La Habana y decir de muchas maneras distintas: «Llevadme con vuestro líder», y al cabo de un rato estar ante el dictador de Sudán o el mismísimo Castro. Si jugaban bien sus cartas, los agentes de la CIA podían hacer más o menos lo mismo en todo el mundo, tanto con la clase dirigente de un país como con los rebeldes que pretendían acabar con ella. El trabajo de la CIA de reclutar agentes en el extranjero no era muy distinto al de buscar fuentes, aunque los periodistas no pagaban por la información; los espías sí, y muy generosamente. Tanto el espía como el periodista dependían de su capacidad de establecer una relación de confianza. Los impulsaba su sed de descubrir la verdad oculta. Y eran perfectamente conscientes de que podían pasar años antes de que los secretos que habían descubierto pudieran proporcionarles una comprensión más profunda de cómo funcionaban realmente las cosas. La diferencia estribaba en que el periodista quería conocer el mundo y la CIA tenía el poder de cambiarlo.

A comienzos del presente siglo, yo ya había compilado una cantidad enorme de documentos desclasificados y había efectuado más de doscientas entrevistas. Pensé en la posibilidad de escribir una historia de los primeros sesenta años de la CIA. *Legado de cenizas* se publicó en 2007, cuando salió a la luz la existencia de cárceles secretas de la CIA y las torturas que se llevaban a cabo en ellas. La agencia había recibido la orden de convertirse de nuevo en un ejército secreto, y en el nombre de la lucha contra el terrorismo, sus disciplinas de espionaje y análisis se habían visto socavadas. Sus informes falsos sobre los arsenales de Sadam Huseín habían llevado a los Estados Unidos a invadir y ocupar Irak, la decisión más desastrosa de política exterior desde la guerra de Vietnam. En cierta manera, el libro reflejaba la oscuridad de la época.

Al volver la vista atrás, empecé a darme cuenta de que yo desconocía buena parte de lo que había hecho la CIA en los Estados Unidos y en el extranjero después de los ataques del 11 de septiembre, y que aún tenía que aprender muchas cosas de su historia más secreta. Fue así como comencé a escribir *La misión*, en la primavera de 2022. El libro que tienes en las manos es la primera crónica de la CIA del siglo XXI, contada con las palabras de quienes la protagonizaron. Una vez más, al igual que cuando empecé a investigar el funcionamiento de la CIA por primera vez, encontré un número sorprendente de personas dispuestas a hablar conmigo. Habían combatido en Irak, Afganistán, Pakistán, Siria y otros muchos países. Habían llevado a cabo campañas de espionaje desde el Mediterráneo hasta el Pacífico. Habían tenido que afrontar investigaciones criminales por sus letales operaciones antiterrorista y en la lucha contra el tráfico de drogas. Habían pasado graves apuros para infiltrarse en el Kremlin y lo habían conseguido. Habían creado salvavidas para los soldados y los espías de Ucrania. Entre ellos figuraban el hombre que había creado el sistema penitenciario secreto de la CIA, la mujer que había contribuido a acabar con la red de contrabando de tecnología de armamento nuclear más grande del mundo, un espía encubierto que había tenido en su nómina a varios presidentes, jefes de estación que habían prestado sus servicios en cuatro continentes y el jefe del servicio clandestino de la CIA, un individuo que había trabajado como agente secreto durante treinta y tres años y que nunca en su vida había hablado con un periodista. Gracias a su sinceridad y a su confianza, este libro pudo escribirse sin subterfugios, sin fuentes ni citas anónimas.

Se ha publicado *La misión* en una época de grandes peligros. Los Estados Unidos están dirigidos por un individuo que admira a dictadores y déspotas, que aspira a gobernar como un autócrata, que desprecia las libertades civiles y que amenaza con encarcelar a sus oponentes. En una época en la que el Tribunal Supremo ha dictaminado que los presidentes no pueden ser procesados por los crímenes cometidos en el ejercicio de su cargo, cualquiera de ellos puede cometer un abuso de poder sin temor a la justicia. Puede ordenar a la CIA que espíe a los ciudadanos estadounidenses, que sabotee a los enemigos internos, que cometa asesinatos políticos con total impunidad, que comience una guerra en secreto.

Desde los albores del siglo XXI, la CIA ha pasado por dos transformaciones. En un primer momento, no sabía prácticamente nada de al-Qaeda y no pudo prevenir un desastre más devastador que Pearl Harbor. Luego, sus informes falsos sobre amenazas existenciales aterrorizaron a la Casa Blanca y prendieron la mecha que provocó una guerra desastrosa en Irak. Todas esas calamidades fueron la consecuencia de una falta de un buen servicio de información. A lo largo de la última década, con la disminución de la intensidad de la guerra contra el terror, la CIA ha recuperado poco a poco su propósito original como agencia de espionaje. A sus agentes se les pide de nuevo que averigüen y entiendan las intenciones y las capacidades de los enemigos de Estados Unidos en Moscú y en Beijing, en Teherán y en Pyongyang. Poco a poco, una nueva Guerra Fría va escalando hacia un peligro existencial. Solo unos buenos servicios de inteligencia pueden prevenir un ataque por sorpresa, un error de cálculo de fatales consecuencias, una guerra inútil. Pero ni siquiera los mejores informadores del mundo pueden convencer a un líder que no hace caso de nada. Entre los desafíos más importantes para la CIA en los días por venir estará el individuo que ocupa la Casa Blanca, un líder autoritario que representa el peligro más claro para la seguridad nacional de los Estados Unidos desde que diera comienzo el presente siglo.

1

El horizonte oscuro

El 20 de abril de 2001, George Tenet se quedó mirando a través de la pared de vidrio de su despacho de la séptima planta de la Agencia Central de Inteligencia, contemplando un panorama de serenidad, unos altísimos árboles cuyo verdor se extendía hasta donde podía alcanzar la vista. Sabía que algo terrible acechaba en el horizonte. Había intentado convencer al presidente de los Estados Unidos, aunque sin conseguirlo, de que el país se enfrentaba a un ataque catastrófico. Y temía que se hubiese abierto un gran abismo entre lo que la CIA era capaz de hacer y lo que se vería obligada a hacer después de aquella catástrofe.

Tenet se había puesto al frente de la organización en julio de 1997 y era el quinto director que había tenido el organismo a lo largo de seis años tumultuosos. La agencia había cumplido su quincuagésimo aniversario aquel verano, y la celebración se había silenciado. Muchos de los directivos que había tenido el organismo durante la Guerra Fría lamentaban lo bajo que había caído el servicio de inteligencia estadounidense. «La única superpotencia que queda no tiene el suficiente interés por lo que está pasando en el mundo como para organizar y dirigir un servicio de espionaje —llegó a decir Richard Helms—. Nos hemos dejado llevar y hemos abandonado esa función como país».[1]

El fin de la Guerra Fría había acabado con la agencia de inteligencia secreta más famosa del mundo. ¿Cómo iba a ser grande sin un gran enemigo? La caída de la Unión Soviética había golpeado a la CIA «igual que el meteorito que se precipitó sobre los dinosaurios. Después nada volvió a ser lo mismo», escribió Richard Kerr, su director adjunto de 1989 a 1992.[2] «En otro tiempo, a la CIA le resultó muy fácil ser una entidad única y misteriosa —dijo el último jefe del servicio clandestino en la Unión Soviética, Milt Bearden—. No era una institución. Era una misión. Y esa misión era una cruzada. Luego nos quitasteis la Unión Soviética y no quedó nada más. No tenemos historia. No tenemos un héroe. Hasta nuestras medallas son secretas. Y ahora la misión se ha acabado. *Fini*».[3]

La CIA sí tenía una historia, aunque el pueblo estadounidense sabía poco de ella. Sus anales clasificados estaban llenos de triunfos a corto plazo, así como de algunos éxitos a la larga, en la lucha contra el imperio soviético, los éxitos individuales de espías valientes y de analistas brillantes. Pero su historial público era una letanía de fracasos institucionales, llena de operaciones encubiertas mal llevadas, fruto de las políticas exteriores de cada uno de los presidentes desde la Segunda Guerra Mundial.

El presidente Harry Truman había creado la CIA en 1947 para evitar un nuevo Pearl Harbor, no para combatir en la Guerra Fría. «La idea era que teníamos que disponer de una organización cuyos analistas pudieran estudiar todas las cosas en el extranjero, independientemente de lo secretas que fueran —decía Helms—. La agencia se creó para analizar la información de inteligencia, no para llevar a cabo acciones encubiertas». Solo que «un accidente de la historia» había obligado a la CIA a cambiar el mundo. El presidente Dwight Eisenhower había ordenado a la agencia que derrocara en secreto a los gobiernos de Irán y Guatemala, elegidos libremente, pero los consiguientes golpes de Estado fueron de todo menos secretos. Los agentes de la CIA habían hecho mucho ruido a la hora de ejecutar sus órdenes. «Llamaron muchísimo la atención», decía Helms, y «con esa atención, la CIA fue identificada con el hecho de llevar a cabo acciones encubiertas», fuerza ejercida a su antojo por presidentes imperialistas durante unos tiempos muy peligrosos.

La confianza del presidente John F. Kennedy en la CIA se hizo añicos cuando ordenó a la agencia que invadiera Cuba y aplastara a Fidel Castro, en 1961; la bahía de Cochinos se convirtió en un símbolo imborrable del fracaso. La CIA había contribuido a evitar una guerra nuclear durante la crisis de los misiles de Cuba en 1962, pero después rara vez llegó a adivinar las intenciones y las capacidades que pudiera tener el Kremlin a través de sus labores de espionaje. Los mejores analistas de la CIA a menudo informaban a Gerald R. Ford, dirigente de la minoría republicana en la Cámara de Representantes y principal supervisor del gasto militar a finales de los años sesenta y comienzos de los setenta. «Tenían gráficos en las paredes, tenían cifras —recordaba el presidente Ford cuando ya estaba retirado—. Y habían llegado a la conclusión de que, en el plazo de diez años, Estados Unidos estaría por detrás de la Unión Soviética en materia de capacidad militar, en el crecimiento de la riqueza y en la fortaleza de nuestra economía. Se trataba de un panorama espantoso —dijo Ford— [pero] se equivocaban de medio a medio. Aquellos eran los mejores hombres que teníamos, los llamados expertos de la CIA».[4]

En la primavera de 1975, cuando cayó Saigón, los investigadores del Senado abrieron una brecha en las murallas de la CIA. Pondrían al descubierto la historia de conspiraciones fallidas de la agencia para asesinar a líderes extranjeros y sus tensas relaciones con gobiernos, generales y grupos de matones de derechas. Las investigaciones «causaron un grave revés a nuestras estrechas relaciones en todo el mundo —dijo en 1997 el presidente George H. W. Bush, que por entonces era el director de la agencia—. Hicieron que en el extranjero mucha gente dejara de cooperar con la CIA, y destruyeron la moral» de sus espías, a los que Bush calificaba como «quizá el grupo de servidores públicos más impecable y esforzado que tiene este país».[5] En 1985, el director de la CIA del presidente Ronald Reagan, William J. Casey, había metido a aquellos espías en un programa descabellado y totalmente ilegal de venta de armas a Irán, cuyos beneficios debían ser desviados hacia la guerra encubierta que la contrarrevolución mantenía en Centroamérica. La estratagema había hecho que cayera un chaparrón de acusaciones de criminalidad sobre agentes de alto rango de la CIA, todos ellos amnistiados por el presidente Bush en diciembre de 1992, unos días antes de abandonar la Casa Blanca. Entre ellos estaba Duane «Dewey» Clarridge, fundador del Centro de Antiterrorismo de la CIA. Una vez retirado, declaró que esta estaba a punto de venirse abajo. La agencia estaba «acabada como servicio de inteligencia realmente efectivo», había escrito Clarridge en 1997, y no sería reinventada hasta que «no se nos venga encima alguna catástrofe espantosa».[6]

«Una cubierta en llamas»

Aquel verano, poco después de su llegada a los despachos del director, Tenet tuvo una visión de futuro de auténtica pesadilla. Se vio a sí mismo en pie sobre «la cubierta de un barco en llamas»,[7] como si fuera el capitán de una nave oxidada que, en medio de un mar tempestuoso, combatiese un incendio en la sala de máquinas. Si no conseguía apagar el fuego, «la organización y todos los que formábamos parte de ella nos iríamos a pique».

Tenet había prometido reconstruir la CIA para el siglo XXI, y como si fuera el politburó soviético, tenía un plan quinquenal, pero, según iba pasando el tiempo, sus objetivos seguían estando siempre a cinco años de conseguirse. Pero sus agentes estaban llevando a cabo algunas operaciones notables ya en los albores del nuevo milenio. Acorralaban a los criminales de guerra en los Balcanes y los enviaban ante el Tribunal Penal Internacional de La Haya; capturaban a terroristas islámicos y los metían en la cárcel en El Cairo; maniobraban para desmantelar las redes de contrabando dirigidas por científicos paquistaníes que vendían tecnología para la fabricación de armas nucleares a Corea del Norte y a Libia, e intentaban atrapar a Osama bin Laden en Afganistán. La CIA aún contaba con espías capaces de llevar a cabo operaciones de inteligencia muy hábiles y analistas provistos de gran pericia. Seguía teniendo palacios y parlamentos intervenidos en el extranjero; aún había un buen puñado de presidentes y primeros ministros que no podían echarse a dormir tranquilamente sin que la CIA escuchara sus ronquidos. Había creado nuevos servicios de espionaje en países en los que otrora habían reinado los soviéticos, desde Polonia hasta Uzbekistán. Mantenía enlaces financiados espléndidamente con maestros del espionaje extranjeros que vendían información sensible a cambio de dinero contante y sonante.

Pero la CIA ya no era una agencia de inteligencia global. Muchos países considerados cruciales en otro tiempo ahora habían quedado al descubierto. A lo largo de los años noventa, se habían cerrado más de treinta puestos y bases en el extranjero, y muchos de los que seguían abiertos habían quedado reducidos a un tercio de lo que habían sido diez años antes. No se llegaba a recopilar una gran cantidad de información esencial, y la que se recopilaba no se estudiaba debidamente. En los albores de la era de la información, los agentes y los analistas de la CIA trabajaban con una tecnología desfasada, y se las veían y se las deseaban para distinguir las señales claras de hechos significativos de la cacofonía del ruido de fondo. Hank Crumpton, el subdirector del Centro de Antiterrorismo, describía el estado de cosas reinante en sus despachos del sótano: «Teníamos montones de documentos tirados por el suelo. Habíamos acumulado cajas y cajas de información de inteligencia en bruto, y la gente tenía que estudiar legiones de papeles página por página».[8] Aquella no era forma de dirigir un servicio de espionaje del siglo XXI.

Los estadounidenses tal vez se imaginaran en otro tiempo que la CIA era una fuerza todopoderosa, provista de bolas de cristal con las que prever el futuro y balas de plata capaces de cambiar el mundo por medio de actividades encubiertas. Pero Tenet había advertido a la Casa Blanca y a sus supervisores del Congreso que la agencia estaba medio arruinada y muy escasa de fondos, y, poco a poco, iba perdiendo talento y experiencia. El presupuesto secreto de la CIA de aquel año ascendía más o menos a unos tres mil millones de dólares, cifra, ajustada a la inflación, inferior a la de los últimos tiempos de la guerra de Corea. La administración Clinton lo había recortado en más de seiscientos millones de dólares, y los beneficios reportados por la paz no se habían reinvertido nunca. Una cuarta parte del personal de la CIA, casi cinco mil personas, muchas de ellas con décadas de experiencia, había abandonado la organización a lo largo de los años noventa, dejando sus filas desesperadamente mermadas. El servicio clandestino, el corazón mismo de la CIA —los espías, los jefes de puesto, los agentes operativos, y los cuadros de actividades encubiertas cuyas misiones consistían, entre otras cosas, en dirigir operaciones encubiertas, reclutar a agentes extranjeros, infiltrarse en los servicios de inteligencia hostiles y desmantelar redes terroristas— apenas disponía de unos mil efectivos. Como no paraba de contar Tenet a todo el que quería escucharlo, en Nueva York había más agentes del FBI que agentes de la CIA en el extranjero. La fuga de cerebros entre los analistas de la agencia resultaba especialmente desalentadora, y la desesperación entre la décima parte de hombres de talento que se habían quedado se vio intensificada debido a la deriva de la política exterior estadounidense en el mundo posterior a la Guerra Fría. Echaban de menos un «sentido del rumbo, un sentido de lo que es la misión», decía su director, John Gannon.[9]

Era muy poca la valiosísima sangre nueva que se había transfundido a la agencia. Las cifras de reclutamientos habían disminuido hasta casi desaparecer por completo. Cuando llegó Tenet, exactamente seis personas habían aprobado el último curso de adiestramiento de la CIA, de seis meses de duración y desarrollado en la Granja, el campamento militar dedicado a la formación de los nuevos agentes situado a las afueras de Williamsburg, Virginia. ¿Qué podía motivar a un estudiante de posgrado a alistarse en la difícil y a menudo peligrosa carrera del espionaje, a veces un verdadero negocio sucio, cuando podía ganar una fortuna en Wall Street o explorar las fronteras de la recién nacida red informática mundial en empresas emergentes de Silicon Valley como Google? El mundo de la información parecía más prometedor que el mundo de los secretos.

Frente a las feroces críticas del Congreso, los mordaces artículos periodísticos acerca de operaciones fracasadas y de informaciones chapuceras, así como frente a los estudios internos que daban a entender que su única función consistía en recolocar asientos de cubierta del Titanic, Tenet defendía furiosamente a la CIA en público y en privado, y alentaba a sus tropas cuando veía que les flaqueaba la moral. Hombre verdaderamente encantador, afable en extremo, dispuesto siempre a dar una palmadita en la espalda en un ambiente lleno de individuos acostumbrados a dar puñaladas traperas, Tenet irradiaba alegría cada vez que charlaba con las abejas obreras en la cafetería de las oficinas de la CIA, cuando se metía en sus cubículos sin avisar para preguntarles qué tal estaban, regateaba con una pelota de baloncesto corriendo por los pasillos de colores pastel de la agencia... y animaba las reuniones en las salas de conferencias de la séptima planta cantando a voz en grito los grandes himnos de su juventud («Respect», de Aretha Franklin, era uno de sus favoritos). A diferencia de algunos de sus predecesores, Tenet era un hombre hecho a sí mismo, hijo de refugiados de guerra originarios de Grecia y Albania que se habían establecido en Queens y regentaban un figón de mala muerte llamado The 20th Century Diner. Tenía todo el aspecto de un detective del departamento de homicidios de la policía de Nueva York: corpulento, mordisqueando compulsivamente a todas horas unos puros empapados de babas, vestido con trajes desaliñados, con la piel cetrina, y los ojos enrojecidos.

«Me pasé muchísimas noches sin dormir preguntándome, en vista de la monumental tarea que tenía ante mí, si iba a estar a la altura de mi trabajo —diría Tenet en sus memorias—.* No me había preparado para ello ninguna experiencia anterior».[10]

A juicio de Tenet, las cosas siguieron yendo mal. La CIA había fracasado en una gran operación encubierta destinada a socavar el poder de Sadam Huseín; decenas de los agentes iraquíes que había reclutado habían sido capturados, torturados y asesinados. Sus analistas no habían sabido avisar de las claras intenciones de la India de hacer pruebas con armas nucleares, circunstancia que modificaba el equilibrio de poder del mundo. Un antiguo jefe de estación de Bucarest que prestaba servicio como instructor en la Granja fue condenado por espiar a favor de Moscú: durante los tres años anteriores, había entregado a los rusos las identidades de los espías recién salidos de la escuela. Fue uno de los tres o cuatro renegados de la CIA o del FBI de aquella época que habían facilitado al Kremlin un poder duradero para frustrar las operaciones de inteligencia estadounidenses, manipular las informaciones de la agencia, desviar la atención de la Casa Blanca y engañar al Pentágono. Nada de eso era ya un secreto. Casi todos los penosos esfuerzos de la CIA eran portada del *New York Times* y del *Washington Post*, y constituían una pesadilla recurrente para sus directivos y una herida abierta para su imagen pública y su reputación política.

La cruda realidad era que la CIA se enfrentaba a una espantosa disparidad entre lo reducido de sus capacidades y la enormidad de sus responsabilidades. «La disfuncionalidad del sistema es lo bastante grande como para garantizar el fracaso del servicio de inteligencia», avisaba Russ Travers, un analista de carrera que posteriormente sería un destacado agente antiterrorista, en un artículo publicado en 1997 en

* Antes de ser nombrado subdirector de la central de inteligencia en julio de 1995, a los cuarenta y dos años, Tenet había sido director de personal de la Comisión de inteligencia del Senado y había prestado servicio como director de Inteligencia en el Consejo de Seguridad Nacional. Desempeñaría la función de director en funciones desde diciembre de 1996 hasta la fecha de su nombramiento oficial en julio de 1997.

la revista interna de la CIA.[11] Pronosticaba que, para 2001, los Estados Unidos se verían «completamente sorprendidos» por un ataque terrorista. Tenet y sus compañeros llegaron a la misma conclusión en un informe estrictamente clasificado: a menos que se llevaran a cabo «cambios importantes y radicales en la forma en la que el país recoge, analiza y produce información secreta», los Estados Unidos no tardarían en sufrir un «fallo sistémico de inteligencia de proporciones catastróficas».[12] La fecha de ese aviso era el 11 de septiembre de 1998.

Un mes antes, al-Qaeda había hecho explotar al mismo tiempo sendas camionetas bomba en dos embajadas estadounidenses de África Oriental, matando a doce estadounidenses, once tanzanos y doscientos veinticuatro kenianos. La capacidad demostrada por Bin Laden de golpear dos objetivos al mismo tiempo, a casi cinco mil kilómetros de distancia de su base en Afganistán, ponía de manifiesto un nivel de planificación estratégica y de sofisticación en la ejecución que resultaba algo completamente nuevo en el mundo: la existencia de una red terrorista capaz de golpear en cualquier punto del planeta. La CIA se dio cuenta por primera vez de que Bin Laden era capaz de hacer realidad su declaración de guerra contra los Estados Unidos. Mientras se perseguía a los sospechosos del ataque por África, Oriente Medio y los Balcanes, un número cada vez mayor de espías sobre el terreno y de analistas en el cuartel general abordaba la cuestión de cómo detener el siguiente ataque de al-Qaeda.

Tenet vio en aquello la nueva misión de la CIA. Una guerra contra el terrorismo podría convertirse en algo semejante a lo que en décadas anteriores había sido la guerra contra el comunismo.

Durante cincuenta años, la CIA había servido como punta de lanza de la política exterior estadounidense. Todos los presidentes la habían utilizado como arma secreta. Tras la apasionada petición de Tenet, el 24 de diciembre de 1998, Bill Clinton autorizó a la CIA a perseguir en las inhóspitas regiones de Afganistán y a acabar con Bin Laden, con la ayuda de un grupo de señores de la guerra afganos contratados al efecto.*

El Congreso había aprobado y Clinton había firmado una ley que autorizaba a usar «todos los medios necesarios, incluidas operaciones encubiertas y la fuerza militar, para poner fin, desmantelar y destruir las infraestructuras internacionales utilizadas por el terrorismo internacional». Los abogados de la CIA, expertos en los matices, interpretaron que la expresión «infraestructuras» significaba todo aquello que prestara apoyo a un terrorista, incluidos los propios terroristas. Pero la CIA carecía de dinero, de personal y, sobre todo, de información de inteligencia para hacer la guerra a al-Qaeda. Se necesitaron nueve meses y un cambio en la dirección del Centro de Antiterrorismo antes de que se dispusiera de un plan que, por lo demás, tenía muy pocas posibilidades de éxito. Mientras tanto, Clinton había perdido la confianza en las capacidades de la agencia y derogó su licencia para matar. Un error fatal había acabado con la reputación de Tenet en la Casa Blanca.

El Pentágono había invitado a la CIA a que escogiera un objetivo durante la guerra aérea de la OTAN en Serbia, cuya finalidad era desalojar al líder genocida Slobodan Milošević. Una vez alcanzado el objetivo, el 7 de mayo de 1999, el general Wes Clark, comandante de las fuerzas esta-

* Clinton y Tenet desarrollaron una amnesia impenetrable en torno al delicado asunto de este asesinato. «Tiene usted esa orden de matar a Bin Laden que firmó el presidente Clinton literalmente el día de Nochebuena de 1998», dijo Philip Zelikow, que ejerció de director ejecutivo de la Comisión del 11-S. Pero «Tenet declaró que no recordaba» semejante orden. Después, en febrero de 1999, la CIA quiso recurrir a un nuevo grupo de señores de la guerra afganos para llevar a cabo la misión, lo que hacía necesaria una autorización actualizada. «Y vuelven a presentarse ante el presidente, diciendo: "¿Haría el favor de firmar otra vez esto?" —diría Zelikow—. Es lo mismo que había firmado en 1998. Tacha las palabras fundamentales que hablan de matar y escribe otra cosa de su puño y letra; básicamente lo convierte en una captura... Le puse el documento a Clinton delante y le dije: "¿Por qué hizo usted esto?". Y me respondió: "No me acuerdo de nada. No sé"» (comunicación oral de Zelikow; Miller Center, Universidad de Virginia).

dounidenses en los Balcanes, llamó a la central hecho una furia. «¿Por qué me dijo la CIA que bombardeara la embajada china en Belgrado?», preguntó.[13] Según los informes recibidos, el edificio era un almacén militar serbio. Sus bombas inteligentes habían causado la muerte de tres miembros del personal de la embajada y habían herido a otros veinte. El embajador chino, comprensiblemente, había calificado aquel acto de bárbaro. Tenet estaba en Londres cuando recibió una llamada del consejero de Seguridad Nacional de Clinton, Sandy Berger. «Será mejor que vuelva usted aquí de inmediato —le dijo—. Estoy intentando salvarle el empleo». Costó mucho trabajo, pero Tenet siguió en su puesto.

Estaba seguro de que lo despedirían cuando se reunió con el presidente electo, George W. Bush, nueve días antes de su toma de posesión el 20 de enero de 2001. Tenet era un hombre de Clinton y ningún director de la CIA había sobrevivido a un traspaso de los poderes presidenciales de un partido a otro desde Richard Helms, en 1969. Se había preparado para que lo decapitaran, pero el hacha no cayó sobre su cuello. «¿Por qué no dejamos las cosas como están durante un tiempo y luego vemos cómo funcionan?», dijo Bush. «Yo no formaba parte del equipo ni tampoco estaba fuera de él —contaría Tenet—. Estaba en libertad condicional».[14]

Mientras no estuviera al frente de un nuevo desastre, seguiría como director de la Agencia Central de Inteligencia. Tres meses más tarde, el 20 de abril de 2001, se produciría una catástrofe como no ha habido otra en toda la historia de la CIA.

2

Interdicción, negativas y engaño

Tenet recordaba aquel día como el peor que había vivido hasta ese momento en la CIA.

Aquella mañana, el jefe de estación de Lima, un agente alto y joven con un bigote rubio llamado Steph Milliken, había entrado en el despacho de Roberta Jacobson, la directora adjunta de la misión en la embajada estadounidense en Perú. Era un hombre feliz. «¡Ya tenemos a uno! —dijo—. ¡Y es uno de los grandes!».[1] La CIA se había cobrado otra pieza en la lucha de los Estados Unidos contra las drogas dándole de lleno a un pequeño avión y haciéndolo desaparecer del claro cielo azul de la selva amazónica.

«Al cabo de una hora volvió a entrar, pálido como la muerte», recordaría Jacobson. Cuando Hugh Turner, el número dos del servicio clandestino, vio el telegrama urgente procedente de Lima, salió corriendo por el pasillo de la séptima planta para ver a John McLaughlin, el director adjunto de la central de inteligencia. «Se ha producido un desastre ahí, en Perú», dijo. El ayudante ejecutivo de McLaughlin, Luis Rueda, veterano de las guerras de la CIA en América Latina, clavó sus ojos en Turner, atravesándolo con la mirada.

—¿Qué habéis hecho? —preguntó Rueda—. ¿Abatir un avión cargado de monjas?[2]

Una operación aerotransportada encubierta había abatido a una familia de misioneros estadounidenses. Los agentes de la CIA no tenían información de inteligencia que dijera que el avión transportaba drogas. No hicieron ningún intento de identificar el aparato antes de dar la orden de atacarlo. Veronica Bowers y su hija, Charity, una criatura todavía en pañales, fueron acribilladas a balazos con una ametralladora del calibre 30 y murieron en el acto. El piloto, Kevin Donaldson, fue herido en una pierna y gritó: «¡Nos están asesinando!», antes de hacer un aterrizaje forzoso. No se sabe cómo logró sobrevivir a las graves heridas recibidas, lo mismo que el marido y el hijo de Veronica.

Aquella noche, Tenet y sus principales colaboradores pasaron unas horas de locura intentando descubrir qué había ocurrido exactamente. A lo largo del fin de semana, explicaron al vicepresidente, Dick Cheney; a la consejera de Seguridad Nacional, Condoleezza Rice; al Departamento de Estado, al Congreso, a la prensa y a la población de los Estados Unidos que aquellas muertes habían sido una anomalía única en una misión por lo demás dirigida perfectamente y ejecutada de manera profesional por la División para América Latina de la CIA. Era mentira.

«Una extraordinaria falta de criterio»

La CIA y sus aliados peruanos habían abatido quince aviones y matado a varios de sus tripulantes en la ejecución del Programa de Interdicción del Puente Aéreo entre 1995 y 2001. Todos esos ataques habían violado varias normas explícitas de actuación establecidas por el presidente de los Estados Unidos. Esas normas habían sido elaboradas minuciosamente para proteger a los agentes de la CIA de cualquier acusación de asesinato según las leyes estadounidenses. La agencia había dicho siempre al Congreso y al Consejo de Seguridad Nacional que el programa, estrictamente clasificado, había sido llevado a cabo siguiendo rigurosamente los procedimientos para evitar la muerte de personas inocentes. Pero dichas normas habían sido quebrantadas en todos los ataques perpetrados, y los agentes de la CIA habían ocultado el hecho, desde la selva amazónica hasta la séptima planta de la sede de la central.

Aquella tapadera ocultaba la historia del Programa Puente Aéreo, que había sido la única misión letal a largo plazo de la CIA durante el mandato de Tenet, salvaguardaba a la agencia de toda responsabilidad y protegía a los agentes que llevaban a cabo el programa de lucha contra las drogas de cualquier tipo de investigación y de su posible procesamiento. Un personaje en particular se libró de someterse a ningún juicio por parte de gente ajena a la organización: Jose Rodriguez, que había estado al frente del programa en sus mejores momentos como jefe de la División para América Latina. En un año, Tenet lo haría director de Antiterrorismo de la CIA, encargado de capturar, encarcelar, interrogar y matar a los enemigos de los Estados Unidos. Y después de treinta meses de brutalidad en ese puesto, se convirtió en jefe del servicio clandestino y en el espía más poderoso del mundo, en el momento culminante de la guerra contra el terror.

Era un «líder intrépido, siempre dispuesto a asumir riesgos en las operaciones encubiertas, por más que fuera probable que sus criterios fueran revisados y a veces duramente criticados —escribiría Philip Mudd, que durante veinte meses ejerció como su segundo en la central de antiterrorismo—. Tenía una reputación bien ganada de hombre capaz de tomar decisiones con rapidez, sin importarle tener que escoger opciones poco limpias y asumir graves riesgos. "¡A tomar por culo!", decía cuando había que tomar una decisión difícil. "¿Qué otra cosa podemos a hacer?"».[3]

Rodriguez era un hombre apuesto, al estilo de un villano de cine, con una espesa cabellera negra y un bigote caído hacia los lados que le daba un aire de macho. Nacido en Mayaguez, Puerto Rico, se había criado en parte en Bolivia, donde de niño había recibido clases de equitación de un capitán del Ejército llamado Luis García Meza, que más tarde se convertiría en el sangriento dictador de derechas del país. Durante los años ochenta, como joven agente de la CIA, una de sus misiones había consistido en apoyar la guerra sucia contra la izquierda en El Salvador; por aquel entonces, llevaba siempre encima una pistola Browning 9 mm y en su camioneta tenía una escopeta de cañones recortados. Había sido jefe de estación en Panamá y luego jefe adjunto del nuevo Centro de Lucha contra el Crimen y el Narcotráfico de la CIA, antes de ser ascendido en octubre de 1995 a jefe de la División para América Latina, encargado de supervisar las operaciones llevadas a cabo desde la frontera meridional de Texas hasta la Tierra de Fuego. Perdería ese empleo dos años después, cuando un informe del inspector general dijera que había demostrado «una extraordinaria falta de criterio», no ya en la forma de dirigir el Programa Puente Aéreo, sino en sus intervenciones personales en favor de un viejo amigo que se enfrentaba a varios cargos por tráfico de cocaína en la República Dominicana. Aquella reprimenda no había contribuido precisamente a cambiar su imagen de agente enérgico siempre dispuesto a defender a sus hombres, cabreado con los mandos superiores y acostumbrado a afirmar que el fin justifica los medios.

La CIA había sido siempre un actor reticente en la lucha contra las drogas, que consideraba una batalla perdida. Pero tras el fin de la Guerra Fría, las nuevas misiones se habían convertido en una necesidad. A mediados de los años noventa, Perú era la fuente del 60 por ciento de la cocaína del mundo; el crack llevaba una década causando la ruina de las ciudades de los Estados Unidos. El presidente Clinton había declarado que el papel de la CIA en la guerra contra las drogas era un asunto de seguridad nacional, y el Congreso concedió decenas de millones de dólares para esa misión, creando un nuevo Centro de Lucha contra el Crimen y el Narcotráfico de la CIA, bien provisto de personal, dinero y poder. Las órdenes de Clinton eran bien claras: «Moler a palos a los cárteles», decía Jack Devine, que había ingresado en la CIA en 1967 y había prestado servicio como jefe de la División para América Latina desde 1992 hasta 1994. Resultado de todo ello había sido el Programa de Interdicción del Puente Aéreo.

La División para América Latina se haría cargo de la misión y el Centro de Lucha contra el Crimen y el Narcotráfico aportaría el dinero y la información de inteligencia.* Los paramilitares y contratistas de la CIA proporcionarían pilotos y tripulación para un avión ligero Citation, provisto de una videograbadora y un interlocutor peruano. Volarían junto a un Cessna A-37 de la Fuerza Aérea peruana, un pequeño avión de combate diseñado en principio para actuar en la lucha contra los insurgentes en Vietnam. Los agentes de la CIA daban las órdenes y los peruanos disparaban. Después de cada misión, unos agentes de alto rango de la CIA revisaban las cintas de vídeo para asegurarse de que se habían seguido las normas.

Pero en 1994 surgió un problema aparentemente insuperable. La Oficina de Asesoría Legal del Departamento de Justicia dijo que los agentes de la CIA que ayudaran o incitaran a derribar un avión civil serían acusados de asesinato según las leyes estadounidenses. «La cuestión, por tanto, era: "¿Hay alguna manera de sortear este problema?"», diría Rand Beers, que había estado al frente de las secretarías de antiterrorismo y antidrogas del Consejo de Seguridad Nacional y había sucedido a Tenet como director de inteligencia del Consejo en 1995.

* El Programa Puente Aéreo fue ejecutado en colaboración con el mandamás de los servicios de inteligencia de Perú, Vladimiro Montesinos, que tenía poder sobre las Fuerzas Armadas de su país. En junio de 2001, fue detenido y posteriormente condenado por asesinato, tráfico de drogas, soborno y malversación de fondos públicos, entre otros delitos. La estación de la CIA en Lima le había pagado un millón de dólares al año durante toda la década de 1990, y ese era solo uno de los muchos lazos secretos mantenidos por la organización con dirigentes y jefes de inteligencia de países extranjeros. Tendría que seguir pagándole si quería que continuara ejecutando el Programa Puente Aéreo con plena libertad. La directora del Centro de Lucha contra el Crimen y el Narcotráfico de la CIA, organismo encargado de supervisar el Programa Puente Aéreo en 2001, contó al autor que no estaba al corriente de los pagos efectuados a Montesinos y que no sabía exactamente quién era ese individuo. Esto da a entender de forma evidente, entre otras cosas, que la CIA no conocía su propia historia. Montesinos había sido reclutado como agente de la agencia durante la década de 1970, había sido condenado a un año de cárcel en Perú por espionaje y posteriormente había seguido estando en nómina de la CIA.

La había. John Rizzo, un abogado encantador y astuto que había sido el asesor legal interno del servicio clandestino desde 1979, ayudó a redactar una orden presidencial para que la firmara Clinton. Sus estrictas normas fueron elaboradas para mantener a la CIA al margen de cualquier peligro legal. En primer lugar, se debía identificar al avión sospechoso como un aparato narcotraficante y contactar con el piloto por radio. En segundo lugar, había que utilizar señales de advertencia reconocidas internacionalmente: el interceptor peruano debía sacudir sus alas, encender de forma intermitente sus luces de navegación y bajar el tren de aterrizaje. En tercer lugar, había que efectuar disparos de advertencia. Por último, si todo lo demás fallaba, había que solicitar la aprobación de los mandos peruanos en tierra para proceder a disparar. Si seguían estos procedimientos al pie de la letra, los agentes de la CIA quedarían exentos de cualquier posible acusación. Además, las instrucciones ordenaban a los mandos de la CIA «supervisar regularmente el cumplimiento de los procedimientos y comunicar de inmediato cualquier irregularidad a través de la cadena de mandos».[4]

Estas órdenes no evitaron los malos presagios que abrigarían los pocos individuos que conocían las férreas normas y la fama de romper cualquiera de ellas que tenía la División para América Latina. «Todos solíamos decir que el peor resultado posible era derribar un avión lleno de monjas —recordaría Beers—. Esa era exactamente la expresión que utilizábamos».

Hacía ya mucho tiempo que la División para América Latina daba cabida a todo un contingente de *cowboys*, agentes que llevaban a cabo operaciones arriesgadas o imprudentes.* Sus dirigentes habían llevado a cabo las guerras

* Rodriguez pondría en duda esa fama. Según contó al autor, ni él ni sus compañeros de la División para América Latina eran agentes que se saltaran las normas ni unos renegados, sino agentes de inteligencia profesionales que se sentían «cómodos trabajando en asuntos que no son o blancos o negros, sino que están más bien envueltos en una infinita sombra de grises».

secretas del presidente Reagan en Centroamérica, armando a los contras anticomunistas incluso después de que el Congreso cortara los fondos destinados a su campaña de guerra de guerrillas, haciéndoles llegar extraoficialmente millones de dólares obtenidos de la venta ilegal de armas a Irán. La investigación del caso Irán-contra (el llamado Irangate) provocó que cayera un aluvión de imputaciones sobre la citada división, cuyo abanderado era Dewey Clarridge, su director desde 1981 hasta 1984 y primer jefe del centro de lucha antiterrorista de la CIA. Clarridge era un pirata y se sentía muy orgulloso de serlo. Algunos de los agentes más destacados de la división durante los años noventa fueron acólitos suyos; y entre ellos figuraba Jose Rodriguez, que había ido ascendiendo desde los niveles más bajos a las órdenes de Clarridge.

«Existía un patrón consistente en no seguir las normas —diría Devine, que pasó a ser el director en funciones del servicio clandestino en mayo de 1995—. Y todo ello era un residuo de Dewey, era el fantasma de Dewey. Había creado toda una cultura».[5]

Esa cultura había sido objeto de un feroz informe de la central en septiembre de 1995, en el que se censuraba a la División para América Latina por la constante «falta de honestidad» —al mentir por acción u omisión— existente «entre el jefe de estación y el embajador; entre la estación y la dirección de la división de operaciones en América Latina; entre la dirección de la división de operaciones en América Latina y el director adjunto de operaciones, y entre la CIA y el Congreso».[6] En un intento de erradicar toda esta corrupción, en el cuartel general de la agencia se había dado el curioso paso de destituir, degradar o sancionar a un puñado de los principales agentes de la División para América Latina. Tenet eligió entonces a un nuevo jefe de división: Jose Rodriguez, que más tarde diría que los castigos impuestos por sus superiores le habían enseñado varias «lecciones muy valiosas, que he utilizado durante los años posteriores al 11-S para intentar proteger a la gente que trabajaba para mí».[7]

El Programa Puente Aéreo se caracterizó especialmente por la costumbre de transgredir las normas. Los agentes de la CIA en Perú desafiaban constantemente los decretos del presidente. A menudo interceptaban de forma aleatoria aviones que tenían todo el aspecto de ser objetivos inocentes. Una vez ordenaron ametrallar un avión derribado y a sus pasajeros, algo que constituye un crimen de guerra según el derecho internacional. En diez de los quince casos de aparatos derribados, no transcurrieron más de dos minutos entre el momento en el que los agentes de la CIA vieron el avión sospechoso y aquel en el que se lanzó el ataque. La historia documentada de uno de esos derribos, que tuvo lugar por orden de Rodriguez, demuestra que los agentes de la CIA no tenían información de inteligencia sobre el avión en cuestión. Nunca lo identificaron por su código de cola. Nunca trataron de comunicarse con él por radio. Nunca establecieron contacto visual. Nunca efectuaron disparos de advertencia. Nunca contaron con autorización para tirar a matar del mando peruano sobre el terreno. La videograbación del derribo del aparato reveló todos estos detalles; pero luego la cinta desapareció.

«La misión pasó a ser más importante que las normas»

El encubrimiento comenzó pocas horas después de que se hubiese ametrallado a los misioneros. A primera hora del sábado 21 de abril, una serie de agentes de rango superior de la División para América Latina de la CIA, la División de Actividades Especiales y el Centro para la Lucha contra el Crimen y el Narcotráfico redactaron un borrador de informe para el vicepresidente Cheney. El director de relaciones públicas de la CIA, Bill Harlow, usó ese documento para informar a los periodistas sobre el contexto de lo sucedido. Tenet utilizó ese comunicado como si fuera el texto que él mismo se había preparado cuando testificó ante las comisiones de Inteligencia del Congreso el 23 de abril.

«Tenet prestó un testimonio engañoso ante el Congreso —escribiría posteriormente el inspector general de la CIA, John Helgerson, en un informe de 289 páginas sobre el programa—. No ofreció una explicación completa, objetiva y pormenorizada de los hechos». El informe acabó por llevar al Departamento de Justicia y al FBI a abrir una investigación criminal sobre el programa y sus dirigentes, incluido Rodriguez.* Las palabras de Helgerson tenían mucho peso en la comunidad de los servicios secretos estadounidenses. No se trataba de un inspector general cualquiera. Había prestado servicio como director de análisis de inteligencia, como director de asuntos relacionados con el Congreso y como presidente del Consejo Nacional de Inteligencia, encargado de supervisar a fondo los informes de la CIA. Había sido nombrado por Bush y confirmado por el Senado. Solo el presidente podía despedirlo. Pero la séptima planta podía frenarlo. Tres directores de la CIA lograron eliminar lo esencial de su informe y no hacerlo público hasta 2010.

Jack Devine lo leyó doce años después. «En conjunto —dijo—, estamos ante un delito»; específicamente el de mentir al Congreso. Los agentes de la CIA en el extranjero tienen que mentir sobre quiénes son y sobre lo que hacen. El espionaje es ilegal en todas partes, su esencia es el engaño, y las mentiras son sus guardaespaldas. Pero mentir a tus conciudadanos estadounidenses era otra cosa. Si te pillaban, afirmaba la tradición, tu carrera se había acabado. Aunque

* Rodriguez calificó el trato que tuvo con el inspector general como uno de los momentos más tristes de su dilatada carrera. «Rara vez he leído un informe del inspector general que me pareciese justo y completamente imparcial, en el que se incluyera una investigación sobre mí cuando era jefe de la División para América Latina», dijo Rodriguez a este autor. En cuanto al informe sobre el Programa Puente Aéreo, «quedé horrorizado al ver lo malo que era —dijo—. Los agentes implicados en el asunto pasaron años en el limbo esperando la resolución del caso. Para la mayoría de ellos supuso poner fin a su carrera, tener que echar mano a sus ahorros para pagar a sus abogados y enfrentarse a la angustia y la incertidumbre de no saber lo que les iba a pasar». El FBI archivó su investigación sin presentar cargos en 2005.

si estabas totalmente decidido a correr el riesgo —ya fuera para proteger a la agencia, para proteger los secretos que habías jurado guardar o para protegerte a ti mismo—, lo mejor que podías hacer era mentir por omisión.

Los agentes del Programa Puente Aéreo se habían entregado en cuerpo y alma a la misión de derribar aviones de narcotraficantes con sus pasajeros. El credo de la CIA se lo exigía. «La misión tenía que ser lo primero —escribiría Tenet en sus memorias—. El país, la misión, la CIA, la familia y luego uno mismo».

Devine veía las cosas de otra manera. «La misión pasó a ser más importante que las normas —concluiría—. Y eso es algo muy peligroso».

«ME SENTÍ TRAICIONADO»

El 24 de abril, Tenet creó un grupo operativo sobre Perú con el fin de llevar a cabo una investigación interna. Ordenó a A. B. «Buzzy» Krongard, recién nombrado director ejecutivo de la CIA, y a su subdirector, John Brennan, futuro director de la agencia, que «proporcionaran asesoramiento y apoyo al grupo operativo sobre Perú y que se encargaran de que los intereses corporativos de la agencia fuesen respetados en las medidas que tomemos». En este caso, los intereses de la CIA y la verdad no eran exactamente lo mismo.

El grupo operativo vio que las normas presidenciales de actuación se habían violado desde el primer momento. Muchos de los agentes de la CIA en Perú no tenían ni idea de las normas. Los jefes de estación de la agencia en Lima y los jefes de la base de la ciudad de Pucallpa, situada en plena selva, o bien no habían sabido comunicarlas, o no habían sabido ponerlas en práctica. Un agente de alto rango que estaba al mando de la base aérea de Pucallpa dijo al inspector general que tenía muchísimas dudas en lo concerniente a la ejecución del programa, pero que «siempre hay cambalaches entre la lealtad a la bandera y las creencias personales, y él había optado por ser fiel a la bandera y seguir adelante». Los agentes de la CIA en Perú habían jurado que habían seguido las normas. Su informe fue ascendiendo por la cadena de mandos hasta llegar a sus superiores en el cuartel general de la organización, que repitieron esas falsedades ante el Congreso y en la Casa Blanca. Nadie reconoció la verdad ante Cheney ni ante las comisiones de Inteligencia del Congreso, a cuyos miembros y a cuyo personal dijeron decenas y decenas de veces que el programa había seguido puntualmente las normas.

Así, el cerco se fue estrechando cada vez más en torno a Tenet. Tenía la obligación legal de rectificar la información y su testimonio. Pero si lo hacía, revelaría la falta de sinceridad de la CIA. Los hechos, si se destapaban por completo, habrían puesto a los agentes de mayor rango en peligro de ser procesados por prestar declaraciones falsas ante los órganos ejecutivos y legislativos del Gobierno. Su asesor, John Rizzo, hizo todo lo que pudo para proteger a esos agentes encargándose de que el informe del grupo operativo fuera enterrado. Le había puesto el sello BORRADOR, y un borrador de informe no estaba sujeto a un procedimiento de obtención de pruebas, ni en sentido legal ni en sentido literal. («La simple mención del "procedimiento de obtención de pruebas" hace que los agentes del servicio de inteligencia sientan escalofríos», comentó Fred F. Manget, antiguo asesor jurídico adjunto de la CIA).[8] Rizzo advirtió a todos los interesados de que «tenemos que ser muy cuidadosos con lo que se pone en un papel». Ordenó que todos los informes internos sobre el programa en cuestión se presentasen de forma oral, y no escrita.

Todo esto garantizaba que ningún extraño viera el trabajo del grupo operativo, ni que supiera que existía. Ni los miembros de la Comisión de Inteligencia del Senado, que redactó un informe anodino que se ceñía a la historia falsa. Ni el Departamento de Justicia ni el FBI, cuando abrieron su estéril investigación criminal. Ni tampoco la Casa Blanca, donde la consejera de Seguridad Nacional, Condoleezza Rice, pidió a Rand Beers, a la sazón vicesecretario de Estado de la Oficina de Asuntos Internacionales de Narcóticos y Aplicación de la Ley, que llevara a cabo un examen externo independiente de lo ocurrido en Perú.

Beers había supervisado los programas de lucha contra el narcotráfico internacional desde la década de 1980. Había considerado a Tenet amigo suyo desde la época en la que habían estado juntos en el Consejo de Seguridad Nacional. Estaba muy familiarizado con la forma de trabajar que tenía la CIA desde los tiempos en los que había dirigido la política de inteligencia en el Consejo de Seguridad Nacional. Conocía a algunos de los actores principales del drama, incluido Rodriguez, que le había impresionado por su costumbre de transgredir las normas cuando se conocieron por la época en la que este último había ejercido como jefe de estación en Panamá. Beers hizo las preguntas adecuadas. Solo que no obtuvo las respuestas adecuadas. La recogida de datos que llevó a cabo dependió en gran medida de la cooperación de Rizzo y del agente del servicio clandestino que se le asignó como enlace, Regis Matlock, que había sido relegado a calentar el asiento en un despacho del cuartel general de la agencia desde que ayudara a supervisar las operaciones fallidas para socavar el poder de Sadam Husein en 1996. Se atuvieron al relato falso. Nadie dijo a Beers que existiera el grupo operativo sobre Perú. Nadie le dijo nunca que se hubiesen ignorado las normas presidenciales y la obligación de informar. Nadie le dijo nunca que hubiera problemas de ningún tipo con el derribo de otros aviones, aparte del de los misioneros, y todos echaron la culpa de aquella tragedia a los peruanos.

Beers se enteró de que la CIA había recortado las normas por motivos de seguridad aérea en 1999, no de que las había transgredido todas desde el primer momento. Pero solo eso bastó para que Rice se pusiera hecha una furia cuando recibió el informe. Inmediatamente envió un furibundo email a Tenet, pidiéndole que le dijera exactamente «quién dio la aprobación para que la CIA "cambiara los procedimientos" que con tanta claridad exigía el presidente» y quién supervisó el programa en el cuartel general de la agencia y sobre el terreno. Rice siguió preguntando, pero ni Tenet ni nadie respondió nunca a sus preguntas. Ese desafío no tenía realmente precedentes en la historia reciente de la CIA. La agencia solía mostrarse exquisitamente sensible a las interpelaciones de la Casa Blanca. Negarse a contestar a la consejera de Seguridad Nacional representaba un riesgo demasiado peligroso para Tenet. Y lo mismo significaba engañar a su amigo y colega Rand Beers. Veintiún años después, Beers vio por primera vez el informe del inspector general en el que se detallaban los subterfugios que la CIA había ocultado. «¡Qué amargo resultó leer aquello! —me comentó—. Me sentí traicionado».[9]

Tenet no corrigió nunca el documento ni pidió explicaciones a nadie. Tenía sus motivos. Ni él ni la CIA podrían aguantar fácilmente otro golpe a su credibilidad. Seguía estando en libertad condicional ante el presidente. Nada le podía venir peor que la Casa Blanca, el Congreso o el FBI se pusieran a escudriñar por encima de su hombro. Lo que quería urgentemente era mirar hacia delante, no hacia atrás. Tenía entre sus manos una crisis mucho más grave que un par de estadounidenses muertos.

3

«Resultaba todo tristemente absurdo»

«La amenaza del terrorismo es real, es inmediata y va evolucionando», había dicho Tenet a la Comisión de Servicios Armados del Senado el 7 de marzo de 2001.[1] Esa misma semana había redactado una resolución —una orden presidencial de operación encubierta— para el Consejo de Seguridad Nacional. Rizzo lo había elaborado para que fuera «tan directo y poco ambiguo como me fuera posible hacerlo: se nos concedería autorización para capturar o matar a Bin Laden. Punto. En otras palabras, capturarlo vivo o muerto».[2]

Rice dijo a Tenet que le quitara aquel documento de la mesa. No estaba dispuesta a tenerlo en cuenta, y mucho menos a mostrárselo al presidente. No lo veía como algo urgente. Ni tampoco lo vio así el secretario de Defensa, Donald Rumsfeld, que había sido la primera opción de Bush para sustituir a Tenet, antes de que tanto él como sus asesores se lo pensaran mejor. Rumsfeld hablaba por muchos miembros de la administración Bush cuando, unos días después, dijo al Estado Mayor Conjunto: «Por primera vez en décadas, el país no se enfrenta a ningún desafío estratégico... No tenemos que despertarnos cada mañana pensando que va a ocurrir algo terrible».[3]

Tenet no había conseguido convencer a Bush, ni a Cheney, ni a Rumsfeld ni a Rice de que iba a ocurrir algo terrible. Todos se negaron a ayudarlo a tomar medidas contra al-Qaeda. Y el hombre al que Tenet había nombrado jefe del servicio clandestino no iba a tomar la iniciativa.

Jim Pavitt era un «espiócrata», hombre elegante de ojos azul celeste, vestido con trajes de mil dólares, pañuelo de bolsillo de seda, la cabellera blanca siempre bien peinada, y todo un maestro de la política de despacho, pulido por tres años en la Casa Blanca como director de inteligencia del Consejo de Seguridad Nacional durante el mandato del primer presidente Bush, predecesor de Tenet en el cargo. Pavitt había trabajado en la reconstrucción del servicio clandestino, en aquellos momentos más ágil, además de mucho más numeroso de lo que había sido tres años antes, y había creado el departamento contra la proliferación nuclear de la CIA, cuya misión era frustrar los programas de fabricación de armas nucleares por parte de estados canallas. No tenía mucha experiencia en la lucha violenta en lugares peligrosos, aunque en una ocasión había sido detenido y expulsado de Alemania Oriental. Durante los veinticinco años pasados en la CIA, su único destino como jefe de estación había sido en un pequeño país europeo rico e insignificante desde el punto de vista estratégico; a sus espaldas, algunos agentes lo llamaban no por su nombre, sino «jefe del grupo de Luxemburgo». En su despacho en la séptima planta podían verse carteles de ópera de los teatros de Europa y un elegante mobiliario *art déco*. Algunos días, miraba su reloj de pulsera tras la reunión plenaria de las cinco de la tarde con el director y se iba a casa a prepararse un martini y comerse un filete, mientras sus subordinados se quedaban a trabajar hasta bien entrada la noche.

Lo que tenían contra él algunos de sus agentes de operaciones de la CIA era su renuencia a aprobar cualquier acción encubierta demasiado temeraria. Había cancelado dos misiones con las que se pretendía capturar a Bin Laden, para mayor frustración de los cabecillas de la lucha antiterrorista de la agencia, y tenía el propósito de reducir las actividades de entrenamiento paramilitar, pues no veía mucha necesidad de ellas en el horizonte. Aquello indignaba a los agentes operativos más exaltados, cuyo número era cada vez mayor, y que deseaban fervientemente llevar la lucha contra al-Qaeda a Afganistán. Su cabecilla era el jefe de la división de antiterrorismo, Cofer Black, al que Tenet había encargado desarrollar un plan de ataque contra Bin Laden.

Black era un hombre corpulento, sumamente obstinado, cuyos agentes lo apodaban Hulk. Nacido y criado en la opulenta ciudad de Ridgefield, Connecticut, casi exclusivamente habitada por blancos, había empezado a curtirse en la época de Reagan, apoyando a las guerrillas anticomunistas de Angola con el respaldo del Gobierno sudafricano del *apartheid*. De 1993 a 1995 había sido jefe de estación en Sudán, cuando los Estados Unidos lo consideraban un Estado terrorista. Durante aquellos años también había vivido allí Bin Laden, y la CIA lo había puesto bajo vigilancia; según contaba Black, Bin Laden había intentado asesinarlo en una ocasión.*

Habían pasado tres años desde que el terrorista saudí había declarado que era un deber religioso asesinar a los ciudadanos estadounidenses en cualquier lugar de la tierra. En la séptima planta de la sede de la organización, todo el mundo tenía la sensación de que el tiempo iba corriendo.

«Este país tiene que ponerse en pie de guerra de inmediato»

La nueva estrategia de Black contra al-Qaeda no tenía nombre en clave. Él la llamaba simplemente «el Plan». Había enviado a Afganistán a Gary Schroen, jefe adjunto de la División para Oriente Próximo del servicio clandestino, para reunir a los señores de la guerra a los que la CIA había armado, gastando miles de millones de dólares para ello, durante su yihad contra los soviéticos, en el curso de los

* La estación de la CIA y la embajada estadounidense en Sudán cerraron poco después de la marcha de Black, a raíz del informe de amenaza que hizo llegar a Washington. La CIA se vio obligada a retirar dichos informes en 1996, tras concluir que la fuente en la que se había basado no era fiable, sino un individuo que se había dedicado sin fundamento a dar la voz de alarma a cambio de dinero.

años ochenta. Cuando el Ejército Rojo se retiró del país en 1989, el presidente Bush padre se había lavado las manos en lo concerniente a las actividades estadounidenses en Afganistán. Vinieron luego siete años de caos en los que los señores de la guerra se pelearon entre sí por el poder, hasta que en 1996 los talibanes se levantaron e impusieron su cruel régimen medieval de ley y orden.

«Personalmente tuve al principio una opinión favorable de los talibanes», comentaría Zalmay Khalilzad, el único afgano en el entramado de seguridad nacional estadounidense y principal negociador de la rendición de los Estados Unidos ante ellos bajo el mandato del presidente Donald Trump. «Me sentía mal por la anarquía y la guerra civil en Afganistán tras la marcha de los soviéticos. Los talibanes, por lo menos, habían estabilizado la mayoría del país. Sin embargo, una vez en el poder, se volvieron unos tiranos y se aliaron con al-Qaeda».[4] Su república islámica había creado un refugio seguro para Bin Laden, que se trasladó de Sudán a Afganistán en 1996, pagando a los mulás y a los jefes militares de los talibanes cuantiosas sumas de dinero para que lo protegieran. El grupo medular de al-Qaeda, que había jurado lealtad a Bin Laden en Afganistán, no era excesivamente grande, pero los hombres y mujeres del Centro de Antiterrorismo de la CIA —un grupo más pequeño, formado aproximadamente por unos doscientos individuos— calculaba que al-Qaeda disponía de miles de partidarios en unos sesenta países.

Gary Schroen había facilitado dinero y había dado ánimos a la Alianza del Norte, una confederación vagamente unida, capitaneada por Ahmed Shah Masud y apoyada por Irán, Rusia y la India. De 1992 a 1996, Masud y un comandante rival que había contado con el apoyo de la CIA habían entrado en guerra y habían arrasado buena parte de Kabul con misiles tierra-tierra, muchos de ellos proporcionados por la CIA durante la yihad contra la Unión Soviética. Sus bombardeos indiscriminados causaron la muerte de millares de hombres, mujeres y niños. Esas fuerzas habían perpetrado asesinatos, secuestros y violaciones. La CIA pensaba que Masud era incorruptible. Sabía que sus lugartenientes no lo eran. Pero estaban entre los pocos amigos que tenían los Estados Unidos en Afganistán. Schroen había trabajado con ellos para crear una red de espías capaz de rastrear los pasos de Bin Laden, según este iba trasladándose furtivamente de un campo de adiestramiento a otro y a sus distintas residencias seguras. Los agentes afganos, generosamente pagados, habían construido una base operativa en una casa de campo con una viña a pleno rendimiento, pero nunca llegaron a acercarse a Bin Laden. Los pocos extraños a los que la CIA había informado sobre el Plan se habían sentido profundamente frustrados; uno de ellos era el embajador estadounidense en Pakistán, Bill Milam. «¿A qué están esperando? ¿A que fermente el vino?»,[5] preguntó al jefe de estación, Robert Grenier.

Black se dio cuenta de que aquella operación de cazarrecompensas no daría nunca frutos. Revisó el Plan y solicitó que un contingente de agentes de primer nivel de la CIA se pusiera al frente de las fuerzas de los señores de la guerra, con apoyo del Mando Conjunto de Operaciones Especiales del Pentágono. Al subdirector del Centro de Antiterrorismo de la CIA, Hank Crumpton, se le ocurrió crear una base cercana al reducto de Masud en el valle del Panjshir, al norte de Kabul, para que sus agentes pudieran llevar a cabo ellos mismos la busca y captura de Bin Laden. Pensó que se trataba de un riesgo calculado que podía tener una recompensa enorme.

Pavitt había rechazado la idea, por considerarla demasiado peligrosa.* Crumpton pidió entonces a Rich Blee,

* Más tarde, en agosto de 2000, Black, Crumpton, Rich Blee y Greg Vogle, dirigente de un grupo paramilitar, organizarían un equipo armado de ocho hombres para viajar por tierra hasta el cuartel general de Masud, a lo largo de una ruta seguida por organizaciones de ayuda como Médicos sin Fronteras. Crumpton y Vogle dirigirían la misión. Una vez más, en el último minuto, Pavitt la canceló. Como diría Crumpton, «Cofer, Rich, Greg y yo nos preguntábamos cómo los cooperantes desarmados de las organizaciones humanitarias podían tener más pelotas que la CIA». Siete semanas después, Crumpton dirigió un equipo de la CIA encargado de

hijo de un destacado agente del departamento para la Unión Soviética y director de la célula de la central dedicada a seguir el rastro de Bin Laden, que pensara en utilizar un dron Predator para buscar a su presa. El campo de visión del Predator era estrechísimo: requería una mezcla de inteligencia humana, inteligencia de señales, pericia técnica y una fe ciega en encontrar a Bin Laden. Tenet y Pavitt se habían mostrado reacios a utilizarlo, pero después de una sangrienta batalla interna, accedieron a hacer una prueba. Los drones habían sobrevolado Afganistán en dieciséis ocasiones durante el otoño de 2000. Y entonces el Predator había divisado a un saudí de elevada estatura y vestido de blanco que entraba a pie en un recinto de al-Qaeda conocido como la Hacienda Tarnak, a las afueras de Kandahar, y transmitió el vídeo al cuartel general de la CIA. Se envió un mensaje relámpago a la Casa Blanca y al Pentágono: «Lo hemos encontrado». La respuesta fue: «¿Saben ustedes con certeza que estará ahí durante seis horas más?». Eso era lo que tardarían los buques de la Armada situados en el océano Índico en armar, apuntar y disparar sus misiles de crucero contra él.

«Teníamos a Bin Laden en nuestros visores electrotelescópicos, pero no teníamos una política realista, ni una autoridad clara, ni recursos significativos para atacar al objetivo con una rapidez y una precisión letales —se lamentaría Crumpton—. Resultaba todo tristemente absurdo».[6] Tanto él como Black estaban locos de frustración: se sentían como perros de presa atados e inmovilizados. Habían presionado

investigar el ataque suicida perpetrado el 12 de octubre de 2000 por al-Qaeda contra el buque Cole, de la Armada de los Estados Unidos, que causó la muerte de diecisiete marineros, mientras el barco, un destructor lanzamisiles, repostaba en el puerto de Adén, en Yemen. Crumpton escribió directamente a Pavitt desde Adén, solicitándole con urgencia un plan de ataque contra al-Qaeda en Afganistán. «Pensaba que esta vez iba a ser diferente. Los Estados Unidos contraatacarían... Era la guerra. El Gobierno no tenía más opción que perseguir al enemigo»; sin embargo, se llegó a lamentar, «no podía estar más equivocado». Henry A. Crumpton, *The Art of Intelligence: Lessons from a Life in the CIA'S Clandestine Service* (Penguin, Nueva York, 2012), pp. 163-166.

con todas sus fuerzas para emprender una guerra con drones en Afganistán, armando el Predator con misiles Hellfire y haciendo de él no ya un instrumento de espionaje, sino una máquina de matar. Pavitt se había opuesto a la iniciativa rotundamente, pero había perdido la batalla. Seguía sin resolverse, sin embargo, la cuestión de quién iba a apretar el gatillo. Nadie supo prever que los drones iban a transformar el arte de la guerra.

Los amenazadores informes de la CIA sobre al-Qaeda fueron acumulándose durante toda la primavera de 2001. Aunque las informaciones de inteligencia más ominosas eran a menudo vagas hasta la exasperación, la CIA y sus socios extranjeros habían detectado y frustrado varias tramas de al-Qaeda cuya finalidad era volar la embajada estadounidense en París y en Saná, la capital de Yemen, entre otros objetivos. A comienzos del verano, la amenaza se había vuelto avasalladora. El 10 de julio, Tenet oyó a Cofer Black exponer siete ejemplos concretos de información de inteligencia, todos ellos reunidos a lo largo de las últimas veinticuatro horas, que pronosticaban un ataque espectacular de al-Qaeda contra objetivos estadounidenses en el extranjero.

«Los informes que me presentó me pusieron literalmente los pelos de punta —recordaría Tenet—. Cuando acabó la sesión informativa, descolgué el teléfono de seguridad, grande y blanco, que había a la izquierda de mi escritorio, el que tenía línea directa con Condoleezza Rice, y le dije que necesitaba verla de inmediato».[7] Al cabo de una hora, Tenet, Black y Rich Blee estaban en el despacho de la consejera de Seguridad Nacional. Blee dijo que el ataque se produciría en el plazo de unas pocas semanas o meses. En último término, el objetivo de Bin Laden, dijo, era la destrucción de los Estados Unidos.

—¿Qué debemos hacer? —exclamó Rice en tono quejumbroso.

Black contestó con energía:

—Este país debe ponerse en pie de guerra de inmediato.[8]

—¿Cómo? —preguntó Rice.

«No supo por qué era presidente»

Tenet quería contar con la aprobación del presidente para que sus agentes mataran a Bin Laden *ya*. El Consejo de Seguridad Nacional tenía que celebrar una reunión plenaria formal *ya*, para que Bush firmara la orden *ya*. Rice se encargó de que no fuera así. Colocó la cuestión en la agenda del Consejo de Seguridad Nacional para la reunión que debía celebrarse el 4 de septiembre.

Rice no tenía mucha fe en Tenet. No entendía su sentido de la urgencia, y él no era capaz de hacérselo entender. La consejera no accedería a su solicitud, porque el presidente no tenía una política sobre al-Qaeda, y ella no estaba preparada para estudiar una y presentársela para su aprobación. Bush no tenía ninguna política sobre al-Qaeda porque no tenía ninguna política sobre Afganistán. No tenía ninguna política sobre Afganistán porque no tenía ninguna política sobre Pakistán, cuyo dictador militar fingía apoyar a los estadounidenses, cuyo ejército poseía armas nucleares y cuyo poderosísimo servicio de inteligencia respaldaba a los talibanes a capa y espada. El trabajo de Rice consistía en focalizar la mente del presidente en todas estas cuestiones, que no tardarían en convertirse en asuntos de vida o muerte. Pero no era capaz de fraguar un consenso entre los principales miembros del Consejo de Seguridad Nacional: el presidente, el vicepresidente, el secretario de Defensa Rumsfeld y el secretario de Estado Colin Powell. Fruto de todo ello fue el estado de incoherencia estratégica reinante en la Casa Blanca. Los Estados Unidos no disponían de ningún plan para defenderse de al-Qaeda aparte del Plan.

Bush seguía descentrado en su papel de líder del mundo libre. «No supo por qué era presidente» hasta que los Estados Unidos fueron atacados, como diría abiertamente su subsecretario de Estado Richard Armitage.[9] Rumsfeld despreciaba a Powell y Powell desconfiaba de Rumsfeld, cuyos lugartenientes neoconservadores se dedicaban a afilar cuchillos contra él, un general de cuatro estrellas al que consideraban un liberal que no se atrevía a salir del armario.

«Aquel no era un matrimonio ideal —comentaría en tono reflexivo Powell—. El Departamento de Estado siempre es el enemigo para esta gente. Y la CIA. Tampoco les gusta la CIA».[10]

La estrella de Tenet había ido apagándose en el firmamento del Consejo de Seguridad Nacional durante todo el verano. «No había manera de que Cheney estuviera dispuesto a que Tenet continuara en su cargo —según había venido oyendo decir su director ejecutivo adjunto John Brennan—. Llegó a hablarse incluso de que Rumsfeld dirigiera la agencia durante una temporada».[11] Los dos personajes abrigaban un fuerte escepticismo en torno a las capacidades de la CIA. Su desconfianza databa de hacía un cuarto de siglo, de la época en la que habían prestado servicio, uno como jefe de gabinete (Cheney) y otro como secretario de defensa (Rumsfeld), con el presidente Richard Nixon, el cual había despreciado y desacreditado a la CIA, por considerarla una camarilla de liberales en el armario cuyo objetivo era subvertir su figura.

Pensaban que la amenaza de al-Qaeda quizá no fuera más que un gran engaño cuya finalidad era confundir a la Casa Blanca y al Pentágono y distraerlos de asuntos más urgentes. En su mente tenían un plan de batalla distinto.

4
La bahía de las Cabras

El 4 de agosto de 2001, Luis Rueda empezó a elaborar un plan detallado para una operación encubierta que contribuyera a derrocar a Sadam Huseín.

Había llegado a vislumbrar un panorama general de lo que pensaba la administración Bush al leer los resúmenes de las reuniones del Consejo de Seguridad Nacional, en su papel de mano derecha del subdirector de la CIA, John McLaughlin. Lo había sorprendido el hecho de que los «asuntos del Golfo» apareciesen en la agenda dos o tres veces a la semana desde la toma de posesión de Bush. El propio presidente había presidido dos reuniones del Consejo de Seguridad Nacional dedicadas a este tema. «¿De qué va eso?», preguntó Rueda a su jefe. «¡Ah! —respondió McLaughlin—. Es lo de Irak. Hablan del cambio de régimen».* Aquello llamó la atención de Rueda, cuyo trabajo le daba la posibilidad de elegir cuál iba a ser su próxima tarea. Se convirtió así en el nuevo jefe del Grupo de Operaciones en Irak de la CIA.

La bahía de Cochinos lo había convertido en ciudadano estadounidense. Había nacido en La Habana y le habían puesto el nombre de su padre, que había trabajado para derrocar a Fidel Castro hasta que la invasión de Cuba por la

* «Lo que pretendemos en realidad es perseguir a Sadam —había dicho Rumsfeld al Consejo de Seguridad Nacional el 1 de febrero de 2001, once días después de que Bush tomara posesión de su cargo—. Supondría un cambio total en la región y fuera de ella. Demostraría de qué va la política de los Estados Unidos».

CIA acabó en desastre. Su madre se lo llevó consigo a los Estados Unidos, donde él decidió reanudar la batalla que había perdido su progenitor. Entró a formar parte de la División para América Latina de la CIA a comienzos de la guerra de la administración Reagan contra el comunismo. Dirigió algunas operaciones paramilitares y propagandísticas en Centroamérica; escuchó a Reagan pronunciar un discurso en el cuartel general de la agencia, elogiándola por ser «el mecanismo detonador de la democracia», capaz de desbancar a los regímenes totalitarios; vio cómo sus superiores eran condenados en la debacle del Irangate; ascendió y fue nombrado jefe de estación; logró sacar a flote varios barcos en pleno hundimiento, y salió de todo ello con una reputación estelar. Tenía un sentido del humor muy retorcido, una capacidad afinadísima de detectar las majaderías y una extraordinaria facilidad para imponer el orden en medio del caos. Aquellas cualidades acabarían resultándole muy útiles.

Además, lo que Tenet necesitaba para hacer feliz a la Casa Blanca era precisamente un plan audaz para quitar de en medio a Sadam.

Rueda pasó a trabajar en su nuevo despacho en la sexta planta de la sede central. Pidió al servicio clandestino los historiales internos de las misiones de la CIA en Irak, con el fin de repasar las duras lecciones que habían tenido que aprender. No hubo forma de encontrarlos, y nadie sabía dónde buscarlos. Sin embargo, él ya era consciente de que esas misiones habían fracasado de manera estrepitosa, arruinadas por las malas técnicas de espionaje y las ideas quiméricas. Tras la guerra del Golfo de 1991, dirigida por el general Powell y el secretario de Defensa Cheney, que acabó con una victoria rápida pero dejó a Sadam Huseín en el poder, el presidente Bush había animado abiertamente a la población de Irak a sublevarse y había ordenado a la CIA que la ayudara en ese cometido. Sadam había perpetrado una matanza de miles de ciudadanos. Durante los años sucesivos, la CIA había apoyado a los disidentes kurdos del norte del país, a los chiitas del sur, a los exiliados iraquíes en

Londres y a los desertores del Ejército refugiados en Jordania, todo con la intención de crear una oposición interna al régimen lo bastante fuerte como para dar un golpe de Estado. Todos aquellos esfuerzos ascendieron a cerca de cien millones de dólares en operaciones finalmente frustradas. La CIA había establecido una base en territorio kurdo intentando crear una fuerza de resistencia y reclutar a miembros de los círculos íntimos de Sadam. Pero este arrasó la base y exterminó a los aliados de la CIA en julio de 1996. Durante los dos años siguientes, algunos destacados exiliados iraquíes lograron engatusar a los agentes de la CIA para que llevaran a cabo varios intentos chapuceros de espionaje; la policía secreta de Sadam se infiltró entre ellos y detuvo, torturó y mató a los agentes a los que se había reclutado. Los elementos esenciales de esos fiascos sangrientos fueron haciéndose públicos por el puñado de periodistas que desde Washington ejercían de azote de los servicios de espionaje.

El cambio de régimen en Irak había constituido la política exterior oficial de los Estados Unidos desde que, en octubre de 1998, el Congreso había aprobado y Clinton firmado una ley sumamente inusual en la que se proclamaba dicho objetivo. Aquel episodio de teatro político no había llevado a cotas más altas al Grupo de Operaciones de Irak. Desde entonces no había emprendido la ejecución de nuevas acciones encubiertas. El predecesor de Rueda había dicho a este que su misión era asegurarse de que las palabras «CIA», «Irak» y «debacle» no aparecieran juntas en la portada del *Washington Post*. En el verano de 2001, el Grupo de Operaciones en Irak estaba formado por dieciocho personas, dos de las cuales eran funcionarios de plantilla con mucha experiencia. Uno de ellos estaba a punto de jubilarse, y el otro era Rueda. En la CIA no había ningún sistema que permitiera instruir a los nuevos agentes en las intrincadas realidades de la acción encubierta, la guerra política, la propaganda y las misiones paramilitares, salvo un curso rápido de adiestramiento. La capacitación en el trabajo era la única formación que tenían.

«La última vez dejamos el trabajo sin terminar. Y yo voy a acabarlo»

El primer hombre al que consultó Rueda era una de las pocas personas de las que seguían en la agencia que había contribuido realmente a que se produjera un cambio de régimen: Frank Archibald, una especie de oso con gafas que, diez años después, se convertiría en jefe del servicio clandestino.

Archibald se había alistado en el cuerpo de marines tras graduarse en el instituto de una pequeña ciudad de Carolina del Sur y, en 1983, ingresó en la División de Actividades Especiales de la CIA como agente paramilitar. Tenía cuarenta y siete años, pero parecía mayor; tenía un pequeño mechón de cabello blanco y una barriga del tamaño de un balón medicinal. Acababa de regresar de dirigir las operaciones de la CIA en los Balcanes, a la cabeza de un cuadro de agentes que trabajaba en colaboración con las Fuerzas Especiales del Pentágono y los comandos británicos, con la misión de capturar a criminales de guerra y de socavar la posición del sangriento presidente Slobodan Milošević. Los individuos a los que perseguían habían cometido innumerables atrocidades desde que Yugoslavia se desintegrara en una guerra de facciones de serbios, bosnios y croatas al término de la Guerra Fría. Entre los serbios acusados por el Tribunal Penal Internacional de asesinar a miles de musulmanes bosnios estaba el presidente Milošević, que en 1999 se convertiría en el primer jefe de Estado juzgado por crímenes de guerra. Los Estados Unidos y la OTAN habían entrado en la guerra para quitarlo de en medio. Cuando ese intento fracasó, Archibald se encargó de supervisar una operación propagandística encubierta y abundantemente financiada, en coordinación con una iniciativa política manifiesta del Departamento de Estado en apoyo de una campaña patriótica, pacífica y profundamente democrática de captación de votos que dio lugar a la derrota de Milošević en las elecciones de septiembre del año 2000. Este moriría en la celda de una cárcel en La Haya. Fue aquel un caso en el que los intereses de la CIA y los derechos humanos coincidieron por completo.

Archibald era un maestro en las intrincadas técnicas del espionaje. Sus trabajos de búsqueda y captura provenían de una fusión alquímica de información de inteligencia, operaciones encubiertas y fuerza militar. Los hombres de la CIA reclutaron a agentes serbios, incluido el jefe de espionaje de Milošević, y les pagaron por suministrarles información de inteligencia susceptible de ser utilizada en acciones judiciales. Además, colaboraron con el Mando Conjunto de Operaciones Especiales del Pentágono para capturar a sus objetivos. «Aquella era la única guerra que teníamos por entonces, y era la información de la CIA la que la sacaba adelante», diría el general David Petraeus, que se hizo famoso como general de una estrella colaborando con Archibald en los Balcanes y que, diez años después, pasó a ser el desafortunado director de la CIA.[1] Armados con imputaciones metidas en sobres lacrados y guiados por dispositivos de escucha electrónica de la Agencia Nacional de Seguridad y drones de vigilancia Predator, los integrantes de la fuerza conjunta formada por los espías de Archibald, los soldados de Petraeus y los comandos británicos derribaron puertas, capturaron a criminales de guerra, les pusieron grilletes en manos y pies, los metieron en camionetas, los cargaron en helicópteros y los enviaron a La Haya. Y a medida que los fueron cazando, descubrieron que los Balcanes se habían convertido en un centro neurálgico de yihadistas, entre los cuales había veteranos afganos de la yihad apoyada por la CIA contra los soviéticos que se habían vuelto en contra de los estadounidenses y se habían puesto del lado de al-Qaeda. Los agentes de la CIA secuestraron a una decena de ellos, robaron sus documentos y discos duros, los drogaron, los maniataron y, a continuación, los enviaron a cárceles de El Cairo y de Ammán. Los Balcanes, según diría Petraeus, eran «un campo de adiestramiento verdaderamente interesante» para las operaciones de búsqueda y captura, al frente de las cuales se pondría cinco años después en Irak.

Archibald tenía algunas enseñanzas que impartir a Rueda. Sabía qué había hecho mal la CIA en Irak, y creía saber por qué había sido así. «Si puedes, trabaja con patriotas —le dijo—. No trabajes con sujetos que busquen dinero. No trabajes con sujetos que estén ahí buscando el poder. Te joderán en todas las ocasiones. Te dejarán colgado. Y te traicionarán».[2] Armado con estos consejos, Rueda se fue a la Casa Blanca a informar al vicepresidente.

Cheney fue directo al grano. ¿Qué podía hacer la CIA para quitar de en medio a Sadam? «No va usted a conseguir que se produzca un golpe de Estado —contestó Rueda—. Sadam ha matado a toda la oposición existente dentro del país»,[3] asesinado a sus familias, quemado sus aldeas... Los pocos que habían logrado sobrevivir llevaban décadas en el exilio. Para que una operación encubierta pudiera tener éxito, dijo a Cheney, tenía que haber una base política formada por una oposición iraquí en la que pudiera apoyarse el poder de los estadounidenses. Pero no había nada parecido.

La última vez que los estadounidenses habían escudriñado en el interior del régimen iraquí había sido en diciembre de 1998. Los inspectores de las Naciones Unidas habían buscado en vano armas de destrucción masiva, y habían dado cobertura a los agentes de la CIA para que supervisaran las comunicaciones de las Fuerzas Armadas y los servicios de inteligencia de Sadam. Cuando este expulsó a los enviados de la ONU, los ojos y los oídos de la CIA se fueron con ellos. Desde entonces la CIA no había reunido información de inteligencia acerca del arsenal de Sadam. No había reclutado a ningún agente en el círculo íntimo del dictador. Sus esfuerzos se habían limitado a intentar reunir los números de teléfono de los líderes militares iraquíes para que la CIA pudiera contactar con ellos en el improbable caso de que decidieran organizar un golpe de Estado. «No teníamos nada —dijo Rueda veinte años después—. Y no se puede llevar a cabo una operación encubierta sin información de inteligencia»; menos aún empezar una guerra. Si a la Casa Blanca le parecía conveniente, dijo a

Cheney, redactaría un informe con el fin de que la CIA volviera a operar en el norte de Irak: reclutase espías, organizase una resistencia, se infiltrase en el régimen de Sadam y allanase el camino para una invasión militar.

A Cheney le gustó la idea. Y luego manifestó su opinión de forma memorable: «La última vez dejamos el trabajo sin terminar —dijo el vicepresidente a Rueda—. Y yo voy a acabarlo».

«¿Y QUÉ ES LO QUE SACAREMOS DE TODO ELLO? UNA BAHÍA DE LAS CABRAS»

Rueda se trasladó al Pentágono a informar al subsecretario de Defensa, Paul Wolfowitz, un hombre insensible a la realidad de los hechos, que no supo responder a sus percepciones. Creía, sin tener prueba alguna, que Sadam era responsable del ataque al World Trade Center de 1993 y que mantenía lazos secretos con al-Qaeda; había presionado constantemente a la CIA para que le suministrara unas pruebas inexistentes. Veía a Sadam como la raíz de todos los males de Oriente Medio y pensaba que, si se quitaba de en medio a aquel tirano, Irak se convertiría en una democracia, que las dictaduras existentes en toda la región irían cayendo como fichas de dominó, que los palestinos firmarían la paz con los israelíes y que los Estados Unidos dominarían el mundo árabe. Llegado el momento, el presidente estadounidense suscribiría esta visión.

Bob Gates, director de la CIA con el primer presidente Bush y el último que salió bien parado en este cargo, oyó rumores acerca del nombramiento de Wolfowitz antes de ser hecho público. Llamó a Condoleezza Rice hecho un basilisco. «Le doy un único consejo —dijo—. Haga usted lo que haga, no dé a Paul Wolfowitz una función operacional, porque no sabe hacer la o con un canuto. Así que van y le dan el mayor cargo directivo del Gobierno»;[4] es decir, el de subsecretario de Defensa. Y podría haber sido peor, dijo Gates: «Se rumoreaba que iba a dirigir la CIA, cosa que, a mi juicio, sería *verdaderamente* un gran desastre».

Wolfowitz había solicitado información a Rueda, pero mostró poco interés por sus planes. Enseguida cambió de conversación para hablar del único hombre que, a su juicio, podía transformar Irak: el empalagoso e hipócrita Ahmed Chalabi, un tipo condenado por malversación que dirigía a un grupo de exiliados en Londres llamado el Congreso Nacional Iraquí. Chalabi aseguraba tener una gran influencia en su país natal, pese a no haber estado nunca en Bagdad desde 1958. La CIA había trabajado con él desde 1991 hasta 1996, para disgusto de la agencia. «No podía creerme que pudiéramos estar pagándole dinero para intentar derrocar a Sadam Huseín —escribiría Kenneth Pollock, un destacado analista de la CIA sobre Irak por aquel entonces—. No podía creerme que alguien fuera capaz de comprarle lo que intentaba vender».[5] Tanto la CIA como el Departamento de Estado lo habían calificado de mentiroso y de ladrón; el servicio clandestino había emitido una «notificación de aviso» prohibiendo a sus agentes colaborar con Chalabi y advirtiendo a sus analistas que no creyeran ni una palabra de lo que decía. «Ese tío es una sabandija —decía Armitage a todo el que le preguntaba—. Y no hará nada más que meternos en líos».[6]

Wolfowitz conocía estas opiniones tan firmes, pero las desdeñó. Durante años, Chalabi había estado cortejando a diversos políticos poderosos de Estados Unidos y a periodistas influyentes; a gerifaltes de los servicios de inteligencia retirados, como Dewey Clarridge o el antiguo director de la CIA James Woolsey, y a traficantes de influencias conservadores como Cheney y Wolfowitz. Y ahora iba diciendo que poseía una información interesantísima sobre Sadam, al tiempo que pretendía colar un plan para liberar a Irak que contaba con el visto bueno directo de Clarridge.

Wolfowitz intentó entonces vender ese proyecto a Rueda. Una escuadrilla de F-18 debía despegar de un portaaviones y efectuar un bombardeo durísimo sobre el sur de Irak. Luego, los comandos estadounidenses introducirían en la zona a un batallón de hombres de Chalabi que llevaban años viviendo en Estados Unidos o en Europa. Este ejército de civiles adiestrados, financiados y armados por sus aliados estadounidenses, avanzaría hacia el norte, liberaría la capital e instalaría a Chalabi como nuevo líder de un Irak secular y democrático, basado en el libre mercado. Este plan visionario contaba con el pleno apoyo de los principales lugartenientes de Rumsfeld. No impresionó, sin embargo, al general de cuatro estrellas retirado Anthony Zinni, que había estado al mando de las fuerzas estadounidenses en el golfo Pérsico, y que lo resumiría de forma contundente en los siguientes términos: «Unos tíos acostumbrados a lucir trajes de seda y Rolex en Londres improvisan ahora una expedición.[7] Vamos a equipar a un millar de combatientes y a armarlos con AK-47 valorados en noventa y siete millones de dólares y los introduciremos en Irak. ¿Y qué es lo que sacaremos de todo ello? Una bahía de las Cabras».*

La bahía de las Cabras no era lo que Rueda tenía en mente. Regresó al cuartel general de la agencia y redactó una resolución para que la firmara el presidente. Proponía en ella contratar a trescientos hombres y gastar doscientos millones de dólares al año con el fin de ejecutar su plan. Los elementos esenciales de este eran labores de espionaje, infiltración en las instituciones, reclutamiento de efectivos, desinformación, sabotaje y acción directa, esto es, asesinato

* Rueda se reunió también con Zalmay Khalilzad, recientemente instalado como hombre clave del Consejo de Seguridad Nacional para el mundo islámico y que estaba a punto de recibir de Bush la orden de preparar un Irak sin Sadam. Khalilzad prestaría más tarde servicio como embajador de Bush en Irak, Afganistán, las Naciones Unidas y, en última instancia, como arquitecto diplomático de la desastrosa retirada estadounidense de Kabul en 2021. Causó a Rueda la impresión de ser un hombre a merced de Chalabi, profundamente desorganizado y un peligro potencial para sí mismo y para los demás. Por su parte, es evidente que Khalilzad no escuchó lo que le decía Rueda: «Creo que lo del golpe de Estado era posible. La gente de la CIA creía que aquella podía ser una forma de abordar el problema de la guerra», diría. Eso era justamente lo contrario de lo que decía el informe de Rueda. (Testimonio oral de Khalilzad, Miller Center).

de personas. Rueda proponía enviar dos equipos de agentes de la CIA y de soldados de las fuerzas especiales al norte de Irak para restablecer las relaciones con los líderes kurdos, las tribus sin Estado que llevaban combatiendo contra Sadam y a menudo unas contra otras desde los años setenta. Los estadounidenses habían seducido y traicionado durante todos aquellos años a los kurdos, que se mostraron justamente escépticos respecto a los propósitos de los estadounidenses. Resultaba esencial ganar su confianza con dinero y armas: sus guerrillas tenían una larga experiencia luchando contra el ejército de Sadam en las montañas, y su pequeño servicio de inteligencia, creado con apoyo de la CIA durante los años noventa, era capaz de llevar a cabo labores de espionaje en las ciudades de Irak. Rueda utilizaría sus contactos para crear redes de informadores, espiar al régimen y reclutar a agentes iraquíes para infiltrarse en el ejército y en los servicios de seguridad de Sadam, con el fin de subvertirlos. Suministraría a los kurdos potencia de fuego suficiente para convertirlos en una fuerza de combate capaz de atrapar a las divisiones iraquíes en el norte, matándolas en el campo de batalla al tiempo que saboteaba los depósitos de armas y las bases del ejército.

Un elemento fundamental de los planes de Rueda era una propaganda cuidadosamente diseñada. Una unidad del Grupo de Operaciones de Irak con base en Jordania —el jefe de estación sobre el terreno era Charlie Seidel, considerado el arabista más cualificado de la CIA— se encargaría de crear canales de desinformación, ideados para engañar a Sadam. La idea era hacerle creer que realmente existía una oposición interna en Bagdad, cuando en realidad no había ninguna, y que algunos miembros de su círculo íntimo conspiraban contra él, obligándolo a matar a sus leales con el fin de sofocar un golpe de Estado que no parecía producirse. Todo ello serviría para allanar el camino a una invasión militar; Rueda sabía que era harto improbable derrocar a Sadam a menos y hasta que «la 82.ª División Aerotransportada aterrizara en Bagdad y empezara a matar a todo el mundo». Acabó rápidamente su plan de acción encubierta y le puso el nombre clave de ANÁBASIS, inspirado en la historia de un ejército mercenario griego capitaneado por Ciro el Joven, que intentó arrebatar el trono de Persia a su hermano en el año 401 a. C.*

A finales de agosto, su plan estaba listo para ser sometido a la consideración de la Casa Blanca y del Pentágono. Lo único que faltaba era una razón para emprender la guerra. Pero, primero, el Consejo de Seguridad Nacional tenía programada otra acción encubierta.

«Había muchas cosas que no sabíamos»

El 4 de septiembre de 2001 se presentó por fin a la consideración del Consejo de Seguridad Nacional una directiva presidencial sobre al-Qaeda. Cheney, Rumsfeld, Powell, Rice y Tenet fueron algunos de los que se reunieron en la sala de crisis de la Casa Blanca. Pero no estaba sobre la mesa la mortífera resolución presidencial que había buscado Tenet en el mes de julio, por la que sus agentes tendrían autorización para matar a Bin Laden. La propuesta mucho más modesta que se les planteó se centraba en aumentar la cantidad de dinero y el apoyo ofrecidos en Afganistán a los señores de la guerra de la Alianza del Norte, con el fin de acabar con Bin Laden y sus yihadistas en el plazo de entre tres y cinco años. Tenet accedió a armar los drones Predator con misiles Hellfire, pero la cuestión de quién se encargaría de apretar el gatillo seguía sin resolverse. No se tomó nin-

* El presidente dio a Rumsfeld una orden formal de preparar una guerra contra Irak el 21 de noviembre de 2001. Diez días después, Rumsfeld dijo al general Tommy Franks, director del Mando Central, que elaborara unos planes de batalla destinados a sacar del poder a Sadam. El 28 de diciembre, Franks informó a Bush, Cheney, Powell, Rice y Tenet sobre sus planes, que incorporaban el de Rueda. Bush firmó el decreto de acción encubierta con el lanzamiento de la Operación ANÁBASIS el 16 de febrero de 2002. La elección del nombre clave había pasado por alto el hecho de que veinticinco siglos antes Ciro había muerto en combate y que sus fuerzas habían sido derrotadas.

guna resolución aparte del acuerdo conjunto de seguir adelante con el plan en un futuro no demasiado lejano, mientras seguía pendiente la aprobación presidencial. Ninguno de los presentes manifestó la menor sensación de miedo ante la amenaza.

La insistencia de la CIA en advertir que era inminente un ataque de al-Qaeda, peligro que había venido intensificándose desde el mes de abril, inexplicablemente había disminuido a comienzos de agosto, pocos días antes de que llegara el aviso que recibió Bush en su rancho de Texas y que no tardaría en hacerse famoso. El informe diario al presidente Bush correspondiente al 6 de agosto, cuyo encabezamiento decía «Bin Laden decidido a atacar en los Estados Unidos», era el trigésimo sexto aviso que la CIA había hecho llegar a Bush sobre al-Qaeda. Incluía un singularísimo comunicado de inteligencia del FBI, en el que se avisaba de una «actividad sospechosa en este país que podría apuntar a preparativos de secuestros». Pero Bush no hizo caso. Pensó que ya había oído todo aquello muchas veces. El presidente y sus asistentes protestarían, una vez consumados los hechos, afirmando que no habían recibido ningún aviso. En realidad, los dirigentes de la CIA habían hecho sonar la alarma más fuerte y larga de su historia, pero no había sido suficiente. Tenían que asegurarse de que Bush y su grupo de confianza la oyeran, pero no lo habían conseguido.

Anticiparse a un ataque sorpresa desde fuera había sido la misión más importante de la CIA. Por falta de información de inteligencia, la conspiración que la agencia no podría evitar iba a ser un éxito como no podría haberse imaginado. «Estábamos lejísimos de conocer a al-Qaeda —escribiría Tenet doce años después—. Había muchas cosas que no sabíamos».[8]

5
El nuevo mundo

Justo después de las ocho de la mañana del 11 de septiembre, Mike Morell entró en una suite del Colony Beach & Tennis Resort de Sarasota, Florida. Morell tenía el aspecto de un estudiante de posgrado extraordinariamente brillante e ilusionado, aunque contaba ya con cuarenta y dos años. Hijo de un obrero de una fábrica de coches y de un ama de casa de Cuyahoga Falls, Ohio, llevaba veinte años como analista de inteligencia. Al cabo de otros doce se convertiría en director de la CIA. Llevaba levantado desde las tres y media de la madrugada, preparándose para entregar al presidente el informe diario de inteligencia. «En el informe no había nada sobre terrorismo —recordaría más tarde—. Era muy rutinario».[1]

El primer avión chocó con el World Trade Center a las 8.46. Bush había entrado en un aula de la escuela elemental Emma Booker para hacer una sesión fotográfica destinada a la publicidad de su ley *No Child Left Behind* [Que ningún niño se quede atrás]. Estaba leyendo en voz alta un libro infantil cuando el jefe de gabinete de la Casa Blanca, Andy Card, le susurró al oído: «Un segundo avión ha chocado contra la segunda torre. Los Estados Unidos están siendo atacados».

El tercer avión chocó contra el Pentágono a las 9.37. «El edificio tembló y las mesas saltaron por los aires —recordaría Rumsfeld—. Supuse que era una bomba».[2] El Air Force One despegó como un cohete, con destino desconocido. Cuando estaban ya en el aire, Bush preguntó a Morell:

«¿Quién lo ha hecho?», como si no hubiera recibido con anterioridad ningún aviso.

Tenet ordenó que se evacuara el cuartel general de la CIA. John McLaughlin volvió a casa y escribió: *Nada volverá nunca a ser lo mismo*. Según recordaría: «Pude darme cuenta de que habíamos entrado en un nuevo mundo».[3] John Rizzo permaneció sentado ante su escritorio. Empezó a redactar una nueva orden de acción encubierta, para la que garabateó en un cuadernillo: *letal*, *capturar*, *detener* e *interrogar*. «Dejé volar la imaginación —recordaría—. Lo improvisé todo».[4] Aproximadamente a las once de la mañana, Tenet llamó al general Michael V. Hayden, director de la Agencia Nacional de Seguridad, responsable en Estados Unidos de las escuchas no autorizadas, quien se encontraba en su cuartel general de Fort Meade, Maryland.

—¿Qué tenéis? —preguntó Tenet.[5]

—Ha sido al-Qaeda —dijo Hayden.

—¿Tenéis pruebas?

—Bueno, estamos oyendo los tiroteos de celebración en el canal.

Este hecho incontrovertible no afectó a Bush, ni a Rice ni a Rumsfeld. Aquella tarde, en el búnker de la Casa Blanca, según recordaría Rice, «Todos nos preguntábamos: "¿Podría estar Irak envuelto en todo esto?"».[6] La consejera de Seguridad llamó por teléfono al embajador británico, Christopher Meyer, y dijo: «Estamos mirando si es posible que haya una conexión con Sadam Huseín».[7] Rumsfeld permaneció durante horas en el Pentágono en llamas. A las 14.40 ordenó a un asesor de primer rango que comprobara si las informaciones de inteligencia eran lo bastante buenas como para golpear de inmediato a Sadam. «Tenemos que atizar a Irak»,[8] dijo aquella noche en el búnker. Por la mañana, el presidente y su círculo más íntimo, estupefactos y asustados, se reunieron en la Casa Blanca. Por la tarde, unas horas después de que Tenet le dijera cara a cara que Bin Laden estaba detrás de los ataques sin que cupiera la menor duda, Bush agarró del brazo al coordinador de antiterrorismo de la Casa Blanca, Richard Clarke, y le dijo: «Mira a ver si Sadam es el que ha hecho todo esto»,[9] como si no hubiera entendido ni una palabra de lo que había dicho Tenet.

El 12 de septiembre, por la noche, la CIA celebró una cena en la séptima planta de su cuartel general. Se dispusieron cuatro mesas formando un cuadrado, cubiertas con mantelería blanca de lino en una sala de conferencias completamente anodina, donde sirvieron silenciosamente las copas unos camareros vestidos con chaquetilla blanca. Sir Richard Dearlove, director del MI6, el servicio de inteligencia de exteriores del Reino Unido, y Eliza Manningham-Buller, subdirectora del MI5, el FBI británico, habían llegado en un avión privado procedente de Londres. Los maestros de espías británicos abrazaron a Tenet, expresaron su solidaridad a la CIA y prometieron apoyarla en sus acciones de antiterrorismo. Se les unieron David Manning, destacado asesor en política exterior del primer ministro Tony Blair, y una camarilla de barones de la CIA, entre los que se encontraban Jim Pavitt; su lugarteniente, Hugh Turner, y Cofer Black.

Manning había oído resonar los tambores de guerra. «Espero que podamos ponernos de acuerdo —dijo— en que debemos concentrarnos en Afganistán y no caer en la tentación de lanzar un ataque contra Irak».[10] Tenet se mostró completamente de acuerdo, y añadió: «Ninguno de nosotros desea seguir ese camino».

Todos pensaban que Bin Laden podía volver a atacar en cualquier momento. Nadie sabía dónde. La CIA no tenía la menor idea de sus intenciones ni de sus capacidades. Pero contaba con un plan para acabar con al-Qaeda, y era la única institución del Gobierno estadounidense que lo tenía. Durante los días sucesivos, Tenet asumiría el papel de comandante de campaña, y su agencia de inteligencia civil pasaría a ser un ejército clandestino dedicado a organizar una lucha desesperada para detener el próximo ataque. Los agentes y los analistas reunidos en el cuartel general de la CIA estaban furiosos, y solo templaban su ira el sentimiento de culpa y el dolor, así como el temor a ser crucificados por no haber sabido evitar el desastre. Y cuando empezaron a afilar sus espadas para emprender la guerra contra al-Qaeda, tuvieron la sensación de que un día tal vez los crucificaran también por eso.

«Estamos jodidos —dijo unos días después Cofer Black a su lugarteniente, Hank Crumpton—. Es como en la Unión Soviética durante la Segunda Guerra Mundial. Los comisarios políticos ejecutaban a los generales que perdían batallas. Y ejecutaban también a los generales que las ganaban. Los comisarios políticos están siempre esperando con las pistolas cargadas».[11]

«De una manera o de otra —dijo Black—, nos llevamos un tiro en la cabeza». Sus palabras resultarían proféticas.

«Si hay guerra, será un desastre para todo el mundo»

El jueves 13 de septiembre el Consejo de Seguridad Nacional se reunió en la sala de crisis de la Casa Blanca. Black, con la cara enrojecida y en tono gruñón, pronunció un discurso en el que, echando fuego por la boca, prometía venganza: la CIA reuniría a los combatientes dirigidos por sus aliados afganos, prepararía el campo de batalla para el ataque, ejecutaría ofensivas aéreas directas y devastadoras de los Estados Unidos contra las fortalezas de los talibanes y perseguiría a los terroristas que habían asesinado a más de tres mil estadounidenses. Había traído guiones gráficos con fotos de Bin Laden y de su principal lugarteniente, Ayman al-Zawahiri. «Muerte a Bin Laden», dijo, tirando su fotografía por encima de su hombro contra las paredes cubiertas con paneles de madera. «Muerte a al-Zawahiri».[12] El presidente preguntó cuánto tiempo se iba a tardar en destruir a al-Qaeda. Cuando la CIA acabara con ellos —en cuestión de semanas, dijo Black—, «habrán quedado para pasto de gusanos».[13] Morell estaba horrorizado. *No puede cumplir esa promesa*, pensó. *No tenemos una red de inteligencia semejante. No tenemos capacidad de hacer nada parecido.*[14] Pero a Bush le gustó la sed de sangre de Black. Por la tarde dijo a la prensa que quería a Bin Laden vivo o muerto.

El sábado 15 de septiembre, al amanecer, el Consejo de Guerra se reunió en Camp David, la residencia campestre del presidente en el Catoctin Mountain Park, Maryland, a unos cien kilómetros de distancia de la Casa Blanca rumbo nornoroeste. Tenet expuso una estrategia global: la CIA organizaría operaciones en 92 países, pagaría enormes cantidades de dinero para movilizar a los servicios de inteligencia extranjeros en países amigos, y atacar redes terroristas en todo el mundo. Como primer paso, dijo, sus agentes tomarían las armas en Afganistán en cuestión de días y destruirían a al-Qaeda en el campo de batalla, con la ayuda de los señores de la guerra de la Alianza del Norte.* Rumsfeld protestó y dijo que los Estados Unidos tenían que atacar también a Irak. «Si se trata de una guerra global contra el terror —dijo—, tenéis que demostrar que es global».[15] Wolfowitz alegó que Sadam seguramente había intervenido de alguna manera en el 11-S, que era la cabeza de la serpiente del terrorismo internacional. Black lanzó a Tenet una mirada de incredulidad e insistió con vehemencia en que Sadam no tenía nada que ver con los ataques. «Vale —dijo Bush—. Dejaremos Irak para más tarde. Pero no por mucho tiempo».

«Creo que realmente todo se decidió aquel primer fin de semana después del 11-S», diría Colin Powell dieciséis años más tarde.[16] Después del desayuno, Bush salió a charlar con Black y Morell. Powell se les acercó y sugirió enérgicamente que la primera respuesta de los Estados Unidos a los ataques debía ser diplomática, utilizando la persuasión y

* El líder de la Alianza del Norte, Ahmed Shah Masud, el aliado más fuerte de la CIA en Afganistán, había sido asesinado por los criminales de Bin Laden el 9 de septiembre. Con el asesinato de Masud, Bin Laden había preparado el campo de batalla para el contragolpe estadounidense que sabía que iba a producirse. Su intención era atraer a los Estados Unidos a una guerra larga, sabedor de que Afganistán era el lugar al que los imperios iban a morir.

la coerción para convencer a los talibanes de que entregaran a Bin Laden. La conversación fue breve. Cuando el secretario de Estado ya no podía oírlo, Bush dijo: «¡Que le den por culo a la diplomacia! Vamos a declarar la guerra».[17]

Pero la diplomacia podía ponerse también al servicio de la guerra. Aquel fin de semana, los embajadores y los jefes de estación se pusieron a buscar aliados en todo el mundo, diciendo a los líderes extranjeros y a sus servicios de espionaje que tenían que ponerse del lado de los Estados Unidos contra al-Qaeda o enfrentarse a su cólera. En Islamabad, la embajadora Wendy Chamberlain y el jefe de estación de la CIA, Robert Grenier, dieron un ultimátum al dictador militar de Pakistán, el general Pervez Musharraf, y al general Ahmed Mahmud, al frente del todopoderoso directorio de inteligencia de Pakistán, el ISI (Inter-Services Intelligence). Tenían que cumplir con las exigencias estadounidenses: detención de los miembros de al-Qaeda que se refugiaran en Pakistán, interceptar los envíos de armas para los talibanes con destino a Afganistán y acabar con todo tipo de apoyo a Bin Laden. Aquella tarea era una verdadera fantasía. En los niveles inferiores del ISI había muchos simpatizantes comprometidos de al-Qaeda. La organización había ayudado a crear a los talibanes, hasta cierto punto los controlaba, y seguía suministrándoles armas, municiones, medios de transporte, combustible e importantísima información de inteligencia. Poco después, Mahmud dijo al embajador de los talibanes en Islamabad: «No estaréis solos en esta yihad contra los Estados Unidos. Estaremos con vosotros».[18] Musharraf intentó esquivar el compromiso antes de acceder a colaborar con los Estados Unidos contra al-Qaeda. Pero se trataba de un aliado con dos caras que jugaría doble durante los años por venir. Grenier se trasladó luego a Quetta, en la frontera de Pakistán con Afganistán, para entrevistarse con el viceministro de Asuntos Exteriores talibán y su jefe militar para el sector meridional de ese país. Su mensaje fue muy directo: «Diga al emir de los talibanes, el mulá Omar, que entregue a los líderes de al-Qaeda a los Estados Unidos o que se prepare para combatir».

«Si hay guerra —le advirtió Grenier con una agudísima visión de futuro—, será un desastre para todos, tanto para vencedores como para vencidos».[19]

William J. Burns, el asistente de la Secretaría de Estado para Oriente Medio —y veinte años después director de la CIA—, envió a su lugarteniente Ryan Crocker a Ginebra, en una misión sumamente sensible para conseguir el apoyo de Irán. Burns sabía que los iraníes odiaban a al-Qaeda y a los talibanes, y pensaba que ayudarían a la CIA a combatirlos. Durante años, sus espías y su Guardia Revolucionaria se habían infiltrado a través de los más de novecientos kilómetros de frontera con Afganistán, suministrando armas, dinero, información de inteligencia y asesores militares a la Alianza del Norte, que contaba con el respaldo de la CIA. Crocker se reunió con una delegación encabezada por Mohammad Ebrahim Taherian-Fard, el legado iraní en Tayikistán. Los iraníes debían un favor a los Estados Unidos: la CIA los había ayudado a armar a los musulmanes bosnios en su lucha contra los serbios en los Balcanes durante los años noventa. «Trajeron unos mapas y dijeron: "De acuerdo, aquí está nuestra información sobre los puntos fuertes de los talibanes... Y esto es lo que nuestros agentes creen que ellos piensan que van a hacer ustedes" —contaría después Crocker—. Luego propuso poner en contacto a nuestros chicos de la CIA en el norte de Afganistán con los miembros de la Guardia Revolucionaria iraní desplazados a esa zona».[20] Los iraníes llegaban muy lejos, aunque la CIA estuviese dispuesta a actuar. Pero, por el momento, basándose en el principio eterno que dice que el enemigo de mi enemigo es mi amigo, los Estados Unidos e Irán eran socios en la guerra contra el terror.*

Bush y Tenet enviaron a un equipo de alto nivel a Moscú —del cual formaban parte Rich Armitage, Cofer

* Los iraníes siguieron ayudando a los estadounidenses en la guerra contra el terrorismo en Afganistán hasta que Bush los situó en el «eje del mal», junto con Irak y Corea del Norte, durante su Discurso sobre el Estado de la Unión de enero de 2002. Aquello acabó con la colaboración que Crocker había conseguido con suma habilidad.

Black y Jose Rodriguez— para incorporar a sus homólogos rusos en la lucha contra al-Qaeda. Esta misión sería la primera de muchos otros intentos de ese estilo. Putin prometió armas rusas por valor de diez millones de dólares, siempre y cuando los estadounidenses las pagaran; como era de prever, sus espías siguieron intentando traicionar a los Estados Unidos. Las antiguas repúblicas soviéticas de Asia central eran la puerta de los estadounidenses a Afganistán. Pero el jefe de estación de la CIA en Dusambé, a poco más de seiscientos kilómetros al norte de Kabul, comunicó que unos agentes del servicio de inteligencia ruso en la capital tayika estaban presionando al Gobierno y a sus vecinos para que cerraran su espacio aéreo y sus bases militares a las fuerzas estadounidenses. Más al norte, en la capital uzbeca, Taskent, el embajador de los Estados Unidos y la CIA frustraron las maniobras de los rusos, asegurándose el derecho a tener una base para el despegue de los Predator, en virtud de un acuerdo con el líder del país, un hombre autoritario que torturaba y asesinaba a sus oponentes, pero no tenía inconveniente en ayudar a los estadounidenses por un buen precio.

Desde 1997, la CIA había pagado y entrenado a agentes uzbecos para que actuaran como fuerza de choque. Ahora, en el momento de disponerse a desplegarlos para la cacería contra al-Qaeda, la agencia creó en Taskent uno de sus múltiples centros internacionales de inteligencia antiterrorista. (El primero había sido establecido en los Balcanes, con el fin de atrapar a criminales de guerra). Tenet voló inmediatamente a Yemen e Indonesia y a otros países con el objetivo de abrir nuevos centros de inteligencia encargados de coordinar el trabajo de la CIA y de los espías extranjeros. La CIA suministraría dinero, armas, helicópteros, coches, dispositivos de visión nocturna y tecnología de interceptación y escucha; el servicio de colaboración se encargaría de tumbar puertas a patadas y capturar o matar a los sospechosos de terrorismo.

El dinero había sido siempre el arma más eficaz en manos de la CIA, con la cual compraba información de inteligencia y arrendaba lealtades tanto de los agentes contratados como de los países recalcitrantes. En aquellos momentos, Tenet necesitaba un suministro ilimitado de efectivo. En la reunión de Camp David había solicitado y obtenido la promesa del presidente de un suplemento inmediato de tres mil millones de dólares, duplicando así de un plumazo el presupuesto de la CIA. Mil millones fueron a parar directamente al Centro de Antiterrorismo. Black requirió enseguida un batallón de agentes operativos sobre el terreno de todos los puestos del servicio clandestino; contrató escuadrones de agentes retirados de la CIA y de militares veteranos como recultadores y creó una nueva Secretaría de Análisis del Terrorismo, integrada por unos trescientos individuos de todos los sectores de la agencia, aunque no todos ellos tenían demasiada experiencia sobre el asunto. Enseguida empezaron a llover enormes sumas de dinero sobre los servicios de inteligencia extranjeros de todo el mundo; durante los años por venir, un jefe de estación podría expresar su agradecimiento a su homólogo de la agencia del país en el que estuviese destinado entregándole un maletín con un millón de dólares.

El lunes 17 de septiembre, por la mañana, Tenet llevó a la Casa Blanca el decreto de operación encubierta que había redactado Rizzo para que lo firmara Bush. El presidente concedía a la CIA unos poderes hasta ese momento inimaginables: tomar las armas y emprender la guerra contra el terror, destruir a al-Qaeda, matar a Bin Laden y capturar a todos los responsables del 11-S. En el pasado, los borradores de decreto casi siempre habían requerido meses de intenso escrutinio por parte del Consejo Nacional de Seguridad, del Departamento de Estado y del Departamento de Justicia. Este, en cambio, que con diferencia era la orden más agresiva de la historia de la CIA, había sido repasado en apenas cuatro días. La decena de programas de antiterrorismo que cubría el borrador de decreto llevaba el nombre clave de GREYSTONE. Cada uno incorporaba una multitud de iniciativas secretas. Bajo su égida se llevarían a cabo miles de operaciones encubiertas, muchísimas más que las emprendidas contra la Unión Soviética y sus aliados durante la

Guerra Fría. Correspondía a Tenet ejecutar las órdenes del presidente. Seguía teniendo apenas un millar de agentes en el servicio clandestino. Ahora tendría que duplicar esa cifra. Tendría que multiplicar por diez los efectivos del Centro de Antiterrorismo. Tendría que sobrecargar los poderes de análisis de la CIA para anticiparse a cualquier ataque sorpresa, informar a Bush cada mañana acerca de una multitud de amenazas y detener a cualquiera que pudiera materializarlas. Y tenía que derrocar a los talibanes.

Aquella noche, siguiendo los planes de la CIA, Black convocó en la embajada del Reino Unido una reunión informativa con su homólogo, el director del Centro de Antiterrorismo del MI6, Mark Allen, un arabista de larga experiencia, que quedó bastante desconcertado. «¿Y entonces? —preguntó—. ¿Qué vamos a hacer cuando hayamos derramado el mercurio en Afganistán y los cuadros de al-Qaeda se hayan esparcido por todo el mundo islámico?». Black carecía de respuesta.

«No teníamos ni puta idea sobre al-Qaeda»

Un miedo tremendo se apoderó de Washington cuando la enorme pira se puso a arder, con su hedor a combustible de avión y carne humana quemada, terrible presagio de que lo peor estaba todavía por venir. Cada día era un «infierno viviente —recordaría Tenet—.[21] Nos resultaba inconcebible que Bin Laden no hubiera apostado ya gente encargada de llevar a cabo una segunda y posiblemente una tercera y una cuarta oleada de ataques dentro de los Estados Unidos».[11] De modo que dio comienzo una búsqueda desesperada de información de inteligencia a toda costa y por todos los medios que hicieran falta.

«La verdad es que el 11-S no teníamos ni puta idea sobre al-Qaeda —comentó Bob Gates, el anterior jefe de la central de inteligencia y futuro secretario de Defensa—. Ese es el motivo de que ocurriera todo esto, los interrogatorios y tal, porque es que no sabíamos nada. Si hubiéramos contado con una buena base de datos y hubiéramos sabido exactamente de qué iba al-Qaeda, cuáles eran sus capacidades y todo eso, algunas de esas medidas no habrían sido necesarias. Pero el hecho es que habíamos sido atacados por un grupo sobre el que no sabíamos nada».[23]

Cuando Bush preguntó dónde era posible que atacara al-Qaeda la próxima vez, Tenet presentó los escenarios más pesimistas de holocausto imaginados por los analistas a los que había asignado la tarea; cuando aquellos se quedaron sin ideas, la CIA contrató a guionistas de Hollywood para que idearan otros escenarios. La lista de objetivos que llevó Tenet a la sala de crisis incluía el monumento a Washington, la estatua de la Libertad, el monte Rushmore, bases militares, aeropuertos, puertos, puentes, estadios deportivos, Wall Street, Disneylandia y la propia Casa Blanca. Tenet notificó a todos los servicios de espionaje aliados del mundo que avisaran a la CIA de cualquier amenaza potencial. Muchos de los informes recibidos eran pura especulación y otros eran inventos de malos actores capaces de ponerse a gritar «¡Fuego!» en un teatro abarrotado de público.

«Todos y cada uno de los informes de amenaza que recibíamos, por muy disparatados que parecieran, eran estudiados a fondo —diría Winston Wiley, el analista de mayor rango de la CIA sobre el 11-S—. Muchos, muchos, muchos, muchos, muchos de ellos probablemente carecían de base, pero no podíamos estar seguros de ello».[24] La CIA tenía que trabajar toda la noche para abrirse paso en medio de aquel torrente impetuoso de materiales y reducirlo a cincuenta o sesenta elementos, antes de que Tenet celebrara su reunión informativa de la mañana en el despacho oval. «*Toda* la información de inteligencia sobre posibles amenazas llegaba a la Casa Blanca sin filtros —comentó Gates—. Cada día había informes sobre ataques inminentes con armas nucleares contra Washington, Nueva York, Los Ángeles y Chicago. Todos ellos inundaban la Casa Blanca, que estaba enterrada bajo miles y miles de informes de amenazas».[25]

Cada día, a las ocho de la mañana, Tenet y sus ayudantes se presentaban ante el presidente y el vicepresidente con terribles listas, puntualmente detalladas, de posibles riesgos. Aquellas violentas descargas de información eran «una idea fatal», comentaría Morell.[12] Tenet sabía que esos avisos eran en su mayoría falsos. Lo que no sabía era cuáles. Según dijo, «podías volverte loco si creías todas» las advertencias de la CIA, «o aunque solo fuera la mitad»; pero no podía decir al presidente qué mitad era creíble y cuál no lo era. «El miedo era tal que salías corriendo e informabas de todo, porque no podías permitirte el lujo de no hacerlo»,[13] dijo Linda Weissgold, que dirigió los esfuerzos hechos por la CIA para adivinar los planes y las intenciones de al-Qaeda y se pasó dos años informando a Bush, para posteriormente convertirse en directora de análisis de inteligencia de la CIA. «Cada día era 12 de septiembre». Y el miedo se intensificaba cada noche.

La tensión en el cuartel general de la agencia era insoportable. Cindy Storer, destacada analista de terrorismo, cogió el teléfono y oyó a Jennifer Matthews, una de las fundadoras de la estación Alec, que le gritaba, enfurecida: «"¡Lo hicisteis vosotros! ¡Todo es culpa vuestra!" —le hablaba a gritos, aunque su escritorio estaba a unos pocos metros del de Storer—. Y yo le respondí también a gritos y colgué el teléfono —recordaría esta última—. La verdad es que no volví a hablarle nunca... Creo que no fue más que la manifestación de su apasionamiento y de su sentimiento... su propio sentimiento de culpa. Quiero decir, todo el mundo tenía ese sentimiento».[28]

El 18 de septiembre, y durante los siguientes dos meses, llegaron cartas que contenían esporas de carbunco a las oficinas de varias cadenas de televisión y de destacados periódicos, así como a los despachos de dos senadores de los Estados Unidos. La biotoxina mató a cinco personas e infectó a otras diecisiete. Bush temía que aquello fuera la vanguardia de la nueva oleada de ataques de al-Qaeda, temor que se veía intensificado por el bombardeo diario de información de inteligencia sin procesar. «La principal pregunta durante el ataque con carbunco era de dónde venía —escribiría Bush en su autobiografía—. Tenía fresca en la memoria una reunión informativa con la CIA sobre la amenaza de que los terroristas llegasen a propagar carbunco sobre una ciudad desde un avión de pequeño tamaño»,[29] mientras daba su primera conferencia de prensa después del 11-S. Así, pronunció un largo discurso improvisado sobre cómo una avioneta fumigadora podía matar a los ciudadanos de los Estados Unidos. El FBI tardó siete años en dar el nombre de un científico estadounidense que trabajaba en el laboratorio del instituto gubernamental de biodefensa como autor de los ataques con carbunco. Bush dirigió inmediatamente sus sospechas hacia Sadam Huseín. Y en aquella conferencia de prensa estuvo muy presente en su cabeza la figura de Sadam.

«No cabe duda de que el dirigente de Irak es un hombre malvado —dijo—. Sabemos que ha estado desarrollando armas de destrucción masiva (ADM)».[30] Ese conocimiento le había llegado a través de la CIA. Bush no necesitó que lo convencieran cuando Tenet y Morell le dijeron, en términos inequívocos, que Sadam disponía de ADM, en concreto de un programa de armas químicas y de capacidad de producción de armas biológicas, y que estaba trabajando en la compra de un arma nuclear. Lo que no le dijeron fue que la mayor parte de su información databa de antes de la guerra del Golfo de 1991.

Ahora nos aguardaba una nueva guerra. U*na* guerra que habría que combatir en todos los frentes, según aseguraba Bush, contra todos los terroristas de todos los rincones de la tierra, y contra todos los gobiernos que los apoyaran o les dieran cobijo. Afganistán era solo el principio. «Nuestra guerra contra el terror comienza con al-Qaeda, pero no termina ahí —dijo el presidente al pueblo estadounidense el 20 de septiembre—. No terminará hasta que todos los grupos terroristas de alcance mundial hayan sido encontrados, detenidos y derrotados».[31] La guerra no tenía ninguna estrategia, aparte de esa promesa altisonante. La CIA se encargó del ataque inicial en Afganistán, pues Rumsfeld no contaba con ningún plan y Bush no tenía otra idea que la de venganza.

«Nuestra estrategia consiste en crear el caos»

Las tremendas ambiciones de la guerra contra el terror eclipsaban con mucho las capacidades del servicio clandestino. La CIA podía socavar el poder de los talibanes gracias a sus aliados afganos y perseguir a al-Qaeda hasta los confines de la tierra. Pero no podía hacer la guerra. Tampoco podía elaborar una visión estratégica para los Estados Unidos. Solo el presidente y el Pentágono podían hacerlo. «Nuestra estrategia —dijo Bush al Consejo de Seguridad Nacional el 26 de septiembre— es crear el caos, crear un vacío»[32] en Afganistán, poniendo fuera de combate a los talibanes con el fin de hacer salir a Bin Laden de su escondite y matarlo antes de que atacara otra vez. Crear el caos no constituía una estrategia.

La Casa Blanca parecía un manicomio: llamadas telefónicas con falsas alarmas sin cesar; el pitido de cualquier móvil era un presagio del juicio final; se tomaban decisiones de vida o muerte en un estado de oscuridad y terror; todo el mundo intentaba mantener la cabeza por encima del agua y no sucumbir a las sucesivas oleadas de amenazas, casi siempre sin poder ver más allá del borde de su escritorio, y con demasiada frecuencia peleándose unos con otros.* El secre-

* A menudo, el único alivio estaba en recurrir al humor negro. El 18 de octubre, Cheney asistía a una cena de etiqueta en Nueva York, y Bush participaba en una reunión internacional de mandatarios en Singapur, por lo que se estaban comunicando por videollamada segura de la Casa Blanca, cuando el vicepresidente dijo de pronto: «Señor presidente, tengo que darle una noticia terrible». Le notificó que en la Casa Blanca había sido detectada ricina, una biotoxina mortal. Tenet salió de la sala de crisis y se fue a casa. Su hijo John, estudiante de primer curso de instituto, le preguntó si podía quedarse levantado hasta tarde para ver por la televisión un partido de las eliminatorias de béisbol que iban a jugar los Yankees. Tenet pensó: «Bueno, me acaban de decir que voy a morirme, y aquí está mi único hijo, que quiere quedarse levantado con su padre...». Claro que podía, respondió, y a continuación añadió: «No se lo digas a mamá; pero antes de sentarte, ¿ves esa botella de whisky escocés que hay ahí? Ve a coger un vaso grande y tráeme la botella». Sobrevivió para reírse de aquella falsa alarma a la mañana siguiente. (Testimonio oral de Colin Powell y

tario de Defensa era una constante fuente de fricciones. Rumsfeld estaba furioso por el hecho de que los espías estadounidenses estuvieran pisando el suelo de Afganistán mucho antes de que lo hicieran sus soldados, y sentía un placer perverso cada vez que conseguía trastocar o retrasar los planes de la CIA. Un día, en la sala de crisis, «estaban Tenet y Rumsfeld discutiendo sobre quién estaba al mando en Afganistán, quitándose la palabra el uno al otro, y yo contemplando la escena como si estuviera viendo un partido de tenis»,[33] recordaría Armitage. Bush entonces le preguntó: «¿Tú qué piensas?». Armitage no era de los que tienen pelos en la lengua y contestó: «Señor presidente, esto es un follón de cojones». «En medio del caos de aquellos tiempos»,[34] recordaría McLaughlin, las ideas claras brillaban por su ausencia en la Casa Blanca y el sentido común era algo raro.

Reconstruir la CIA como una fuerza paramilitar a escala global al tiempo que se trataba de recoger información de inteligencia por todo el mundo era como reparar un bombardero en medio de una misión de combate aéreo. Tenet y Black empezaron por reconfigurar la cabina de mando. Black hizo volver a Hank Crumpton de Australia, donde había sido destinado recientemente como jefe de estación, y le ordenó que dirigiera la batalla de Afganistán en calidad de dirigente de la nueva división de operaciones especiales del Centro de Antiterrorismo, con la promesa de poner a su disposición centenares de agentes directamente a su mando, además del poder de solicitar varios centenares más y lanzarlos al campo de batalla, así como el control operativo del dron armado Predator, que estaba siendo preparado a toda prisa para entrar en acción. Ninguno de los dos había pisado nunca Afganistán. Pero tenían muy claro cuál era la misión.

—Te concederé todo lo que quieras, o todo lo que tengamos —dijo Black a Crumpton—. Céntrate en el enemigo. Mata a todos los que puedas.[35]

Richard Armitage, Miller Center; cf. <University of Virginia, https://millercenter.org/the-presidency/presidentialoral-histories/colin-l-powell-and-richard-l-armitage-oral-history>).

Black mandó llamar luego a Jose Rodriguez, al que conocía desde que eran compañeros de estudios en la Granja, allá por 1976. En el cuartel general, Rodriguez se había sentido como si estuviera en el limbo, sin conseguir ningún ascenso, sintiendo que pendía sobre su cabeza el espectro de las investigaciones iniciadas por el Departamento de Justicia y por el inspector general, aún sin concluir. «Ya buscaremos algo que puedas hacer», le había dicho Pavitt, en tono poco convincente.[36] Black le encontró algo bueno. No tenía tiempo para dirigir el Centro de Antiterrorismo, se pasaba días y días en la Casa Blanca, en el Pentágono o en el extranjero, volando por todo el mundo, en un avión Gulfstream de la CIA, con el fin de establecer alianzas con los servicios de inteligencia de otros países. Por pura necesidad, sin pensárselo mucho, cedió a Rodriguez una buena proporción del control sobre las operaciones diarias, el crecimiento explosivo y la propagación a nivel global del Centro de Antiterrorismo, a pesar de que tenía en su historial una amonestación oficial por su falta de criterio.

«Yo no era ningún experto en antiterrorismo —escribiría Rodriguez—. No tenía un conocimiento suficiente sobre al-Qaeda, solo lo poco que había leído en la prensa. No era mi especialidad».[37] Black no le proporcionó ningún tipo de instrucciones —«ninguna tarea clara, ni despacho ni título»—, y, de ese modo, «me los creé yo solito».[38] Decidió llamarse «director de Operaciones», convirtiéndose, de hecho, en el tercero al mando de las labores de antiterrorismo. Basándose en la autoridad de Black, empezó a echar mano de personas procedentes de todos los departamentos y de todas las disciplinas de la agencia, de cuadros de las operaciones especiales del Pentágono, de especialistas en escuchas de la Agencia de Seguridad Nacional (NSA, por sus siglas en inglés) y de aprendices recién graduados de la Granja. «Como andábamos a ciegas, teníamos que improvisar», recordaría más tarde.[39] Al carecer de conocimientos, y atenazados por la urgencia, sus hombres y él se vieron obligados a darle sentido a todo.

«Vamos a cometer algunos errores»,[40] avisó un destacado analista sobre terrorismo a Tenet en la conferencia diaria de las cinco celebrada en el despacho del director. «No podemos permitirnos cometer errores —replicó Tenet—. Los errores acabarán con nosotros».

Black concedió a Enrique Prado el dominio sobre el resto de las organizaciones terroristas del mundo. Prado era un hombre marcial, cinturón negro y especialista en el combate con cuchillo, que consideraba su misión un deber sagrado. Pertenecía a una familia que había huido de la Cuba de Fidel Castro para establecerse en Florida, y se había unido a la División para América Latina como agente paramilitar en 1981, combatiendo junto con los contras en las selvas de Honduras. Había capitaneado operaciones contra los yihadistas en Filipinas y los narcoguerrilleros en los Andes; recurrido al dinero y a la coerción para reclutar a norcoreanos, y, como Black, prestado servicio como jefe de estación en Jartum, ciudad situada en el límite del mundo civilizado. Asimismo, había sido uno de los primeros en dirigir la búsqueda y captura de los miembros de al-Qaeda allá por 1996, como vicedirector de la unidad del cuartel general conocida como estación Bin Laden. En aquellos momentos, en la cumbre de su carrera, tenía poder para escoger los objetivos de su persecución y los medios para eliminarlos.

Prado pretendía crear un «programa de recogida de información de inteligencia con los dientes»;[41] con unos dientes afilados. Se puso a trabajar en la formación de una sección de espías y agentes paramilitares destinada a socavar y destruir a los terroristas en cualquier lugar del mundo. «Tenemos que apostar por dos o tres hijos de puta pertenecientes a cualquiera de los grupos terroristas que hay en el mundo —dijo a Tenet y a Black—. Y en último término, quitarlos de en medio, como deberíamos haber hecho con Bin Laden». Quitar de en medio a un terrorista podía significar muchas cosas, desde comprometerlo y chantajearlo hasta secuestrarlo y matarlo. Como diría delicadamente Prado, «si por casualidad se cae por un balcón, ¡qué pena!». Se proponía crear un escuadrón de asesinos, una unidad que la CIA no había poseído nunca.

Detrás de todo aquello había cierta lógica. La trama del 11-S había sido urdida por una célula de al-Qaeda en la ciudad alemana de Hamburgo. ¿Qué pasaría si se descubría otra célula terrorista dispuesta a urdir una trama en el corazón de Europa? No se podía mandar un dron Predator armado a Londres o a Madrid, así que, ¿por qué no asesinar a sus integrantes? Prado fue con Tenet a la Casa Blanca, donde «mantuvimos una reunión informativa con el vicepresidente y con Rice, que asintieron con la cabeza y nos dieron su aprobación», contaría después. Cheney se mostró especialmente entusiasmado. Prado empezó a entrenar a su equipo cuidadosamente escogido. Pero pasarían muchos meses hasta que obtuviera el beneplácito de la séptima planta de la central para empezar a actuar. Su misión quedó detenida «por falta de voluntad política», dijo Prado. Al final, una vez más, Pavitt se echó atrás. «Debí haberlo visto venir —comentó Prado—. ¿Sabe lo que me dijo? "Tenemos que calibrar las ramificaciones políticas"». Detrás de todo aquello había cierta lógica.

Black eligió al autor principal del Plan, Gary Schroen, para abrir calle y entrar en Afganistán. A Schroen, un matón de East St. Louis, Illinois, una de las ciudades en decadencia del Cinturón del Óxido,* le faltaban apenas dos meses para cumplir sesenta años, la edad obligatoria de jubilación. Había entrado en la CIA en 1969, se había encargado de supervisar el suministro de armas, por valor de setecientos millones de dólares al año, creado por la agencia para apoyar la guerra santa desencadenada por los afganos contra la ocupación soviética entre 1986 y 1989, y trabajaba

* *Rust Belt* o «Cinturón del Óxido» es la expresión con la que se designa la región comprendida entre la zona septentrional de los Apalaches y los Grandes Lagos, en otro tiempo corazón de la industria pesada estadounidense El nombre «Cinturón del Óxido» hace referencia a los fenómenos de desindustrialización, decadencia económica, descenso de la población y deterioro urbano debidos a la contracción del otrora potente sector industrial, basado en la producción de acero, industria automovilística y en la minería del carbón. La expresión se hizo popular en los Estados Unidos durante la década de 1980. *(N. de los T.)*

codo con codo con la Alianza del Norte en la búsqueda y captura de los hombres de al-Qaeda. Su misión era liderar los equipos de ocho hombres de la CIA que se disponían a aterrizar en Afganistán, arremeter contra los talibanes y derrocarlos junto con la Alianza del Norte y las fuerzas especiales estadounidenses, y matar a Osama bin Laden. Black le dijo concretamente: «Quiero que me mandes la cabeza de Bin Laden metida en una caja llena de hielo seco».[42]

«Las consecuencias de la victoria»

El 26 de septiembre, Gary Schroen y su equipo aterrizaron en Afganistán.* Durante seis semanas ejerció como mariscal de campo de la CIA, trabajando con los altos mandos de los alrededor de ocho mil combatientes de la Alianza del Norte, mientras recababan información acerca de las plazas fuertes de los talibanes, preparando el terreno para los ataques de los helicópteros de combate, los bombarderos y los misiles estadounidenses. Comenzó la batalla, pero no la acabó antes de cumplir los sesenta, cuando el tiempo se le agotó. Crumpton escogió a su sucesor, Gary Bernsten, que había pasado varios años trabajando con la Alianza del Norte y persiguiendo a al-Qaeda y Hezbolá. Crumpton recordaría la reacción de Bernsten en los siguientes términos: «Apretó las mandíbulas; se le hinchó el cuello, ya de por sí grueso, adelantó la cabeza y, a continuación, aulló con su acento de Long Island: "Gracias por darme la oportunidad de prestar servicio bajo su mando. Y una cosa le digo, señor: vamos a destruir a esos cabrones"».[43]

Los dos Garys, como los llamaban en el cuartel general, compraron la lealtad de los señores de la guerra de la Alianza del Norte con decenas de millones de dólares en metálico y toneladas de armas, contuvieron los posibles conflictos

* Ese mismo día, Rumsfeld escribió en su agenda que Bush le había dicho: «Quiero que desarrolles un plan para invadir Irak. Hazlo fuera de los canales normales».

entre ellos y capitanearon hábilmente a los agentes de la CIA bajo su mando. Organizaron a la Alianza para lanzar sus ataques contra las fortalezas enemigas y coordinaron a los soldados de las unidades de operaciones especiales, cuyas guías láser dirigirían las ofensivas aéreas estadounidenses destinadas a matar a miles de talibanes, a apoderarse de sus ciudades y a derrocarlos, una vez que el Pentágono decidiera por fin entrar en combate. Llevaron a cabo un trabajo magistral, a pesar de que la Casa Blanca y el Pentágono no les proporcionaron directriz estratégica alguna. Crumpton fue el único que preparó para ellos un plan de guerra, dividido en diez fases, en la víspera de los primeros bombardeos aéreos estadounidenses sobre Afganistán durante el 7 de octubre. Incluía dar muerte a dirigentes de los talibanes y de al-Qaeda —aquellos serían los primeros asesinatos coordinados de la historia de la CIA— y preparar el interrogatorio de los prisioneros. Lo escribió dominando su cólera, pero lleno de sed de venganza.

Una vez que empezaron, los bombardeos fueron devastadores. «La moral de los talibanes sencillamente se hundió —diría Rumsfeld—. El efecto de ser capaces de ordenar un ataque de precisión y acabar con los líderes talibanes con armas guiadas por láser se convirtió de repente en un juego completamente nuevo. Se desenvalentonaron. Salieron huyendo».[44] Pero solo el poderío aéreo no iba a ganar la guerra. El 7 de noviembre, mientras los agentes de la CIA se abrían paso combatiendo a través del norte de Afganistán, Crumpton permaneció en silencio, con la espalda apoyada en la pared de la sala de crisis de la Casa Blanca, mientras Bush escuchaba a Cheney, Rumsfeld, Rice y otros consejeros discutir sobre cómo había que librar la batalla. No pensaron en ningún momento en lo que iba a pasar cuando las bombas dejaran de caer. «No se hizo mención alguna de las consecuencias de la victoria —comentaría Crumpton en tono reflexivo—. No se pensó en cómo ganar la paz».[45] El general Richard Myers, que el 1 de octubre había sido nombrado presidente del Estado Mayor Conjunto, recordaría: «La tarea de entrar en Afganistán es la siguiente: "Vamos a entrar, vamos a ir a por al-Qaeda y vamos a salir"... El presidente dijo, concretamente, lo recuerdo muy bien: "No vamos a entrar ahí para construir un país"».[46]

El destino del país estaba ahora en manos de un tosco agente paramilitar de la CIA y del afgano principesco que tenía bajo su protección.

6

«Todos íbamos improvisando sobre la marcha»

La CIA había estado en el corazón de casi todos los intentos estadounidenses de derrocar a gobiernos extranjeros durante más de cincuenta años, apoyando rebeliones, socavando el poder de la figura de los gobernantes y robando elecciones. Pero rara vez sus agentes habían llevado a cabo operaciones encubiertas que catapultaran al poder al líder de un país. Durante la Guerra Fría, el jefe de estación del Congo había instaurado en el Gobierno a un tirano, el general Joseph Mobutu; un golpe de Estado en Irán había puesto en el Trono del Pavo Real a la imperiosa figura del Shah, y, en Filipinas, la contrainsurgencia había mantenido seguro en el poder al cleptócrata Ferdinand Marcos. Estos tres individuos habían reinado durante décadas en sus respectivos países, respaldados por los servicios de inteligencia, la diplomacia y las armas de los estadounidenses. Los Estados Unidos apoyaron sus regímenes brutales y corruptos porque daban cierto grado de estabilidad a África, Oriente Medio y Asia, hasta que cayeron y tuvieron que apechugar con las consecuencias.

Hamid Karzai fue el hombre de los Estados Unidos en Afganistán y gobernó el país durante casi trece años. No fue un dictador ni un déspota, sino un héroe trágico corrompido por el poder. Aunque no fueran los únicos factores que determinaron su ascenso a la presidencia y su permanencia en el poder, las armas y el dinero de la CIA fueron fundamentales para ello. Karzai debía la vida y su supervivencia política a la CIA, en particular a un agente paramilitar extremadamente inteligente, de una valentía rayana en la temeridad y con aspecto de motero. Se trataba de Greg Vogle, un astro de la División de Actividades Especiales de la CIA. Karzai llegó a llamarlo «mi mejor amigo».[1] Sus destinos quedaron ligados desde el día en que se conocieron.

Karzai era un principillo pastún de cuarenta y tres años, el cacique de un pequeño clan de los durranis, cuyos líderes habían sido los reyes de Afganistán desde 1747 hasta 1973. Era un hombre elegante y elocuente y hablaba bien inglés. Karzai no era un guerrero, sino un diplomático y un político al estilo afgano, en el que las lealtades pueden cambiar según sople el viento. Estaba dispuesto a colaborar con cualquiera, pero le costaba trabajo escoger bando. Durante los años ochenta, había recaudado dinero para la resistencia afgana apoyada por la CIA desde la seguridad de Pakistán, luego se había unido al Gobierno postsoviético en 1992, actuando como viceministro de Asuntos Exteriores hasta que Mohammed Fahim, el jefe de inteligencia de la Alianza del Norte, lo detuvo y lo encarceló bajo la acusación de espionaje.* Según la historia contada por él mismo, Karzai se fugó de la prisión cuando un misil perdido, disparado en medio de las luchas de poder que destruyeron Kabul, abrió un boquete en la pared de la cárcel en la que estaba encerrado. Tras fugarse y salvar la vida, se unió al Gobierno de los talibanes poco después de que estos se adueñaran de Afganistán en 1996, pero dos años más tarde dimitió de su puesto y regresó al exilio en Pakistán. Y luego, cuando los talibanes asesinaron a su padre en 1999, se asoció con la única fuerza que podía proporcionarle la munición y el dinero para hacer efectiva su venganza. Se convirtió así en un visitante asiduo de la embajada estadounidense y de la estación de la

* Fahim llegó a ser el primer ministro de Defensa de Karzai y luego su vicepresidente, tras la caída del Gobierno de los talibanes en diciembre de 2001. Al año siguiente, la CIA sospechó que tramaba el asesinato de Karzai. Destituido en 2004, volvió como vicepresidente tras la reelección fraudulenta de Karzai en 2009. Así eran las vicisitudes de la vida política en Afganistán.

CIA en Islamabad, ofreciendo la poca información sobre al-Qaeda que pudiera reunir la red de confidentes de su tribu e instando a los estadounidenses a tomar las armas contra los talibanes; los estadounidenses, por su parte, le pidieron que utilizara los contactos de alto nivel que tenía entre los talibanes para convencerlos de que entregaran a Bin Laden a los Estados Unidos.

A comienzos del verano de 2001 se reunió con Greg Vogle, recién llegado con el encargo de dirigir la base de la CIA en Peshawar, la caótica ciudad pastún situada a unos cincuenta kilómetros del paso de Jáiber, la antigua puerta de acceso a Afganistán. Vogle era un chico de campo originario de Alabama, que se había unido a los marines en 1981, tras graduarse como cadete en la Citadel, la escuela universitaria militar de Carolina del Sur, fundada en 1842. Durante los cinco años siguientes aprendió la magia negra de las unidades de reconocimiento de los marines —dirigir patrullas clandestinas de largo alcance, solicitar apoyo aéreo de proximidad, proporcionar seguridad a personalidades importantes—, habilidades todas que después pondría en práctica en Afganistán. Su primera experiencia en la lucha antiterrorista había tenido lugar en octubre de 1983, cuando su compañía voló a Beirut a raíz de que Hezbolá, el grupo islámico recién creado, hiciera saltar por los aires unos barracones en los que se alojaban las tropas estadounidenses enviadas al Líbano por el presidente Reagan en misión de paz. El día más mortífero para las fuerzas estadounidenses desde que la ofensiva del Tet de 1968 diera un giro de ciento ochenta grados a la situación en Vietnam; murieron doscientos veinte marines, dieciocho marineros y tres soldados de infantería. Tres años después de aquella operación, Vogle se unió a la División de Actividades Especiales de la CIA, la sección más secreta del Gobierno de los Estados Unidos, y durante los años noventa se dedicó a perseguir terroristas en Arabia Saudita y yihadistas en Bosnia. Se relajaba practicando un régimen brutal de ejercicio físico que habría puesto a prueba el alma de un triatleta consumado.

«A primera vista, formaban una pareja muy extraña —comentaría Robert Grenier, el jefe de estación de la CIA en Pakistán, que fue el que los puso en contacto—. Todo lo que de sinuoso y refinado tenía Hamid, lo tenía Greg de llano y de vulgar. Vogle era un especialista en actividades paramilitares duro y rígido, con un estrafalario bigote a lo Fu Manchú y un sentido del humor todavía más extrañamente irónico, que hacía cuanto podía por ocultar una inteligencia incisiva bajo múltiples capas de autodesprecio. Pero, escondida por debajo de aquel exterior pétreo, había una piel bastante fina y un alma sensible».[2] Grenier, un elegante graduado en una universidad de la Ivy League, y Vogle, un tosco soldado de la Infantería de Marina, habían trabado amistad alternando en el Khyber Club, uno de los pocos sitios de Peshawar donde se podía tomar una copa, a pesar de la prohibición de bebidas alcohólicas vigente en Pakistán. La admiración del jefe de estación, ya considerable, aumentó cuando Vogle aprendió algunos rudimentos de pastún, un idioma tan difícil que los militares británicos del siglo XIX que intentaron ocupar Afganistán sin conseguirlo lo llamaron «la lengua que se hablaría en el infierno».[3]

En la medida en que Grenier y sus agentes idearon una estrategia para utilizar a Karzai en su misión de derrocar a los talibanes, «nuestras ideas estuvieron muy influenciadas por Greg —comentaría Grenier—. Pero la verdad es que todos íbamos improvisando sobre la marcha».[4]

«¿Cómo demonios puede estar pasando esto?»

Grenier tuvo que librar una batalla constante en la retaguardia con el cuartel general. Cuando los responsables del servicio clandestino peleaban juntos, eran una fuerza muy poderosa; cuando se peleaban entre ellos, era como una guerra entre familias mafiosas. Hank Crumpton, que pasaba muchas horas en reuniones informativas con Bush en la Casa Blanca, seguía controlando minuciosamente al jefe de estación, cuestionando su criterio, retorciéndolo y dándole vueltas con un destornillador de más de once mil kilómetros de largo. Grenier, por su parte, encontraba a Crumpton arrogante, engreído y poco ducho en los entresijos de la política afgana.

Crumpton y el Centro de Antiterrorismo habían apostado todo su dinero por la Alianza del Norte. El presidente Bush y el general Franks habían seguido sus indicaciones. No comprendían que, antes de la ascensión al poder de los talibanes en 1996, los tayikos y los uzbecos de la Alianza del Norte habían librado una sangrienta batalla durante cuatro años por el dominio de Kabul con los líderes pastunes, que llevaban siglos dominando la capital. Si la Alianza del Norte se apoderaba ahora de Kabul, supondría que unas cuantas tribus afganas de menor entidad dirigidas por los estadounidenses se hiciesen con la hegemonía del país, y significaría, de paso, una invitación a emprender una brutal lucha por el poder.* Grenier y Vogle bregaban día y noche a brazo partido para que en la séptima planta se dieran cuenta de que Hamid Karzai era el futuro de Afganistán.

El 13 de noviembre por la mañana, las bombas y los misiles estadounidenses, cuya trayectoria era guiada por los agentes de la CIA y sus camaradas de las fuerzas especiales, estaban ya matando a miles de soldados de infantería talibanes. Los guerreros de la agencia, encabezados por Berntsen, y los señores de la guerra de la Alianza del Norte, capitaneados por Mohammed Fahim, en otro tiempo carcelero de Karzai, habían tomado varias ciudades clave del norte del país y avanzaban rápidamente hacia el sur en dirección a Kabul. La Casa Blanca no tenía ningún plan para lo

* Tradicionalmente los pastunes dominaban en Kabul porque representaban casi la mitad de la población de Afganistán. Los tayikos eran una cuarta parte y los uzbecos una décima parte. En Pakistán, hogar de millones de pastunes, el general Musharraf y el ISI veían en la Alianza del Norte —apoyada por el gran enemigo de su país, la India, y por los aliados de la India, Irán y Rusia— a unos bárbaros a las puertas del paso de Jáiber. Y lo mismo pensaban cientos de oficiales pastunes de alto rango que comandaban el ejército de Pakistán en las zonas tribales de su país fronterizas con Afganistán.

que pudiera pasar cuando llegaran a la capital ni sobre quién gobernaría en Kabul cuando cayera. Aquel mismo día, Bush presidió el Consejo de Seguridad Nacional en una reunión peligrosamente carente de un objetivo central claro. El presidente insistió en que una fuerza pacificadora internacional con el respaldo de las Naciones Unidas aseguraría el país hasta que las facciones rivales formaran un Gobierno. Pero esa fuerza no existía. Lakhdar Brahimi, que acababa de ser nombrado representante especial de las Naciones Unidas para Afganistán, había buscado algún tipo de instrucciones del director de Planificación de Políticas del Departamento de Estado, Richard Haass. ¿Qué querían los Estados Unidos que ocurriera cuando cayeran los talibanes?

—Puedo asegurarle —respondió Haass— que no tenemos ni idea de lo que vamos a hacer ni de lo que hay que hacer.[5]

No había ninguna estrategia en marcha. No había ninguna persona responsable de elaborarla. «Sencillamente no había ningún proceso de planificación de la misión posbélica»,[6] se lamentaría después el consejero adjunto de Seguridad Nacional, Stephen Hadley. Faltaban ocho días para que Bush ordenara a Rumsfeld que elaborara un plan de guerra para Irak, y los dos querían que las fuerzas estadounidenses estuvieran fuera de Afganistán lo antes posible. Un mes antes, habían acordado escribir que los estadounidenses no «se comprometerían con ninguna intervención militar postalibán, pues los Estados Unidos estarían profundamente ocupados con el esfuerzo mundial contra el terrorismo».[7] El presidente dijo que a los estadounidenses solo les quedaba por hacer una tarea en Afganistán: eliminar a al-Qaeda y sus armas de destrucción masiva. (Bin Laden acababa de declarar: «Si Estados Unidos utilizara armas químicas o nucleares contra nosotros, nosotros responderíamos con armas químicas o nucleares. Disponemos de ese armamento disuasorio».[8] No era verdad. Se trataba de un farol). Rumsfeld señaló que la principal prioridad para las fuerzas estadounidenses era cerrar la frontera con Pakistán para que Bin Laden no pudiera escapar. Y Bush replicó: «Si se traslada a cualquier otro sitio, iremos allí a buscarlo».[9]

La preocupación del presidente por Irak, su fijación con quiméricas armas de destrucción masiva y su incapacidad de ordenar una acción militar para capturar al hombre que había dicho que deseaba encontrar vivo o muerto obsesionarían a los espías y a los militares estadounidenses durante muchos años. Y lo mismo ocurriría con la respuesta de Cheney a una llamada del general Musharraf. El dirigente pakistaní dijo que un contingente de agentes del ISI, a los que se había asignado la misión de controlar a los talibanes, se hallaba atrapado en la ciudad de Kunduz, a poco más de trescientos kilómetros al norte de Kabul, rodeado por las fuerzas de la Alianza del Norte. Quería evacuarlos en nombre de la dignidad de su país. Le dijeron que adelante. Un error gravísimo: el ISI ayudó en secreto a escapar del campo de batalla a varios centenares de combatientes talibanes y de al-Qaeda y entrar en Pakistán, donde desaparecieron.

«El acto más irresponsable e insensato de la guerra —diría Berntsen años después—. El colmo de la estupidez... Pensé para mis adentros: "¿Cómo demonios puede estar pasando esto? ¿Cómo pueden haberlos engañado para hacer una cosa así?"».[10]

«Nuestra arma más potente en la guerra»

El 13 de noviembre, a última hora de la tarde, cayó Kabul, para sorpresa y consternación de la sala de crisis y de la séptima planta del cuartel general de la agencia. Bush había asegurado una y otra vez al general Musharraf que, a cambio de su consentimiento y su apoyo a la guerra, no se permitiría a la Alianza del Norte capturar la capital. «Cuando entramos en la ciudad, Pavitt fue presa del pánico —contaría Berntsen—. La Casa Blanca había dado por supuesto que la Alianza del Norte se detendría a unos ocho kilómetros a las afueras. Ninguno de nosotros lo creía».[11] Ahora el último bastión de los talibanes estaba en Kandahar y sus alrededores, a casi quinientos kilómetros al sudoeste de Kabul. Entre las dos ciudades había una extensión de tierra de nadie en la que se podía encontrar la muerte a manos de combatientes árabes, chechenos o pakistaníes de al-Qaeda, así como de soldados talibanes. La guerra no se habría ganado hasta que se tomara la ciudad.

Aquella misma noche, en una videoconferencia con la central, Grenier convenció a Tenet de que depositara su fe en Hamid Karzai, el único líder pastún en el que la CIA podía confiar para tomar Kandahar y gobernar en Kabul cuando terminaran los combates. Vogle y un equipo de agentes veteranos de la CIA que conocían Afganistán habían pergeñado un plan de ataque en un piso franco en Pakistán, cuya estrategia se basaba en el conocimiento que tenía Karzai de la política tribal en Kandahar y sus alrededores, zona en la que había nacido y se había criado. Sabían que no había que introducir la aviación estadounidense en la batalla hasta que Karzai hubiera reunido un batallón de combatientes pertenecientes a su propia tribu, capaz de retener una franja importante de terreno y de asegurar una zona de aterrizaje para llevar a cabo un ataque.

Karzai tenía la intención de reunir a varios centenares de hombres y de tomar una ciudad situada a unos ciento cincuenta kilómetros de Kandahar, Tarin Kowt, cuna y centro neurálgico del movimiento talibán. El mulá Omar y la mayoría de los demás líderes talibanes procedían de aquella zona, y sus familias en sentido lato seguían viviendo allí. Karzai dijo que la captura de Tarin Kowt supondría asestar un contundente golpe psicológico y que miles de campesinos pastunes cambiaran de bando y se pusieran de su lado. Partiendo de esa idea, Vogle y el capitán Jason Amerine planearon capturar los pasos de montaña circundantes, poner sitio a la ciudad y atraer a los talibanes al campo de batalla, donde perecerían a manos de la Fuerza Aérea. Luego se dirigirían al sur y, por el camino, según predijo Karzai, todas las aldeas por las que pasaran arriarían la enseña blanca de los talibanes e izarían la bandera roja, verde y negra de

Afganistán. Después caería Kandahar, el Gobierno talibán se rendiría y se ganaría la guerra.

Al día siguiente, durante la noche sin luna que marca el inicio del Ramadán, entraron en guerra el Equipo Eco, grupo formado por seis agentes de la CIA al mando de Vogle, un Equipo A de doce boinas verdes al mando del capitán Amerine y una unidad de tres hombres del Comando Conjunto de Operaciones Especiales. Camino de Kandahar, Karzai dirigió dos campañas en sintonía con la CIA, una militar y otra política. Estuvo constantemente en contacto con sus aliados internacionales, sus enemigos entre los talibanes, sus rivales de la Alianza del Norte y, detalle fundamental, con destacados periodistas estadounidenses y británicos. «Su arma principal era el teléfono satelital —comentó el capitán Amerine—. Se puede decir que fue nuestra arma más potente en la guerra».[12] Millones de personas que seguían las noticias provenientes de Afganistán oyeron hablar de Karzai, a veces a través de sus propias informaciones de primera mano. Figuró en numerosos informativos transmitidos por la BBC, tanto en inglés como en pastún; hacía mucho tiempo que conocía y confiaba en la periodista de la BBC Lyse Doucet, posteriormente corresponsal internacional jefe de la emisora, que había venido informando desde Afganistán desde los últimos tiempos de la ocupación soviética de 1988.* Una reseña publicada en el *New York Times* señalaba que, si sobrevivía, Karzai «saldría convertido en el héroe de la resistencia a los talibanes y en el dirigente de amplias zonas del territorio afgano liberado.

* Doucet era la voz internacional independiente más importante que llegaba de Afganistán, y no solo para el público occidental. En el momento de la invasión estadounidense, los noticiarios de la BBC en pastún, darí e inglés, emitidos en onda corta, habían estado siendo la fuente más trascendental de información independiente para millones de afganos desde hacía veinte años. Casi cualquier localidad de tamaño mínimamente significativo disponía al menos de una radio de onda corta, y, a mediados de noviembre de 2001, cualquier cacique tribal afgano sabía que los talibanes prácticamente habían perdido la guerra. Por consiguiente, cambiaron de bando.

Si no, será recordado como un valiente que asumió unos riesgos increíbles en defensa de su tribu y de su país».[13]

De momento parecía que iba a salir vivo. Como había pronosticado Karzai, la toma de Tarin Kowt sembró el pánico entre los líderes talibanes, que enviaron un millar de hombres en cien camiones para contraatacar. El 17 de noviembre, al amanecer, desde un macizo montañoso que dominaba las carreteras llenas de baches, los estadounidenses dirigieron los vuelos de la Fuerza Aérea y los aviones de la Armada encargados de destruir el convoy, matando a cientos de combatientes. Durante la semana siguiente, a pesar del peligro constante, Karzai y el Equipo Eco fueron avanzando lentamente hacia el sur.

El 20 de noviembre, el embajador James Dobbins abordó un avión de turbohélice con destino a la base aérea recientemente liberada de Bagram, al norte de Kabul. Dobbins era el experto en crisis del Departamento de Estado, y se había encargado de los conflictos de Somalia, Haití, Bosnia y Kosovo, siempre en coordinación con la CIA. Era el primer diplomático estadounidense que ponía pie en Afganistán desde 1989, y había planeado celebrar una conferencia internacional sobre el futuro del país. Dobbins pidió a su vecino de asiento, el ministro de Asuntos Exteriores de la Alianza del Norte, que lo aconsejara. «Abdullah Abdullah era el primer afgano que sugirió que Hamid Karzai se convirtiera en presidente de Afganistán», recordaría más tarde.[14] Aquella curiosa concesión por parte de Abdullah era fruto de una presión bastante seria de los otros dos pasajeros del avión: Gary Berntsen y Philip Mudd, un destacado analista sobre terrorismo de la CIA. Dobbins y Mudd trabajaban codo con codo, y durante una vertiginosa gira por cinco países habían descubierto que Karzai ya se había ganado a varios diplomáticos y espías en Pakistán, Uzbekistán, Tayikistán, Turquía e Irán, y todos parecían ser conscientes de que contaba con el respaldo de la CIA. «A todas partes donde íbamos, la gente hablaba de la misma persona —recordaría Mudd—. El consenso era tan claro que parecía no haber otro camino».[15]

«Los Estados Unidos no deseaban la paz. Queríamos la guerra contra el terror»

El 25 de noviembre, Greg Vogle puso en marcha la primera de las tres llamadas seguras entre Karzai y Dobbins. Karzai dijo al embajador que estaba negociando a través de un teléfono satelital con destacados oficiales talibanes de Kandahar, ofreciéndoles su protección si se rendían pacíficamente en el plazo de cuarenta y ocho horas. Si deponían las armas y entregaban a los combatientes de al-Qaeda que estaban bajo su protección, sus líderes obtendrían una amnistía de los estadounidenses y la guerra se habría acabado. «Evidentemente, Karzai iba improvisando sobre la marcha, igual que hacíamos todos —contaría Grenier—. No había nadie cercano a él, aparte del formidable Greg, que le pudiese dar una lectura definitiva de la política estadounidense, pues lo cierto es que no existía ninguna política clara».[16] El vacío estratégico existente en la Casa Blanca estaba siendo llenado por un agente operativo de la CIA y su colaborador afgano en una chabola de adobe, en medio de una misión de combate en territorio enemigo.

Ese mismo día, el autor que esto escribe, a la sazón corresponsal en el extranjero del *New York Times*, envió el siguiente parte desde Jalalabad, Afganistán:

> Osama bin Laden ha sido visto esta semana en un campamento bastante grande y bien fortificado a unos sesenta kilómetros al sudoeste de esta ciudad, según ha declarado esta noche un ministro del autoproclamado Gobierno del país.
>
> El funcionario en cuestión, Hazrat Alí, ministro de Ley y Orden de la Shura del Este, que afirma tener el dominio de tres de las principales provincias orientales de Afganistán, dijo que unos informadores de confianza le habían dicho que el señor Bin Laden había sido localizado cerca de Tora Bora, una aldea en la que se cruzan dos valles en lo más profundo de las montañas de la provincia de Nangarhar.

> «Hay algunas personas que nos han dicho que, hace tres o cuatro días, Osama bin Laden se hallaba en Tora Bora —dijo el señor Alí—. Me fío de ellas como de mi madre o de mi padre».
>
> «Se mueve de noche, a caballo —dijo citando a sus informadores—. Por la noche duerme en cuevas».[17]

Yo pensé que tenía una noticia bomba. Lo que no sabía era que Hazrat Alí era el agente contratado por Gary Berntsen, que Berntsen ya había transmitido esta noticia escalofriante al general Franks, y que Franks no se había creído ni una sola palabra.

«El día en que alguien me dijo: "Mira, Franks, en Tora Bora está el premio gordo. El tipo está en Tora Bora", Literalmente, ese mismo día, había recibido un informe de los servicios de inteligencia según el cual Bin Laden había sido visto el día antes en un lago al noroeste de Kandahar donde la gente iba a pasar las vacaciones, y también que lo habían identificado positivamente en algún lugar del ingobernado occidente de Pakistán —fue el testimonio oral dado por Franks en una entrevista—. Si estaba en Tora Bora, evidentemente se nos escapó».[18]

—¿Y hasta el día de hoy sigue usted convencido de que no estaba allí? —le preguntó su entrevistador.

—Por completo —respondió Franks.

Bin Laden se encontraba efectivamente allí. En defensa del general hay que decir que distrajeron su atención. Acababa de empezar a contemplar las complejidades de un ataque contra las montañas de más de tres mil metros de altura de Tora Bora cuando, el 27 de noviembre, tuvo que desviar su atención a más de dos mil kilómetros de distancia, hacia Bagdad: Rumsfeld le ordenó que diseñara un plan para emprender la guerra contra Irak.

Mientras Karzai negociaba con los talibanes, Dobbins y Lakhdar Brahimi se reunieron en la Conferencia de Bonn sobre el futuro de Afganistán en el majestuoso Hotel Petersberg, que había servido como sede de la Alta Comisión Aliada que selló el destino de Alemania al término de la Segunda Guerra Mundial. Brahimi, diplomático argelino y representante de las Naciones Unidas, se encargaba de supervisar a las delegaciones afganas, que se alojaban en un ala distinta del hotel, en habitaciones intervenidas con micrófonos por la CIA. Se reunían por la noche, tras terminar el ayuno impuesto por el Ramadán. Los líderes de la Alianza del Norte sabían que Karzai era el elegido de la CIA. Se daban cuenta de que el acuerdo de Bonn concentraría un poder inmenso en manos del nuevo líder afgano y, a cambio de apoyarlo, exigieron el control de todos los ministerios clave: Defensa, Seguridad Nacional, Asuntos Exteriores y varios otros. Durante la semana siguiente, Dobbins consolidó el apoyo a Karzai entre las delegaciones de Afganistán, Pakistán, la India, Irán, Rusia y Turquía. Y después de una última sesión, que duró toda la noche, el 5 de diciembre Karzai fue proclamado nuevo presidente de Afganistán, en un castillo situado a más de seis mil kilómetros de distancia de Kabul.

Esa misma mañana, a las nueve en punto, Karzai, Vogle, Amerine y sus hombres estaban tomando té en las ruinas de un puesto avanzado del Gobierno a unos treinta kilómetros al norte de Kandahar. Karzai, que aguardaba a una delegación encabezada por el ministro de Defensa de los talibanes para discutir los términos de la rendición, estaba hablando con los caciques de las tribus y los líderes locales mientras Vogle los escuchaba. Amerine tenía nuevas informaciones de inteligencia sobre el ataque que preparaban los talibanes desde un escondrijo que tenían en las montañas cercanas. Su oficial de apoyo aéreo cometió un error catastrófico, por mero descuido, cuando envió a un bombardero B-52H Stratofortress las coordenadas del punto que debía atacar. Le pidió que ejecutara un ataque aéreo sobre sus propias posiciones.

Una bomba inteligente de casi mil kilos cruzó silbando el cielo y fue a dar en el Equipo Eco. «Las ventanas y las puertas saltaron por los aires —referiría Karzai a un periodista seis meses después—. Yo resulté herido en la cara y en la cabeza y vi cómo ese hombre estupendo, mi buen amigo Greg saltaba de su asiento y se abalanzaba sobre mí. Fue una cosa extraordinaria, realmente extraordinaria. Y los caciques de las tribus siguieron su ejemplo; todos acudieron de todas partes a cubrirme».[19] Cayó sobre ellos una verdadera lluvia de escombros, piedras, carne y huesos. Las explosiones hicieron que la tierra temblara, y los afganos, aturdidos y abrumados por el bombardeo, pensaron que la ciudad era atacada por los soldados árabes de Bin Laden. Pero no era al-Qaeda, era la explosión del arsenal de granadas propulsadas por cohete del Equipo Eco. Aturdido y ensangrentado, Karzai vio decenas de muertos y heridos en el exterior del recinto. Poco a poco fue dándose cuenta de que «no era un ataque con misiles ni un ataque con lanzagranadas sobre la habitación en la que nos encontrábamos. Era otra cosa». Aquel fue el peor ataque de fuego amigo de las fuerzas estadounidenses de la década desde los tiempos de la guerra del Golfo de 1991 contra Irak. Tres agentes de las fuerzas especiales estadounidenses resultaron muertos y veinte soldados y espías sufrieron heridas de diversa gravedad. Murieron al menos cincuenta afganos.

Quince minutos después de que estallara la bomba, sonó el teléfono satelital de Karzai. Era Lyse Doucet, la periodista de la BBC, que llamaba desde Bonn. «Me dijo: "Has sido elegido para presidir el Gobierno" —contó luego Karzai—. A las nueve y veinte, la llamada desde Bonn; a las diez o diez y cuarto, los talibanes vinieron a rendirse. Una hora». Karzai aceptó su rendición treinta minutos después de que unos helicópteros estadounidenses se llevaran a los muertos y a los heridos. Diecisiete días después, juraba como nuevo líder de Afganistán.

Karzai ofreció un acuerdo de paz a los talibanes. De haberse mantenido, habría supuesto ahorrarse años de derramamiento de sangre. «Habría una amnistía completa —dijo Barnett Rubin, uno de los expertos en Afganistán más respetados de los Estados Unidos, recién nombrado asesor principal del representante especial de las Naciones Unidas para Afganistán—. No iba a compartirse el poder con los talibanes».[20] Pero Rumsfeld vetó la decisión poco después de que la tomara Karzai.

«Los Estados Unidos no deseaban la paz —dijo Rubin—. Queríamos la guerra contra el terror».

«Karzai no tenía nada»

El 4 de enero de 2002, el analista de la CIA Mike Morell celebró su última reunión informativa con el presidente Bush. Tuvo el triste deber de comunicar que Bin Laden había escapado de Tora Bora, probablemente a los páramos de los territorios tribales de Pakistán. «El presidente disparó al mensajero —contó luego Morell—: "¿Cómo diablos lo habéis perdido? ¿Cómo es posible que se os haya escapado?", gritó Bush, hecho una furia».[21] La respuesta honesta era que Bush, Rumsfeld y Franks habían permitido que Bin Laden siguiera vivo y combatiendo. Los talibanes se retiraron a las montañas y aguardaron la ocasión. La CIA se pasaría los siguientes veinte años persiguiendo a los líderes y a los combatientes de a pie de al-Qaeda. Cuando dio comienzo la ocupación estadounidense de Afganistán, empezó también la guerra más larga de la CIA desde que sus agentes llegaron por vez primera a Vietnam del Sur en 1954. Nadie habría podido imaginar que un día los espías estadounidenses fueran a salir huyendo de Kabul tras la caída de la ciudad, del mismo modo que muchos años antes sus precursores tuvieran que ahuecar el ala y largarse de Saigón.

Al comenzar el Año Nuevo, Ryan Crocker voló a Kabul en calidad de responsable de negocios interino de los Estados Unidos. El principal encargado de asuntos políticos de la embajada era Michael Metrinko, que había sido uno de los cincuenta y dos ciudadanos estadounidenses retenidos durante cuatrocientos cuarenta y cuatro días como rehenes en Teherán a raíz de la revolución iraní de 1979. El jefe de estación era Rich Blee, del Centro de Antiterrorismo. Hamid Karzai empezó sus trece años de reinado en el palacio presidencial, donde, con el tiempo, se convertiría en modelo del axioma que afirma que el poder corrompe.

Karzai era «un hombre con una misión imposible —comentó el embajador Crocker—. La destrucción de Afganistán a finales de 2001 y comienzos de 2002 era casi total. Yendo en coche de Bagram a Kabul no se veía ni un edificio en pie, no había puentes, tuvimos que vadear un río, y habían desaparecido manzanas enteras de la ciudad de Kabul. Aquello se parecía a las fotografías de Berlín en 1945. No era culpa nuestra. No era culpa de los talibanes. Era el resultado de la guerra civil afgana de los años noventa»[22] entre la Alianza del Norte y sus rivales pastunes. La ciudad llevaba años sin electricidad, ni petróleo ni gas. La gente quemaba leña y estiércol para calentarse, y en el aire frío y gris reinaba un espeso hedor a humo, polvo y arena. Tras un cuarto de siglo de guerra y de conflictos y cinco años de sequía, Afganistán era el país más dejado de la mano de Dios en todo el mundo.

«Karzai no tenía nada —según dijo el embajador Crocker—. No tenía autoridad real ni nada con lo que trabajar, ni ejército ni policía ni funcionarios civiles, ni una sociedad que funcionara». Pero lo que sí tuvo desde el primer momento fueron sacos de dinero entregados por la CIA en sus despachos presidenciales: decenas de millones de dólares pagadas durante años. Las utilizó para engrasar los mecanismos de su Gobierno y para cimentar su poder y su autoridad. «Lo llamábamos "dinero fantasma" —comentó Khalil Roman, el jefe de gabinete delegado de Karzai desde 2001 hasta 2005—. Llegaba en secreto y desaparecía en secreto».[23] Buena parte de él se utilizaba para comprar la lealtad de los señores de la guerra afganos y de los que manejaban el poder en el país, algunos de los cuales llevaban siendo beneficiarios de la generosidad de la CIA desde los tiempos de la ocupación soviética. Todos sabían que Karzai era la única persona que tenía «la capacidad de representar a Afganistán ante los extranjeros que dan el dinero que mantiene a Afganistán en funcionamiento —comentó Mike Metrinko, uno de los pocos funcionarios estadounidenses que conocían la lengua, la historia y la cultura del país—. Ocupa el poder porque puede. En último término, es el manitas capaz de arreglar el país».[24] Entre las diez mil cosas que Karzai tenía que hacer estaba la elección de los ministros y de los gobernadores provinciales. «Me preguntaba: "¿Quién debe ser el gobernador de Ghazni?". Como si yo tuviera la clave —diría el embajador Crocker—. Y tomó algunas decisiones verdaderamente malas». Karzai entregó a los señores de la guerra más poderosos de Afganistán casi todos los puestos más altos del Gobierno central y veinte de los treinta y dos gobiernos provinciales, y se encargó de que recibieran su parte del dinero fantasma.

La CIA tenía el dominio de Kabul. «En Washington no había por ninguna parte mucho interés relevante por lo que pudiera pasar después en Afganistán —comentó el embajador Crocker—. La CIA... llevó a cabo una cantidad enorme del esfuerzo realizado allí, incluido el apoyo a Karzai». Vogle prácticamente estableció su residencia en el palacio presidencial. Era tan influyente como el embajador, y a veces más incluso. Rich Blee se hizo cargo del Hotel Ariana, a menos de un kilómetro del edificio de la embajada estadounidense, que apenas funcionaba, y mucho mejor equipado que aquella; el puesto de la CIA no tardó en disponer de un garito al que solo podía accederse con invitación, llamado el Tali-Bar. Decenas de agentes recién nombrados llegaron aquel invierno a Kabul, que se convirtió en su primer destino. Algunos habían recibido una instrucción precipitada y en sus manos se había puesto un fusil sin que contaran con una formación adecuada en las artes del espionaje y de la recopilación de información de inteligencia. «Eran muy buenos repartiendo entre la gente grandes bolsas de dinero, vehículos todoterreno nuevos y magníficas radios satelitales de pequeño tamaño —dijo Metrinko—. Pero, por lo que se refiere a un verdadero conocimiento de lo que estaba pasando, de dónde estaban, de lo que estaban intentando conseguir que se hiciera, sobre el presente, el pasado y el futuro... cero patatero».

El director ejecutivo de la CIA, Buzzy Krongard, fue enviado a supervisar la situación. La impresión más marcada con la que se quedó fue la de que contratar a afganos como guardias de seguridad para proteger la estación de la CIA era una idea pésima. De regreso al cuartel general de la agencia, enseguida cerró un acuerdo por valor de cinco millones de dólares con un antiguo miembro de los equipos SEAL, Erik Prince, ya por entonces inmensamente rico; el primero de los contratos clasificados por valor de unos seiscientos millones de dólares que la CIA concedería a su ejército privado, Blackwater, durante los cinco años siguientes. No tardaron en llegar a Afganistán las primeras decenas y luego centenares de hombres de Prince, muchos de los cuales eran veteranos del Ejército a los que acababan de contratar. Enseguida pasaron a formar equipos encargados no solo de proteger la estación de la CIA, sino también de dedicarse a la caza de terroristas. Los agentes paramilitares y los reclutadores de la CIA recorrían las calles de Kabul «en esa especie de extraña vestimenta militar, con montones de correajes y pistoleras y bandoleras extra, y fundas en las que guardar revólveres y cuchillos, y pañuelos en la cabeza y al cuello y unas camisas muy raras… —comentaría Metrinko—. Parecían salidos de una película de Rambo». Eran la cara de los Estados Unidos para los afganos.

«Estaban perfectamente dispuestos a dejar que el país se fuera al diablo»

Afganistán era ahora un país de la CIA, como Irán en los años setenta, cuando el antiguo director de la Agencia Central de Inteligencia, Richard Helms, había ocupado el cargo de embajador de los Estados Unidos en Teherán. El dinero de la CIA creó un mínimo de seguridad para el nuevo Gobierno, y esa sensación de estabilidad era esencial para que esta llevara a cabo su misión de perseguir a al-Qaeda. El dinero era también esencial para la presidencia de Karzai. Sus ministros y gobernadores dependían de él. Pocos eran los que estaban realmente interesados en el futuro de Afganistán.

«Eran individuos a los que lo que importaba era su propio poder, llenarse los bolsillos, y que estaban perfectamente dispuestos a dejar que el país se fuera al diablo si eso significaba que ellos se hacían más ricos —diría Metrinko—. La CIA estaba dispuesta a colaborar con cualquier delincuente y cualquier puto corrupto que encontrara». Y el principal entre todos ellos era Ahmed Wali Karzai, un valioso activo de la CIA, al igual que su hermano Hamid. Era un gánster que hablaba perfectamente inglés con acento de Chicago, y que acabaría convirtiéndose en el hombre fuerte de la provincia de Kandahar, donde se construyó un imperio haciéndose con el control de las fuerzas de seguridad, el comercio y las contratas. Cobraba comisiones enormes a los traficantes de droga para proteger sus inmensos campos de adormidera y sus cargamentos de opio y heroína. Era el propietario de la finca que rodeaba el cuartel general del Ejército estadounidense en Kandahar, en rápida expansión —gracias en gran parte a un préstamo del Gobierno de los Estados Unidos facilitado en 2004 por el nuevo embajador estadounidense, Zalmay Khalilzad—, y cobraba un alquiler como propietario de la base contigua de la CIA, el antiguo recinto del mulá Omar. El siguiente embajador, Ronald Neumann, envió en 2005 un telegrama redactado a toda prisa que llevaba el siguiente encabezamiento: «Hacer frente a la crisis de corrupción de Afganistán». Citaba la propensión de Karzai a tolerar el latrocinio político y señalaba la relación de su hermano con el tráfico de heroína. Concluía diciendo que «el presidente Karzai... tiene que destituir y posiblemente procesar a algunos de los funcionarios más notoriamente corruptos de su Gobierno».[25] Destacaba a cuatro gobernadores provinciales, tres de los cuales figuraban en la nómina de la CIA, junto a Ahmed Wali Karzai.

En el despacho oval hicieron oídos sordos a todas esas alegaciones. El presidente Bush prefirió ignorar «el amiguismo, el carácter cerrado y la impunidad» que rodeaba al palacio presidencial desde que Karzai había asumido el poder, comentaría Stephen Hadley, consejero de Seguridad Nacional durante su segundo mandato.[26] Bush estuvo ciego ante el hecho de que los fallos del Gobierno respaldado por los Estados Unidos acabarían convirtiéndose para los talibanes en el instrumento más potente de reclutamiento de seguidores. Con la vista clavada fijamente en Bagdad, el presidente quería tener que ver lo menos posible con Kabul: ni con el mantenimiento de la paz y la seguridad ni, por supuesto, con la construcción de un país. «La situación en Afganistán está para el arrastre —llegaría a decir Hadley—. Y el problema es... que hemos sido nosotros los que lo hemos empezado».

El problema era la corrupción, y el meollo del asunto estaba en la forma en la que la CIA actuaba en Afganistán, con montones de billetes de cien dólares metidos en bolsas de plástico. «Dado el interés en el que se basaba la misión, la preocupación por la corrupción no era mayor que la que provocaban las operaciones encubiertas», dijo Barnett Rubin.[27] Y cuando la ocupación estadounidense de Afganistán empezara a desmoronarse en los años venideros, la causa no serían los talibanes. «En último término, el punto de fallo de nuestras actividades no estuvo en una insurgencia —diría el embajador Crocker—. Estuvo en el peso de una corrupción endémica».

Greg Vogle recibió la máxima condecoración de la CIA, la Cruz Distinguida a la Información de Inteligencia, por salvar la vida a Hamid Karzai.* La cita reconoce el «heroísmo extraordinario, que supuso la aceptación de los peligros existentes con una fortaleza notoria y una valentía ejemplar». Prestaría dos períodos de servicio como jefe de estación en Kabul. El saludo con el que recibía a todos y cada uno de los nuevos agentes que llegaban a la capital afgana era siempre el mismo: *Su misión es acabar con al-Qaeda. ¿Alguna pregunta?* Su entrega a dicha misión lo hizo ascender vertiginosamente. Vogle se convirtió en jefe del servicio clandestino de la CIA cuatro meses después de que Karzai perdiera el poder.

* En el momento de escribir estas palabras, solo treinta y nueve personas han recibido la Cruz Distinguida a la Información de Inteligencia en toda la historia de la CIA. Muchas de esas condecoraciones fueron a título póstumo y casi todas siguen siendo materia clasificada.

Abandonó Afganistán por primera vez en la primavera de 2002, pensando que los Estados Unidos iban ganando la guerra contra el terror. Pero el orden de batalla fue cambiando, y no para mejor. Como señalaba Roger Pardo Maurer, asistente adjunto del secretario de Defensa destinado en Kandahar como comandante en la reserva de las fuerzas especiales, «la situación en la que ahora nos encontramos es que al-Qaeda se ha lamido las heridas y está reagrupándose en el sudeste, con la connivencia de unos pocos señores de la guerra jóvenes y descontentos, y de los pakistaníes, que hacen un doble juego. La competición todavía está muy viva. En las provincias meridionales no se puede dar una patada a una piedra sin que salgan chicos malos igual que si fueran hormigas, serpientes o escorpiones. Resulta sorprendente comprobar cuántos de ellos son extranjeros».[28]

7

Líos enormes, como no se habían visto nunca

Al-Qaeda volvió a golpear el 11 de marzo de 2002, seis meses después del ataque contra el World Trade Center. El objetivo fue la sinagoga más antigua de África, en la isla tunecina de Yerba. Un camión bomba explotó junto a la antigua casa de culto, causando la muerte de catorce turistas alemanes, cinco ciudadanos tunecinos y dos franceses. El personaje clave del atentado fue Ibrahim el Alemán, un psicópata cuyo verdadero nombre era Christian Ganczarski. Recibía órdenes de Khalid Sheik Mohammed, el cerebro del 11-S. En un vídeo de al-Qaeda grabado en Afganistán catorce meses antes, podía vérselo en primera fila entre centenares de combatientes armados que escuchaban las palabras de Bin Laden.

La CIA encontró la forma de sacarlo del campo de batalla: un sutil engaño de espionaje dirigido por Margaret Henoch, la directora de operaciones del Departamento para Europa y una de las pocas mujeres que ocupó un alto cargo en el servicio clandestino. En coordinación con los servicios de inteligencia franceses, Henoch engatusó a Ibrahim el Alemán para que tomara un vuelo de Air France que salía de Riad con destino a Bonn, y un agente de la CIA lo detuvo cuando el vuelo efectuó una parada en París. Ha pasado el resto de su vida en una cárcel francesa y, mientras escribo esto, sigue acusado en los Estados Unidos por conspirar para asesinar a ciudadanos estadounidenses. Esa era una manera de entregar a la justicia a un terrorista, pero se trataba de la más anticuada.

Cuatro años antes, George Tenet había concluido un acuerdo con Omar Suleiman, el director de los servicios de inteligencia egipcios, para encarcelar a los militantes islámicos secuestrados por la CIA. Catorce de esas «entregas extraordinarias» con autorización del presidente habían tenido lugar antes del 11-S, incluido el apresamiento del jefe de la filial de al-Qaeda en Albania, capturado por agentes de la CIA en los Balcanes en 1998. La Casa Blanca, el Departamento de Estado y la CIA sabían perfectamente que Suleiman torturaba a sus prisioneros para sacarles información. No era esa la cuestión. La finalidad de todo aquello era sacar de la circulación a los chicos malos. Si además hablaban, tanto mejor. Pero antes del 11-S, los interrogatorios no eran asunto de la CIA.

Después del 11-S, entre los primeros hombres que envió la CIA a una cárcel de El Cairo estaría Ibn al-Sheikh al-Libi, cuyo nombre figuraba en unos cuarenta expedientes sobre terrorismo que el director de los servicios de inteligencia de Libia, Musa Kusa, había entregado a la CIA en octubre de 2001. Al-Libi había intentado derrocar a Muhammar el Gadafi y había huido a Afganistán, para luchar contra los soviéticos con armas suministradas por la CIA. Luego se había aliado con Bin Laden y había sido capturado cuando intentaba huir del campo de batalla en el mes de noviembre. Seis semanas después, la CIA entregó a al-Libi a las autoridades del Cairo. Bajo tortura, respondiendo a preguntas sugeridas a Omar Suleiman por analistas de la CIA, el prisionero dijo que los iraquíes habían adiestrado a al-Qaeda en el uso de la guerra con armas químicas y biológicas. «Resultó que todo aquello era mentira», declaró Kristin Wood, por entonces jefa de la filial iraquí del Departamento de Análisis sobre Terrorismo.[1] Una vez devuelto a la custodia de la CIA, inmediatamente se retractó, insistiendo en que se había inventado aquellas respuestas para que dejaran de hacerle daño. Pero sus mentiras era lo que Tenet había comunicado al presidente en sus reuniones informativas matutinas, y eran los puntos destacados de los discursos que daban Bush y Cheney mientras contemplaban la idea de declarar la guerra a Sadam Husein.

Tenet sintió la necesidad de «correr inmediatamente a la Casa Blanca [con noticias frescas] —dijo Tyler Drumheller, jefe de la división para Europa del servicio clandestino entre 2001 y 2005—, y una vez que le dices una cosa al presidente, especialmente al presidente Bush, es muy difícil volver y decirle: "No lo habíamos comprobado bien, ¿sabe usted?"».[2] La CIA se había «equivocado y la habían confundido cuando le dijeron que enviara a determinadas personas a lugares como Egipto, pensando que iban a sacar de todo aquello una gran verdad —dijo—. Ningún mando militar saldría a combatir basándose en algo así, porque todos saben que no pueden verificarlo».*

«¿Qué vamos a hacer con esos tíos?»

En la primavera de 2002, la CIA empezó a darse cuenta de que las entregas extraordinarias no eran la respuesta adecuada. Unos dos mil combatientes árabes, afganos, pakistaníes, chechenos, turkmenos y chinos uigures habían sido capturados en Afganistán, junto con muchos sospechosos de pertenecer a al-Qaeda detenidos por el ISI en Pakistán. La nueva prisión militar de Guantánamo, en Cuba, había acogido a trescientos presos. Varios centenares más, incluido un puñado de los calificados como «detenidos de alto valor» habían sido enviados a Camp Rhino, la base de operaciones avanzadas de los marines a las afueras de Kandahar, al mando del general de brigada James Mattis, posteriormente secretario de defensa del presidente Trump. Mattis no quería saber nada de ellos. Eran problema de la CIA.

—¿Qué vamos a hacer con esos tíos cuando los cacemos? —se había preguntado en voz alta Buzzy Krongard—.

* Tras la invasión de Irak, la CIA retiró el testimonio obtenido mediante tortura de al-Libi. Luego lo hizo desaparecer en su red de *black sites* [cárceles clandestinas] durante tres años, antes de volver a meterlo en una celda en una prisión de Libia, donde murió en 2009.

Nunca hemos dirigido una cárcel. No tenemos intérpretes. No tenemos quienes hagan los interrogatorios.[3]

En la noche del 27 de marzo de 2002, el dilema de los prisioneros pasó a ser una cuestión de máxima urgencia. Unos agentes pakistaníes habían disparado, herido gravemente y capturado a Zayn al-Abidin Muhammad Husayn, más conocido como Abu Zubayda. Unos agentes operativos de la CIA del puesto de Islamabad, guiados por los analistas del cuartel general, habían seguido su rastro hasta una vivienda franca en la ciudad de Faisalabad. Tenet dijo inmediatamente a Bush que Abu Zubayda era el tercero al mando de al-Qaeda y que estaba profundamente implicado en sus ataques más violentos, y Bush así se lo hizo saber de inmediato al mundo entero. «Es uno de los principales agentes encargados de tramar y planear la muerte y la destrucción contra los Estados Unidos», proclamó en una campaña de recaudación de fondos para el Partido Republicano.[4] No había nada de eso. Zubayda no era un miembro declarado de al-Qaeda y si Bin Laden hubiera asignado rangos militares, no habría sido general, ni siquiera teniente, sino solo sargento primero. No obstante, era una figura importante: especialista en logística y organización, sabía a qué puerta llamar y cuándo debía hacerlo. Conocía los nombres y los alias de muchos miembros de la jerarquía de al-Qaeda. Sabía quién había entrado y salido de sus campos de adiestramiento en Afganistán. Era el primer prisionero de importancia en manos de la CIA.

«Teníamos que hacernos cargo de los terroristas de alto nivel nosotros mismos», dijo Jose Rodriguez.[5] La CIA sabía todavía muy poco acerca de al-Qaeda. Seguía avisando a la Casa Blanca de que iba a producirse un ataque inminente contra los Estados Unidos. Creía que cualquier prisionero podía ser una bomba de relojería. Pensaba que, si los interrogaba, podría detener a tiempo una conjura catastrófica.

Rodriguez se propuso crear un plan para que los agentes de la CIA encarcelaran e interrogaran a los presos de al-Qaeda. Pidió ayuda a la Oficina de Servicios Técnicos

(OTS, por sus siglas en inglés).* La OTS era la instancia a la que recurría el servicio clandestino para conseguir equipos de espionaje: micrófonos sofisticados, cámaras de vigilancia, sistemas de comunicación secretos, pasaportes falsos o disfraces. La oficina contaba también con un equipo de psicólogos que tenían muchísimos conocimientos institucionales sobre cómo hacer hablar a alguien sin matarlo. Sus antecesores de la Guerra Fría habían llevado a cabo los experimentos de control mental conocidos con el nombre en clave de MKUltra. Entre otros muchos pecados, habían drogado a seres humanos sin que ellos lo supieran —por ejemplo, administrando a presos de cárceles federales LSD a diario durante once semanas seguidas—, y todo en nombre de un nuevo sistema de interrogar al enemigo.

Cuando el director de la CIA, Allen Dulles, creó la agencia en 1951, en el momento culminante de la guerra de Corea, quiso saber inmediatamente si existía un suero de la verdad. Sus agentes ya estaban pasando por la criba a un puñado de supuestos agentes dobles soviéticos en algunas cárceles secretas situadas en bases militares estadounidenses en Alemania y Panamá, precursoras de Guantánamo. Su iniciativa llevó inmediatamente al proyecto MKUltra, su farmacopea de píldoras mágicas, y a dos décadas de investigación de nuevas formas de hacer soltar la lengua a una per-

* Los orígenes de este departamento se encuentran en la Sección de Investigación y Desarrollo de la Oficina de Servicios Estratégicos, la antecesora de la CIA, encargada de idear «jugarretas y de inventar armas mortales en una guerra subversiva contra Hitler y el emperador Hirohito», como ha dicho un especialista en historia de la CIA con ocasión de la celebración del quincuagésimo aniversario de la OTS, en el cuartel general de la agencia en agosto de 2001. Con el paso de los años, la OTS había llegado a inventar una curiosa colección de artilugios para espías, había perfeccionado el arte de la escritura invisible e investigado fenómenos paranormales. Su mejor momento en el siglo XX fue la notable labor forense que acabó ayudando a condenar a un terrorista libio, autor de la explosión en 1988 del vuelo de Pan Am 103 sobre Lockerbie, en Escocia, que causó la muerte de 270 personas, entre ellos el subdirector de la estación de la CIA en Beirut.

sona, que terminaron en 1973. Con el paso de los años, los psicólogos de la CIA escribieron múltiples estudios de caso sobre prisioneros estadounidenses a los que los soldados chinos habían lavado el cerebro durante la guerra de Corea, y sobre presos alemanes encerrados en ataúdes verticales por agentes soviéticos durante la Segunda Guerra Mundial. Crearon una asignatura especial para espías y pilotos de U-2 llamada Detención Duradera del Enemigo, en la que no se recurría al maltrato físico de los alumnos, pero se les privaba del sueño y se les encerraba en espacios reducidos; el curso continuó vigente, como tantas otras cosas en la agencia, hasta el final de la Guerra Fría.

Las Fuerzas Armadas tenían un régimen de instrucción más duro llamado SERE —Survival, Evasion, Resistance, Escape [supervivencia, evasión, resistencia, fuga]—, desarrollado en parte a partir de estudios científicos financiados en secreto a través del proyecto MKUltra. Enseñaban a sus hombres a aguantar interrogatorios brutales sometiéndolos a interrogatorios brutales. Los instructores del SERE incorporaron las experiencias de los prisioneros de guerra retenidos por las Fuerzas Armadas alemanas, japonesas, norcoreanas, chinas y norvietnamitas entre 1942 y 1972. Sus métodos incluían períodos de aislamiento prolongado, desnudez forzosa, privación del sueño, calor y frío extremos y confinamiento en cajas de reducidas dimensiones. Cada arma del Ejército adaptaba esa instrucción a las experiencias de sus veteranos. A comienzos del siglo XXI, el programa SERE de la Fuerza Aérea se basaba en gran medida en el testimonio de los aviadores estadounidenses abatidos y luego torturados por los norvietnamitas, que, detalle harto significativo, habían intentado obtener de ellos confesiones falsas con fines propagandísticos, no para conseguir información de inteligencia para el combate. El «submarino» o tormento del agua (ahogamiento simulado), técnica que databa de los tiempos de la Inquisición española, se utilizaba solo en el cursillo de resistencia SERE de la Armada. El subsecretario de Estado Rich Armitage recordaba haber sido sometido a él antes de ser enviado a Vietnam en 1968.

¿Era tortura? «Por supuesto —declaró cuarenta años después—. Sin duda».[6]

Los psicólogos de la Oficina de Servicios Técnicos habían ayudado a redactar las primeras directrices de la CIA sobre el interrogatorio de prisioneros durante la guerra de Vietnam. En 1983, estas normas fueron revisadas en el Manual de Explotación de Recursos Humanos. Los agentes de la CIA y un contingente de boinas verdes utilizaron dicho manual para asesorar a sus aliados en Centroamérica. Recomendaba desnudar por completo a los prisioneros y recurrir a la privación del sueño, al aislamiento prolongado y al puro miedo para destruir su voluntad de resistencia.

Al día siguiente, la CIA amonestó a un agente del servicio clandestino llamado Charlie Wise por la mala conducta mostrada en el adiestramiento de los contras para torturar a los prisioneros. Sus violaciones de los derechos humanos eran tan graves que la CIA clausuró su programa de adiestramiento en 1985. Cuando los periodistas hicieron públicas esas negligencias, John Helgerson, el inspector general de Tenet, que por entonces ejercía como director de las relaciones con el Congreso de la CIA, había dicho a la Comisión de Inteligencia del Senado que «las técnicas inhumanas, físicas o psicológicas, son contraproducentes, porque no proporcionan información de inteligencia y probablemente den lugar a respuestas falsas».[7] Richard Stolz, por entonces jefe del servicio clandestino, había declarado que «los maltratos físicos y otros abusos degradantes eran rechazados no solo porque estén mal, sino porque históricamente se han demostrado ineficaces».

Esta crónica no era lo primordial en la mente de los directivos de la CIA en 2002. Cuando Jose Rodriguez se puso a buscar un jefe encargado de los interrogatorios, escogió a Charlie Wise, el único agente de servicio que pudo encontrar con experiencia de primera mano en hacer hablar a un prisionero. Y cuando escogió las técnicas para vencer su resistencia, se basó en la experiencia de dos veteranos psicólogos de la Fuerza Aérea, James Mitchell y Bruce Jessen, que habían sido contratados como asesores en cuestiones de antiterrorismo por la Oficina de Servicios Técnicos. La primera semana de abril de 2002 presentó a George Tenet y a John Rizzo una decena de sus propuestas. Entre ellas figuraban el submarino y todos los demás métodos más crueles del programa SERE. Rodriguez añadió algunas mejoras —meter al prisionero en un ataúd con un insecto grande, enterrarlo vivo, mantenerlo despierto durante once días seguidos...— y se mostró dispuesto a utilizarlas todas de inmediato con Abu Zubayda.

«Sin contemplaciones»

Estas técnicas le parecieron a Rizzo «sádicas y espantosas».[8] El submarino en particular sacudió su conciencia. Rizzo había sido asesor jurídico del servicio clandestino durante veintisiete años, el tiempo suficiente para tener «un claro instinto sobre qué podría meter a la agencia, y a su gente, en líos en el futuro. Y aquello llevaba escrito encima que serían unos líos enormes, como no se habían visto nunca». Rizzo dio un largo paseo por campus de la CIA, caminando entre las flores lozanas y fumando un puro, «mientras intentaba procesar lo que acababa de escuchar e imaginarse qué demonios iba a hacer a continuación». Si aquel programa se filtraba, los agentes de la CIA podrían ser acusados de tortura y su reputación quedaría empañada para siempre. Pero, al tiempo que sopesaba esas consecuencias, consideró también «un último escenario de pesadilla: se produce otro ataque y Zybayda le dice jubilosamente a sus guardianes de la CIA que él ya lo sabía todo y se jacta de que nunca conseguimos hacerle cantar a tiempo». Podían morir ciudadanos estadounidenses y la CIA acabaría destruida por no haber sido capaz de salvarlos. Como recordaría después, «me di plenamente cuenta de que de una forma u otra, un día, de cualquier manera, acabaríamos jodidos».[9]

Lleno de aprensión, Rizzo se sentó con Tenet y con Rodriguez en el despacho del director, contemplando a través de los amplios ventanales la rozagante arboleda que descendía suavemente hasta la orilla del Potomac. Confesó que, como abogado suyo, no podía decir si aquellos métodos eran tortura o no. Pero si lo eran, afirmó, no podían justificarse, aunque tuvieran por objeto impedir un próximo ataque. Se produjo a continuación un silencio largo e incómodo. Rodriguez se encargó de romperlo.

«Nuestros hombres no harán nada que suponga tortura», prometió.[10] Pero aquello no le bastaba a Rizzo, que tenía cierta experiencia en lo concerniente a Rodriguez y su respeto de las reglas. Consciente de las leyes sobre la tortura, que comportaban una condena de veinte años de prisión, Rizzo dijo que Tenet necesitaba una licencia de la Casa Blanca y del Departamento de Justicia. La CIA aguardaría casi cuatro meses, hasta agosto, antes de volver a oír a sus abogados, temiendo cada día que las agujas del reloj siguieran corriendo hacia el desastre. Rodriguez no estaba dispuesto a seguir esperando. Quería el *nihil obstat* del presidente ya. La tortura no podía ser antiestadounidense si contaba con la bendición de Bush y, si contaba con la bendición de Bush, no podía ser tortura.

«Aprobé el uso de esas técnicas de interrogatorio», incluido el submarino, tras la reunión informativa mantenida con Tenet, escribiría Bush en sus memorias.[11] Rodriguez consiguió el respaldo del presidente quince días después de que Abu Zubayda fuera hecho prisionero. Pero, para entonces, este ya había dicho a los estadounidenses casi todo lo que sabía.

En una base en medio de la selva cerca de Chiang Mai, Tailandia, un agente del FBI, Ali Soufan, un musulmán chiita que hablaba árabe con fluidez y estaba profundamente versado en las actividades de al-Qaeda, había conseguido la colaboración del prisionero. Abu Zubayda había identificado a Khalid Sheik Mohammed como el autor intelectual del 11-S y había revelado su nombre en clave, Mukhtar, el cerebro, una información que conduciría a su captura once meses después. Aquello supuso un avance gigantesco: la CIA ya sabía que era un terrorista peligroso, pero no que fuera la mano derecha de Bin Laden. Abu Zubayda puso nombre a una multitud más de agentes de al-Qaeda en Oriente Medio y en Europa, describió ampliamente sus actividades en el contrabando de dinero y en el tráfico de personas en favor de Bin Laden, y contó las tramas que habían sido urdidas antes de que se produjeran los ataques.

Vistas en retrospectiva, algunas de esas ideas parecerían engañosas. Una, por ejemplo, era el plan de destruir el puente de Brooklyn cortando secretamente sus cables con la ayuda de sopletes y haciendo que se hundiera en el East River. «Un día estuvimos viendo *Godzilla* —contó el prisionero a Soufan—. Vimos lo que ocurría cuando Godzilla pisaba el puente y nos imaginamos la destrucción que podríamos causar».[12] Otra era la ocurrencia de un pandillero natural de Brooklyn y aspirante a ingresar en al-Qaeda llamado Jose Padilla, que propuso fabricar una «bomba sucia» y hacerla detonar en los Estados Unidos. El plan consistía, al parecer, en conseguir cierta cantidad de uranio, colocarlo dentro de un contenedor en una pala, atarlo con una cuerda al mango y agitar la pala dando vueltas para separar los isótopos.*

* Un pakistaní psicológicamente inestable que residía en Ohio —un agente doble que trabajaba como informador del FBI al tiempo que informaba también a al-Qaeda— había estudiado la posibilidad de derrumbar el puente de Brooklyn, pero consideró que era muy improbable que el plan tuviera éxito. Fue acusado de terrorismo y condenado en 2003. El creador de la «bomba sucia» sacó el plan de una página web satírica que empezaba diciendo: «Fabricar y poseer una bomba H es el tipo de reto que buscan los verdaderos estadounidenses». En un informe titulado «No pongas todo tu uranio en un solo cubo», el jefe del Grupo de Armas Químicas, Biológicas, Radiológicas y Nucleares del Centro de Antiterrorismo señalaría más tarde: «Padilla admitió que la única razón de que se le ocurriera la idea de la llamada "bomba sucia" era que quería salir de Afganistán y se imaginó que si se le ocurría un plan espectacular, se lo financiarían». Padilla fue detenido en medio de un gran revuelo cuando voló a Chicago en mayo de 2002. El fiscal general John Ashcroft dijo que formaba parte de un «complot terrorista» para lanzar un artefacto nuclear. Fue considerado combatiente enemigo y condenado por otros cargos en 2007. Posteriormente, ya sin revuelo alguno, la CIA sacó a Padilla de la lista de los éxitos cosechados en la lucha contra el terror.

Tenet quedó asombrado ante aquellas confesiones y, al mismo tiempo, se puso furioso porque sus hombres hubiesen dejado que el FBI interrogara al prisionero antes que ellos. Su cólera fue subiendo de nivel desde Rodriguez hasta alcanzar a sus superiores. Convocó una reunión de cuarenta personas en la principal sala de conferencias del Centro de Antiterrorismo y dijo que la CIA tenía «información creíble sobre un ataque nuclear... inminente contra una ciudad o más de los Estados Unidos»,[13] lo que hacía que los interrogatorios más rigurosos fueran imprescindibles. Rodriguez decidió enviar a Mitchell a Tailandia junto con otros dos agentes —Marty Martin, hasta hacía poco jefe de estación en Jordania, y Albert El Gamil, su lugarteniente, que recientemente había sido amonestado por conducta impropia— y a dos destacadas analistas especializadas en Bin Laden, Jennifer Matthews y Alfreda Bikowski, cuya entrega a la misión estaba imbuida de una intensidad casi religiosa. Los cinco apoyaban apasionadamente los métodos más rigurosos. «¡Ahora vamos a ir sin contemplaciones!», les dijo Rodriguez.[14] Mitchell y Matthews volaron inmediatamente a Chiang Mai en un reactor Gulfstream y llegaron al improvisado centro de detención clandestino que la CIA se había apropiado precipitadamente tras la captura de Abu Zubayda, se apoderaron de sus diarios y sus discos duros, curaron las heridas de bala casi mortales que había recibido en Pakistán, lo metieron en un avión y se lo llevaron a casi cuatro mil kilómetros de distancia.

Los psicólogos enviaron un mensaje de los analistas. El prisionero retenía información relativa a una amenaza crítica. El presidente había dicho a Tenet que averiguara qué podía saber acerca de una segunda oleada de ataques. Ya era hora de ponerse duros. Los especialistas en interrogatorios de la CIA lo desnudaron, lo encadenaron de pies y manos al suelo, le atronaron los oídos con música *death metal* y lo mantuvieron despierto durante veintiséis horas, hasta que intervinieron los médicos del centro. Dijeron a Soufan que aquellas técnicas contaban con la aprobación del más alto nivel. Pero no funcionaron: Abu Zubayda dejó de hablar cuando dieron comienzo los malos tratos.

Luego construyeron un ataúd para meterlo dentro. Ali Soufan echó una ojeada a la caja y pidió a un agente de la CIA que le dejara comprobar cómo era. «Me metí dentro y él la cerró por fuera —escribiría Soufan—. Aquello estaba negro como boca de lobo. Solo me era posible mover un poquito la cabeza y los brazos. Al cabo de unos segundos le pedí que levantara la tapa… y salí rápidamente de allí de un brinco. "Esto es de locos", le dije».

«No nos hacíamos ilusiones»

En esa coyuntura crucial, la CIA destituyó a su comandante supremo en la guerra contra el terror. Cofer Black se había convertido en el dirigente más influyente de la CIA por debajo de su director. Informaba directamente al presidente y a Tenet, pasando por encima de Pavitt en la cadena de mandos. El Centro de Antiterrorismo se había vuelto más poderoso que el servicio clandestino. Black controlaba más dinero y a más personal que Pavitt. Su presupuesto se acercaba a los tres mil millones de dólares, más o menos el mismo que tenía toda la CIA en 1998. Una cuarta parte del personal en nómina de la agencia ahora le pertenecía. Sus lugartenientes recorrían los pasillos de la sede central, parándose a charlar con los agentes y analistas más prometedores y diciéndoles que ahora trabajaban para Black, que se presentó directamente ante Pavitt y le exigió que pusiera a su disposición centenares de agentes más destinados en Europa y América Latina. Estaba firmemente convencido de que iba a sustituir a Pavitt como jefe del servicio clandestino. Una tarde, Ric Prado se hallaba esperando para entrevistarse con Pavitt en su despacho de la séptima planta, cuando Black salió de él echando humo. Pavitt tenía la cara roja. «¡Tu jefe acaba de decirme cómo tengo que administrar mi negociado!», le dijo a Prado con un gruñido.[15]

La lucha por el poder entre ellos llevaba meses enconándose. En mayo finalmente estalló el enfrentamiento.

Pavitt dijo a Black que estaba despedido. Le ofreció un nuevo trabajo al frente del departamento de recursos nacionales de la CIA, encargado de informar a los hombres de negocios de todo el mundo y de reclutar a ciudadanos de fuera del país que estuvieran de viaje por el extranjero. El departamento en cuestión hacía tiempo que se había convertido en una división secundaria, y tenía fama de ser una especie de asilo para agentes quemados. El eco de aquella bofetada resonó en los oídos de todos los agentes de antiterrorismo leales a Black, desde el primero hasta el último. Algunos pensaron que era como si Eisenhower hubiera decidido apartar al general George Patton durante la batalla de las Ardenas para nombrarlo director general de Correos. Black rechazó la propuesta. No tardó en abandonar la CIA, prestó servicio dos años como coordinador de antiterrorismo del Departamento de Estado y, a continuación, se convirtió en vicepresidente de Blackwater con un cuantioso salario. Nunca tuvo ocasión de cumplir la promesa que había hecho al presidente de matar a Bin Laden y acabar con al-Qaeda.

El nuevo director de Antiterrorismo de la Agencia Central de Inteligencia fue Jose Rodriguez. Sus partidarios —y había muchos— lo querían por su feroz entrega a la misión, su dedicación inquebrantable a los agentes a sus órdenes, y su frío desprecio por los burócratas y las reglas. Sus detractores pensaban que su carrera debería haber acabado en la División para América Latina, que había recibido unos ascensos muy por encima de sus capacidades y que su nombramiento revelaba una notable falta de criterio por parte de sus superiores.

En junio, Rodriguez eligió a Michael D'Andrea para que lo sucediera como jefe de operaciones del Centro de Antiterrorismo. D'Andrea era un agente de la CIA de segunda generación, que trabajaba cien horas a la semana, tenía una palidez en el rostro característica de la falta de sol, y en su mente ardía eternamente la llama propia de la intensidad de un zelota. Era vegetariano y fumaba sin parar un cigarrillo tras otro. Había abandonado el catolicismo para convertirse al islam chiita y así poder casarse con su esposa, una acaudalada mujer de negocios originaria de Mauricio, país insular situado frente a las costas de África oriental. Había sido jefe de estación en Dar es Salaam, Tanzania, cuando Bin Laden intentó volar la embajada estadounidense y el puesto local de la CIA en agosto de 1998, y desde entonces había sido uno de los líderes de la cacería emprendida a escala mundial contra los hombres de al-Qaeda. D'Andrea sucedería después en su cargo a Rodriguez, prestando servicio como director del Centro de Antiterrorismo durante una década. Se convirtió en el agente más mortífero de la historia de la CIA con diferencia. De inmediato se hizo cargo de los ataques de la agencia con drones; el primero llevado a cabo fuera de Afganistán tuvo lugar en noviembre de 2002, en Yemen, y causó la muerte a seis sospechosos de pertenecer a al-Qaeda, incluido un ciudadano estadounidense. Aquellas fueron las misiones secretas más letales llevadas a cabo por la CIA desde los tiempos de la guerra de Vietnam. Eran pocos los que pensaban que seguirían siendo secretas para siempre.

«Todos sabíamos que los estadounidenses se enterarían en algún momento de todo lo que nos traíamos entre manos —diría diez años después Phil Mudd, que prestó servicio como oficial adjunto de Rodriguez—. No nos hacíamos ilusiones».[16]

Rodriguez reclutó a continuación a Jim Cotsana, jefe del Grupo de Disponibilidad Operativa de la Oficina de Servicios Técnicos. Miembro de la hermandad de exmarines de la CIA, Cotsana era un veterano de Vietnam tranquilo y reconcentrado, que estaba preparando un doctorado en Filosofía, concretamente sobre epistemología, la teoría que estudia cómo conocemos lo que conocemos —una formación perfecta para un agente del servicio de inteligencia—, cuando un reclutador de la CIA lo contactó inesperadamente en 1980. Había trabajado por todo el mundo en labores de espionaje y en operaciones de contrainteligencia centradas en los rusos, los iraníes y los terroristas. Dominaba todas las bases que suministraban apoyo técnico a los puestos y las operaciones de la CIA en todo el mundo. Era, además, el hombre al que había que recurrir para las entregas extraordinarias. Las llevaba a cabo en todos los países del mundo, y disponía de un núcleo básico de diez agentes. Rodriguez nombró a Cotsana jefe de misiones especiales. (En la CIA, como en el ejército, el adjetivo *especial* designa las operaciones extraordinariamente secretas y sensibles). La más importante de esas misiones fue la creación y dirección de un nuevo grupo de entregas, detenciones e interrogatorios, encargado de ocuparse de los prisioneros de al-Qaeda que se pensaba que poseían información de inteligencia trascendental sobre el próximo ataque.

«Realmente no teníamos experiencia alguna en materia de interrogar ni alojar a los detenidos de valor. Prácticamente empezábamos de cero», comentó Cotsana,[17] que se vio en la necesidad de crear una red de centros de detención clandestinos. Tuvo que encontrar expertos en interrogatorios y lingüistas, especialistas en redactar informes y médicos, agentes de seguridad y de apoyo y analistas que supieran de qué estaban hablando en lo tocante a al-Qaeda. «La escasez de personal que fuera capaz de participar en el programa y que estuviera dispuesto a hacerlo supuso un reto enorme —señaló la CIA en una revisión del programa llevada a cabo en 2013—. Sobre todo escaseaban los agentes con capacidades lingüísticas bien desarrolladas».[18] No obstante, la operación de Cotsana no tardó en contar con mil doscientos agentes, un número superior al de todo el servicio clandestino antes del 11-S, y se gastaron más de doscientos cincuenta millones de dólares antes de que se pusiera en funcionamiento. Con el paso de los años, los centros de detención clandestinos de la CIA albergarían a ciento diecinueve prisioneros. Catorce «detenidos de gran valor» fueron sometidos a los interrogatorios más severos. «Solo se llegó a aplicar el submarino a tres detenidos —diría Rodriguez—. Les aplicamos el submarino a tres asesinos que tenían las manos manchadas de sangre estadounidense. Qué quiere que le diga».*

* «El submarino, tal como lo practicaron los chinos, los nazis y la Inquisición española es y ha sido siempre una tortura. Pero el submarino

Veintiún veranos después, repasando en retrospectiva aquello que averiguó la CIA a través de los prisioneros, Cotsana dijo: «Descubrimos cómo movían el dinero, cómo blanqueaban el dinero; contábamos con algunas personas verdaderamente astutas y con experiencia bancaria, capaces de descubrirlo. Fuimos capaces de desbaratar todo aquello. Descubrimos cómo conseguían pasaportes, cómo conseguían llevar a la gente de un punto A a un punto B. Fuimos capaces de desbaratar todo aquello. Y descubrimos que había un correo», un hombre llamado Abu Ahmad al-Kuwaiti, al que Bin Laden utilizaba para comunicarse con el mundo exterior.[19] Su número se encontró en la agenda telefónica de Abu Zubayda cuando fue capturado. Los prisioneros retenidos por dos de los aliados árabes de la CIA habían identificado al correo en el verano de 2002. Al ser preguntado por el FBI, Abu Zubayda había delatado a un agente de al-Qaeda llamado Hassan Ghul, que calificaba a al-Kuwaiti como el asistente más importante de Bin Laden. Pero ese avance se consiguió antes de que la CIA empezara a utilizar el submarino y el resto de sus brutales métodos.

¿Habría podido llevar a cabo su misión el grupo de extradiciones, detenciones e interrogatorios sin recurrir a la tortura? «Es harto improbable —dijo Cotsana—. Teníamos que proteger a este país. Y lo que hicimos, lo que pensamos que era lo mejor, era conseguir la mayor cantidad de información de inteligencia posible que pudiéramos, porque todos creíamos que estaba a punto de producirse un segundo ataque. Si la gente piensa que hicimos algo ilegal, algo inmoral, podremos vivir con ello. Yo vivo con ello».[20]

La búsqueda por parte de Cotsana de lugares que sirvieran como prisiones clandestinas se convirtió en una carrera desenfrenada. El Centro de Antiterrorismo consideró y desechó algunos emplazamientos muy remotos, incluida una isla en el pantano más grande del mundo, el lago Kari-

aplicado [por la CIA] es distinto. Es distinto porque no utiliza tanta agua. No se ahoga a nadie», afirmaría Rodriguez en 2015 en un documental para la televisión titulado *The Spymasters*.

ba, en la frontera entre Zambia y Zimbabue. El dinero no era problema. Ni tampoco el respeto de los protocolos. Los jefes de puesto buscaron la ayuda de los ministros del Interior y los directores de los servicios de espionaje de todo el mundo, a veces sin ni siquiera hablar con el embajador estadounidense. En Polonia, Lituania y Rumanía fueron recibidos con los brazos abiertos por los dirigentes de los servicios de inteligencia de los antiguos países comunistas, adiestrados y apoyados por la CIA tras la caída del Muro de Berlín. La CIA y los polacos llevaban veinte años siendo socios íntimos; el decisivo apoyo encubierto de la agencia al movimiento Solidaridad había contribuido a que sus líderes infligieran un golpe durísimo al imperio soviético.

Tenet consiguió que el presidente de los Estados Unidos sellara el acuerdo con Polonia. El 17 de julio, Bush agarró del brazo al presidente polaco, Aleksander Kwasniewski, y se lo llevó antes de que diera comienzo un banquete de Estado en su honor. «Estábamos absolutamente solos en el despacho oval —recordaría Kwasniewski—. Bush me llevó aparte y me susurró algo al oído. Me dijo que era importante».[21] La estación de la CIA en Varsovia entregó treinta millones de dólares en dos cajas de cartón al servicio de inteligencia polaco a cambio de la utilización sin restricciones de una casa de campo de dos pisos en Stare Keijkuty, una base de adiestramiento escondida en lo más profundo de los bosques del norte de Polonia, no lejos del enclave ruso de Kaliningrado. Databa de la Segunda Guerra Mundial, cuando había servido como puesto avanzado para los agentes de inteligencia nazis.

La tarea de Cotsana de encontrar a expertos en interrogatorios resultó incluso más difícil. Aparte de Charlie Wise, el banquillo era enormemente reducido. El vicedirector John McLaughlin, hombre de maneras exquisitas, ya había interrogado a muchos prisioneros cuando era agente de inteligencia en Vietnam, pero no valía para enviarlo a Polonia a aplicar el submarino a un detenido. Además de las otras responsabilidades que tenía, las misiones especiales de Cotsana incluían la creación de una red de nuevas miniestaciones de la CIA en terceros países, en las que pudieran trabajar con sus socios extranjeros, la formación de un equipo encargado de apoderarse de documentos y discos duros confiscados a los prisioneros de al-Qaeda y sacar provecho de su contenido y la supervisión de otra sección dedicada a llevar a cabo operaciones de vigilancia de terroristas en todo el mundo (instalando micrófonos en sus escondites y escuchas en sus teléfonos, o fotografiándolos con objetivos de largo alcance). El grupo recibió el mote de Snapshots [Instantáneas].

Rodriguez quedó impresionado por la vicedirectora del Snapshots. Se llamaba Gina Haspel y fue nombrada directora de la CIA en 2018. Como D'Andrea, se había hecho un nombre persiguiendo a los agentes de al-Qaeda inmediatamente después de sus ataques con bomba contra la embajada estadounidense en África en 1998. Haspel había desempeñado un papel clave frustrando los planes de una banda de Bin Laden que tramaba un ataque contra la embajada estadounidense en la capital de Azerbaiyán, Bakú, cuando prestaba servicio como jefa de puesto en septiembre de 1998. Tras la operación de Haspel, al menos tres yihadistas fueron extraditados a El Cairo y encerrados en una prisión; uno había sido la mano derecha de Ayman al-Zawahiri, el segundo al mando de al-Qaeda. Haspel había pasado los dos años siguientes como jefa adjunta de puesto en Turquía, donde algunos de sus objetivos fueron espías rusos. Después del 11-S, cuando las operaciones contra Rusia dejaron de ser una prioridad, Haspel se convirtió en un agente clave de la sección de antiterrorismo en el cuartel general de la agencia.

Rodriguez la convertiría en su jefa de gabinete. Pero primero le dijo que se trasladara al centro de detención clandestino de Tailandia, cuyo nombre en clave era el Ojo del Gato, y que se preparara para dirigir los brutales interrogatorios que había autorizado el presidente. Finalmente, el 1 de agosto, Tenet y Rodriguez recibieron la autorización que durante tanto tiempo habían buscado.

«El submarino no era la fórmula mágica»

La tortura se convirtió en una institución del Gobierno de los Estados Unidos, basándose en la palabra de un abogado de treinta y dos años llamado John Yoo, de la Oficina de Asesoría Jurídica del Departamento de Justicia, y con la connivencia del fiscal general John Ashcroft. Yoo, que había trabajado a las órdenes del juez del Tribunal Supremo Clarence Thomas, tenía un concepto muy amplio de cuáles eran los poderes del presidente: Bush podía derogar leyes y limitaciones constitucionales, ordenar al ejército matar a toda la población de una localidad o autorizar interrogatorios crueles e inhumanos. Nada de eso era tortura mientras los prisioneros no fueran asesinados ni resultaran gravemente heridos psicológica o físicamente. Y si no era tortura, era lo que la CIA decía que era, una refinada serie de «técnicas mejoradas de interrogatorio». La agencia no había dicho nunca a la Casa Blanca ni al Departamento de Justicia cómo tenía intenciones de aplicar esas técnicas: por ejemplo, que los agentes encargados de sus interrogatorios cargaran de cadenas a un detenido y lo colgaran del techo y le dejaran dormir durante una semana o más.[22] Bush escribió en sus memorias que Tenet le había asegurado que «todos los interrogatorios serían llevados a cabo por profesionales experimentados de inteligencia, que habían recibido una formación exhaustiva».[23] De ser así, se trataba de una promesa vana.

A las seis y cuarto de la tarde del día 4 de agosto, Mitchell y Jessen metieron un carrito con el submarino en la celda donde iba a llevarse a cabo el interrogatorio de Abu Zubayda en Tailandia. Ninguno de los dos había utilizado nunca aquel aparato. No tenían experiencia alguna sobre la forma de interrogar a un extranjero ni formación en materia de operaciones de inteligencia. Habían sido contratados por el Centro de Antiterrorismo como asesores, no como inquisidores. La séptima planta no veía la diferencia entre la formación sobre resistencia rígidamente controlada del SERE y lo que estaba a punto de ocurrir en el centro de detención clandestino. Tampoco Abu Zubayda entendía lo que estaba a punto de ocurrirle. El prisionero, que había pasado las últimas siete semanas en el más absoluto confinamiento, pensó que el submarino era una camilla de hospital para tratarle la herida abierta de arma de fuego que tenía.

Los encargados del interrogatorio apretaron las correas sobre la herida del prisionero, lo inclinaron hacia atrás y empezaron a meterle agua por la boca y por la nariz durante cuarenta segundos cada vez. El hombre se atragantó, se ahogó, vomitó, gritó y se retorció. El submarino continuó hasta las 20.54. Luego lo ataron en una caja del tamaño de un trasportín de perro, de unos 53 × 76 × 76 cm, y lo tuvieron allí toda la noche. Repitieron el submarino durante cuatro días, pidiéndole que les hablara de la segunda oleada de ataques. «No sé nada más —contestó el prisionero—. Ya os lo he dicho todo». Luego volvieron a aplicarle el submarino una vez y otra y otra. «La opinión general parece ser que no deberíamos ir mucho más allá», dijeron los encargados del interrogatorio al cuartel general de la agencia el día 8 de agosto. Dos días después comunicaron que era harto improbable que el prisionero supiera algo sobre futuras tramas. Los responsables del interrogatorio siguieron adelante a instancias del Centro de Antiterrorismo, de sus agentes destinados al centro de detención clandestino y de los analistas especializados en Bin Laden, aunque el jefe de estación de la CIA en Bangkok, Mike Winograd, señaló que los que marcaban la pauta no eran «expertos en lo que era el objetivo»,[24] y que los agentes de la CIA presentes en Tailandia insistían en que el prisionero no les había dicho nada que no hubiera dicho ya al FBI. Mitchell y Jessen siguieron «insistiendo con contundencia y amenazando incluso con irse —recordaría Mitchell—. Nos replicaron, y cito: "Os está dando la vuelta él a vosotros, no vosotros a él". Los agentes con los que tratábamos, funcionarios de nivel medio de la CIA, en realidad nos puteaban, diciendo: "No tenéis cojones". Insistían en que, si no seguíamos aplicando el submarino a Abu Zubayda y se producía otro ataque en los Estados Unidos, sería "culpa vuestra"».[25]

El 15 de agosto, Abu Zubayda estuvo a punto de morir a causa del submarino, y durante los días siguientes, en su intento por poner fin a aquel tormento, dijo a sus torturadores todo lo que querían oír, inventándose futuros complots imaginarios. Aquellas confesiones falsas fueron del agrado del cuartel general. Permitieron que los encargados del interrogatorio dieran una tregua al submarino después de ochenta y cuatro sesiones.

Todo quedó registrado en vídeo. Las cintas se grabaron, en parte, para garantizar que los encargados de los interrogatorios seguían las reglas. Pero no fue así. Utilizaron el submarino con mucha más frecuencia y de una forma completamente distinta a la que la CIA había dicho al Departamento de Justicia que se utilizaría cuando buscaba su aprobación. En vez de colocar un paño húmedo en la boca del prisionero y de ir vertiendo cada vez medio litro de agua sobre él, fueron vertiendo cada vez sin parar un litro directamente por la tráquea del cautivo. La intensidad y la frecuencia del submarino fueron aumentando inmediatamente y causaron preocupación al personal médico de la agencia presente en el centro de detención clandestino. Algunos agentes de la CIA que asistieron a los interrogatorios en persona quedaron asqueados por su ferocidad y «profundamente afectados... algunos, hasta el punto de echarse a llorar»[26] cuando se daba la orden de seguir adelante.* Lo mismo le sucedió al menos a uno de los máximos responsables del cuartel general de la agencia. El director de la Oficina de Servicios Médicos de la CIA, Terry DeMay, calificó posteriormente aquellos interrogatorios de «poco más que experimentos de aficionados, sin que hubiera razón alguna

* La diferencia entre «conocer la realidad de lo sucedido en aquellos lugares y ver en persona cómo se trataba a los prisioneros [podía ser inmensa] —según contó el director adjunto del Centro de Antiterrorismo, Phil Mudd—. Un agente de alto rango de la agencia que visitó un centro de detención se echó a llorar al ver a un prisionero esposado y encapuchado. La suya no fue una reacción insólita», Philip Mudd, *Black Site: The CIA in the Post 9/11 World* (Liveright, Nueva York, 2019), p. 157.

para creer en principio que pudieran ser seguros o eficaces».[27] Llegó a la conclusión de que «no había pruebas de que el submarino revelase información perecedera que no pudiera conseguirse de otra forma».

Cotsana lo confirmaría. «El submarino no era la fórmula mágica —diría—. La privación del sueño sí».[28]

Menos de un año después del 11-S, la búsqueda de información de inteligencia había llevado a los Estados Unidos a adoptar los métodos de sus peores enemigos. El submarino se convertiría en símbolo imborrable de que el Gobierno había enloquecido en secreto.

«Hay un nuevo *sheriff* en el pueblo»

El 12 de noviembre, el máximo responsable de los interrogatorios, Charlie Wise, empezó a dirigir a sus primeros ocho aprendices a través de un cursillo de una semana de duración. Al día siguiente de su finalización, un agente indisciplinado de la CIA recién llegado a su primer destino, Matt Zirbel, dejó morir a un prisionero llamado Gul Rehman mientras estaba desnudo de cintura para abajo, encadenado al suelo de cemento de una fétida mazmorra llamada en clave el Pozo de Sal, en la base aérea de Bagram, al norte de Kabul. Antes de que enviaran a Zirbel a Afganistán, sus superiores habían puesto en tela de juicio su nombramiento y su carácter, aduciendo su «falta de honestidad, de criterio y de madurez».[29] Era una prueba viviente de que la CIA no tenía legitimidad para dirigir prisiones.

Zirbel dejaba a los prisioneros colgados y encadenados al techo hasta diecisiete días en el Pozo de Sal, dirigía palizas y simulacros de ejecuciones a manos de guardianes vestidos de negro y enmascarados, cuyas linternas frontales eran la única iluminación existente en medio de la oscuridad. El propio Wise participó en aquellos actos de crueldad sometiendo a un prisionero a un baño de agua helada, que a todas luces no era una técnica de interrogatorio que hubiera sido aprobada. Posteriormente contaría al inspector general de la CIA que el Pozo de Sal «es bueno para los interrogatorios porque es lo más parecido que he visto a una mazmorra».[30]

La prisión era supervisada, si se puede utilizar este término, por dos jefes sucesivos de la estación de Kabul, que no prestaron mucha atención a esa tarea, pues estaban centrados en dar caza a los fugitivos de al-Qaeda. Aunque en las celdas afganas se alojó a casi la mitad de los ciento diecinueve detenidos por la CIA a lo largos de dos años, estas se hallaban fuera de la jurisdicción de Cotsana. El cuartel general de la agencia no asumía ninguna responsabilidad directa sobre ellos, y Tenet afirmaría más tarde que solo era vagamente consciente de su existencia. Unos días después del entierro de Gul Rehman en una tumba sin nombre, unos soldados del 519.º Batallón de Inteligencia Militar del Ejército mataron a golpes a dos detenidos afganos en una prisión contigua al Pozo de Sal. El oficial al mando conseguiría más tarde un ascenso y se llevaría al batallón a Irak, donde dirigiría las labores de interrogatorio en Abu Ghraib. Las torturas de Bagram fueron trasladadas directamente a Bagdad.

Mitchell y Jessen habían llegado al Pozo de Sal la semana anterior a la muerte de Gul Rehman. Jessen había visto los malos tratos sufridos por el prisionero y había presentado un informe al cuartel general y al jefe de estación acerca de la «brutalidad sin supervisión alguna» de la que había sido testigo.[31] Los dos agentes habían ido a Afganistán a recoger a un nuevo prisionero de gran valor, Abd al-Rahim al-Nashiri, un saudí que en el año 2000 había dirigido el ataque mortal perpetrado por al-Qaeda en Yemen, contra el buque Cole de la Armada estadounidense y que, durante su interrogatorio en Dubái a raíz de su detención, había confesado que había urdido varias tramas frustradas para atacar a un buque de guerra estadounidense en el enorme puerto de la ciudad, Puerto Rashid, y hundir varios petroleros civiles en el estrecho de Ormuz.

Se llevaron a al-Nashiri al centro de detención clandestino de Tailandia el 14 de noviembre. La nueva jefa de la base era Gina Haspel.

«El primer día del agresivo interrogatorio [...] dio comienzo a las 04.15 [del 15 de noviembre] —comunicó Haspel al cuartel general—. Los encargados del interrogatorio dijeron al sujeto [...] que querían información para poner fin a las operaciones en curso en aquel momento contra los Estados Unidos. Se advirtió al sujeto de que no mintiera y de que, si lo hacía, sufriría las consecuencias, y la vida se le complicaría infinitamente [...]. Querían saber quién, qué, cuándo, dónde y cómo iban a tener lugar las operaciones en curso, y no iban a detenerse ante nada con tal de conseguirlo».[32]

Cuando el prisionero simplemente repitió su anterior declaración, Mitchell y Jessen, junto con sus guardianes, lo apalearon, lo tiraron al suelo, le arrancaron la ropa, le afeitaron la cabeza y lo encerraron en un cajón a modo de ataúd durante doce horas. Y a continuación vinieron una mayor violencia, mayores privaciones de sueño y más cadenas y grilletes; pero todo sería en vano. «Empezamos a cambiar de estrategia y a utilizar técnicas no coercitivas de influencia social —contaría Mitchell—, y en ese momento al-Nashiri empezó a abrirse». Reveló planes para atacar el barrio diplomático de Riad, que al-Qaeda perpetraría al año siguiente, matando a 56 personas e hiriendo a otras 282, debido a que los saudíes no hicieron caso de las advertencias de la CIA. Pero cuando el prisionero dijo que eso era todo lo que sabía, los analistas expertos en Bin Laden pidieron permiso a Rodriguez para recurrir al submarino. Se concedió el permiso. El prisionero fue sometido a tres sesiones de ahogamiento simulado, sin que sirvieran de nada. Mitchell comunicó que al-Nashiri se mostraba dispuesto a colaborar, que era sincero y que no se guardaba ninguna información importante que pudiera suponer una amenaza. Tonterías, insistieron los analistas expertos en Bin Laden: «Nos resulta inconcebible que al-Nashiri no pueda proporcionarnos pistas [...]. Cuando seamos capaces de capturar a otros terroristas basándonos en sus revelaciones y de frustrar futuras tramas en virtud de sus informaciones, estaremos mucho más seguros de que efectivamente está dispuesto a colaborar en alguna medida».[33]

A finales de noviembre, Rodriguez envió un mensaje urgente a Haspel. El *New York Times* estaba haciendo preguntas sobre el centro de detención clandestino. Tenía 96 horas para cerrarlo y borrar las pruebas de su existencia. La CIA envió a Mitchell y a los prisioneros a Polonia, donde ya estaba preparado para acogerlos el segundo centro de detención clandestino, protegido por un permiso del presidente de los Estados Unidos. El 5 de diciembre Charlie Wise ya estaba allí esperándolos. Lo primero que el máximo responsable de los interrogatorios dijo a Mitchell fue: «Hay un nuevo *sheriff* en el pueblo. Ahora el que marca la pauta soy yo».[34] E hizo saber que iba a aplicar las técnicas que había utilizado con sus cautivos en Centroamérica.

«Había reglas —declararía Cotsana—. Lo primero que hizo Charlie fue salir a la palestra y romperlas».[35] La misión era más importante.

Wise y sus acólitos de nuevo cuño utilizaron una técnica medieval llamada la garrucha, atando los codos de al-Nashiri por la espalda con una correa de cuero hasta que se tocaban, y luego encadenándole los brazos por encima de la cabeza, hasta casi dislocarle los hombros. Luego doblaban al prisionero hacia atrás con los omóplatos casi tocando el suelo y el palo de una escoba por detrás de las corvas, lo que casi comportaba también la dislocación de sus miembros. Le arrancaban la ropa, lo dejaban empapado de agua helada y le restregaban el escroto con un cepillo de cerdas duras. El Centro de Antiterrorismo envió a un antiguo agente del puesto de Ammán, Albert el Gamil, a encargarse del interrogatorio mientras Wise disfrutaba de las vacaciones de Navidad. El Gamil, que nunca había recibido formación en materia de interrogatorios, pasó los últimos tres días de 2002 con al-Nashiri. Le ató las muñecas, lo encadenó al techo, le vendó los ojos y le puso una pistola amartillada y una taladradora encendida en la sien en un simulacro de ejecución.

A primeros del nuevo año, el general inspector de la CIA ya había sido avisado de la muerte ocurrida en el Pozo de Sal y de los malos tratos perpetrados en Polonia. Helgerson empezó a examinar a fondo el programa; con el tiempo, su inspección daría lugar a una investigación criminal sobre Jose Rodriguez. Cotsana dio un primer paso con el fin de poner otra vez las cosas bajo control: en adelante, todos los centros de detención clandestinos serían dirigidos por un funcionario de inteligencia de alto rango. Una vez que Mitchell dio el soplo sobre Wise, el máximo responsable de los interrogatorios fue convocado al cuartel general de la agencia y recibió la carta de despido. Murió de un ataque al corazón tres días después, a los cincuenta y tres años de edad. A su muerte, Mitchell y Jessen formaron una asesoría encargada de supervisar el programa de interrogatorios; la CIA pagó a su empresa ochenta y un millones de dólares a lo largo de cinco años.

En cuanto el inspector general comenzó su labor, Tenet se puso de nuevo alerta ante la posibilidad de un desastroso desenmascaramiento del secreto mejor guardado de la CIA. Decidido a defender y ampliar el programa, el 28 de enero de 2003 Tenet publicó unas directrices formales sobre «técnicas de interrogatorio mejoradas» que por primera vez acataban las reglas, casi seis meses después de que comenzara el uso del submarino.

Ese mismo día, Tenet tuvo que hacer frente a una cuestión de vida o muerte. El presidente había ordenado a Colin Powell que defendiera la tesis de declarar la guerra a Sadam Huseín. Powell quería que Tenet le ayudara en esa tarea. Iba a presentarse en el cuartel general de la CIA para repasar las pruebas de que Sadam poseía armas de destrucción masiva. Necesitaba a Tenet para asegurarse de que la acusación era irrefutable antes de que los Estados Unidos se lanzaran a una guerra. Se trataba de una carga aplastante, imposible de soportar.

Aquella noche, Tenet se saltó el discurso del presidente Bush sobre el Estado de la Unión y se fue a la cama.

8

Qué se hace cuando no se sabe qué hacer

«Estaba agotado después de quince meses de trabajo sin parar y preocupado desde la tragedia del 11-S», escribiría Tenet en sus memorias.[1] El día antes del Discurso sobre el Estado de la Unión, le habían entregado una copia de la alocución de Bush en la sala de crisis. Su tarea consistía en revisarla línea por línea y asegurase de la veracidad de las acusaciones contra Sadam Huseín. «Recuerdo que volví al cuartel general y que di el borrador a uno de mis asistentes especiales sin leerlo —comentaría—. No volví a pensar en ello».

La investigación había recaído en Alan Foley, el director del Centro de Inteligencia sobre Armamento, No Proliferación y Control de Armas de la CIA (WINPAC, por sus siglas en inglés). En palabras de una comisión presidencial autorizada, Foley estaba al frente de «una cultura de consenso forzoso» en el WINPAC,[2] y unas semanas antes del Discurso sobre el Estado de la Unión había dicho a sus analistas de mayor rango: «Si el presidente quiere emprender una guerra, nuestra labor consiste en encontrar la información de inteligencia que le permita hacerlo».[3] Y, como para su consternación descubriría luego el director de la agencia, Foley había fijado su atención exclusivamente en asegurarse de que el discurso no revelara las fuentes y los métodos de la CIA. «En otras palabras —escribiría Tenet—, mientras el lenguaje no revelara ningún secreto sobre cómo se reunía la información de inteligencia, no les preocupaba si creíamos que sus valoraciones eran exactas o no. Aquello fue un error espantoso». *Los errores acabarán con nosotros*, había dicho.

Tenet sabía desde hacía por lo menos seis meses que el presidente quería declarar la guerra y que necesitaba información de inteligencia que lo justificara. En el mes de julio, había informado en ese sentido al jefe del espionaje británico, sir Richard Dearlove, que había dicho al primer ministro Tony Blair que la invasión de Irak «se consideraba ahora inevitable. Bush quería quitar de en medio a Sadam a través de una acción militar, justificada por la conjunción del terrorismo y la presencia de armas de destrucción masiva. Pero estaban ajustándose la información y los hechos para ponerlos al servicio de la política».[4]

«¿De dónde ha salido este montón de mierda?»

Con motivo del Discurso sobre el Estado de la Unión Bush se presentó ante el Congreso y ante millones de estadounidenses y lanzó terribles advertencias acerca de las armas de destrucción masiva de Irak, sus redes de laboratorios móviles de guerra bacteriológica, sus bandas de contrabandistas de uranio, sus reservas de toxinas letales y sus vínculos con todos los terroristas de al-Qaeda. Algunas de esas advertencias alarmantes sobre un apocalipsis inminente habían venido de Tenet y sus analistas, y otras de Cheney y sus acólitos. «Antes del 11 de septiembre había muchas personas en el mundo que creían que Sadam Huseín podía ser contenido —dijo Bush—. Pero imagínense a esos diecinueve piratas aéreos con otras armas y otros planes, esta vez armados por Sadam Huseín. No habría hecho falta más que un vial, un frasco, una caja introducida subrepticiamente en este país para provocar una jornada de horror como no hemos conocido nunca».

Bush había prometido «librar al mundo de malhechores» y había calificado esa causa de auténtica cruzada. Deseaba proyectar el poder de los Estados Unidos en nombre de la civilización occidental y de la cristiandad, y de esa forma transformar Oriente Medio. Estaba dispuesto a intervenir en la primera guerra preventiva estadounidense desde 1898, cuando el presidente William McKinley convirtió el país en una potencia imperial apoderándose de los territorios de Filipinas, Puerto Rico y Guam a costa de arrebatárselos al Imperio español, anexionándose Hawái, ocupando Cuba y estableciendo una base naval permanente en la bahía de Guantánamo. Pero un ataque preventivo lanzado sin apoyo internacional y sin la aprobación de las Naciones Unidas sería visto como una guerra de agresión. Podría convencerse al Consejo de Seguridad de las Naciones Unidas de que se trataba de una guerra justa si veía una información de inteligencia indiscutible que probara que Irak representaba un peligro claro y real para el mundo. Bush necesitaba vender la guerra. Y sabía que solo su palabra no sería suficiente. Necesitaba un vendedor.

«Necesito que salgas a defender la causa ante el mundo —dijo Bush a Colin Powell al término del Discurso sobre el Estado de la Unión—. Eres el que tiene más credibilidad de todo el equipo. Francamente, el único que tiene credibilidad».[5] Powell contestó: «Sí, señor».

El secretario de Estado era el general estadounidense más popular desde Eisenhower, un hombre que habría podido ser presidente de haber manifestado su voluntad de presentar su candidatura. En agosto, había advertido a Bush que, si atacaba Irak, ese país se rompería «como una copa de cristal. Se hará añicos. No habrá Gobierno. Se desencadenará el desorden civil».[6] Una invasión de Irak por parte de los Estados Unidos podía desestabilizar Oriente Medio, dijo, y una ocupación estadounidense desataría un incendio en el mundo musulmán. Pero en ese momento acalló sus dudas, por serias que fueran. Powell fue a ver a Condoleezza Rice y le preguntó por el discurso que el presidente quería que él pronunciara ante el Consejo de Seguridad. El ejemplar que recibió iba encuadernado con una tapa en la que aparecía una nube de hongo. Powell se lo pasó a su asistente principal, el coronel Lawrence Wilkerson, que, después de leerlo, le preguntó: «¿De dónde ha salido este montón de mierda?».

Había salido del lado oscuro de la Casa Blanca. Cheney había creado su propio Consejo de Seguridad Nacional en la sombra. «Teníamos dos. Uno que pertenecía a Condoleezza Rice y otro que pertenecía al vicepresidente —diría luego Powell—. Cheney se había colado por completo en la corriente de información como si fuera el jefe de Estado y también en la corriente de la política exterior. Eso causaba muchísima confusión. Y el presidente lo toleraba». Como diría Armitage: «No hubo nunca un proceso de desarrollo político —durante el primer mandato de Bush—. No lo hubo nunca desde el principio. Bush no quería que hubiera ninguno».[7]

Los subterfugios de Cheney dieron lugar a decisiones presidenciales trascendentales y a documentos que aparecieron sin discusión ni debate, sin huellas visibles de nadie en ellos. Y eso es lo que determinó la política exterior de los Estados Unidos.*

El discurso que recibió Powell era una denuncia que acusaba a Sadam de mantener vínculos secretos con al-Qaeda y de poseer un arsenal ilegal de armas letales que representaban un peligro inminente para los Estados Unidos.

* «John Rizzo me llama y dice: "¿Qué demonios estáis haciendo ahí todos?" —recordaba John Bellinger III, el asesor legal de Rice en el Consejo de Seguridad Nacional—. Y yo le digo: "John, ¿de qué estás hablando?". Y él contesta: "Orden Militar n.º 1". Y yo le digo: "¿Qué Orden Militar n.º 1?". Y él: "Ha aparecido en todas las pantallas". Desde luego, el presidente acababa de firmar la Orden Militar n.º 1"», esto es, la detención indefinida de todos los sospechosos de terrorismo por orden de tribunales militares en Guantánamo, promulgada en noviembre de 2001. Bellinger fue a ver a Alberto Gonzales, el abogado del presidente y futuro fiscal general, y le preguntó: «¿Cómo ha podido hacerse una cosa así cuando el consejero de Seguridad Nacional y el director de la central de inteligencia ni siquiera saben nada de ello?». Gonzales farfulló algo acerca de la necesidad de actuar con rapidez en tiempos de crisis. «Francamente, creo que este fue uno de los dos o tres errores legales de seguridad más graves de la administración Bush —dijo Bellinger—. Sufriremos las consecuencias durante los próximos cuarenta años». (Testimonio oral de Bellinger, Miller Center, University of Virginia; cf. <https://millercenter.org/the-presidency/presidential-oralhistories/john-bellinger-iii-oral-history-part-i>).

Cheney había dicho a Bush que pretendía ser un informe jurídico, redactado como «si estuvieran defendiendo a un asesino armado con un hacha —según recordaba Powell—. De ese modo Scooter Libby, por sugerencia del vicepresidente y decisión del propio presidente, recibió el encargo de escribirlo». Libby era un abogado que prestaba servicio como jefe de gabinete de Cheney y como asesor del Consejo de Seguridad Nacional. Estaba tan entregado a la causa de la guerra que por afán de venganza delató a una agente encubierta de la CIA cuyo marido, que anteriormente había sido embajador, había socavado el argumento de que Sadam estaba fabricando una bomba nuclear. Posteriormente mintió ante un gran jurado federal sobre lo que había hecho.

El discurso se basaba en gran medida en unos informes infundados e indemostrables inventados por Doug Feith, un ideólogo neoconservador que prestaba servicio como subsecretario de Defensa encargado de política militar. Feith tenía poder en la Casa Blanca porque a veces servía como interlocutor de confianza de Rumsfeld con el presidente. Dirigía en el Pentágono un chiringuito llamado Oficina de Planes Especiales, que, a su juicio, era la sala de máquinas intelectual de la nave del Estado. El impreciso nombre que llevaba el ente disimulaba su verdadera finalidad: producir documentos sobre política basados en escritos propagandísticos, enmascarados como información de inteligencia. Su principal fuente sobre Irak era Ahmed Chalabi, el sinvergüenza que había conseguido una sinecura en el Pentágono y la promesa de obtener un gran poder cuando cayera Sadam. Feith era un hombre brillante, pero un tonto estrecho de miras. Se veía a sí mismo como un rey filósofo; el general Franks, hombre de lengua afiladísima, lo tachó de ser el «puto tío más estúpido que hay sobre la faz de la tierra» o «el hijoputa más estúpido del Gobierno», dependiendo de los recuerdos ligeramente distintos de dos agentes de la CIA que oyeron vociferar a Franks en el cuartel general del Mando Central en Tampa.[8] Feith era lo bastante listo como para convertir sus propias opiniones en declaraciones presidenciales y, llegada la ocasión, en principios políticos. Sostenía con gran apasionamiento que el secular Sadam y un fanático religioso como Bin Laden conspiraban juntos —al fin y al cabo, ¿acaso Hitler y Stalin no habían firmado un pacto secreto en 1939?— y se enfurecía contra la CIA cuando esta dudaba de su palabra.

«Buena parte de las peleas en torno a la información de inteligencia prebélica tuvo que ver con ese problema —pontificaba Feith—. El trabajo de la CIA no era profesional, no era propiamente escéptico, era demasiado ideológico»,[9] claro ejemplo donde los haya del proverbio: «"Retírate que me tiznas", dijo la sartén al cazo». Feith había manifestado de manera sucinta sus opiniones en torno a Irak ya en el mes de septiembre: «La guerra no es algo opcional —decía en un documento escrito a Tenet—. Lo que está en juego es la supervivencia de los Estados Unidos».[10]

Faltaba una semana para la alocución de Powell en las Naciones Unidas. Su pequeña pero magnífica secretaría de inteligencia del Departamento de Estado había calificado el discurso que le habían facilitado de auténtica caja de sorpresas llena de rumores, dimes y diretes e insinuaciones, inadecuado para el consumo público. Pero él no perdía la compostura. «Todavía no he sido presa del pánico —expuso—. Porque cuento con la NIE».

Una NIE (estimación nacional de inteligencia) era tradicionalmente la síntesis más autorizada y mejor considerada sobre lo que los analistas de inteligencia estadounidenses pensaban acerca de los grandes temas del momento, basada en el trabajo de los espías de la CIA, de las escuchas electrónicas de la NSA, del reconocimiento fotográfico por satélite del Pentágono y de las mejores mentes del Departamento de Estado. Este NIE era distinto.

Los demócratas del Senado habían exigido que se les facilitara en una petición escrita que había llegado por fax al cuartel general de la CIA un domingo por la tarde, el 8 de septiembre de 2002. Una agente de guardia tocada con hiyab se la había entregado en mano a Mark Lowenthal, el director adjunto de la central de inteligencia para análisis y producción. «Decía: "Queremos una actualización técnica de la estimación de 1998 sobre armas de destrucción masiva de Irak. Tienen tres semanas [para hacerlo]"», según recordaba Lowenthal.[11] (El primer trabajo databa del momento de la retirada de los inspectores de armamento de las Naciones Unidas y de los agentes encubiertos de la CIA presentes en Irak). La exigencia de que se llevara a cabo un trabajo urgente era absurda; las estimaciones tardaban en prepararse habitualmente un mínimo de entre cuatro y seis meses. Y aun así, las mejores no dejaban de tener un importante porcentaje de conjeturas. Algunas de las estimaciones más significativas de la historia de la CIA —sobre la fuerza del arsenal nuclear soviético o el poder del ejército de Vietnam del Norte— no habían resuelto el problema, por el contrario, habían suscitado furibundas discusiones que habían durado años. Sherman Kent, uno de los padres fundadores de la Oficina de Estimaciones Nacionales de la CIA, cuyo nombre llevaba la escuela de formación de analistas que había establecido en mayo de 2000, había observado en cierta ocasión que «estimar es lo que uno hace cuando no sabe una cosa».[12] Y lo que la CIA no sabía acerca de las armas de Irak era mucho más que lo que sabía.

La estimación de inteligencia titulada «Irak continúa con los programas de armas de destrucción masiva» combinaba la labor del WINPAC, fragmentos de informaciones de inteligencia de los archivos de la agencia sobre Irak, algunos párrafos aterradores de los informes diarios al presidente y alarmantes informes de la CIA ya enviados a la Casa Blanca, como, por ejemplo: «Irak: la expansión de sus capacidades de armas de destrucción masiva supone una amenaza cada vez mayor». Llegaba a cuatro conclusiones y en sus primeras páginas decía de ellas que eran «muy fiables»: Sadam poseía gigantescos arsenales de armas químicas y biológicas y estaba fabricando bombas nucleares y misiles balísticos. «Estábamos equivocados en nuestro juicio sobre las armas químicas, estábamos equivocados en nuestro juicio sobre las armas biológicas y estábamos equivocados en nuestro juicio sobre las armas nucleares —dijo veinte años después Andy Makridis, experto en armas nucleares que se encargó de presentar a Bush los informes diarios al presidente de 2002 a 2004—. Sadam ya no tenía esos programas. Los había interrumpido. Se había desarmado».[13]

¿Cómo pudo equivocarse la CIA? Ante todo y sobre todo, los analistas tenían muy poca información de inteligencia de valor con la que poder trabajar. «Había un rompecabezas de diez mil piezas que había que resolver para crear un panorama completo [de la cuestión] —dijo Kristin Wood, directora de la sección iraquí de la Oficina de Análisis de Terrorismo—. Teníamos cien piezas, pero no todas pertenecían necesariamente al mismo rompecabezas».[14] En 1998, la CIA había recibido del Congreso la orden de derrocar a Sadam mediante una acción encubierta, no de realizar labores de espionaje contra su régimen, y por eso había reunido muy poca información valiosa desde entonces. Los científicos iraquíes que habían trabajado en los programas armamentísticos de Sadam durante los años ochenta, cuando Irak estaba en guerra con Irán, casi nunca habían recibido permiso para abandonar el país. A los espías estadounidenses les resultó enormemente difícil contactar con ellos durante la década posterior al cierre de la embajada de los Estados Unidos y de la estación de la CIA en Bagdad inmediatamente antes del estallido de la primera guerra del Golfo en 1991. Y, como diría el jefe del Grupo de Operaciones de Irak, Luis Rueda, «había muy pocos incentivos que pudiéramos ofrecer a aquella gente, comparados con los elementos disuasorios de los que disponía Sadam, como, por ejemplo, mandar torturar y asesinar a toda su familia».[15]

Y lo que era más trascendental, la CIA no entendió hasta varios años después que Sadam pretendía engañar a los estadounidenses y a su principal enemigo, Irán, para que creyeran que seguía existiendo su mortífero arsenal de los años ochenta. Había esperado que unas armas imaginarias lograran disuadirlos de perpetrar un ataque real. Como explicó Makridis veinte años después, «pensó que la CIA era tan buena que se daría cuenta de ese engaño y se percataría de que esas armas habían desaparecido; que cuando eso ocurriera, los Estados Unidos levantarían las sanciones contra Irak que estaban estrangulando su economía; y que, una vez levantadas las sanciones, tendría libertad para rearmarse. Sabemos todo esto porque Sadam nos lo dijo durante su cautiverio». El calificativo de «muy fiables» empleado por la CIA era un espejismo. «Los analistas no pensaron realmente en ese calificativo antes de emplearlo —diría Mike Morell años más tarde—. Era un reflejo de su visión visceral del asunto».[16]

«Tenemos que decir que Irak posee armas de destrucción masiva»

Durante décadas, los analistas de la CIA habían creído, no sin motivo, que eran los más listos del Gobierno de los Estados Unidos, encargados como estaban de dirigir el laboratorio de ideas más importante del mundo. Pero al dar comienzo el siglo XXI, tras el lavado de cerebro de la pos-Guerra Fría, el analista medio tenía solo una experiencia de unos pocos años y una formación de unos pocos meses, cuando las tenía. Como señaló Mark Lowenthal, necesitaban disponer de tiempo para pensar, y «dedicar un espacio a pensar *cómo* se piensa. Muy pocos analistas llegan a conseguirlo naturalmente y a casi ninguno le enseñan a hacerlo. Moviéndose siempre en contextos de crisis, no tienen mucho tiempo para dar un paso atrás y decirse: "¿Me he saltado algo? ¿Es esta la manera correcta de pensar?"».[17] Y ahora, después del 11-S, había muchísimo menos tiempo para pensar. Los mejores analistas tenían una gran experiencia y mentes de primera categoría. Los peores eran arrogantes y ambiciosos y se comportaban como aficionados; no sabían cuánto no sabían. Alan Foley, el director del WINPAC, estaba convencido de que los agentes del servicio clandestino eran demasiado ignorantes para entender los detalles técnicos sobre armamento, y exigió y consiguió que le concedieran la facultad de enviar fuera del país a sus analistas para que se reunieran con los agentes reclutados en el extranjero y obtuvieran información de ellos. Pero esos analistas no eran espías, nunca habían tratado con un agente secreto y a menudo carecían de las habilidades necesarias para valorar si sus fuentes les decían la verdad o no. Como resultaría inevitable, chocaron con aquellos agentes que sabían, por sus amargas experiencias, que los agentes secretos podían ser y de hecho con frecuencia eran propensos a la manipulación y a la mentira.

«El WINPAC era una pesadilla», diría Margaret Henoch, la jefa de operaciones del servicio clandestino responsable de Europa, que había chocado con sus analistas de mayor rango cuando estuvo espiando en la Agencia Internacional de Energía Atómica de Viena, antes del 11-S. En aquellos momentos, Henoch estaba organizando una batalla para conseguir que el WINPAC dejara de utilizar unos informes de tercera mano, los cuales la Agencia de Inteligencia de la Defensa del Pentágono había obtenido a través de los servicios secretos alemanes, cuya fuente era un emigrado iraquí de nombre en clave Curveball. Este individuo había afirmado que Sadam había creado una flota de laboratorios móviles con el fin de eludir su detección mientras producían toneladas de toxinas mortales. Los agentes operativos de la CIA no lo habían visto nunca, el jefe de los servicios de espionaje de Alemania no iba a responder por él, y los analistas no tenían ni la menor idea de si les estaba diciendo la verdad o no. Sin embargo, ese hombre era el pilar en el que se sustentaba la evaluación del WINPAC sobre la guerra biológica y, según se vería, era apenas una caña muy endeble. Henoch se había peleado por culpa de Curveball con una destacada analista del WINPAC llamada Beth Kinney, que aseguraba que la descripción hecha por el iraquí de los laboratorios móviles de armas biológicas era técnicamente impecable. «Hemos corroborado en internet lo que ha dicho», insistía Kinney. «¡Anda! ¿Y cómo sabes que no es allí donde lo encontró él también? —recordaba Henoch que le había replicado—. Y nadie fue capaz de contestarme».[18]

Aunque resultó en vano, Henoch esgrimió un argumento esencial: en la CIA nadie sabía quién era Curveball, y saber eso era infinitamente más importante que saber qué era lo que decía.

Tenet había creado el WINPAC en abril de 2001 con una misión muy clara: «Permitir a los formuladores de políticas y a los combatientes impedir sorpresas y proteger a los Estados Unidos», previendo cualquier amenaza proveniente de armas de destrucción masiva.[19] Pero los poderes de previsión de la CIA se habían tensado hasta el punto de ruptura. Como el Centro de Inteligencia sobre Armamento disponía de poca información acerca del arsenal iraquí, sus analistas se dedicaron a buscar cualquier fragmento que pudiera confirmar su convicción de que Sadam poseía esas armas, descartando todo lo que no encajara con sus ideas preconcebidas. Chalabi y su Congreso Nacional Iraquí iban soltando sus falsedades en la corriente de informaciones a través del Pentágono, y los analistas se tragaron algunas de esas mentiras. Foley y sus superiores las potenciaron de forma que las informaciones de inteligencia encajaran con la política del presidente, utilizando la deducción y la intuición en vez de los hechos incontrovertibles. Sus suposiciones se transformaron en dictámenes.

La directora de análisis de inteligencia de la CIA, Jami Miscik, repasó su trabajo en busca de pegas e incertezas, palabras como *probablemente* o *quizá*. «Jami leía toda la información superficial y revisaba prácticamente todo lo que iba a parar a las manos de los máximos responsables de elaborar la acción política, y no se cortaba a la hora de hacer cambios —dijo la jefa de analistas de Irak, Jane Green—. Sabía lo que quería George. George quería agradar al Cliente Principal. Y al Cliente Principal no gustaba que le pusieran pegas».[20]

La NSA había reunido montones de pruebas acerca del arsenal iraquí, dijo el general Michael V. Hayden, su presidente de 1999 a 2005 y director de la CIA de 2006 a 2009. «Teníamos toneladas de pruebas, pero todas circunstanciales —diría Hayden—. No eran del tipo: *¡Ah, ahí está! ¡Tiene que ser eso!*; clic, y todos los resortes se mueven y las puertas de seguridad se abren. Por el contrario. Eran: *¿Por qué hacen eso?* Probablemente porque lo necesitasen para un programa de armas nucleares. *¿Por qué compran ese material?* Bueno, tiene un doble uso, pero creo que es para un programa de armas nucleares, y cosas así. Creo que el error de lógica para todo el mundo fue que empezamos por una hipótesis, esta gente está haciendo tal cosa, y luego simplemente buscamos pruebas que apoyaran esa hipótesis. Y si haces eso, la verdad es que puedes acumular un buen montón de material. En realidad se lo dije a Condi en privado, antes de que declaráramos la guerra. "¡Condi, tengo una habitación entera llena de material sobre eso, pero todo es circunstancial!"».[21]

Posteriormente, algunos dirigentes de la CIA culparon a la Casa Blanca de apoyarse en los analistas. Al fin y al cabo, en agosto Cheney había declarado en un discurso ante Veteranos de Guerras en el Extranjero que no cabía «la menor duda de que Sadam Huseín posee ahora armas de destrucción masiva», e iba cada semana al cuartel general de la agencia a buscar pruebas que respaldaran esa afirmación. «Estaba claro que la administración Bush desaprobaría o ignoraría cualquier análisis que pusiera en tela de juicio la decisión de declarar la guerra y acogería con los brazos abiertos cualquier análisis que apoyara semejante decisión —escribió Paul Pillar, funcionario de Inteligencia Nacional para Oriente Medio desde 2000 hasta 2005 y un experto en terrorismo muy respetado que tenía mucho que ver en la supervisión del NIE—. Los analistas de inteligencia, para quienes la atención de los responsables de elaborar la acción política, sobre todo si es una atención favorable, es una medida de su éxito, notaron que un viento muy fuerte soplaba constantemente en una dirección. El deseo de plegarse a un viento semejante es natural, y además muy fuerte, aunque sea inconsciente».[22]

Pero Bush y Cheney no se apartaron de la información de la CIA. La propia CIA sí lo hizo.

«Algunos analistas se dieron cuenta de que la Casa Blanca quería oír determinadas cosas. Y de manera vergonzosa solo suministrarían información sesgada en ese sentido», dijo Jim Lawler, un directivo del Departamento de Antiproliferación Nuclear de la CIA, que fue ascendido a los niveles más altos de la información de inteligencia sobre armas, pero que no vio nunca nada que apoyara semejante acusación contra Sadam.[23] Tenet no preguntó nunca a los analistas cómo sabían lo que decían que sabían. Estaba volcado en el trabajo del Centro de Antiterrorismo y además tenía la convicción, y con buenos motivos, de que los Estados Unidos iban a declarar la guerra a Irak independientemente de lo que él dijera. Nunca reconoció ante Bush ni ante sí mismo lo poco que en realidad sabía la CIA.

Tenet reafirmó ante Bush las conclusiones muy fiables de la NIE sobre Irak en el despacho oval cuatro días antes de Navidad, acompañado de John McLaughlin y de Andy Makridis. Pero su exposición dejó frío al presidente, en parte porque los informes diarios que llevaba oyendo durante los últimos seis meses habían sido aún más escalofriantes. El día de Nochebuena, Jami Miscik fue a Camp David en lugar de Tenet a presentar el informe diario al presidente y su padre. Este último le dijo que había oído decir que la discusión sobre armas de destrucción masiva que había tenido lugar en la Casa Blanca había salido mal. La CIA tenía que hacer mejor las cosas, apostilló su hijo.

Miscik prometió repasar los argumentos una vez más. Se despertó antes de que amaneciera el día de Navidad con una premonición espantosa. ¿Y si no existían esas armas?

Bush no abrigaba en absoluto dudas. Pero, según contaría Tenet, preguntó «si no teníamos una información mejor, y yo le respondí que estaba seguro de que sí la teníamos».[24] El director de la agencia dijo que la CIA podía reunir más información de inteligencia clasificada: conversaciones interceptadas entre los iraquíes, fotografías de satélites espía y declaraciones de desertores. Aseguró al presidente que reforzar los argumentos para la opinión pública estadounidense sería «pan comido». McLaughlin ordenó a Bob Walpole, el funcionario de la Dirección General de Inteligencia Nacional que había supervisado la elaboración del NIE, que reuniera a los analistas de mayor categoría y que refinara los argumentos con nuevas pruebas para que resultaran más contundentes, aunque Walpole no las había visto todas, pues no había tenido acceso a los datos eliminados por seguridad. Cuando McLaughlin y Walpole se reunieron con Condoleezza Rice el 28 de diciembre, Walpole empezó diligentemente a recitar las conclusiones del NIE. Según iba haciéndolo, empezó a insinuarse en la consejera de Seguridad Nacional una sensación de miedo. ¿Estaba segura la CIA de todo aquello? ¿O simplemente eran conjeturas? «Han puesto ustedes la posición del presidente en grave peligro», dijo Rice. Irritado y avergonzado, McLaughlin volvió al cuartel general y animó serenamente a los analistas a refinar la exposición del asunto con una claridad meridiana. Walpole les envió un email de desesperación: TENEMOS QUE DECIR QUE IRAK POSEE ARMAS DE DESTRUCCIÓN MASIVA.[25]

¿Y qué habría ocurrido si no lo hubieran dicho? «¿Habríamos invadido Irak? Probablemente no», musitó Rice ocho años después.[26] Rueda, el jefe de operaciones en Irak, no se mostró tan seguro. «Aquellos tíos habrían declarado la guerra aunque Sadam no hubiera tenido más que una goma elástica y un clip con los que solo pudiera sacarte un ojo», dijo.

«ELLOS JURARON Y PERJURARON QUE SÍ»

Powell llegó al cuartel general de la CIA el sábado 1 de febrero para pasar un largo fin de semana de trabajo. En una mano tenía el discurso de cincuenta y nueve páginas de Libby, que estaba dispuesto a descartar; en la otra, las noventa y dos páginas del NIE. Armado con esa documentación, ocupó la presidencia de la sala de conferencias de la séptima planta y convocó al director de la agencia y a los analistas de más confianza de Tenet. Durante tres días y tres noches, el secretario de Estado y el director de la Agencia Central de Inteligencia elaboraron los argumentos para declarar la guerra. «Estuve allí cada noche sentado con George

Tenet y su gente, apretándoles sin parar —diría Powell—. "¿Tenéis fuentes que acrediten eso? Si no se cuenta con múltiples fuentes que lo acrediten, no saldrá adelante". Ellos juraron y perjuraron que sí».[27]

Repasaron juntos la documentación línea por línea. Cuando llegaron Libby y sus colegas del siniestro Consejo de Seguridad Nacional e intentaron replantear su justificación de la existencia de un vínculo entre Sadam y al-Qaeda, los eludieron como mejor pudieron. Cuando Powell ponía en entredicho una afirmación o su fuente, Tenet apelaba a sus expertos para corroborarla. El domingo, lo convencieron de que Irak tenía sustancias biológicas letales, causantes entre otras cosas de carbunclo, que podía utilizar inmediatamente con bombas, misiles y aspersores aéreos. La cuestión de los laboratorios móviles de armas biológicas se basaba en el testimonio de fotos de satélites de reconocimiento en las que aparecían camiones de aspecto sospechoso y en las afirmaciones de su fuente secreta estelar residente en Alemania. «El material verdaderamente contundente era el de Curveball», dijo un destacado analista sobre Irak, Bill McLaughlin, que había sido el encargado de manejar el papelógrafo en la reunión del «pan comido» con el presidente. «Fue el centro de la discusión».[28] Se trataba también de una información no verificada proveniente de una fuente no comprobada ni cuestionada. Sin Curveball, el argumento de las armas biológicas se desmoronaría. ¿Y entonces qué? Mike Morell pensó que, con seguridad, Powell y Tenet se habrían preguntado: ¿Hay más errores en este panorama?».

Aquel fin de semana Morell sintió que lo atormentaban las dudas. Era considerado uno de los analistas más inteligentes y más hábiles de la CIA, y vio con claridad lo que estaba pasando. «Powell iba a pedir información, punto por punto, que respaldara esas afirmaciones, y a medida que íbamos profundizando en ellas, muchas parecían desmoronarse ante mis ojos —escribiría en un libro de memorias publicado tras el periodo en el que ejerció como director adjunto y luego como director interino de la CIA—. Y el material que se desmoronaba no eran las afirmaciones de la

Casa Blanca. Mi equipo ya las había eliminado. No, lo que se venía abajo eran algunos de los hechos utilizados en la NIE para respaldar los juicios expresados en él».[29] No compartió sus dudas con nadie. Su silencio suponía un incumplimiento del deber. Lo sabía y, para vergüenza suya, no dijo nada.*

Tenet nunca puso en entredicho aquella argumentación. Los espías que lo adoraban por su entrega a la causa llegaron a creer que los analistas lo habían traicionado, los habían traicionado a todos, para complacer al presidente. Unos pocos pensaron que, si la CIA fuese una organización militar, habrían debido ser sometidos a un consejo de guerra.

Powell se tragó sus dudas y escogió prestar servicio como fiel guerrero del presidente. El 5 de febrero, el secretario de Estado dijo a las Naciones Unidas y al mundo entero que las pruebas contra Sadam eran abrumadoras. «Todas las declaraciones que voy a hacer hoy se basan en fuentes, en fuentes sólidas —dijo—. Lo que estamos presentándoles son hechos y conclusiones basadas en información de inteligencia sólidas». Pero no había cañones humeantes por ninguna parte, sino tan solo humo, y aquella información tan sólida no tardó en desvanecerse en el aire. «En la comunidad de inteligencia había gente que ya por entonces sabía que algunas de esas fuentes no eran buenas y que no era posible fiarse de ellas, pero no alzaron la voz —dijo Powell tres años después—. Aquello acabó conmi-

* «Mike Morell [...] escribió su libro e insistió en enviarme este párrafo del libro en el que habla de cómo consiguió que todo se jodiera —diría Powell en 2017—. Termina el párrafo diciendo: "Pido disculpas al secretario Powell por lo que hicimos". Yo simplemente le hice saber que no me debe disculpas a mí; las disculpas deberían ir dirigidas al presidente, deberían ir dirigidas al país, deberían ir dirigidas a la comunidad internacional. No me digas: "Pido disculpas al secretario Powell". He tenido que vivir con esto». (Testimonio oral de Colin Powell y Richard Armitage, Miller Center, University of Virginia, cf. <https://millercenter.org/the-presidency/presidential-oral-histories/colin-l-powell-andrichard-l-armitage-oral-history>).

go».[30] Cuatro años antes de fallecer, pronosticó que aquel discurso, con sus falsedades y sus consecuencias fatales, figuraría en el primer párrafo de su obituario. Y así fue.

Tenet había permanecido sentado detrás de él, prestando falso testimonio con su silencio. Tenía la cara pálida y los ojos hundidos. Se había pasado levantado hasta las tres de la madrugada, con la vista clavada en el discurso sin ser capaz de ver nada más. Estaba tan cansado que no podía pensar. Estaba tan falto de sueño que perdió la capacidad de hablar y la visión para darse cuenta de que la CIA se había engañado.

Una vez hubo hablado Powell, la guerra se puso en marcha. La CIA sería su punta de lanza. Llevaba siete meses sobre el terreno en Irak. A más de trescientos kilómetros al norte de Bagdad, uno de sus agentes más brillantes, de nombre Tom Sylvester, estaba ya llevando a cabo la misión de derrocar y destruir a Sadam Huseín.

9

Místicos sufíes y muertos vivientes

Refugiado en un gélido puesto avanzado de montaña, en un risco azotado por el viento al nordeste de Irak, Tom Sylvester había reclutado a un jeque sufí y a su tribu de místicos, acostumbrados a pincharse la carne con agujas y con espadas, para que ayudaran a los Estados Unidos a espiar a Sadam. Por una vez, finalmente, la CIA tenía de su parte a unos fanáticos religiosos.

Sylvester dirigía una unidad de enlace en el norte de Irak formada por diez individuos —seis agentes de la CIA, tres paramilitares de la Sección Terrestre de la División de Actividades Especiales y un especialista en comunicaciones—, junto con tres comandos del 10.° Grupo de las Fuerzas Especiales venidos de Fort Carson, Colorado, cuyo lema era *De oppresso liber*, «liberar a los oprimidos». Formaban parte del grupo Mick Mulroy, un paramilitar de la Sección Terrestre, nombrado más tarde asistente adjunto del secretario de Defensa para Oriente Medio; Marc Polymeropoulos, posteriormente jefe adjunto de las operaciones de la CIA en Europa y Eurasia, cuyo principal punto de atención era Rusia, y Andrew Warren, más tarde jefe de estación en Argel. (Warren fue encarcelado por agresión sexual mientras desempeñaba esta última función. Aparte de él, los agentes que prestaban servicio a las órdenes de Sylvester solían pasar fácilmente a mayores).

Sylvester, que al cabo de veinte años se convertiría en jefe del servicio clandestino, tenía la figura enjuta de un corredor de largas distancias y el ingenio agudo de un corresponsal extranjero que intenta encontrar sentido a un mundo que se ha vuelto loco. Había pasado seis años en el Equipo Dos del SEAL, cuya especialidad era la guerra en regiones de frío polar, antes de ingresar en la CIA en 1991, donde empezó en la estación de El Cairo y pasó diez años como agente de antiterrorismo con conocimientos de lengua árabe, antes del 11-S.* En aquellos momentos había establecido contacto con los combatientes kurdos de Irak —los *peshmergas*, esto es, «los que se enfrentan a la muerte»—, que tenían una larga y triste historia como grupo seducido y abandonado por los Estados Unidos. Su misión era colaborar con ellos para infiltrarse en el ejército y las redes de espías de Sadam, reclutar agentes secretos dentro del régimen y reunir información de inteligencia en apoyo de la venidera invasión estadounidense, ejecutando los elementos esenciales del ambicioso plan de acción encubierta de Luis Rueda para el Grupo de Operaciones Irak.

Sylvester entregó millones de dólares a Jamil Talabani, el viejo líder de la Unión Patriótica del Kurdistán, que reinaba en las montañas del norte de Irak bajo la protección de la Operación Northern Watch, una flota de aviones estadounidenses que patrullaba una zona de exclusión aérea desde la guerra del Golfo de 1991. Talabani se mostró plenamente de acuerdo, al ver una oportunidad de conseguir poder político en Irak por medio de una alianza con los

* Sylvester pertenecía a una larga estirpe de almirantes y diplomáticos. Su padre, que recibió formación como piloto de la Armada, ingresó en el Servicio Exterior, prestó servicio en la embajada estadounidense en Saigón durante la guerra de Vietnam, pasó más tarde a asesor político en la embajada de Beijing a partir de 1972 y luego fue cónsul general en Shanghái, de 1987 a 1989. Su abuelo había sido vicealmirante de la Armada, su bisabuelo comandó la flota del Pacífico antes de la Segunda Guerra Mundial y su tatarabuelo ayudó a liberar las legaciones extranjeras de Beijing durante la rebelión de los bóxeres de 1900. Al igual que los presidentes Bush padre y Bush hijo, Sylvester era un producto de Andover, el colegio privado de élite fundado en 1778, donde fue capitán del equipo de lucha, y en su fiesta de graduación de la Academia Naval de los Estados Unidos, en 1985, había estrechado la mano del presidente Reagan.

Estados Unidos, lo que de hecho acabó ocurriendo. Talabani contaba con el apoyo histórico y significativo de Irán, y tenía una alianza incómoda con su rival, el Partido Democrático del Kurdistán (PDK); un segundo elemento de enlace en el norte de Irak trabajaba con el PDK. La CIA llevaba comprando la adhesión de los kurdos desde hacía muchos años. Con anterioridad, había dejado que se enfrentaran a la cólera de Sadam por dos veces; una en 1975, cuando los vendió por orden del secretario de Estado Henry Kissinger, y, de nuevo, en 1996, a raíz de la operación fatalmente frustrada de derrocar al dictador iraquí. Y por dos veces se encontró Tenet cara a cara con los líderes kurdos en 2002 para pedirles que se unieran a él, para prometerles su apoyo y asegurarles que, en esta tercera ocasión, todo sería maravilloso.

Los combatientes de Talabani habían convertido a Sylvester en un hombre muy poderoso. Entre los sufíes, los místicos del islam, el jeque Muhammad Abdul Karim al-Kasnazani y sus hijos destacaban por la intensidad de su religiosidad y la influencia que ejercían secretamente en el régimen de Sadam. La grey de los Kasnazani estaba capitaneada por sufíes extáticos; los seguidores más devotos del jeque eran derviches que se atravesaban la cara con largas agujas, se pinchaban el cuerpo con puñales afilados y comían cristales para demostrar la *baraka* del jeque, su bendición divina y su fuerza espiritual. «Con la aprobación de Dios y del jeque, nada puede ocurrirnos, y las heridas se curan de inmediato», decía un acólito, Califa Abdul al-Rahman.[1] Este poder metafísico había permitido al jeque ganarse a una multitud de devotos entre los miembros del ejército de Sadam, sus servicios de inteligencia y sus agentes de seguridad. A lo largo de veinte años, cientos de ellos habían pasado a participar en sus cultos y a asistir a las ceremonias de mortificación ritual en su mezquita de Bagdad. Creían que el jeque era un descendiente del profeta Mahoma y que Dios les hablaba a través de él. Por lo tanto, acataban sus órdenes.

«Decidle. Responded a sus preguntas. ¡Hablad!»

Sylvester se había mostrado ligeramente incrédulo con la mística sufí, hasta que puso a prueba sus poderes. Pagaba al jeque y a sus hijos un millón de dólares al mes y, a cambio, le granjeaban un puñado de generales de Sadam, decenas de oficiales de alta graduación, pilotos militares, comandantes de bases del Ejército y miembros de la Organización de Seguridad Especial (OSE) de Sadam, responsable de proteger la vida de este frente a espías y traidores.

Sadam había cometido el error de perseguir al jeque y a sus secuaces en Bagdad, a pesar de que tenían un seguimiento notable entre los miembros de sus servicios de inteligencia y los oficiales del Ejército, hombres dispuestos a colaborar con la CIA si el jeque se lo ordenaba. Un auténtico desfile de espías y militares se presentó en la vivienda franca de Talabani, un edificio de color pistacho en la aldea de Qalah Chulan, o en los puestos avanzados cerca de la Línea Verde. Habían salido clandestinamente de Bagdad sin saber adónde iban y, cuando vieron a Sylvester, un destello de odio atravesó sus ojos. Luego, el jeque les daría la orden: *Vais a colaborar. Decidle. Responded a sus preguntas. ¡Hablad!* Y así fue como revelaron los secretos de los planes de Sadam para combatir a los Estados Unidos.

Al sur de la posición ocupada por Sylvester, las fuerzas de Sadam estaban formadas por ciento cincuenta mil reclutas, dos divisiones de la selecta Guardia Republicana y unas sofisticadas bases de defensa aérea a lo largo de la Línea Verde, una linde de control de ciento cincuenta kilómetros que protegía a las tropas iraquíes concentradas en las ciudades de Mosul, Kirkuk y Tikrit, donde había nacido Sadam. El plan de guerra de los estadounidenses preveía un engaño estratégico: fingir un ataque a gran escala en el norte para distraer a las fuerzas de Sadam de la verdadera invasión por el sur. Aquella finta atraería a seis divisiones iraquíes y las mantendría ocupadas para que no pudieran trasladarse a Bagdad cuando diera comienzo la guerra. Un elemento clave del plan preveía que la Fuerza Aérea introdujera en el norte de Irak mil soldados de las Fuerzas Especiales, procedentes de una base de Rumanía, recorriendo una ruta indirecta de novecientos cincuenta kilómetros, a quinientos pies de altura, rodeando Siria y Turquía y eludiendo las defensas antiaéreas iraquíes, para luego unirse a los *peshmergas*, acción que supondría la infiltración táctica a vuelo rasante más larga desde la Segunda Guerra Mundial. Los mandos de operaciones especiales la llamaron Operación Niño Feo. Sylvester encontró la manera de envolverlo en bonitos pañales.

Uno de los primeros agentes que reclutó a través del jeque formaba parte del cuerpo de defensa aérea de Sadam. Tenía acceso a un sistema móvil de misiles tierra-aire controlado por la Guardia Republicana; su capacidad de disparar y salir corriendo hacía de él un objetivo difícil. Sylvester enseñó al soldado de Sadam a encender el sistema de radar a una hora determinada para que un avión de la zona de exclusión aérea Northern Watch pudiera localizarlo, apuntara un misil contra el radar y lo eliminara antes de que empezara la guerra. No tardó mucho en lograrse. Muchos más sistemas de misiles de ese tipo correrían la misma suerte.

Sylvester suministró a sus agentes iraquíes unos teléfonos satelitales Thuraya, del tamaño de un zapato, conectados por un satélite que planeaba sobre el lugar más santo del islam. (Los teléfonos eran infalibles, una vez que sus antenas se dirigían hacia la Meca, y en Oriente Medio todo el mundo sabía dónde se ubicaba la Meca). Ahora ya podían comunicarse con la CIA sin efectuar un peligroso viaje al norte de la Línea Verde. Sylvester organizó luego a los *peshmergas* en equipos, los cuales reunían información de inteligencia sobre las fuerzas de Sadam situadas al sur de la Línea Verde, yendo a la carrera desde las montañas hasta las calles de Bagdad y vuelta.

Una noche, Sylvester recibió un CD-ROM con los expedientes personales de los máximos oficiales militares y de seguridad de Sadam, junto con el orden de batalla de la Guardia Republicana. Un año antes, no había casi ni un solo espía o agente estadounidense operando en Irak. Ahora se habían infiltrado en el régimen de Sadam más de cien. En febrero de 2003, desde su deprimente puesto avanzado de montaña, Sylvester había logrado llevar a cabo la mayor penetración imaginable en el Irak de Sadam —o en cualquier país situado en el punto de mira militar de los Estados Unidos— de toda la historia de la CIA.

El equipo de Sylvester suministraba actualizaciones diarias al cuartel general en constante expansión del Mando Central en los suburbios de Doha, Qatar, situado entre dunas de arenas a más de mil cien kilómetros al sudeste de Bagdad, al frente del general Franks. En Doha, el hombre de la CIA, Charlie Seidel, hacía malabarismos, ejecutando tres tareas hercúleas al mismo tiempo: mantener contento al irascible general, asunto que nunca resultaba fácil; coordinar el trabajo de los espías dentro de Irak, Jordania, Kuwait y en todo Oriente Medio, y armonizar el trabajo de estos con los mandos de operaciones especiales estadounidenses y británicos.

«Chicos, ¿y yo cómo sé que no vais a crear otro KGB?»

Seidel había sido jefe de estación en Bagdad cuando dio comienzo la guerra del Golfo de 1991, y lo sería una vez más cuando cayera Bagdad. Su padre había sido agente de la CIA y había prestado servicio a lo largo y ancho de todo el mundo árabe; él, por su parte, había sido un chico hippie hasta que había llegado a una encrucijada, había seguido los pasos de su padre y había ingresado en la CIA en 1980, hasta ascender a jefe de estación en Egipto, Jordania y Arabia Saudita. «Hacía años que conocía a Charlie y me encantaba trabajar con él —comentó Bill Burns, el embajador estadounidense en Jordania y más tarde vicesecretario de Estado para Oriente Próximo desde 2001 hasta 2005—. Gozaba de la confianza de montones de líderes árabes de todo tipo, desde los que eran nuestros socios más estrechos hasta los que claramente no lo eran».[2] No solo dominaba la lengua árabe, sino también los dialectos y modismos de los países en los que había vivido. *Bon vivant* capaz de saborear un buen whisky escocés y de disfrutar de un puro habano, «Charlie se tuteaba con reyes, primeros ministros, jeques tribales, barrenderos y tenderos —escribiría el agente de la CIA Marc Polymeropoulos—. Mencionar el nombre de Charlie en los centros de poder y en los palacios de Irak, Jordania, Egipto o Arabia Saudita te permitía tener acceso inmediato a los funcionarios que importaban realmente».[3] Seidel informaba al jefe de la División para Oriente Próximo, Rob Richer, pero también disponía de línea directa con Tenet.*

Entre los espías de la CIA que supervisaba Seidel en Irak estaba Tomas Rakusan. Había ejercido su labor en asuntos relacionados con Rusia desde antes del final de la Guerra Fría, actuando por toda Europa central y del este, y hablaba varias lenguas eslavas lo bastante bien como para hacerse pasar por un nativo. Entró en Bagdad con cobertura diplomática, como miembro de un equipo del Ministerio del Interior checo encargado de elaborar planes de seguridad y evacuación para la embajada de su país, a comienzos de 2003. Su misión era reunir datos reales para la invasión. Moviéndose por la ciudad en plena noche, llegó a localizar sistemas de defensa aérea, descubrió concentraciones de tropas y evaluó la capacidad de soporte de carga de los puentes, presentando diariamente informes a Seidel y al Mando Central de los Estados Unidos (CENTCOM, por sus siglas en inglés) en Doha. Fue condecorado con la Cruz Distinguida del Servicio de Inteligencia por su trabajo en Irak. Rakusan serviría durante cuatro períodos como jefe de estación antes de ser nombrado jefe de la División para Oriente Próximo y, más tarde, en 2017, jefe del servicio clandestino de la CIA.

El otro único agente que recibió el máximo honor de la CIA por las operaciones llevadas a cabo en Irak fue Jim Marsh, que trabajó en coordinación con los kurdos y con el

* Seidel fue condecorado en dos ocasiones con la Estrella del Servicio de Inteligencia al valor. Se retiró con tristeza en 2006, a los cincuenta años de edad, y murió de forma repentina durante un viaje de negocios a Riad en 2019.

exgeneral iraquí Mohammed al-Shawani, una de las bazas con las que contaba la CIA desde hacía ya tiempo, para crear una fuerza llamada los Escorpiones, formada por veteranos iraquíes, leales al general, que se habían exiliado y residían en los Estados Unidos y en distintos países de Europa y de Oriente Medio. La idea original del plan de acción encubierta de Rueda era utilizar a los Escorpiones para llevar a cabo operaciones de sabotaje dentro de Irak y crear la ilusión de un próximo golpe de Estado, distrayendo a Sadam de la verdadera amenaza de la guerra. Rumsfeld y Cheney odiaban aquella idea. Querían que Chalabi capitaneara a su propio grupo de exiliados, las Fuerza Iraquíes Libres, para que diese la impresión de que eran los iraquíes quienes se liberaban a sí mismos. Marsh se abrió paso en medio de este y de otros obstáculos y movilizó a los Escorpiones, que fueron adiestrados por comandos británicos en Jordania y trabajaron para las fuerzas especiales estadounidenses en el oeste de Irak, haciendo funciones de ojeadores e intérpretes. Los Escorpiones tenían además una unidad militar propia, que tendió una emboscada a una columna motorizada iraquí y mató a un general durante los primeros días de la contienda. Luego prestarían servicio para la CIA como espías y fuerzas paramilitares, y llevarían a cabo interrogatorios brutales de sus prisioneros.

Después de la invasión, el general Shawani se convertiría en el primer director del nuevo Servicio Nacional de Inteligencia iraquí creado por la CIA, prestando servicio en Bagdad junto con cinco jefes de puesto durante los seis años siguientes. Tenet tendría que enfrentarse a una resistencia feroz a su nombramiento por parte de Condoleezza Rice, cuya confianza en la CIA se había evaporado para entonces. Tenet había intentado explicárselo: los agentes iraquíes hablaban la lengua del país, conocían su propia historia y su cultura, y podían reclutar y manejar a sus fuentes con mucha más facilidad que un chico blanco de Wichita. Rice siguió abrigando dudas. «Chicos, ¿y yo cómo sé que no vais a crear otro KGB?», le preguntó. Así era de profunda la confianza que le inspiraba Tenet.[4]

«NO NOS VITOREAN»

Entre todos los espías del servicio clandestino, Sylvester fue el que proporcionó la información de inteligencia más llamativa sobre Irak. Como siempre, la mejor procedía de los agentes existentes sobre el terreno. Había logrado infiltrarse en la Organización Especial de Seguridad de Sadam hasta el punto de que recibía informes actualizados al minuto sobre las idas y venidas del dictador. Tres días antes de que diera comienzo la guerra, envió al cuartel general una noticia electrizante: Sadam llegaría a uno de sus escondites, la hacienda de Dora, un refugio rural al sudoeste de Bagdad, al día siguiente, 19 de marzo de 2003, por la noche.

Alertados por el mensaje urgente de Sylvester recibido a última hora de la tarde, Tenet y Rueda fueron apresuradamente al Pentágono a ver a Rumsfeld. Los tres se trasladaron al despacho oval para entrevistarse con Bush, Powell y Rice. Sylvester, lleno de entusiasmo, siguió suministrando información de inteligencia en tiempo real a Tenet en la Casa Blanca. Los satélites espía estadounidenses que observaban la hacienda de Dora habían visto «un gran número de vehículos del régimen escondidos bajo las palmeras», y uno de los agentes sufíes de Sylvester informaba directamente desde el escondite, según contó Rueda: «El equipo NILE de Tom siguió enviando informaciones actualizadas durante todo el día y primeras horas de la noche. Esperaban que Sadam llegara poco después de medianoche, hora de Irak, y que se marchara no más tarde de las tres de la madrugada».[5] Pero Bush ya había enviado un ultimátum al dictador iraquí, exigiéndole que entregara el poder. Irak tenía hasta las siete de la mañana, hora local, para destituir a Sadam. Bush insistió en que no se podía atacar antes de que expirara ese plazo.

«Tenet informó al presidente —recordaría Rumsfeld—. A partir de entonces, acudiría periódicamente al despacho privado de la consejera de Seguridad Nacional, situado al lado, y hablaría con los hombres de la CIA destacados sobre el terreno. El presidente daba vueltas por la habitación. "¿Y usted qué piensa?". Todo el mundo decía: "Hagámoslo". Eso era antes de que expirara el plazo, lo cual resultaba un poco incómodo, pero si se podía decapitar al régimen y cambiarlo de esa manera, teniendo en cuenta dónde estábamos en aquel momento... que era muy cerca de entrar en guerra y de comprometer un montón de vidas de estadounidenses... Y hubo que decidirlo tres minutos».[6]

Un aluvión de misiles de crucero y de bombas inteligentes cayó sobre la hacienda de Dora. El violentísimo ataque causó la muerte al agente sufí de Sylvester y a decenas de iraquíes presentes en la hacienda. «Nos comunicaron que habían visto salir a Sadam en camilla —contó Rumsfeld—. Todavía pensaban que lo tenían. Resultó que toda la información era errónea». Incluso hoy día Sylvester sigue creyendo que Sadam estaba allí. De ser así, es indudable que se habría marchado antes de que se produjera el ataque.

Pasarían dos semanas y se necesitarían miles de bombas y misiles estadounidenses más antes de que las tropas de la 3.ª División de Infantería entraran en el centro de Bagdad. El 2 de abril, su comandante en jefe, el teniente general William Wallace, llamó al general de división James D. Thurman, que estaba en Doha. «Vale, Bubba, ya estamos aquí —dijo Wallace—. ¿Y ahora qué?».[7] La respuesta dependía de Rumsfeld. Su estrategia era engañosamente sencilla. Los estadounidenses serían recibidos con un diluvio de flores y caramelos. Los iraquíes los acogerían como a sus libertadores. Los Estados Unidos entregarían el poder a un Gobierno iraquí encabezado por Chalabi y se marcharían en cuestión de semanas.

El 5 de abril, Tenet quedó estupefacto al enterarse de que, siguiendo órdenes de Wolfowitz, el Pentágono había trasladado en avión al talentoso chanchullero de Chalabi y a cientos de miembros de sus Fuerzas Iraquíes Libres a la ciudad de Nasiriya, a unos trescientos setenta kilómetros al sur de Bagdad. Una vez en tierra, los hombres de Chalabi, adiestrados en Irán, se apoderaron de casas, coches y riquezas en nombre de su Congreso Nacional Iraquí. Chalabi tenía toda la intención de que los estadounidenses lo proclamaran sucesor de Sadam en cuanto cesaran las hostilidades.

El 7 de abril, Charlie Seidel y un contingente de agentes de la CIA entraron en Bagdad y, al día siguiente, el Gobierno de Sadam prácticamente se había esfumado. En la Casa Blanca, Bush y Powell vieron por la televisión un reportaje en directo en el que aparecían unos soldados estadounidenses desplegándose por la capital iraquí. «Se quedó observando a la gente en la calle y a las tropas avanzar —recordaría Powell—. Se volvió hacia mí y me dijo: "No nos vitorean"». «No, señor —respondió Powell—. No nos vitorean».[8]

El 16 de abril, el general Franks envió un email a Rumsfeld: había llegado la hora de proclamar la victoria y marcharse. El general dimitiría bruscamente cinco semanas después. Recomendó que Jay Garner, un general retirado de tres estrellas escogido por el secretario de Defensa, empezara a supervisar la reconstrucción del país conquistado.

«Antes de que se ponga el sol, tendréis cincuenta mil enemigos en esta ciudad»

Garner llegó el 21 de abril e inmediatamente fue a conocer al nuevo jefe de estación. «Seidel era un líder nato —diría Garner—. Tenía un lado difícil, pero nunca decía no a una misión a menos que fuera imposible».[9] Garner, Seidel y el teniente general David McKiernan, el comandante en jefe de las fuerzas terrestres estadounidenses, acordaron que la primera prioridad era empezar a reconstruir algunos elementos del ejército, la policía y el funcionariado iraquíes, con el fin de asegurar la capital. Su objetivo era bloquear los cañones y los morteros del ejército, reparar los daños causados por la invasión y volver a poner en pie el país. El plan de Garner, aprobado por el Consejo de Seguridad Nacional, requería preservar cinco divisiones del ejército iraquí, esto es, alrededor de cincuenta mil hombres, y ponerlos a trabajar.

El 12 de mayo, llegó a Bagdad Paul «Jerry» Bremer con el encargo de encabezar la recién nombrada Autoridad Provisional de la Coalición. La presidiría desde el palacio de Sadam como si fuera el virrey estadounidense de Irak. Bremer, viejo amigo de Scooter Libby, informaba únicamente a Bush y a Rumsfeld, y lo hacía solo cuando quería. Era un protegido de Henry Kissinger, al servicio del cual había estado durante quince años, como jefe de gabinete durante la administración Nixon y como director gerente de la antigua y lucrativa asesoría del secretario de Estado. Lo mismo que su mentor, era prodigiosamente altivo e incurablemente hermético. El propio Kissinger lo calificó como un «obseso del control»;[10] eran lo que se dice tal para cual.

En cuanto asumió el poder, Bremer decretó de inmediato que ningún miembro del partido Baaz —la fuerza que cohesionaba a la sociedad iraquí— pudiera desempeñar papel alguno en el futuro del país. La pertenencia al partido había sido esencial para casi cualquier tarea dependiente del Gobierno, desde el ejército o la policía hasta el funcionariado o la enseñanza. Su siguiente disposición fue la disolución de todas las secciones del ejército iraquí, incluidos el Ministerio de Defensa, el servicio de inteligencia, la Organización de Seguridad Especial y las fuerzas paramilitares. Decretó su suspensión de empleo y sueldo y prohibió a miles de funcionarios de alto rango ocupar cualquier tipo de empleo público. De un plumazo, Bremer prendió fuego a Irak.*

El 13 de mayo, a las seis y cuarto de la mañana, Garner vio un borrador de la Orden 1 de la Autoridad Provisional

* Los edictos de Bremer salieron de las brillantes cabezas de Feith y Chalabi. El 10 de marzo, Feith había presentado al Consejo de Seguridad Nacional su propuesta de *desbaazificación*: fue truncada por Rumsfeld porque el plan era demasiado rudimentario. El Consejo de Seguridad Nacional se había mostrado de acuerdo con la propuesta de vetar a los baazistas más destacados —un 1 por ciento de los dos millones de miembros del partido—, pero nunca aprobó la idea de que se purgara a todos ellos. Bremer delegó la puesta en práctica de la desbaazificación ni más ni menos que en Chalabi. Sus órdenes se basaban en «el modelo de desnazificación de la Segunda Guerra Mundial —dijo el general John Abizaid, que sucedió a Franks al frente del CENTCOM en julio de 2003—. Sadam es Hitler, la Guardia Republicana equivale a las SS y el partido Baaz es el partido nazi. Esta concepción de una gran cruzada contra el mal no tenía nada que ver con la realidad existente sobre el terreno ni con el contexto histórico de la política de Oriente Medio en general ni de la política iraquí en particular».

de la Coalición (APC). Quedó espantado. Fue inmediatamente a ver a Seidel, que había quedado igualmente consternado. Juntos, fueron de inmediato a ver a Bremer. «Le dije: "Charlie, explícale lo que va a pasar si hacéis eso" —recordaría más tarde Garner—. Y Charlie dijo, a la manera de un cowboy, pero con cierta elegancia: "Antes de que se ponga el sol tendréis a cincuenta mil enemigos en esta ciudad"».[11] Le suplicaron que cambiara de opinión, pero Bremer desechó su advertencia. Luego anunció sus planes a la Casa Blanca por videoconferencia. Aquello supuso un duro golpe.

«Nadie de los que estaban alrededor de la mesa, salvo Don Rumsfeld y Doug Feith, y posiblemente el vicepresidente, sabía lo que estaba pasando —comentó Frank Miller, el director general de política de defensa del Consejo de Seguridad Nacional—. El asunto se presentó al gabinete de guerra como "Eso es lo que vamos a hacer y punto"».[12] Incluso el presidente parecía desconcertado. Al cabo de unos diez segundos de silencio, Bush dijo a Bremer: «Jerry, tú eres el que está sobre el terreno», como si quisiera decir: *De ti depende, no de mí*. La incoherencia estratégica de la Casa Blanca alcanzó en ese momento su cota más alta, y no se apartaría de ella durante tres años. El presidente no encontró respuesta para la pregunta del general Wallace: *¿Y ahora qué?* Solo Charlie Seidel había presentado una conjetura que denotara un elevado nivel de comprensión. El hombre de Bush en Bagdad no había prestado atención. Y en aquel momento, la ocupación estadounidense de Irak estaba condenada al fracaso, y su final predestinado desde el primer momento.

Las imperiosas órdenes de Bremer toparon con una indignación intensa e insaciable. «El desmantelamiento del ejército probablemente sea el origen de la insurgencia», dijo Condoleezza Rice cinco años después de que Bush abandonara la Casa Blanca.[13]

Ninguno de los principales responsables de la administración Bush lo reconocería. Rumsfeld sencillamente se negó a creer que existiera insurgencia alguna. Como consecuencia directa de ello, los Estados Unidos carecerían de cualquier tipo de estrategia de contrainsurgencia en Irak hasta 2007, cuando David Petraeus, ya por entonces general de cuatro estrellas, asumiera el mando de la guerra. «Se debería tener un profundo conocimiento de un país y de todos sus aspectos antes de invadirlo —dijo Petraeus cuando se jubiló—. La verdad es que en realidad no teníamos ese tipo de conocimientos. Y creo que nuestra actuación lo demostró».[14]

Una semana después de que el virrey promulgara sus edictos, los insurgentes empezaron a pagar a los jóvenes cien dólares por cada soldado estadounidense que matasen y quinientos por inutilizar un vehículo de combate Bradley o un tanque M1 Abrams. El 3 de junio, Seidel comunicó a Bremer y al cuartel general de la CIA que los ataques iban dirigidos contra puestos militares de control «y cada vez más a menudo contra objetivos de mayor relieve como helicópteros o cuarteles generales del Ejército de nivel táctico».[15] Durante los tres meses siguientes, los insurgentes se dedicaron a atacar con armas pequeñas, morteros, lanzagranadas, artefactos explosivos improvisados, coches bomba y hasta una hormigonera cargada con dinamita, todo ello sacado de arsenales desprotegidos de Sadam. Primero centenares y luego miles de soldados y oficiales suspendidos de empleo y sueldo se lanzaron a la guerra contra los estadounidenses y sus aliados.

Algunos agentes de la CIA contraatacaron. El vicejefe de estación de Seidel era Greg Vogle, recientemente condecorado por salvar la vida a Hamid Karzai. A su llegada a Bagdad, Vogle se unió a una unidad de las Fuerzas Especiales, cogió un arma y salió a cazar enemigos; no era de esos que andan dando vueltas por su despacho y celebrando reuniones. Vogle prestó servicio durante seis meses agitadísimos, arriesgándose a morir en combate y en operaciones antiterroristas, por lo que fue condecorado en secreto con la Estrella a los Servicios de Inteligencia, el equivalente en la CIA a la Estrella de Plata al valor en el Ejército.

«No sabíamos contra quién luchábamos»

Cuando diera comienzo el verano, Seidel trabajaría y dormiría en la abominable magnificencia del palacio presidencial, un escenario que «recordaba la escena del bar de *La guerra de las galaxias*»,[16] abarrotado de estadounidenses «armados y desarmados, veteranos de situaciones posconflicto y jóvenes neófitos republicanos, trabajadores, comprometidos y, a todas luces, ignorantes», según la descripción de Bill Burns. En el palacio, diplomáticos, generales y agentes de inteligencia estadounidenses dormían veinte en una habitación agobiante, sin electricidad, sin agua corriente ni aire acondicionado. El calor era insoportable, 50° de día y 35° de noche. Había carteles que advertían de que no cayera sudor en los portátiles para evitar cortocircuitos. En aquel escenario desquiciado, Seidel tendría que crear un puesto de la CIA, buscar armas de destrucción masiva y averiguar quiénes eran los insurgentes.

Se dio cuenta de que la ocupación de Irak por los Estados Unidos estaba encendiendo el fuego de la yihad en todo Oriente Medio. A los insurgentes iraquíes se sumarían muy pronto combatientes jordanos, sirios, iraníes, saudíes, sudaneses y yemeníes, llegados a través de Siria, para desencadenar una violenta sublevación contra los ocupantes. Durante meses, «no sabíamos contra quién luchábamos —dijo el lugarteniente de Bremer, el embajador retirado Clayton McManaway—. Bremer y yo charlábamos a menudo por la noche, y yo le decía que ni siquiera sabíamos quién estaba matándonos».[17] En realidad, Seidel tenía una idea bastante clara de quiénes lo estaban haciendo y del porqué. Pero ni él ni nadie sabían quién dirigía y controlaba la insurgencia. Al principio esta no tuvo un mando central; durante todo el verano y el otoño hubo muchos grupos, cada uno con un nombre distinto. Bremer y el ejército querían que la CIA les diera el orden de batalla de los insurgentes, un organigrama con casillas y líneas; no podían enfrentarse a la idea de una hidra de múltiples cabezas y de formas cambiantes, y menos aún de tener que luchar contra ella. Seidel intentó hacerlo lo mejor que pudo. Lo primero que hacía cada mañana era reunirse en el cuartel general de la APC con Bremer y Ricardo Sanchez, el general de tres estrellas al mando de las fuerzas terrestres estadounidenses, acompañado de la máxima analista de la CIA para Irak, Jane Green, que prestaba servicio como responsable de información del puesto de la agencia en Bagdad.

A lo largo de todo el verano, «vimos el saqueo de fábricas y de otros centros de industria pesada, no ya el mero despojo de componentes y equipamientos, sino el desmantelamiento de las propias instalaciones, que era el equivalente del desmantelamiento de la economía iraquí —diría Green—. Pronto vimos cómo los depósitos de armas y de munición [eran vaciados por los oficiales suspendidos de empleo y sueldo del ejército sunita]. Vimos la aparición de milicias chiitas respaldadas por Irán. En algunos casos, el objetivo de algunas de esas milicias era vengarse de los sunitas y asegurarse de que nunca más volvieran a tener capacidad de someter a la población chiita».[18] Los hombres enrolados en el ejército iraquí eran en gran parte chiitas, lo mismo que dos terceras partes del país; pero el cuerpo de oficiales era mayoritariamente sunita, lo mismo que Sadam. Todo lo que tenían en común era el odio contra los ocupantes estadounidenses.

Seidel presentó sombrías evaluaciones en las que detallaba el caos y la anarquía habituales. «En el ambiente de confusión, incertidumbre e insatisfacción reinante —comunicaba al cuartel general el 8 de julio—, existe el riesgo de que la violencia no tarde en resultar aceptable y justificada a ojos de amplios sectores de la población».[19] Bush, Rumsfeld y Wolfowitz dejaron de lado la información de inteligencia de la CIA y fueron a la contra. Para ellos, «se suponía que [los iraquíes] estaban encantados de que el régimen de Sadam hubiera desaparecido —comentaría Green—. Y tardaron mucho en aceptar nuestra opinión de que el pueblo iraquí estaba camino de la guerra civil».

Rumsfeld rechazó rotundamente los informes de la estación de la CIA. Wolfowitz, en el curso de un viaje relámpago a Bagdad, tuvo la osadía de decir a Seidel: «No entiende usted la política del Gobierno de los Estados Unidos, y si no entiende usted esa política, no está ni mucho menos en condiciones de reunir información de inteligencia que contribuya a su éxito».[20]

«Supimos que se nos venía encima una tormenta de mierda»

La orden primordial que había dado Tenet a Seidel era encontrar las armas de destrucción masiva desaparecidas. El jefe de estación supervisaba al Grupo de Investigación de Irak, una organización de inteligencia integrada por mil cuatrocientos civiles y militares creada en el mes de junio por Tenet y dirigida por un antiguo inspector de armamento de las Naciones Unidas, David Kay. Los dos estaban seguros de que los escondites secretos estaban en algún lugar del abrasador desierto. No apareció nada aquel mes, ni el siguiente, ni el posterior.

A primeros de agosto, Bremer llamó a Tenet, que se había tomado unas vacaciones que necesitaba urgentemente en la costa de Nueva Jersey. «Tuve que localizarlo en la playa a través de un teléfono seguro», contaría Bremer.[21] Exigió que la CIA le proporcionara más agentes y analistas para arremeter contundentemente contra los insurgentes. Solo ese mes habían puesto una bomba en el cuartel general de las Naciones Unidas, en la embajada de Jordania y en la mezquita chiita más venerada de Bagdad, causando la muerte a cientos de personas. Tenet contestó que haría lo que pudiera, pero que la CIA estaba concentrada en encontrar armas de destrucción masiva. «El desequilibrio entre los analistas de inteligencia que trabajaban en la cuestión de las armas de destrucción masiva y los que se ocupaban de la insurgencia era enorme», diría McManaway.[22] Aun así, día tras día, Kay comunicaba que no había obtenido resultados y, al mismo tiempo que continuaba la búsqueda, la insurgencia se propagaba como un torbellino. «La liberación de Irak ha desencadenado una revolución entre los chiitas», advirtió Seidel.[23] La ocupación estadounidense se enfrentaba a un futuro de «violencia e inestabilidad».[24]

Después de pasar seis meses con la soga al cuello, a finales de verano Seidel regresó a su puesto en Ammán, escarmentado por las experiencias vividas y agotado después de los constantes esfuerzos realizados para respaldar ante el asedio a sus agentes y analistas. La CIA tuvo muchas dificultades para seleccionar un sucesor; cualquier oficial superior de la División para Oriente Próximo sabía que la estación de Bagdad se hallaba sobrepasada. «Todo el mundo en el escalafón de los dirigentes parecía agotado, casi como si fueran muertos vivientes», contó Luis Rueda, que visitó la estación cuando Seidel estaba a punto de marcharse.[25] Todos sabían que la CIA estaba muy mal vista en la Casa Blanca, que se mostraba obstinadamente ciega a los informes enviados desde Bagdad sobre la insurgencia y estaba furiosa por el hecho de que las armas siguieran sin aparecer por ningún lado.

Una tarde de finales de agosto, Tenet bajó a la sexta planta y se dirigió al despacho del jefe de la División para Oriente Próximo, Rob Richer, para discutir la situación con él y con Rueda. Como siempre, iba mordisqueando un puro apagado. Profundamente descorazonado, exhausto al cabo de seis años manejando el timón, pensaba seriamente en abandonar. Veía las olas de realidad que lentamente iban erosionando el castillo de arena de conjeturas que había construido la CIA acerca de las armas de destrucción masiva. Tenía una idea bastante clara de lo que significaría que al final se demostrara que estaba equivocado. Comentó que una de las misiones de la agencia era recibir el golpe destinado al presidente cuando las cosas se pusieran feas. «Parecía verdaderamente abatido cuando dijo aquello, como si supiera que sería *él* quien iba a recibir el golpe por las armas de destrucción masiva —recordaba Rueda—. En ese momento supimos que se nos venía encima una tormenta de mierda».

10
Una operación magnífica

Por cada gran desastre había una operación de espionaje magnífica. Cuando se intensificó la tormenta política en torno a las armas fantasma, un puñado de agentes de la CIA desbarató una amenaza nuclear de proporciones globales y obligó a uno de los principales líderes terroristas del siglo XX a entregar su arsenal sin disparar un solo tiro.

Una operación magnífica requiere creatividad, astucia, suerte, tiempo —espiar es esperar, como escribió John le Carré— y unos cuantos espías de calidad. Tres agentes de la CIA muy experimentados —Robert Gorelick, Paula Doyle y Jim Lawler— contribuyeron a acabar con la red de contrabando nuclear más grande del mundo después de nueve años de acción encubierta, que culminaron en la interceptación de un barco en aguas del Mediterráneo el 4 de octubre de 2003. La operación, en palabras de Jim Pavitt, supuso «millones de dólares en campañas de promoción de reclutamiento de posibles agentes, entradas clandestinas en domicilios para instalar equipos de espionaje, una sofisticación semejante a un espectáculo de ballet y un grado de paciencia que a menudo nos acusan de no tener».[1]

Robert Gorelick era el jefe de estación en Roma aquel otoño. Tenía el aspecto del catedrático en el que había aspirado a convertirse en otro tiempo, aunque, eso sí, siempre sofisticado y elegantemente trajeado.* Hablaba con fluidez

* Gorelick había conseguido en 1982 materiales de investigación para preparar su tesis doctoral por la universidad de Ginebra, sacando a

cuatro idiomas y era capaz de venderte una alfombra en unos cuantos más. Durante los últimos diez años de la Guerra Fría, había sido un ejemplo raro de agente operativo, pues trabajaba sin una tapadera oficial, sin la protección de un pasaporte diplomático ni de un despacho en la embajada estadounidense. Recurría a diferentes apellidos y disfraces como pantalla a la hora de reclutar a legados y políticos prometedores de naciones extranjeras por todo el mundo, dos de los cuales acabarían siendo presidentes de sus respectivos países. Después de prestar servicio en dos ocasiones como jefe de estación, Gorelick había vuelto al cuartel general de la CIA para dirigir el departamento de lucha contra la proliferación de armas del servicio clandestino a finales de 2000. Durante más de dos años, había dirigido un equipo de diez agentes, tan secreto que pocos en la propia CIA conocían su existencia: la Unidad de Actividades Especiales de la división. Esta sección hundía sus raíces en una resolución presidencial sobre operaciones encubiertas de 1994, cuya finalidad era mantener las armas de destrucción masiva fuera del alcance de tiranos y terroristas. Su principal objetivo era infiltrarse en la red global dirigida por un ingeniero metalúrgico paquistaní llamado Abdul Qadeer Khan.

A. Q. Khan había estado reuniendo en secreto instrumentos para construir una bomba nuclear desde 1974. Su centro de investigaciones, cerca de la capital de Pakistán, daba empleo a miles de personas, tenía sus propias viviendas y escuelas, así como un hospital y un equipo de críquet. El trabajo realizado había permitido a su país llevar a cabo con éxito una prueba de armas nucleares en 1998, lo que lo convirtió en un héroe nacional y padre de la bomba islámica. Después de aquello, Khan cambió el chip y abandonó su papel de importador para adoptar el de exportador, vendiendo casi cualquier cosa que pudiera necesitar un país

---

escondidas copias de documentos de las oficinas de la Liga Árabe en El Cairo y Túnez. Los entrevistadores de la CIA responsables de su reclutamiento quedaron, como habría cabido imaginar, impresionados.

para fabricar armas nucleares. Trabajaría absolutamente con todos los renegados del mundo. Aunque llevaba un cuarto de siglo en el radar de la CIA y de los servicios de inteligencia de varios países europeos, nadie había hecho nada por pararle los pies hasta que Jim Lawler y Paula Doyle pusieron el foco en su imperio invisible.

Lawler y Doyle se habían conocido en 1994, cuando dirigían las operaciones de lucha contra la proliferación de armas en Europa. Se convirtieron en grandes socios y amigos para siempre. Doyle, una mujer tremendamente inteligente, originaria de una pequeña localidad de Dakota del Sur, había trabajado en programas de lucha contra la proliferación de armas en el Departamento de Estado antes de ingresar en la CIA. Se dio cuenta de que la lucha contra la proliferación de armas —la diplomacia empleada para frenar la difusión de armas nucleares— era esencial, pero ineficaz. La *contra*proliferación, respaldada por operaciones encubiertas agresivas, era la nueva orden del día. Se había asociado con Lawler, el hombre que se convertiría en jefe de la unidad, un texano con barba, delgado y vehemente, que era un experto reclutador de agentes extranjeros, la habilidad más valorada en el servicio clandestino. Su apodo era, quizá absurdamente, Perro Rabioso, fruto de su encuentro en París con un pastor alemán que tenía la rabia. Quizá habría estado mejor llamarlo Zorro Astuto.

«SI LOS BOLCHEVIQUES PUDIERON HACERLO, ¿POR QUÉ NO VAMOS A PODER HACERLO NOSOTROS?»

La eliminación de A. Q. Khan empezó a tomar forma cuando a Lawler se le ocurrió una idea genial. Había escuchado la conferencia sobre la Operación Trust, la primera acción internacional llevada a cabo por los servicios de inteligencia soviéticos, que había dado en el cuartel general de la CIA David Major, del FBI, al término de su carrera estelar persiguiendo espías de Rusia. La Operación Trust fue en esencia un timo. A comienzos de la década de 1920, el servicio de espionaje soviético, la Checa, intentó exterminar a los exiliados que se oponían a la revolución bolchevique. Así, creó una organización fachada —un movimiento de resistencia falso— para atraer y hacer caer en la trampa tanto a contrarrevolucionarios rusos como a espías extranjeros. Sus enemigos acudieron como polillas a la luz y fueron capturados y asesinados. Lawler se dijo: *Si los bolcheviques pudieron hacerlo, ¿por qué no vamos a poder hacerlo nosotros? ¡Tendré que convertirme en un proliferador de armamento!*[2]

«Así que Paula y yo montamos algunas entidades», comentaría. Él era el jefe y ella su lugarteniente. Entraron en el negocio dirigiendo empresas tapadera, haciendo tratos en el mercado negro nuclear y acechando a sus presas por Europa y Oriente Medio. Entre sus agentes operativos contaban con un exiliado cubano que había prestado servicio en tres fuerzas aéreas distintas: a las órdenes de Fidel Castro, durante la invasión de la bahía de Cochinos llevada a cabo por la CIA y rescatando a pilotos derribados en la costa de Vietnam. Otra era una mujer muy inteligente que fue una de las pioneras de la CIA en ciberoperaciones. Según contó Lawler, fue la encargada de maquinar y ejecutar audaces hazañas de ciberespionaje y peligrosas operaciones de entradas ilegales en domicilios por todos los países del mundo. En el equipo figuraba también un gestor de las empresas fachada; un director financiero que ideó impenetrables laberintos de cuentas bancarias y redes de transporte para que ningún extraño pudiera seguir el rastro del dinero; el experto en armas nucleares de la organización, y un topo que llevaba largo tiempo infiltrado en la red internacional de Khan. En sus comunicaciones con los agentes de inteligencia británicos que acabaron formando parte de la Operación A. Q. Khan, Lawler dio a los miembros de su equipo nombres clave sacados de la leyenda del rey Arturo y la búsqueda del santo grial. La maga de los ordenadores era la Dama del Lago; el dueño y señor de la empresa fachada era Galaad, y el espía cubano, Lancelot.

«Éramos buenos», recordaría Doyle con una sonrisa.[3] La Dama del Lago pasó la mayor parte de sus seis años de clandestinidad en el extranjero construyendo infraestructuras y cableados para sus tapaderas, reuniendo información de inteligencia sobre las operaciones de A.Q. Khan y trabajando con los ciberguerreros del centro de operaciones de información de la CIA para hurgar en sus ordenadores. Diez años después se convertiría en una de las mujeres de más categoría de la historia del servicio clandestino, supervisando las actividades de espionaje por tierra, mar y aire y toda clase de misiones como ayudante y vicedirectora de ciberoperaciones. Pero durante sus años en el extranjero, eran pocos en el cuartel general de la agencia los que conocían su participación en la Unidad de Actividades Especiales, cuyo centro neurálgico era una oficina subterránea a la que no tenía acceso nadie más en la CIA. La misión de la unidad era tan secreta y estaba tan estrictamente compartimentada que informaba solo al jefe de división, a la séptima planta y al presidente de los Estados Unidos. «Teníamos compañeros y otras personas cuyas vidas estaban en juego —diría Lawler—, de modo que debíamos ser extremadamente cuidadosos con a quién informábamos».

Al comienzo de su carrera, Lawler había espiado a traficantes de tecnología de armas de destrucción masiva en Alemania, Suiza y Austria, cuyos clientes provenían de Irán, Libia y Siria, de modo que sabía «quién era quién en el zoo» de la proliferación. «Al cabo de un tiempo, atrajimos a la gente adecuada. Y fue así como nos enteramos de quién era A.Q. Khan —dijo Lawler—. Por lo general, la comunidad de inteligencia no había pensado nunca que alguien pudiera dedicarse a la proliferación de armas de forma privada, y suministrar a distintos países un programa de armas nucleares a gran escala, listas para ser usadas, así sin más».

En la época en la que Gorelick llegó al cuartel general para ponerse al frente de la División de Antiproliferación, en diciembre de 2000, Lawler se había instalado en Dubái, el emirato del Golfo Pérsico que atraía a transportistas y traficantes de todos los rincones del mundo, cuya zona de libre comercio, carente de normas y regulaciones, era la sede del principal almacén de A. Q. Khan, un supermercado de componentes de armas nucleares llamado Gulf Technical Industries. La unidad había destapado la labor de una familia suiza apellidada Tinner —el padre, Friedrich, y sus hijos, Urs y Marco—, que había estado suministrando material a Khan durante décadas.* La CIA intervino y grabó las comunicaciones telefónicas de los Tinner, robó sus archivos y se infiltró en los bancos suizos para poner al descubierto sus finanzas. Luego, en el momento oportuno, Lawler los reclutó y les pagó un millón de dólares en virtud de un contrato de servicios comerciales con una empresa tapadera de la CIA llamada Big Black River Technologies.

Cuando Khan y los Tinner montaron una fábrica en constante expansión de componentes nucleares en Kuala Lumpur, la capital de Malasia, un agente de la CIA que hablaba malayo abrió un negocio al lado. La Unidad de Actividades Especiales hizo una réplica tridimensional mediante tecnología informática de la fábrica, cableó el edificio para disponer de grabaciones de audio y de vídeo de lo que se hacía en ella y pudo observar así a los mecánicos especializados construir centrifugadoras para enriquecer uranio y otros componentes necesarios para la producción de bombas. Consiguió poner el laboratorio de Khan en Pakistán y sus ordenadores bajo vigilancia electrónica. Se metió así dentro de sus oficinas, dentro de sus almacenes y dentro de su propia casa.

«Podríamos hacer de la propia CIA un Estado nuclear»

El presidente Bush había visitado el cuartel general de la CIA dos meses después de tomar posesión de su cargo, y Tenet había montado un buen espectáculo para él. Uno

* La implicación de los Tinner en la red de A. Q. Khan es materia reservada de los archivos públicos de los tribunales suizos. Durante nuestras conversaciones, ni Lawler ni Doyle hablaron de las identidades de ninguna de sus fuentes.

de sus puntos culminantes fue una reunión con Lawler en las oficinas del director en la séptima planta. Los dos texanos congeniaron enseguida. «Informamos a Bush de la traición que suponía lo que estaba haciendo A. Q. Khan, y de lo peligroso que era aquello para el mundo», contó Lawler. Tenet dijo a Bush que Khan constituía una amenaza igual o mayor que Osama bin Laden. Pero ya estaban ellos siguiéndole los pasos, le confesó Lawler. Sus empresas tapadera eran en aquellos momentos un elemento de confianza de la red de Khan. Lawler ya le había robado anteproyectos y tecnologías para enriquecer uranio y diseñar armas nucleares.

—Señor presidente —dijo con pomposidad—, podríamos hacer de la CIA su propio Estado nuclear.

A comienzos de 2001, A. Q. Khan se había convertido en un eje del mal formado por un solo hombre. Lawler y Doyle sabían que había colaborado con Irán.* Sospechaban fundadamente que andaba en tratos con Corea del Norte. Pero sin duda alguna su mejor cliente era Muhammar al Gadafi, el dictador de Libia desde 1969 y el patrocinador de más de una decena de grandes ataques terroristas durante el siglo XX. Decidir qué hacer con él se convirtió en una cuestión de máxima prioridad después del 11-S. «¿Puede usted imaginarse el follón que se armó cuando la séptima planta se enteró de que Libia, un Estado patrocinador de acciones terroristas, estaba a punto de conseguir un arma nuclear y de repente, ¡oh, Dios mío!, los terroristas están atacando a

* Doyle desempeñó más tarde un papel destacado en las ciberoperaciones de vanguardia llevadas a cabo para desbaratar entre 2004 y 2007 el programa ya bien consolidado de fabricación de armas nucleares de Irán, que incluía algunas tecnologías de A. Q. Khan. El sofisticado ciberataque de la CIA contra Irán, el primero en su especie, contó también con la participación en diversos papeles de los servicios de inteligencia de Israel, los Países Bajos, Alemania y Francia. En 2007, había introducido un virus en el laboratorio de armas nucleares de Irán, dañando una quinta parte de sus cinco mil centrifugadoras y causando un retraso de años en el programa. En el momento de escribir estas páginas, Irán no ha llevado a cabo ninguna prueba de armas nucleares, después de cinco décadas de investigación y desarrollo.

los Estados Unidos? —me dijo Lawler—. ¿Podía entregar Gadafi un arma nuclear a un grupo terrorista?». Y había una cuestión todavía más urgente: ¿Estaba Osama bin Laden trabajando con Khan para disponer de los medios necesarios para fabricar una bomba? Tres semanas antes del 11-S, Bin Laden había invitado a un destacado ingeniero nuclear pakistaní a Kandahar, donde había expresado su interés por conseguir un arma nuclear.

«Ese era el escenario de pesadilla que teníamos que resolver», recordaría Rolf Mowatt-Larssen, antiguo jefe de estación en Moscú, que acababa de ser nombrado director del departamento de armas de destrucción masiva del Centro de Antiterrorismo. «Creíamos acertadamente que destacados miembros de al-Qaeda sabían que A. Q. Khan había estado vendiendo sus mercancías. No teníamos más información que esa, nada que nos quemase en las manos. Pero no podíamos ignorarlo sin más».[4] Con el tiempo, la cuestión llevaría a la CIA a torturar a los prisioneros que pudieran conocer la respuesta a esa incógnita.

Tenet y Gorelick estuvieron reuniéndose con Bush y Cheney una vez a la semana a partir de octubre de 2001 para decidir qué había que hacer con aquella amenaza. («Bush me preguntó en una ocasión: "Bob, ¿por qué odia A. Q. Khan a los Estados Unidos?" —recordaría Gorelick—. Yo me limité a cambiar de tema. Estaba sorprendido»).[5] En la mentalidad de guerra posterior al 11-S, una escuela de pensamiento decía que había que secuestrar a Khan, extraditarlo y hacerlo desaparecer. Pero entonces, como dijo Gorelick, se convertiría en una leyenda, «en el Jimmy Hoffa de Pakistán».[6] Otra idea era destruir su fábrica de Malasia. La CIA dio a Bush la opción de enviar un fardo cargado de explosivo plástico C-4 a la embajada estadounidense en Kuala Lumpur y adiestrar a un equipo de paramilitares que se encargarían de colocarla. Bush y Rice fueron incapaces de tomar una decisión, de modo que la CIA la tomó por defecto. Las mentes más frías acabaron por imponerse. Más valía esperar. Más valía seguir espiando que volar un edificio y con él una exquisita operación de espionaje.

«Hice un llamamiento a la séptima planta —contó Lawler—. Mi tesis era que aquello sería como encender la luz de la cocina y ver cómo las cucarachas corrían en busca de un escondite, porque ya nos habíamos infiltrado en la organización por varias vías distintas. Y sus movimientos en un punto determinado, habríamos destruido, ¿qué sé yo?, tal vez un equipamiento valorado en un par de millones de dólares. Pero eso no habría detenido a A. Q. Khan». Cheney escuchó aquel argumento y retiró de la mesa el plan de volar la fábrica. Pero la sensación de urgencia persistiría. Cuando Lawler y su equipo profundizaron en sus labores de espionaje de las operaciones de Khan y sus contactos libios, su experta en armas nucleares fue a visitarlo. «Entró en mi despacho, cerró la puerta y se plantó ante mí mientras yo repasaba complacido las últimas informaciones de inteligencia que habíamos obtenido —contaría luego Lawler—. Ella me dijo: "Sé que estás disfrutando enormemente con esto. Pero ¿te das cuenta de que tienes que detenerlo antes de que consigan un arma nuclear?"».

Gorelick iba tras Corea del Norte, el objetivo más difícil sobre la faz de la tierra. La CIA sospechaba, con buenos motivos pero sin evidencias sólidas, que el régimen coreano estaba violando el acuerdo alcanzado en 1994 por el expresidente Jimmy Carter con el fin de congelar el desarrollo armamentístico. No se disponía de pruebas porque Corea del Norte era un agujero negro, «el fracaso de inteligencia más prolongado de la historia de la CIA», en palabras de Don Gregg, que había prestado servicio como jefe de estación de la CIA y embajador de los Estados Unidos en Corea del Sur.[7] La CIA no podía llevar a cabo labores de espionaje dentro del país; era imposible enviar extranjeros a aquel reino eremita. A finales del siglo XX, el entusiasta agente operativo Ric Prado había pasado dos años intentando reclutar a algunos norcoreanos fuera de su país, acorralándolos en conferencias internacionales y enseñándoles maletines llenos de dinero en metálico en habitaciones de hotel. Si algún norcoreano destacado volaba, por ejemplo, de Nueva York a Londres, era muy probable que se encontrara a algún agente de la CIA sentado a su lado en el avión. Pero todavía no se había conseguido ningún éxito.

Por lo pronto, Gorelick estableció más frentes empresariales clandestinos, haciéndolos pasar por comercios internacionales de mortandad, con la intención de hacer caer en la trampa a los norcoreanos. Luego voló a Beijing para pedir al ministro chino de Seguridad del Estado que ayudara a la CIA a espiar en Pyongyang. «Los chinos quedaron horrorizados cuando se enteraron de que Corea del Norte estaba fabricando armas nucleares —contó posteriormente—. Pero no nos prestaron ayuda». Y luego, por fin, se produjo un avance: un agente pakistaní proporcionó documentos que demostraban que la red de Khan había enviado varias centrifugadoras a Corea del Norte.

Gorelick y el Departamento Antiproliferación proporcionaron la primera prueba de los avances del programa nuclear norcoreano. Sus evidencias llevaron a la CIA a informar al Congreso en octubre de 2002: «No obtuvimos pruebas claras que indicaran que Corea del Norte había empezado a construir una instalación de centrifugación hasta hace poco. Estimamos que se embarcó hace unos dos años en la tarea de desarrollar un programa de enriquecimiento de uranio basado en el empleo de centrifugadoras».[8] El informe añadía: «Recientemente nos hemos enterado de que está construyendo una planta capaz de desarrollar un programa de enriquecimiento de uranio apto para uso militar, que les permitiría producir dos armas nucleares o más al año cuando esté plenamente operativa, cosa que podría ocurrir en un lapso tan breve como cinco años». (El pronóstico no pudo ser más exacto: Corea del Norte llevó a cabo su primer ensayo nuclear el 9 de octubre de 2006). Lo que había ocurrido era que los norcoreanos habían exportado misiles a Pakistán a cambio de la tecnología de Khan, de sus diseños de armas y sus datos de prueba. Y habían enviado 1,6 toneladas de hexafluoruro de uranio a Libia para usarlas en las centrifugadoras de Khan, un paso trascendental en el camino que llevaba a poner una bomba nuclear en manos de Gadafi.

«UNA COSA MUY SERIA»

La invasión de Irak había obsesionado al dictador libio. Gadafi era muy consciente de que la justificación de la guerra se había basado en la tesis estadounidense que afirmaba que Sadam poseía armas de destrucción masiva. Había visto cómo caían las bombas sobre Bagdad. Y temía que él pudiera convertirse en el siguiente objetivo.

Cuando empezó la guerra, el jefe del espionaje libio, Musa Kusa, hizo saber a través de Mark Allen, el director de antiterrorismo del MI6 británico, que Gadafi deseaba hablar con los estadounidenses acerca de su propio arsenal. No era esa la primera ocasión para los libios. Mes y medio después del 11-S, Bill Burns, del Departamento de Estado, y el principal analista del Centro de Antiterrorismo, Ben Bonk, habían ido a Londres a entrevistarse con Kusa. Era este un hombre cortés con cierto barniz diplomático... y el principal sospechoso del estallido del vuelo 103 de Pan Am sobre Lockerbie, Escocia, en 1988. El ataque causó la muerte de doscientas setenta personas; una de las víctimas había sido Matt Gannon, jefe adjunto de la estación de la CIA en Beirut, quien era íntimo amigo de Burns. Kusa dijo que Gadafi quería renunciar al terrorismo: entregó a Bonk y Burns información secreta de inteligencia que ayudó a evitar una trama de al-Qaeda para destruir la embajada estadounidense en Yemen. Durante una larga conversación, Bonk preguntó a quemarropa si Libia tenía en marcha la fabricación de un arma nuclear. Kusa lo negó rotundamente.

Allen voló a Washington cuando la invasión de Irak dio comienzo el 20 de marzo de 2003. Dijo a Tenet que Gadafi estaba pensando en abandonar sus programas armamentísticos si, a cambio, Occidente levantaba las sanciones económicas impuestas desde hacía tiempo a su país por el apoyo prestado durante treinta años al terrorismo. Tenet destinó al subdirector del servicio clandestino, Steve Kappes, a trabajar con Allen en la negociación de esa renuncia. Aparentemente formaban una extraña pareja. Allen pertenecía a una especie en extinción entre los miembros de la inteligencia angloestadounidense, un hombre excéntrico y brillante, y también un poco vanidoso; había escrito un libro sobre cetrería y lucía unos gemelos con elefantes rosa. Kappes, antiguo jefe de estación en Moscú, era un exmarine con barba y casi calvo, que tenía el porte de un sargento instructor, una mirada de acero, mandíbula rígida y la pose de hombre estricto, respetado pero no querido por sus subordinados. Los dos tenían bastantes cosas en común a pesar de esas diferencias externas. Los dos eran católicos devotos. Los dos eran sumamente ambiciosos y aspiraban a dirigir sus respectivos organismos. Y los dos deseaban meter en cintura a Gadafi, si podían.

«Steve fue elegido para ser la cara de la operación debido a sus impecables dotes de persuasión y a su mayor rango, algo absolutamente crucial —comentó Paula Doyle—. Musa tenía que enfrentarse por el lado estadounidense a alguien al que temiera, no al que solo tuviera que escuchar. Nuestra labor era que Libia reconociera que tenía programas de armas de destrucción masiva y renunciase a ellos, bajo riesgo de una guerra. Una cosa muy seria».[9] Las instrucciones que había dado Bush a Kappes estaban muy claras: no hacer concesiones a menos que los estadounidenses pudieran ver con sus propios ojos que Gadafi tenía las manos limpias. Durante los seis meses siguientes, Kappes y Allen se reunieron repetidamente con Musa Kusa. En septiembre, Bill Burns se unió a ellos para celebrar una entrevista con Gadafi en Trípoli. El dictador medio loco afirmaba ahora que no tenía ningún programa de armas de destrucción masiva que revelar. Durante todo el rato, contaría Kappes, «seguimos aparentando que sabíamos lo que hacíamos y no dejamos de presionarlo».[10] Pero no fue posible sellar ningún acuerdo.

La Unidad de Actividades Especiales sí lo consiguió. Encontró la manera de presentar ante Gadafi pruebas irrefutables. La impecable información de inteligencia que poseía procedía de un agente reclutado en Malasia por Lawler, Urs Tinner. Un barco alemán llamado BBC China había zarpado recientemente de Dubái. Llevaba en su bodega cinco contenedores con miles de componentes de centrifugadoras destinadas al enriquecimiento de uranio, con la falsa etiqueta de piezas de maquinaria usada. El barco se disponía a cruzar el canal de Suez para adentrarse en el Mediterráneo con destino a Trípoli.

«Esa carta tan alta y tan arrolladora»

El viernes 3 de octubre por la tarde, Robert Gorelick, por entonces jefe de estación en Roma, llamó a su homólogo, Alberto Manenti, durante mucho tiempo jefe de antiproliferación del servicio de inteligencia italiano y posteriormente su director. Su misión era detener el barco en alta mar y obligarlo a atracar en el puerto de Tarento, cerca de una base de la OTAN, en la costa del sur de Italia, sin revelar la naturaleza de su cargamento a los inspectores de la aduana, a los estibadores o a cualquier otra persona. «Nuestro reto —diría Manenti veinte años después— era hacer todo aquello y mantenerlo en secreto».[11] Tampoco tenían autoridad legal para hacerlo. Pero transgredir las leyes de otros países es la gran especialidad de la CIA.

Aquel largo fin de semana comenzó con una noche sin dormir. Lo que se pretendía era enviar un mensaje a los propietarios del barco en Bremen a través de un funcionario de alto rango del BND, el servicio federal de inteligencia de Alemania. Pero para su desesperación, Gorelick y Manenti descubrieron que los espías alemanes estaban fuera de servicio durante un largo fin de semana de tres días, con motivo de una fiesta nacional en conmemoración de la reunificación de la Alemania Oriental y la Occidental en 1990, que marcó el comienzo del fin de la Guerra Fría. Cuando finalmente localizaron a alguien con autoridad, toparon de primeras con una resistencia teutónica. «Muy legalista, el BND —dijo secamente Manenti—. Los alemanes preguntaron: "¿Dónde están las pruebas?"». Mientras tanto, él había movilizado un destructor de la Armada italiana, armado con un cañón de cinco pulgadas, para encontrarse de costado con el barco alemán en el Mediterráneo. «El capitán del BBC China estaba muy alterado», recordaría Manenti. Se negó a obedecer y ordenó cambiar de rumbo, afirmando que se encontraba en aguas internacionales, no ante un tribunal de justicia. Solo acataría la orden de los jefes de su empresa en Bremen. Gorelick y Manenti se pusieron en contacto con sus homólogos de Alemania y el Reino Unido, y entre todos acordaron un plan muy audaz para dar un ultimátum al propietario del barco. «Los Estados Unidos cerrarían a esa empresa el acceso sus puertos nacionales —dijo Manenti—. El 80 por ciento de sus rutas tenía destinos y clientes estadounidenses». El propietario del barco se plegó a la lógica de la fuerza y el destructor italiano escoltó a la embarcación y al material nuclear de contrabando hasta el puerto.

Doyle se encontraba en la séptima planta informando a los directivos de la CIA. Aquel fue un sábado muy ajetreado. «Irak estaba en llamas, Afganistán se encontraba a punto de celebrar sus primeras elecciones libres, y una terrorista suicida se había hecho estallar en una playa en Haifa —nos contó—. Solo me acuerdo de andar corriendo todo el día, esperando que Jim mandara buenas noticias». Y en cuanto llegaron esas noticias, Lawler voló a Roma y desde allí a Tarento.

«Recuerdo que me puse a bailar de alegría delante de aquellos cinco contenedores y a sonreír por el final feliz de un esfuerzo de casi diez años —dijo—. Nuestros negociadores en Libia [concretamente Kappes y Allen] estaban ya armados con esa información y, en último término, aquella fue la valiosísima carta en la manga que jugaron contra sus oponentes libios, que hasta ese momento habían estado poniendo trabas a la cuestión de si Libia tenía o no un programa de armas nucleares. Enseguida recogieron velas y admitieron que efectivamente en Libia tenían un programa de armas nucleares. Este se desmontó lo más rápido que fue posible».

Lawler recordaría que todo el tiempo le rondaban por la mente unos versos de la canción de Leonard Cohen «The Stranger Song».

Like any dealer he was watching
For the card that is so high and wild
He'll never need to deal another.

[Como cualquier jugador, esperaba
Esa carta tan alta y tan arrolladora
Que ya no necesitase jugar ninguna más]

«Y encontramos esa carta», dijo.

Bill Burns describió el desenlace como «una aventura llena de extrañas reuniones en plena noche y en medio del desierto con Gadafi, hasta hoy el dirigente más extraño con el que me he entrevistado».[12] Pasaron dos meses hasta que Gadafi accedió a las exigencias planteadas por el presidente Bush y por el primer ministro británico Tony Blair de que hiciera una declaración pública en la que revelara su programa de armas nucleares —por el cual había pagado a Khan alrededor de cien millones de dólares—, así como su formidable arsenal de misiles y sustancias químicas. Al final, el 18 de diciembre de 2003, Gadafi cedió. Pensó sin duda en la suerte que había corrido Sadam Huseín, capturado cinco días antes en un zulo cerca de Tikrit y que no tardaría en enfrentarse a la horca.

Quedaba en pie todavía la cuestión del futuro de A. Q. Khan. Primero Tenet se enfrentó cara a cara al presidente pakistaní, Musharraf, y le exigió que pusiera fin a la proliferación de armas nucleares y que entregara a su máximo responsable. Musharraf alegó que no sabía nada del asunto y se fingió ofendido. Dijo a Tenet: «Mataré a ese hijo de puta».[13] No hizo nada de eso. A continuación, Armitage voló a Islamabad y amenazó con suspender la ayuda estadounidense a Pakistán si no se juzgaba a Khan. Obligado a enfrentarse a la pérdida de tres mil millones de dólares, Musharraf anunció que el padre de la bomba islámica se vería sometido a un proceso penal. Cinco días después, lo indultó. El 5 de febrero de 2004, Khan fue condenado a arresto domiciliario y con ello su red mundial de armas nucleares se derrumbó.

La operación de la CIA había demostrado que la información de inteligencia, y solo la información de inteligencia, podía acabar con una amenaza verdaderamente existencial y desarmar a un dictador. Aquel fue el punto culminante de los siete años de George Tenet en el poder. A partir de aquel día, la CIA inició un descenso que la llevaría al borde de la ruina.

11

La factura del carnicero

Tenet no había hablado en público desde que había dado comienzo la guerra de Irak. No iba a admitir que la CIA se había equivocado de medio a medio en lo referente al arsenal de Sadam. No veía qué era lo que había ido mal ni por qué. Aunque tampoco podía seguir callado. El 5 de febrero de 2004, rompió su silencio en una alocución en su *alma mater*, la universidad de Georgetown. Defendió a la CIA hasta el final.

Solo titubeó una vez. «Pues bien, ahora todos ustedes se preguntan: "¿Por qué no hemos encontrado las armas?"», dijo a su público.[1] Pero no tenía respuestas. El discurso no sentó bien en Washington. A Colin Powell tampoco le hicieron gracia una serie de llamadas de Tenet diciéndole que los pilares de su discurso ante las Naciones Unidas iban cayéndose uno tras otro. Las relaciones del director de la CIA con el presidente eran cada vez más tensas; Tenet había oído rumores de que tal vez lo despidieran. Había ofrecido su dimisión, pero Bush no estaba dispuesto a aceptársela. No quería deserciones en un año electoral.

Pero ahora había que pagar la factura del carnicero. El inspector general John Helgerson estaba a punto de acabar un doloroso informe, de ciento nueve páginas, sobre la muerte de tres prisioneros de la CIA y los abusos que habían cometido los responsables de los interrogatorios de varios presos más en Afganistán, Tailandia y Polonia. Llegaría a la conclusión de que los agentes y contratistas de la CIA a las órdenes del director de Antiterrorismo Jose Rodriguez podían ser acusados de infligir un castigo cruel e inhumano a sus prisioneros y de violar las normas recogidas en los informes sobre tortura del Departamento de Justicia. Aquellos agentes, señalaba, temían, y con razón, la revelación irremediable del programa; su reputación y la de la CIA podían quedar destruidas. Lo esencial de aquel informe estrictamente clasificado apareció en el *New York Times* casi inmediatamente después de que estuviese acabado.*

Helgerson no había terminado todavía aquel trabajo cuando se vio obligado a investigar un homicidio en la cárcel iraquí de Abu Ghraib. Pasarían diecinueve años antes de que los hechos salieran a la luz. Su informe, desclasificado con párrafos censurados en mayo de 2023, repasaba «los acontecimientos que rodearon la muerte de Manadal al-Jamaidi, detenido iraquí que falleció el 4 de noviembre de 2003 durante el interrogatorio de la CIA».[2] Cuando se hicieron públicos los horrores de Abu Ghraib seis meses después, aparecieron en los medios de comunicación de todo el mundo las fotografías de dos jóvenes soldados estadounidenses que levantaban el pulgar con gesto despreocupado, mientras posaban junto al cadáver de al-Jamaidi conservado en hielo. El Hombre de Hielo se convirtió en un símbolo indeleble de la ocupación estadounidense de Irak y en un anuncio para el reclutamiento de efectivos al servicio de los enemigos de los Estados Unidos. Pero los responsables de los interrogatorios de la CIA echaron la culpa de su muerte

* Dicho balance, titulado *Counterterrorism Detention and Interrogation Activities (September 2001 to October 2003)* [Antiterrorismo: actividades de detención e interrogación (septiembre de 2001-octubre de 2003)], llevaba la fecha de 7 de mayo de 2004. El 13 de mayo, el *New York Times* informaba: «La Agencia Central de Inteligencia ha utilizado métodos coercitivos de interrogación contra un selecto grupo de líderes de alto nivel y agentes de al-Qaeda, lo que ha causado una preocupación creciente dentro de la agencia por los abusos cometidos, según algunos agentes y exagentes de antiterrorismo». Ese artículo fue el primero en hablar del submarino como técnica utilizada en los interrogatorios. Fue publicado inmediatamente después de que se revelaran los abusos del ejército en la cárcel de Abu Ghraib y en consecuencia su impacto se vio reducido.

a los miembros de los SEAL, las fuerzas especiales que lo habían capturado.

«Esa era la forma que tenían de seguir con las manos limpias»

Antes de abandonar su cargo como jefe de estación de Bagdad, Charlie Seidel había descubierto que un puñado de agentes suyos y un grupo de los SEAL se dedicaban a maltratar a los prisioneros de Camp Nama, al lado del aeropuerto internacional de Bagdad. Seidel había dado la voz de alarma en un telegrama enviado al cuartel general de la CIA, que respondió prohibiendo a sus agentes destinados en Irak que participaran en aquellos actos brutales. Las normas relativas a los prisioneros de al-Qaeda en los centros de detención clandestinos eran una cosa, pero las que se referían a los iraquíes retenidos en cárceles militares eran otra: estaban vigentes los Convenios de Ginebra. John Rizzo había enviado órdenes escritas al puesto de Bagdad: «No os quedéis con los prisioneros. Remitidlos al ejército para que los interroguen. Intervenid solo si os invitan a hacerlo. No intentéis meteros a la fuerza. Evidentemente, nada de técnicas mejoradas de interrogatorio».[3] En adelante el puesto recibiría un telegrama cada mes manteniendo la vigencia de esas normas.

El sucesor de Seidel se encargaría de violarlas. Gerry Meyer asumió el mando de la estación de Bagdad a finales del verano de 2003. Pavitt lo había escogido saltándose las objeciones de Steve Kappes, su delegado, y de Rob Richer, el jefe de la División para Oriente Próximo, quienes pensaban que no estaba cualificado para el cargo. Meyer tenía el rango de funcionario civil de GS-15, lo que, según la jerarquía de la CIA, hacía de él un coronel y no un general. Había pasado escasamente un año como jefe de estación en Kuwait, donde se había ganado a Pavitt acompañándolo a comprar alfombras e invitándolo a una suntuosa barbacoa nocturna en el desierto. Cuando Meyer se tomó unas vacaciones por Navidad, lo sustituyó el vicedirector de la División para Oriente Próximo. Hendrik van der Meulen. Oyó tantas quejas sobre la conducta del jefe de estación que regresó, al frente de una visita de inspección, seis semanas después, a comienzos de febrero de 2004. Su informe reveló que Meyer se iba por ahí a comprar alfombras cuando habría debido estar dirigiendo la estación, que se saltaba las reuniones del equipo desplazado sobre el terreno con los altos mandos del Ejército y los diplomáticos estadounidenses, que prestaba poquísima atención a las operaciones justo en el momento en el que había estallado la insurgencia y que dejaba el trabajo duro a su lugarteniente, Gordon Prouty. Y todavía había algo peor. Sus agentes se habían dedicado a dar palizas y a maltratar a los prisioneros iraquíes. Ahora tenían en sus manos la sangre del Hombre de Hielo, y Meyer, o bien había desatendido ese hecho, o bien se había convertido en cómplice del mismo con su silencio.

Un grupo conjunto del Equipo SEAL Siete y la estación de la CIA había capturado a al-Jamaidi, sospechoso de haber participado en un ataque bomba contra el cuartel general de la Cruz Roja en Bagdad, en el que habían muerto 34 personas y otras 224 habían resultado heridas. Se lo habían llevado a la base junto al aeropuerto y lo habían apaleado a petición de los agentes de la CIA. Se trataba de la práctica habitual. «Esa era la forma que tenían de seguir con las manos limpias pero ensuciar las nuestras», contó un miembro de los SEAL llamado Dan Cerrillo al periodista Seth Hettsena, que fue el primero en revelar los detalles de la historia de al-Jamaidi. «Nos utilizaron. Utilizaron contra nosotros nuestra falta de conocimiento de la ley en tiempos de guerra». Los miembros de los SEAL habían visto cosas peores, empezando por cómo los agentes de la CIA hacían amenazas de muerte a punta de pistola.

En una celda para interrogatorios, un miembro de los SEAL llamado Romper Room, un agente de la CIA bajito y con barba de cuarenta y cuatro años llamado Mark Swanner y un operador del detector de mentiras utilizado para llevar a cabo los interrogatorios, ataron por los brazos a la pared a al-Jamaidi y lo amenazaron con romperle las manos con un mazo de madera. El prisionero no hablaba. Steve Stormoen, el jefe de la Celda de Explotación de Detenidos del puesto de Bagdad, ordenó a Swanner y a un miembro de los SEAL que llevaran a al-Jamaidi a Abu Ghraib. Una vez dentro de los muros de la cárcel, se convirtió en un fantasma.

Abu Ghraib, donde Sadam había torturado y asesinado a miles de prisioneros, representaba los horrores de su régimen para millones de iraquíes. Tras la invasión, Bremer había ordenado al ejército estadounidense que se hiciera cargo de esta cárcel. En aquellos momentos había en ella siete mil reclusos, algunos de los cuales eran apaleados, aterrorizados por los ladridos de los perros y sometidos a actos de sadismo sexual por sus carceleros del ejército estadounidense. Dentro de sus muros había un pabellón de la CIA supervisado por Stormoen, un agente paramilitar de mediana edad que acababa de regresar de Afganistán. Había hecho un pacto con el teniente coronel Stephen Jordan, que estaba al frente del Centro Conjunto de Interrogatorios e Informes del ejército. Entre los dos se encargarían de hacer desaparecer a los detenidos de la CIA.

En cuanto ingresaban en Abu Ghraib con nombre falso, los prisioneros fantasma no volvían a ver la luz del día: iban pasando de una celda a otra, para que la Cruz Roja no supiera nunca de su existencia. Esos engaños violaban la doctrina del ejército y las leyes de la guerra. El pacto sellado por Stormoen y Jordan permitía también a los agentes de la CIA interrogar a los prisioneros sin la presencia de personal del ejército, transgrediendo así las normas establecidas por el cuartel general. Más tarde, una investigación del ejército llegaría a la conclusión de que «las prácticas de detención e interrogatorios de la CIA daban lugar a la pérdida de toda responsabilidad, al maltrato [de los prisioneros] y a una mística enfermiza que envenenaría todavía más el ambiente de Abu Ghraib».[4]

Durante el trayecto de media hora hasta la prisión, el convoy se detuvo, y un miembro de los SEAL sacó del coche a al-Jamaidi, encapuchado y desnudo de cintura para abajo, lo llevó a empujones por el camino y fue dándole golpes, llegándole a romper cinco costillas. También las palizas eran lo habitual. «Cuando capturaban a un individuo, lo llevaban a Abu Ghraib, pero por el camino el convoy se detenía, y el personal del ejército le daba un repaso al preso —diría el jefe del grupo de operaciones Irak, Luis Rueda—. El objetivo era ablandar al individuo antes de que diera comienzo el interrogatorio. Se trataba de algo que no estaba autorizado en absoluto. Rotundamente prohibido. Y la estación no se lo comunicaba al cuartel general. La gente encargada de la celda de aprovechamiento de los detenidos sabía que lo que hacía no estaba permitido, pero lo hacía de todos modos».

Aproximadamente a las cinco de la madrugada, Swanner y un traductor de la CIA, acompañados de unos miembros de la policía militar que hacían de carceleros, se llevaron al prisionero al pabellón de la CIA, con las manos esposadas a la espalda. Agarraron unos grilletes, los engancharon a los barrotes de hierro de una ventana y les encadenaron las manos a ellos, por encima de la nuca. Aunque los brazos del prisionero estaban «casi literalmente dislocados», según el testimonio que prestaría más tarde el policía militar Walter Diaz, Swanner llamó otra vez a los guardias y les dijo que volvieran a encadenar las manos de al-Jamaidi al marco de la ventana, pero a mayor altura.[5] Media hora después, el prisionero empezó a escupir sangre por dentro de la capucha y falleció. El ejército declaró que su muerte había sido un homicidio. Los guardias metieron el cadáver en una bolsa y lo guardaron en hielo. Ni Meyer ni ningún miembro importante del puesto de la CIA en Bagdad fueron a Abu Ghraib a investigar lo sucedido.

Unas semanas antes de que los actos de depravación de Abu Ghraib dejaran boquiabierto al mundo entero en abril de 2004, la CIA retiró al jefe de estación de Bagdad y a su lugarteniente. Meyer prefirió dimitir antes que ser destituido. Prouty pasó un año en un despacho de castigo en el cuartel general, pero más tarde pasaría a ser nombrado jefe de estación en los Emiratos Árabes Unidos. (El tercer agente al mando en el puesto de Bagdad, el jefe de operaciones, también perdió su cargo). El inspector general remitió a Stormoen y Swanner al Departamento de Justicia y les imputó cargos criminales. La habilidad de Rizzo para esquivar el descubrimiento y las prácticas dilatorias de un fiscal especial, John Durham, permitieron que las acciones legales fueran siguiendo un proceso lento hasta que prescribieron. Nadie recibió otra cosa que no fuera una carta de amonestación por la muerte del Hombre de Hielo.

«A TODOS NOS SUPERABA AQUELLO»

Bob Kandra tomó posesión como jefe de estación de Bagdad en la primavera de 2004. Hombre corpulento, de barba cuidadosamente recortada y que empezaba a tener las sienes plateadas, Kandra tenía un magnífico historial tanto en el campo del espionaje como en el del antiterrorismo. Había ayudado a coordinar la caza de criminales de guerra en los Balcanes y continuaría dirigiendo la División de Actividades Especiales. Ahora se hallaba al frente de la estación más grande de la CIA en el exterior desde los tiempos de Vietnam.

La estación de Bagdad y sus bases avanzadas contaban con más de trescientas personas, y al menos setenta y cinco de ellas eran agentes operativos. Muchas tenían veintitantos años, estaban recién salidas de la Granja y no tenían experiencia ni en espionaje ni en antiterrorismo ni en el reclutamiento ni en el manejo de agentes; aquel era su primer destino. Algunas se habían presentado voluntarias al puesto por puro patriotismo, otras por deseo de aventura y otras, en fin, por la paga; las primas percibidas por prestar servicio en Bagdad eran algo a considerar, pues un agente recién graduado podía cobrar alrededor de ciento cincuenta mil dólares al año, más o menos el doble de lo que cobraría en casa. Tenían largas jornadas de trabajo y se veían obligados a dormir en incómodas autocaravanas sin protección de ninguna clase, mientras a su alrededor caían cerca de cincuenta bombas de mortero al día. La estación se hallaba situada en un palacete relativamente modesto de la Zona Verde conocido como «la Villa», que disponía de su propio comedor, su propia piscina y su propio establecimiento de copas. El Babble-On Bar, un tráiler venido a más con terraza y salón, era el escenario de importantes borracheras y de ligues furtivos entre el personal del puesto y el del ejército. En el bar, los agentes de la CIA llevaban semiautomáticas Glock cargadas, lo que daba lugar ocasionalmente a peleas de borrachos. «El bar era una pesadilla —diría Rueda—. Las cogorzas estaban a la orden del día, y cualquiera sacaba la pistola, porque estaba vigente la política de ir armados a todas horas ante la posibilidad de que se produjera un ataque. El sexo estaba incontrolado, y creo que durante el reinado de Kandra cualquier directivo tenía algún lío con un subordinado».

El sexo y el alcohol aliviaban la pesadilla de tener que hacer frente a la estación de Bagdad. La ocupación estaba sumiéndose en el caos. Cada medida que tomaban Bremer y su equipo generaba más enemigos. El comandante en jefe estadounidense en Bagdad, el teniente general Ricardo Sanchez, requería información de inteligencia estratégica, una imagen global de la insurgencia y de sus patrocinadores chiitas de Irán. Los oficiales del Ejército querían información de inteligencia táctica sobre el terreno, para lanzar ataques contra los insurgentes. Bremer quería información de inteligencia política, sobre los personajes iraquíes influyentes que se disputaban el poder en el Gobierno provisional. La estación de la CIA no tenía los recursos necesarios para hacer todo aquello.

Los agentes y los analistas de la CIA trabajaban con todo el ahínco que podían, intentando llevar a cabo operaciones de espionaje y de antiterrorismo mediante el reclutamiento de agentes iraquíes procedentes de la insurgencia, cada vez más numerosa. Había muchos analistas dispuestos a trabajar, pero tenían poco que analizar si los agentes operativos no recopilaban información de inteligencia de los agentes corrientes. Su labor resultaba casi imposible. Por lo general se tarda por lo menos un año de cuidadosos preparativos y de escrupulosas comprobaciones para que un agente operativo reclute una fuente, y mucho más si se trata de un terrorista. El ejército exigía captaciones rápidas, normalmente después de una reunión o dos, antes de actuar con base en los informes de una fuente. En consecuencia, la fuente solía tener una vida útil muy corta, y el agente operativo se veía obligado a buscar otra.

Las órdenes del cuartel general dificultaban todavía más las labores de espionaje. En la séptima planta estaban comprensiblemente horrorizados ante la posibilidad de que los agentes de la CIA pudieran ser capturados, torturados y asesinados en los callejones de Bagdad. Les prohibían viajar si no era en un convoy militar, por lo general tres vehículos blindados conducidos por seis corpulentos soldados. Se trataba de un sistema que no permitía llevar a cabo reuniones clandestinas con los agentes iraquíes. Las fuentes de las que disponía la estación tenían que entrar en la Zona Verde entre las multitudes de personas que buscaban trabajo. En su interior, la CIA disponía de dos viviendas seguras, una al lado de la otra, para interrogarlos. No era una técnica muy profesional.

«A menudo teníamos que escoltar a nuestras fuentes a través del punto de control de Qadisyyah en la Zona Verde —contaría Ilana Berry, una licenciada de la Facultad de Derecho de veintiocho años que hablaba farsi, tenía formación en inteligencia militar y se había presentado voluntaria para integrar el equipo de antiterrorismo en su primer destino como agente de la CIA—. Conocía a la mayoría de los soldados de la Cuarta Brigada de Equipo de Combate, que permitían a mis fuentes acceder inmediatamente sin hacerles preguntas. Pero aquel puesto de control era también uno de los objetivos favoritos de los ataques suicidas con coche bomba. El agente operativo con el que trabajaba y yo nos turnábamos escoltando a nuestras fuentes, en la idea de que así reducíamos a la mitad nuestras posibilidades de morir».[6] Los conductores de los coches bomba lograron finalmente perpetrar un ataque contra el puesto, matando a un soldado que Berry conocía bien.

Nada de aquello era bueno para la moral de los agentes, y los directivos del puesto no hicieron mucho para mejorar la situación. «Existía un código tácito: nadie quería reconocer lo mal que iban las cosas —contó Berry, que recibiría una distinción de la CIA por su trabajo en materia de antiterrorismo en Bagdad—. Si levantabas la voz, te cerraban la boca de un bofetón. A todos nos superaba aquello. Todos teníamos miedo. Ninguno de nosotros hablaba árabe. Sencillamente no sabíamos lo que estábamos haciendo. Nadie se imaginaba la manera tan estrepitosa en la que íbamos a fracasar. Teníamos un liderazgo muy escaso, una dirección muy escasa. Nos sentíamos hechos polvo, perdidos».

«Una quiebra fundamental de la confianza»

Tenet tenía la misma sensación. Sabía que sus días como director de la CIA se acercaban a su fin. Las audiencias de la Comisión del 11-S habían concluido y se estaba armando el informe final; él sabía que sería muy doloroso. Y, como se había temido, la Casa Blanca lo había dejado con el culo al aire cuando resultó que el arsenal de Sadam era una simple quimera. El 14 de abril, Tenet había dicho a la comisión que se requerirían «otros cinco años de trabajo para disponer del tipo de servicio clandestino que necesita nuestro país».[7] Varios miembros de la comisión habían exclamado en voz alta que Tenet ya había dicho lo mismo en 1997.

Tres días después de prestar testimonio, leyó en el *Washington Post* un artículo cuyo contenido había facilitado a Bob Woodward la propia Casa Blanca. Decía que el camino hacia la guerra en Irak había dado comienzo cuando «Tenet aseguró al presidente que era sencillamente un "hecho consumado" que Irak poseía armas de destrucción masiva». Tenet siempre defendió que lo del «hecho consumado» quería decir que sin duda podía presentar un argumento muy sólido para consumo de la opinión pública, no que se tratara de un argumento irrebatible. Pero ahora poco importaba aquel matiz. Woodward había encendido la pira «y yo iba a ser el tío al que iban a quemar en la hoguera».[8] Tenet llamó por teléfono a Andy Card, el jefe de gabinete del presidente, y le dijo que lo que la Casa Blanca había hecho con él era «lo más despreciable que he visto en mi vida». Card no respondió nada en absoluto, y «en ese silencio comprendí que se había producido una quiebra fundamental de la confianza entre la Casa Blanca y yo. En resumen, por fin, y sin remisión, había llegado el momento de marcharme». Hizo saber que se jubilaría en julio, cuando se cumpliera el séptimo aniversario de su nombramiento como director de la agencia.

Poco después, la Casa Blanca lo llamó de forma inesperada. El secretario de personal del presidente, el futuro juez del Tribunal Supremo Brett Kavanaugh, le dijo que Bush quería imponerle la Medalla de la Libertad, la condecoración civil más alta del país, junto a Jerry Bremer y Tommy Franks. Tenet aceptó, con la esperanza de que la ceremonia fuera un final apropiado a sus servicios como director de la CIA. Pero la cinta de aquella medalla atenazaría su garganta como la soga de una horca. El clavo final de su ataúd lo clavó Porter Goss, el patricio republicano que había presidido la Comisión de Inteligencia de la Cámara de Representantes durante los siete años de Tenet al frente de la CIA. Había firmado un informe cruelmente redactado por unos miembros de su equipo, descaradamente parciales, con fecha 21 de junio de 2004. Decía que Tenet había convertido el servicio clandestino «nada más que en una burocracia acartonada, incapaz de conseguir el más mínimo éxito», lo cual era una falsedad, y que había conducido a la CIA por una senda «que la llevaba a despeñarse por un barranco proverbial», afirmación que despedía un desagradable olor a verdad.[9]

—Se trata de algo trágico —concluía Goss—. No debería volver a ocurrir nunca.

El presidente tenía en mente a dos hombres para suceder a Tenet. Uno era Rich Armitage, que, al pensar en trabajar con Cheney y Rumsfeld cuatro años más, sintió escalofríos y declinó la oferta. Luego Bush le ofreció el puesto a James A. Baker III, que había prestado servicio con su padre como secretario de Estado y había orquestado las batallas legales que aseguraron la victoria de Bush en las disputadas elecciones de 2000. Según recordaría Baker, «Dick Cheney me llamó y dijo: "El presidente desea saber si estaría usted dispuesto a venir aquí y sustituir a George Tenet como director de la CIA"».[10] Baker pertenecía a una tradición política en la que se dice al presidente: *Sí, señor*, cuando este le pide a alguien que se ponga al servicio del país. «Dije que no. No creí que pudiera hacer aquello».

Luego Bush pensó que Porter Goss era el hombre adecuado para dirigir la Agencia Central de Inteligencia. «Conoce la CIA por dentro y por fuera —declaró Bush en la Rosaleda, dando su apoyo al congresista, el 10 de agosto—. Es el hombre adecuado para dirigir esta agencia tan importante en este momento crítico para la historia de nuestra nación.

El único político en ser nombrado director de la central de inteligencia había sido el progenitor del actual presidente. Bush padre había sido un hombre muy querido en el cuartel general de la agencia y había protegido y defendido a la CIA en un momento de crisis. Pero Goss presidiría la decapitación de su propia oficina. Su reinado comenzó con una purga política de los dirigentes de la CIA y acabó con el FBI decorando la séptima planta con una cinta amarilla que decía: ESCENARIO DE UN CRIMEN. NO PASAR.

12

Guerra de guerrillas

La CIA estaba herida y sus enemigos olían la sangre. «Nos apaleaban como a crías de foca en la playa», comentó John McLaughlin, que continuó como director adjunto con Peter Goss hasta que no pudo soportarlo más.[1] Fuera de la alambrada que rodeaba el cuartel general era cada vez más enconada la guerra que se libraba en tres frentes distintos: con el presidente, con los políticos y con la prensa. Dentro de la alambrada, cada nuevo día traía consigo peleas fratricidas, a medida que el director y sus hombres de confianza desencadenaban una sublevación de la vieja guardia.

Durante el verano y el otoño de 2004 la propia supervivencia de la agencia se convirtió en una cuestión abierta. El presidente de la Comisión de Inteligencia del Senado, del Partido Republicano, propuso desmantelar de raíz la CIA. El fiasco de las armas de destrucción masiva alimentó los llamamientos en pro de una reordenación radical de las labores de espionaje y de análisis. El servicio clandestino se enfrentó a los ataques de «las llamadas organizaciones de defensa de los derechos humanos, supervisores del Congreso... y el personal de nuestro propio inspector general», en palabras de Jose Rodriguez.[2] El informe de la Comisión del 11-S, hecho público el 22 de julio, proponía una revisión general de la inteligencia estadounidense, y los políticos de uno y otro partido apoyaron la moción.

El peligro más inmediato fue el aluvión de francotiradores disparando desde el interior de la Casa Blanca. Cuando la ocupación estadounidense de Irak degeneró en anarquía,

Bush culpó de manera implacable a la CIA, aparentemente ciego al modo en el que él mismo había sesgado y retorcido la información de inteligencia, que su propio secretario de prensa calificaría posteriormente como parte de «una campaña cuidadosamente orquestada para transformar y manipular» a la opinión pública.[3] La cólera del presidente había ido aumentando con cada advertencia de la CIA de que Irak se enfrentaba a una guerra civil capitaneada por una insurgencia poliédrica, cuya aparición era una consecuencia directa de la ocupación.

A finales de julio, Bush leyó una nueva estimación nacional de inteligencia, que predecía el caos en Irak. Estalló hecho una furia cuando lo esencial del informe apareció publicado en el *New York Times* el 16 de septiembre. Lo de la CIA eran «meras conjeturas», dijo Bush cinco días después, en el curso de una sesión fotográfica con el nuevo primer ministro interino de Irak, Ayad Allawi, un activo de la CIA copiosamente financiado por la agencia desde 1991. Lo de *solo conjeturas* era un voto de no confianza explícito. Su oponente en las elecciones presidenciales, el senador John Kerry, replicó inmediatamente: «¿La CIA? Lo suyo no son meras conjeturas. Proporciona al presidente de los Estados Unidos los mejores juicios de los que dispone [...]. El presidente tuvo que leerlos y tuvo que estudiarlos y responder a ellos».[4] Bush había desechado lo que decía la estimación. Sabía que Irak podía costarle su segundo mandato; las elecciones de noviembre serían un plebiscito sobre la forma en la que se había comportado como comandante en jefe en su guerra contra el terror. Se sintió profundamente molesto por el hecho de que la CIA hubiera puesto en tela de juicio su retórica optimista sobre la forma en la que los Estados Unidos habían llevado la democracia y la libertad a Irak. Pero que se hubiera filtrado el contenido de la estimación nacional de inteligencia lo sacó de quicio.

Y no sería ese el único secreto que se filtrara a la prensa a medida que fuera acercándose la fecha de las elecciones. Los analistas de la CIA hicieron saber que, antes de la guerra, ellos ya habían pronosticado que la ocupación podría desencadenar no solo la insurgencia que en aquellos momentos asolaba el país, sino también una tormenta de furor antiestadounidense por todo el mundo musulmán, y señalaron que las repetidas afirmaciones presidenciales de que Sadam y Bin Laden conspiraban juntos eran puras falsedades. «Se produjeron muchísimas filtraciones al *New York Times* procedentes de la comunidad de inteligencia, con la finalidad de intentar desacreditar al presidente y conseguir que no fuera reelegido, de eso no cabía duda —afirmaría Stephen Hadley, que sucedería a Condoleezza Rice como consejero de Seguridad Nacional después de las elecciones—. Aquello tuvo un impacto real en la confianza del presidente en la comunidad de inteligencia».[5] Después de las elecciones, Hadley cortó a la CIA el flujo de información de inteligencia suministrada por el Consejo de Seguridad Nacional.

No se había conocido un encono tan grande en la lucha entre la Casa Blanca y la CIA desde los tiempos en los que el presidente Nixon despidió al director de la central de inteligencia Richard Helms, en noviembre de 1972, en parte por negarse a ayudarlo a tapar el escándalo del Watergate. Bush creía, como había creído Nixon, que la CIA era una organización izquierdista que intentaba socavar su posición. Sus ayudantes proporcionaron la munición necesaria para lanzar una andanada de editoriales de contenido conservador y artículos de opinión que afirmaban que la agencia era el enemigo dentro de casa. «Si viviéramos en una época primitiva, la tierra de Langley habría sido arrasada y sembrada de sal, y se verían cabezas ensartadas en lanzas», escribió David Brooks en el *New York Times*.[6] El consejo de redacción del *Wall Street Journal* advirtió que Bush tenía ahora «dos insurgencias que derrotar: una, la que la CIA intenta contribuir a aplastar en Irak, y otra, la que se ha desencadenado dentro de Langley contra la administración Bush».[7]

Porter Goss tenía la intención de aplastar todas las insurgencias.

Al principio, cuando llegó el 24 de septiembre, fue recibido en el cuartel general con los brazos abiertos. Goss era un multimillonario elegante que poseía una granja de doscientas hectáreas en Virginia y una finca de verano en Long Island Sound; durante los años sesenta había sido un espía caballeresco, reclutado en la universidad de Yale, y había prestado servicio como agente operativo en la División para América Latina de la CIA, antes de comprar un periódico en Florida y valerse de él para asegurarse un escaño en el Congreso, en representación de un distrito profundamente republicano. Había presidido la Comisión de Inteligencia de la Cámara de Representantes desde 1997, de modo que las esperanzas suscitadas por su llegada fueron muy grandes, pues sabía cómo trabajaba la CIA y parecía contar con la atención del presidente. Pero inmediatamente quedó claro que las órdenes que le había dado Bush eran controlar el edificio, erradicar a los que no le fueran fieles y, sobre todo, poner fin a las filtraciones.

Con ese objetivo se llevó consigo a media docena de miembros de su personal del Congreso e hizo de ellos sus colaboradores más estrechos; algunos eran veteranos de la CIA cuyas carreras habían terminado de mala manera, pero todos estaban decididos a llevar a cabo una verdadera OPA hostil y a encargarse de hacer por él el trabajo sucio. Como no podía ser de otro modo, les pusieron de mote los «pollitos de Goss». Luego se ganarían otro epíteto: las Juventudes Hitlerianas. Empezaron por expulsar a los agentes y analistas de mayor rango de la CIA, por considerarlos desleales al presidente y al director, imponiendo un tono despiadado y vengativo que dominaría durante año y medio en el cuartel general. Goss estaba demasiado bien educado para ser un tirano. Dejó en manos de su personal la tarea de cortar cuellos y otras muchas más.

«Engañado por un estafador»

La era Goss empezó de lleno a finales de octubre, cuando el nuevo director de la agencia escogió a Kyle Dustin Foggo, «Dusty», para el cargo de director ejecutivo, esto es, el número tres de la CIA. Goss puso en sus manos el dominio de las operaciones cotidianas y la facultad de promocionar a sus favoritos, escarmentar a sus enemigos y salvaguardar a los agentes que se enfrentaran a medidas disciplinarias, protegiéndolos de toda posibilidad de tener que rendir cuentas.*

Dusty Foggo había pasado toda su carrera en la dirección general de logística de la CIA, uno de los cuatro pilares que sostenían todo el edificio de la agencia, junto con el Departamento de Operaciones, Ciencia y Tecnología y el de Análisis. Su labor consistía en subvenir a las necesidades materiales de los agentes, ya fueran coches o carabinas. Foggo era un sicofanta locuaz y zalamero, siempre dispuesto a congraciarse con sus superiores. Cuando los congresistas y los miembros de las comisiones de Inteligencia y de las Fuerzas Armadas viajaban al extranjero para visitar los puestos de la CIA en las distintas embajadas estadounidenses, él se encargaba de que se lo pasaran bien, ofreciéndoles excelentes licores, los mejores puros y, si así lo deseaban sus huéspedes, otros placeres más exóticos. Foggo disfrutaba de las tres cosas; ya había sido amonestado por las relaciones mantenidas en secreto con mujeres extranjeras, lo cual suponía una violación de las normas de seguridad. Primero, se había hecho famoso mediante el contrabando de armas y de dinero en Honduras, durante la lucha de los contra de los años ochen-

* Goss nombró en primer lugar director ejecutivo de la CIA a Mike Kostiw, que había formado parte de su personal en las comisiones de Inteligencia del Congreso. La noticia se conoció a través de un email enviado el 2 de octubre a miles de agentes retirados. Al día siguiente, citando cuatro fuentes distintas, el veterano experto en inteligencia del *Washington Post*, Walter Pincus, informó de que Kostiw había sido expulsado de la CIA por robar al descuido medio kilo de tocino en un supermercado en 1981. Kostiw se hizo a un lado. Como diría, medio en serio medio en broma, el general Mike Hayden, el sucesor de Goss, «los chicos de la CIA [...], bueno, ya saben ustedes lo que hacen para ganarse la vida, ¿verdad? Cuando deciden jugar fuerte, juegan fuerte». (Testimonio oral de Michael Hayden, Miller Center, University of Virginia; cf. <https://millercenter.org/the-presidency/presidential-oral-histories/michael-hayden-oral-history>).

ta, y, cuando se acabó la guerra, se trasladó a Viena, para apoyar al jefe de la estación en esa capital, James Olson.

Un buen día de 1989, el embajador estadounidense en Austria, Henry Grunwald, antiguo director de la revista *Time*, convocó a Olson a su despacho. El embajador estaba furioso por una extraña protesta diplomática formal que había recibido del Gobierno austríaco. Foggo la había emprendido a puñetazos con un ciclista en el curso de una pelea por las calles de Viena y, al ser detenido por la agresión, había mostrado unas credenciales falsas del Departamento de Estado, alegando que tenía inmunidad diplomática, y había evitado así que se presentaran cargos criminales contra él. El hecho de que el embajador tuviera conocimiento de la detención antes que el jefe de estación de la CIA era sumamente extraño. Cuando lo amonestaron, Foggo se inventó un cuento diciendo que la policía lo había extorsionado. Sabía todo lo que había que saber acerca de ese tipo de conductas deshonestas, según dijo, porque en otro tiempo había sido policía en San Diego.

«Encontré las explicaciones del señor Foggo totalmente irreales y poco creíbles —dijo Olson en una declaración jurada varios años después—. Le dije que, si me mentía, lo destituiría del cargo que ocupaba en la estación de la CIA y lo mandaría de vuelta a casa».[8] El jefe de estación informó de todo esto a la oficina de seguridad de la CIA, esperando que esta procedería a aplicar el detector de mentiras, a sabiendas de que Foggo podría ser amonestado o despedido —en palabras de Olson— por «faltar a la verdad». El informe con la denuncia se archivó y se olvidó. Aunque «consideraba al señor Foggo sospechoso moralmente en aquel momento —dijo Olson—, no tuve más remedio que reconocer que tenía talento para desempeñar su tarea como jefe de logística, y lo recomendé para que siguiera desempeñando ese cargo».[9] Una vez más, la misión pasó por encima de las normas.

Diez años después, el talento de Mr. Foggo le permitió ascender y pasar a prestar servicio como jefe de logística de la CIA en Frankfurt, trabajando en la gigantesca base aérea estadounidense de Ramstein, a la cabeza del centro internacional de abastecimiento de operaciones de inteligencia para toda Europa, Oriente Medio y África. Después del 11-S, pasó a convertirse en el oficial de intendencia de la guerra contra el terror, suministrando caballos y sillas de montar a los señores de la guerra de la Alianza del Norte; whiskey y ginebra al Tali-Bar, en el puesto de la CIA en Kabul, y pistolas de acción segura Glock y chalecos antibala Kevlar a los agentes a los que les había tocado como primer destino Bagdad. En una ocasión, mandó por avión un cerdo congelado entero hasta una remota base en el interior de Afganistán, para que los soldados hicieran con él una barbacoa que les levantara la moral. Poco antes de que diera comienzo la invasión estadounidense de Irak, en marzo de 2003, el director del Centro de Antiterrorismo, Jose Rodriguez, le encargó una nueva misión: se requerían sus servicios para la construcción de tres nuevos centros de detención clandestinos para interrogatorios en Rumanía, Lituania y Marruecos. Foggo recurrió a un viejo amigo suyo, un retorcido subcontratista de defensa llamado Brent Wilkes, para que lo ayudara a solucionar los detalles prácticos de la construcción y el equipamiento de las cárceles secretas. Entre los dos crearon una lucrativa serie de facturas amañadas y de cuantiosos sobornos, un fraude tan descarado que empezaría a desenredarse al cabo de dos años.

El carácter de Foggo era un secreto a voces. Sus colegas lo comparaban con Milo Minderbinder, el obsesivo oficial encargado del comedor de la base convertido en especulador de guerra y estraperlista descrito en la novela *Trampa 22*,* aunque nadie sabía aún que estaba enriqueciéndose a costa de la guerra contra el terror. «Aunque fuera un buen "conseguidor", en su historial no había muchos datos que indicaran que era el sujeto idóneo para convertirse en la tercera persona más importante de la CIA», contaría Ro-

* Novela satírica de carácter antibelicista escrita por Joseph Heller y publicada en 1961. Cf. trad. cast.: Joseph Heller, *Trampa 22*, Random House, Barcelona, 2019. *(N. de los T.)*

driguez.[10] Salvo por un motivo: «La gente de Goss creía que les sería leal». Jim Olson, que había seguido trabajando y prestando servicio como jefe de contraespionaje de la CIA durante los años noventa, dijo que se «quedó de piedra» cuando se enteró de que habían nombrado a Foggo director ejecutivo. «Pensé que la elección de director hecha por Goss era muy reveladora, que el señor Goss sería engañado por un estafador, [el cual tenía] graves deficiencias, desde el punto de vista ético y moral, [y era] capaz de tomar cualquier atajo con tal de conseguir sus objetivos».[11] Y estos, a la hora de la verdad, consistían en utilizar su posición dentro de la CIA para enriquecerse, congraciarse con el Capitolio y amasar la influencia política necesaria para suceder a su modelo, un congresista descaradamente corrupto de San Diego, Randy «Duke» Cunningham, socio de Brent Wilkes en la comisión de delitos.

«Para mí era indispensable —diría Goss unos años más tarde— [que Foggo fuera] alguien cuya conducta personal y profesional fuera irreprochable. Le pregunté directamente si había algo que yo tuviese que saber sobre su candidatura que hiciera quedar mal a la oficina del director o a toda la CIA. Y dijo que no había nada en absoluto».[12] El antiguo espía se tragó la mentira más osada.

Por motivos que realmente nadie comprendía, y menos que nadie la jefa de contraespionaje de la CIA, Mary Margaret Graham, Goss y sus hombres estaban empeñados en ascender a Foggo. Ella ya había visto las alertas rojas existentes en el expediente personal de Foggo, incluida su detención por agresión en Viena, y, como diría delicadamente Rodriguez, el hecho de que se hubiera «asociado con individuos cuya reputación no era precisamente magnífica». Se enteró de que Foggo había dicho a Jeanette Moore, que era su superior y la afroamericana de mayor rango de la CIA, que pediría su cabeza en cuanto lo nombraran director ejecutivo. Moore, que había amonestado a Foggo por la relación extraconyugal que había mantenido con otra agente de la CIA, dimitió unos días después de que Goss anunciara su nombramiento.

Pat Murray, jefe de gabinete de Goss, dijo a la señora Graham en los términos más groseros que, si algo de aquello se filtraba, la despediría. Esta tenía nervios de acero —era la jefa de la estación de la CIA en Nueva York el 11-S—, pero la amenaza la alarmó. Consultó a su antecesor en el puesto de contraespionaje, Mike Sulick, que en aquellos momentos era el segundo al mando del servicio clandestino a las órdenes de Steve Kappes. Sulick se enfrentó a Murray. Se produjo una discusión tremenda. Murray dijo a Goss que dijera a Kappes que despidiera a Sulick. Kappes se negó. La noticia de este enfrentamiento corrió como la pólvora por todo el cuartel general, por las estaciones de la CIA de todo el mundo y entre los círculos más estrechamente unidos de veteranos de la CIA, y, en poquísimo tiempo, llegó a la prensa.

Dos días después, el viernes 12 de noviembre, McLaughlin hizo pública su retirada como subdirector de la CIA. El lunes siguiente, Kappes y Sulick renunciaron enfurecidos; otros veinte agentes y analistas de alto rango siguieron sus pasos. Goss llevaba en el cargo solo siete semanas. Había provocado una convulsión sin precedentes en toda la historia de la CIA.

«NO VOY A HACER YO DE JEFE DE PERSONAL»

El lunes por la tarde, Foggo dijo a Jose Rodriguez que pasaría a ser el nuevo jefe del servicio clandestino.

Rodriguez estaba ya quemado después de treinta meses dirigiendo el Centro de Antiterrorismo, supervisando los centros de detención clandestinos y persiguiendo a al-Qaeda. Había estado contemplando la posibilidad de retirarse después de veintiocho años en la CIA. Pero hasta ese momento nadie había rechazado un ascenso a un nivel tan alto. Entonces el inspector general recordó a Goss el asunto de su destitución como jefe de la División para América Latina, siete años antes, por su reconocida falta de criterio. «Durante las ocho o diez horas siguientes dio la sensación de que iban a decirme que no era la persona idónea para ocupar el cargo que a regañadientes había aceptado», recordaría Rodriguez.[13] Pero Goss hizo oficial el nombramiento a última hora de aquella misma tarde. A la mañana siguiente, Rodriguez ascendió de su búnker sin luz ni ventilación en el Centro de Antiterrorismo a un despacho en la séptima planta.

A su juicio, el servicio clandestino estaba bajo asedio por obra de los reformistas, agobiado por la lucha contra el terrorismo, esforzándose por conjugar la información de inteligencia con las operaciones encubiertas en combate. Creía acertadamente que la CIA necesitaba con urgencia un nuevo plan quinquenal para mirar más allá de al-Qaeda, Afganistán e Irak, y hacer frente a las amenazas planteadas por Irán, Corea del Norte, Rusia y China. Con ese fin, cuarenta y ocho horas después de ser publicado su nombramiento, Bush ordenó a la CIA que en 2009 tenía que haber doblado el número de agentes clandestinos, analistas de información de inteligencia y expertos en ciencia y tecnología. Rodriguez no duraría en su cargo lo bastante para ver concluida ninguna de esas tareas. Permaneció en la clandestinidad, y su nombre resultaría desconocido para casi todos los estadounidenses salvo unos pocos. Pero su pasado como director de Antiterrorismo no tardaría en volver para atormentarlo y destapar su identidad bajo una luz intensísima.

Tras la reelección de Bush por un estrecho margen y una vez purgados los agentes de más alto nivel de la CIA, Goss se aisló en su despacho de director, protegido por su guardia pretoriana. Era un hombre altanero, distante, siempre ausente, incluso cuando estaba presente físicamente. En las reuniones diarias sobre antiterrorismo, asentía a todo amablemente, sin decir casi nada; sus subordinados esperaban sus órdenes, pero no recibían ninguna. A menudo seguía haciendo el horario de un congresista; se iba de Washington el jueves por la noche para disfrutar de un fin de semana largo y volvía el lunes por la mañana, quejándose de cuánto trabajo tenía que hacer. Cuando McLaughlin se marchó, Goss dejó su puesto vacante durante siete meses.

«No voy a hacer yo de jefe de personal», les comentó a sus oficiales de más alto nivel.[14]

En su defecto, Dusty Foggo sería el encargado de dirigir la CIA. Era un hombre muy ocupado: no solo supervisaba las operaciones cotidianas de la agencia, sino que se esforzó por todos los medios para que nadie fuera considerado responsable de las muertes y los malos tratos infligidos a los prisioneros de la CIA.* Aparte, mantenía relaciones extraconyugales con dos mujeres de la CIA, y ascendió a ambas a puestos de relevancia en la dirección general de logística y en el despacho del asesor jurídico; además siguió desviando hacia Wilkes contratos relacionados con asuntos clasificados y cobrando las consiguientes comisiones, así como celebrando fiestas hasta altas horas de la madrugada en su despacho, en compañía de sus «pollitos». Al tiempo que bebían y andaban de juerga, conspiraban a favor de Goss para ofrecer resistencia al abrumador consenso político sobre la necesidad de remodelar los servicios de inteligencia estadounidenses, empezando por la oficina del director del organismo central de inteligencia.

Desde 1947 el director de la CIA había sido siempre su principal agente ejecutivo y a la vez el presidente del consejo de todas las agencias de inteligencia estadounidenses, que en aquellos momentos eran dieciséis. Esa doble función había resultado siempre algo excesivo para un solo mortal, y más aún para uno que actuaba como comandante en jefe de la guerra contra el terrorismo. Bush se había mostrado

* Foggo puso obstáculos al inspector general cuando este descubrió que había agentes de la CIA responsables de casos graves de comportamiento indebido, y rechazó los dictámenes de las juntas disciplinarias reunidas para imponer medidas punitivas y castigos a alguno de ellos, por leves que fueran. En un caso, rechazó la suspensión de diez días de empleo y sueldo impuesta a Matt Zirbel, que había dejado morir de frío a un prisionero al que mantuvo encadenado y desnudo de cintura para abajo en el Pozo de Sal, a las afueras de Kabul. El inspector general había acusado a Zirbel de «imprudencia temeraria» y de falsificar sus informes al cuartel general. Zirbel pasó a prestar servicio como jefe adjunto de operaciones tribales en Pakistán.

de acuerdo con la propuesta de la Comisión del 11-S de diseñar una nueva superestructura con un nuevo cabecilla, el director de Inteligencia Nacional. El Congreso había creado el cargo sin especificar las provisiones necesarias para hacerlo funcionar. Según la nueva ley, Goss debía quedarse con una sola función, la de director de la CIA. Pero este no estaba dispuesto a permitir que así fuera. Desde el primer momento había dejado bien claro que iba a ser también el encargado de informar al despacho oval, de ser el director de la Agencia Central de Inteligencia, el director de Inteligencia Nacional y el dirigente de ese nuevo Centro Nacional de Antiterrorismo. Ejercería no ya una función, dos..., sino cinco. Tal pretensión no podía ser más ilusoria.

Bush firmó la Ley de Reforma de la Inteligencia el 17 de diciembre, y se puso a buscar a alguien que ejerciera como director de Inteligencia Nacional. La primera persona a la que se lo ofrecieron fue Bob Gates, que se había opuesto férreamente a la nueva ley. «Imagínese, pues, mi asombro cuando a primeros de enero de 2005 recibí una llamada de Hadley preguntándome si estaba dispuesto a aceptar la propuesta —contaría Gates. «Era evidente que, tras haber aprobado la ley y reconocer que era imposible hacerla funcionar, habían decidido entre ellos que solo había una persona capaz de hacer funcionar lo que era imposible que funcionara».[15] Gates se guardó sus recelos y pensó largo y tendido en el asunto. Al igual que James Baker y todos los que habían prestado servicio con el presidente Bush padre, provenía de un mundo en el que hay que adoptar la postura de firmes cuando el comandante en jefe pide que se cumpla una orden. Él dijo que no. El cargo seguía vacante cuando Bush empezó su segundo mandato.

«No hubo manera de impedirlo»

El 20 de enero de 2005, en su segundo discurso de toma de posesión, Bush proclamó que su objetivo era «acabar con la tiranía en nuestro mundo». La guerra de Irak se inscribía «en la gran tradición libertadora de este país», concediendo la libertad de la opresión a decenas de millones de personas. «Hemos encendido un fuego [...] en la mente de las personas. Calienta a aquellos que sienten su poder. Quema a los que luchan contra su avance. Y un día este fuego indomable de libertad llegará hasta los rincones más oscuros de este mundo». Una prueba de la validez de esta tesis estaba a la vuelta de la esquina.

En el plazo de diez días estaba previsto celebrar unas elecciones en Irak para crear una asamblea nacional, encargada de elaborar una nueva constitución. La cuestión era si las votaciones tendrían lugar o no, en vista de los indomables focos de violencia y actos de venganza que asolaban el país. ¿Supondrían las elecciones dar un paso hacia la democracia o simplemente atraerían a los votantes a una zona de peligro de muerte en beneficio de los insurgentes? ¿Unificarían al país o lo dividirían en sectas enfrentadas de chiitas, sunitas y kurdos? Desde la estación de la CIA en Bagdad, Bob Kandra, después de un año en ese destino, presentó un informe desalentador, en el que señalaba que la insurgencia seguía ganando fuerza, lanzando cien ataques al día, que superaban los sesenta o setenta del mes de diciembre. Pero el embajador estadounidense en Irak, John Negroponte, que había llegado en junio para encabezar la misión diplomática más numerosa de la historia de los Estados Unidos, no iba a comprar la idea que la CIA pretendía vender. Negroponte tenía una visión sesgada de la información de inteligencia de la agencia; como embajador de Bush ante las Naciones Unidas, había asistido al lado de Tenet cuando Colin Powell había pronunciado su catastrófica acusación contra Sadam Huseín y su arsenal. En Bagdad, su antipatía hacia la agencia se agudizó.

«Por entonces, la CIA suministraba una información espantosamente pesimista [acerca del desarrollo de la ocupación] —comentó Negroponte—. En realidad, una buena parte era bastante mala, de muy poca calidad, como si sencillamente hubieran decidido que ya no les gustaba Irak; a veces hacen eso. Sé que la CIA lo haría; ya lo he visto otras veces.* Había unas cuantas personas obsesionadas con la idea de que ya no valía la pena seguir esforzándose en este país, y, en mi opinión, concedieron un peso innecesario a las ideas derrotistas acerca de la situación en Irak, y se dedicaban a tratar de meter esas ideas en la cabeza al presidente».[16] Negroponte presentó una imagen mucho más risueña de la situación en las videoconferencias seguras mantenidas con Bush. A este le gustó. Y decidió convertir a Negroponte en el nuevo mandamás de los servicios de inteligencia.

Negroponte leyó la ley que establecía la creación del puesto de director de Inteligencia Nacional durante el vuelo de regreso a Washington. «Creo que el motivo de que lo crearan era que el fiasco de las armas de destrucción masiva había vuelto tan loco a todo el mundo, que en el Capitolio se produjo una reacción como: "No os quedéis ahí, haced algo" —comentaría—. No creo que el presidente Bush quisiera un director de Inteligencia Nacional. No creo que quisiera una ley de reforma». Pero el caso Curveball —la adhesión de la CIA a un cuentista sin verificar— había sido la gota que había colmado el vaso. «Fue por Curveball por lo que pasó todo esto —dijo—. De haber sido solo por el 11-S, no creo que hubiera habido una reforma de los servicios de inteligencia. Pero luego, cuando resultó que la fuente, Curveball, era un farsante, y eso se supo en el verano

* «Tengo mucha experiencia tratando con la agencia: Vietnam, Centroamérica, los contras», dijo Negroponte. Había prestado servicio como embajador estadounidense en Honduras; el centro de mando de la contra, con Dusty Foggo como oficial de intendencia, estuvo en su embajada desde 1981 hasta 1985. Negroponte había trabajado estrechamente con el director de la CIA, William J. Casey, y había ayudado a redactar una resolución presidencial de alto secreto que autorizaba el apoyo a los contras. Había ejercido como viceconsejero de Seguridad Nacional a las órdenes de Colin Powell, cuando el escándalo del Irangate envolvió a la Casa Blanca y a la CIA en 1987 y 1988. Desde ese cargo, se vio profundamente implicado en los esfuerzos fallidos de la CIA por derrocar al dictador corrupto panameño Manuel Noriega, que había estado en nómina de la agencia durante la casi totalidad de los anteriores veinte años.

de 2004, no hubo forma de parar la reforma; tan sencillo como que no hubo manera de impedirlo. Creo que el presidente simplemente decidió que no tenía más remedio que seguir adelante. ¿Por qué va un hombre que es hijo de un antiguo director de la CIA a despojar de forma voluntaria, por propia iniciativa, de toda autoridad significativa precisamente a ese cargo?».

Negroponte era un diplomático, no un espiócrata. («Sabía bastante sobre inteligencia —diría—. Ocurre que nunca había trabajado en inteligencia»), No tenía tiempo ni experiencia para renovar los servicios estadounidenses sin un programa previo. Para esa tarea, Bush escogió como director adjunto y número dos de Negroponte al general Mike Hayden, director de la NSA desde 1999. En poco tiempo, Hayden se convirtió en la voz más influyente de los servicios de inteligencia estadounidenses, y seguiría siéndolo durante los próximos cuatro años.

Nombrado junto con Negroponte, el 21 de abril de 2005, y encargado de crear el esquema de conexiones de la nueva superestructura nacional de inteligencia, acudió al trabajo con rotuladores mágicos y papel de estraza, que pegó con cinta adhesiva a la pared del Antiguo Edificio de Oficinas Ejecutivas, situado muy cerca de la Casa Blanca. «La ley era muy poco concreta por lo que se refiere a en qué debía consistir esa estructura —comentaría Hayden—. ¿Cómo debíamos organizarnos? ¿Cuántos vicedirectores necesitábamos? ¿Qué tenían que hacer?».[17] Hayden se aplicó a bosquejar los cambios estructurales más significativos de los servicios de inteligencia estadounidenses desde 1947.

«Empezamos por algunas grandes ideas... y fuimos improvisando sobre la marcha», dijo Thomas Fingar, el nuevo jefe de análisis del director de Inteligencia Nacional.[18] Fingar, que había estado al frente de la pequeña pero magnífica sección de inteligencia del Departamento de Estado, calibró a los desmoralizados analistas de la CIA, y llegó a la conclusión de que «nadie tenía ni idea de qué hacía qué de ni dónde lo hacía».[19] Reclutó a los individuos de más talento, se hizo cargo de los informes diarios al presidente e impuso un nuevo rigor intelectual a la preparación de las estimaciones nacionales de inteligencia (NIE). Su misión estaba muy clara: no repetir nunca más el fiasco de las armas de destrucción masiva, que había traído la vergüenza a la comunidad de inteligencia estadounidense y había allanado el camino para la guerra.

Todos esos cambios contribuyeron a arrebatar el poder a la séptima planta. Negroponte pensó que iba poder manejar a Porter Goss: habían sido miembros de la misma fraternidad en Yale, donde se graduaron en 1960, y los dos eran unos caballeros pertenecientes al mismo patriciado republicano. Consideraba a Goss amigo suyo, lo mismo que Hayden. Pero cada vez que intentaban reafirmar sus nuevos poderes, Goss y Foggo los contradecían vehementemente. «Hoy día a la CIA sigue sin gustarle lo que sucedió con la reforma —comentaría Negroponte—. Creo que siguen dando importancia y quieren mantener la posición principal dentro de la comunidad de inteligencia; siempre que tenían la impresión de que podían oponer resistencia a alguno de los cambios, lo hacían». Según su propia definición, su tarea era entregar el informe diario a la Casa Blanca, responsabilizare del análisis de las informaciones y crear nuevos centros de antiterrorismo, contraespionaje, y antiproliferación, tareas todas que requerían una combinación de información de inteligencia nacional e internacional, además de las habilidades de la CIA. Enseguida, Negroponte solicitó más de setenta analistas de la CIA para el nuevo Centro Nacional de Antiterrorismo que estaba a sus órdenes, uniendo el pensamiento de la CIA, del FBI, del Pentágono y del Departamento de Seguridad Nacional, entre otros organismos. Goss se negó a enviárselos, lo que dio lugar a un violento enfrentamiento. «Aquello se convirtió en un grave punto de fricción —comentaría Negroponte—. Decidieron oponerse. Creo que con lo que no contaban era con que yo fuera a imponer la autoridad que tenía».

Esta pelea fue uno más entre los numerosos casos de lo que el general Hayden llamó «rechazo significativo y verdaderamente autodestructivo» por parte de la CIA. «No era

Porter, era su lugarteniente, Dusty Foggo, quien llevó a cabo una guerra de guerrillas —diría Hayden—. Mientras que Porter era un director no intervencionista, Dusty no era más que un obstruccionista de marca mayor, llegando incluso hasta a restringirnos los vehículos. "No, no puedes disponer de vehículos". ¿Cómo que no puedo disponer de vehículos?». A instancias de Hayden, Negroponte envió un mensaje a todos los jefes de estación de la CIA diciendo que además de las tareas habituales que se les había encomendado, también le representarían ante los servicios de inteligencia aliados. «Y que me parta un rayo si Dusty no manda otro mensaje diciendo: "Hagan caso omiso del primer telegrama hasta nueva orden" —diría Hayden—. Lo cierto es que fui a la CIA y, en la sala de conferencias de George, que ahora es la sala de conferencias de Porter, mantuve una entrevista con los máximos dirigentes, en la que dije: "Chicos, ya me conocéis; no estamos intentando joderos". Resultó muy complicado. Aquello tenía muchísimo que ver con el prestigio de la agencia en un periodo muy difícil».

Las dificultades se multiplicaron a lo largo del otoño de 2005. En el mes de octubre, el Congreso aprobó la Ley sobre el Trato a los Detenidos, fruto de los esfuerzos del senador John McCain por erradicar el trato cruel, inhumano o degradante de los prisioneros, incluidos los sospechosos de terrorismo de la CIA. «No se trata de quiénes son ellos —dijo McCain—. Se trata de quiénes somos nosotros. Estos son los valores que nos diferencian de nuestros enemigos, y nunca, nunca, podremos permitir que nuestros enemigos nos arrebaten esos valores».[20] Goss se presentó en la Casa Blanca para pedir al presidente que interpusiera su veto al proyecto de ley, alegando que no protegía adecuadamente a los agentes de la CIA ante la posibilidad de verse procesados. Cuando quedó claro que Bush iba a firmar su aprobación, Rodriguez convenció a Goss de que jugara duro. El director de la agencia escribió a Hadley, informándole de que el programa de interrogatorios de la CIA, todavía secreto, habría de interrumpirse si el proyecto se convertía por fin en ley. Bush pensó que había hecho un trato con el director de la agencia para que el programa siguiera funcionando, a pesar de los riesgos que comportaba. Nunca más depositaría mucha confianza en Goss.

El programa ya no era secreto. El 2 de noviembre, Dana Priest, del *Washington Post*, publicó un artículo que detallaba con una precisión rigurosísima la existencia y los orígenes de las cárceles de la CIA. Empezaba diciendo: «La CIA ha venido escondiendo e interrogando a algunos de los prisioneros más importantes de al-Qaeda en un complejo de Europa del Este construido en la época soviética». Y a continuación decía: «Esas instalaciones secretas forman parte de un sistema de cárceles clandestinas creado por la CIA hace casi cuatro años [...] denominadas "centros de detención clandestinos" en los documentos clasificados de la Casa Blanca, la CIA, el Departamento de Justicia y el Congreso». Por primera vez, el pueblo estadounidense empezó a ver la envergadura del programa de la CIA y el papel que había desempeñado la Casa Blanca al autorizarlo. La administración Bush, encabezada por la secretaria de Estado Condoleezza Rice, rodeó de un muro de silencio y opacidad todo lo relacionado con las cárceles clandestinas; el propio Bush tardaría diez meses en reconocer su existencia. En una continuación del artículo, Priest citaba la conversación más sincera mantenida por el general Hayden con una delegación del Observatorio de los Derechos Humanos, cuyos investigadores habían rastreado los vuelos de la CIA desde Afganistán y Oriente Medio hasta los centros de detención clandestinos de Polonia y Rumanía.

«Vamos a vivir al filo» de la legalidad, había dicho Hayden.

«Una posición espantosa, espantosa»

Dos días después de que el *Washington Post* desvelara la existencia de los centros de detención clandestinos, Rodriguez y su jefa de personal, la futura directora de la CIA Gina Haspel, decidieron destruir las pruebas de lo que había ocurrido en ellos. En diciembre de 2002, cuando era la jefa de base de la prisión de la CIA en Tailandia y Rodriguez el nuevo director de Antiterrorismo, Haspel le había preguntado qué debía hacer con la pila de noventa y seis cintas de vídeo en las que estaban grabados los brutales interrogatorios de Abu Zubayda y Abd al-Rahim al-Nashiri, los primeros prisioneros de alto valor de la CIA, que habían sido desnudados, encadenados, privados de sueño durante días y días y sometidos al submarino. En las cintas aparecían grabados los agentes y los analistas de la CIA que habían infligido las torturas y habían acabado llorando por ello. Se apoderó de Rodriguez el impulso irrefrenable de destruir las grabaciones. Primero consultó prudentemente al abogado de la CIA John Rizzo, defendiendo su caso con mucho ardor.

Rizzo reculó. «Pensé que destruir las cintas comportaba un riego enorme para la agencia —dijo—. Comuniqué a Jose que no debía hacer nada con esos vídeos. Ni entonces, ni tampoco hasta nueva orden».[21] Rodriguez no tenía la menor intención de seguir su consejo. Aquella disputa latente empezó a desbordarse cuando, en abril de 2004, salieron a la luz las fotografías de las torturas de la cárcel de Abu Ghraib. Rodriguez temía que, si se hacían públicas, las cintas acabaran con el servicio clandestino. El pueblo estadounidense, decía, no distinguiría entre la perversidad de la policía militar conduciendo a los prisioneros atados con correas para perros y la fuerza brutal empleada por la CIA para arrancar respuestas a sus detenidos. «Cuando empezamos a hacer prisioneros, simplemente no sabíamos lo que estábamos haciendo. No somos carceleros. No tenemos esas competencias. Y se cometieron malos tratos. Pero esas cosas de mierda pasan, ¿sabe? —comentaría Rodriguez una década más tarde—. Yo sabía que las cintas nos harían quedar como si todos fuéramos unos psicópatas, y eso era algo que no queríamos».[22]

El 4 de noviembre, por orden de Rodriguez, Haspel escribió el borrador para un telegrama al jefe de la estación de la CIA en Bangkok, autorizando la destrucción de los vídeos. El 8 de noviembre, Rodriguez buscó la directiva en su ordenador y dio a «enviar». Deliberadamente, no mandó copias a los abogados de la CIA ni a nadie con autoridad. Al día siguiente, el jefe de estación escribió un email al cuartel general, diciendo que había arrojado las cintas a una trituradora industrial. Un abogado del Centro de Antiterrorismo reenvió el mensaje a Rizzo. «Unos segundos después de leerlo, le contesté con una sola palabra: "¿¿¿QUÉ???"», contaría Rizzo. Rodriguez había preferido «ignorar y desafiar a la Casa Blanca, al director de Inteligencia Nacional y al director de la CIA. Y, por supuesto, también a mí. Durante mis treinta y cuatro años de carrera en la CIA nunca me he sentido tan disgustado o traicionado como aquella mañana».

El 10 de noviembre, a última hora de la tarde, Dusty Foggo recibió un alarmante mensaje del jefe de gabinete de Goss:

> Aunque comprendo la «decisión» de Jose (y creo que las cintas eran malas noticias), Rizzo me dijo simplemente que [los abogados de la CIA] NO estaban de acuerdo con ese telegrama. Nunca hubo una discusión sobre él (y eso tal vez sea una noticia peor todavía, por cuanto tal vez hemos destruido algo «indebidamente»).
>
> Parece que el telegrama fue redactado por [Haspel] y enviado por Jose; son los dos únicos nombres que aparecen en él, o eso me dijo Rizzo. O [Haspel] mintió a Jose sobre el «borrado» [del telegrama para los abogados de la CIA y el inspector general] [...] o Jose falseó los hechos. (No deja de tener importancia que [Haspel] figurara de forma destacada en las cintas, pues [Haspel] estaba al mando del [centro de detención clandestino] por aquel entonces y, evidentemente, habría deseado que se destruyeran las cintas).
>
> Evidentemente, Rizzo está disgustado, porque tenía la obligación de notificar [a la asesora jurídica de la Casa Blanca], Harriet Miers, el carácter de las cintas [...]. Rizzo ha llamado esta tarde a Harriet, que se ha quedado lívida al

> escucharlo, lo cual, según dijo [Rizzo], era algo inaudito en ella. Rizzo no cree que esto vaya a pasar sin más.*

No pasó sin más.

Goss siguió con la cabeza gacha y la boca cerrada. Pero, como director de la agencia, decidió que tenía que despedir a Rodriguez. Ofreció discretamente el empleo a varios funcionarios importantes de la CIA a los que había tenido ocasión de conocer cuando fue presidente de la Comisión de Inteligencia de la Cámara de Representantes, y envió a su nuevo director adjunto, el vicealmirante Bert Callen, a encargarse de la operación personalmente para que no quedara prueba escrita de nada. No encontró a nadie dispuesto a recoger la pelota. Así que Goss se dio por vencido. No hizo nada para sancionar a Rodriguez. Pero nunca volvió a confiar en él.

—Jose sabe lo que pienso del asunto —diría diez años después—. Me dejó en una posición espantosa, espantosa.[23]

A comienzos de 2006, con la confianza perdida, las cárceles clandestinas convertidas en un escándalo público y en pleno auge de las investigaciones de la prensa y de los fiscales federales, Goss había conducido a las altas esferas de la CIA a su punto más bajo desde la debacle del Irangate veinte años antes. El ímpetu de la guerra contra el terror había sido «desaprovechado, debido a las luchas intestinas» en el seno de la CIA, como reconocería el propio Rodriguez.[24] La búsqueda de Bin Laden y sus secuaces se había enfriado; al-Qaeda prosperaba en Irak. Sus espectaculares ataques coordinados habían asombrado al mundo: uno en la red de metro de Londres, que causó la muerte a cincuenta

* Este email, que este autor ha retocado en aras de la claridad —basado en las memorias de Rizzo y en documentos desclasificados para desmentir los relatos de la CIA— fue reproducido en 2011 en virtud de una orden judicial en el pleito del Sindicato Estadounidense en Defensa de las Libertades Civiles contra la CIA sobre la destrucción de las cintas. Habría que señalar que Rodriguez, y no Haspel, fue el que «falseó los hechos» sobre la obtención de permisos de una autoridad superior.

y dos personas, y otro en varios hoteles de lujo de Ammán, que mató a cincuenta y siete. El lugarteniente de Rodriguez, Rob Richer, dimitió al cabo de diez meses en el cargo. Hizo saber a sus colegas y a la Comisión de Inteligencia del Senado que había perdido la confianza en el director. Poco después, Rodriguez despediría a Robert Grenier, antiguo jefe de estación en Islamabad, que lo había sustituido como máxima autoridad del Centro de Antiterrorismo de la CIA. Rodriguez había considerado que Grenier carecía de la imprescindible combatividad propia del lema: «Que queden para pasto de gusanos». Aquella destitución llegó a los periódicos y se convertiría en un capítulo más de la saga de una CIA sumida en el caos. Y ya se estaba gestando una nueva marcha, mucho más tormentosa.

Goss sabía que el FBI, el IRS [Internal Revenue Service o Servicio Interno de Rentas] y los inspectores generales de la CIA y del Pentágono estaban investigando a Dusty Foggo. El director no hizo nada al respecto. Foggo dimitiría cuatro meses más tarde, después de que el FBI llevara a cabo una redada en el cuartel general de la CIA y precintara su despacho de la séptima planta. Acusado de fraude y de lavado de dinero, Foggo se enfrentó a la ley, y lo hizo jugando sucio. Ante la perspectiva de ser condenado a veinte años de cárcel, alegó que era un héroe de la guerra contra el terror. Amenazó con desvelar información secreta, táctica predilecta de los espías chaqueteros, con el fin de amedrentar a los que lo acusaban. Estos advirtieron al juez de que, si el proceso seguía adelante, había prometido «revelar la identidad secreta de prácticamente todos los empleados de la CIA con los que había interactuado y divulgar para todo el mundo algunos de los programas más sensibles de nuestro país».[25] Las amenazas de Foggo obligaron a la acusación a retirar todos los cargos, menos uno. El acusado se declaró culpable y pasó treinta y siete meses en la cárcel.*

* El día en que Foggo fue condenado, un juez federal sentenció a un individuo contratado por la CIA llamado David Passaro a ocho años y cuatro meses de cárcel por matar en 2002 a un inocente, un agricultor

«No cabe imaginar una alianza tan exasperante y tan productiva»

Muy lejos de las guerras intestinas de la CIA, algo nuevo estaba tomando forma en la batalla por Irak. El general de división Stanley McChrystal, jefe del Mando Conjunto de Operaciones Especiales, y Mike D'Andrea, el resuelto exdirector del Centro de Antiterrorismo al que habían nombrado jefe del puesto de la CIA en Bagdad en marzo, estaban reuniendo un formidable equipo para capturar al autor de los ataques bomba contra el cuartel general de las Naciones Unidas y la embajada de Jordania en el verano de 2003, que después de aquello había continuado matando a miles de iraquíes y centenares de soldados estadounidenses: el desalmado terrorista jordano Abu Musab al-Zarqawi, autoproclamado cabecilla de al-Qaeda en Irak.

Según la famosa descripción de la analista de la CIA Nada Bakos, jefe de sección de la unidad de búsqueda de información sobre al-Zarqawi, este era «un fracasado convertido en fanático, hipócrita y asesino, que fue capaz de orquestar una red terrorista que durante años desconcertó a los organismos militares y a las agencias de inteligencia más poderosos de la historia universal, que, sin embargo, tenía en general la madurez de un muchacho de diecinueve años».[26] Su objetivo era crear el caos, atacando a los líderes chiitas en Irak, provocando la venganza de los sunitas y desencadenando así una guerra religiosa que dividiera y destrozara el país. Y ya iba camino de conseguir un éxito catastrófico. Asesinaba despiadadamente a musulmanes al tiempo que enarbolaba la bandera de al-Qaeda, y difundía imágenes de soldados estadounidenses degollados como cebo para atraer a combatientes extranjeros provenientes de todos los rincones del mundo. Se convirtió así en la cara de la insurgencia.

---

llamado Abdul Wali, en un complejo de la CIA en Asadabad, Afganistán. Passaro lo mató a puñetazos. La CIA lo había contratado a pesar de que lo habían expulsado del Departamento de Policía de Hartford, Connecticut, por dar una paliza a un hombre en una pelea.

McChrystal y D'Andrea habían empezado a crear una fuerza destinada a actuar de contrapeso de al-Qaeda en Irak: miembros de las fuerzas especiales británicas y estadounidenses formados en el arte del espionaje, paramilitares de las secciones de tierra y aire de la División de Actividades Especiales de la CIA, agentes y analistas de la CIA, expertos en vigilancia de la Agencia Nacional de Seguridad, agentes del FBI especializados en criminología, y aviones de reconocimiento volando a gran altura y satélites que permitieran cartografiar el campo de batalla. El lugarteniente de McChrystal, el comandante en jefe de los SEAL William McRaven, que seguiría al frente de la misión de la CIA encargada de matar a Osama bin Laden en 2011, le había dicho abiertamente que las Fuerzas Armadas los necesitaban a todos en la lucha.

McChrystal creó un centro de mando diáfano en su cuartel general de la base aérea de Balad, a unos sesenta y cinco kilómetros al norte de Bagdad, en el que pretendía combinar las operaciones de inteligencia y actividades encubiertas con las militares. Esa combinación fue un matrimonio de conveniencia contraído a raíz de una lucha feroz entre dos tipos muy testarudos. «No cabe imaginar una alianza tan exasperante y tan productiva a un tiempo como mi relación con la CIA —escribiría en sus memorias el general McChrystal—. Trabajamos con ella más estrechamente que cualquier otra agencia, y ese esfuerzo puso a prueba la paciencia de ambas partes [...]. En el mejor de los casos, estábamos llevando a cabo campañas paralelas, separadas, contra al-Qaeda; la nuestra tenía que ser una lucha unificada».[27] Cuando el grupo operativo empezó a fusionarse, «comenzamos a acorralar a al-Zarqawi —dijo McRaven—. Creo que eso fue lo que hizo converger a la CIA y al grupo operativo [...]. Al cabo de poco tiempo, estábamos controlando la maquinaria, y la agencia estuvo muy contenta de formar parte de la operación».

Pero, con el invierno, llegaron días muy oscuros para la unidad de antiterrorismo de la CIA, y esa oscuridad se abatió plenamente sobre ella a partir del 22 de febrero de 2006, cuando al-Zarqawi hizo estallar la cúpula dorada de la mezquita al-Askari de Samarra, a poco más de cien kilómetros al norte de Bagdad, causando graves daños a uno de los santuarios más venerados por los chiitas. El país no tardó en estallar presa de una furia sectaria. Había venido produciéndose una escalada de la violencia desde hacía varios meses; el estallido de las bombas fue como un barril de gasolina arrojado sobre una hoguera. La sociedad iraquí fue «disolviéndose a punta de pistola, como con la hoja de un cuchillo en la garganta —dijo David Satterfield, el número dos de la embajada estadounidense en Bagdad en tiempos del embajador Zalmay Khalilzad—. Aquello resultaba sumamente preocupante, pues si las cosas seguían así, era posible que de verdad estallara una auténtica guerra civil».[28] Al-Zarqawi quería que el Gobierno y la sociedad civil se vinieran abajo, y, si eso llegaba a ocurrir, pretendía que los Estados Unidos sufriesen la derrota a manos de una insurgencia guerrillera, igual que habían perdido la guerra de Vietnam. «Como país, éramos vistos exclusivamente a través de un prisma de éxito o fracaso en Irak —comentó Satterfield—. Y nosotros también habíamos adoptado esa perspectiva». Si la ocupación estadounidense fracasaba, sería un auténtico maná para los líderes de al-Qaeda y sus numerosas sucursales plurinacionales. Bin Laden podría proclamar a los cuatro vientos que los guerreros santos islámicos habían acabado, primero, con una superpotencia al derrotar a los ocupantes soviéticos en Afganistán y, luego, con otra, al repeler a los estadounidenses en Irak, una declaración que podía inflamar la mente de millones de individuos.

Bush se encontraba en esos momentos «en el nadir de sus sentimientos sobre Irak —contaría Negroponte—. [Estaba] totalmente deprimido [...], al borde de la desesperación». Sin embargo, la voladura de la mezquita y la posterior matanza no lo obligaron a tener una mayor claridad de ideas. Seguía sin ver que la guerra civil pronosticada por la CIA mucho tiempo atrás se había convertido ahora en un infierno, y que el fuego estaba propagándose desde Irak a todos los países islámicos, y aun más allá. Bush seguía asegurando a la opinión pública que los Estados Unidos iban ganando. Los informes por videoconferencia del embajador Khalilzad, de un optimismo surrealista, enviados desde la Zona Verde, habían contribuido a convencerlo de que iba por buen camino. El presidente seguía afirmando que sus generales le proporcionarían una estrategia para la victoria, y los generales, espantados por tener que llevar la contraria a la insistencia de Rumsfeld en mantener el rumbo, seguían diciéndole que sus planes estaban funcionando, a pesar de la evidencia de lo contrario, incluidos los informes de la CIA, por entonces ya implacables, enviados desde Bagdad.

«Habíamos recibido esas valoraciones terribles de inteligencia, que decían que todo estaba perdido, que estábamos perdiendo; la situación era terrible. Y realmente siguió siéndolo durante todo 2006 —diría en tono compungido nueve años después la secretaria de Estado Rice—. No solo la estrategia no funcionaba, sino que no podíamos explicarle a nadie qué era lo que intentábamos hacer [...]. No creo que se pueda explicar algo que no existe».[29]

El agujero negro estratégico existente en la Casa Blanca estaba tragándose decenas de millares de vidas humanas y centenares de millares de millones de dólares. La guerra de Irak estaba engendrando terroristas a una velocidad mucho mayor que la que pudieran hacerlo las capturas y matanzas de la CIA y los soldados estadounidenses. «La yihad iraquí está dando forma a una nueva generación de líderes y combatientes terroristas —avisaba una nueva estimación nacional de inteligencia, la primera en cuatro años que analizaba las tendencias del terrorismo mundial—. La percepción de un éxito yihadista allí podría inspirar a más combatientes a proseguir la lucha en otros países. El conflicto de Irak se ha convertido en la *cause célèbre* para los yihadistas, generando un profundo resentimiento por la intervención de los Estados Unidos en el mundo musulmán y engendrando seguidores del movimiento yihadista mundial».[30]

La CIA había contribuido a ganar la lucha contra el comunismo soviético con una guerra política, por medio del espionaje, retransmitiendo propaganda, manipulando elecciones y poniendo en su nómina a presidentes y primeros ministros. Pero ninguna de esas armas funcionaba en la guerra contra el terror. Con la forma que había tenido de dirigir la guerra, Bush había despilfarrado la autoridad moral para propulsar su poder en nombre de los Estados Unidos. Privada de estrategia, la CIA era una nave paralizada, a la deriva, sin viento en las velas. Sus agentes de vanguardia no recibían del cuartel general ni de la Casa Blanca un rumbo coherente que seguir. Al carecer de liderazgo, seguían adelante, luchando contra unos enemigos implacables en Irak, Afganistán, Siria y en muchos más países.

13

La nube negra

Tom Sylvester, que llevaba tres años alejado de las heladas laderas del Kurdistán iraquí, estaba ahora al frente de un destino más peligroso, el de jefe de la estación de la CIA en Damasco. Su misión era infiltrarse en el Gobierno sirio y descubrir las alianzas secretas de su dictador, Bashar al-Asad, que había convertido su país en una auténtica central de la red yihadista mundial. Sylvester dirigía un puesto clandestino, cuya existencia se mantenía en secreto frente a los servicios de inteligencia de al-Asad, situación que requería de sus agentes unas precauciones extraordinarias y una disciplina tremenda. Siria era un Estado policial, y sus habitantes estaban sometidos a una vigilancia física y electrónica constante por parte de los servicios de contraespionaje.

Damasco hacía las veces de cuartel general regional de Hezbolá, la milicia terrorista capitaneada por Imad Mughniyeh, el yidahista más buscado por los Estados Unidos después de Bin Laden. La otra presencia siniestra que había en la capital siria era Qasem Soleimani, el comandante en jefe de la Fuerza Quds de la Guardia Revolucionaria, creada en 1979 con el fin de exportar la revolución iraní por todos los países islámicos y aun fuera de ellos. La Fuerza Quds había dado origen a Hezbolá en Líbano en 1982, había financiado los sangrientos ataques de Mughniyeh contra los estadounidenses y, en aquellos momentos, contribuía a engrosar sus arcas con cien millones de dólares al año. Soleimani, el agente de inteligencia más temido en todo Oriente Medio, supervisaba las operaciones de espionaje y de sabotaje, financiaba a políticos y grupos terroristas, y dirigía escuadrones de la muerte que actuaban desde Beirut hasta Bagdad. Capitaneaba lo que llegó a ser conocido como el Eje de la Resistencia, en el que convergían la Fuerza Quds, Hezbolá, Hamás, militantes chiitas y el ejército sirio, todos ellos actuando contra los estadounidenses y sus aliados. Su propósito era hacer de Irán el vencedor de la guerra de los Estados Unidos en Irak.

Un día después del quinto aniversario del 11-S, el puesto de la CIA en Damasco sufrió el ataque de un escuadrón de la muerte de al-Qaeda con un enorme camión bomba, granadas y rifles automáticos AK-47. Sus integrantes asaltaron la embajada estadounidense, intentando abrir un boquete en sus elevados muros y matar a todo el que encontraran dentro. En cuanto se oyeron los primeros disparos, Sylvester y su lugarteniente, Marc Polymeropoulos, que había prestado servicio a sus órdenes en Irak, se pusieron el chaleco antibalas y agarraron sus armas. Sylvester envió un mensaje FLASH (Z) al cuartel general y a todos los jefes de estación de Oriente Medio, avisándolos de un ataque coordinado de carácter regional. Los guardias sirios del recinto diplomático mataron al equipo de asalto. Pero de no ser por el fallo de un fusible del coche bomba —una camioneta de reparto cargada con explosivos ligados con correas a varias bombonas de gas propano—, decenas de estadounidenses habrían podido perder la vida en el ataque más grave contra una embajada estadounidense desde los ataques con bomba en África Oriental, allá por 1998. Cuando sonó la sirena avisando de que había pasado el peligro, Polymeropoulos guardó en una bolsa un fragmento de la cabeza arrancada de uno de los terroristas, lo metió en el congelador de la embajada para enviárselo a un equipo forense del FBI y enseguida se olvidó de él, para espanto de los colegas que luego lo descubrieron.

«¿QUIÉN ES EL ENEMIGO?»

El 6 de marzo de 2006, Sylvester voló a Kuwait para participar en un cónclave de veintiocho espías, militares y diplomáticos estadounidenses, presidido por el general McChrystal, comandante en jefe de las fuerzas especiales, y Hank Crumpton, que había dejado la CIA para prestar servicio como coordinador de antiterrorismo del Departamento de Estado con rango de embajador extraordinario. Entre los integrantes del grupo figuraban los embajadores y encargados de negocios en Irak, Siria, Arabia Saudita, Kuwait, Turquía y Jordania, así como los jefes de estación de la CIA en Ammán, Kuwait y Ankara; Peter Enzminger, Joe Forcier y Thaddeus Troy, respectivamente.

En la reunión imperó una misma sensación compartida de emergencia. Los Estados Unidos iban perdiendo en Irak, los generales estadounidenses se habían quedado sin ideas, la política exterior del país estaba en un callejón sin salida y al-Qaeda seguía vivita y coleando. Estaba surgiendo una nueva generación de yihadistas, jóvenes movidos por la cólera provocada por los horrores de la cárcel de Abu Ghraib, Guantánamo y los centros de detención clandestinos. Aquellos abusos habían saboteado la imagen de los Estados Unidos en todo el mundo y los importantísimos lazos de la CIA con los servicios de inteligencia de Europa y de Oriente Medio, «socavando la confianza internacional en la capacidad de los Estados Unidos de llevar a cabo una guerra eficaz contra el terrorismo, que siga fiel a los valores estadounidenses», como diría sin ambages el grupo Kuwait en un cable posteriormente enviado a Washington.[1] En aquellos momentos, el ejército estadounidense mantenía encarcelados a veinticinco mil prisioneros iraquíes, muchos de ellos sunitas, en unas condiciones deplorables. Estaba creándose nuevos enemigos deteniendo a gente inocente, matando y tratando de manera brutal a la población civil, destruyendo viviendas, y utilizando una fuerza desmedida contra una insurgencia que había arraigado entre la ciudadanía.

Pero la ocupación estadounidense ya no era la principal causa de la violencia en Irak. El país estaba siendo destrozado por miles de combatientes extranjeros, que se refugiaban en Siria procedentes de otros países, cruzaban la frontera abierta de Irak, se ponían cinturones explosivos, detonaban coches bomba y colocaban proyectiles de formación explosiva (EFP, por sus siglas en inglés). Estos sofisticados artefactos explosivos, provistos de poderosas cargas huecas de cobre fundido, perforaban los vehículos blindados más potentes y «no se sabe en absoluto de dónde venían —diría McChrystal—. Sabíamos dónde estaban todas las fábricas de Irán».[2] Los EFP mataron a centenares de estadounidenses, y fueron los responsables de aproximadamente una quinta parte de las muertes en combate que se produjeron en 2006. Muchos generales en el Pentágono y muchos coroneles en Bagdad contemplaban aquella caravana mortal de extranjeros como una vaca contempla el paso de un tren. Veían Irak como si fuera una isla, sin pensar cómo encajaba en el mapa del mundo.

McChrystal y Mike D'Andrea —en aquellos momentos el nuevo jefe de la unidad antiterrorista del cuartel general de la CIA— se habían hecho una imagen más clara del enemigo. Su objetivo era encontrar a al-Zarqawi, matarlo, capturar a sus acólitos, apoderarse de sus ordenadores portátiles y de sus móviles y conseguir una información de inteligencia más profunda sobre quiénes eran los insurgentes, dónde se encontraban sus fuentes de aprovisionamiento y qué planeaban en secreto.* Al-Qaeda llevaba en Irak unos

* El grupo operativo conjunto logró acabar con la vida de al-Zarqawi el 7 de junio de 2006, lo cual supuso un éxito espectacular, aunque efímero. «La muerte de al-Zarqawi fue todo un logro, pero solo simbólico —comentó un miembro del grupo operativo de McChrystal al periodista Mark Bowden—. Al-Zarqawi esperaba provocar una guerra de sectas [...] y lo consiguió. Su estrategia funcionó: el objetivo era que los chiitas clamasen venganza. Cuando matamos a al-Zarqawi, había otros diez como él dispuestos a ocupar su lugar». La insurgencia en Irak evolucionó hasta convertirse en el ISIS, el Estado Islámico. (Mark Bowden, «The Ploy», *The Atlantic*, mayo de 2007).

registros muy meticulosos y, cuando el grupo operativo reunió la fuerza y la confianza necesarias, la CIA y los comandos especiales empezaron a elaborar un mapa humano de la insurgencia. «Al principio, cuando empezamos a trabajar en Irak, la cuestión era: "¿Dónde está el enemigo?" —dijo McChrystal—. Cuando tuvimos una imagen más clara de la situación, empezamos a preguntarnos: "¿Quién es el enemigo?". Y pensamos que éramos muy listos. Luego nos dimos cuenta de que esa no era la pregunta adecuada y nos dijimos: "¿Qué hace o qué pretende hacer el enemigo?". Y hasta que no avanzamos más no nos preguntamos: "¿Por qué son el enemigo?"».[3] Las respuestas a esas preguntas requerían una fusión de la CIA y del ejército más profunda que la que habían conseguido los Estados Unidos.

Los combatientes extranjeros provenían de Arabia Saudita, Libia, Siria, Jordania, Líbano y el norte de África en general y Asia Central. Los que los apoyaban estaban en Riad, Ammán, Túnez, Hamburgo y Londres. Sus líderes políticos y militares estaban en Damasco y Teherán. Sus redes estaban unidas a través de páginas web yihadistas, comunicaciones encriptadas y suministros clandestinos de dinero y de armas. Cuando llegaban al aeropuerto internacional de Damasco, algunos de ellos cargados con miles de dólares como aportación a la insurgencia, los traficantes los trasladaban a través de una serie de pisos francos a Irak, donde sus encargados los clasificaban, destinando a los más hábiles a fabricar bombas y a los menos espabilados a terroristas suicidas.

Sylvester vio que la red de combatientes extranjeros era una amenaza que iba más allá de Irak; un día al-Qaeda podría mandarles que atacaran a los aliados de los Estados Unidos y los puestos avanzados estadounidenses de todos los rincones del mundo. Los yihadistas proliferaban en Argelia, Azerbaiyán, Bosnia, Chechenia, Daguestán, Eritrea, Indonesia, Cachemira, Kosovo, Palestina, Filipinas, Somalia, Tayikistán, Tailandia y el Reino Unido, donde la inteligencia británica había detectado que estaba formándose la trama más mortífera desde el 11-S, una conspiración para hacer estallar aviones de pasajeros en pleno vuelo a través del Atlántico.

Los asistentes a la conferencia de Kuwait coincidieron en que los soldados y los espías estadounidenses no podían salir de aquel atolladero matando gente. Antes bien, tenían que intentar detener el flujo de combatientes extranjeros provenientes de Siria. A menos que se bombardeara el aeropuerto de Damasco —opción que llegó a sopesarse en Washington—, les tocaría a Sylvester y al puñado de agentes a sus órdenes intentar reclutar y dirigir a unos cuantos confidentes en el ejército y los servicios de inteligencia sirios y utilizarlos para empezar a infiltrarse en las redes y los santuarios de los combatientes extranjeros.

Reclutar a un sirio era una tarea bastante difícil. Pero más difícil todavía era hablar con él una vez que había sido reclutado. Reunirse en una vivienda segura con un espía reclutado resultaba increíblemente arriesgado; semejantes reuniones tenían que durar un minuto o dos a lo sumo, después de un periodo de contravigilancia de ocho horas de duración o más. Las otras únicas formas de comunicarse eran técnicas de espionaje más anticuadas —un mensaje clandestino dejado en un hueco abierto en la roca, un encontronazo al pasar por una calle muy concurrida— o concertar una cita fuera de las fronteras de Siria.

Y si se podía hacer algo semejante —y curiosamente se podía—, eso constituía simplemente una pieza más del rompecabezas. Los agentes de la CIA necesitaban los números de los móviles de los terroristas. Necesitaban sus huellas dactilares. Necesitaban seguir la pista de sus familias y de sus finanzas. Necesitaban muchísima ayuda de los servicios de espionaje aliados en Jordania y Arabia Saudita. Necesitaban nuevas formas de combinar la información de inteligencia humana, la inteligencia de señales, la labor de los aviones de reconocimiento y las operaciones antiterroristas. Necesitaban información de inteligencia de refresco con tanta urgencia como el ejército necesitaba tropas de refresco. Necesitaban nuevos talentos: los embajadores reunidos en Kuwait reconocieron que en ninguna de sus seis legaciones había una sola persona encargada de las operaciones de antiterrorismo. Necesitaban que los paramilitares, los agentes operativos y los analistas de la CIA trabajaran más estrechamente unidos con las fuerzas especiales estadounidenses desplazadas al campo de batalla.

En resumen, según informó la conferencia de Kuwait, la guerra en Irak y la guerra contra el terrorismo necesitaban «una respuesta sumamente coordinada y flexible a escala de todo el Gobierno»: un plan de ataque «que utilice todos los instrumentos de poder nacional» contra esa amenaza cada vez más grave. Eso exigiría una remodelación de la estrategia estadounidense a los niveles más altos. Y exigiría una nueva mentalidad y unos nuevos dirigentes en Washington.

«¿Qué demonios está pasando aquí?»

El 5 de mayo, Bush despidió a Porter Goss. El padre del presidente dio su aprobación a la medida. Al día siguiente, Goss tomó un avión para pronunciar el discurso de la ceremonia de graduación de la Tiffin University, un pequeño centro universitario a unos ciento cincuenta kilómetros al oeste de Cleveland, Ohio. Se presentó a sí mismo como un «político convaleciente» y ofreció algunas gotas de sabiduría amarga.[4] «Si esto fuera la graduación de un curso de agentes de la CIA, mi consejo sería breve e iría al grano —dijo—. No admitan nada, niéguenlo todo y hagan acusaciones contra quienes los acusen». Un epitafio muy adecuado para su periodo al frente de la séptima planta.

Echando una mirada retrospectiva, Mike Morell, el futuro vicedirector de la agencia, calificaría aquel deplorable mandato de diecinueve meses de duración como el peor periodo de sus tres décadas de servicio en la CIA. En el cuartel general de la agencia algunos compararon el reinado de Goss con el palacio presidencial de Bagdad al mando de Bremer, lleno de *apparatchiks* fanáticos encargados de ejecutar los edictos imperiales. Otros trajeron a la memoria la

Camboya del dictador Pol Pot, que asesinaba a las personas que utilizaban gafas porque sabían leer. Goss había sido el hombre equivocado en el momento equivocado. Sería recordado como uno de los peores directores de la historia de la CIA.

El general Mike Hayden ocupó su puesto el 30 de mayo, y sería el primer agente de inteligencia profesional que dirigiera la CIA desde que Bob Gates dejó el cuartel general de la agencia en 1993. Hijo de un soldador y de una ama de casa, nacido en Pittsburgh, Pensilvania, en 1945, justo antes del Día de la Victoria en Europa, Hayden a menudo mostraba una disposición singularmente optimista para ser el comandante en jefe en la guerra contra el terror. Creía que su tarea primordial era restaurar el orden en el cuartel general. «Desde el primer momento —diría—, mi planteamiento fue tranquilizar a aquella gente».[5] Despidió a los «pollitos» de Goss inmediatamente, y volvió a llamar a los dos mejores hombres a los que se había expulsados: primero a Steve Kappes, para que fuera su lugarteniente, y luego a Mike Morell, al que puso como director ejecutivo. Veía que la CIA se hallaba profundamente desmoralizada, magullada por las continuas crisis desencadenadas desde el fin de la Guerra Fría, abrumada por su imagen pública de pandilla de carceleros brutalizados. Emprendió una batalla destinada a curarla de las heridas que se había infligido a sí misma.

«La gente que estaba allí me dijo que se hallaban en juego la existencia y el futuro de la institución, y lo mismo me dijo de forma realmente descarnada la gente que ya no estaba allí», recordaría Hayden.[6]

Vio que la arquitectura del sistema de cárceles clandestinas de la CIA se desmoronaba. El inspector general había dictaminado que era probable que sus técnicas de interrogatorio violaran las leyes contra la tortura. Los centros de detención clandestinos llevaban seis meses en el limbo, desde que Bush había firmado a regañadientes la prohibición de malos tratos a los prisioneros que había decretado el Congreso. El 29 de junio, el Tribunal Supremo estableció en el caso Hamdan contra Rumsfeld que la Convención de Ginebra daba cobertura también a los terroristas de al-Qaeda. El fundamento legal de su detención indefinida —las comisiones militares creadas por la red de seguridad nacional en la sombra de Cheney después del 11-S— era inconstitucional. Bush y Cheney habían violado las leyes de la guerra y las de los Estados Unidos.* Pero la CIA había pagado el pato.

«Esta nube negra», como la llamaría Hayden,[7] tenía que disiparse. La única forma de conseguirlo era dejar que entrara un poco de luz del sol. Un director decidido a desclasificar de forma selectiva los secretos de la CIA supone un terreno político peligroso. Es como despejar de minas terrestres un campo de batalla: avanzar por él es seguro, salvo que te explote una bajo los pies.

Hayden se quedó contemplando el horizonte verde desde la ventana de la séptima planta y volvió a sentarse ante el ordenador. Escribió un memorándum de dos páginas y se lo llevó a Stephen Hadley, el consejero de Seguridad Nacional. En primer lugar, decía Hayden en su escrito, la CIA necesitaba encontrar una salida del oscuro laberinto que ella misma había creado. Había hecho prisioneros creyendo que no volverían a ver la luz del día nunca más. En aquellos momentos ya había exprimido a quienes tenía encarcelados casi toda la información posible. No disponía de una estrategia de salida ni para ellos ni para sí misma. Hayden

* Colin Powell calificaría aquellas comisiones militares como «una de las estupideces más grandes que hayamos cometido nunca. No se llevó a cabo consulta alguna. Rumsfeld se opuso. De repente, me voy de viaje y la siguiente cosa de la que me entero es que el vicepresidente, con la ayuda de sus hombres, sus socios juristas del Departamento de Justicia, salió con esa orden y se la presentó al presidente sin mayor deliberación, sin mayor discusión, y el presidente la firmó». (Testimonio oral de Colin Powell y Richard Armitage, Miller Center, University of Virginia; cf. <https://millercenter.org/the-presidency/presidential-oral-histories/colin-l-powell-and-richard-l-armitage-oral-history>). El demandante ante el Tribunal Supremo, Salim Hamdan, había sido chófer de Bin Laden en Afganistán. Su condena a Guantánamo por proporcionar «apoyo material al terrorismo» se anuló en 2012.

deseaba vaciar los calabozos secretos y enviar a catorce prisioneros de «alto valor» al último centro de detención clandestino que todavía tenía la CIA —el Campo 7 de Guantánamo—, pero mantener las cárceles abiertas y seguir teniendo autoridad legal para privar a los presos de sueño y de comida sólida si la CIA lograba alguna vez volver a capturar a algún sospechoso de terrorismo importante. Luego venían dos ideas realmente arriesgadas. Deseaba informar a todos los integrantes de las comisiones de Inteligencia del Congreso acerca del programa de prisiones clandestinas, y recomendaba que Bush se sincerara con el pueblo estadounidense.

Hayden metió en la maleta un par de uniformes azules de la Fuerza Aérea, en cuyas hombreras brillaban cuatro estrellas, y a comienzos de agosto tomó un vuelo con destino a Irak, la primera parada de una gira que incluiría Pakistán y Afganistán.

Voló a Bagdad en un enorme avión de carga C-17, acompañado de un numeroso contingente de agentes capitaneados por Jose Rodriguez y un pequeño grupo de analistas, entre ellos dos mujeres jóvenes que presionaban a Hayden —y a través de él al presidente— para que reconociese que Irak se hallaba en un estado de guerra civil. Aquella frase era políticamente explosiva. Venía a desmentir las afirmaciones públicas del presidente, según las cuales, en aquellos momentos, la democracia florecía en Bagdad. Las dos analistas querían que la expresión *guerra civil* apareciera resaltada en una próxima estimación nacional de inteligencia. Hayden se las había llevado consigo para que pudieran reconsiderar sus opiniones. Él mismo reconocía francamente que «Irak se parecía a uno de los círculos del infierno de Dante».[8] Pero ¿se encontraban los Estados Unidos en el purgatorio, o algo mucho peor? Hayden reunió a los aproximadamente quinientos miembros de la estación de Bagdad en el palacio robado que la CIA había incautado a Sadam, construido en un estilo barroco que podría denominarse más adecuadamente como de *dictadura temprana*. Empezó planteando directamente una pregunta: «¿Qué demonios está pasando aquí?».

El jefe de estación de Bagdad, Paul Nevin, que llevaba seis meses en el cargo, su segundo destino, era el más listo de los presentes en la sala.* Habló sin tapujos a Hayden: la ocupación estadounidense era un fracaso. Los ataques de los insurgentes causaban la muerte a cientos de iraquíes cada día; aquel verano morirían más de doscientos soldados estadounidenses y más de dos mil resultarían heridos. Durante tres años, los agentes de la CIA no habían sido capaces de salir fuera de la Zona Verde sin una escolta militar e ir vestidos con todo el equipo de combate. Nevin dijo que el primer ministro, Nouri al-Malaki, no estaba dispuesto a colaborar con el servicio de inteligencia iraquí creado por la CIA. Participaba en la guerra de sectas, se había alineado con otros chiitas como él, y su ministro del Interior era el encargado de dirigir los escuadrones de la muerte uniformados. Su Gobierno era un nido de víboras en el que la gente honrada vivía atemorizada.

Hayden salió de Bagdad convencido de que, efectivamente, Irak se hallaba en plena guerra civil y los Estados Unidos tenían que cambiar de rumbo y enfrentarse cara a cara al caos, y no dar marcha atrás como Rumsfeld y sus generales seguían insistiendo que se hiciera.

* A diferencia de su predecesor, el antipático D'Andrea, Nevin era un hombre cultivado que se preocupaba por sus subordinados. Hablaba árabe con fluidez y llevaba unos impecables trajes milrayas, como buen miembro de una familia adinerada de rancio abolengo; sus padres tenían una mansión en la elegante ciudad de Blue Hill, Maine. Nevin había sido un NOC (agente sin cobertura legal) y, como tal, había viajado por todo el mundo, a menudo disfrazado, antes de entrar a prestar servicio en el cuartel general de la agencia a finales de los años noventa. Había sido jefe de estación en Kabul en 2002 y 2003, y durante un breve periodo de 2004 también había sido jefe de puesto en comisión de servicio en Bagdad. Acabaría su carrera como jefe de la División para Oriente Próximo, y ocupaba ese puesto cuando la CIA encontró y mató a Osama bin Laden en 2011.

«Ninguna buena acción quedaba impune»

Hayden y Rodriguez tomaron de nuevo el avión para reunirse con sus homólogos de los servicios de inteligencia pakistaníes, el ISI, con la intención de espolearlos para que avanzaran en la lucha contra al-Qaeda. Bin Laden seguía haciendo nuevos llamamientos a la yihad desde un escondite desconocido. Estaba surgiendo una nueva fuerza terrorista, los talibanes pakistaníes. Para mayor disgusto suyo, los agentes de la CIA en Islamabad seguían dependiendo hasta cierto punto del ISI y su marrullería. El puesto de la CIA en Kabul sabía que algunos elementos del ISI apoyaban en secreto los ataques contra las fuerzas estadounidenses en Afganistán; sus agentes llevaban a cabo operaciones más allá de la frontera de Pakistán sin notificárselo a sus colegas de Islamabad, creando así mucha malasangre entre ellos.

Cuando Hayden tomó el avión con destino a Kabul dos días después, Rodriguez se quedó en Pakistán para entrevistarse con el general Ashfag Kayani, el director del ISI. «Estoy harto de que los estadounidenses sigáis diciéndome que no hacemos lo bastante para luchar contra los terroristas», comentó el general.[9] El 9 de agosto, se ofreció a demostrar a la CIA lo que era capaz de hacer. El ISI había seguido el rastro de Rashid Rauf, un fugitivo británico que trabajaba con al-Qaeda. Rauf era la pieza clave del complot que estaba llevándose a cabo para hacer saltar por los aires media docena o más de aviones de pasajeros que salieran de Londres con destino a los Estados Unidos. La inteligencia británica se había infiltrado en una gran célula de yihadistas de Londres y había puesto a sus integrantes bajo estrecha vigilancia. Los conspiradores habían enviado a su líder a entrevistarse con Rauf y con un fabricante de bombas de al-Qaeda establecido en Pakistán, el cual había inventado una solución de peróxido de hidrógeno que podía camuflarse como una bebida isotónica, metida en un avión y detonada por medio de unas simples pilas AA. El complot estaba a pocas semanas, no ya meses, de dar frutos. Pero podían capturar a Rauf esa misma noche.

«El general Kayani comprendió que se presentaba una rara oportunidad de pillar a un terrorista y me preguntó si los Estados Unidos apoyarían la captura inmediata de Rauf —contaría Rodriguez—. Yo tomé enseguida una decisión». Rodriguez siempre había pensado que más valía pedir perdón que pedir permiso. Sin encomendarse a nadie, actuó por propia iniciativa, «pese a intuir vagamente que las autoridades británicas esperaban que no nos moviéramos de manera demasiado precipitada contra Rauf». Esa intuición era cualquier cosa, menos vaga. El día antes de que Rodriguez tomara a toda prisa su decisión, el primer ministro británico, Tony Blair, había pedido al presidente Bush que se asegurara de que los Estados Unidos no harían nada que desbaratara aquella investigación tan extraordinariamente delicada. Bush le dio su palabra. En el cuartel general de la CIA, su vicedirector, Kappes, ya había dado esa misma seguridad a sus homólogos británicos. En la Casa Blanca, Hadley y la consejera de Seguridad Interior, Fran Townsend, habían hecho lo mismo.

En palabras de Rodriguez, Rauf fue detenido aquella noche; una noticia que corrió como la pólvora y desató una carrera frenética para atrapar a la célula de Londres.* Rodriguez llamó a Gina Haspel, su jefa de gabinete, y le pidió que informara a Kappes de su decisión. Haspel lo llamó de inmediato y le dijo: «Steve se ha quedado lívido». Hayden se enteró de todo aquel revuelo en Kabul. «En mi cuartel general se desató un verdadero infierno —recordaría con posterioridad—. Me alegré de encontrarme en zona de guerra».[10] A los británicos les habían quitado el tiempo necesario para presentar debidamente la acusación contra los

* La revelación del complot provocó la prohibición inmediata de que los viajeros subieran a un avión con un frasco de más de 100 ml de volumen, todavía vigente en el momento en el que escribo este libro. Los paquistaníes retiraron los cargos de terrorismo presentados contra Rauf, que posteriormente se fugó de una prisión de alta seguridad en circunstancias poco menos que misteriosas. La CIA lo mató en el curso de un ataque con drones en octubre de 2006.

conspiradores, cuyo posterior procesamiento naufragó en muchos casos por falta de pruebas admisibles. Los jefes del MI5 y del MI6 estaban furiosos con Rodriguez. Su confianza en la CIA quedó muy dañada, lo mismo que la de Downing Street en la Casa Blanca. Aquel desastre contaba muy poco para Rodriguez. Lo que importaba era su audaz decisión de quitar de en medio a un terrorista. A su juicio, él solito había desbaratado la conspiración más mortífera desde el 11-S.

«La historia del complot de los líquidos acabó siendo representativa de mi carrera en la CIA —comentaría en tono reflexivo—. Ninguna buena acción quedaba impune».[11]

Los británicos no fueron los únicos aliados en desacuerdo con la CIA.

En Alemania, los fiscales estaban preparando trece órdenes de detención por el caso de un ciudadano alemán, libanés de nacimiento, Khalid el-Masri, secuestrado en Macedonia en 2003 y trasladado en avión a Afganistán con destino al Pozo de Sal. Dos meses después de que la CIA se enterara de que había confundido su identidad, sus agentes lo metieron en un avión y lo abandonaron en un camino polvoriento, en lo alto de una colina de Albania. El inspector general descubrió que la jefa de la estación Bin Laden, Alfreda Bikowsky, era responsable de la entrega y detención del inocente. Hayden se negaría a reunir una junta disciplinaria que se encargara de juzgarla.

En Italia, los tribunales habían presentado cargos de secuestro contra Jeffrey Castelli, por entonces jefe de estación en Roma, Robert Seldon Lady, dirigente de la base de Milán, y otros veinticuatro ciudadanos estadounidenses, en el caso de un imam radical capturado en 2003 a plena luz del día en Milán, extraditado a Egipto y liberado una vez que se demostró que sus supuestos vínculos con el terrorismo eran infundados. Un equipo de agentes de la CIA enviado por Gina Haspel, encargada por aquel entonces de las operaciones de vigilancia y entrega, fue responsable de secuestrar al imam, y su actuación había sido espantosa. La policía italiana les había identificado a todos ellos a través de sus tarjetas de crédito, así como los registros de sus teléfonos y sus tarjetas SIM rastreables, que revelaron sus verdaderos nombres. La metedura de pata se hizo pública. La prensa italiana comentó maliciosamente que los agentes de la CIA se habían alojado en hoteles de Milán de quinientos dólares la noche mientras vigilaban al imam. Rodriguez impidió que el inspector general investigara aquella operación fallida y el papel desempeñado en ella por Haspel. Su lealtad para con sus agentes era ampliamente conocida y admirada en el cuartel general, y era lo que había contribuido a mantenerlo en el poder.

«Estábamos privando a las personas de su libertad, probablemente para siempre»

Hayden volvió a casa con un nuevo catálogo de problemas, todos ellos de mal agüero para la CIA y el Centro de Antiterrorismo, aunque todos ellos palidecían ante la enormidad de aquello a lo que se enfrentaban los Estados Unidos en Irak. Hacia finales de agosto, Hayden pasó unos días intentando desconectar en un complejo de la Armada en Key West, Florida, que en otro tiempo había sido la Casa Blanca de invierno del presidente Truman. En su agenda figuraba un acto muy importante: una videoconferencia con Bush, Cheney y Rice, motivada por su recomendación de hacer pública la existencia de cárceles secretas de la CIA. Apareció en pantalla con una colorida camisa tropical, como recién salido de un restaurante de la cadena Margaritaville, y se puso a explicar lo que debía decir el presidente: aquello no era un programa de la CIA, aquello era un programa de los Estados Unidos, que había logrado proteger al país de los ataques. Rice, por su parte, pronunció un apasionado discurso en el que dijo a Bush que renunciara a los centros de detención clandestinos. «Las democracias no hacen desaparecer a las personas —señaló—. No permita que ese sea su legado». Con su voz grave y razonable, Cheney criticó vehementemente a Rice. Esta calificó su intervención como «el enfrentamiento más violento que tuve durante mi etapa en Washington». Hayden escuchó atentamente la discusión y a continuación recalcó su principal argumento: «No somos los carceleros del país», dijo.[12]

«Al vicepresidente no le gustó aquello —recordaría Hayden, y tampoco a Rodriguez—. Jose quería seguir con las técnicas duras».[13]

Hayden dijo al presidente que en unos pocos días la CIA podía trasladar a Guantánamo a los catorce prisioneros que seguían en su poder, y entonces «podrá usted hacer público, sin necesidad de pedir disculpas, todo lo que hemos hecho».

Bush pronunció su discurso el 2 de septiembre. Reconoció la existencia de los centros de detención clandestinos. Elogió «uno de los trabajos de inteligencia llevados a cabo con más éxito de la historia de los Estados Unidos». Felicitó a la CIA por haber arrancado información a sus cautivos por medio de «una serie alternativa de procedimientos». Aparte de eso, no admitió nada y lo negó todo. «Los Estados Unidos no torturan —dijo—. Yo no lo he autorizado». Tampoco abordó la mancha moral del programa llevado a cabo por el país. Hayden sí lo haría diez años después en un libro de memorias:

> Estábamos privando a las personas de su libertad, probablemente para siempre, con un programa de detenciones extrajudiciales. Había quienes consideraban aquello censurable en cualquier circunstancia; todo el mundo lo consideraría censurable si lo aplicábamos a quienes no debíamos. Ocasionalmente hubo equivocaciones: errores claros de identidad, o identidades correctas, pero con una valoración errónea del verdadero conocimiento que pudieran tener los detenidos del mal que iba a producirse.[14]

Una vez en Guantánamo, diría Hayden en tono reflexivo, «no había forma de soslayar el hecho de que aquellas personas iban a encontrarse en esa situación para siempre».

«Tenemos que cambiar nuestra estrategia»

Cuando no estaba en el extranjero, Hayden se reunía con Bush en la Casa Blanca cada dos o tres días, «de manera oficial, religiosamente, sin excepción»,[15] todos los jueves por la mañana. El día después de la conmemoración oficial del 11-S, el tema fue Irak. Hayden comunicó las opiniones sin adornos de sus analistas, así como sus propias observaciones, nada halagüeñas. Le dijo al presidente que la guerra marchaba «mal, verdaderamente muy mal». «La situación allí se había puesto muy fea... era muy tenebrosa». Aunque Bush no replicó casi nada, Hayden creyó ver en sus ojos una sombra de tristeza y un destello de remordimiento. «Aquello tuvo un impacto emocional en el presidente —diría más tarde—. Alguien que era de su agrado y en el que confiaba le decía que las cosas iban muy mal».[16]

El 12 de septiembre por la mañana fue una de las primeras veces, si no la primera, que Bush escuchó este mensaje de alguien que pertenecía a su círculo más íntimo. Pero de alguna manera sabía que el mayor proyecto de su presidencia estaba fracasando. Hacía mucho que lo sabía. En el mes de mayo había estado repasando el Folio Azul, el informe diario de las informaciones de inteligencia de la mañana enviadas desde Bagdad, empapado de muerte y de violencia. Se había vuelto hacia su consejero de Seguridad Nacional y había dicho: «Hadley, esta estrategia no funciona».[17]

—Tiene razón, señor presidente. No funciona —contestó Hadley.

—Bueno, pues tendremos que encontrar una nueva —replicó Bush.

Habían pasado cinco meses desde entonces, y a lo largo de la primavera y el verano Bush había asegurado al pueblo estadounidense que iba por el buen camino, y que la única opción era mantener el rumbo. Pero sus generales lo engañaban, y él se engañaba a sí mismo y engañaba al país. Finalmente, a primeros de octubre, bajo la dirección de Hadley, Hayden y Kappes empezaron a trabajar casi a diario con los miembros más importantes del personal del Consejo de

Seguridad Nacional para formular los elementos esenciales de una nueva estrategia. Su objetivo era asegurar Bagdad para que las autoridades iraquíes pudieran sobrevivir. Ello requería el esfuerzo conjunto de todos los componentes del Gobierno para imponer el orden sobre el caos, algo que la reunión de militares, espías y diplomáticos en Kuwait había buscado y que la Casa Blanca y el Pentágono no habían sabido proporcionar.

La información de inteligencia de la CIA indujo a los componentes del Consejo de Seguridad Nacional a decidir que los Estados Unidos debían enviar a Irak cinco brigadas más de soldados —unos treinta mil hombres— y un batallón de agentes civiles y militares de inteligencia. Habría tropas nuevas al mando de unos generales más espabilados y una información de inteligencia más seria proporcionada por la CIA y la Agencia Nacional de Seguridad, gracias al empleo de nuevas tecnologías. Como el enemigo era un movimiento de insurgencia, decidieron utilizar como estrategia una contrainsurgencia, y dieron a esa estratagema un nombre: la oleada. Su idea fue rechazada por casi todos los dirigentes de las cadenas de mando de Washington y de Bagdad, tanto en el campo militar como en el político. Iba en contra de lo que Rumsfeld, Rice y los generales habían venido diciendo a Bush durante casi dos años.

Hayden estaba totalmente a favor de la oleada. Y lo mismo le pasaba a Bob Gates. Los dos directores de la CIA, el anterior y el actual, estarían entre los pocos que hicieran entender a Bush que estaba peligrosamente cerca de convertirse en el primer presidente estadounidense en perder una guerra importante desde que cayera Saigón en 1975.

Gates estaba trabajando como rector de la Texas A & M University cuando, el 21 de octubre, devolvió una llamada telefónica urgente a la Casa Blanca. Hadley le preguntó si estaría dispuesto a sustituir a Rumsfeld como secretario de Defensa. Sorprendido, Gates dijo instintivamente que sí. A continuación colgó y pensó: *¡Dios mío! ¿Qué he hecho?*[18] Gates había sido el último director de la CIA que había dejado su cargo con su reputación intacta. Había sido el analista de inteligencia más influyente de la historia de los Estados Unidos. Sus veintisiete años entre los dirigentes de la seguridad nacional a las órdenes de seis presidentes le habían ganado en Washington el estatus de hombre sabio. Llevaba siete meses como miembro del Grupo de Estudio de Irak, una comisión creada por una ley del Congreso para analizar en profundidad hacia dónde iba la guerra.*

En Bagdad, los integrantes del grupo de estudio se encontraron con los embustes del comandante en jefe, el general de cuatro estrellas George Casey, que, a juicio de Gates, intentó venderles la moto. En busca de alguien que lo iluminara, Gates se reunió en privado con el jefe de estación de la CIA, Paul Nevin, que había trabajado a sus órdenes en la agencia quince años antes. Nevin le dijo que, si la violencia no se ponía bajo control, la política palaciega del Gobierno iraquí no tendría ninguna importancia. Acabarían ahogados en sangre. Gates quedó convencido. Seis días antes de recibir la llamada del 21 de octubre convocándolo a Washington, había dicho al grupo de estudio que debía recomendar el envío de decenas de miles de soldados más para asegurar Irak y crear un margen de maniobra político

* Gates hizo amistad con uno de los integrantes del grupo, Leon Panetta, hombre sociable y políticamente muy dotado, que había prestado servicio como jefe de gabinete de Bill Clinton. Estaban destinados a convertirse en los únicos dos hombres de la historia en estar al frente de la CIA y del Pentágono. Formaban una pareja muy extraña. Gates era hijo de un vendedor de repuestos de automóviles de Wichita, Kansas, y un republicano seguidor de Reagan hasta la médula, además de ser tan blanco como una rebanada de pan de molde. Los padres de Panetta eran unos inmigrantes italianos que tenían un restaurante en Monterrey, California: él había ocupado un escaño en el Congreso durante ocho legislaturas por su ciudad natal, y era un liberal comprometido, pero no del ala más radical. Los dos habían hecho amistad en el curso de un viaje a Irak, durante una parada para repostar en el aeropuerto de Shannon, donde se habían vuelto locos comprando licores en la tienda libre de impuestos, con la idea de que en la Zona Verde les resultaría muy difícil encontrar bebidas alcohólicas. Cuando se les acabaron esas provisiones, escribiría Panetta, «Bob propuso que probáramos en el puesto de la CIA en Bagdad. Y allí nos dirigimos; él se sirvió una copa de vodka, y yo un whiskey escocés. Vale la pena conocer a gente».

para que los líderes del país impusieran su autoridad. El director de la CIA y el nuevo secretario de Defensa estaban ahora convencidos de que Bush tenía que cambiar de idea.

Solo había una fuerza capaz de obligarlo a hacerlo: la voluntad política del pueblo estadounidense. El presidente y el Partido Republicano recibieron un varapalo histórico en las elecciones de mitad de mandato del mes de noviembre; los demócratas se hicieron con el control del Congreso y lo mantuvieron durante una década. Los fracasos de Bush como comandante en jefe del país fueron la causa de ese rechazo. Las urnas demostraron que solo el 20 por ciento del electorado creía que los Estados Unidos estaban ganando la guerra de Irak, y que solo el 33 por ciento aprobaba su gestión como presidente. Aun así, Bush siguió aferrado a sus ilusiones. Tenía esperanzas y sueños, y a eso lo llamaba plan.

Hayden tenía la intención de despertarlo de esos sueños. «Inmediatamente después de las elecciones de mitad de mandato pasamos a emplear una táctica de presión por toda la cancha, y quiero decir por toda la cancha —contaría Hayden—. Kappes y yo nos turnábamos. Él se encargaba de las mañanas y yo de las tardes, y viceversa. Nos reuníamos constantemente, y de ahí salió la oleada. Hicimos puntualizaciones sobre esta estrategia. Dijimos que estábamos de acuerdo en que cinco brigadas de fuerzas de combate profesionales no sectarias hicieran de Bagdad una ciudad más segura; que contribuiría a reducir la violencia, si bien ese no era nuestro objetivo final. El objetivo final era el cambio político».[19]

El 8 de diciembre, Bush reunió a los miembros de su gabinete de guerra. No encontró ni la más mínima apariencia de consenso. Rumsfeld, ya en sus últimos días como secretario de Defensa y a la espera de que su sucesor jurara su cargo, seguía oponiéndose rotundamente a la oleada, al igual que la junta de jefes de Estado Mayor y las máximas autoridades miliares en Bagdad. Todos querían acabar lo más deprisa que fuera posible. Cheney pensaba que los

Estados Unidos debían apoyar a los líderes chiitas que estaban en el poder y dejar que mataran a los sunitas, una postura que no mantenía nadie más y que, en esencia, lo situaba al lado de la Guardia Revolucionaria iraní. Rice dijo que el ejército debía mantenerse al margen y dejar que chiitas y sunitas siguieran peleándose hasta que el incendio sectario en el que se habían metido se consumiera solo. «Es muy probable que estén decididos a matarse unos a otros. Nosotros no tenemos nada más que dejarles que lo hagan», dijo Rice a Bush.[20] El presidente quedó horrorizado. «Se puso realmente furioso. Creo que esa fue la única vez en la que realmente se enfadó conmigo —comentaría Rice—. Y me dijo: "¿Entonces tu opinión es que simplemente vas a dejarles que se lancen los unos contra los otros y que simplemente se maten entre sí, y nosotros no hagamos más que echarnos a un lado y mirar?». El presidente y su secretaria de Estado se quedaron mirándose fijamente a los ojos; él hecho una furia y ella encogida al ver su cólera. La revisión estratégica que Bush había estado buscando durante los últimos siete meses se encontraba en un punto muerto.

Hayden contribuyó a encontrar una manera de seguir adelante. El 14 de diciembre, en su entrevista informativa con Bush, expuso unas opiniones muy severas, debido a los informes recibidos de sus analistas y a los partes llegados del puesto de Bagdad, que aparecerían poco después en una nueva estimación nacional de inteligencia sobre Irak. Dijo al presidente que su estrategia estaba fracasando y que la situación estaba muy cerca del desastre. Si el ejército estadounidense se retiraba, el Gobierno iraquí se derrumbaría. Las posibilidades de alcanzar una paz se evaporarían. El nivel y la envergadura del conflicto sectario aumentarían. Y como consecuencia se producirían numerosísimas bajas civiles y se multiplicarían los asesinatos políticos. El ejército iraquí quedaría dividido en virtud de líneas étnicas y religiosas. La resistencia de los sunitas al Gobierno se intensificaría. Irán, implicado ya en operaciones letales de sabotaje, intervendría abiertamente a favor de los chiitas. Al-Qaeda organizaría nuevos ataques dentro y fuera del país. Todo ello «haría cambiar la trayectoria de Irak, que pasaría de una decadencia paulatina a un rápido deterioro, con graves consecuencias de carácter humanitario, en el terreno de la política y en el de la seguridad», advertía la estimación de inteligencia que estaba a punto de publicarse.[21] Si la presencia del ejército estadounidense dejaba de ser el principal problema de Irak, podría convertirse en la solución, al incrementar sus fuerzas, reprimir la violencia y estabilizar el país.

Guiado por Hayden y Gates, Bush aceptó la información de inteligencia de la CIA y cambió de opinión. El 10 de enero de 2007, confesó cariacontecido sus fracasos en una alocución al país. «La situación en Irak resulta inaceptable para el pueblo estadounidense. Y resulta inaceptable para mí —dijo—. Allí donde se hayan cometido errores, la responsabilidad es mía. Es evidente que tenemos que cambiar nuestra estrategia». Su discurso venía a parafrasear el contenido de la estimación nacional de inteligencia, todavía secreta. «Dar ahora un paso atrás —añadió Bush—, provocaría por fuerza un colapso del Gobierno iraquí, destrozaría el país, y daría lugar a matanzas masivas de una envergadura inimaginable».

Durante tres años, Bush había rechazado las valoraciones de la guerra que había hecho la CIA, tachándolas de meras conjeturas. Había perdido la confianza en los dos primeros directores de la agencia que habían prestado servicio para él. Ahora depositaría esa confianza en Hayden. La mala información de inteligencia había conducido a los Estados Unidos a la guerra en Irak. Una buena información de inteligencia quizá diera al país la oportunidad de encontrar una salida.

14

«¿Hasta dónde estábamos dispuestos a llegar?»

El 10 de octubre de 2007 llegó a Bagdad el general David Petraeus, futuro director de la CIA, como nuevo comandante en jefe de las fuerzas estadounidenses. Su misión era impedir que el país se derrumbara. Los terroristas asesinaban a los ciudadanos iraquíes a millares. El primer ministro se había puesto del lado de las milicias chiitas y sus aliados iraníes en la mortífera lucha por el poder que mantenían con los sunitas, y desbarató el servicio de inteligencia iraquí creado por la CIA. Los espías y saboteadores de la Fuerza Quds de Teherán se habían infiltrado en su Gobierno. El ejército estadounidense era objeto de los ataques de los combatientes extranjeros de al-Qaeda en Irak.

Petraeus calculaba que disponía de seis meses para invertir la marcha de la guerra.* Se puso rápidamente en contacto con el jefe de estación de la CIA, Paul Nevin, formando una asociación que calificó de «excepcional [...] y excepcionalmente estrecha».[1] Estaba previsto que Nevin

* Petraeus había trabajado estrechamente con la CIA con anterioridad, primero en 1986, como principal asistente del general estadounidense que prestaba apoyo a los contras en El Salvador, luego, participando en la cacería de criminales de guerra en los Balcanes en 2001, dirigiendo operaciones de combate y contrainsurgencia en el norte de Irak durante el primer año de la guerra y, por último, en 2004 y 2005, intentando reactivar al ejército y a las fuerzas de seguridad iraquíes. Había pasado casi todo 2006 en Fort Leavenworth, Kansas, reescribiendo el manual del ejército estadounidense sobre contrainsurgencia, que había venido acumulando polvo desde los tiempos de la guerra de Vietnam.

abandonara Bagdad con destino a la estación de Roma cuando se diese inicio a la oleada. Su reputación era tan imponente que Cheney intervino para mantenerlo en Bagdad; el vicepresidente había llamado a Rodriguez y le había dicho: *Este tío se queda.* Nevin y el recién nombrado embajador estadounidense, Ryan Crocker, se pusieron al frente del comité de expertos de Petraeus. Trabajaron juntos de manera impecable. Ahora que había dado comienzo la oleada, con la llegada de más tropas, Petraeus necesitaba una oleada de ideas sobre cómo disponer de ellas. A primeros de abril, cuando su equipo y él se decidieron por un determinado plan, el número de ataques terroristas había experimentado una escalada que los situaba a razón de más de cincuenta al día. Aunque las complejidades eran prácticamente incalculables, el objetivo era muy sencillo: reducir la violencia desenfrenada con el fin de incrementar las posibilidades de un avance político. Petraeus pondría a las tropas recién llegadas a patrullar las ciudades y los pueblos de Irak, proyectar una imagen de poder entre la población e impedir que la mataran.

Esa estrategia dependía de que el ejército, los diplomáticos, los espías y los analistas, que con tanta frecuencia habían ido a degüello unos contra otros durante los primeros años de la ocupación, compartiesen la información de inteligencia. «Conjunto» era el adjetivo que estaba a la orden del día. El comité de expertos se llamó a sí mismo Equipo de Evaluación Estratégica Conjunta. Su nueva estrategia se bautizó como Plan Conjunto de Campaña. La CIA dio un paso insólito al compartir la información de inteligencia obtenida de los agentes iraquíes reclutados *in situ* con el Mando Conjunto de Operaciones Especiales del general McChrystal. Petraeus, Crocker y Nevin celebraban videoconferencias conjuntas con Bush y el Consejo de Seguridad Nacional, todos los lunes a las siete y media de la mañana, hora de Washington. McChrystal se reunía cada semana con Nevin y los demás jefes de estación de la CIA en los distintos países de Oriente Medio, para elaborar estrategias conjuntas a través de una conexión segura por vídeo.

«Empezamos siendo una red de individuos, luego pasamos a convertirnos en una red de equipos, después en una red de organizaciones y por fin en una red de países», dijo McChrystal.[2]

«Todo el mundo quería información»

Con la llegada de Petraeus, llegó también un aluvión de información de inteligencia. Un buen día, un pequeño escuadrón del ejército, que andaba patrullando a unos treinta kilómetros al norte de Bagdad, detuvo un Mercedes, capturó a un correo de al-Qaeda y lo entregó a la CIA. En el maletero del coche encontraron un ordenador portátil, así como varios discos duros y pendrives. La CIA y la NSA tardaron semanas en descifrar su contenido. Una vez que resultó legible, el alijo obtenido proporcionó a los soldados y espías estadounidenses el filón de información de inteligencia más importante que habían encontrado en toda la guerra. Reveló los planes que tenía al-Qaeda de atacar el corazón mismo de Bagdad, localizó sus viviendas seguras y sus escondites de armas en las aldeas de los alrededores de la capital, identificó múltiples células terroristas interrelacionadas, descubrió los mapas que poseían de las bases militares y los puestos de control estadounidenses y sacó a la luz órdenes detalladas de asesinar a basureros y panaderos iraquíes con el fin de hacer que la vida en la ciudad resultara más penosa de lo que ya era. La información de inteligencia «de pronto cambió mi mentalidad sobre cómo distribuir a mis tropas durante la oleada», diría tres años después el general Ray Odierno, el segundo al mando de Petraeus, a los periodistas del *New York Times* Eric Schmitt y Thom Shanker.[3] Ahora conocía las redes terroristas, hasta entonces invisibles, que rodeaban Bagdad, y se dispuso a entrar en combate contra ellas.

La información de inteligencia significaría el 80 por ciento de la oleada, a juicio de la estación de la CIA en Bagdad y de los mandos de las fuerzas especiales, McChrystal y McRaven. El grupo operativo del Mando Conjunto de Operaciones Especiales compró unas enormes antenas parabólicas, para conectarlas con los cuarteles generales de la CIA y de la NSA. Sus plataformas de reconocimiento y de vigilancia aérea podían rastrear las llamadas telefónicas de los terroristas y detectar quién estaba al otro lado de la línea. Mantenían vigilados a sus objetivos durante las veinticuatro horas del día, desarrollando un perfil de «patrón de vida» para uso de los equipos de las fuerzas militares y de los paramilitares de la CIA que intentaban capturarlos durante sus rondas nocturnas. Las incesantes incursiones centraban su interés en reunir información de inteligencia, no en matar al enemigo. Era lógico, como diría Jose Rodriguez, que «si haces saltar por los aires a unos terroristas con un misil Hellfire, pierdes toda la información que pueda haber dentro de sus bolsillos, en sus teléfonos móviles, en sus ordenadores o en sus cabezas».[4]

Los autores de las incursiones cogían sus hallazgos y se los llevaban a la base del grupo operativo. Los analistas de la CIA y de la NSA descargaban los datos y los enviaban por vídeo a sus colegas del cuartel general, que los estudiaban y los distribuían por todo el mundo. A primeros de 2007, unos siete mil agentes y analistas de inteligencia participaban en esa labor. El material obtenido era «tan abundante, tan oportuno y tan pertinente para la lucha en Irak y en otros lugares, que nadie quería perdérselo —diría McRaven—. Todo el mundo quería noticias e informaciones de inteligencia que pudieran tener que ver con las amenazas de al-Qaeda que perseguían [...] por todo el mundo, desde los Estados Unidos hasta Europa, el Norte de África y por todo el Sudoeste Asiático».[5]

La urgencia de la oleada y la búsqueda incesante del enemigo estaban tensionando al máximo a la agencia. «El antiterrorismo y la lucha contra al-Qaeda estaban tragándose gran parte de la atención, los recursos y el talento de la CIA», diría Hayden.[6] Necesitaba toda la ayuda que pudiera conseguir de los aliados árabes de la CIA. Voló a Jordania para reunirse con el rey Abdullah II y el jefe de su central de espionaje, el general Mohammad al-Dahabi. La CIA confiaba en el rey y sus espías: había creado el servicio de inteligencia jordano, lo había financiado con decenas de millones de dólares al año y había construido un nuevo centro de antiterrorismo a las afueras de Ammán. (No todos, sin embargo, eran dignos de confianza: el general al-Dahabi sería condenado más tarde por defraudar treinta y cuatro millones de dólares a su agencia). Los agentes de la estación de Ammán, la más grande de Oriente Medio después de la de Bagdad, veían en los jordanos al mejor socio de la CIA en todo el mundo árabe; les habían proporcionado una información de inteligencia trascendental que había permitido a los estadounidenses acabar con su principal enemigo, el terrorista jordano al-Zarqawi, en junio de 2006. Y tenían importantes contactos entre los jeques sunitas de Irak.

Hayden insistió a los jordanos para que lo ayudaran a atizar la rebelión de los jeques iraquíes contra la brutalidad de al-Qaeda, que poco a poco iba ganando adeptos. Su sublevación pasó a ser conocida como el Despertar de al-Anbar.

El reguero de combatientes extranjeros que discurría hacia el este desde Damasco pasaba por la provincia de al-Anbar, un baluarte sunita que se extendía hacia el oeste desde las afueras de Bagdad hasta las fronteras de Jordania y Siria. Durante dos años, al-Qaeda había aterrorizado en Irak a la población de al-Anbar. Los terroristas dominaban la capital de la provincia, Ramadi, donde habían proclamado un califato que imponía la sharía. Habían asesinado despiadadamente a la población civil, habían matado a los líderes políticos y tribales y habían obligado a las familias a casar a sus hijas con terroristas suicidas. A finales del verano de 2006, los oficiales del ejército estadounidense prácticamente habían declarado al-Anbar una causa perdida. Pero entonces un escuadrón de la muerte iraquí guiado por paramilitares de la CIA perpetraría la ejecución en Ramadi de un puñado de miembros de al-Qaeda. En respuesta, los combatientes extranjeros habían asesinado a un destacado jeque sunita que se oponía a ellos, lo habían decapitado, habían arrojado su cuerpo en el desierto y habían dejado que sus restos se pudrieran bajo el ardiente sol de agosto.

El Despertar de al-Anbar se alzó tres semanas después. «Esos terroristas afirmaban que eran combatientes que trabajaban por la liberación de Irak, pero resultó que eran unos asesinos* —dijo su líder, el jeque Abdul Sattar Abu Risha, cuyo abuelo había luchado contra la ocupación británica de Irak en 1920—. Ahora todo el mundo está harto y se ha vuelto en su contra».[7] Nevin y sus agentes vieron con claridad lo que estaba ocurriendo. En octubre, el jefe de la base de la CIA en Ramadi había comunicado que la resistencia sunita constituía una fuerza que podía transformar la provincia y derrotar a al-Qaeda. Nevin incluyó esa fascinante idea en un telegrama enviado al cuartel general de la CIA. Hayden se lo hizo llegar a Bush. El comunicado de la CIA «sirvió de toque de atención para el Gobierno de los Estados Unidos, avisándolo de que lo que estaba ocurriendo en Ramadi era todo un movimiento tectónico, un desarrollo totalmente decisivo —dijo el coronel Sean MacFarland, que estaba al mando de una brigada del ejército en la ciudad—. Es imposible sobreestimar su impacto».[8] Los puestos de la CIA en Bagdad y Ammán fomentaron el levantamiento de todas las maneras que les fue posible. Con su apoyo, los líderes del Despertar reclutaron a miles de voluntarios y los enviaron a Jordania para que recibieran instrucción como policías. Las fuerzas estadounidenses habían pasado tres años entrenando a la Policía Nacional Iraquí, para ver cómo se convertía en una fuerza sectaria brutal; había que desmantelarla.

El subdirector de la CIA, Steve Kappes, se desplazó a Ramadi y prometió a MacFarland todo el dinero que necesitara para pagar y equipar a los nuevos reclutas, firmando primas de contratación y suministrando salarios, uniformes y armas de fuego. Como reacción al Despertar, las fuerzas de al-Qaeda habían asesinado a cientos de iraquíes en

* Al-Qaeda de Irak asesinó al jeque en el primer aniversario del Despertar.

Ramadi y sus alrededores, con armamento pesado, coches y camiones bomba y ataques con cloro gaseoso. Pero en abril de 2007 ya no controlaban la ciudad. Los jeques habían reaccionado reuniendo a decenas de miles de milicianos dispuestos a matar a los terroristas y a apoyar las operaciones de contrainsurgencia de los estadounidenses. La CIA suministró dinero, armas y municiones para ayudar a los líderes tribales sunitas a organizar esas fuerzas y atacar a su enemigo común. Las milicias sunitas la recompensaron suministrándole información de inteligencia sobre al-Qaeda en Irak.

El Despertar fue un movimiento sunita autóctono. La CIA no lo creó, pero lo fomentó, lo protegió y lo fortaleció. En mayo, Petraeus supo sacarle partido. «Me di cuenta de que era la semilla de una idea gigantesca», diría.[9] Actuando por iniciativa propia, puso en nómina a los miembros de las tribus sunitas de todo el país y rebautizó su movimiento. A costa de cuatrocientos millones de dólares, creó una milicia nacional sunita a la que llamó los Hijos de Irak. La organización pasó a contar con ciento tres mil hombres, una quinta parte de los cuales anteriormente habían formado parte de la insurgencia; muchos tenían las manos manchadas de sangre estadounidense, pero todos estaban ahora dispuestos a cambiar de bando por un sueldo fijo. Más que la sangre y el sacrificio de cientos de soldados estadounidenses que habían muerto aquel año a las órdenes de Petraeus, la lucha de aquellos hombres permitió dar un giro a la situación.

Cuando los Hijos de Irak se pusieron en pie aquel verano, la violencia empezó a disminuir. Las muertes estadounidenses en combate habían aumentado vertiginosamente durante los primeros meses de la oleada; entre marzo y septiembre murieron 641 soldados, y 2007 se convirtió en el año más mortífero de la ocupación. Pero los combatientes extranjeros y sus aliados iraquíes estaban muriendo a miles, y el número de ataques terroristas empezó lentamente a disminuir. Sin los Hijos de Irak, la oleada no habría tenido la menor oportunidad de triunfar.

«Era una batalla perdida»

Su éxito sería efímero. «La oleada no podía seguir sosteniéndose», dijo el embajador Crocker.[10]

La declaración de intenciones de Petraeus había sido un llamamiento a «derrotar a los grupos terroristas e irreconciliables, atraer a los demás al proceso político, reducir las tensiones sectarias, cerrar Irak como puerto seguro para los terroristas» y crear las condiciones para que el Gobierno iraquí funcionara lo bastante bien como para establecer el imperio de la ley, para prestar servicio a sus ciudadanos y, por último, para permitir que los estadounidenses se fueran algún día del país.[11] «La idea de todo ello era mantener el equilibrio entre dos vías de trabajo paralelas: una, en el campo de la seguridad, cosa que probablemente podríamos hacer, aunque a cambio de un elevado coste y, a decir verdad, solo de forma transitoria; y otra, un progreso en el terreno político —dijo el general de división Doug Lute, recién nombrado por Bush viceconsejero de Seguridad Nacional para Irak y Afganistán—. Era una batalla perdida, porque no podíamos generar un interlocutor político».[12]

Bush había apostado todas sus fichas por lo que él creía que era su estrecha relación personal con el primer ministro al-Maliki. A Nevin no le parecía una buena apuesta. Y esa misma opinión tenían el general Petraeus y el embajador Crocker. «Petraeus y yo pensábamos: "¡No aguanto un día más con este tío! —comentaría Crocker—. Cualquiera menos Maliki". Y el presidente dijo: "¡No vayáis por ahí!... ¡Tenéis que mantenerlo e impedir que pierda el culo!". Petraeus y yo nos miramos y exclamamos: "¿Y cómo pretende exactamente que lo hagamos?».[13]

El dirigente iraquí afirmaba que estaba al frente de un Gobierno de unidad nacional, dijo Hayden al presidente, pero no era nacional, ni estaba unido, ni siquiera era un verdadero Gobierno. Al-Maliki veía conspiraciones por todas partes, especialmente entre los agentes veteranos de la CIA, como quien otrora fuera aliado suyo, Ayad Allawi, anterior primer ministro interino, y el general al-Shawani, jefe del servicio de inteligencia iraquí. «Hicimos un gran esfuerzo con Maliki —comentaría Crocker—, pero, chico, ¡qué frustrante y qué difícil resultaba tratar con él, tan misterioso, tan incapaz de construir alianzas!». Con el tiempo, Maliki volvería a sus raíces sectarias, poniéndose del lado de sus patrocinadores iraníes. En último término, Irán y la Fuerza Quds capitaneada por el general Soleimani resultarían los únicos ganadores de la guerra de Bush.

«No vamos a hacer un nuevo Pearl Harbor»

En julio, Bush y Cheney discutieron si debían empezar o no una nueva conflagración en Oriente Medio. Meir Dagan, el director del Mosad, había acudido al cuartel general de la CIA a mostrar a Hayden una serie de fotos y documentos, robados por sus espías, que revelaban la existencia de un reactor nuclear en construcción a unos quinientos kilómetros al nordeste de Damasco, cerca de la frontera iraquí. «Dagan se sentó, abrió su maletín y sacó unas copias a color de las fotografías», recordaría Hayden.[14] Dijo que Siria estaba construyendo un arma nuclear en aquel lugar, y que el diseño del reactor era norcoreano. Calculaba que entraría en funcionamiento a finales de año, y que, si no se tomaba pronto la decisión de destruirlo, un ataque aéreo provocaría una nube radioactiva incontrolada que llegaría hasta donde la llevaran los vientos que soplaran en ese momento. Hayden vio enseguida la lógica de todo aquello: «Se echaría la culpa a los atacantes de todos los problemas de tiroides de Oriente Medio durante los próximos cincuenta años».[15]

La CIA y la NSA se habían pasado los meses de mayo y junio intentando confirmar la información del Mosad. El 16 de julio, Bush, Cheney, Gates, Rice y Hayden celebraron una reunión extraoficial en la residencia de la Casa Blanca para decidir si se lanzaba o no un ataque preventivo contra Siria. Cheney estaba totalmente a favor. Gates estaba empeñado en lo contrario. «Soy consciente de que no hay precedentes de un ataque sorpresa estadounidense contra un Estado soberano —había dicho a Bush tres semanas antes—. No vamos a hacer un nuevo Pearl Harbor».[16] Y en vista del fiasco de las armas de destrucción masiva, la información de inteligencia sería vista con escepticismo.

—Muy bien. ¿Y cuáles son los datos de inteligencia que tenemos? —preguntó Bush a Hayden.[17]

«Bueno, señor presidente, puedo decirle cuatro frases —contestó Hayden—. Una, se trata de un reactor nuclear. Dos, los norcoreanos y los sirios llevan diez años haciendo el tonto con estas cosas. Tres, los norcoreanos lo han construido. Y cuatro, todo ello forma parte de un programa sirio de armas nucleares. Pero, tiene que disculparme... No he podido encontrar la planta de reprocesamiento. No me he enterado de que se haya desarrollado una cabeza nuclear ni de que se hayan hecho pruebas con ella, así que creo que se trata de un programa armamentístico, pero eso solo puedo decirlo con muy poca seguridad».

«No se preocupe de si la información de inteligencia es sólida o no —dijo Cheney—. Bombardeemos el reactor y enviemos un mensaje a Siria y a sus aliados terroristas». Gates se opuso furiosamente, sosteniendo que un ataque sería visto como un nuevo acto temerario por parte de un presidente amigo de apretar el gatillo, que desencadenaría «una reacción negativa enorme», tanto dentro como fuera del país, y reduciría el poco apoyo que seguían teniendo las guerras de Irak y Afganistán.[18] Por primera vez en seis años, Bush no aceptó el consejo de Cheney de llevar a cabo una agresión unilateral estadounidense. «Tomemos la senda de la diplomacia —replicó—. Hagámoslo público, saquemos a la luz el reactor y de paso la desvergüenza del dictador al-Asad». Pero Hayden señaló que Israel no revelaría su información de inteligencia si lo que se pretendía era solo emplear la diplomacia con Siria. Lo que quería era que se destruyera el reactor. «Vale, pues dejemos que lo haga Israel», dijo Cheney.

«De hecho Bush acabó poniéndose del lado de Cheney —escribiría Gates—. Al no cortar el paso a los israelíes, lo que hizo fue darles luz verde». El 6 de septiembre, Israel eliminó el reactor mediante un ataque aéreo. Humillado, al-Asad no dijo nada. Ni tampoco Israel ni los Estados Unidos. El ataque permaneció en secreto hasta que Hayden informó al Congreso y a la prensa siete meses después. Comentó en tono reflexivo que la CIA no había sabido detectar el programa nuclear sirio hasta que había sido casi demasiado tarde. «Nos ha ido bien —dijo—, pero lo mismo podía haber salido de una forma que nos salió de otra».[19]

La ocupación estadounidense de Irak dio un giro brutal el 17 de septiembre. En el mismísimo corazón de Bagdad, diecinueve mercenarios de Blackwater, todos ellos veteranos del Ejército contratados por la CIA, se volvieron locos y abrieron fuego contra los coches en una rotonda muy concurrida. Mataron a catorce civiles iraquíes, incluidos dos muchachos y dos mujeres.*

El ejército privado Blackwater se había convertido en una filial operativa del servicio clandestino. Su propietario, Erik Prince, había convertido los cinco millones de dólares que la CIA le había asignado, con la misión de proteger la embajada y el puesto de la agencia en Kabul a comienzos de 2002, en una mina de oro por valor de varios miles de millones: seiscientos millones de dólares en contratos con la CIA, mil doscientos millones con el Departamento de Estado y cientos de millones más con el Pentágono. El personal de Blackwater cargaba misiles en los drones Predator, interrogaba a prisioneros de la CIA y llevaba a cabo operaciones paramilitares con agentes de la Sección Terrestre de

* Tras años de juicios, apelaciones, anulaciones y repeticiones de los juicios, un exmarine, Evan Liberty, fue condenado a cadena perpetua en diciembre de 2018; a otros tres pistoleros de Blackwater, compañeros suyos, les impusieron condenas largas. Liberty apeló directamente al presidente Donald Trump, diciendo que era una víctima de una caza de brujas del Departamento de Justicia. Dos semanas antes de la insurrección del 6 de enero de 2021, Trump publicó un indulto presidencial para los cuatro individuos.

la División de Actividades Especiales, además de hacer de guardia de seguridad en la embajada.

El éxito financiero de la empresa fue consecuencia directa del poder y la influencia de los veteranos de la CIA que formaban parte de su ejecutiva. Cofer Black, el antiguo jefe de la unidad antiterrorista, era el vicepresidente de la compañía. Ric Prado, que había sido agente operativo de Black, era vicepresidente para «programas gubernamentales especiales», lo cual quería decir contratos de alto secreto con la CIA y con servicios de inteligencia y de seguridad extranjeros. Rob Richer, que se había retirado recientemente como subdirector del servicio clandestino, era otro de los vicepresidentes de la empresa. Black, Richer y Prado dirigían, además, una filial de Blackwater llamada Total Intelligence Solutions, que ofrecía sus servicios a gobiernos, empresas y personalidades políticas de todo el mundo. «Cofer puede abrir muchas puertas —dijo Richer al *Washington Post* unas cuantas semanas después de la matanza—. Yo puedo abrir muchas puertas. Por lo general, podemos acceder a cualquiera a quien tengamos que acceder [...]. Podemos tratar con el ministro o con la persona adecuada».[20] En un email de octubre de 2007, Prado decía: «Tenemos un crecimiento muy rápido, nos hemos convertido en una red mundial de gente que podemos hacer de todo, desde labores de vigilancia hasta reconocimientos del terreno u operaciones disruptivas».[21]

Entre los nuevos y numerosos contratos de Blackwater, cabría citar un convenio para proporcionar seguridad a Benazir Bhutto, la antigua primera ministra de Pakistán, que había prometido llevar la democracia a su país y había vuelto del exilio para hacer campaña contra Musharraf. El 3 de noviembre, en vista de las protestas callejeras cada vez más numerosas en su contra, Musharraf proclamó el estado de excepción, suspendió la Constitución, despidió al presidente del Tribunal Supremo, detuvo a sus adversarios políticos y cerró las cadenas de televisión independientes. La embajadora estadounidense, Anne Patterson, y el jefe de estación de la CIA, Frank Archibald, futuro director del servicio clandestino, ya habían visto venir este plan de obtener el poder absoluto, y habían rogado a Musharraf que no sumiera al país en una dictadura. Lograron frenarlo, pero no detenerlo. Bhutto había escrito a Musharraf avisándolo de una conspiración para asesinarla, diciendo que detrás de toda la trama estaba el antiguo jefe del ISI.

Blackwater resultó incapaz de protegerla: la señora Bhutto fue asesinada por un terrorista suicida el 27 de diciembre. El asesino había sido enviado por el líder de los talibanes pakistaníes, una nueva coalición de unos cinco mil combatientes de Waziristán, una provincia tribal a la que no llegaba el Gobierno, situada en la frontera de Pakistán con Afganistán. El grupo en cuestión debía su fuerza a Musharraf y al director del ISI, Ashfaq Kayani, que habían sellado un acuerdo con los líderes tribales en septiembre de 2006 por el que se ponía fin a las operaciones de antiterrorismo en la provincia y prohibieron a la CIA lanzar cualquier ataque desde Afganistán. En la sala de crisis, unas horas después del asesinato, Hayden dijo a Bush que Musharraf, el supuesto aliado de los Estados Unidos, había apoyado a las fuerzas de la yihad a uno y otro lado de la frontera. Con su ayuda, los talibanes habían regresado con fuerza a Afganistán y al-Qaeda estaba resurgiendo en Waziristán. Pakistán se había convertido en aquellos momentos en el frente más peligroso de la guerra del presidente contra el terror.

Aquella idea resultaba totalmente nueva para Bush. Centrado por completo en evitar un fiasco en Irak, no había sido capaz de centrar su atención ni en la perfidia de Pakistán ni en la guerra de Afganistán ni en la lucha contra al-Qaeda. Había confiado en Musharraf y no había sabido ver que Pakistán había continuado respaldando a los talibanes y había permitido que volvieran a atacar con fuerza a los estadounidenses y a sus aliados. No había sabido dar seguridad a la población de Afganistán, que seguía sin tener policía ni soldados ni unas fuerzas armadas dignas de ese nombre. No había sabido actuar atendiendo a los informes de la CIA, que desde hacía dieciocho meses lo avisaban del resurgimiento de los talibanes, sino que había hecho caso omiso de ellos y se había consolado con las reconfortantes promesas de éxito que le hacían los militares. Los talibanes iban ganando, le advertía el director del servicio de inteligencia afgano, Amrullah Saleh, escogido a dedo por la CIA, en parte porque las fuerzas estadounidenses se dedicaban a asesinar y detener a civiles en incursiones basadas en informaciones de inteligencia falsas.

«Caballeros, tenemos aquí algunos casos de mala conexión», dijo Gates a sus asistentes del Pentágono después de una videoconferencia con los generales encargados de dirigir la guerra.[22] Los comandantes en jefe seguían poniendo en entredicho «uno tras otro, todos los informes de la CIA en los que se afirma que la situación en Afganistán está empeorando a un ritmo alarmante. Créanme —añadió con una sonrisa—. Sé un par de cosas sobre lo que es coger con pinzas lo que dice la agencia». Pero Gates tenía la corazonada de que la CIA decía la verdad y de que los militares estaban engañando al presidente y a sí mismos.

«Irremediablemente nos echamos atrás»

Al-Qaeda estaba atrayendo a nuevos seguidores provenientes de todos los rincones del mundo a través de una red de sofisticadas páginas web, utilizando la guerra de Irak como una herramienta de captación. Combatientes extranjeros, principalmente árabes, pero también musulmanes de toda Europa, llegaban a las bases de al-Qaeda en Pakistán. «Una gran parte de esos adeptos son personas que no te harían levantar la ceja si estuvieran a tu lado en la cola para presentar el pasaporte» en un aeropuerto estadounidense, diría Hayden.[23] Regresaban en gran número licenciados procedentes de toda Europa, y la CIA y los servicios de inteligencia aliados estaban muy alarmados. Había sido detenido un yihadista alemán con setecientos kilos de un compuesto de peróxido de hidrógeno y veintiséis detonadores de tipo militar, que tenía la intención de utilizar en varios coches bomba en la base aérea estadounidense de Ramstein. Doce pakistaníes y dos indios que preparaban una serie de ataques suicidas en por lo menos tres ciudades europeas fueron detenidos en Barcelona. Otra célula terrorista fue descubierta cuando planeaba poner una bomba en el aeropuerto de Glasgow. Todos ellos habían sido entrenados por al-Qaeda en Waziristán. Esos campos de entrenamiento diseminados a lo largo de la frontera noroccidental de Pakistán servían también como trampolines para la colocación de artefactos explosivos improvisados y ataques suicidas en Afganistán.

Hayden había empezado a ver a Pakistán como un aliado infernal. La semana después del asesinato de Bhutto voló a Islamabad para enfrentarse a Musharraf y Kayani, y tuvo una discusión con ellos sobre una serie de acciones encubiertas contra al-Qaeda y los talibanes. Propuso la realización de incursiones transfronterizas de agentes de la CIA y de las fuerzas especiales en Afganistán, con el fin de atacar las bases de al-Qaeda en los territorios tribales. Musharraf se negó a permitirlo: consideraría semejantes incursiones una invasión militar. Hayden replicó presentando un plan para crear una base de la CIA en Pakistán, para lanzar ataques con drones Predator contra el enemigo. En este caso, Musharraf respondió con un sí provisional: cada ataque habría de recibir previamente su aprobación. Hayden sospechaba que el ISI avisaría con antelación a los terroristas. Cuando regresó a la Casa Blanca, instó a Bush a conceder a la CIA la facultad de lanzar los drones con o sin permiso de Musharraf.

El presidente se negó. Hayden estaba proponiéndole desencadenar una guerra relámpago encubierta en un país con el que los Estados Unidos no estaban en guerra, cuyo ejército poseía armas nucleares, y cuyos espías tenían poder para lanzar ataques terroristas como quien dice tirando la piedra y escondiendo la mano. Peor aún, al carecer de información de inteligencia, la CIA podía estar yendo a ciegas. Casi todas las grandes amenazas terroristas que la CIA lograba rastrear tenían hilos que las vinculaban con las zonas tribales, pero la agencia no tenía capacidad de unir todos esos hilos entre sí.

«No tenemos suficiente información acerca de lo que está pasando allí —dijo el teniente general Dell Dailey, nuevo director de Antiterrorismo del Departamento de Estado, que había dirigido varias operaciones especiales en Afganistán y en Irak—. Ni sobre al-Qaeda. Ni sobre los combatientes extranjeros. Ni sobre los talibanes».[24] Bush temía la perspectiva de una guerra no declarada en los territorios no gobernados de un supuesto aliado. «¿Hasta dónde estábamos dispuestos a llegar? —se preguntaba Michael Waltz, un boina verde que prestaba servicio como asesor de antiterrorismo de Cheney y que sería nombrado consejero de Seguridad Nacional de la Casa Blanca en 2025—. ¿Podíamos realmente permitirnos el lujo de convertir a Pakistán en nuestro enemigo? ¿Estábamos dispuestos a salir en busca de los campos de adiestramiento de los insurgentes y de su cuartel general en Pakistán y a luchar contra los tanques y la artillería del ejército pakistaní durante el camino de ida y el de vuelta? ¿Estábamos dispuestos a abatir a los aviones de su Fuerza Aérea, unos aparatos que les habían proporcionado los propios Estados Unidos?... Cuando empezamos a contemplar unos escenarios tan tenebrosos, irremediablemente nos echamos atrás».[25]

La guerra contra el terror había empezado a ir a la deriva en 2007. Bush estaba atenazado por una parálisis de política de estrategia y de visión. La búsqueda de Bin Laden no había conducido a ninguna parte. La CIA había propinado golpes a al-Qaeda, pero las fuerzas de la yihad se habían multiplicado y metastatizado por todo el mundo. La CIA no había sacado del campo de batalla a ningún terrorista de importancia en todo el año. «Íbamos a cero en todo 2007», comentaría Hayden. Dijo a Bush que los estadounidenses nunca los perdonarían si los Estados Unidos eran atacados de nuevo.

15

La visión del ojo de Dios

«La campaña contra al-Qaeda era mi vida y mi obsesión», diría Jose Rodriguez.[1] En aquellos momentos su guerra contra el terror había terminado. «Me había quedado sin gasolina —escribiría más tarde—. Ya era hora de que diera un paso a un lado y dejara que otros dirigieran el servicio clandestino».[2]

A mediados de noviembre de 2007 Rodriguez se hallaba en la mitad de un plan de jubilación de noventa días que debía prepararlo para llevar una vida fuera de la CIA, cuando recibió «una enloquecida llamada de mi antigua jefa de gabinete, habitualmente imperturbable». Gina Haspel le dijo que un periodista del *New York Times* andaba buscando una contestación de la CIA para un artículo acerca de su orden de destruir las cintas de vídeo con los brutales interrogatorios llevados a cabo en el centro de detención clandestino de Tailandia. Los dos se dieron cuenta de que, si el periódico tiraba del hilo, podrían descubrirse muchas más cosas.

No era simplemente que Rodriguez hubiera desobedecido a sus superiores. Porter Goss no había informado deliberadamente a las comisiones de Inteligencia del Congreso acerca de la destrucción de las cintas, violando así las normas que gobernaban sus relaciones. John Rizzo, el abogado de la CIA, se enteró de este hecho tan relevante por una llamada telefónica que había hecho al exdirector de la agencia. «Se me cayó el alma a los pies», recordaría Rizzo.[3] Sabía reconocer un escándalo cuando veía uno.

El *New York Times* destapó la historia el 7 de diciembre —el Día de Pearl Harbor, como apuntó Hayden—, y el periódico siguió escarbando en ella. Sus informaciones dominaron el discurso acerca de la CIA en la prensa y en la opinión pública durante todo el invierno y la primavera de 2008. La destrucción de las cintas tenía implicaciones tanto legales como políticas: la CIA no había cumplido la orden de un juez federal que la obligaba a conservar todos los archivos relacionados con el trato que había dispensado a sus detenidos. Surgió la cuestión de la obstrucción a la justicia, y el Departamento de Justicia autorizó llevar a cabo una investigación criminal de Rodriguez, el agente de rango más elevado del servicio clandestino en enfrentarse a la amenaza de una acusación de delito grave en las últimas dos décadas. La tarea recayó, y no por casualidad, en el fiscal especial John Durham, que había demorado la vista del caso de la CIA y el Hombre de Hielo hasta conseguir que expirara el plazo de prescripción del delito. Durham fue dilatando esta nueva investigación durante tres años. Su informe secreto sostendría que Rodriguez no tenía autoridad legal para destruir las cintas, pero que el Departamento de Justicia no podía procesarlo.

Cuatro años después de que se destapara la historia, en diciembre de 2011, Mike Morell, a la sazón vicedirector de la CIA, asumió la responsabilidad de pronunciar un fallo. Al destruir las cintas, Rodriguez había desobedecido a Goss, al director nacional de Inteligencia, a la asesoría jurídica de la Casa Blanca, al inspector general de la CIA y al abogado de más alto rango de la agencia. Su insubordinación debía por fuerza tener consecuencias, decretó Morell.

Rodriguez recibió una carta clasificada de amonestación. «Las consecuencias prácticas de la carta son cero», diría orgullosamente,[4] y si la CIA le daba una copia, «la enmarcaré», afirmó.

Era todo un zelota y estaba orgulloso de serlo, y por ello lo admiraban muchos de sus agentes. Pero había transgredido las normas, y eso era peligroso. Hayden dijo una vez que «las actividades encubiertas de la CIA van siempre al límite. Siempre tienen lugar en una zona gris. Gris desde el punto de vista ético, gris desde el punto de vista legal y gris desde el punto de vista operacional. Siempre están ahí, al borde de las prerrogativas ejecutivas».[5] La amonestación dictada por Morell tal vez fuera una reprensión leve. Pero establecía que Rodriguez había traspasado el límite y había arrastrado consigo a la CIA y a la Casa Blanca. El expediente reflejaba que nadie era tan responsable como Bush de los abusos de la guerra contra el terror que había manchado la imagen de los Estados Unidos. Él llevaría esa mancha como un motivo de orgullo.

«Un adversario astuto, rico en recursos y fríamente calculador»

«La operación encubierta que tuvo más éxito entre las que llevé a cabo cuando era director no la conoce nadie», diría Hayden después de retirarse.[6] Probablemente hablara del asesinato en las calles de Damasco de Imad Mughniyeh, el jefe militar de Hezbolá, el 12 de febrero de 2008. La operación fue un doble triunfo a ojos de Hayden. La CIA había matado al segundo terrorista más buscado del mundo. Y su papel había permanecido en secreto. En el servicio clandestino ha constituido todo un artículo de fe creer que sus mayores éxitos no se han proclamado nunca a los cuatro vientos. «Si se proclaman a los cuatro vientos —comentaría Hayden—, no son éxitos».

Mughniyeh había asesinado a más agentes de la CIA que cualquier hombre vivo. En Líbano, durante los años ochenta, había matado con coche bomba a más de doscientos soldados estadounidenses en complicidad con sus aliados. Había hecho estallar una bomba en la embajada de los Estados Unidos y había matado a sesenta y tres personas —entre ellas a ocho miembros del personal de la CIA, incluido el jefe de estación y el principal analista sobre Oriente Medio de la agencia, en el día más mortífero de su historia—, y, más adelante, había secuestrado al nuevo jefe de estación de Beirut, que moriría en cautividad. La oleada de secuestros de rehenes perpetrados por Mughniyeh en Líbano había llevado al presidente Reagan a intentar rescatar a los cautivos estadounidenses mediante la venta de armas a los patrocinadores financieros y militares de Hezbolá, la Guardia Revolucionaria Iraní, desencadenando el mayor escándalo de la Casa Blanca desde el Watergate. Mughniyeh había sido acusado de secuestrar en 1985 del vuelo 847 de TWA poco después de que despegara del aeropuerto de Atenas y asesinar a un buzo de la Armada que iba en el avión. Un informe de la CIA de 1986 lo llamaba «un adversario astuto, rico en recursos y fríamente calculador, para el cual resulta permisible [...] prácticamente cualquier acto de violencia».[7] Entre sus crímenes posteriores cabría citar, durante los años noventa, los atentados con bombas a la embajada israelí y a una asociación israelí de ayuda mutua en Buenos Aires, que causó la muerte a 114 personas, así como una multitud de ataques terroristas en Israel.

En el siglo XXI, Hezbolá había pasado de ser una banda terrorista de Beirut a convertirse en un estado dentro del Estado del Líbano. Su ala paramilitar, capitaneada por Mughniyeh, era más poderosa que el ejército libanés. Sus objetivos eran los mismos que los de sus patrocinadores iraníes: la destrucción del Estado judío. Mughniyeh tomaba unas extraordinarias medidas de seguridad para esconderse; su nombre de guerra era Abu Dokhan, Padre de Humo. Los servicios de inteligencia israelíes llevaban veinticinco años intentando darle caza. En septiembre de 2007, lo localizaron.

El director del Mosad, Meir Dagan, confió a Hayden que los espías de Israel habían seguido la pista de Mughniyeh hasta Damasco, interceptando las señales de las constantes conversaciones de Hezbolá con la Fuerza Quds de Irán. Pero el Mosad no tenía un puesto en la capital siria. La CIA, en cambio, sí. Y Tom Sylvester, que había abandonado Damasco hacía casi un año para convertirse en director del Centro de Antiterrorismo del grupo de Irak, había dejado tras de sí a su sucesor una pequeña pero robusta red de agentes sirios, pisos francos y buenos sistemas de comunicaciones secretas.

Dagan propuso a Hayden colaborar en el asesinato de Mughniyeh. *Asesinato* era en la CIA un término muy cargado: un campo de minas legal, ético y moral desde que los presidentes Eisenhower y Kennedy propusieran tácitamente que alguien matara a Fidel Castro.* «La agencia no ha asesinado nunca a nadie; nunca —dijo en 1988 Richard Helms—. He estado en ella desde que abrió sus puertas hasta que me marché en 1973, y sé que la agencia no ha matado nunca a nadie. *A nadie*».[8] (Aunque en el caso de Fidel Castro no sería porque no lo intentara). Pero los israelíes habían asesinado a cientos de enemigos suyos durante la segunda mitad del siglo XX, y a cientos de ellos más desde que diera comienzo la segunda intifada palestina en 2000. Sus asesinatos se habían convertido en una rutina y los Estados Unidos los habían condenado de manera igualmente rutinaria. «El Gobierno de los Estados Unidos está, como es bien sabido, claramente en contra de los asesinatos selectivos —había dicho en julio de 2001 el embajador estadounidense en Israel, Martin Indyk—. Son ejecuciones extrajudiciales y nosotros no apoyamos esas cosas». Aquel verano, cuando el debate sobre la necesidad de armar dro-

* Una orden ejecutiva de 1981 firmada por el presidente Reagan decía: «Ninguna persona empleada por el Gobierno de los Estados Unidos o que actúe en su nombre participará en un asesinato o conspirará para participar en él». Pero en 1984 y 1985 la revocó, firmando varias resoluciones de inteligencia —ejecutadas como respuesta directa a los ataques terroristas de Mughniyeh en Beirut— y declarando legítimos los asesinatos si se cometían «de buena fe y formando parte de una operación aprobada». Las comisiones de Inteligencia del Congreso se enteraron de ello y, en 1986, obligaron a la Casa Blanca a cerrar el resquicio legal que hablaba de «buena fe». La mortífera resolución de Clinton contra Bin Laden de 1998 sostendría que matar a alguien que representara una amenaza inminente para los Estados Unidos era un acto de defensa propia y no un asesinato. Después del 11-S, el presidente Bush firmó varias resoluciones que erosionarían todavía más el tabú de los asesinatos selectivos. La CIA seguía sin poder asesinar a un jefe de Estado, pero podía indudablemente asesinar al jefe militar de Hezbolá por orden del presidente.

nes Predator con misiles Hellfire tomó cuerpo en la comunidad de inteligencia estadounidense, George Tenet había dicho que sería un «error terrible»[9] que el director de la CIA disparara un arma letal como aquella. Una cosa así solo se produciría por encima de su cadáver. Desde entonces la ecuación moral había cambiado por completo.

Mughniyeh era responsable de causar la muerte y de mutilar a cientos, cuando no a miles de soldados y civiles en Irak. Desde los primeros meses de la ocupación estadounidense, había sido el supervisor de Hezbolá en las labores de adiestramiento y de armamento de los terroristas suicidas y los combatientes extranjeros que llegaban desde Siria hasta Irak. Todo ello permitía a la CIA plantear una justificación legal a su asesinato en nombre de un acto de autodefensa anticipada —matémoslo a él antes de que él nos mate a nosotros—, según las leyes del conflicto armado. Hayden pidió a Bush que le diera su bendición, cosa que el presidente le concedió de mil amores, a condición de que no muriera nadie más que Mughniyeh. Aquello añadía un grado de dificultad más a un plan ya de por sí osado.

La trama para asesinarlo tomó forma entre noviembre de 2007 y enero de 2008: sería «una operación gigantesca entre varias fuerzas distintas, en la que ambos países invertirían una cantidad descomunal de recursos y, por lo que yo sé, aquella en la que se invertiría un mayor número de esos recursos para matar a una sola persona», dijo un dirigente del Mosad al periodista israelí Ronen Bergman.[10] En el cuartel general de la CIA solo un puñado de agentes estaba al corriente de la operación. Hayden y Kappes se encargaron de supervisar el trabajo de tres hombres: el nuevo jefe del servicio clandestino, Mike Sulick, que había regresado dos años después de que lo echara Goss; el director del Centro de Antiterrorismo, Mike D'Andrea, y el jefe de la División para Oriente Próximo, Mike Walker, que estaba perfectamente familiarizado con acciones encubiertas letales, al haber sido el número dos de la División de Actividades Especiales para el 11-S.

Los agentes de la CIA y los espías que habían sido reclutados en Damasco, en colaboración con el Mosad, tejieron una red de vigilancia en torno a Mughniyeh cada vez que entraba y salía de las oficinas del servicio de inteligencia sirio y de sus viviendas seguras. Para su satisfacción, habían descubierto que se quitaba de encima a sus escoltas cada vez que acudía a sus frecuentes encuentros amorosos con tres mujeres de Damasco, conduciendo personalmente un Mitsubishi plateado; lo aparcaba en un garaje y se marchaba solo. Decidieron que podrían colocar una carga explosiva hueca en la rueda de repuesto montada en la parte trasera del todoterreno. Agentes paramilitares y del servicio técnico de la CIA probaron diversos prototipos en la base de adiestramiento en actividades antiterroristas de la agencia en Harvey Point, Carolina del Norte, construida en un terreno pantanoso de casi setecientas hectáreas, rodeado por la ensenada de Albermarle, donde en otro tiempo había reinado el pirata Barbanegra. El arma mortífera llegó a la embajada estadounidense en Siria por valija diplomática.

Mughniyeh voló por los aires en el corazón mismo del barrio más estrechamente vigilado de Damasco. Calle abajo, la onda expansiva arrancó las ventanas de una oficina de los servicios de inteligencia sirios. Hezbolá culpó instintivamente a Israel del asesinato (y de paso a Siria, por permitir que se produjera). «Piensen simplemente lo que significa para los sirios —dijo en tono jactancioso Dagan—. Piensen lo que significa para al-Asad, lo que significa para Hezbolá, darse cuenta de que no están seguros ni siquiera en Damasco».[11] El papel desempeñado por la CIA permaneció oculto durante siete años hasta que los periodistas lo reconstruyeron en 2015. Como es natural, la agencia no lo ha reconocido nunca. Utilizar un coche bomba, arma propia de terroristas, para asesinar a un terrorista habría sido un bonito caso de justicia poética, pero también, parafraseando a Hayden, algo situado muy lejos de los límites del poder presidencial. Suponía cruzar un umbral, marcado por la ley, que no tiene vuelta atrás.

Envalentonado por la operación, según dijo Hayden, durante toda la primavera de 2008 «presioné y presioné y presioné»[12] al presidente para que relajara las normas acerca de los asesinatos selectivos. Los ataques de la CIA con drones Predator en los territorios tribales de Pakistán habían sido escasos y esporádicos, unos catorce a lo largo de los últimos cuatro años... y algunos habían fracasado estrepitosamente al no acertar con sus objetivos, matando a civiles e inflamando la furia de la población contra los Estados Unidos. Pero ahora, dijo a Bush, la CIA y la NSA tenían la capacidad de concentrar la información de inteligencia obtenida a través de los espías y de las escuchas electrónicas, combinarla, y transformarla en una potencia de fuego precisa. El incremento de las líneas de montaje de drones había dado a la CIA la posibilidad de utilizar una flota de drones para llevar a cabo labores de vigilancia de los campamentos terroristas durante un tiempo ilimitado.

«Esa mirada persistente y de carácter divino, sin parpadeos, crea un nivel de seguridad» muy alto, dijo Hayden.[13] Armado con la visión del ojo de Dios, defendió la autoridad unilateral para descargar un aluvión de misiles contra los objetivos de la CIA. «Era una decisión consciente de ser más agresivos, en la confianza de que en nuestra política y en la política pakistaní existía el espacio para hacerlo», dijo.[14] Musharraf se enfrentaba a su destitución y a la posibilidad de perder el poder; su sucesor más probable sería más dócil con la CIA. A Bush le quedaban siete meses en el cargo. Habían pasado casi siete años desde que Cofer Black había prometido al presidente que le entregaría la cabeza de Bin Laden clavada en la punta de una lanza. Esa era la última oportunidad que tenía la CIA de atacar su base de poder antes de que Bush perdiera la suya.

«¿Qué es lo que no entendemos?»

En junio, era evidente que el próximo presidente de los Estados Unidos iba a ser o el senador por Arizona John McCain, o el senador por Illinois Barack Obama. Ambas perspectivas preocupaban a Hayden, aunque pensaba que «McCain habría sido más perjudicial para la forma en la que los Estados Unidos obtenían información de inteligencia».[15] McCain, famoso por su carácter intratable, había chocado con Hayden más de una vez, y con Bush lo había hecho continuamente desde que los ambos se enfrentaran para la nominación del candidato del Partido Republicano en las elecciones presidenciales del año 2000.* Como hijo y nieto de almirantes de la Armada, veía en la CIA una agencia de segundo nivel cuya tarea primordial era prestar apoyo a las Fuerzas Armadas. En el acalorado ambiente de las elecciones de 2004, cuando los republicanos de derechas acusaban a los analistas de la agencia de filtrar información de inteligencia para perjudicar a Bush, McCain había dicho que la CIA era «no solo una organización inoperante, sino que además estaba desmandada».[16] La acusación de que la agencia era una organización desmandada era falsa —sus agentes estaban exquisitamente en sintonía con las órdenes del presidente—, pero escoció mucho.

Y lo que era más inquietante, a juicio de Hayden, los dos candidatos habían condenado a la CIA por torturar a sus prisioneros. La simple mención de la palabra *tortura* sacaba de quicio a Hayden. Él insistía en que los Estados Unidos no habían torturado a nadie. Decir otra cosa era condenar a la CIA por cumplir las órdenes del presidente. Pero McCain tenía la suficiente autoridad moral para hacerlo: él mismo había sido torturado como prisionero de guerra en Vietnam durante cinco años y medio. Tenía la intención de cerrar los centros de detención clandestinos y Guantánamo, y de obligar a los responsables de los interrogatorios de la CIA a atenerse a las normas del Ejército y a renunciar a aquellos interrogatorios brutales. Obama estaba absolutamente de acuerdo con él. Los abogados de la CIA temían que cualquiera de los dos, si era elegido, decidiera procesar a los agentes responsables de las entregas, detenciones e in-

* Durante la campaña del año 2000, los agentes de Bush habían difamado a McCain, tachándolo de homosexual no declarado, de haber tenido un hijo negro fuera del matrimonio, de estar casado con una drogadicta y de ser mentalmente inestable, entre otras calumnias.

terrogatorios extrajudiciales. Rizzo presionó a Hayden para que solicitara a Bush indultos preventivos para todos los interesados, pero el director de la agencia temía que algo así equivaliera a una admisión de culpabilidad políticamente peligrosa.

Hayden encontraba odioso a McCain y desconfiaba de Obama, un neófito en materia de seguridad nacional y el candidato presidencial más liberal del que se tenía memoria. Pero veía en él un rayo de esperanza. Obama había pronunciado un discurso inquietantemente duro en materia de seguridad nacional ante un público de gerifaltes de la política exterior de Washington, unos meses antes de que dieran comienzo las primarias:

> Al-Qaeda tiene un santuario en Pakistán [...]. Como presidente pienso poner condiciones a los cientos de millones de dólares destinados por los Estados Unidos a ayuda militar a Pakistán, y voy a dejar bien claras nuestras condiciones: Pakistán debe hacer avances sustanciales de inmediato por lo que se refiere a cerrar de los campos de adiestramiento, expulsar a los combatientes extranjeros y evitar que los talibanes utilicen Pakistán como zona de preparación de ataques en Afganistán.
>
> Comprendo que el presidente Musharraf tiene sus propios retos. Pero permítanme que sea claro. En esas montañas se hallan escondidos terroristas que han asesinado a tres mil ciudadanos estadounidenses. Y conspiran para atacar de nuevo [...]. Si tenemos una información de inteligencia viable sobre objetivos terroristas de gran valor y el presidente Musharraf no quiere actuar, lo haremos nosotros.[17]

Esas promesas eran considerablemente más duras que cualquier acción emprendida por Bush. Crearon el espacio político que necesitaba Hayden para convencer al presidente de que hiciera lo que Obama había prometido hacer. Hayden deseaba una escalada de la guerra de la CIA en Pakistán... y obligar al próximo presidente a continuarla.

Convenció a Bush de que convocara una reunión del Consejo de Seguridad Nacional para escuchar los argumentos de la CIA en pro de un ataque masivo.

El 28 de julio, Bush, Cheney, Gates, Rice, Hadley, Hayden y Kappes se reunieron en la Sala Oval Amarilla, en el segundo piso de la zona residencial de la Casa Blanca, escenario escogido para que no quedara registro oficial de su encuentro. Habían leído una nueva estimación nacional de inteligencia en la que se afirmaba que la CIA no había logrado impedir el resurgimiento de al-Qaeda en Pakistán, país que se había convertido en el epicentro de la amenaza terrorista mundial a la que se enfrentaban los Estados Unidos. Hayden y Kappes defendieron su planteamiento a toda costa en los términos más tenebrosos que pudieron.

Efectivamente, al-Qaeda se había fusionado con los talibanes. El jefe de estación de Islamabad, Frank Archibald, había confirmado que algunos de los máximos agentes de inteligencia pakistaníes habían concedido a los terroristas santuarios seguros en los que reunirse, reclutar secuaces y conspirar. Hayden estaba totalmente seguro de que Bin Laden y sus lugartenientes planeaban atacar de nuevo en los Estados Unidos. Suponían «una amenaza para la nación —dijo—. Venían a por nosotros».[18] Y pronunció una funesta advertencia: «Sabiendo lo que ahora sabemos, no hay manera de explicar nuestra inacción una vez que se haya producido el próximo ataque».[19]

Bush había venido escuchando centenares de alertas rojas igual de horripilantes desde el 11-S. Lo que finalmente lo indujo a dar el paso fue el hecho de que los terroristas instalados en Pakistán se dedicaban a cruzar la frontera para asesinar y mutilar a sus tropas en Afganistán, con decenas de ataques diarios. «Esos hijos de puta están matando estadounidenses —dijo—. Ya estoy harto».[20] Y fue así como decidió lanzar los drones.

«El presidente accedió a incrementar las facultades de la CIA, para hacer más cosas, con un poco más de margen, con un poco más de discrecionalidad», comentaría Hayden.[21] Ese eufemismo deliberado reflejaba el hecho de que el Gobierno estadounidense no había reconocido nunca que la CIA llevaba a cabo ataques sangrientos con drones.

Hayden y D'Andrea empezaron inmediatamente a lanzar una avalancha de misiles Hellfire y diseñar planes para que los agentes paramilitares de la CIA y las fuerzas de operaciones especiales atacaran las bases terroristas en Pakistán. Ahora podían matar a presuntos terroristas basándose en sospechas razonables y no en pruebas irrefutables de que amenazaban a los Estados Unidos y a sus aliados. Ya no darían aviso previo al ISI, cuyos agentes a menudo habían alertado a los objetivos de que estaban en el punto de mira de la CIA. Los ataques con drones se convertirían en una táctica muy poderosa, pero no eran una estrategia antiterrorista coherente. La superioridad aérea no derrotaría a al-Qaeda. Solo podría hacerlo la información de inteligencia.

Los ataques con drones se producían ahora con una frecuencia tremenda: veintiocho acciones durante los últimos cinco meses de 2008, el doble que durante los cuatro años anteriores juntos. El resultado, diría Hayden, fue «un aumento espectacular de la frecuencia de las muertes de dirigentes clave de al-Qaeda». La respuesta de al-Qaeda llegó el 20 de septiembre y consistió en hacer estallar un camión bomba cargado de explosivos en la entrada del Hotel Marriott de Islamabad, matando a 54 personas, incluido un experto en criptología de la NSA. Ni la CIA ni el ciudadano estadounidense medio llegaron a valorar plenamente «el resentimiento creado por el uso de ataques con aviones no tripulados llevados a cabo por los estadounidenses —diría el general McChrystal unos años más tarde—. Los odian de manera visceral, incluso individuos que no han visto nunca uno ni tampoco sus efectos».[22]

Los ataques de la CIA mataron en 2008 a decenas de civiles, a pesar de las afirmaciones de Hayden acerca de su meticulosa precisión. Pasarían más de dos años antes de que mejorara la calidad de la información de inteligencia que guiaba a los drones y de que la tasa de muertes de civiles disminuyera. Al mismo tiempo, las operaciones militares y las acciones antiterroristas estadounidenses en Afganistán causaban la muerte de centenares de víctimas inocentes todos los años. «¿Qué es lo que no entendemos? —preguntó McChrystal a sus compañeros de armas—. Vamos a perder esta puta guerra si no dejamos de matar a civiles».[23]

El 26 de septiembre, cuando Obama y McCain mantuvieron su primer debate presidencial, la conducta de la CIA fue uno de los temas candentes. «Tenemos un largo camino que recorrer por lo que se refiere a nuestros servicios de inteligencia —dijo McCain—. Debemos hacer una labor mejor en materia de información de inteligencia humana. Y tenemos que asegurarnos de que contamos con personal bien adiestrado para llevar a cabo los interrogatorios, de manera que no torturemos nunca más a ningún prisionero. Tenemos que asegurarnos de que nuestras capacidades tecnológicas y de inteligencia sean mejores».

Obama aludió brevemente al fiasco de la información de inteligencia que había llevado a los Estados Unidos a la desastrosa invasión y posterior ocupación de Irak, una guerra a la que él se había opuesto desde el principio. Luego planteó la cuestión de los centros de detención clandestinos. «Para nosotros resulta muy importante comprender que el modo en el que nos perciben los demás países del mundo va a marcar la diferencia, en términos de nuestra capacidad de conseguir su cooperación y de erradicar el terrorismo. Pero debido a algunos de los errores que se han cometido —y reconozco el gran mérito del senador McCain por lo que se refiere a la cuestión de la tortura, por haber identificado en ella algo que socava nuestra seguridad a largo plazo—, por todas esas cosas, creo que vamos a tener mucho trabajo que hacer».

A medida que se acercaba el día de las elecciones, Bush se había convertido en uno de los presidentes más denostados de la historia de los Estados Unidos. Sus índices de popularidad en las encuestas públicas eran más bajos que los de Nixon en los peores momentos del Watergate. Iba a dejar en manos de su sucesor una crisis económica clamorosa, además de tres guerras abiertas —la de Irak, la de Afganistán y la guerra global contra el terror—, sin la promesa de una posible victoria.

Bush había proclamado un «programa de libertad» en el discurso de su segunda toma de posesión, prometiendo que sus guerras iban a «reforzar el crecimiento de las instituciones democráticas en todos los países y en todas las culturas, con el objetivo final de poner fin a la tiranía en nuestro mundo». Pero había conseguido todo lo contrario. Los terroristas habían propagado sus ideas a lo largo y ancho de todo el planeta; Bush había sido incapaz de propagar las suyas. El éxito del ataque de al-Qaeda perpetrado el 11-S era fruto de su negativa a escuchar los avisos de la CIA; el fracaso de su cruzada ideológica era consecuencia de haber aceptado perdonar la tortura en nombre de la seguridad nacional.

Bush había perjudicado la imagen de los Estados Unidos ante el mundo por el uso que había hecho de la CIA como instrumento de su poder. Las técnicas brutales que había autorizado «no solo no habían conseguido su propósito (asegurar una información de inteligencia útil para prevenir nuevos ataques contra los Estados Unidos y nuestros aliados), sino que realmente habían perjudicado nuestros intereses de seguridad, además de nuestra reputación como fuerza encargada de imponer el bien en el mundo —diría posteriormente McCain—. Han manchado nuestro honor nacional, han hecho mucho daño y muy poco bien práctico».[24] Esa era la herencia que Bush legaba al próximo presidente de los Estados Unidos.

16

No hay término medio

El 4 de noviembre de 2008, Barack Obama obtuvo la presidencia por casi diez millones de votos. Proclamó su victoria poco antes de la media noche. Se desencadenaron fiestas en la calle por todo el país y alrededor del mundo. «El cambio ha llegado a los Estados Unidos de América», anunció.

Para el silencioso asombro de sus dirigentes, sería poco lo que cambiaría en la CIA. «Sus hombres nos daban a entender, creo que en parte para tranquilizarnos, que no iban a entrar aquí a desmantelarlo todo, que iban a ser tan duros como los hombres de Bush, si no más —dijo John Rizzo, que había celebrado reuniones informativas en materia de seguridad nacional con el equipo de transición de Obama—. Nos dieron a entender bastante pronto que el nuevo presidente creía en una labor enérgica, agresiva y continuada de antiterrorismo».[1] Rizzo se mantuvo precavido: «Solo cuando entra un nuevo director de la CIA es cuando se tiene una impresión más clara de hacia dónde va a encaminarse la agencia».

John Brennan, el veterano agente con veinticinco años de antigüedad en la CIA, que había sido uno de los ayudantes más estrechos de George Tenet, había respondido a las solicitudes de asesoría sobre antiterrorismo de los responsables de la campaña de Obama, y a cambio le dieron la cartera de Inteligencia para el traspaso de poderes. El 10 de noviembre recibió una agradable sorpresa al ser invitado a Chicago para mantener una conversación cara a cara con Obama. Los centros de detención clandestinos y los crueles interrogatorios no habrían debido existir nunca, le dijo

Brennan, y la pérdida de vidas inocentes como consecuencia de los ataques con drones no debía continuar. Tres días después, Obama lo llamó a Washington y le dijo que lo quería como director de la CIA. Brennan quedó estupefacto y encantado a un tiempo. Pero una semana más tarde, cuando se filtraron los rumores acerca del proyecto, su nombramiento quedó condenado al fracaso. Algunos políticos y muchos comentaristas consideraban a Brennan culpable de asociación con la tortura, por haberse negado a emplear esta palabra. En privado se había opuesto a ella, pero nunca había tenido valor para levantar la voz cuando había tenido ocasión de hacerlo. Enseguida quedó claro que el Senado no iba a confirmar el nombramiento de nadie que estuviera asociado, aunque fuera remotamente, con las entregas, las detenciones y los interrogatorios extrajudiciales. El 25 de noviembre, Brennan renunció.

«Todo se hizo de forma pública y resultó bastante feo», recordaría Hayden.[2] El vigente director de la CIA recibió al día siguiente a Brennan en el cuartel general de la agencia para mantener una reunión con el equipo responsable del traspaso de poderes. «Lo siento, John —dijo Hayden—. Sé cómo te sientes». Los modales de Brennan ya eran bruscos cuando tenía un buen día, y aquel era más bien malo. «Con el debido respeto, Mike —le ladró—, ¡pero no, no lo sientes!». *¡Que te jodan, John!*, dijo para sus adentros el director, mientras contaba silenciosamente hasta diez. Hayden ya estaba furioso cuando entró Brennan en el despacho. Se había imaginado que iban a pedirle que continuara en su puesto —Bush se lo había recomendado a Obama, que había decidido mantener a Bob Gates como secretario de Defensa—, pero no había conseguido que el presidente electo le concediera audiencia.

Obama estaba poniéndose poco a poco al corriente acerca de la CIA. Había echado un vistazo al informe diario al presidente treinta y dos horas después de que cerraran los colegios electorales el día de las votaciones.* Mike Morell,

* El desglose hecho por un experto en historia de la CIA de los temas tratados en los informes diarios al presidente durante el periodo de

en aquellos momentos director de análisis de la CIA, y otros dos encargados de llevar los informes siguieron reuniéndose con Obama casi a diario durante las once semanas del periodo de transición. «Era un hombre brillante y estaba sumamente atento —recordaría Morell—. Enseguida llegaba al meollo de un asunto y planteaba las preguntas adecuadas».[3] Pero los informes diarios al presidente que se le presentaban no mencionaban las operaciones encubiertas, las misiones más secretas de la CIA. Hayden tuvo noticias de Obama y de su vicepresidente, Joe Biden, el 9 de diciembre, cinco semanas después de las elecciones. Habían previsto reunirse con él aquella mañana en las oficinas del FBI en Chicago, pero el FBI estaba preocupado: iba a detener al gobernador de Illinois por intentar vender al mejor postor un nombramiento para el escaño ocupado por Obama en el Senado.

En el extremo de una mesa atestada de gente, en una sala preparada precipitadamente con el fin de celebrar una videoconferencia segura, Hayden expuso catorce grandes programas de acciones encubiertas. Incluían algunas operaciones letales de antiterrorismo en sesenta países de Oriente Medio, el Sudeste Asiático y África; asesinatos selectivos mediante ataques con drones e incursiones paramilitares en Pakistán y Afganistán; asaltos letales contra los combatientes extranjeros en Irak; operaciones del centro de antiproliferación destinadas a inutilizar los laboratorios de armas nucleares de Irán y Corea del Norte; campañas antidroga contra los cárteles de la cocaína, y cientos de millones de dólares

---

traspaso de poderes de 2008 ponía de manifiesto que el 30 por ciento de ellos centraba su atención en Oriente Medio, en particular en Irak, Irán y el conflicto palestino-israelí. El 17 por ciento trataba de Afganistán y Pakistán; el 13 por ciento lo trataba sobre Extremo Oriente, especialmente sobre China y Corea del Norte; y el 10 por ciento sobre al-Qaeda y terrorismo. El 30 por ciento restante correspondía a África, América Latina, Rusia, Asia Central y Europa. Los informes eran amplios, pero no muy profundos. «Los informes diarios al presidente son un poco mejor que los titulares de las noticias de la CNN por lo que a su profundidad se refiere, pero nunca son como los de la BBC», dijo Hayden.

destinados a los servicios de inteligencia de múltiples países de Oriente Medio y de la antigua Unión Soviética, así como a más de un puñado de dirigentes, directores de agencias de espionaje y ministros de países extranjeros.

Obama hizo varias preguntas, «absorbiéndolo todo sin mostrar casi ninguna reacción visible», pero Biden sí lo hizo a menudo. «El vicepresidente electo era como un segundo yo parlanchín de Obama, así que uno de mis retos fue conseguir que cualquiera de los dos llegara al fondo de cada punto al mismo tiempo», contaría más tarde Hayden. Su mayor reto, con diferencia, era vender la idea del programa de entregas, detenciones e interrogatorios extrajudiciales. Hizo todo cuanto estuvo en su mano, pero no lo consiguió.

«Tu tarea consiste en restaurar la credibilidad de la CIA»

Pasó el día de Año Nuevo, y Obama todavía no había elegido al sucesor de Hayden al frente de la CIA. Rahm Emanuel, el congresista por Chicago al que acababa de nombrar jefe de gabinete, tuvo de repente una inspiración: ¿Qué tal Leon Panetta? Habían sido colegas en la Casa Blanca durante la administración Clinton, donde Panetta había sido jefe de gabinete y director de presupuestos, cargo que le había proporcionado todo un doctorado en dimensiones y costes del servicio de inteligencia estadounidense. Y lo que es más importante, al haber formado parte del Congreso durante ocho legislaturas, podía intentar reparar la maltrecha confianza del Capitolio en la CIA. Además, Panetta se había manifestado en contra de los abusos de la CIA en un breve artículo publicado en una revista de Washington especializada en política. «¿Cómo hemos dejado de ser los paladines de la dignidad humana y de los derechos del individuo y nos hemos convertido en una nación de torturadores de salón?», se había preguntado.[4] Y había dado la siguiente respuesta:

> Solo hay una palabra: miedo. El miedo ciega, es odioso y vengativo. Hace que el fin justifique los medios [...]. Los que apoyan la tortura tal vez crean que podemos maltratar a los cautivos en determinadas circunstancias especiales y seguir siendo fieles a nuestros valores. Pero se trata de un compromiso falaz. O bien creemos en la dignidad del individuo, el imperio de la ley y la prohibición de castigos crueles y poco habituales, o no. No hay término medio. No podemos y no debemos emplear la tortura en ninguna circunstancia. Somos mejores que todo eso.

La idea de que Panetta se pusiera al frente de la CIA resultaba paradójica —estaba «completamente fuera de lugar», como diría él mismo quince años más tarde—,[5] y fue toda una sorpresa para Mike Hayden. Quedó espantado por la posibilidad de que lo cambiasen por «un amiguete de Rahm Emanuel», como lo calificó al ver la noticia online.* «La elección de Panetta supuso una sorpresa para casi todos nosotros —dijo Rizzo—. Parecía no tener ningún interés ni experiencia perceptible en materia de seguridad nacional. Y, por supuesto, había sido político. [Sin embargo,] creo que probablemente acabó resultando el director de la CIA más eficaz para el que he trabajado».[6] Rizzo había prestado servicio con diez directores a lo largo de treinta y tres años. Panetta tenía «más conocimiento de las realidades políticas de Washington que cualquiera de los que estaban sentados a la mesa, incluidos Obama y Biden —comentaría Gates—. Leon era un tipo listo y duro [...] y, sobre todo, conocía el Congreso, deficiencia perenne en el seno de la CIA».[7] Tenía lazos que lo unían con Gates, que había seguido ocupando el puesto de secretario de Defensa, y también con Hillary Clinton, la feroz rival de Obama en la lucha

* El término utilizado en el original, *goombah*, según especifica el autor en nota a pie de página, es un insulto de carácter étnico-racista contra los italoamericanos, que tiene connotaciones de conexiones con la mafia. Bob Woodward recogió el comentario de Hayden y Panetta lo reprodujo en sus memorias.

por la nominación del Partido Demócrata, elegida por el presidente para el cargo de secretaria de Estado. Lo que, sin embargo, no tenía era ningún vínculo con la CIA ni con su historia.

Panetta contó que, cuando Obama le ofreció el puesto, el 4 de enero de 2009, le planteó una sola exigencia. «Tu tarea —le dijo el presidente— consiste en restaurar la credibilidad de la CIA».[8] Pero la primera prioridad para Panetta era establecer su propia credibilidad *dentro de* la CIA. Consultó a todos los anteriores directores de la agencia, especialmente a Gates y a George Bush padre, que le aconsejaron escuchar a los viejos profesionales y aprender de ellos. En el cuartel general del equipo encargado del traspaso de poderes, compartió un espacio minúsculo con John Brennan, que había aceptado un premio de consolación: viceconsejero de Seguridad Nacional para Antiterrorismo y Seguridad Interior. Brennan lo instruyó mientras compartían cenas a base de suculentos filetes y buen vino tinto. «Mantén a los altos mandos en el cuartel general —le dijo Brennan—. Aprende de ellos la cultura de la agencia. Y hazte a la idea de que la guerra contra el terror es tu máxima prioridad». Panetta le hizo caso. Mantuvo a Steve Kappes como vicedirector y a Mike Sulick como jefe del servicio clandestino.

El 13 de febrero, Kappes prestó juramento en el despacho de la séptima planta. Panetta llevaba su personalidad deliciosamente irreverente y una taza personalizada de café a las reuniones matutinas de personal. (La taza llevaba la siguiente leyenda: CIA: CALIFORNIA ÍTALO-AMERICANA). Además, amplió el círculo íntimo de esas reuniones, de modo que participaran en ellas todos los departamentos de la agencia. «Necesito que seáis honestos conmigo —dijo a sus agentes—. Lo último que deseo es que suceda algo en lo más recóndito de este lugar que yo no sepa».[9] Había muchas cosas que no sabía. Nadie le había hablado de las operaciones letales de la CIA hasta que ya había prestado juramento de su cargo. Cuando Hayden le dijo que iba a ser el jefe del comando combatiente de la guerra contra el terror,

Panetta se dijo para sus adentros: *¿De qué diablos me estás hablando?* Hayden estaba hablándole de la guerra con drones en Pakistán y Afganistán.

«La verdad es que no me habían informado del todo sobre eso», recordaría Panetta.[10] Pronto tuvo claro que se convertiría en un eslabón de una cadena de muerte que, pasando por los despachos de la séptima planta, iba desde Mike D'Andrea, en el Centro de Antiterrorismo, hasta el despacho oval. Enseguida fue a ver a D'Andrea, el musulmán converso que tenía una alfombra de oración en el despacho. «Cualquiera habría supuesto que un hombre como Mike sería un tipo de gatillo fácil, pero era un profesional que no intentó metérmela doblada —diría Panetta—. Estaba totalmente entregado a la misión. Centrado en ella por completo. Si cometía un error, lo reconocía».[11]

Se produjeron cientos de errores, si contamos cada muerte de civiles como una consecuencia no intencionada. En su tercer día en el cargo, Obama ya había autorizado dos ataques con drones contra campos de adiestramiento en Waziristán, que causaron la muerte a cinco terroristas de al-Qaeda… y se calcula que a veinte civiles. Durante los ocho años siguientes, dio órdenes ejecutivas para otros 540 ataques, diez veces más que el número de los que había lanzado Bush, un 80 por ciento de los cuales tuvieron lugar en Pakistán, y el resto en Yemen y Somalia. Esos ataques causaron la muerte a 3.797 personas, entre ellas 324 civiles, según el Consejo de Relaciones Exteriores, una constelación de miembros de la minoría dirigente de Washington. A instancias de D'Andrea, Panetta solicitó flotas adicionales de Predator y de un nuevo dron, más sofisticado, llamado Reaper (Segador), consciente de que solo con los asesinatos selectivos no lograrían derrotar a al-Qaeda. En la Casa Blanca, Brennan era el oficial encargado de las operaciones letales fuera de las zonas de guerra de Afganistán e Irak. Presentaba todos los planes al presidente. Obama aprobaba personalmente todos y cada uno de los ataques con drones después de las debidas deliberaciones, a veces en el curso de las reuniones semanales celebradas en la Casa Blanca, que pasaron a denominarse los Martes del Terror. La ferocidad y la frecuencia de esos ataques —más de uno a la semana en 2009 y dos a la semana en 2010— asombraron y encantaron a Hayden.

«Increíble continuidad entre las acciones del cuadragésimo tercero y las del cuadragésimo cuarto presidente, a pesar de la retórica de la campaña de 2008. ¡Gracias a Dios por ello! Es una bendición —dijo—. Pero, bueno, tengo alguna queja. Ya no detenemos a nadie, hemos dejado los interrogatorios a un lado. ¿Interrogar a alguien? No capturamos a nadie».[12]

Obama tenía una justificación muy clara para la guerra aérea de la CIA, aunque nunca la manifestaría en público. Al-Qaeda era una amenaza existencial. El presidente había cerrado las prisiones secretas por una cuestión de legalidad y de principios. Prefirió incinerar a los enemigos de los Estados Unidos mejor que encarcelarlos. Se trataba de un cálculo no demasiado complicado para él. La cuestión era matar a alguien antes que alguien te matara a ti. Y, además, semejante procedimiento tenía el beneficio añadido de proteger el flanco derecho de Obama de las críticas que pudieran acusarlo de ser demasiado blando para ponerse al mando de la guerra contra al-Qaeda.

El 20 de abril, Obama visitó el cuartel general de la CIA. Primero se reunió con Kappes, y luego con varias decenas de agentes y analistas, en una sala de conferencias de la séptima planta, antes de pronunciar un discurso en el vestíbulo. Sabía que su rechazo de la tortura, la publicación que había hecho de los informes legales de Bush que la justificaban y su orden de cerrar los centros de detención clandestinos habían irritado a todos. Una agente, con voz ligeramente temblorosa, pidió a Obama que comprendiera cuál era su misión. «Al-Qaeda es peligrosa —le dijo—. Tenemos que seguir persiguiéndola».[13] Su tono planteaba implícitamente una pregunta: ¿Compartía el presidente el compromiso que ella tenía? «Lo pillo». Dijo Obama. Ahora tenía que demostrarlo.

Dos semanas después, Obama reunió a su equipo de seguridad nacional en la sala de crisis. Durante la década transcurrida desde que al-Qaeda había hecho explotar los coches bomba en la embajada estadounidense en Kenia y en Tanzania en 1998, la CIA había acumulado suficiente información de inteligencia sobre Bin Laden y sus secuaces para llenar un almacén entero con material de ferretería: transcripciones de juicios e interrogatorios y conversaciones interceptadas, datos descargados de ordenadores y teléfonos móviles, informes de agentes operativos y de sus homólogos extranjeros y fotos de viviendas seguras y campos de adiestramiento y de ciudades y aldeas tomadas por aviones de reconocimiento en una decena de países. Sin embargo, nadie tenía idea de dónde se escondía Bin Laden. La mejor conjetura de la CIA era que estaba oculto en algún rincón de los territorios tribales del noroeste de Pakistán no controlados por el Gobierno. Panetta llevó un carro de diapositivas de PowerPoint para enseñárselas al presidente. Varias de ellas mostraban los nombres de diversos correos e informadores de al-Qaeda que era de suponer que estuvieran en contacto con su líder. «Si podemos encontrarlos —dijo—, podremos seguirlos hasta llegar a Bin Laden».[14] Aquello no satisfizo en modo alguno a Obama. El 2 de junio, el presidente ordenó a la CIA desarrollar un plan detallado para capturarlo en el plazo de treinta días.

Durante su primer viaje al extranjero como director de la CIA, Panetta se reunió con John Bennett, el jefe de estación de Islamabad.* Le prometió enviarle desde el cuartel

* Bennett había estado al mando de la División de Actividades Especiales desde 2003 hasta 2005, antes de pasar a prestar servicio como jefe de puesto en Islamabad; los informes que había enviado desde Pakistán habían llevado a Obama a calificar el refugio que este país representaba para al-Qaeda de «un desafío al más alto nivel a la seguridad internacional». Bennett era un exmarine y un graduado de Harvard que tenía toda una filosofía sobre el espionaje, desarrollada a lo largo de sus actividades en el reclutamiento y la gestión de espías en África, en sus tiempos de joven agente operativo. Aquel trabajo requería «capacidad de engañar, de manipulación... y en último término corrupción —dijo en una conferencia pronunciada en 2019—. Desarrollas la relación con una persona con el objetivo de llevarla por la senda de una conspiración criminal (sin que ni siquiera se lo haya planteado nunca anteriormente), para cometer una traición».

general un nuevo y numeroso contingente de agentes y de expertos en análisis de objetivos. Bennett necesitaba toda la ayuda que pudiera conseguir. Entre otras responsabilidades, intentaba coordinar las operaciones de antiterrorismo con el ISI, la traicionera agencia pakistaní; actuar en coordinación con el embajador estadounidense como controladores de tráfico en la guerra de los drones, cada vez más enconada; tratar con el Gobierno de Pakistán, caracterizado por la ineficacia y la corrupción, y encontrar a Bin Laden. Panetta se reunió con él en el puesto de la CIA, que ocupaba la tercera planta de la enorme embajada estadounidense, y los dos chocaron por lo que aquel consideraba injerencias en su gestión desde el cuartel general.

«¡Que te jodan, John!», exclamó Panetta.[15] «¡Que te jodan a ti!», replicó Bennett. Este franco intercambio de opiniones no impidió que el director de la agencia nombrara a Bennett nuevo jefe del servicio clandestino.

Para su consternación, el 23 de junio Panetta se enteró en el cuartel general de que en las entrañas de la CIA había algo que él no sabía: la existencia del escuadrón de la muerte que había ideado Ric Prado y había bendecido Dick Cheney pocas semanas después del 11-S.

Frustrado cuando sus jefes rechazaron su proyecto después de pasarse varios meses planeándolo, Prado dejó la CIA en 2004 para convertirse en vicepresidente de Blackwater, encargado de los «programas especiales del Gobierno». A finales de ese mismo año, Blackwater y un buen amigo de Prado, Jose Rodriguez, llegaron a un acuerdo para subcontratar los programas de adiestramiento de este último y perpetrar asesinatos de terroristas. Prado había reclutado para ejecutar esta tarea a un equipo de latinos de piel oscura, imaginando que el color de su piel serviría de camuflaje en los territorios tribales de Pakistán y Afganistán. Rodriguez no había compartido nunca esos planes con las comisiones de Inteligencia del Congreso, a los que por ley había que mantener al corriente de las acciones encubiertas de la CIA. Panetta suspendió inmediatamente el programa, se sinceró con el Congreso al día siguiente y, posteriormente, suprimió el despilfarro de la externalización de las misiones de la CIA a grupos paramilitares privados y empresas de seguridad. Ninguna de estas medidas resultó muy popular entre los miembros de mayor rango del servicio clandestino.

Pero lo que realmente los sacó de quicio —y también al jefe de gabinete de la Casa Blanca, Rahm Emanuel— fue la decisión de Panetta de cooperar con la investigación de la Comisión de Inteligencia del Senado sobre el programa de entregas, detenciones e interrogatorios extrajudiciales, decisión provocada por la destrucción de las cintas de vídeo de las torturas perpetradas en Tailandia que había llevado a cabo Rodriguez. «¡El presidente quiere saber quién coño lo autorizó!», exclamó Emanuel, un hombre bajito de temperamento muy fuerte.[16] Obama había dicho que quería fijarse en lo que sucediera más adelante, no en lo que había sucedido antes, rechazando convocar comités de la verdad para demostrar cómo la administración Bush había llevado a cabo la guerra contra el terrorismo. Pero Panetta creía que el Congreso tenía el poder necesario para investigar a la CIA y que él no tenía derecho a negárselo. Se encargó de que los miembros de la Comisión de Inteligencia del Senado leyeran cientos de miles de actas de la CIA y tomaran notas de ellas, en una base de datos instalada en una sala de lectura segura de Virginia. La conclusión a la que llegaron, publicada en 2014, fue demoledora.

«Hay que ver si dicen la verdad o no»

Había pasado el verano sin que se encontrara la menor pista sobre el paradero de Bin Laden. Después de años de minucioso trabajo, los analistas de la CIA habían deducido el nombre de un correo de Bin Laden, pero si estaba vivo o muerto era solo cuestión de conjeturas. Para reforzar las labores de búsqueda, Kappes envió de nuevo a Kabul a Greg Vogle, para desempeñar otra vez el cargo de jefe de estación; recibió nuevos refuerzos de agentes paramilitares, agentes operativos, agentes de identificación de objetivos y analistas. Vogle daba a cada nuevo agente que llegaba las mismas órdenes que había dado siempre como jefe de estación. *Su misión es acabar con al-Qaeda. ¿Alguna pregunta?*

Vogle se puso al mando de una nueva fuerza de afganos reclutados y adiestrados por agentes de la división de operaciones especiales, los llamados Equipos de Persecución Antiterrorista, que colaboraban con la estación de la CIA para capturar y matar al enemigo. Vogle trabajaba en tándem con los comandos de las fuerzas especiales del general McChrystal en Afganistán, que tenían autorización para matar a terroristas a uno y otro lado de la frontera de Pakistán sin necesidad de permiso del presidente. Se encargaba también de supervisar media docena de bases avanzadas de operaciones de la CIA en Afganistán, la mayor de las cuales estaba en Khost, a unos veinticinco kilómetros de la frontera. Fue allí —y a más de tres mil kilómetros al oeste, en Ammán, Jordania— donde empezó a tomar forma la primera oportunidad de hacer algún avance en la caza de los líderes de al-Qaeda.

La estación de la CIA en Ammán era como un portaaviones estadounidense en los turbulentos mares de Oriente Medio. Sus aliados en el servicio de inteligencia de Jordania hablaban todos los dialectos del árabe y estaban profundamente infiltrados en las redes radicales de palestinos, sirios, iraquíes, kuwaitíes, y de sus propios compatriotas. Los estadounidenses contaban con infinitos recursos para financiar su trabajo y concentrarse en sus informes. Unos meses antes, el jefe de la estación de Ammán, Lance Hamilton, y su lugarteniente, Marc Polymeropoulos, se habían enterado de que un agente de inteligencia jordano en el que tenían mucha confianza, Sharif Alí bin Zeid, primo del rey, había logrado reclutar en la cárcel a un agente dispuesto a traicionar a al-Qaeda.

Bin Zeid era «un aliado tremendo, y nuestros agentes lo querían como a un hermano», diría Polymeropoulos.[17] El hombre al que había reclutado era Humam al-Balawi, un joven médico nacido en Palestina, un yihadista online que había creado un personaje de internet muy popular y que se había convertido en un violento portavoz de al-Qaeda, elogiando a sus terroristas suicidas, a los que calificaba de mártires, y amplificando la retórica de Ayman al-Zawahiri, la mano derecha de Bin Laden. Al-Zawahiri había escrito diez años antes: «Matar a los estadounidenses y a sus aliados —civiles y militares— es un deber de todo musulmán que tenga la posibilidad de hacerlo». Era el autor intelectual de los ataques del 11-S y el jefe operativo de al-Qaeda, un objetivo, por tanto, prácticamente igual de importante para la CIA que Bin Laden.

El médico dijo que tenía estrechos contactos con los terroristas de al-Qaeda establecidos en campamentos en Pakistán, y propuso ir hasta allí e infiltrarse en ellos, utilizando sus credenciales como yihadista online. Los jordanos lo trasladaron en avión a Pashawar, la capital de los territorios tribales de Pakistán, junto con un grueso fajo de billetes y una cámara de vídeo barata. Viajó hasta el sur de Waziristán y, a finales de agosto, envió un email a Bin Zeid con un vídeo adjunto de su conversación con Atiyah Abd al-Rahman, destacado comandante de al-Qaeda y consejero militar y espiritual de Bin Laden desde la década de 1980.* La estación de Ammán envió el clip al cuartel general de la CIA. El documento tuvo un efecto electrizante. En noviembre llegó otro email. El médico decía que estaba tratando de su enfermedad a su mentor, al-Zawahiri, y envió su historial médico, que coincidía con lo que la CIA sabía acerca de la diabetes que padecía al-Zawahiri. Aquella era la infiltración más a fondo en al-Qaeda que había hecho la CIA en toda su historia.

«Estábamos entusiasmadísimos —diría Polymeropoulos—. Recuerdo que escribí un email a un colega comentando que ya estaba, que aquella era la pista fundamental». Pero seguía en pie una cuestión: ¿Quién era aquel médico? «Con alguien de esa importancia se necesita un agente operativo de la CIA, un agente de operaciones que realmente mire al sujeto a los ojos y haga una verdadera valoración de quién

* Abd al-Rahman fue muerto por la CIA en un ataque con drones en agosto de 2011.

es el tipo con el que estamos tratando —comentaría Polymeropoulos—. Hay que ver si dicen la verdad o no».

El médico propuso a Alí bin Zeid reunirse con un contingente de la CIA para discutir los próximos pasos que debían dar. Pero el agente operativo de la CIA que trabajaba con Bin Zeid, Darren La Bonte, había tenido una premonición. Había sido agente del FBI antes de que la CIA lo reclutara tres años atrás, y abrigaba un sano escepticismo en todo lo concerniente a los confidentes y los soplones. Pensó que el médico aquel era demasiado bueno para ser verdad. «Tenemos que ir con calma con este caso», escribió al jefe de estación, Lance Hamilton.[18] Pero este deseaba dar el siguiente paso, como todos los miembros de la cadena de mando en el cuartel general de la CIA. El entusiasmo los cegó a todos y no les permitió fijarse en el hecho de que nadie de la CIA había visto nunca al médico, y mucho menos había comprobado su veracidad. Y así fue como dieron luz verde a Bin Zeid.

La estación de Ammán propuso que el médico cruzara la frontera de Waziristán para reunirse con los agentes que dirigían la base de la CIA en Khost. Al frente de ella estaba Jessica Mathews, una destacada analista especializada en Bin Laden desde antes del 11-S, y una experta en informes muy bien considerada por todo el mundo que nunca había dirigido una operación sobre el terreno. Había sido enviada allí por orden del director del Centro de Antiterrorismo, Mike D'Andrea, que rechazó las objeciones puestas por el jefe de estación de Jordania. Vogle envió desde Kabul a su propio vicejefe de estación para que la ayudara.

El contingente de la CIA aguardaba con ansiedad e impaciencia la reunión con el médico. «Nadie pensaba que aquello fuera como sentarnos en el jardín y organizar un picnic o una barbacoa», comentaría Polymeropoulos. El médico era «no solo un individuo al que no habíamos visto nunca, sino también un individuo que había estado dentro —como infiltrado, pensábamos nosotros— del grupo terrorista más peligroso del planeta». Se llegó a levantar una bandera roja, y solo una, por parte de un agente jordano que advirtió que el médico quizá fuera un agente doble. El cuartel general de la CIA no le había hecho caso. Mathews deseaba que todo el personal de la base saliera a recibirlo como si se tratara de la visita de un dignatario.

El 30 de diciembre de 2009, cuando llegó el médico, no se estableció ningún protocolo de seguridad digno de tal nombre. El médico salió de su coche, musitó una oración y detonó una bomba suicida de una potencia enorme. La explosión alcanzó los cien metros de altura. El ataque —y toda la operación del agente doble— había sido diseñado desde el primer momento por al-Zawahiri. «Habíamos planeado algo, pero obtuvimos un regalo más grande de lo esperado, un regalo de Alá, que nos trajo, por su mediación, una presa muy valiosa: estadounidenses, y además de la CIA», dijo el médico en un mensaje grabado en vídeo que al-Qaeda retransmitió después del ataque. Mathews, La Bonte y otros cinco agentes de la CIA y personal subcontratado murieron al instante. También perdió la vida Alí bin Zeid, miembro de la familia real de Jordania. El vicejefe de estación de Vogle y otras cinco personas sufrieron graves heridas.

Polymeropoulos, el jefe de estación en funciones de Ammán, había estado en contacto con La Bonte a través de un chat seguro. La comunicación se interrumpió. La siguiente llamada que recibió fue de Vogle desde Kabul. Habían muerto todos, le comunicó. Díselo a tu gente de la estación. Los ojos están puestos en ti. Conserva la calma. A Polymeropoulos le costaría mucho trabajo. «Es algo difícil de creer incluso hoy —diría—. Habíamos sido vencidos por al-Qaeda. No pensamos que fuesen capaces de mandar a un agente doble contra nosotros con capacidad para ponernos un cebo como si se tratase de los rusos o los chinos. Pero lo fueron».[19]

«La propia misión quizá obnubilara el juicio a algunos»

Panetta no pidió a nadie cuentas de los fallos que permitieron a al-Qaeda asesinar a siete miembros del personal de la CIA; la culpa era de todo el mundo, así que la culpa no era de nadie. Pero pidió a Charles Allen, que había ingresado en la CIA en 1958 y tenía ya cuarenta y siete años de servicio, que analizara lo que se había hecho mal. A posteriori, por supuesto. «Hubo algunos avisos de contraespionaje, probablemente desde el primer momento», ante los que la CIA había permanecido deliberadamente ciega, dijo Allen.[20] Esa ceguera recorrió todos los niveles de la cadena de mando, desde el puesto de Ammán hasta la séptima planta.

Nadie, entre los más de diez funcionarios de alto rango que aprobaron la misión, había considerado oportuno consultar a Cindy Webb, directora de la unidad de contraespionaje desde 2006, y una de las mujeres de rango más alto de la CIA. Webb era como el director de asuntos internos del Departamento de Policía de una gran ciudad, una necesidad vital, pero considerada una peste infernal por los agentes más exaltados. Sin embargo, no hay ninguna agencia de inteligencia que pueda ser mejor que su servicio de contrainteligencia. Llevar a cabo una operación en la que se había infiltrado el enemigo era mucho peor que no llevar a cabo ninguna en absoluto.

Webb era hija de un general de dos estrellas y se había criado en varias bases del Ejército en Alemania y en Corea del Sur durante la Guerra Fría. Consideraba una certeza estadísticamente incontrovertible que, en cualquier momento, los servicios de inteligencia estadounidenses podían verse debilitados por la acción de espías, nacionales y extranjeros, como así había ocurrido desde la creación misma de la agencia. Su trabajo era no apto para cardíacos; las investigaciones de contraespionaje podían durar años sin encontrar ninguna solución. Si ella y sus colegas no encontraban a los espías, era que habían fracasado. Y si los encontraban, la opinión pública pensaba que también habían fracasado por no haberlos detectado antes. Así que los cazadores de espías estaban condenados de antemano, tanto si pillaban a su presa como si no la pillaban, y algunos tenían buenos motivos para dudar de la existencia de un Dios justo y misericordioso.

Desde los últimos tiempos de la Guerra Fría, la CIA se había dado cuenta, cuando ya era demasiado tarde, de que los rusos y los chinos habían metido espías dentro del cuartel general, y de que los servicios de espionaje de Rusia, China, Cuba, Checoslovaquia y Alemania Oriental habían enviado agentes dobles encargados de engañar a la CIA o bien habían doblado el número de espías que la agencia creía que habían enviado contra ella. Como respuesta, la agencia había creado un nuevo centro de contraespionaje, había contratado a agentes del FBI para reforzarlo, había endurecido sus medidas ofensivas y defensivas contra los espías, y en 2006 había escogido a Webb para que lo dirigiera.

Pero las labores de contraespionaje se habían visto desbordadas por las de antiterrorismo. Miles de nuevos agentes habían recibido escasa o nula formación en lo que eran sus preceptos. Algunos agentes del servicio clandestino y del Centro de Antiterrorismo veían en Webb un impedimento empeñado en ralentizar el ritmo frenético de sus operaciones y en obstruir su camino hacia el poder. Todo ello había significado que el médico jordano y su operación no fueran sometidos nunca a los protocolos de contraespionaje y de seguridad. Resultado de todo ello sería la jornada más mortífera de la historia de la CIA desde que el jefe de estación de Beirut, el principal analista sobre Oriente Medio y otras seis personas perdieran la vida cuando Hezbolá hizo saltar por los aires la embajada estadounidense en la capital del Líbano, allá por 1983.

«Se produjo una crisis sistémica en lo referente al tipo de decisión y de supervisión que habría habido que aplicar [a la operación] —diría más tarde Panetta—. La propia misión quizá obnubilara el juicio a algunos [...]. Fue la impetuosa determinación de realizar la misión la que influyó en las decisiones que se tomaron».[21]

17

Las llaves del castillo

El mundo del espionaje estadounidense era como una ciudad medieval rodeada de un foso. La ciudad tenía miles de castillos. Cada castillo tenía una biblioteca con mil libros. Cada libro contenía mil secretos. El foso tenía un puente levadizo y una puerta cerrada. Si disponías de las llaves, tenías mil millones de secretos al alcance de tu mano.

En otro tiempo, el protocolo para compartir esos secretos se basaba en el principio de «necesidad de saber». Los agentes de inteligencia tenían que demostrar que necesitaban el acceso a un secreto en particular. Un punto trascendental de las fallas previas a los ataques del 11-S había sido que la CIA no comunicase al FBI que dos o tres secuestradores aéreos de al-Qaeda estaban ya en los Estados Unidos en el 2000. Después del 11-S, resultó primordial la necesidad perentoria de atar cabos. Y la solución había parecido obvia. La necesidad de saber se había visto sustituida por la necesidad de compartir.

En otro tiempo había habido un único puente levadizo. Ahora había mil. Sin embargo, los líderes de la inteligencia estadounidense no tenían la menor idea de cuántas llaves del puente levadizo existían, ni de cuántas personas estaban en sus redes seguras, recorriendo las bibliotecas y hojeando los libros de secretos. Una cosa era cruzar el puente. Y otra muy distinta saquear la biblioteca, hacer copias digitales de unos setecientos cincuenta mil libros y soltarlas por internet.

«UN PELIGRO GRAVE E INMINENTE»

El 30 de noviembre de 2009, Chelsea Manning, una soldado de primera clase de veintidós años, guardó un archivo de texto en una memoria encriptada de su ordenador. El texto decía: «Contactar con nuestro editor de investigaciones directamente en Islandia +3548623481. Servicio 24 horas. Preguntar por "Julian Assange"».[1]

Manning se encontraba en estado de crisis, viviendo como hombre gay, desesperada por iniciar su transición, atrapada en el armario de la política de «No preguntar, no hablar» vigente en el Ejército. Según su propia descripción, estaba mentalmente destrozada y se «automedicaba como una loca».[2] Trabajaba como analista de inteligencia en una base militar a poco más de treinta kilómetros de Bagdad, una más entre el millón de empleados del Gobierno estadounidense que disponían de una acreditación de seguridad de ALTO SECRETO. Ese destino le proporcionó, según su propia definición, un «acceso nunca visto a redes clasificadas, catorce horas al día, siete días a la semana»,[3] una puerta abierta al Protocolo Secreto de Redes de Enrutado de Internet (SIPRNet, por sus siglas en inglés), utilizado por el Pentágono y el Departamento de Estado para transmitir información de inteligencia clasificada.

A sus treinta y ocho años, Assange era el mago nómada de WikiLeaks. Su manifiesto decía: «Cuanto más hermética o injusta es una organización, más miedo y paranoia provocan en sus dirigentes las filtraciones». Siendo todavía adolescente, era ya un hacker que utilizaba el nombre de Mendax, «embustero» en latín, y llegó a presentarse contra él una acusación penal por cometer delitos informáticos en su país natal, Australia. Tras sufrir una crisis psiquiátrica, se declaró culpable para evitar una larga condena de cárcel. Después de más de veinte años robando secretos, en aquellos momentos se hallaba al borde de dar su mayor golpe.

Tras conectar con Manning en una red de chats, Assange le mandó el software con el cual falsificar cualquier contraseña y poder penetrar en lo más profundo del SIPRNet, que guardaba información clasificada como SECRETA. Según la descripción de Manning, la red tenía una «seguridad física débil», al igual que un «contraespionaje débil». Fue así como pudo encontrar un portal de acceso al JWICS (siglas en inglés correspondientes a la Unión Mundial de Sistemas de Comunicaciones de Inteligencia) y a sus departamentos militares calificados de ALTO SECRETO. Con ayuda de Assange, Manning descargó para él cuatro bases de datos casi enteras: ochocientos expedientes de detenidos en la bahía de Guantánamo, noventa mil archivos del ejército y de inteligencia de Afganistán, doscientos cincuenta mil telegramas del Departamento de Estado y cuatrocientos mil informes provenientes de Irak.

El 5 de abril de 2010, Assange se presentó ante un público de periodistas en el National Press Club de Washington y les mostró un vídeo grabado desde un helicóptero de combate Apache que patrullaba los cielos de Bagdad. El artillero había abierto fuego contra combatientes armados y contra civiles, entre los que había mujeres y niños. Se contabilizaron dieciocho muertos, incluidos dos reporteros de la agencia Reuters, un cámara y su asistente. Ese día WikiLeaks y Assange se hicieron famosos. Habían revelado una realidad de la guerra de los Estados Unidos en Irak.

Durante el año siguiente, Assange hizo público su tesoro de documentos robados en cuatro entregas distintas. La primera fue la correspondiente a los archivos de Afganistán, en los que se revelaban los nombres de confidentes reclutados por la CIA y el Ejército para que les suministraran información sobre los talibanes, y que por consiguiente ponían en peligro sus vidas. «Estamos estudiando el informe —declaró un representante de los talibanes al *New York Times*—. Investigaremos a través de nuestro propio servicio secreto si las personas mencionadas son realmente espías que trabajan para los Estados Unidos. Si son espías estadounidenses, sabremos cómo castigarlos».[4] Luego vinieron los telegramas del Departamento de Estado, que incluían los nombres de periodistas, líderes religiosos, defensores de los derechos humanos y disidentes políticos con residencia en países como

China, Irán y Siria, que habían hablado confidencialmente con diplomáticos estadounidenses, a menudo con un riesgo más que notable para su seguridad. «Al publicar esos documentos sin ocultar los nombres de las fuentes humanas —arremetió el Departamento de Estado cuando lo acusó de las filtraciones—, Assange creó un peligro grave e inminente de que las personas inocentes a las que nombraba sufrieran graves daños físicos o fueran detenidas de modo arbitrario». Entre los individuos de Afganistán e Irak cuyos nombres se facilitaban, «un buen número de personas tuvieron que pasar a la clandestinidad, y otras tantas se vieron obligadas a emigrar, particularmente los civiles residentes en zonas de guerra que habían hablado con soldados estadounidenses acerca de los movimientos de los talibanes y de al-Qaeda —decía P. J. Crowley, en aquellos momentos portavoz del Departamento de Estado—. No cabe duda de que algunas de esas personas se vieron afectadas cuando sus identidades quedaron comprometidas».[5]

La última sección correspondía a los archivos de Guantánamo, que incluían información sumamente específica acerca del descubrimiento del paradero de Osama bin Laden y el nombre de un correo que, según había averiguado la CIA, era su contacto con el mundo exterior. De haberlos leído los dirigentes de al-Qaeda, podría haber cambiado el rumbo de la historia.

«Gracias a Dios que soy ciudadano estadounidense»

El 30 de julio de 2010, John Bennet se convirtió en el nuevo jefe del servicio clandestino, una vez que Panetta lo convenció de que abandonara el breve retiro del que disfrutaba. Bennett había estado atento a la crisis de contraespionaje a la que se enfrentaba la CIA. Pero esa no podría ser en ningún momento su primera prioridad, no desde luego mientras Bin Laden siguiera suelto en Pakistán. Ni siquiera la segunda; no mientras los complots de al-Qaeda se multiplicaran a lo largo y ancho de Oriente Medio, Europa y los

Estados Unidos. Ni tampoco la tercera, mientras un imam llamado Anwar al-Awlaki siguiera conspirando contra los Estados Unidos.

Nacido en Las Cruces, Nuevo México, al-Awlaki había estado al frente de sendas mezquitas en San Diego, California, y en Falls Church, Virginia, a pesar de tener una formación religiosa mínima. Tres de los secuestradores aéreos del 11-S habían asistido a sus prédicas. En 2002 había huido de los Estados Unidos para refugiarse en la tierra de sus ancestros, Yemen, al enterarse por el encargado de un servicio de acompañantes de que estaba fichado por el FBI, entre otros motivos por sus frecuentes amoríos con trabajadoras sexuales. «Siempre decía: "¡Gracias a Dios que soy ciudadano estadounidense y que tengo una segunda patria a la que volver si las cosas se ponen feas en Yemen!», contaría su tío al *New York Times*.[6]

En 2007, había atraído a buen número de seguidores internacionales —y la acogida de al-Qaeda—, con su llamamiento a la yihad a través de internet, en YouTube y en CD y DVD que circulaban ampliamente en los Estados Unidos y por todo el mundo. En 2008, ya había puesto en práctica lo que predicaba. Se había convertido en el jefe de operaciones exteriores de al-Qaeda en la península arábiga, así como en la fuerza de radicalización que se ocultaba detrás de casi todas las grandes investigaciones de contraespionaje llevadas a cabo por la CIA y el FBI. Y por fin en 2009, desde el escondite secreto en el que trabajaba en Yemen, había adoctrinado al comandante del ejército estadounidense que asesinó a trece personas en una base militar en Texas, el peor ataque terrorista llevado a cabo en los Estados Unidos desde el 11-S, y había adiestrado al nigeriano que había intentado hacer estallar un avión de Northwest Airlines con doscientos noventa pasajeros a bordo, además de la tripulación, cuando se disponía a aterrizar en el aeropuerto de Detroit el día de Navidad. Si hubieran estallado todos los explosivos cosidos a la ropa interior de aquel, se habría producido el accidente aéreo más mortífero de la historia de los Estados Unidos.

Cada lunes, miércoles y viernes por la tarde, a las cuatro y media, una decena de líderes de la CIA, incluidos Panetta, Bennett, Mike Morell, recién ascendido a vicedirector de la agencia, y el jefe de la División para Oriente Próximo, Paul Nevin, se reunían para valorar el estado de la guerra contra al-Qaeda. Las reuniones eran presididas por Mike D'Andrea.

D'Andrea y un contingente cada vez mayor de agentes y analistas de la CIA —primero unas cuantas decenas, luego unos pocos centenares, y al final varios miles— habían estado doce años persiguiendo a al-Qaeda desde los atentados con bomba contra las embajadas estadounidenses en África en agosto de 1998. D'Andrea dirigía el elemento más numeroso de la CIA y se encargaba de supervisar a unos tres mil agentes, analistas, técnicos, personal de apoyo y de empresas subcontratadas. Su Centro de Antiterrorismo gastaba alrededor de tres mil millones de dólares al año, cifra igual a todo el presupuesto de la CIA una década antes. Trabajaba dieciséis horas al día, quedándose a menudo a dormir en su despacho, haciendo alguna breve pausa para engullir un almuerzo halal libre de carne y fumar cigarrillos sin parar en el patio. Era admirado por sus superiores y despiadado con sus subordinados, algunos de los cuales lo apodaban Mike el Ayatolá. D'Andrea llegaría a lanzar ciento diecisiete ataques con drones en Pakistán solo en 2010. Para entonces era responsable de la muerte de tal vez dos mil terroristas y, según admitiría la propia agencia, de varias decenas de civiles; los grupos de defensa de los derechos humanos hablarían de centenares. Fue, desde cualquier punto de vista, el agente estadounidense más mortífero en la guerra contra el terror. Pero era también algo más que un verdugo implacable. Nadie en la CIA había hecho tanto como él para analizar y comprender a al-Qaeda.

D'Andrea se propuso entonces acabar con al-Awlaki, si podía localizárselo en su escondite de las montañas del norte de Yemen. Obama pensó que sería una tarea fácil. Pero el presidente era perfectamente consciente de la disposición prescrita por la Quinta Enmienda que dice: «No se privará a nadie de la vida, la libertad o la propiedad sin el debido proceso legal», así que pidió una opinión confidencial a David Barron, de la Oficina de Asesoría Legal del Departamento de Justicia. A juicio de Barron, el presidente tenía derecho a ordenar la muerte de cualquier ciudadano estadounidense que un «funcionario de alto nivel debidamente informado» —como D'Andrea— hubiera comprobado que representaba una «amenaza inminente de ataque violento».[7] La guerra contra el terror obligaba ahora a adentrarse en los márgenes más oscuros de la ley. Ningún ciudadano estadounidense había sido asesinado por orden de un presidente sin juicio previo desde los tiempos de la guerra civil.*

«Hemos encontrado a un tío»

A la CIA le encantaba decir que su invasión de Afganistán había sido un éxito magnífico. Pero Bin Laden y casi todos sus comandantes habían logrado escapar, primero a las tumultuosas ciudades de Pakistán, para retirarse luego a los refugios seguros en las remotas aldeas de los territorios tribales de ese mismo país. En 2006 al-Qaeda constituía una amenaza tan peligrosa como lo había sido el día de su ataque contra los Estados Unidos.

Y luego, la CIA había empezado a conocer a su enemigo. Parte de ese conocimiento procedía de los interrogatorios. Otra parte procedía de los ordenadores y documentos confiscados en las incursiones llevadas a cabo tras los ataques con misiles. Pero no habían sido las torturas ni los drones los que habían dado un giro total a la situación. La CIA

* Al-Awlaki murió como consecuencia del ataque de un dron en septiembre de 2011. El ataque causó la muerte también de Samir Khan, ciudadano estadounidense nacido en Pakistán, y de un redactor de *Inspire*, la revista online en inglés de al-Qaeda. Un mes más tarde, un ataque con drones mató por error al hijo de al-Awlaki, de dieciséis años de edad, también ciudadano estadounidense. En 2014, Obama nombró a Barron juez del Tribunal Federal de Apelaciones de Boston, que en el momento de la redacción de este libro dirige en calidad de presidente.

llevaba reclutando y controlando agentes de al-Qaeda en los territorios tribales de Pakistán desde 2006. Este logro, que no había sido proclamado a los cuatro vientos, había sido un éxito singular de la estación de la CIA en Islamabad, dirigida por John Bennett, que contaba con una brigada de agentes de la CIA y del ISI que controlaban a una cuadrilla de reclutas que le informaba acerca de la red de al-Qaeda y de la vida de los lugartenientes de Bin Laden. Contar con un equipo de espías en el campo enemigo constituía una hazaña muy singular.

Disponer de unas «maravillosas fuentes humanas con conocimientos de primera mano que están cerca de los responsables de la toma de decisiones es la excepción, no la regla —diría Mike Morell—. La excepción es al-Qaeda. Esa es la historia del gran éxito [de la CIA después del 11-S]. Hicieron falta una cantidad enorme de recursos, nuestro mejor personal y una dirección concentrada».[8] Solo durante 2009 y la primera mirad de 2010, fueron capturados o asesinados decenas de líderes de al-Qaeda y de los talibanes en Afganistán y en Pakistán. Y ahora la CIA había captado el rastro que lo conduciría al hombre más buscado del mundo.

Una tarde de agosto de 2010, una vez acabada la reunión del Centro de Antiterrorismo, D'Andrea y dos de sus principales analistas solicitaron entrevistarse a solas con Panetta y Morell en el despacho del director de la agencia. Después de más de ocho años de esterilidad, tenían una posible pista sobre el paradero de Osama bin Laden: el nombre de un individuo que quizá le sirviera como correo, como contacto con el mundo exterior. Para sorpresa de todos, aquella pista no apuntaba hacia una choza de barro en Waziristán, sino hacia una pequeña ciudad a unos doscientos cincuenta kilómetros de distancia.

«Hemos encontrado a un tío al que conocemos como Abu Ahmed —dijo D'Andrea al director—. Vive en la ciudad de Abbottabad».[9]

Los analistas pusieron sobre el escritorio de Panetta unas fotos tomadas por medio de un satélite espía. Aparecían en ellas un recinto fortificado en una calle sin salida de un barrio acomodado. El solar estaba rodeado por muros de casi seis metros de altura y coronados por alambre de espino. Dentro del complejo había una vivienda blanca cuyo tercer piso tenía una terraza protegida por otro muro de más de dos metros. Panetta se quedó mirando las fotos. «¿Quién pone un muro de privacidad alrededor de un patio?», dijo. «Exactamente», contestó uno de los analistas. El puesto de la CIA en Islamabad no tardó en comunicar que la casa no tenía teléfono ni conexión a internet, que sus moradores quemaban la basura en vez de sacarla a la calle y que los niños que vivían en el recinto nunca salían para ir al colegio. Todo ello llevó a Panetta, Morell y D'Andrea a informar a Obama en la sala de crisis de la Casa Blanca en una fecha propicia, el 10 de septiembre.

«No sabemos gran cosa acerca del complejo», dijo Panetta a Obama.[10] Le advirtió de que reunir información de inteligencia sobre él podía resultar muy complicado. «La puta Academia Militar de Pakistán está en Abbottabad», a tiro de piedra de la vivienda amurallada, y la ciudad era «una puta zona de retiro para oficiales de alta graduación del ejército pakistaní». A modo de especulación, expresó una idea ominosa: tal vez el ISI protegía a Bin Laden. Y la CIA había estado ocho años coordinando operaciones de antiterrorismo con sus dirigentes, aunque sin depositar mucha confianza en ellos.* Obama escuchó atentamente, con la mano izquierda apoyada en la barbilla y el dedo índice en la sien. Y a continuación dio dos órdenes a Panetta: descubrir todo lo que pudiese sobre ese lugar y volver a infor-

* Como jefe de estación en Pakistán, John Bennett había llegado a hacerse una buena idea de cuáles eran las prioridades del ISI. En primer lugar, espiar al presidente de Pakistán, Asif Zardari, el viudo de Benazir Bhutto. En segundo lugar, infiltrarse entre los talibanes pakistaníes y atacarlos, aunque el ISI no había dispuesto nunca ni de las fuentes ni de los confidentes que afirmaba tener en los territorios tribales. En tercer lugar, espiar a la India, el enemigo mortal de Pakistán, al cual se había enfrentado en tres guerras para perderlas todas. Por lo que podía deducir Bennett, encontrar a Bin Laden y atacar a al-Qaeda no estaba en la lista de prioridades del ISI.

marle. Y no informar a nadie lo que hubiese descubierto hasta que él le dijera que lo hiciese. Durante los ocho meses siguientes, se organizaron catorce reuniones más, cada vez más frecuentes y exhaustivas, que se convertirían en la serie más trascendental de conversaciones acerca de una operación encubierta entre un presidente y sus espías principales de la historia de la CIA.

«En la estación no estaban nada contentos»

Dos semanas después, Cameron Munter se dio una vuelta por Washington antes de partir para tomar posesión de su cargo como nuevo embajador estadounidense en Pakistán, nación en la que veía menos un país con un ejército que un ejército con un país. Visitó el cuartel general de la CIA para mantener unas cuantas reuniones informativas, incluida una entrevista con el taciturno D'Andrea, y, a continuación, fue a la Casa Blanca para discutir el programa de drones. Brennan y su compañero, el viceconsejero de Seguridad Nacional, el general de división Doug Lute, explicaron que la CIA había recibido luz verde para intensificar los ataques. Y luego fue a ver al presidente. «El programa de drones es importante —le dijo Obama—. Necesitamos impedir un ataque terrorista catastrófico».

El embajador Munter se enteró de que la CIA llevaba a cabo tres tipos de ataques en Pakistán. El primero, dirigido contra «objetivos muy valiosos», era relativamente raro; la CIA se había pasado años escogiéndolos uno a uno, y eran cada vez menos. El segundo, «para amenazas inminentes», era menos insólito. La CIA o la NSA escuchaban las conversaciones de los terroristas en las que hablaban de atacar Berlín o Ámsterdam y luego acababan con ellos. El tercero correspondía a los «golpes con firma», esto es, los ataques contra quienes parecían conformar un grupo de terroristas, a juzgar por su modelo de vida, dilucidado por medio de una vigilancia constante, aunque la CIA no supiera quiénes eran sus objetivos, si estaban conspirando contra los Estados

Unidos o si tenían intención de utilizar las bolsas de fertilizante que acarreaban para fabricar coches bomba o para mejorar sus cultivos. Estos ataques eran mucho más frecuentes de lo que lo habían sido uno o dos años antes. A menudo, cuando ya se habían producido, el ISI suministraba a los periodistas pakistaníes artículos que hablaban de que los estadounidenses habían masacrado una aldea entera, asesinando arbitrariamente a mujeres y niños y a líderes tribales favorables al Gobierno. Algunos de esos relatos, aunque ni mucho menos todos, eran ciertos. Los drones eran tan precisos como la información de inteligencia que los dirigía, y cuando causaban la muerte de personas inocentes intensificaban el estado de crisis política continua que vivía Pakistán, cuyas autoridades civiles eran incompetentes y carecían de poder, nadie tanto como su presidente.

Cuando llegó a Islamabad, Munter se reunió con el jefe de estación de la CIA, que acababa de ser nombrado para el cargo, Jonathan Bank, un agente puntilloso que había prestado servicio como asistente ejecutivo de Pavitt y en diversos puestos de la CIA en los Balcanes, Rusia e Irak. El embajador le dijo que necesitaba estar perfectamente informado de lo que hacía la CIA en Pakistán. «Los chicos de la agencia trabajaban para nosotros. Eran consejeros, no responsables políticos —comentaría Munter—. Yo apreciaba su extraordinaria pericia, una pericia que no podía compararse con la mía. Pero esperaba que comprendieran que su papel, tanto a la hora de recopilar información de inteligencia como a la de llevar a cabo operaciones, estaba a todas luces subordinado a mi persona».[11] Se trataba de una regla no escrita. Era la política claramente establecida por todos los presidentes desde Kennedy, y si la CIA la transgredía era por su cuenta y riesgo. Munter insistió —como había hecho su antecesora, Anne Patterson— en que debía autorizarlo, «firmar» todos los ataques con drones aprobados por D'Andrea y Brennan. La embajadora Patterson no había llevado nunca la contraria a la CIA. Ahora la cosa iba a cambiar.

«En un par de ocasiones me solicitaron un ataque firmado, y yo se lo negué —comentaría Munter—. Teníamos que comprobar la identidad de unas personas a las que no conocíamos, en un país con el que mantenemos relaciones diplomáticas. En cinco o seis ocasiones dije que no me parecía oportuno. Y el ataque se suspendió. En la estación no estaban nada contentos».

Las tensiones empezaron a agravarse en el otoño de 2010, cuando llegaron a Pakistán varios pelotones de nuevos agentes de la CIA y empleados de empresas subcontratadas provistos de pasaporte diplomático, que vinieron a engrosar al personal del puesto. El embajador no siempre sabía quiénes eran ni qué hacían. Ni tampoco el ISI, a pesar de todos sus esfuerzos. Su director, Ahmed Shuja Pasha, se había puesto hecho una furia cuando la embajada estadounidense anunció un año antes que su personal se incrementaría y pasaría de quinientos a ochocientos integrantes. Había exigido conocer los nombres de los agentes que trabajaban en el puesto de la CIA y retrasar las importaciones de los vehículos blindados que utilizaban. Veía en el espectacular aumento de espías estadounidenses y de soldados de operaciones especiales una amenaza para la integridad de su país. No quería que Pakistán se convirtiera en un país de la CIA.

En diciembre, Pasha decidió acabar con el jefe de estación y, de paso, con los puentes que aún unían al ISI con la CIA. Bank fue identificado primero en la demanda presentada en nombre de la familia de dos individuos fallecidos en un ataque con drones en Waziristán, y luego, una y otra vez, en la prensa pakistaní. Las amenazas de muerte contra él lanzadas por diversos blogueros inundaron internet. Un destacado periódico y una cadena nacional de televisión no solo hicieron público su nombre, sino también su dirección, además de las fotos de las casas en las que vivían los agentes de la CIA y el personal de empresas subcontratadas. Y todo ello salió del ISI.

Panetta estaba indignado: unos espías aliados no se hacen eso unos a otros. Morell voló a Islamabad en un reactor Gulfstream y, el 16 de diciembre, sacó precipitadamente del país a Bank. Pasaron seis semanas antes de que llegara su sucesor. Mark Kelton había prestado servicio como jefe de estación en Moscú desde 2002 hasta 2004; sabía lo que era operar bajo la mirada de una agencia de inteligencia hostil. Pero dos días después de tomar posesión de su cargo en Islamabad tuvo que enfrentarse a una crisis imprevista.

La CIA mantenía una base en la ciudad de Lahore, a unos doscientos setenta kilómetros al sudeste de la capital. Un tosco subcontratado de la CIA llamado Ray Davis, que había trabajado para Blackwater y cuya labor era proporcionar seguridad durante sus horas de trabajo a los agentes operativos, iba conduciendo por las calles de la ciudad el 27 de enero de 2011 cuando aparecieron dos hombres montados en una motocicleta y sacaron una pistola. Él disparó su arma y los mató, tras lo cual llamó a la base pidiendo ayuda. Los hombres de la CIA que acudieron al escenario del suceso chocaron con otro motociclista, que murió a consecuencia del atropello. Davis fue detenido, y la policía llevó a cabo un registro de su coche, que reveló, entre otras pruebas, un extracto bancario en el que figuraba la CIA como empresa pagadora. Estalló en Pakistán un escándalo enorme, que desencadenó infinitos llamamientos en pro de condenar a Davis por asesinato y ejecutarlo.

Kelton fue a ver al embajador Munter para comunicarle que la CIA estaba dispuesta a bloquear la actuación de la policía. Pasha llamó por teléfono a Panetta para preguntarle: «¿Es vuestro ese tipo?». Panetta lo negó. Después de aquello, Pasha rehusó hablar con el nuevo jefe de estación, convirtiendo en su lugar al embajador en su enlace de inteligencia.

Las relaciones entre el ISI y la CIA alcanzaron un nuevo mínimo. Pasha exigió que más de trescientos estadounidenses, todos ellos agentes de la CIA, o subcontratados, o miembros de las fuerzas de operaciones especiales, abandonaran el país de inmediato. Obama ordenó a la secretaria de Estado, Hillary Clinton, que encontrara una solución diplomática al desastre político creado por Ray Davis. El presidente y Panetta tenían un problema mucho más grave que resolver en Pakistán.

«No teníamos ni una pizca de información de inteligencia que fuera irrefutable»

En aquellos momentos, la CIA estaba segura de que el correo del complejo trabajaba para al-Qaeda, y muy posiblemente para su líder. «Estábamos tan convencidos de que la casa de Abbottabad albergaba a algún objetivo valioso, que empezamos a trazar un plan para tomarla», diría Panetta.[12] Morell y Bennett dudaban de que únicamente los agentes paramilitares de la CIA pudieran infiltrarse por sí solos en la ciudad, asaltar el complejo amurallado y capturar el edificio y a sus ocupantes. Una operación conjunta con el ISI era impensable. Panetta consideró que era el momento de pedir ayuda al ejército. El 25 de febrero por la noche, había cenado en el cuartel general de la CIA con el oficial de tres estrellas de los SEAL que en aquellos momentos presidía el Mando Conjunto de Operaciones Especiales, el vicealmirante William McRaven, y le contó todo lo que sabía acerca del complejo. McRaven y sus equipos SEAL habían llevado a cabo centenares de incursiones nocturnas en Afganistán y Pakistán. Confiaba en que podrían tomar el complejo si la CIA tenía confianza suficiente en que se trataba del escondite de Bin Laden. La reunión fue un ensayo general de la sesión informativa exhaustiva celebrada el 14 de marzo en el curso de una entrevista en la sala de crisis de la Casa Blanca, a la que asistieron Obama, Biden, Gates, varios miembros del equipo de seguridad nacional del presidente, un grupo de oficiales de alta graduación del Ejército y los principales analistas de la CIA.

«La sesión —escribiría Morell— fue una de las más importantes que he mantenido nunca con un presidente». Al principio, la CIA dijo a Obama que había muchas posibilidades de que Abu Ahmed albergara a Bin Laden en el complejo de Abbottabad. Pero esa valoración se basaba en deducciones y conjeturas. Los jefes del Mando Conjunto y McRaven sopesaron dos planes de ataque, cada uno de los cuales comportaba problemas potencialmente graves. La Fuerza Aérea podía hacer volar en mil pedazos el complejo con treinta y dos bombas de novecientos kilos. Eso significaría que reunir las pruebas de ADN capaces de identificar a Bin Laden resultara sumamente difícil, destruir cualquier posible alijo de información de inteligencia sobre al-Qaeda y causar la indignación de un ejército como el paquistaní, que poseía armamento nuclear. La otra alternativa era que los comandos de McRaven se lanzaran en helicópteros sobre el complejo, que asaltaran la casa disparando sus metralletas y que mataran a Bin Laden. La posibilidad de que los soldados y los agentes de inteligencia paquistaníes estacionados en las inmediaciones detectaran el ataque y contraatacaran no era baladí. Entonces el equipo SEAL tendría que salir de allí a tiros.

Gates y Biden manifestaron sus dudas. Al vicepresidente le preocupaban las terribles consecuencias políticas que pudiera comportar un fracaso del ataque. El secretario de Defensa no se anduvo con rodeos y puso en tela de juicio la información de inteligencia: «Las pruebas de que Bin Laden estaba en el complejo eran puramente circunstanciales —dijo Gates—. No teníamos ni una pizca de información de inteligencia que fuera irrefutable de que estuviera allí».[13] Así que planteó la siguiente pregunta a bocajarro: ¿Qué seguridad tenían los expertos de la CIA? Morell dijo que había estado más seguro de la estimación acerca de las armas de destrucción masiva de lo que lo estaba acerca de la presencia de Bin Laden en Abbottabad. Aquello no resultó nada tranquilizador: las diferencias de los cálculos aproximados hechos por los analistas eran muy grandes. ¿La posibilidad era del 40 por ciento? ¿Del 80 por ciento?

«Yo ya sabía que esas estimaciones se basaban nada más que en el instinto», dijo Gates, analista de carrera de la CIA. Pero no era el único escéptico. Desde Islamabad, Mark Kelton había intervenido expresando sus dudas acerca de la información de inteligencia disponible. Quería pruebas irrefutables, no la valoración de unos analistas, dijo a D'Andrea. Quería que un espía viera con sus propios ojos a Bin Laden. Las posibilidades de un avistamiento semejante eran extremadamente escasas. La tensión entre el cuartel general y el puesto de Islamabad aumentó. Se produjo una pelea feroz entre Kelton y D'Andrea.

Y tampoco era esa la única fricción que estaba erosionando al equipo de seguridad nacional de Obama. El Departamento de Estado estaba a punto de llegar a un acuerdo para librar de la cárcel a Ray Davis a cambio del pago de dos millones trescientos mil dólares como indemnización para las familias de los hombres a los que había matado, pero «la cólera de la opinión pública de Pakistán contra los Estados Unidos no había disminuido», contaría Gates.[14] Recordaba claramente que, en 1979, cuando era secretario ejecutivo del director de la CIA, una turba de estudiantes pakistaníes espoleados por la propaganda iraní había asaltado e incendiado la embajada estadounidense y la estación de la CIA en Islamabad, causando la muerte de cuatro personas y tomando un puñado de rehenes. Ahora, treinta años después, los Estados Unidos planeaban un ataque militar a la soberanía pakistaní, y, si la misión fracasaba, la revancha, pronosticó Gates, «casi con seguridad sería muy fea». Y sus palabras evocaron entonces un fantasma terrible en la sala de crisis.

Gates suscitó una y otra vez el doloroso recuerdo de la misión enviada en 1980 a liberar a los rehenes retenidos en la embajada de los Estados Unidos en Teherán. Ocho helicópteros cargados de soldados de la Delta Force se habían trasladado hasta un terreno desolado al este de Irán cuyo nombre en clave era Desierto Uno. Cinco de los aparatos estaban en perfecto estado, uno tenía una hélice rota, otro tenía una fuga hidráulica, y otro, en fin, se había perdido como consecuencia de una tormenta de arena. Gates se hallaba en la sala de crisis cuando los mandos del Ejército aconsejaron al presidente Carter que abortara la operación. Unos minutos más tarde, un helicóptero había chocado con un C-130 de reabastecimiento de combustible, matando a ocho comandos estadounidenses en pleno desierto iraní. De hecho, aquel fracaso había supuesto el fin de la presidencia de Carter. Gates lo llamó «una humillación aplastante que nuestras Fuerzas Armadas tardaron años en superar».

Recordando la ley de Murphy —todo lo que pueda salir mal, saldrá mal—, Gates aconsejó a Obama y a McRaven añadir dos helicópteros de apoyo para el asalto a Abbottabad, además de cubrir la incursión con «una hoja de parra (inevitablemente, una hoja de parra muy pequeña) de negación posible». La cadena de mando iría de Obama a Panetta y de este a McRaven, cuyas tropas pasarían a ser agentes de la CIA para ejecutar la misión. Si se producía algún desastre, la CIA intentaría negarlo todo de cualquier manera, e indudablemente sería la que recibiera los golpes en vez del ejército y su comandante en jefe. Panetta ordenó a la Oficina de Asuntos Públicos de la CIA que preparara dos documentos informativos, ambos de treinta y tres páginas: uno en caso de éxito y otro en caso de fracaso.

Obama llegó a la conclusión de que todo se reducía a echar una moneda al aire: había un 50 por ciento de posibilidades de que Bin Laden fuera capturado o acabara muerto. Panetta se puso a pasar las cuentas del rosario. McRaven consultó el calendario lunar para ver cuál iba a ser la noche más oscura. Resultaba muy apropiado que el momento de la misión fuera determinado por las fases de la luna. El viernes 29 de abril, Obama dio la orden. Gates seguía abrigando serias dudas, pero al final se conformó con la decisión tomada. Biden había discutido la cuestión en un sentido y en otro, pero al final se manifestó en contra. McRaven comunicó desde Jalalabad, Afganistán, que el Equipo SEAL Seis podría ejecutar la orden de ataque el sábado o el domingo; la luna saldría muy tarde en el cielo nocturno sobre Abbottabad. Persistía, pues, un punto lunático.

El sábado por la noche se celebraba la cena anual de la Asociación de Corresponsales de la Casa Blanca, acontecimiento de gran pompa y boato, en el que los periodistas vestidos de gala se codeaban con invitados famosos. ¿Qué sensación iba a causar que Obama apareciera riendo alegremente a la vista de todos mientras los hombres de los SEAL morían en combate? Pero entonces, el sábado por la mañana llegó un parte meteorológico de McRaven: el cielo estaba demasiado nublado. La misión tendría lugar el domingo por la tarde, hora de Washington. Obama se puso su esmoquin y se dirigió al Hotel Hilton por la avenida Connecticut. Los responsables de escribir los discursos de la Casa Blanca habían preparado un buen surtido de comentarios ingeniosos para su jefe, incluida una burla mordaz a Donald Trump, la personalidad de la televisión que había propalado la mentira de que Obama no había nacido en los Estados Unidos y que, por lo tanto, su presidencia era ilegítima. «Obama simplemente ridiculizó a Trump y provocó una ovación atronadora»,[15] comentó James Clapper, el director de Inteligencia Nacional.*

Amaneció el día 1 de mayo. Obama y sus asistentes en materia de seguridad nacional se reunieron en la Casa Blanca; el presidente jugó nueve hoyos de golf para mantener la ilusión de que se trataba de un domingo como otro cualquiera. Panetta y Morell convirtieron la sala de conferencias del director de la agencia en un puesto de mando. D'Andrea se puso al frente del Centro de Antiterrorismo mientras el equipo SEAL de McRaven despegaba para el viaje de doscientos cincuenta kilómetros y cien minutos de duración que debía llevarlo a Abbottabad. Cuando uno de los helicópteros tuvo un fallo mientras aterrizaba y chocó una pared del complejo, el Centro de Antiterrorismo se quedó mudo. Por la mente de todos pasó una sola idea: Desierto Uno. Luego se oyó el ruido de los disparos de ametralladora. Y a continuación quince minutos de silencio. Luego los hombres del equipo SEAL sacaron a un hombre en una bolsa para guardar cadáveres, con la cara destrozada por una explosión. Tras recoger todo lo que pudiera parecer información de inteligencia, despegaron de nuevo con destino a Afganistán.

* El presidente destapó las mentiras de la teoría de la conspiración de Trump. «No hay nadie que esté más orgulloso de enterrar el asunto ese del certificado de nacimiento que Donald —dijo Obama con ojos chispeantes—. Y se debe a que finalmente puede volver a centrar su atención en las cuestiones que realmente importan, como, por ejemplo, ¿falseamos nuestro aterrizaje en la luna? ¿Qué ocurrió de vedad en Roswell? ¿Y dónde están Biggie y Tupac?». Clapper echó una ojeada a Trump. «No se rio en absoluto; puso cara de pocos amigos. Es algo que no olvidaré nunca».

McRaven anunció a todos los que se encontraban reunidos en la Casa Blanca y en el cuartel general de la CIA que Osama bin Laden había muerto. «¿Estás seguro de que es él?», preguntó Obama. Cuando regresó su equipo, McRaven bajó la cremallera de la bolsa en la que iba el cadáver. El jefe del puesto de Kabul, Chris Wood, estaba a su lado. Llevaba persiguiendo a Bin Laden desde 1997. «Es él», dijo Wood. La sensación de regocijo en el Centro de Antiterrorismo era tan fuerte como una corriente eléctrica. Panetta y Morell se abrazaron y abandonaron la séptima planta para ir a ver al presidente. A las 23.35, Obama pronunció un mensaje dirigido a la nación y al mundo. A medianoche se congregó en Lafayette Square, enfrente de la Casa Blanca, una gran multitud de personas; muchas de ellas eran estudiantes universitarios. Gritaban a coro: «¡USA! ¡USA! ¡USA!», y a continuación exclamaban: «¡CIA! ¡CIA! ¡CIA!». No pocos de los agentes que vieron aquella escena por televisión pensaron: *Bueno, algo así no volverá a pasar nunca.*

A más de once mil kilómetros de distancia se encontraba Shkin, el puesto avanzado de la CIA más peligroso de Afganistán, situado en lo alto de una cadena de montañas a unos cinco kilómetros de la frontera con Pakistán. La base tenía su propia camiseta con un lema que decía: *El infierno está a la vuelta de la eShkina*. Durante todos aquellos años los constantes ataques a uno y otro lado de la frontera habían causado la muerte de dos agentes de la CIA y de tres soldados de las fuerzas especiales. Mick Mulroy, el agente de la CIA al mando de la base, se había pasado en pie toda la noche, escuchando una línea segura con Kabul, mientras se desarrollaba el ataque contra Abbottabad. Y entonces, mientras los estadounidenses celebraban el triunfo en el exterior de la Casa Blanca, empezó a llover sobre su posición el primer aluvión de cientos de cohetes lanzados desde Pakistán. La vida de Bin Laden había llegado a su fin, pero la guerra no.

18

El lado correcto de la historia

El alijo de información de inteligencia del que se incautó el equipo SEAL en Abbottabad reveló que la CIA se había equivocado respecto a Bin Laden solo en un aspecto. Creía que se había convertido en un figurón aislado, que ya no estaba al mando de al-Qaeda en sus actividades cotidianas. Pero cuando los analistas peinaron el material que les había llovido del cielo, vieron que había estado planeando nuevos ataques, nombrando nuevos mandos y concibiendo nuevas estrategias. Y durante los últimos meses de su vida, mientras la CIA tramaba su asesinato, había estado contemplando el desarrollo de los acontecimientos de la Primavera Árabe con indisimulada complacencia.

Uno de los objetivos permanentes de al-Qaeda había sido derrocar a los líderes árabes seglares. Ese calificativo encajaba con los tres hombres más poderosos que se veían amenazados por las sublevaciones populares que habían dado comienzo en Túnez y se habían propagado por otros diez países. Muhammar al Gadafi llevaba gobernando Libia de manera arbitraria desde 1969; Bashar al-Asad y su padre antes que él habían sido los dictadores de Siria desde 1971, y Hosni Mubarak y sus generales habían dirigido Egipto desde 1981. *El pueblo desea derrocar el régimen* era el grito de los oprimidos que resonaba en sus respectivas capitales. Cuando salieron a la calle exigiendo libertad, los manifestantes no tenían más armas que sus voces ni nadie que capitaneara la sublevación. «Ese caos y esa falta de liderazgo en las revoluciones es el mejor caldo de cultivo para la propagación de los pensamientos y las ideas de al-Qaeda», decía Bin Laden en un diario que escribió su hija.[1] Para espanto de la administración Obama, se demostró que aquellas palabras estaban en lo cierto.

«Perdimos el tren de la Primavera Árabe —diría Panetta—. Fuimos incapaces de preverla. No vimos el impacto que tenían las redes sociales, su capacidad de unificar las protestas, y no vimos que los jóvenes sin esperanzas de futuro habían sido movilizados por las redes. Y luego lanzamos la pelota, la dejamos caer demasiado tarde, cuando hubo posibilidad de alcanzar la estabilidad».[2]

La CIA no había sentido los temblores previos de las sublevaciones ni el poder de sus primeras reverberaciones, ni había previsto que las protestas callejeras pudieran sacudir los cimientos de los gobiernos autoritarios a lo largo y ancho de Oriente Medio y el África del Norte. Sus agentes y sus analistas se basaban en los contactos que tenía la CIA con los hombres fuertes y los jefes de las redes de espionaje del mundo árabe encargados de decirles lo que estaba ocurriendo en la calle. Esos líderes, las fuentes de su información en las que más confiaba la CIA, eran hombres viejos cuya vista estaba ofuscada.

En Egipto, Omar Suleiman, el director del servicio de inteligencia y mano derecha de Mubarak, había sido el interlocutor más valorado por la CIA y por el Departamento de Estado durante veinte años. Todos los directores de la CIA, empezando por Bob Gates, habían seguido sus consejos en materia de antiterrorismo; Mike Hayden lo llamó «el intermediario mejor informado que teníamos» sobre las luchas de Israel con los palestinos.[3] El contacto de la CIA con él fue el elemento más eficaz de las relaciones diplomáticas de Washington con El Cairo, había comunicado en 2006 el embajador estadounidense. Pero ahora Suleiman estaba viejo y enfermo, cada vez más aislado, y no se daba cuenta del maremoto que estaba a punto de arrastrar a Mubarak. La visión de la CIA resultó afectada, además, por no haber sabido ver a través de los ojos de millones y millones de jóvenes de las calles del mundo árabe. La CIA no entendía que las protestas surgían a partir de las ideas y esperanzas interconectadas de los manifestantes, unidos, inspirados y movilizados por los mensajes que se enviaban unos a otros a través de Facebook y Twitter. Estaba ciega para todo lo que pudieran pensar y decir aquellos individuos. No supo valorar verdaderamente la información de fuentes abiertas hasta varios años más tarde. Si no era secreta, no era información de inteligencia, y si no era información de inteligencia, no era importante.

«Disparar primero y hablar después»

A finales de enero de 2011, gigantescas multitudes de manifestantes empezaron a congregarse en la plaza Tahrir, en el centro de El Cairo, exigiendo la retirada de Mubarak. Los Estados Unidos lo habían apoyado durante treinta años, enviando casi cincuenta mil millones de dólares para su ejército desde que Israel y Egipto firmaron los acuerdos de Camp David en 1978. Las autoridades estadounidenses lo habían visto siempre como en otro tiempo hubieron visto al sah de Irán: una isla de estabilidad en Oriente Medio. Ahora, incluso John Brennan se encontraba entre los auxiliares de seguridad nacional que instaban a Obama a ponerse del lado del pueblo contra Mubarak. Bob Gates se sintió aterrado por semejante idea. Había sido uno de los miembros de la CIA presentes en el Consejo de Seguridad Nacional cuando, en 1979, unos estudiantes revolucionarios derrocaron al sah de Irán, al que la CIA había afianzado mediante un golpe de Estado un cuarto de siglo antes. Los zelotas islámicos se habían adueñado rápidamente del poder político en Teherán y todavía seguían ostentándolo. Según veía las cosas Gates, ahora los idealistas de la Casa Blanca estaban poniéndose del lado de los manifestantes en nombre de un cambio de régimen... y, de hecho, sin darse cuenta, ayudando a las fuerzas de la yihad.

A medida que fueron intensificándose las protestas, Obama sopesó la idea de decir a Mubarak que dimitiera, sabedor de que su sucesor escogido a dedo era Suleiman, que en el pasado había encarcelado y torturado a sus enemigos políticos y que andaba buscando mayor poder político. El presidente eligió a Morell para que hiciera de interlocutor suyo con Suleiman, claro indicio de la capacidad de persuasión que se suponía que tenía la CIA en Egipto. Morell escribió un mensaje con la idea de que Mubarak lo leyera en una alocución televisada. Esencialmente decía: *He escuchado la voz del pueblo. Voy a renunciar a mi poder. Un consejo representativo se encargará de dirigir el país y convocar elecciones para escoger un nuevo dirigente.* Mubarak apareció en directo y no dijo nada de eso. «Me sentí fatal —comentaría Morell—. Sobre todo por Egipto, pero también porque mi diplomacia personal había fracasado estrepitosamente».[4]

El 1 de febrero, unas horas después de que Mubarak pronunciara su discurso, Obama reunió al Consejo de Seguridad Nacional. Biden y Clinton le advirtieron que no llamara a Mubarak para pedirle su dimisión. Gates fue más contundente. Humillar a Mubarak, dijo, enviaría un mensaje a todos los demás dirigentes de la región de «disparar primero y hablar después».[5] (De hecho, las fuerzas de Mubarak empezaron a matar manifestantes en la plaza Tahrir al día siguiente. El líder egipcio sería juzgado por asesinato, condenado, juzgado de nuevo y absuelto).

«¿Y qué pasaría si se iba? —preguntó Gates—. Entonces, ¿qué? ¿Una dictadura militar?».

Obama rechazó el parecer de los consejeros más antiguos e hizo caso a los más jóvenes, que le habían advertido que no se situara en el lado equivocado de la historia. Y qué lado era ese, preguntó furibundo Gates. La historia de las revoluciones empezaba con esperanzas y terminaba con derramamientos de sangre. ¿Y cómo va a saber uno dónde está el lado correcto de la historia cuando no se sabe lo que está ocurriendo el día de hoy? La mala información de inteligencia, como las buenas intenciones, podía allanar el camino hacia el infierno.

Obama llamó a Mubarak para instarle a dimitir y anunció al mundo entero lo que había hecho. El ejército asumió el poder, disolvió el Parlamento y suspendió la Constitución. Se celebraron elecciones, ganaron los islamistas, y luego el ministro de Defensa dio un golpe de Estado y tomó el poder.

«La Somalia del Mediterráneo»

El 15 de febrero, cuatro días después de que Mubarak presentara su dimisión, la Primavera Árabe llegó a las costas de Trípoli.

Cuando los matones de Gadafi abrieron fuego y asesinaron a los manifestantes que reclamaban derechos humanos, empezó a surgir una resistencia armada aparte en Bengasi, a unos seiscientos cincuenta kilómetros al este de la capital. Musa Kusa, durante largo tiempo jefe de los servicios de inteligencia libios, había visto venir el caos y la destrucción que se avecinaban y había colaborado con la CIA durante doce años, organizando operaciones contra los combatientes libios que regresaban de Afganistán e Irak con el propósito de derrocar a Gadafi. Kusa había hecho de Libia «un socio decisivo en la guerra contra el terrorismo»,[6] y su cooperación era «un pilar fundamental de las relaciones bilaterales Estados Unidos-Libia», comunicó en 2008 el embajador Chris Stevens. En el mes de marzo Kusa había recogido los bártulos y había abandonado el país. Como consecuencia de la sublevación, la CIA había perdido su principal enlace en Libia y toda una alianza contra al-Qaeda.

El régimen siguió asesinando a sus ciudadanos, y Obama afirmó rotundamente que Gadafi tenía que caer. Su embajadora ante las Naciones Unidas, Susan Rice, consiguió una resolución por la que se autorizaba al Consejo de Seguridad de la ONU a detener una «matanza inminente» en Libia. Obama estaba absolutamente en contra de que las botas de los soldados estadounidenses pisaran el territorio libio. Pero estaba totalmente a favor de que lo hicieran los zapatos de los espías. En marzo, firmó una resolución autorizando que la CIA enviara agentes operativos y paramilitares a Libia, con el fin de ayudar a los rebeldes de Bengasi y guiar los ataques aéreos británicos contra los tanques, la artillería y las baterías antiaéreas de Gadafi. Unos meses más tarde, localizaron sus escondites de armas químicas, fueron directamente a por los búnkeres, los aseguraron, aislaron los misiles y las ojivas, y contribuyeron a sacarlos a escondidas del país para destruirlos. Para entonces, Gadafi había huido y había buscado un escondite, hasta donde lo seguiría una caterva de rebeldes, que lo sodomizarían con una bayoneta, y lo matarían.

Bin Laden había pronosticado que alcanzaría una cabeza de playa en Libia tan pronto como Gadafi perdiera el poder, y que al-Qaeda convertiría el país en «la Somalia del Mediterráneo». Desde allí, sus fuerzas extenderían la yihad por todo el norte de África y al otro lado del Mediterráneo. Una vez más demostró su clarividencia. Las fuerzas de seguridad y de inteligencia de Libia, otrora temibles, se derrumbaron como consecuencia de los ataques de unas milicias en cuyas filas había islamistas radicales alineados con al-Qaeda, y la derrota del ejército libio permitió abrir sus depósitos de armas, poniendo en manos de los yihadistas una enorme cantidad de armamento en una franja de casi cinco mil kilómetros de extensión, desde Somalia hasta Mali.

«Al-Asad no es Gadafi»

El 6 de marzo, la Primavera Árabe llegó al estado policial de al-Asad. Quince adolescentes sirios pertenecientes a familias acomodadas de la ciudad de Daara, al sur del país, fueron detenidos y torturados por escribir grafitos en contra del Gobierno en las paredes de un edificio público. En Damasco y Alepo, aumentaron las manifestaciones pacíficas de protesta, reclamando su libertad. El 18 de marzo las fuerzas de seguridad sirias abrieron fuego y mataron a cuatro manifestantes en el exterior de una mezquita de Daara al término de la oración del viernes. El viernes siguiente, el movimiento en contra del régimen se había extendido a todo el país. En abril de 2011, el dictador empezó a ordenar la detención de miles de personas.

Los reyes de Arabia Saudita y de Jordania dijeron a Bill Burns, del Departamento de Estado, que al-Asad estaba acabado, y, según comentó Burns, «la comunidad de inteligencia de los Estados Unidos no reaccionó en contra de esa valoración».[7] La CIA tenía un hábil jefe de estación en Damasco, Mark Pascale, que continuaría prestando servicio como jefe de estación en Moscú y Beijing. Por otra parte, el Departamento de Estado tenía un embajador muy valiente en Siria, Robert Ford. Pero ninguno de ellos tenía la facultad de predecir el futuro. «Al-Asad no es Gadafi —comunicó el embajador Ford en una reunión celebrada en la Casa Blanca a finales de marzo—. Hay pocas probabilidades de que se produzcan atrocidades masivas. El régimen sirio responderá con agresividad a los desafíos, pero intentará minimizar el empleo de una fuerza letal».[8] Como luego tendría ocasión de comprobar, no habría podido equivocarse más. «Nadie podía entender hasta dónde estaba dispuesto a llegar el Gobierno sirio para mantener su control sobre Damasco», comentaría en tono reflexivo más tarde.[9] La represión de al-Asad no tardó en convertirse en una guerra regional que causaría la muerte de trescientos mil sirios, enviaría al exilio a trece millones de personas y generaría el tipo más violento y feroz de yihad islámica que había conocido el mundo. El dictador sirio continuaría en el poder otros trece años, gracias en parte al ejército ruso y al servicio de inteligencia iraní.

Los analistas de la CIA habían dicho a Obama que la Primavera Árabe dañaría a al-Qaeda al demostrar a la gente que era posible conseguir el cambio político sin violencia y sin muertes. En este sentido fue una vez más menos perspicaz que Bin Laden. Mike Morell no tardaría en llegar a la conclusión de que al desestabilizar las dictaduras y desbaratar los viejos lazos que mantenía la CIA con los jefes de sus servicios de inteligencia, la Primavera Árabe había dado a al-Qaeda y a sus seguidores la oportunidad de crear refugios seguros y de reunir sus fuerzas.

Obama había roto la tradición de apoyo inquebrantable a los autócratas proestadounidenses de Oriente Medio al decir a Mubarak que su tiempo se había acabado. Esa tradición se restableció muy pronto. Cuando el ejército egipcio de hizo con el poder dos años más tarde, Morell —para entonces director en funciones de la CIA por segunda vez— dio un suspiro de alivio. «Es algo bueno», dijo.[10] Había logrado mantenerse fiel a la política exterior estadounidense en Oriente Medio.

«Había conseguido esa especie de carisma divino»

Se produjo entonces en la CIA un cambio de guardia caracterizado por una fuerte carga política. Gates quería dejar el puesto de secretario de Defensa, y pensó que Panetta lo sucedería al frente del Pentágono. Biden había intentado sellar el acuerdo durante los últimos días de los preparativos del ataque contra Abbottabad. Panetta había trabajado para todos los presidentes desde la época de Nixon, conocía los rituales políticos de sucesión, y sabía que no sería una oferta de verdad hasta que no se la planteara Obama.

—¿A quién tienen ustedes en mente para la CIA? —preguntó.

Estaban pensando en David Petraeus, respondió Biden.

—¿Están ustedes seguros? —dijo Panetta.[11]

Había varias maneras de ver a Petraeus, el militar académico con un doctorado por Princeton que había vuelto al campo de batalla como comandante en jefe en la guerra en Afganistán el 4 de julio de 2010. Cuando Obama incrementó el número de tropas en combate a treinta mil soldados más, Petraeus intensificó los bombardeos, los ataques de las fuerzas de operaciones especiales y los asesinatos selectivos contra los líderes talibanes, y dijo ante el Congreso que había roto la dinámica del enemigo. Era tenido en tan alta estima que pocos dudaron de sus palabras, que acabaron resultando falsas. Petraeus era el general más popular y políticamente más experto del país. El senador McCain lo había llamado uno de los líderes militares más grandes de la historia de los Estados Unidos. Había tratado asiduamente a los corresponsales de prensa que cubrían sus operaciones, y estos habían cantado sus alabanzas en libros que se habían convertido en grandes éxitos de ventas. «El señor Obama mantiene a un militar aclamado con amplios conocimientos en materia de recopilación de información de inteligencia, tanto en Afganistán como en Irak. Su reputación era tan formidable, según decían los oficiales, que resultaba difícil destinarlo a otro puesto militar», informó el *New York Times* cuando el presidente nombró a Petraeus director de la CIA el 28 de abril, tres días antes del ataque contra Bin Laden.

Tantos elogios se le habían subido un poco a la cabeza. Ha habido pocos romances tan intensos en la vida pública estadounidense como la historia de amor entre David Petraeus y David Petraeus. Su ego se veía reflejado en las paredes de su despacho del cuartel general, de las que colgaban decenas de fotografías suyas en distintos teatros de operaciones de guerra como si fueran espejos de tocador. Algunos de los agentes que trabajaron a sus órdenes lo llamaban el Rey David, aunque no se atrevieran a hacerlo a la cara. Entre sus admiradores más fervientes del Partido Republicano, había quienes pensaban que tal vez siguiera la tradición de Ulysses S. Grant y Dwight D. Eisenhower, que habían ascendido desde el campo de batalla hasta convertirse en comandantes en jefe de la nación. La idea de que el general presentara su candidatura para la Casa Blanca en 2012 causaba consternación en los asesores políticos de Obama. Panetta sospechaba que querían a Petraeus en la CIA «para distraer su atención, al menos de momento, de las ambiciones presidenciales que se suponía que abrigaba».[12]

Antes de marcharse a Afganistán, Petraeus había llegado a ser el general de cuatro estrellas que había estado al frente del CENTCOM, con sede en Florida. El puesto de director del CENTCOM tenía unos beneficios adicionales extraordinarios, incluido un inmenso séquito de sumisos auxiliares de campo, ayudas de cámara, cocineros y botones, y una escolta de veintiocho motoristas cada vez que salía a cenar fuera. Todo ello llevaba aparejada una sensación de privilegio y la embriaguez de un gran poder. «Había conseguido esa especie de carisma divino —diría Panetta—. Pero todo el mundo sabía también cómo demonios era».[13] Gates le ofreció algunos consejos notables: el primer día que subas al cuartel general de la CIA, sal del coche solo y cuando estés a la puerta comprueba que eres un general.

«Años de venganza»

Petraeus no prestó juramento de su cargo hasta septiembre de 2011, de modo que Morell siguió dirigiendo la CIA mientras intentaba frenar el resurgimiento de al-Qaeda y prever lo que sucedería cuando las fuerzas estadounidenses salieran de Irak.

Tres años antes, la fecha tope había sido fijada para el mes de diciembre por Bush y el Gobierno dividido de Bagdad. A medida que se acercaba ese plazo, «nos desvinculamos no solo militarmente —diría el embajador Ryan Crocker—, sino además políticamente. La guerra había terminado. Nos íbamos. Que pasara lo que tuviera que pasar. Bueno, no creo que pensáramos muy a fondo o detenidamente qué iba a pasar ni qué consecuencias iba a tener aquello».[14] Después de que el padre de Bush se hubo retirado de Afganistán en 1989, los siete años de luchas entre los señores de la guerra que habían derrotado a los soviéticos con apoyo de la CIA habían conducido a la ascensión de los talibanes y de al-Qaeda. Ahora volvería a pasar, pero esta vez en cuestión de meses, no de años. La retirada estadounidense de 2011 condujo directamente a la aparición del Estado Islámico de Irak y Siria, el ISIS (por sus siglas en inglés), otra consecuencia no deseada de la guerra de Bush.

Las grandes olas de tropas que Petraeus había pedido y conseguido en Irak y Afganistán habían sido siempre una mera apuesta. No habían dado precisamente los resultados que él había esperado. El 22 de junio, cuando Petraeus regresó a Kabul para concluir su mandato, el presidente Obama proclamó que cumplía la promesa de que iba a traer a diez mil soldados de Afganistán de vuelta a casa por Navidad, y a otros veintitrés mil para el verano siguiente. Petraeus protestó. «Eso invalida mi plan de campaña, señor presidente», dijo.[15] Aquello era una insolencia, y su afán de hacer política por encima de sus atribuciones no le saldría muy bien cuando estuviera en la CIA.

A pesar de las promesas vanas de los generales de dos y tres estrellas que aseguraban que la victoria estaba al alcance de la mano, la guerra de Afganistán entró en su segunda década. El presidente Hamid Karzai, instalado en el poder por la CIA, respaldado por cientos de miles de millones de dólares enviados desde el Pentágono, aislado de la realidad y cada vez más impredecible, afirmaba ahora que estaba en contra de los estadounidenses. El sentimiento era mutuo. Los agentes y lo analistas de la CIA sabían que Karzai, sus gobernadores provinciales y sus ministros eran corruptos o incompetentes, cuando no las dos cosas a la vez. Pero sabían también que tenía algo de razón cuando criticaba la ocupación. Los Estados Unidos no estaban ganándose las mentes y los corazones de la población de Afganistán. El entrenamiento militar estadounidense de los soldados afganos y la policía nacional eran un fiasco que costaba varios miles de millones de dólares, las tropas estadounidenses seguían matando a civiles inocentes en ataques producidos por error e incluso, en un caso, en una masacre a tiros no provocada. Profanaban el Corán en público, quemándolo y orinando encima. Los afganos cuya lealtad no había sido comprada empezaban a despreciar a los estadounidenses. Y los talibanes lo sabían. Vivían mezclados con la gente. Sabían que los afganos habían repelido a todos los invasores extranjeros a lo largo de sus seis mil años de historia. Sabían que un día los Estados Unidos se cansarían y se marcharían. Los estadounidenses tienen relojes, decían siempre los líderes talibanes más mundanos, pero nosotros tenemos tiempo.

Los jefes de estación de la CIA, los jefes de base, los agentes operativos y los paramilitares seguirían combatiendo. «Estábamos allí para matar talibanes y hombres de al-Qaeda; punto», diría Marc Polymeropoulos. En julio se puso al mando de la base de Shkin, la punta de lanza dirigida contra los territorios tribales de Pakistán. «Envíenme al peor sitio, al sitio más difícil, al sitio más duro del planeta», había dicho a sus superiores tras recuperarse de la conmoción que para él había supuesto el desastre de Khost.[16] Los remordimientos y los sentimientos de culpa que tenía lo llevaron a Shkin, dispuesto a vengar aquellas siete muertes y «convertir aquel lugar en una máquina de matar». Él y los quince hombres que lo acompañaban eran objeto de ataques constantes. A unos diez kilómetros al este, el ejército pakistaní apoyaba a los combatientes talibanes y de al-Qaeda que bombardeaban la base con sus cohetes de 107 milímetros. Polymeropoulos dijo a sus superiores del cuartel general que tenían que devolver el golpe:

—Estamos en combate a diario con el ejército pakistaní, no solo con al-Qaeda —les dijo.

Es muy complicado, fue la respuesta que recibió.

«No para mí», replicó él. Acabó saliéndose con la suya. Las fuerzas estadounidenses empezaron a responder a los disparos efectuados desde las posiciones pakistaníes. A lo largo de un año, «causamos un destrozo enorme a al-Qaeda y a algunos miembros destacados de los talibanes, y los quitamos de en medio —dijo—. Lo cual estuvo muy bien».

Ocho años antes, dos agentes de la CIA, William Carlson y Christopher Mueller, ambos veteranos de las fuerzas especiales, habían perdido la vida en un fuego cruzado fuera del perímetro de Shkin. «Seguimos el rastro de los talibanes que habían sido responsables de su muerte, reunimos recursos y los quitamos de en medio —contaría Polymeropoulos—. Y aquella noche, sentados alrededor de la hoguera, llamamos a la viuda de uno de los agentes fallecidos en Fort Bragg y le dijimos que habíamos vengado la muerte de su marido». Enseguida se corrió la voz entre los agentes de la CIA de todo el mundo. Polymeropoulos regresó después de pasar doce meses en Afganistán con un ascenso por méritos en el campo de batalla. Fue nombrado vicedirector del Centro de Antiterrorismo, encargado de supervisar operaciones letales en Oriente Medio, de 2012 a 2014.

«Aquellos fueron mis años de venganza. De justicia —diría—. Cero escrúpulos morales».

19

«Siempre hay alguien vigilando»

David Petraeus había empezado con buen pie en la CIA, o eso pensaba él. «Es el mejor puesto que he tenido nunca —dijo a Morell en noviembre de 2011—. Esta es la mejor gente con la que he trabajado nunca».[1] Creía que había conectado con los barones de la acción encubierta y de antiterrorismo, a algunos de los cuales conocía de sus años en Afganistán e Irak, y que eran en su mayoría veteranos de los marines o de algún equipo SEAL. Decidió que los hombres que habían combatido en la guerra eran los que hacían funcionar la CIA.

Pero la CIA no era el CENTCOM. «No todo es como una organización militar, en la que el comandante en jefe tiene un personal enorme a sus órdenes —diría Petraeus—. En lo más alto, en realidad hay muy poca competencia directamente en manos del director, a diferencia de lo que ocurre en un mando militar».[2] Él pretendía tener un personal numeroso a sus órdenes, en parte porque quería tomar grandes decisiones y hacer grandes cosas. Pero, tal como lo veía Petraeus, siempre había más tareas que personas para hacerlas, y nunca había dinero suficiente. Cuando vio por primera vez el presupuesto anual de la CIA, que había alcanzado el nivel más alto al que había llegado nunca, cercano a los quince mil millones de dólares, quedó pasmado. ¿Eso era todo? ¿No había nada más? El Pentágono gastaba casi esa misma cifra cada semana.

Él aseguraba que amaba a la CIA, pero su amor no era correspondido. «No conectó con la mayoría del personal

—diría Morell—. En parte se debió a que por el tono de su voz y por su lenguaje corporal había dado la impresión de que no quería que la gente discrepara de él [...]. Y en parte se debió también a que sus expectativas de lo que el personal debía hacer por él (consecuencia de que era un general de cuatro estrellas) no estaba en consonancia con la cultura de la agencia».[3] Se produjo una tensión cada vez mayor cuando Petraeus empezó a ordenar una y otra vez la creación de lo que él llamaba «un plan estratégico de campaña» con el fin de remodelar la CIA para el futuro. Quería respuestas para las grandes preguntas: «¿Cuáles son las misiones permanentes? ¿Cuáles son las misiones recientes? Y después, ¿cómo tenemos que ajustar los recursos dedicados a cada misión?». A su juicio, la CIA no tenía ni tiempo ni capacidad para ese tipo de pensamiento estratégico a gran escala.

El ejército en el que Petraeus había prestado servicio durante treinta y siete años comportaba una jerarquía enorme y desproporcionada, con demasiado peso en la parte superior. La CIA, en comparación, era una organización plana y ligera; el jefe del servicio clandestino supervisaba a más de dos mil personas, pero la cadena de mando tenía solo dos eslabones. Petraeus asignaba una misión al servicio clandestino, este diseñaba un plan, él lo aprobaba, a continuación los otros se ponían a ejecutarlo, y así seguía vigente hasta la próxima crisis. «Lo cual está muy bien —diría—, excepto que eso significa que en realidad no tenéis ninguna capacidad de planificación estratégica en el nivel más alto». Su nuevo plan de campaña no llegaría nunca a tomar forma. Pero no se necesitaba ningún doctorado para ver que algunas misiones permanentes estaban desgastadas y que, en cambio, algunas misiones recientes eran urgentes. A las órdenes de Petraeus, la CIA se parecía mucho más a una organización paramilitar que a una agencia de espionaje. Ya desde el 11-S, miles de agentes y analistas, entre los de más talento de la agencia, y varios miles más de los recién salidos del cascarón, se habían lanzado a la guerra contra el terror. Las tradiciones de espionaje y de contraespionaje de la CIA habían ido debilitándose a lo largo de toda una década, mientras que sus viejos enemigos habían ido cobrando fuerza.

A comienzos del siglo XXI había dado la impresión de que los Estados Unidos iban a dar forma al mundo. Los dirigentes de China sellarían alianzas con los Estados Unidos empresariales cuando entrara en la Organización Mundial del Comercio. Putin se asociaría con la OTAN, aunque el presidente Bush prometió ampliar la alianza militar capitaneada por los Estados Unidos «hacia el este y hacia el sur, hacia el norte y progresivamente» a lo largo de la frontera occidental de Rusia.[4] El poder de los Estados Unidos había aumentado, siguiendo una ola ascendente desde el fin de la Guerra Fría, con la que había proyectado sus puntos fuertes: la democracia, el capitalismo y la hegemonía militar. Ahora esa ola había tocado techo y se había roto. Las largas guerras habían agotado lentamente la fuerza del país, su riqueza y su autoridad moral. Su época como única superpotencia mundial ya había pasado. Rusia y China estaban ascendiendo frente a los Estados Unidos.

«Creo que Putin ya no es un demócrata»

Bush había dicho que había mirado a los ojos y al alma de Putin, de modo que ya no necesitaba valoraciones de inteligencia para conocer sus intenciones. Al verlo como un aliado en la lucha contra el terrorismo, garantizaba que espiar al Kremlin ya no estaba entre las principales prioridades de la CIA. Pero, tras cinco años y medio en el cargo, llegó a una constatación sorprendente: había depositado su fe y su confianza en la persona equivocada. «Creo que Putin ya no es un demócrata —llegó a decir en julio de 2006—. Es un zar. Creo que lo hemos perdido».[5] Desde entonces, había quedado cada vez más en evidencia que Putin iba a suponer una amenaza para la autoridad global de los Estados Unidos, pues lo que pretendía era reconquistar la gloria perdida del antiguo Imperio ruso. Donde quiera que Bush hubiera sacado la idea de que en algún momento había sido un demócrata —o de que lo habíamos perdido—, desde luego no había sido en el cuartel general de la CIA.

Algunas de las mejores informaciones de la CIA acerca de las ideas de Putin le habían llegado del que más tarde sería su director, Bill Burns, el embajador estadounidense en Moscú de 2005 a 2008. Durante aquellos años, Putin se había dedicado a acusar a los Estados Unidos de intentar utilizar su poderío militar para crear un mundo en el que hubiera «un solo señor, un solo soberano», y por eso había empezado a reaccionar en contra de su influencia global. Creía que la CIA era una de las fuerzas que se ocultaban tras la expansión de la OTAN, que situaba sus fuerzas de vanguardia en sus fronteras, y estaba seguro de que sus espías habían estimulado las fuerzas en pro de la democracia en estados que anteriormente habían formado parte de la Unión Soviética, como Ucrania.

Putin empleó sus propios servicios de espionaje como claros instrumentos de sabotaje y subversión. Los había utilizado con un efecto demoledor en 2007, al lanzar un ciberataque que paralizó Estonia cuando este país se deshizo de los últimos vestigios de su pasado como vasallo de la Unión Soviética, y, de nuevo, en 2008, con las armas de la guerra cibernética y de la información, durante la invasión militar en múltiples frentes de Georgia. Había empezado a asesinar a sus oponentes, como Aleksandr Litvinenko, un agente de los servicios de seguridad rusos que fue envenenado tras desertar y trasladarse a Inglaterra, y Anna Politkóvskaya, una destacada periodista muerta a balazos en las escaleras del edificio de apartamentos de Moscú en el que residía, precisamente el día del quincuagésimo cuarto cumpleaños de Putin. Burns había asistido a su funeral. Los informes que había enviado durante los cuatro años que estuvo en Moscú presentaban al líder ruso como un personaje cada vez más hostil, que expresaba su poder tanto a través de actos visibles como de acciones encubiertas.

Burns, que en aquellos momentos era vicesecretario de Estado, encontró a Putin de un humor de perros cuando viajó a Rusia en marzo de 2012, y notó que estaba especialmente furioso con su jefa, Hillary Clinton. La secretaria de Estado había criticado claramente su manipulación de las elecciones parlamentarias de diciembre al decir que «los electores rusos merecen una investigación a fondo del fraude y la manipulación electorales».[6] Miles de manifestantes habían tomado las calles al grito de «¡Putin, ladrón!» y «¡Rusia sin Putin!».

Las sublevaciones de la Primavera Árabe atormentaban a Putin, que había visto una y otra vez en el teléfono móvil los vídeos de la muerte de Gadafi a golpes de bayoneta, a manos del populacho. El líder ruso sospechaba que detrás de todo aquello estaba Obama. Afirmó públicamente una y otra vez que la señora Clinton trabajaba en secreto para derrocarlo. Tanto Burns como la estación de la CIA en Moscú habían avisado de que aguardaban muchos problemas a los Estados Unidos cuando se produjera la inminente e inevitable reelección de Putin. Intentaría vengarse.

«Éramos objeto de un ataque constante por parte de los servicios de inteligencia»

En febrero de 2012, Xi Jinping, que no tardaría en convertirse en presidente de China, efectuó un viaje a los Estados Unidos y asistió a una cena con los líderes estadounidenses en Washington. A Obama y a Biden les resultó difícil interpretar su personalidad. ¿Era un reformista? ¿Un partidario de la línea dura? ¿Un amigo potencial o un enemigo implacable? La valoración que hizo la CIA de sus ideas políticas y de sus potenciales fortalezas fue inusualmente vaga. Los motivos de que su visión fuera tan poco nítida no tardarían en manifestarse con una claridad terrible.

El puesto de la CIA en Beijing tenía muchas misiones, como, por ejemplo, elaborar una imagen detallada de las intenciones de los líderes chinos, reclutar espías dentro del Partido Comunista Chino y del Ejército Popular de Liberación y espiar a Corea del Norte: en esta última tarea recibía ocasionalmente la ayuda de sus homólogos chinos del Ministerio de Seguridad del Estado. Este organismo había sido creado en 1983, y primero había centrado su atención en erradicar a los enemigos internos existentes dentro de la propia China. No se había convertido en una agencia de espionaje global hasta 1998, pero desde entonces había experimentado un crecimiento exponencial, y ahora daba empleo por lo menos a un cuarto de millón de personas, lo que suponía doce veces el volumen del personal de la CIA. El complejo de cuatro grandes edificios donde se alojaban sus oficinas, en la parte noroeste de Beijing, incluía una vivienda segura en la que el jefe de estación de la CIA podía reunirse con sus principales dirigentes cada pocos meses para discutir asuntos de interés mutuo, como el programa de armas nucleares de Corea del Norte.

El Ministerio de Seguridad del Estado tenía dieciocho departamentos, y la CIA no tenía muy claro a qué se dedicaba la mitad de ellos. Sabía que el departamento primero adiestraba a miles de espías para que trabajaran en los Estados Unidos sin tapadera oficial, habitualmente en forma de hombres de negocios o de estudiantes universitarios. Desempeñaban dos funciones: labores de espionaje tradicional y represión transnacional, seleccionando a los disidentes y los críticos del Estado entre los integrantes de la diáspora china. El undécimo departamento llevaba a cabo, con mucho éxito, operaciones de influencia política para convencer a los comités de expertos de Washington, a los académicos más prestigiosos y a los miembros del Congreso de que China avanzaba hacia la democracia o algo así y de que no tenía mala voluntad hacia los Estados Unidos. El decimotercer departamento era un laboratorio de ciencia y tecnología y se dedicaba a desarrollar distintas formas de reunir información de inteligencia a través de internet, *smartphones* y redes sociales. Los espías chinos habían llevado a cabo ataques de *spear-phishing* por medio de correos electrónicos, habían extraído datos de Facebook y Twitter, habían pirateado las campañas de Obama y de McCain en 2008 y habían lanzado constantes ataques a los servidores de la CIA. Estos tres departamentos formaban parte de los enormes esfuerzos del Ministerio de Seguridad del Estado y de las divisiones de inteligencia del Ejército Popular de Liberación por penetrar en el complejo de la industria militar estadounidense, en el entramado de sus servicios de inteligencia y en su Gobierno.

En su último viaje a China como secretario de Defensa, Bob Gates había recibido una dolorosa bofetada. Poco después de aterrizar, el Ejército Popular de Liberación desplegó su nuevo avión invisible, una copia del Air Force F-35 que estaba todavía en vías de desarrollo, en unas instalaciones cerradas a cal y canto, y que costaba cuatrocientos seis mil millones y medio de dólares. Los espías y hackers chinos habían robado gigabytes de datos acerca de su diseño y tecnología a la gigantesca empresa subcontratada de industria militar Lockheed Martin. El descarado robo de conocimiento industrial, propiedad intelectual e inteligencia secreta de los Estados Unidos por parte de China durante el siglo XXI se convertiría en el mayor traspaso de riqueza de unas manos a otras que había conocido el mundo.

El decimoctavo departamento del Ministerio de Seguridad del Estado se dedicaba a espiar a más de veinte mil ciudadanos estadounidenses en China. Su trabajo constituía una pequeña faceta del Estado de la vigilancia masiva más poderoso del mundo. El Gobierno chino llevaba ya cinco años desarrollando un proyecto a largo plazo, consistente en instalar cientos de millones de cámaras de televisión de circuito cerrado con el fin de monitorizar tanto a sus propios ciudadanos como a los extranjeros, utilizando la computación de macrodatos y el seguimiento de teléfonos móviles para elaborar ficheros digitales. La decimoctava oficina utilizaba tecnología de videovigilancia y reconocimiento facial para controlar a los agentes de inteligencia y a los diplomáticos que trabajaban en la embajada y los consulados de los Estados Unidos. Los estadounidenses ya sabían que sus teléfonos estaban pinchados y sus domicilios intervenidos. Ahora, los ojos que todo lo ven de los servicios de inteligencia chinos los seguían allá donde fueran.

«Éramos objeto de un ataque constante por parte de los servicios de inteligencia —comentó Robert S. Wang, jefe adjunto de la misión de la embajada estadounidense en Beijing desde 2011 hasta 2013—. Controlaban a todas las personas que entraban o salían de la embajada. Todo el mundo estaba en su punto de mira».[7]

A pesar de esa vigilancia incesante, la CIA había conseguido un hito muy importante al infiltrarse en el Gobierno de China a lo largo de los últimos diez años. Sus agentes habían logrado reclutar y dirigir a cerca de treinta espías chinos bien situados a lo largo de los últimos siete años a partir de 2003. Formaban parte de los niveles medio y alto del Gobierno, incluidos el Partido Comunista Chino, el Ejército Popular de Liberación e incluso el propio Ministerio de Seguridad del Estado. Aquellos reclutamientos constituían una verdadera hazaña, fruto de un profundo conocimiento de la cultura política de China. La CIA se dio cuenta de que la corrupción del Partido Comunista Chino era el punto débil de la armadura de China. Los individuos que deseaban ascender rápidamente dentro de las filas del Gobierno chino tenían que pagar unos sobornos enormes —las llamadas «tasas de ascenso»— a sus superiores. Y la CIA disponía de ese dinero. Tras reunirse con sus reclutas y cultivar su trato, los agentes de la CIA habían financiado su ascenso dentro del escalafón, entregándoles millones de dólares para ayudarlos a trepar por la resbaladiza cucaña de la política china. La estación de Beijing compró el acceso al pensamiento del Gobierno chino. Reclutar y pagar a aquellos espías constituía una labor exquisitamente delicada, y aun así esa era la parte más fácil. Comunicarse con ellos de forma segura y protegerlos de la posibilidad de que los detectaran era mucho más difícil. Los agentes operativos saben que las vidas de sus espías están en manos de la CIA. Y los espías también lo sabían.

«Nada relacionado con el espionaje es sencillo»

Todos ellos fueron capturados, encarcelados, torturados y ejecutados uno tras otro, en una serie de detenciones que dio comienzo a finales de 2010 y se prolongó durante dos años espantosos. La creación de la red de espías chinos fue uno de los logros más sobresalientes de la historia del servicio clandestino, y su destrucción una catástrofe sin igual, un desastre que la CIA sigue luchando por entender. «Nada relacionado con el espionaje es sencillo —diría Paula Doyle, que, nueve años después de celebrar la triunfal eliminación de A. Q. Khan, tras ocupar tres destinos distintos como jefa de estación en Europa, Oriente Medio y Asia, se convirtió en 2012 en vicedirectora Nacional de Inteligencia—.* Resultaba verdaderamente difícil trazar una línea directa»,[8] una cadena de hechos clara que explicara lo sucedido en China. Pero, con el tiempo, Doyle y la CIA llegaron a darse cuenta de que esas muertes formaban parte de un patrón más general.

La historia empezó no ya en Beijing, sino en Teherán. Una fuente dentro del Ministerio de Inteligencia y Seguridad de Irán había avisado a la CIA de que algunos de sus espías infiltrados en el programa de armas nucleares de la república islámica habían sido puestos en peligro. Pero ¿cómo había sido posible? No estaba claro. Luego los iraníes y sus socios libaneses de Hezbolá declararían que durante el verano de 2011 habían detenido a más de cuarenta espías reclutados por la CIA y desenmascarado a otros cuarenta y dos que trabajaban en el extranjero. Después de aquello, fue cuando comenzaron a producirse las muertes de los espías chinos en una cascada incesante.

* Como tal, Doyle tuvo que encargarse también de supervisar las evaluaciones de daños de la publicación por WikiLeaks de documentos clasificados y de las revelaciones de Edward Snowden y su defección a Rusia. Y también de coordinar los trabajos de contraespionaje de todas las agencias civiles y militares de inteligencia estadounidenses.

«Era una cuestión de una envergadura enorme. Y estábamos absolutamente centrados en ella —diría Petraeus—. Se hizo un trabajo importantísimo para descubrir lo que estaba pasando».[9] La CIA sabía que «lo que los chinos hacen bien, pero realmente bien, es exprimir a fondo la información, en cualquier sitio, poco importa dónde sea —comentó—. Son muy buenos utilizándola para encontrar una aguja en un pajar digital, conectando varios puntos distintos entre sí. De modo que si te descubren a un individuo, luego resulta que a lo mejor hay algo que relaciona a ese individuo con otra persona que podría estar relacionada con otra».

Un equipo conjunto de la CIA y el FBI organizó una investigación, que este último bautizó con el nombre clave de un mamífero depredador y salvaje, HONEY BADGER [Tejón melero]. Empezaron lanzando una caza al topo, la búsqueda más amplia y más compleja de un espía desde la traición de Aldrich Ames, de la CIA, y Robert Hanssen, del FBI, que durante los años ochenta delataron a los doce agentes soviéticos y rusos más valiosos que trabajaban para los Estados Unidos enviándolos directamente a la cárcel o al patíbulo, y de ese modo arruinaron las operaciones estadounidenses de inteligencia contra el Kremlin. Esas investigaciones duraron nueve y dieciséis años, respectivamente, y uno de los motivos de que duraran tanto fue que a la CIA y al FBI les costó mucho trabajo convencerse de que uno de los suyos pudiera traicionar a los Estados Unidos.

Los investigadores entrevistaron a casi todos los individuos que habían trabajado en la estación de Beijing desde 2001. Las sospechas recayeron rápidamente en un agente operativo retirado llamado Jerry Chun Shing Lee, un veterano del Ejército de cuarenta y siete años que se había jubilado de la CIA y se había instalado en Hong Kong. En abril de 2010, Lee había solicitado reingresar en la agencia después de una entrevista con dos agentes del Ministerio de Seguridad del Estado, que le dieron cien mil dólares y le ofrecieron mantenerlo de por vida si realizaba labores de espionaje para ellos desde dentro de la CIA. En agosto de 2012, la agencia lo atrajo a Hawái con una oferta de trabajo falsa. Cuando los agentes del FBI registraron la habitación del hotel en la que se alojaba, encontraron notas manuscritas con los nombres y números de teléfono de ocho espías con los que había colaborado en otro tiempo. Podría haberse montado un caso judicial facilísimo... si cualquiera de aquellos nombres hubiera pertenecido a los chinos que habían sido traicionados. Al final, Lee se declaró culpable de conspiración para cometer actos de espionaje y recibió una condena de diecinueve años de cárcel.

En 2012, los investigadores siguieron tres rastros distintos. ¿Había algún agente de la CIA trabajando para los chinos? ¿Fueron negligentes los agentes operativos en las reuniones clandestinas mantenidas con sus espías? ¿Había descifrado el Ministerio de Seguridad del Estado los sistemas de comunicaciones encubiertas —las *covcoms*— a través de los cuales se ponía la CIA en contacto con su red de agentes encubiertos? La tercera vía condujo otra vez a Teherán. La CIA descubrió que la inteligencia iraní había puesto en peligro las *covcoms* creadas para reclutar espías. Los canales secretos parecían páginas web bastante rudimentarias que hablaban de noticias, pronósticos del tiempo, deportes y otros temas inocuos. Cuando un espía escribía una contraseña en una determinada barra de búsqueda, las citadas páginas abrían un enlace de comunicaciones secretas con su agente operativo de la CIA.

Los investigadores forenses de Citizen Lab, una organización con sede en Toronto que realizaba un trabajo interdisciplinar de tecnología de la información, derechos humanos y seguridad global, descubrieron diez años más tarde que el sistema de *covcoms* estaba dañado de forma fatal. Probaron la contraseña de una simple página web, que todavía estaba en la base de datos Wayback Machine de Internet Archive, que había sido utilizada por un espía iraní detenido en 2010 y condenado a nueve años de cárcel. Descubrieron que la contraseña en cuestión daba acceso a una red de 885 páginas de comunicaciones encubiertas en veintinueve idiomas, entre ellos el chino y el ruso. Casi todas ellas habían estado activas entre 2004 y 2013. «Montones de direcciones IP secuenciales registradas a nombre de empresas estadounidenses aparentemente ficticias eran utilizadas para dar cobijo a algunas de esas páginas web —comunicaría Citizen Lab—. Todos esos fallos habrían facilitado los descubrimientos hechos por las distintas partes hostiles».[10] En otras palabras, las *covcoms* globales de la CIA eran como un jersey tejido con un punto muy flojo. Tirando de un hilo, empezaba a desenredarse toda la trama.

—El sistema de comunicaciones encubiertas era lo único que de verdad importaba —diría Doyle.

A finales del verano de 2012 había empezado a insinuarse en la mente de los investigadores la idea de que los iraníes habían descifrado la fina capa que cubría las *covcoms* y habían compartido su descubrimiento con el Ministerio de Seguridad del Estado de China. Pero eso todavía no explicaba por completo el desastre: las *covcoms* de la CIA en China eran más sofisticadas que las que había descifrado Irán y, por lo tanto, menos susceptibles de fallar. Aunque poco a poco fueron aclarándose los contornos a grandes rasgos del suceso, en el fondo del mismo seguía habiendo un misterio. «Fueron las comunicaciones encubiertas, más Lee, más un factor X —diría William Evanina, el jefe de contraespionaje de la CIA en 2013 y 2014 y director Nacional de Contrainteligencia durante los siete años siguientes—. Hasta el día de hoy no se ha contado toda la historia».

Cuando Xi Jinping asumió el poder en China en el otoño de 2012, emprendió de inmediato una campaña que condujo a la detención de los miembros de más alto rango del partido y a la imposición de severos castigos a decenas de miles de funcionarios de alto nivel acusados de aceptar sobornos. Xi se había dado cuenta de que la corrupción del partido, en el que el cohecho era la manera de ascender, había sido la clave de la infiltración de la CIA entre sus miembros. Los líderes políticamente corruptos constituían una amenaza para la seguridad nacional, como los estadounidenses descubrirían por sí mismos cuatro años después.

«Siempre hay alguien vigilando»

La caída de David Petraeus fue el escándalo más humillante en su especie desde que el presidente Clinton había mantenido relaciones sexuales con una becaria de la Casa Blanca quince años antes.

El viernes 26 de octubre de 2012, dos agentes del FBI se presentaron a ver a Petraeus en su despacho de la séptima planta. El vicedirector del FBI, Sean Joyce, había dicho a Petraeus que querían hablar con él acerca de un caso de ciberacoso en el que se hallaba involucrada Paula Broadwell, que en el mes de enero había publicado un libro sumamente halagador sobre él. La escritora había acosado a una seguidora de Petraeus, que, según ella, era una rival que pretendía arrebatarle la atención que el general le dedicaba. Pero los agentes tenían otra intención. El FBI había registrado el ordenador de Broadwell y había descubierto su abundante correspondencia con Petraeus. Los agentes preguntaron al director de la CIA si había compartido información clasificada con ella. Petraeus lo negó rotundamente, a sabiendas de que mentir al FBI es un delito grave. Sabía también perfectamente que, si llegaba a saberse la verdad, podía ser acusado de un delito más grave todavía, el de revelación no autorizada de información clasificada, que comportaba una pena de diez años de prisión. Es posible que se le obnubilara el juicio por el hecho de que los hombres del FBI le dijeron también que sabían que había mantenido una relación extraconyugal con Broadwell.

«El carácter es lo que hace uno cuando nadie está vigilando —había dicho siempre Petraeus a sus soldados—. Y recordad, siempre hay alguien vigilando».[11]

Petraeus esperaba que el secreto de su relación quedara bien guardado. Llamó por teléfono a Joyce a través de una línea segura y le preguntó si había alguna manera de guardar silencio sobre aquel asunto tan delicado. No la había. Al día siguiente, un tercer agente del FBI, al estilo de un soplón, filtró los detalles más sórdidos al líder de la mayoría republicana en la Cámara de Representantes, Eric Cantor, insistiendo en que se había puesto en marcha una campaña de encubrimiento político para asegurar la inminente reelección de Barack Obama. Cantor llamó al cuartel general del FBI intentando descubrir un escándalo. La llamada obligó a Joyce y al director del FBI, Robert S. Mueller III, a considerar si debían informar al inmediato superior de Petraeus, el director de Inteligencia Nacional, el general James R. Clapper, y cuándo y cómo debían hacerlo. El 31 de octubre, los agentes volvieron a entrevistar a Petraeus, asegurándole que el FBI no investigaba la vida sexual de las personas y que no tenía ningún interés en meter la nariz en su apasionada aventura con Broadwell.

Aquella mujer era la animadora que Petraeus nunca había tenido en el instituto. Se parecía muchísimo a él —licenciada en West Point, fanática del *fitness*, nada de grasa corporal, ambición infinita...—, aunque veinte años más joven. Seis años antes le había pedido que fuera su mentor. Estaba escribiendo una tesis doctoral sobre Petraeus y quería que el libro resultante se convirtiera en un éxito de ventas. El general la invitó a que se trasladara a Afganistán para trabajar juntos. Y ella fue hasta allí en cuatro ocasiones. Salían a correr unos kilómetros durante seis minutos por la mañana y hablaban largo y tendido por las noches. En julio de 2011, al final de su mando en Afganistán, habían hecho un viaje fuera de Kabul en el avión Gulfstream de él. Unas semanas más tarde, Petraeus había entregado a Broadwell ocho cuadernos negros que había escrito durante su estancia en Afganistán, y ella había fotografiado cerca de cien páginas de su contenido.

En los cuadernos había detalles acerca de operaciones encubiertas, con las identidades de agentes de la CIA y de miembros de las fuerzas especiales, las deliberaciones del Consejo de Seguridad Nacional y las discusiones del general con el presidente de los Estados Unidos. «Son contenidos altamente clasificados, algunos lo son —le había dicho—. Quiero decir que hay material codificado en ellos».[12] (*Codificado* en referencia a más que alto secreto). Nada de aquello pasó a formar parte del libro de Broadwell. Pero, evidentemente, el hecho de haber compartido aquellos secretos hacía pensar que se pudieran haber compartido otros. Sus encuentros amorosos habían dado comienzo en noviembre de 2011, dos meses después de que Petraeus se convirtiera en director de la CIA.

Un año después, el viernes 2 de noviembre de 2012, el FBI ya se había enfrentado a la señora Broadwell y se había enterado de algunos detalles relacionados con los documentos que le había entregado Petraeus. El informe de los agentes llegó al cuartel general del FBI el lunes siguiente. El martes, que era el día de las elecciones, Obama ganó con comodidad, pero los republicanos siguieron dominando la Cámara de Representantes. Aquella misma tarde, Mueller llamó por teléfono a Clapper, que a su vez llamó a Petraeus y le aconsejó que dimitiera inmediatamente, a consecuencia de la aventura extraconyugal que había mantenido. El director de la CIA seguía pensando que quizá lograra armarse de valor y oponer resistencia. El miércoles celebró su sexagésimo cumpleaños en casa y trató del asunto con su esposa, con la que llevaba treinta y siete años casado. El jueves no se presentó a trabajar. Esa misma mañana, Clapper y Joyce aparecieron en la Casa Blanca con la noticia de que se estaba investigando a Petraeus no por su vida amorosa, sino por filtración de secretos. Esa misma noche, sobre las nueve, el director de la agencia llamó a Morell para revelarle su relación extraconyugal.

«Me contó toda la historia del lío que había tenido —comentaría Morell—. Me dijo: "Michael, voy a dimitir", y añadió que había cometido un error terrible y que la dimisión era el primer paso hacia la redención».[13] Morell se quedó sin palabras. Todo lo que pudo decir fue: «Te entiendo».

Una parte del poder que ostenta el director de la CIA proviene de su capacidad de asegurar que tiene autoridad moral para ordenar la comisión de actos inmorales. Tiene que pedir a sus agentes que desarrollen su trabajo al límite de lo que permiten la ley y la política, como, por ejemplo, el ataque con drones que causó la muerte al ciudadano estadounidense Anwar al-Awlaki en Yemen poco después de que Petraeus asumiera el mando de la CIA. A su vez, sus agentes tienen que saber que pueden confiar en el criterio de su jefe. Ahora sabían que no podían hacerlo.

El viernes 9 de noviembre, Obama aceptó la dimisión de David Petraeus. La sorpresa de los dirigentes políticos y militares estadounidenses fue inmensa. En público, y entre balbuceos, sus portavoces cantaron las alabanzas de Petraeus, mientras que en privado manifestaron su irritación contra el FBI por airear sus trapos sucios. Algunos mostraron su perplejidad por el hecho de que hubiera violado sus votos matrimoniales. Solo conocían la mitad de la historia. El lunes, el FBI ejecutó una orden de registro en el domicilio de Broadwell y descubrió el caudal de información de inteligencia que le había entregado Petraeus. El general contrató al abogado más caro de Washington y afirmó una y otra vez que nunca había roto los estatutos de secretismo que constituyen el santo grial de la CIA. Tras más de dos años de negaciones, durante los cuales encontró un trabajo sumamente lucrativo en el campo de los capitales de inversión, en marzo de 2015 aceptó declararse culpable de un delito menor de mal uso de materiales clasificados, fue condenado a dos años de libertad condicional y tuvo que pagar una multa de cien mil dólares.

«Cuantas más estrellas tienes y cuanto más alto subes, más expuesto te ves a quedar con el culo al aire», había comentado en cierta ocasión Mark Clark, el general de cuatro estrellas del Ejército más joven durante la Segunda Guerra Mundial.[14] Petraeus no había sabido taparse el suyo.

El presidente empezó a buscar al quinto director de la CIA en poco más de ocho años. No tendría que ir a buscarlo muy lejos. John Brennan había estado a su lado desde el primer momento como consejero de antiterrorismo y, de hecho, como director de Inteligencia Nacional. No dudó en aceptar la oferta de Obama y decidió jurar su cargo no con la mano sobre la Biblia, sino sobre un texto original de la Constitución de los Estados Unidos.

Los colegas de Brennan en la Casa Blanca, que lo conocían como el mandamás de los drones, quedaron sorprendidos cuando se enteraron de que había dedicado la mayor parte de los veinticinco años que había pasado en la CIA trabajando como analista, así como de que tenía unas opiniones decididamente desiguales acerca del servicio clandestino, las acciones encubiertas y la forma en la que la agencia llevaba a cabo la guerra contra el terror. «La CIA como institución y los agentes de la CIA como individuos han cometido algunos errores graves», creía Brennan,[15] que pasaría la mayor parte de los cuatro años siguientes lidiando con las consecuencias.

20

«Letal y legal»

Diez años antes, cuando prestaba servicio como vicedirector ejecutivo de la CIA, Brennan se había enterado por primera vez de lo que sus agentes hacían a los prisioneros de guerra. Se había puesto físicamente malo al leer los telegramas procedentes del centro de detención clandestino de Tailandia. Había cogido un paquete abierto de cigarrillos ya rancios que guardaba en un cajón de su escritorio para casos de emergencia, se dirigió a la planta baja y, una vez fuera del cuartel general, se fue al extremo más alejado del aparcamiento y se puso a fumar sin parar un cigarrillo tras otro. *Dios mío, ¿qué estamos haciendo?*, se dijo para sus adentros.[1] Había considerado que el submarino y mantener al prisionero Abu Zubayda encadenado en una especie de perrera eran algo «moralmente repugnante [...], brutal e inhumano [...], impropio de los estadounidenses».

Tras volver a subir a pie hasta la séptima planta, Brennan había ido a hablar con George Tenet. Pero no había tenido valor para decirle lo que pensaba. «Apreté los puños y me contuve —recordaría más tarde—. Nunca le dije: "George, este programa es inmoral. Está mal». Tampoco habló con su asesor legal de confianza. «Nunca me comunicó sus preocupaciones... Y mi despacho estaba a menos de cinco metros del suyo —comentaría John Rizzo, que se había retirado como principal abogado de la CIA en octubre de 2009—. No lo oí expresarlas directamente ni tampoco oí nunca que se las expresara a sus colegas. He hablado con otros veteranos de la agencia y no he encontrado a ninguno que se acuerde de eso».[2] Brennan era un católico ferviente que en su juventud había soñado con convertirse en el primer papa estadounidense y acabó pensando que el hecho de no decir nada fue el pecado de omisión más escandaloso de su vida.

La oportunidad de manifestar abiertamente lo que pensaba llegó cuando la Comisión de Inteligencia del Senado celebró la sesión de confirmación de su cargo el 7 de febrero de 2013. Ocho semanas antes, el comité había concluido su *Informe sobre tortura*, un minucioso relato del programa de detención e interrogatorio de presos. Sus integrantes se habían pasado casi cuatro años peinando los archivos de la CIA, unos seis millones de páginas de telegramas operacionales, correos electrónicos internos, informes de situación, investigaciones del inspector general, testimonios orales y otros documentos. Desde el primer momento de su presidencia, Obama había dejado bien claro que no deseaba mirar hacia atrás con ira al investigar la guerra de Bush contra el terror. Los demócratas de la Comisión de Inteligencia del Senado habían frustrado sus deseos. Su presidenta, la senadora Dianne Feinstein, había convencido a Leon Panetta, viejo amigo suyo en el ámbito político tanto en Washington como en California, de que pusiera a su disposición todas las pruebas. Aquella decisión había dejado pasmado a Brennan en su papel de consejero de Inteligencia de la Casa Blanca. «En mis veinticinco años en la CIA nunca me había enterado de que se hubiera contemplado una medida semejante, y menos aún de que se hubiera llevado a cabo —comentaría Brennan—. Y desde luego no podía pronosticar que semejante acuerdo llegara a convertirse en una fuente de gravísimo conflicto entre los demócratas de la comisión y el futuro director de la CIA, o sea yo».

«No hay término medio»

El lío había dado comienzo con Jose Rodriguez y su desafiante decisión de destruir los vídeos de la tortura de Abu Zubayda. Cuando el *New York Times* estaba a punto de publicar su artículo en diciembre de 2007, Rizzo había preguntado a Porter Goss si, como director de la agencia, había informado a las comisiones de Inteligencia del Congreso sobre esa destrucción. Goss sabía perfectamente que tenía la obligación legal de hacerlo, pues durante siete años había sido presidente de la Comisión de Inteligencia de la Cámara de Representantes. Y había guardado silencio. No había tenido valor para responder. Por pura falta de sinceridad. «Aquel fue el definitivo escenario de pesadilla —contaría Rizzo—. El *New York Times* estaba a punto de hacer público un artículo tremendo, una historia de la hostia acerca de la CIA, y nuestros supervisores del Congreso iban a enterarse de ella por primera vez. Durante tres décadas yo había sido testigo ocular de la compleja relación mantenida por la agencia con el Congreso, e inmediatamente supe cuál iba a ser su reacción. Iban a volverse locos».

Tras el escándalo inicial, los miembros de la Comisión de Inteligencia del Senado se habían pasado un año entero estudiando la historia de los vídeos y, tras la lectura de los informes del inspector general de la CIA, habían llegado a la conclusión de que los abusos cometidos en los centros de detención clandestinos habían sido mucho más brutales de lo que los mandamases de la agencia habían admitido en sus informes clasificados. En marzo de 2009, la comisión había votado por catorce a uno a favor de emprender una investigación exhaustiva del programa de detenciones e interrogatorios. El informe completo, que constaba de más de seis mil setecientas páginas y de unas treinta y ocho mil notas a pie de página, no ha llegado nunca a ver la luz, y probablemente nunca llegue a verla. Pero Brennan había leído el borrador de su resumen, del tamaño de todo un libro, antes de que se celebrara la sesión de su confirmación en el cargo. Lo consideró «bastante condenatorio —había dicho al prestar testimonio—. Claramente había una serie de cosas, muchas cosas, que leí en ese informe que me resultaron muy preocupantes y alarmantes».[3] Destacaba entre ellas la conclusión de que los interrogatorios habían resultado ineficaces para reunir información de inteligencia sobre al-Qaeda, de que la CIA había engañado no solo a la comisión, sino también a la Casa Blanca y al Departamento de Justicia, acerca del programa en cuestión y de que sus prisioneros habían sido objeto de unos abusos que no habría podido imaginarse nadie. Los agentes de la CIA y los miembros de las agencias subcontratadas habían sobrepasado los límites legales de los memoranda sobre tortura de la Casa Blanca, amenazando a los prisioneros con matarlos, privándolos del sueño durante más de ciento ochenta horas, introduciéndoles tubos por el ano para alimentarlos a la fuerza y, como había ocurrido en dos ocasiones, causándoles la muerte.*

«No sé cuáles son los hechos ni cuál es la verdad —dijo Brennan a los senadores—. Lo cierto es que tengo que estudiarlo todo detenidamente y ver cuál es la responsabilidad de la CIA».

La reputación de la CIA dependía ahora de cómo tratara el informe. Si sus hallazgos se hacían públicos, amenazaba con infligir un verdadero desastre de relaciones públicas al servicio de inteligencia, que ya había sufrido muchos batacazos. Cuando los periodistas empezaron a revelar el asunto de los centros de detención clandestinos en 2005, Phil Mud, que por entonces era el vicedirector del Centro de Antiterrorismo, había contado a un colega que la CIA tenía que contraatacar, y con fuerza, contando a la prensa y al pueblo estadounidense su propia versión del programa de interrogatorios: «O la exponemos y se la vendemos a la opinión pública o nos machacan, lo cual tiene sus implicaciones más allá de los medios de comunicación —había sostenido—. El Congreso la lee, nos quita autoridad, arruina nuestros presupuestos [...]. O publicamos nuestra versión o nos comen vivos. No hay término medio».[4] En uno de los múltiples casos de desclasificación selectiva, un por-

* Lo de la alimentación forzosa por el recto tenía muy poco que ver con la nutrición. Era una forma de sadismo, que se infligía para conseguir «un control total del detenido», como comunicó un responsable de los interrogatorios al cuartel general de la CIA.

tavoz de la CIA distorsionó la historia del interrogatorio de Abu Zubayda para el escritor Ronald Kessler, corresponsal jefe en Washington de la emisora por cable Newsmax, de ideología derechista, para convencerlo de «la valiosísima información de inteligencia [...] reunida por el programa de inteligencia de la CIA».[5]

Inmediatamente después del ataque contra Abbottabad y de la muerte de Bin Laden, con el prestigio de la agencia entre el pueblo estadounidense en el punto más alto de su historia, la Oficina de Asuntos Públicos de la CIA había vendido a Hollywood una historia mucho más convincente acerca de la eficacia de la tortura. El resultado fue *Zero Dark Thirty* [La noche más oscura], una película de intriga estrenada tres días antes de que se concluyera el *Informe sobre tortura* en diciembre de 2012. El personal de relaciones públicas de la CIA había cortejado y conquistado al guionista de la película, dándole acceso extraordinario a diversos agentes y al cuartel general de la CIA. A cambio, él había invitado a copas y a cenar a Alfreda Bikowsky, la analista sobre al-Qaeda y entusiasta defensora del interrogatorio de prisioneros mediante el uso del submarino, combativa partidaria de las técnicas más rudas e importantísimo testigo ante la Comisión del Senado, ante la cual juró que la tortura funcionaba. El informe de la comisión decía que sus apasionados telegramas sobre sus careos con Khalid Sheik Mohammed, el autor intelectual de los ataques del 11-S, habían creado «un patrón en el que se basarían futuras justificaciones del programa de la CIA y de las técnicas mejoradas de interrogatorio de la agencia».[6] Bikowsky se convirtió en el modelo para la protagonista de *Zero Dark Thirsty*. El filme fue un gran éxito de taquilla, consiguió una nominación al Óscar a la mejor película e influyó en la opinión pública acerca de la moralidad del programa de interrogatorios. Pero su mensaje resultó excesivo para Mike Morell, que por entonces prestaba servicio por segunda vez como vicedirector en funciones, a la espera de la confirmación de Brennan. Había enviado un email a todo el personal de la CIA, advirtiéndoles que le película causaba una «impresión muy fuerte» de que la tortura había marcado el camino que habría llevado a la puerta de Bin Laden.[7]

«Esa impresión es falsa —escribiría—. Si las técnicas mejoradas de interrogatorio eran el único medio rápido y eficaz de obtener información de aquellos detenidos, como da a entender la película, es un objeto de debate que nunca podrá ser ni será resuelto de manera definitiva». Esta crítica matizada se convirtió en la postura más mesurada que adoptaría la CIA sobre la cuestión de si la tortura funcionaba o no.

«Una lacra para el alma de nuestro país»

El 8 de marzo de 2013, Brennan prestó juramento como director de la CIA, a la que regresó con una enorme sensación de confianza en sí mismo, decidido a «empezar con buen pie e incluso a denunciar cualquier engaño en cuanto lo viera».[8] Pero, para su consternación, la mayor parte de los veinte meses siguientes se vieron ocupados por una escalada de la guerra con la Comisión de Inteligencia del Senado a propósito del *Informe sobre tortura*. Posteriormente calificaría esa lucha como el mayor problema al que tuvo que enfrentarse durante los cuatro años que estuvo al frente de la agencia, una afirmación sorprendente, teniendo en cuenta los desafíos de Rusia y China, la guerra en Afganistán, la aparición del ISIS y el agotador esfuerzo destinado a remodelar la CIA frente a la dura resistencia ofrecida desde dentro.

La CIA del siglo XXI se había visto consumida por el antiterrorismo y la necesidad de información de inteligencia táctica. Tenía que ser capaz de mirar más allá del horizonte y fijarse en los desafíos a largo plazo de los conflictos entre las grandes potencias y los cambios tectónicos en el terreno de la geopolítica. «Con los miles de millones de dólares invertidos en la CIA durante la última década, las expectativas de los legisladores acerca de la capacidad que tenía la agencia de prevenir los grandes acontecimientos geopolíticos debían de ser muy grandes», había observado durante la sesión de confirmación de su cargo. Su incapacidad de entender la Primavera Árabe y sus consecuencias, tuvo que reconocer, demostró «que la CIA necesita mejorar todavía más sus capacidades y su rendimiento».

Cuando Brennan llegó a la séptima planta, Morell ya estaba preparando la respuesta preliminar a las veinte conclusiones del *Informe sobre tortura*, elaborada por un grupo de destacados analistas que no habían participado en el programa, y Brennan la envió a la Comisión de Inteligencia del Senado con su firma. Obligada a hacer frente a la abrumadora inculpación de sus dirigentes, de sus jefes de antiterrorismo y de sus agentes, la CIA reconoció que no había estado preparada para dirigir los centros de detención clandestinos, que había sido incapaz de gestionarlos desde el primer momento, que no había querido analizar la efectividad de sus métodos de interrogatorio, que había sido incapaz de justificar el encarcelamiento de una quinta parte de sus ciento diecinueve detenidos y que no había mostrado la menor disposición a considerar responsables de sus abusos a sus agentes y al personal subcontratado. Reconocía que la mayor parte de esos fallos habían sido admitidos, y muchos de ellos corregidos, a raíz de los informes del inspector general John Helgerson de 2003 y 2004. Morell subrayaba lo que le había dicho su personal: la CIA no tomaba posición sobre si la información arrancada a los detenidos sometiéndolos a palizas, haciéndolos pasar hambre, privándolos del sueño y aplicándoles el submarino habría podido obtenerse por otros medios. La respuesta era y sería en todo momento inamovible, escribió en su informe.

Pero la CIA contraatacó rebatiendo las principales conclusiones del *Informe sobre tortura* con toda la fuerza que pudo reunir. Insistió en que no había ocultado voluntariamente a la Casa Blanca información acerca del programa. Negó haber falseado deliberadamente ante el Departamento de Estado, el FBI, el Congreso, los medios de comunicación y el pueblo estadounidense lo que ocurría en los centros de detención clandestinos. Rechazó la acusación formulada por el informe de que los centros de detención clandestinos no habían proporcionado una información de inteligencia única que hubiera salvado vidas, frustrado conspiraciones y encarcelado a yihadistas. Los veteranos de más relieve de la guerra contra el terror llevada a cabo por la CIA reaccionaron ante aquella acusación con un furor tremendo.

Entre ellos estaba Gina Haspel, que había pasado a ser directora en funciones del servicio clandestino una semana antes de la llegada de Brennan al cuartel general, a raíz de la jubilación de John Bennett. Brennan era dolorosamente consciente del escaso número de mujeres que habían ascendido a los puestos más altos de la CIA. Pero sabía que Feinstein se opondría enérgicamente a Haspel, que había quedado relacionada para siempre con la práctica del submarino en el centro de detención clandestino de Tailandia.* A cambio, la nombró jefa del puesto de Londres —cargo tradicionalmente concedido como último destino a agentes de más edad— y, en su lugar, ascendió a Frank Archibald, veterano de Pakistán y de los Balcanes, que en aquellos momentos prestaba servicio como jefe de la División para América Latina. Todo ello apaciguó a la Comisión de Inteligencia, pero no durante mucho tiempo.

Feinstein quería que el *Informe sobre tortura* fuera desclasificado en su totalidad, asegurando la protección de la identidad de los agentes de la CIA, de sus fuentes y de sus contactos extranjeros. Brennan exigió el borrado de muchas más cosas, y Obama lo apoyó. La CIA emprendió una larga batalla con la Comisión de Inteligencia del Senado para censurar el informe y refutar sus hallazgos. Luego, sus agentes y abogados se alarmaron cuando el director de personal, Daniel Jones, les pidió que entregaran la *Revisión de*

* Brennan consideró también la posibilidad de nombrar a Mike D'Andrea jefe del servicio clandestino. Creía que D'Andrea era el agente de la CIA con más mérito por el hecho de que los Estados Unidos no hubieran sufrido un ataque directo de al-Qaeda desde el 11-S. Sabía también que ascenderlo habría provocado un revuelo público enorme, y eso era lo último que en aquellos momentos necesitaba la CIA.

Panetta, un conjunto de mil páginas de informes por escrito, preparados en 2009 por los analistas de la CIA para el antiguo director de la agencia, en los que se resumían los documentos que iba a compartir con la comisión.

Muy pocas personas conocían la existencia de la *Revisión de Panetta*. Y menos aún sabían que en esencia —en palabras de Panetta— «no era muy distinta» del informe del Senado.[9] Uno de sus hallazgos era que, en sus reuniones informativas, la CIA había exagerado la importancia de la información de inteligencia arrancada a Khalid Sheik Mohammed, su prisionero más valioso, socavando así su argumento de que las 183 sesiones de submarino y las ciento ochenta horas que le habían hecho pasar encadenado y colgado del techo sin dormir habían obrado maravillas. Y lo que era peor, como señalaba con tristeza Brennan, algunos de los agentes que habían preparado la revisión habían añadido a los resúmenes algunas ideas de su cosecha, «comentarios personales que reflejaban su indignación personal y su desagrado por lo que habían leído».[10] Lo más penoso de todo, sin embargo, era que la CIA sospechaba que Jones ya había visto la revisión, aunque no sabía cómo lo había hecho. No tenía conocimiento de que había imprimido en secreto sus pasajes clave y había guardado esas páginas en la caja fuerte de la comisión. La revisión destripaba las refutaciones de la agencia, diría más tarde Jones, con «un argumento condenatorio en contra del programa de torturas de la CIA».[11]

Mark Kelton, en aquellos momentos jefe de contraespionaje de la CIA, decidió jugar duro con Jones. Envió una cuadrilla de informáticos a piratear los ordenadores de los miembros de la Comisión de Inteligencia del Senado, en los que encontraron la *Revisión de Panetta*, y en el curso de su investigación leyeron los emails de cinco integrantes de la comisión. Brennan quedó conmocionado —«se me paró el corazón en un par de ocasiones»— cuando Kelton le informó de lo que había hecho. Los estatutos de la CIA prohibían espiar a ciudadanos estadounidenses, y la misión del personal de contrainteligencia decididamente no consistía en fisgonear acerca de los miembros del Senado de los Estados Unidos. Brennan pidió prudentemente a su inspector general, David Buckley, que interviniera. Buckley estudió los hechos y decidió remitir el caso al Departamento de Justicia, solicitando investigar e incriminar a Kelton y a los técnicos del departamento de contrainteligencia. Por su parte, el asesor jurídico en funciones de la CIA, Robert Eatinger, que había sido el principal abogado defensor del programa de interrogatorios, y cuyo nombre aparecía unas mil seiscientas veces en el informe del Senado, solicitó la incriminación de Jones por posesión no autorizada de información clasificada. Aquel acto, comentaría Brennan, «tuvo el desafortunado efecto de echar gasolina a un fuego ya vivo».

Feinstein subió al estrado en el Senado y pronunció un discurso de cuarenta y cinco minutos denunciando a la CIA por cometer actos «ilícitos y anticonstitucionales» de espionaje en el propio Capitolio. Brennan, de modo harto imprudente, lo negó de forma pública. «En cuanto a las alegaciones de pirateo de los ordenadores del Senado por parte de la CIA, no puede haber nada más alejado de la verdad —afirmó falsamente—. No haríamos una cosa así. Quiero decir que está fuera del alcance de la razón por lo que se refiere a lo que pudiéramos hacer».[12] La disputa estaba convirtiéndose en una crisis política en toda regla, cuando el vicepresidente Biden convocó a unos y a otros a una reunión reprobatoria.

«Tenemos que dejar todo esto atrás, chicos —adujo Biden—.[13] Sé que John descubrirá lo que ha hecho su gente —dijo a Feinstein—. Te dirá exactamente lo que ocurrió y te pedirá disculpas si se exige que se pidan disculpas».*

* Cuando Brennan vio el informe definitivo del inspector general que señalaba que la CIA había espiado efectivamente a los miembros de la comisión de Feinstein, pidió disculpas en privado a la senadora e hizo pública una declaración que él mismo calificó de «ambigua y confusa», en la que prácticamente no admitía nada. A la hora de la verdad, parece que la CIA había desconfigurado el programa de búsqueda de documentos guardados en la red que gestionaba la propia agencia, para que fuera accesible a los miembros de la Comisión del Senado. Nunca quedó claro si la

La senadora, todavía furiosa, contestó a Biden y a Brennan que el programa de interrogatorios era una «lacra para el alma de nuestra nación. Quiero asegurarme de que nunca vuelva a repetirse, ni con un presidente demócrata ni con uno republicano».

—Eso seguro, ¡maldita sea! —contestó Biden.

«¿Es eso lo que somos?»

«Creo que comprometimos nuestros valores básicos al utilizar la tortura para interrogar a nuestros enemigos y al detener a personas de una forma que iba contra el imperio de la ley», dijo Obama el 23 de mayo de 2013. En su discurso en la Universidad de Defensa Nacional situada en Fort McNair, Washington, hizo unas promesas que, de haber sido cumplidas, habrían ido frenando poco a poco la guerra contra el terror.

«Los Estados Unidos están en una encrucijada —dijo—. Debemos definir la naturaleza y el alcance de esta lucha o, de lo contrario, ella nos definirá a nosotros. Hemos de tener presente la advertencia de James Madison, según el cual "ninguna nación podrá preservar su libertad en medio de una guerra continua"». Se comprometió a limitar los ataques con drones que Brennan, D'Andrea y él habían lanzado en Pakistán, Yemen y Somalia, más o menos trescientos ochenta hasta ese momento, que habían causado la muerte de dos mil ochocientas personas, entre ellas quizá quinientos civiles.

«Es un hecho innegable que los ataques estadounidenses han acabado produciendo bajas civiles, riesgo que existe

---

CIA había compartido la *Revisión de Panetta* sin darse cuenta, aunque a todas luces creía que los miembros de la Comisión de Inteligencia del Senado la habían robado. El fiscal general Eric Holder declinó presentar cualquier tipo de cargos contra los agentes de la CIA y contra los miembros de la Comisión del Senado. Una junta disciplinaria de la agencia, en consonancia con la tradición, no encontró motivo alguno para considerar responsables de nada a Kelton ni a sus agentes.

en cualquier guerra —dijo—. Y para las familias de esos civiles, no hay palabras ni teoría jurídica que pueda justificar su pérdida. Para mí y para los que se incluyen en mi cadena de mando, esas muertes nos perseguirán mientras vivamos, del mismo modo que nos persiguen las bajas civiles que se han producido en el curso de los combates convencionales librados en Afganistán e Irak. El imprescindible secretismo que a menudo comportan esas acciones puede acabar protegiendo al Gobierno de todo examen público. Puede llevar también a un presidente y a su equipo a considerar los ataques con drones como una panacea contra el terrorismo».[14]

Cuando pronunció aquel discurso, el presidente ya había empezado a reducir los ataques, exigiendo un mayor nivel de información de inteligencia sobre sus objetivos. Las nuevas normas autorizaban los asesinatos selectivos de personas que plantearan una amenaza constante e inminente para el pueblo estadounidense y cuya captura no fuera posible, allí donde el país que las acogía no quisiera o no pudiera detenerlas, y con la seguridad casi total de que no resultara muerto o herido ningún civil. Gran parte del mérito de esa decisión correspondía a Avril Haines, a la que Brennan escogió para ocupar el puesto de vicedirectora de la CIA cuando Mike Morell se retiró en junio de 2013. Había sido viceconsejera de Seguridad Nacional con Obama, había prestado servicio principalmente como confidente legal de Brennan en materia de inteligencia y era una defensora inquebrantable de disminuir la guerra con drones.

«Avril y yo llevábamos en nuestra piel las cicatrices de gran parte de las embestidas procedentes de los promotores del antiterrorismo que querían más manga ancha a la hora de ejecutar los ataques», comentaría Brennan, jefe entre otros de D'Andrea, que llevaba siete años dirigiendo el Centro de Antiterrorismo.[15] Haines lo había desafiado constantemente y a menudo había salido victoriosa. «Sin los cambios que ella consiguió, habrían muerto más civiles inocentes y habrían sido perseguidos un grupo mucho más amplio de objetivos —diría Samantha Power, por entonces embajadora ante las Naciones Unidas—. Avril intentó colocar un instrumento letal de poder estadounidense dentro de un marco legal [...] y dar mucha más transparencia a un programa envuelto en el secretismo». Pero como observaría la propia Haines, «solo porque una cosa sea legal no se vuelve justa [...]. Creo que es fundamental tener en cuenta en todo momento las consecuencias humanas y éticas del propio trabajo. No cabe duda de que actuar así se cobra un peaje muy caro».[16]

Haines era una extraña, la primera mujer que ocupaba el cargo de vicedirectora de la agencia, y la primera en sesenta y dos años que no era ni un militar de alta graduación ni un agente de la CIA. Tenía cuarenta y cuatro años, era licenciada en Física Teórica, cinturón marrón de judo, piloto aficionado que había estado a punto de estrellarse con su avioneta en el Atlántico norte en compañía del hombre con el que después se casaría, y en otro tiempo propietaria de una librería independiente en un barrio bohemio de Baltimore. Había pasado a integrarse en el grupo como abogada del Departamento de Estado para asuntos políticos y militares y asesora jurídica adjunta de la Comisión de Relaciones Exteriores del Senado a las órdenes de Biden, antes de pasar a formar parte del equipo de seguridad nacional del propio Biden. Haines había dedicado cien horas a la semana a trabajar en la Casa Blanca; Obama elogió públicamente su «inteligencia, ética de trabajo y humildad».[17] La vicedirectora en Washington del Observatorio de los Derechos Humanos dijo de ella que era la persona más agradable del Gobierno con la que se había reunido. Humildad y amabilidad eran unas cualidades raras en los despachos de la CIA, tal vez porque ninguna mujer había sido nunca la segunda al mando de la agencia.

En la Casa Blanca y en la CIA, Haines había animado a Obama a cumplir sus promesas de cerrar Guantánamo. El escollo más grande era la cuestión de cómo juzgar a los terroristas con pruebas obtenidas bajo tortura. Esa cuestión no podía suscitarse. Los jueces de los tribunales militares y antes que ellos los abogados se hallaban maniatados por el secretismo; sin los hallazgos del *Informe sobre tortura*, no podían hablar de lo que había pasado en los centros de detención clandestinos. «La historia emitirá un juicio muy duro sobre este aspecto de nuestra lucha contra el terrorismo y sobre aquellos de nosotros que no supimos ponerle fin —había dicho Obama en Fort McNair—. Imaginen un futuro, dentro de diez o veinte años, en el que los Estados Unidos de América siguen teniendo presos a individuos que no han sido acusados de ningún delito, en un territorio que no forma parte de nuestro país […]. ¿Es eso lo que somos? ¿Es eso algo que previeran nuestros Padres Fundadores? ¿Son esos los Estados Unidos de América que queremos dejar a nuestros hijos?».

«Afirmaban que todo esto había sido una operación criminal»

El *Informe sobre tortura* fue la investigación más a fondo sobre la CIA llevada a cabo por el Congreso desde 1975, cuando una comisión presidida por el senador Frank Church sacó a la luz los intentos de asesinato, golpes de Estado de derechas y experimentos de control mental durante el mandato de distintos presidentes, desde Eisenhower hasta Nixon. La Comisión Church había entrevistado a decenas de agentes de alto rango de la CIA y había sabido ver la terrible sensación de emergencia que se había apoderado de ellos al tener que enfrentarse a la amenaza soviética. «Nos enfrentamos a un enemigo implacable, cuyo objetivo declarado es el dominio del mundo por cualquier medio y a cualquier precio —decía un informe de máximo secreto presentado a Eisenhower en 1954, acerca de la expansión de las operaciones encubiertas de la CIA—. En un juego así no hay reglas. Las normas de conducta humana aceptables hasta ahora ya no son válidas». La CIA, decía el informe, podría tener que recurrir a métodos «más despiadados que los empleados por el enemigo». Los dirigentes de la CIA durante la Guerra Fría nunca fueron ni de lejos tan crueles como el KGB ni sus comisarios del Kremlin. Pero fueron implacables. Creían que «el país se enfrenta a un peligro inminente y tenemos que hacer lo que haga falta para salvarlo», en palabras de Hugh Cunningham, miembro fundador de la CIA, que dirigió el adiestramiento de sus reclutas en tiempos de Eisenhower y que volvió a ocupar ese puesto durante la presidencia de Nixon.[18]

Los dirigentes de la CIA del siglo XXI pensaban que el terrorismo islámico era tan peligroso como el comunismo soviético, que planteaba una amenaza existencial y perpetua para los Estados Unidos y que ellos habían actuado con la máxima moralidad para destruirlo por todos los medios que fueran necesarios. Estaban convencidos hasta la médula de que su brutalidad había producido la información de inteligencia indispensable que había conducido a la muerte de los líderes terroristas; profundizado en la comprensión de al-Qaeda, hasta ese momento imprecisa, que tenía la CIA, y frustrado los devastadores ataques que esta planeaba llevar a cabo contra los Estados Unidos y sus aliados. «Comprendíamos lo duros y difíciles que parecerían los interrogatorios en los años por venir —escribiría Tenet en su réplica al *Informe sobre tortura*, su primera declaración pública después de ocho años de silencio—. Esas decisiones morales y éticas a la hora de prevenir la pérdida de vidas de ciudadanos estadounidenses y de aliados fueron enormemente difíciles».[19] Fueron el fruto de «la obligación moral de proteger una sociedad justa, con el fin de salvar a miles de estadounidenses y a nuestros aliados de otro ataque con un número inmenso de bajas». Morell utilizaría unos términos más filosóficos. «¿Es moral someter a otros seres humanos, con independencia de lo malos que sean, a unas técnicas de interrogatorio duras, en particular cuando las practica el país que defiende la dignidad de la persona y los derechos humanos? —se preguntaría—. ¿Qué moralidad hay en hacer una cosa así? ¿Qué moralidad tiene creer que, si no se usan esas técnicas brutales, se está tomando una decisión que conducirá a la muerte de ciudadanos estadounidenses en un ataque terrorista que, de no ser así, habría podido evitarse?».[20]

Pero defender la tortura requería un lenguaje político, tal como lo había definido George Orwell, «consistente en hacer que las mentiras suenen a verdad y que el asesinato parezca respetable, en dar apariencia de solidez a lo que no es más que puro aire».[21] El submarino no era tortura, pues «los Estados Unidos no torturan», como había insistido una y otra vez Bush. Rodriguez hablaría por muchos de sus compañeros del Centro de Antiterrorismo cuando escribiera: «Estaba convencido de que cuando, en años posteriores, el presidente Obama y su fiscal general dijeron que el submarino es tortura, se referían a los métodos de ahogamiento simulado utilizados por la Inquisición española, o por los japoneses durante la Segunda Guerra Mundial, o por los Jemeres Rojos en Camboya —no a las técnicas empleadas por la CIA—. Excuso decirle qué asco sentimos mis antiguos colegas y yo mismo al ser etiquetados de "torturadores" por el presidente de los Estados Unidos».[22] Pronunciar aquella palabra era llamar mentiroso a Bush y criminales de guerra a los agentes de la CIA. Brennan se había negado a pronunciarla durante la sesión de confirmación de su puesto. Sin embargo, ahí estaba ahora, escrita negro sobre blanco, en la nota 727 del informe del Senado, en una entrevista al director de la central de inteligencia mantenida por el inspector general el 8 de septiembre de 2003: «Tenet cree que, si el público en general investigara este programa, muchos creerían que somos unos torturadores».

El *Informe sobre tortura* recibió ese nombre con razón. Pero sus autores habían cometido algunos errores de juicio. No habían entrevistado a nadie que pudiera expresar cómo la sensación de miedo catastrófico, creada en buena medida por los informes de amenaza presentados por la CIA, había llevado a la práctica de aquellos crueles interrogatorios. Al subrayar cómo el Centro de Antiterrorismo había dado publicidad a la información de inteligencia procedente de sus centros de detención clandestinos, se había minimizado la posibilidad de que una parte de ella fuera efectivamente valiosa. Y se repitió un error ya cometido por el senador Church, que había declarado que la CIA «quizá se haya comportado como un elefante en una cacharrería». Pero, salvo raras excepciones, la CIA no era un elefante. Si se producían daños o alguien resultaba embestido, no era por culpa del elefante. Era culpa del *mahout*, el montador del elefante. Y el *mahout* era el presidente de los Estados Unidos. La CIA no era una especie de balarrasa, sino una espada y un escudo empuñados por el comandante en jefe del país. El *Informe sobre tortura* sostenía que la CIA había colado a Bush el programa de interrogatorios utilizando falsedades. Pero no supo resolver los problemas políticos, legales y morales suscitados por el hecho de que el presidente lo hubiera adoptado.

«Afirmaban que todo esto había sido una operación criminal y que se había mantenido a la Casa Blanca intencionadamente ignorante acerca de importantes aspectos de esa operación», diría Mike Hayden en su propia réplica al informe.[23] Llegaron a esa conclusión sin mantener ni una sola conversación con alguien de la agencia que hubiera estado implicado en el programa (o de la Casa Blanca de Bush, para mayor exactitud).* El informe pasó por alto el comentario público hecho por Bush de que había sido informado sobre técnicas como el submarino y les había dado su aprobación. Quedaba oculto el hecho de que el trabajo del informe se vio frenado por la negativa de la administración Obama a compartir los documentos de la Casa Blanca de Bush acerca del programa, en nombre de la prerrogativa ejecutiva.

* Los integrantes de la Comisión de Inteligencia no entrevistaron a ninguno de los aproximadamente doscientos agentes de la CIA que habían llevado a cabo el programa de interrogatorios, lo cual constituye una omisión flagrante. Tampoco ninguno de esos agentes testificaría voluntariamente. El fiscal general Eric Holder había abierto una investigación criminal sobre el programa en agosto de 2009. Holder puso el caso en manos del fiscal John Durham, que aconsejó al asesor jurídico de la CIA que impidiera que los agentes hablaran con los investigadores del Senado. Cerró la investigación en agosto de 2013 sin presentar cargos. Los miembros de la Comisión del Senado habrían podido insistir después en realizar entrevistas, pero consideraron que el tiempo se había agotado.

En el informe se guardaba silencio acerca de los años de consentimiento tácito de las actividades de la CIA y de la Casa Blanca por parte del Congreso. Tenet había informado en secreto en seis ocasiones a los presidentes de las comisiones de Inteligencia del Senado y de la Cámara de Representantes acerca de las técnicas de interrogatorio, aunque es objeto de acalorado debate con cuánto detalle lo hizo. La primera reunión informativa fue la que mantuvo el 4 de septiembre de 2002 con Porter Goss y Nancy Pelosi, la futura presidenta de la Cámara de Representantes. Documentos desclasificados de la CIA demuestran que les dijeron que «se habían empleado técnicas mejoradas de interrogatorio» con Abu Zubayda. No les dijeron, en cambio, que lo habían sometido al submarino en ochenta y tres ocasiones. Pelosi diría siete años después que nunca le hablaron de ninguna de esas técnicas. Goss replicó que debía de sufrir amnesia. Hayden había informado repetidamente a la comisión en pleno y a los líderes del Congreso desde que fue nombrado director de la CIA en mayo de 2006. Un mes más tarde, el Tribunal Supremo había decretado que los prisioneros estaban protegidos por la Convención de Ginebra, y la jueza Sandra Day O'Connor había añadido su opinión particular de que «el estado de guerra no es un cheque en blanco para el presidente». El Congreso le había dado esa carta blanca. La Constitución concede poderes de guerra al Congreso —incluido el derecho «a dictar normas acerca a las capturas hechas en tierra y mar»—, pero en las comisiones de Inteligencia había faltado la voluntad de invocarlos. Sus líderes habrían podido encontrar el valor necesario para afirmar su poder para cerrar los centros de detención clandestinos si creían que eran una abominación. Pero dejaron esa tarea a Obama.

«Inmediatamente después del 11-S, hicimos algunas cosas que estuvieron mal. Hicimos un montón de cosas que estuvieron bien, pero torturamos a personas —dijo Obama en una conferencia de prensa el 1 de agosto de 2014, cuando todavía faltaban cuatro meses para la publicación del informe, después de un año de disputas sobre su desclasificación—. Comprendo por qué ocurrió. Cuando echamos la vista atrás, creo que es importante recordar lo asustada que estaba la gente después de la caída de las torres gemelas, el ataque contra el Pentágono y el avión que se estrelló en Pensilvania, y la población no sabía si iban a producirse otros ataques de manera inminente; además había una presión enorme [sobre la CIA] para que intentara hacer frente a todo aquello. Y es importante que no adoptemos una actitud demasiado mojigata al mirar en retrospectiva el duro trabajo que recayó en esas personas [...]. [Pero] cuando recurrimos a algunas de esas técnicas mejoradas de interrogatorio, técnicas que creo y considero que cualquier persona imparcial pensaría que fueron actos de tortura, cruzamos una línea. Y eso hay que entenderlo y aceptarlo».[24]

Se necesitaba una mentalidad abierta y una buena dosis de ecuanimidad para pensar que dos ideas contrapuestas pudieran ser verdad: que la CIA había torturado a sus prisioneros y también que había salvado vidas. Tal vez unos medios inmorales se habían puesto al servicio de un fin moral. Pero esa disputa era semejante a un cisma religioso, un choque entre principios absolutos. O bien los éxitos de la CIA eran medidos por las tramas que había frustrado y los terroristas que había matado, o su incapacidad de obtener información de inteligencia valiosa sin recurrir a la tortura había infligido un daño incalculable al honor de los Estados Unidos. No había término medio.

21

«Monos besucones»

A lo largo de 2014 y 2015, una serie de convulsiones sísmicas sacudió los pilares sobre los que se asentaba la inteligencia estadounidense, y su fuerza resonaría durante toda la década siguiente. Los epicentros de esos temblores estaban en Moscú y en Beijing. El daño que causaron obligó a toda una hueste de agentes del máximo rango de la CIA a volver a recurrir al espionaje después de dedicar sus vidas al antiterrorismo. Veinticinco años después de la caída del Muro de Berlín, los conflictos entre las grandes potencias de la Guerra Fría volvieron a surgir con sed de venganza.

La CIA se dio cuenta de que China y Rusia tenían unas estrategias muy distintas en sus respectivas guerras de inteligencia contra los Estados Unidos. Los chinos deseaban importar a Estados Unidos sus omnipresentes sistemas de vigilancia a base de reunir datos sobre sus ciudadanos y de lograr el predominio informativo, para el caso de que en una década lejana llegase a estallar una guerra. China deseaba conocer a sus enemigos. Los rusos simplemente deseaban joderlos.

El nuevo jefe de estación de la CIA en los Países Bajos fue uno de los primeros en percatarse del aumento de los ataques de los rusos contra los Estados Unidos. Hijo de un boina verde condecorado, había conseguido hacerse con el barniz propio de la séptima planta como asistente ejecutivo de Avril Haines, después de siete años de operaciones de antiterrorismo en Afganistán, Irak, Pakistán y Jordania. Cuando llegó a La Haya en el verano de 2014, encontró a un socio extraordinario: Rob Bertholee, antiguo comandante y jefe de Estado Mayor del Ejército de los Países Bajos.

Bertholee había dirigido el servicio general de inteligencia de los Países Bajos, el AIVD. Este organismo equivalía por sus dimensiones a una décima parte de la CIA, pero descargaba unos golpes que superaban con mucho su peso, además de tener una pericia especial a la hora de descubrir la forma en la que las armas cibernéticas rusas atacaban a los gobiernos, a las fuerzas militares y a las organizaciones de seguridad de Europa. En colaboración con sus homólogos del servicio militar de inteligencia (el MIVD), Bertholee había creado una nueva oficina de inteligencia de señales electromagnéticas, la Joint Sigint Cyber Unit, y el núcleo central de ese equipo de cincuenta personas era un grupo de jóvenes piratas informáticos reclutados en las mejores universidades tecnológicas del país. Aquel verano habían puesto su mira en el Kremlin, y con razón.

El 17 de julio de 2014, cinco meses después de que las fuerzas de operaciones especiales de Putin atacaran Ucrania y se apoderaran de la península de Crimea sin disparar un solo tiro, los soldados rusos que ocupaban una amplia franja de la frontera oriental del país abatieron un avión de pasajeros con un misil tierra-aire. El ataque causó la muerte de las 298 personas que iban a bordo; dos terceras partes de las víctimas eran ciudadanos holandeses. El derribo del Vuelo 17 de Malaysian Airlines fue el ataque más mortífero de la historia de la aviación. Putin negó cualquier responsabilidad, y los Estados Unidos no reaccionaron. Este silencio envalentonó a Putin y reforzó su sensación de que los Estados Unidos era un adversario incompetente en su guerra por la verdad. «Teníamos un vacío de información enorme —dijo Victoria Nuland, asistente de la secretaria de Estado para Europa y Eurasia—. No teníamos el tipo de recursos de inteligencia con los que pudiéramos demostrar que mentía» sobre lo que los rusos estaban haciendo en Ucrania.[1] El desconocimiento de lo que pensaba Putin hizo que Obama malinterpretara las intenciones y las capacidades de Rusia. «Rusia es una potencia regional», dijo el presidente estadounidense.[2] Ya no era la superpotencia de antaño ni la «amenaza número uno para la seguridad de los Estados Unidos». Este insulto calculado, lanzado en un discurso de marzo de 2014 en La Haya, supuso un grave error de juicio, basado en una mala información de inteligencia y en un pensamiento ilusorio.

Putin había fabricado un arsenal potentísimo para la guerra política —una guerra de desinformación, espionaje, sabotaje y subversión— y había puesto en el punto de mira a los Estados Unidos de América. Una de sus armas eran los programas maliciosos, o *malware*, manejados por un grupo de piratas informáticos que trabajaban para el servicio de inteligencia exterior de Rusia. Varias empresas de ciberseguridad le dieron el nombre clave de Oso Cariñoso.

Movido por la muerte de sus compatriotas, el servicio de inteligencia holandés abrió una nueva ventana a ese submundo con una perspicacia técnica muy notable. Identificaron el *malware* y empezaron a piratearlo para dar con su fuente. Luego lograron infiltrarse furtivamente en la red informática de un edificio universitario situado cerca de la Plaza Roja de Moscú. Esa red incluía una cámara que supervisaba la habitación en la que se reunían los hackers rusos. Los holandeses miraron a través de su lente. Con la ayuda de un programa de reconocimiento facial proporcionado por la CIA, llegaron a la conclusión de que los individuos reunidos en la habitación no eran estudiantes. Eran agentes de inteligencia. Los holandeses se habían colado en la guarida del Oso Cariñoso. En agosto, ya habían detectado los inicios del ciberataque ruso contra el Gobierno estadounidense. Cuando llegó el otoño, se enteraron exactamente de cuáles eran los objetivos de los rusos.

Bertholee entregó esa importantísima información al jefe de estación de la CIA en su país. El regalo fue acompañado de una advertencia. Estaba asumiendo un riesgo calculado al compartir aquello con los estadounidenses y, si estos ponían en peligro la operación, se encargaría de que el jefe de estación fuera declarado *persona non grata* y fuera expulsado de los Países Bajos. Aquello supuso un dilema atroz para el jefe de estación. ¿Cómo iba a compartir aquel secreto con sus superiores —y los homólogos de estos fuera de la CIA— sin que alguien de Washington comprometiera a su fuente? Cualquier espía que se precie conoce el aforismo de Benjamin Franklin incluido en el *Almanaque del pobre Richard*: «Tres hombres pueden guardar un secreto si dos de ellos están muertos».

«Combate cuerpo a cuerpo»

El hombre de la CIA en La Haya confió esa información a Mark Kelton, que había sido su jefe de estación en Pakistán y ahora dirigía las operaciones de contraespionaje. Kelton se la contó a James Comey, el director del FBI, y Comey avisó al Departamento de Seguridad Interior, que no supo cómo reaccionar, y a la NSA, que sí supo hacerlo. La NSA y el FBI vieron que un auténtico aluvión de emails, los cuales aparentemente provenían de distintos comités de expertos y de distintas universidades estadounidenses, había llegado a las bandejas de entrada de los correos del personal del Pentágono, de la Casa Blanca y del Departamento de Estado, con softwares maliciosos ocultos en sus enlaces. Todo el que clicaba en algún enlace permitía que el sistema de mando y control de los hackers rusos entrara en un dominio del Gobierno estadounidense. El Oso Cariñoso empezó a leer el correo electrónico de Obama y las agendas de la junta de jefes de Estado Mayor, cosechando miles de direcciones de correo electrónico para seguir efectuando más ataques de *phishing* por todo el ámbito del Washington oficial.

«Aquellos ataques iban dirigidos contra los sistemas no clasificados, los sistemas de correo electrónico, y otros sistemas relacionados —diría Brennan—. Y eso era típico de lo que los rusos y otros intentaban hacer, esto es, infiltrarse en esas redes no clasificadas y tener acceso a ellas para poder reunir información, enterarse de quién es la persona clave en los distintos asuntos, tratar de encontrar información comprometedora sobre determinados individuos. Intentaban reunir la mayor cantidad posible de información, y conseguir las direcciones reales de correo electrónico resulta muy útil, porque así pueden contactar con otras personas y hacerse pasar por alguien de la Casa Blanca o del Departamento de Estado [...] para reunir la mayor cantidad posible de información con el fin de utilizarla en actividades de inteligencia».[3]

El mayor éxito de la labor de infiltración llevada a cabo por los rusos afectó a los archivos informáticos del Departamento de Estado.* Ese fue el resquicio que dio lugar a una batalla como no ha habido otra en la historia de la guerra. Richard Ledgett, vicedirector de la NSA, diría más tarde que su cibercomando libró un «combate cuerpo a cuerpo» con los hackers en el mes de noviembre.[4] Para sorpresa del equipo, cuando lo detectaron, el Oso Cariñoso contraatacó en vez de desaparecer. «Si tomábamos una iniciativa, ellos contraatacaban —diría—. Había un periodo de unas veinticuatro horas de parada/estocada, parada/estocada, medida/contramedida. Aquello era algo nuevo. Se trata de un nuevo nivel de interacción entre un ciberatacante y un ciberdefensor».

La NSA descubrió que el Oso Cariñoso controlaba una multitud de servidores de todo el mundo. Tuvo que jugar una especie de caza del topo digital con el enemigo: en cuanto eliminaba el software malicioso de su canal de mando y control, los rusos se cambiaban a otro canal. En la NSA nadie había visto nada parecido. «Esos tíos se habían atrincherado bien —dijo Kevin Mandia, destacado experto en ciberseguridad, al periodista del *New York Times* David Sanger—. No tenían pensado parar. Habitualmente, cuando se descubre un software malicioso, los tíos que hay al

* Dos años después, cuando el FBI comprendió por fin la envergadura de los ataques rusos, vio la finalidad del pirateo del Departamento de Estado. Putin quería desenterrar basura sobre alguien a quien despreciaba personalmente: Hillary Clinton, la anterior secretaria de Estado y candidata demócrata a la nominación a las elecciones presidenciales de 2016.

otro lado salen pitando como cucarachas cuando se enciende la luz. Los rusos no».[5]

Siete meses después, el Oso Cariñoso se coló en las redes informáticas del Comité Nacional Demócrata de Washington. Y siguiendo los pasos de su primo, el Oso Elegante, el componente de hackeo del GRU, el servicio de inteligencia militar de Rusia, se sumó a los ciberataques. Putin lanzaría la operación encubierta más devastadora contra los Estados Unidos desde el 11-S.

«Una brecha tan desastrosa como no ha habido otra en la historia de los Estados Unidos de América»

Una infiltración más desastrosa estaba produciéndose a cuatro manzanas del Departamento de Estado. Sin que nadie los detectara, los agentes de inteligencia del Ministerio de Seguridad del Estado chino habían estado saqueando los archivos de la Oficina de Administración de Personal (OPM, por sus siglas en inglés), depositaria de los expedientes de veintidós millones de empleados federales, incluidas 19.700.000 personas que habían solicitado una habilitación de seguridad, y las fichas de huellas dactilares de 5.600.000 individuos que la habían solicitado. Aquella mina de oro contenía montones de información sobre todas las personas que habían trabajado para la CIA durante el siglo XXI. Esos datos, una vez extraídos y analizados, proporcionaron a los chinos muchas maneras de desenmascararlos. «El pirateo de la OPM abrió una brecha tan desastrosa como no ha habido otra en la historia de los Estados Unidos de América —diría diez años más tarde William Evanina, el jefe de contraespionaje de la CIA antes de convertirse en el director Nacional de Contrainteligencia en 2014—. Nos afectará durante los próximos veinte años».[6]

Obtener una habilitación de seguridad gubernamental exigía rellenar una solicitud de 121 páginas conocida como Formulario Estándar 86 o SF-86. El SF-86 exigía información biográfica detallada, historial de viajes al extranjero, resúmenes de asesoramiento sobre salud psíquica y emocional, historial de uso de drogas y alcohol, historial financiero personal y una lista de contraseñas informáticas, todo ello almacenado en bases de datos indexadas: «información sobre toda persona que haya trabajado, haya intentado trabajar o esté trabajando para el Gobierno de los Estados Unidos —diría el director del FBI, James Comey—. Imagínese que es usted un servicio de inteligencia extranjero y que posee todos esos datos».[7]

La CIA no tenía que imaginarse nada. Aquel acto de piratería infligió un golpe tremendo al servicio clandestino. El Ministerio de Seguridad del Estado de China entregó esos datos a Alibaba, una de las empresas de inteligencia artificial y de almacenamiento de datos en la nube más poderosas del mundo, que acababa de lanzar la mayor oferta pública de venta de acciones de la historia de la Bolsa de Nueva York, lo que le daba un valor de mercado de 231.000 millones de dólares. Alibaba los devoró en apenas noventa días. A continuación el Ministerio de Seguridad del Estado incorporó la información de inteligencia sobre las personas de las que sospechaba que eran agentes de la CIA a los historiales de los pasaportes y los datos biométricos como los escaneos del iris robados en las cabinas de control de inmigración de los principales aeropuertos del mundo. (Durante 2014, los chinos robaron también los datos de los pasaportes y de las tarjetas de crédito de 383 millones de personas en la cadena de hoteles Marriott, así como los expedientes personales de 78 millones de ciudadanos estadounidenses en la gigantesca empresa de seguros médicos Anthem). Todos esos datos permitieron al contraespionaje chino crear sofisticados algoritmos que pervivirían hasta la generación de agentes de la CIA actualmente retirados.

«No hay forma de arreglarlo», diría Mike Hayden.[8] Aquella pesadilla para el servicio de inteligencia continuaría durante años. Envalentonado por el éxito, el servicio de espionaje chino se infiltró en todas las grandes empresas de telecomunicaciones estadounidenses y se dedicó a grabar conversaciones telefónicas de líderes estadounidenses y a piratear las bases de datos, en busca de escuchas telefónicas de seguridad nacional llevadas a cabo contra objetivos chinos con autorización de los tribunales, lo que supuso un desastre sin precedente para el servicio de contraespionaje.

«La capacidad de espiar a los chinos quedó neutralizada» en 2014, diría Evanina. La CIA pospuso los nuevos nombramientos de agentes destinados a China con cobertura diplomática. La posibilidad de que se pasaran el resto de su carrera detrás de un escritorio era muy alta. Peor aún, cuando los espías estadounidenses volaban a sus destinos en cualquier rincón del mundo, cada vez más a menudo eran puestos bajo estrecha vigilancia por los agentes chinos y, en ocasiones, eran detenidos físicamente junto a la cinta transportadora, cuando iban a recoger su equipaje, en muchos aeropuertos de Europa, África y Asia. La estación de la CIA en Moscú llegó a la conclusión de que, casi con toda seguridad, los chinos habían compartido con los rusos los frutos de sus hazañas.

Lejos estaban los días en los que un pasaporte falso y una historia inventada eran todo lo que necesitaba un espía para sobrevivir. Había llegado el tiempo de la vigilancia tecnológica generalizada. «Los cimientos del negocio del espionaje han sido hechos añicos», sentenció Duyane Norman, que había sido jefe de estación en tres ocasiones.[9] Ahora que todo el mundo creaba un residuo indeleble de polvo digital, la clandestinidad era un recuerdo que iba desvaneciéndose. «La gente va a tener que vivir su vida encubierta de un modo completamente distinto», dijo Dawn Meyerriecks, que más tarde sería nombrada vicedirectora de Ciencia y Tecnología de la CIA.[10] «Resulta sumamente difícil llevar a cabo operaciones encubiertas ahora que se saben y pueden saberse tantas cosas sobre casi todo el mundo —se lamentó Joel Brenner, el primer director Nacional de Contrainteligencia en tiempos de Obama—. Apareces ahí, en la frontera de Rusia, y tienen ya el anuario de tu instituto en el que escribiste acerca de tu ambición de toda la vida de trabajar para la CIA».[11]

Andrew Hallman, el primer director de la recién creada Dirección General de Innovación Digital de la CIA, dijo cuando tomó posesión de su cargo en 2015: «Los días de asistir a un cocktail y tomar notas ya han pasado [...]. Tenemos que salir con nuevas formas de actuar».[12] Su sucesora, Jennifer Ewbank, diría después que los estadounidenses tenían que entender el hecho de que «las autocracias digitales» como China y Rusia llevaban «el control de programas informáticos sumamente desarrollados y ricos en recursos, que apuntan como puñales a los intereses de los Estados Unidos tanto dentro de nuestras fronteras como en el extranjero».[13] Ese conocimiento público se produjo solo cuando esos puñales ya habían atravesado el pecho de la CIA y del Gobierno de los Estados Unidos.

«¡No me saquéis de la misión!»

Mientras los espías intentaban imaginar de nuevo lo que era el arte del espionaje, Brennan decidió que ya iba siendo hora de bajarlos de su pedestal y comenzó la mayor reorganización de la CIA desde su creación en 1947.

Pero, según dijo, tan pronto como puso en marcha sus planes, chocó con una resistencia feroz. «Muchos agentes de la CIA pusieron el grito en el cielo y expresaron su oposición a lo que suponían que pudiera ser un cambio en la división tradicional del cuartel general en cuatro directorados distintos», operaciones, análisis, ciencia y tecnología y apoyo. A Brennan le costó mucho venderles su grandiosa visión de una CIA del siglo XXI.[14] El trabajo duro empezó cuando asignó la tarea de poner los cimientos de la nueva arquitectura a un grupo de nueve agentes, encabezado por Greg Vogle, el jefe de la División de Actividades Especiales y veterano de misiones paramilitares desde hacía treinta años. Les dijo que la CIA estaba dividida, con espías, analistas y expertos en tecnología encerrados en los compartimentos estancos de las direcciones generales, y les dio tres meses para integrarlos a todos. Derribad los muros, dijo, y construid unos mandos unificados basados en las misiones. Mientras el equipo de Vogle iba sentando las bases, Brennan recompensó con un contrato sin licitación previa por valor de más de diez millones de dólares a una compañía de asesoría empresarial, McKinsey & Company, para que elaborara un anteproyecto.* Toda la palabrería de McKinsey acerca de *métrica* y *operacionalización* no encajaba demasiado con la mayoría de los agentes. Como tampoco encajaba la forma en la que «hicieron añicos unos conceptos estructurales tradicionales en los que la gente había invertido toda su carrera», dijo Larry Pfeiffer, que había prestado servicio con seis directores y dos directores en funciones de la CIA.[15]

«Durante aquellos noventa días de estudio —recordaría Brennan—, a menudo escuché la siguiente pregunta: "¿Qué es lo que se ha roto para que tengamos que arreglarlo, John?"». La reorganización de la agencia era considerada un trastorno, en la línea de la mentalidad de Silicon Valley, basada en el principio de «muévete rápido y rompe cosas», pero no en el buen sentido. «Realmente no queremos hacer nada ni hablar de nada que no tenga que ver con la misión —comentaría Mike Morell—. Intentar que alguien vaya a un curso de capacitación de líderes, por ejemplo, que centre su atención en algo así es verdaderamente, verdaderamente difícil [...]. La gente dice: "¡No me saquéis del trabajo! ¡No me saquéis de la misión!"».[16]

Brennan inauguró la CIA renovada el 6 de marzo de 2015. La Dirección General de Innovación Digital —la primera nueva dirección general en medio siglo— reprogramó las redes del servicio clandestino y elaboró nuevas herramientas informáticas para reunir información de inteligencia pirateando ordenadores y teléfonos móviles. El presu-

* McKinsey, el titular de la asesoría más poderosa y amoral del mundo, se ha hecho famoso desde entonces por ayudar a los fabricantes de opiáceos a vender más drogas y por contribuir a las acciones de represión autoritaria en China y Arabia Saudí. Su trabajo para la CIA fue más benigno, a menos que se tenga en cuenta la necesidad de aguantar su soporífero y vacuo lenguaje administrativo.

puesto para operaciones de redes informáticas de la CIA había ascendido en 2013 a 685 millones de dólares; la Dirección General de Innovación Digital gastaría tres mil millones en 2017.

Crear la nueva dirección general resultó mucho más fácil que mezclar a catorce mil agentes y analistas en diez nuevos «centros de misiones». Seis de esos centros estaban repartidos a lo largo y ancho del mundo: Europa y Eurasia (incluida Rusia), Oriente Próximo, Asia Meridional y Central, Asia Oriental y el Pacífico, África y el hemisferio occidental. Cuatro se encargaban de asuntos transnacionales: antiterrorismo, antiproliferación, contrainteligencia y tecnología. Un hecho trascendental fue que cada centro de misiones estuviera dirigido por un nuevo director adjunto de la CIA recién nombrado para el cargo, que se ocuparía de todas las facetas del trabajo del centro: espionaje, operaciones encubiertas, enlaces con servicios de inteligencia extranjeros, análisis, apoyo tecnológico y logística. Brennan había creado un nuevo nivel de burocracia en nombre de la eficiencia. «Antes, como había una persona al frente de las labores de análisis y una persona la frente de las operaciones, podían establecer un estándar y podían hacer que todos se atuvieran a él —comentó Morell—. Y ahora hay diez, once, doce personas encargadas de hacerlo. Eso comporta un riesgo, y solo lo que hay que hacer es mitigarlo».

A Brennan le costó mucho trabajo convencer a sus espías de que todo aquello respondía a una buena idea. Algunos temían que su jefe acabara convirtiéndose en un despacho vacío, un espiócrata responsable únicamente de adiestrar agentes y asignarles tareas para que prestaran servicio en los centros de misión. Brennan, por su parte, creía que aquellos agentes eran culpables de «aislacionismo, provincianismo y arrogancia» en la forma de llevar a cabo el espionaje.[17] A su juicio, consideraban que «recabar de forma clandestina información de inteligencia a partir de fuentes humanas [era] el principio y el fin de la seguridad nacional, y casi no entendían, y menos aún apreciaban, la importancia y el papel de otras disciplinas y capacidades fuera del mundo del espionaje». La recogida clandestina de información de inteligencia a partir de seres humanos (HUMINT, por sus siglas en inglés) había sido el alma de la CIA durante siete décadas. A pesar de todo, el mensaje de Brennan era bien claro: o multidisciplinarios o desaparecidos.

Frank Archibald, el jefe del servicio clandestino, dijo a la cara a Brennan que se oponía vehementemente a los cambios. Brennan lo despidió. Durante toda la historia de la CIA, ningún director había destituido de forma sumaria a su máximo responsable de espionaje por oponerse a una orden. «Le dije a Frank que había decidido que ya era hora de nombrar a un nuevo jefe en la Dirección General de Operaciones (DO) y que lo iba a sustituir —contaría Brennan—.* Luego llamé a mi despacho a Greg Vogle y le dije que quería que fuera el nuevo director adjunto de Operaciones (DDO). Me figuré que si Greg era capaz de sobrevivir a noventa días dirigiendo el grupo de estudio, seguramente también podría aguantar el bombardeo de críticas que, con toda probabilidad, pudiera recibir de sus colegas de la DO cuando les ordenara que se subieran al carro de la reorganización». Vogle aguantó el bombardeo de fuego amigo y permaneció del lado del director. «Brennan tuvo agallas. Vio lo que teníamos que hacer y apretó el gatillo», diría después, según entendió el periodista del *Washington Post* David Ignatius.[18] Columnista con fuentes en la CIA cultivadas durante tres décadas, Ignatius comentó: «Entre los agentes operativos retirados con los que hablé reinaba una actitud casi generalizada de desprecio por lo que Brennan intentaba hacer. Uno calificó esa reorganización de "campo de reeducación" política».

* Como parte de su reorganización, Brennan decidió rebautizar el servicio clandestino y lo llamó Dirección General de Operaciones (DO, por sus siglas en inglés). Su dirigente tendría el cargo de director adjunto de operaciones o DDO, por sus siglas en inglés. Esta decisión simplemente venía a recuperar unos nombres que habían existido desde 1973 hasta 2005. Algunos agentes apreciaron la medida como una vuelta a la tradición. Pero no todos.

A los veteranos dentro y fuera del cuartel general no les gustaba Brennan por muchísimos motivos —era un hombre de Obama, llevaba un cordón arco iris atado a su tarjeta de identificación en señal de apoyo a los empleados gays y lesbianas, insistía a favor de la diversidad y la inclusión racial, ascendía a las mujeres a puestos de alto rango y llegó a nombrar vicedirectora a una liberal como Avril Haines—, pero realmente odiaban su reorganización y les disgustaba que hubiera despedido a Frank Archibald. Dos de sus directores de departamento y Mark Kelton, el director Nacional de Contrainteligencia, presentaron su dimisión en señal de solidaridad. Pero Kelton tenía otro motivo para marcharse. Su ambición de sustituir a Archibald se había visto frustrada.

Y lo mismo sucedió con los sueños de Mike D'Andrea de dirigir el servicio clandestino. Unos días después, en el mes de marzo, Brennan comunicó a D'Andrea que su tiempo se había acabado. En los diez años que había pasado como director de Antiterrorismo de la CIA, su combatividad no había flaqueado nunca. Su forma de pensar se resumía en la frase supuestamente pronunciada por el caudillo de la cruzada albigense: *Matadlos a todos. Dios reconocerá a los suyos*, y cuando sus colegas le decían: *Mike, no puedes matarlos a todos*, él replicaba: *Bueno, intentémoslo*. En la CIA era, para muchos, un héroe, el hombre que mejor había defendido de los ataques a la patria. Era responsable de la muerte de más de dos mil terroristas de al-Qaeda y de la eliminación de sus jefes operativos. Era también responsable de la muerte de muchas decenas de civiles. Entre ellos estaba Warren Weinstein, un veterano cooperante estadounidense asesinado en enero de 2015. Secuestrado en Lahore y retenido como rehén durante tres años por al-Qaeda cerca de la frontera de Afganistán, había muerto a consecuencia de un ataque con drones de la CIA, llevado a cabo por orden de D'Andrea. El mismo misil causó la muerte de un cooperante italiano, Giovanni lo Porto. Los Estados Unidos no reconocieron sus muertes hasta que Obama pidió perdón personalmente en una declaración formal en la Casa Blanca el 23 de abril. Para entonces, D'Andrea ya había sido relegado a una mesa de despacho, encargado de revisar las operaciones encubiertas que estaban llevándose a cabo. Sobreviviría para reanudar el combate cuando Obama dejara su cargo. Brennan nombró máximo responsable de antiterrorismo a Chris Wood, el antiguo jefe de estación de Kabul que había identificado el cadáver de Bin Laden tras la incursión en Abbottabad. A partir de ese momento, los ataques con drones de la CIA disminuyeron de forma significativa.

«No quiero que nuestras agencias de inteligencia sean una organización paramilitar. Esa no es su función —dijo Obama un año después—. En la medida de lo posible, es algo que debería hacerse a través de nuestro Departamento de Defensa, para que podamos informar y decir: "Aquí está lo que hemos hecho, aquí está por qué lo hemos hecho, aquí está nuestra valoración de lo que ha ocurrido". Y así, poco a poco, vamos yendo en esa dirección».[19]

Obama se llevó de vuelta a Haines a la Casa Blanca como viceconsejera de Seguridad Nacional, y Brennan la sustituyó con otro recién llegado de fuera, David Cohen, el arma secreta del Departamento del Tesoro en la guerra contra el ISIS. Cohen se convertiría en el subdirector de la CIA que había prestado servicio durante más tiempo desde hacía sesenta años, pues estuvo durante los años de Obama y volvió en tiempos de Biden. Brennan, que había dedicado más tiempo y energías a la reorganización de la agencia que a cualquier otra cosa salvo al *Informe sobre tortura*, encargó al recién llegado hacerla funcionar. «Fue algo muy innovador —diría Cohen—. La agencia está muy centrada en las misiones y no le gusta hacer las cosas más que agachando la cabeza y lanzándose a la carga. Necesitaba a personas que levantaran la cabeza y pensaran en trabajar en la agencia de un modo distinto».[20] Pasarían el resto de 2015 y todo 2016 antes de que los cambios empezaran a cobrar fuerza.

Durante años, diría Cohen, la CIA había sacrificado el pensamiento estratégico a largo plazo en aras de una rutina diaria de victorias tácticas en la guerra contra el terror. «Lo mejor que, a mi juicio, podría hacer la agencia es escudriñar el horizonte para comprender los retos, los retos verdaderamente significativos que se nos presentan, pero que todavía no han madurado lo suficiente para plantear una crisis —comentó—. Debido a una excesiva concentración en la misión y en la crisis del momento [...] que a veces se queda atrás».

«La guerra-relámpago de información más asombrosa que hemos visto en toda la vida»

Uno de los peligros por venir que se pasaron por alto fue la guerra secreta de Rusia contra los Estados Unidos.

Desde el final de la Guerra Fría, la CIA había intentado colaborar con los rusos en materia de antiterrorismo. Todos los directores de la CIA, desde Tenet hasta Brennan, habían ordenado a sus agentes que intentaran cooperar con los servicios de inteligencia de Putin. Todos los esfuerzos de coordinación habían producido poco más que unos cuantos brindis entre borrachos y promesas vacías por parte de Rusia. Los rusos utilizaron el pretexto de la colaboración para socavar a la CIA y compartir las identidades de sus agentes con sus enemigos; ofrecían la mano derecha para estrechar la de los estadounidenses y con la izquierda intentaban robarles la cartera. Doug Wise, que había sido jefe de estación en cuatro ocasiones, hizo esta concisa descripción de los repetidos intentos de los estadounidenses por atraer a los rusos a la guerra contra el terror: Un hombre se compra un mono como animal de compañía. El mono le parte la cara de un golpe. Entonces el hombre sale y se compra otro mono. ¿Cuántas veces iban a dejar los Estados Unidos que los rusos le partan la cara a golpes? ¿Cuánto tiempo tenía que pasar para que los presidentes comprendieran que Putin veía en los Estados Unidos a su principal enemigo, como habían hecho los soviéticos?

Una y otra vez, diría Steve Hall, antiguo jefe de estación en Moscú, los rusos proponían celebrar una conferencia sobre antiterrorismo en su capital. «Y, por supuesto, para ellos es un acontecimiento muy deseado [...], ideado para poder observar a los agentes de la CIA que pasan la mayor parte de su tiempo en Washington y que tal vez no tienen tanta experiencia en materia de contrainteligencia como alguien que está destinado en Moscú... y estudian formas de meterse con ellos».[21]

«Una vez me encontré a un agente de inteligencia ruso que me dijo: "Probablemente pensáis ahora, y probablemente ya pensabais en los años noventa, que Rusia iba a convertirse en una democracia occidental —comentaría Hall—. Seguís creyendo que queremos ser como vosotros, que queremos ser como Occidente. Pues no. Apuesto a que no cometéis ese mismo error con los chinos, ¿verdad?". Hasta que no estemos dispuestos realmente a estudiar a Rusia, hasta que no estemos dispuestos a ver que realmente su principal interés es la destrucción de las democracias occidentales, no vamos a acertar con nuestra política. A la mayoría de los presidentes les ha costado realmente mucho trabajo ver las cosas con tanta frialdad, con tanta dureza».

Como embajador de los Estados Unidos en Moscú, Bill Burns había avisado a Bush de las tramas urdidas por Putin contra las democracias; el autócrata estaba convencido de que «la mejor manera de crear un espacio para Rusia como gran potencia en el mundo es erosionar el orden liderado por los estadounidenses».[22] La OTAN era el emblema de ese orden. Su expansión a costa de incluir entre sus miembros a países que en otro tiempo habían estado bajo el dominio soviético era «la más gruesa de todas las líneas rojas» para Putin, había advertido Burns al presidente. Bush no le había hecho caso y había seguido adelante como si tal cosa.

En abril de 2007, Putin había arremetido contra Estonia, que se había unido a la OTAN tres años antes, en la primera guerra informática del mundo. Este país báltico, de apenas un millón trescientos mil habitantes, ocupado por tropas soviéticas hasta 1994, fue obligado a ponerse de rodillas durante tres semanas. Unos hackers rusos habían paralizado al Gobierno, los bancos, las empresas, las telecomunicaciones y los medios de comunicación del país más informatizado del mundo; los estonios no podían utilizar los cajeros automáticos, ni pagar sus facturas, ni ver las noticias. Siete semanas después, Bush invitó a Putin a pasar un fin de semana con cenas a base de langosta y paseos en barco en la finca de su familia en Kennebunkport, Maine. No hizo nada en respuesta a aquella agresión.

En agosto de 2008, Putin había comenzado la primera guerra del siglo XXI en Europa, enviando sus tanques y sus tropas a la antigua república soviética de Georgia. Durante los primeros cinco minutos de la guerra, había lanzado un ciberataque masivo coordinado contra el Gobierno y las páginas web de noticias del país. Su cadena de televisión eminentemente propagandística, Russia Today (RT), se coló en ese vacío. Putin había volado desde Beijing, donde estaban celebrándose las Olimpiadas, hasta las proximidades de la zona de guerra, para protagonizar un vídeo en el que acusaba a los soldados georgianos de cometer crímenes de guerra. Dos mujeres interpretaron el papel de refugiadas presas del pánico.

> PRIMERA MUJER: ¡Quemaron vivas a nuestras hijas!
> PUTIN: *¿Vivas?*
> SEGUNDA MUJER: Cosieron a puñaladas a un bebé. Tenía un año y medio [...]. Y a una anciana con dos criaturas pequeñas... Iban corriendo y un tanque los atropelló.
> PUTIN: Deben de estar locos. Eso es genocidio.

Putin había comenzado un nuevo tipo de guerra, utilizando los ciberataques y la desinformación para moldear la percepción del campo de batalla que se tenía en el mundo. Sus mentiras fueron lo bastante convincentes —y la renuencia de los Estados Unidos a enfrentarse a él fue lo bastante fuerte— como para que la administración Bush reaccionara ante la invasión con poco más que unas cuantas expresiones de preocupación. «Putin se salió con la suya —diría Daniel Fried, por entonces asistente de la secretaria de Estado para Europa y Eurasia—. Y lo digo sin orgullo y sin agrado. Una vez acabada la guerra, la administración Bush comprendió que su política de intentar atraer a Putin había fracasado».[23] Los intentos de Obama de llevarse bien con el líder ruso también se verían condenados al fracaso.

«Georgia supuso un punto de inflexión —observó Mike Morell—, un momento realmente importante, y quizá habría debido ser un toque de atención; era el momento en el que se disponía a invadir a un país vecino».[24] Obama no oyó esa llamada de atención hasta que ya era demasiado tarde. Cuando Putin empezó su tercer mandato como presidente, en 2012, volvió a «lo que había sido esencialmente el comportamiento ruso durante la Guerra Fría, es decir, "desafiar a los Estados Unidos en cualquier parte del mundo que sea posible y hacer todo lo que se pueda para socavar lo que intenten llevar a cabo. Haz lo que puedas para debilitarlos" —diría Morell—. La idea que Putin tiene de nosotros es que queremos perjudicarlo, y que trabajamos activamente para conseguirlo. En realidad se lo cree. Y alude a cosas que son absolutamente verdad. Por ejemplo, a que el Departamento de Estado aboga abiertamente por la democracia en Rusia. Y luego alude a cosas que no son verdad, como que la CIA estaba detrás de las protestas en la calle desencadenadas en Kiev y que dieron lugar a todos los problemas de Ucrania».

La invasión de Ucrania llevada a cabo por Putin y su apropiación de la península de Crimea en 2014 fue un ataque de desinformación, de guerra cibernética y de fuerzas de operaciones especiales, llevado a cabo en muchos frentes. Cuando desembarcaron en Crimea, los rusos bloquearon las páginas web del Gobierno y de los medios de comunicación de Kiev y piratearon los móviles de los parlamentarios. Cuando se celebraron elecciones en Ucrania para sustituir a un presidente apoyado por el Kremlin que había causado una matanza de manifestantes y que a continuación huyó a Moscú, los rusos se infiltraron en las redes de la comisión electoral central y, justo antes de que cerraran los colegios electorales, publicaron noticias falsas afirmando que había ganado los comicios un candidato marginal favorable a Putin.

El pirateo de las elecciones en Kiev fue obra del Oso Elegante, el primo del Oso Cariñoso, el arma en manos del GRU, el servicio de inteligencia militar de Rusia. Se produjo siete semanas antes del derribo del Vuelo 17 de Malaysian Airlines y la posterior avalancha de desinformación diseñada para disimular la responsabilidad de Rusia. Los troles de Putin pusieron en circulación en internet toda una teoría de la conspiración: según ellos, la CIA había cargado cientos de cadáveres en el avión y luego lo había derribado. Esta escandalosa falsedad formaba parte de la avalancha de desinformación diseñada para defender la ocupación de suelo ucraniano por parte de Rusia. «La gente repetía esa historia una y otra vez —diría Sri Preston Kulkarni, director del Grupo de Trabajo de Comunicaciones de Ucrania—.* Y me di cuenta de que habíamos pasado a través del espejo [...]. Si la gente era capaz de creérselo, es que era capaz de creerse casi cualquier cosa».[25] El comandante supremo de la OTAN, el general Philip Breedlove, calificó la catarata de mentiras lanzada por Rusia de «la guerra relámpago de información más asombrosa que hemos visto nunca».[26] El trabajo de los servicios de inteligencia rusos tenía por objeto socavar la integridad y la legitimidad de los países democráticos. Putin pretendía atacar a la propia democracia. Era el arquitecto de un mundo alternativo en el que un líder autocrático podía decir a su pueblo que no existían hechos reales, que no existía la verdad, y la gente se lo creía. Obama habría debido ver lo que le había ocurrido a Ucrania como una advertencia. No lo hizo.

El jefe de estación de la CIA en La Haya había proporcionado al servicio de inteligencia estadounidense una ventana por la que contemplar la guarida del Oso Cariñoso,

* Durante la campaña electoral de octubre de 2015, Donald Trump restó importancia a las conclusiones alcanzadas por la comunidad de inteligencia estadounidense, según la cual los rusos y los separatistas respaldados por los rusos habían derribado el avión: «Putin y Rusia dicen que no lo hicieron, el otro bando dice que sí lo hirieron. En realidad, nadie lo sabe».

pero la cerró a finales de 2015, cuando los hackers rusos se percataron de que los holandeses les habían detectado. Para entonces, ya habían accedido a las redes informáticas del Comité Nacional Demócrata. Y no tardó en unirse a ellos el Oso Elegante. Los rusos acumularon enormes cantidades de gigabytes de datos para sus operaciones de inteligencia y alcanzaron un acuerdo clandestino con Julian Assange y WikiLeaks para utilizar como arma todo lo que habían robado.

Su audaz acto de guerra política tenía por objeto contribuir a la elección de un demagogo como próximo presidente de los Estados Unidos. «Tal como lo vemos, es un líder absoluto de la carrera presidencial —dijo Putin el 17 de diciembre, siete semanas antes de que Donald Trump ganara las primeras elecciones primarias republicanas—. Dice que quiere avanzar hacia otro nivel de relaciones, hacia un nivel más profundo de relaciones con Rusia [...]. ¿Cómo no vamos a dar la bienvenida a algo así? Por supuesto que le damos la bienvenida».

Mirando las cosas en retrospectiva, Leon Panetta expresó lo mismo con toda claridad: «Putin vio a Trump e inmediatamente decidió que era un candidato perfecto».[27]

22

El tonto útil

John Brennan viajó a Moscú en marzo de 2016 con la misión de instar a los rusos a que contribuyeran a poner fin al derramamiento de sangre en Siria. Casi cuatro años antes, cuando al-Asad empezó a machacar a sus oponentes, Clinton, Panetta y Petraeus habían presionado a Obama para que firmara una resolución para autorizar a la CIA a llevar a cabo una acción encubierta en apoyo a la resistencia, que estaba seriamente dividida. El presidente se había negado. En la sala de crisis, el vicesecretario de Estado, Bill Burns, había advertido que la CIA «solía exagerar con cuánta rapidez y efectividad era capaz de armar a los rebeldes sirios», y de que «nadie sabía en realidad lo que eso iba a significar cuando los iraníes y los rusos reaccionaran doblando su apoyo».[1]

Cuando al-Asad había utilizado armas químicas contra su propio pueblo en agosto de 2013 causando la muerte de unos mil cuatrocientos civiles, Obama había firmado una resolución como aquella. A raíz de un importante programa paramilitar, cuyo nombre clave era TIMBER SYCAMORE [Madera de Sicomoro] y con ayuda de los saudíes, la CIA había estado adiestrando y armando a la resistencia siria en Jordania para enviarla al campo de batalla, con el apoyo de ataques aéreos y soldados de operaciones especiales estadounidenses. Aunque esa fuerza combinada había logrado acabar con los reductos del ISIS en Irak y Siria, la CIA no había podido ni siquiera empezar a conseguir el objetivo fundamental de los rebeldes, que no era ni más ni menos que derrocar a al-Asad. Putin intervino entonces con aviones de combate y mercenarios para apoyar el régimen del autócrata sirio. La batalla de Siria había amenazado con convertirse en un sucedáneo de guerra entre los Estados Unidos y Rusia.

Brennan se reunió con sus colegas de inteligencia rusos y con el jefe de gabinete de Putin, Serguéi Ivanov, antiguo agente del KGB y principal supervisor de los ataques cada vez más descarados contra las elecciones presidenciales de 2016. No se llegó a ningún acuerdo con los rusos. «Las políticas de los Estados Unidos están permitiendo a los islamistas fortalecerse —le dijo Ivanov—. Están ustedes dando apoyo a los terroristas».[2] Tampoco dio esperanza alguna de solución en Siria Igor Kórobov, el nuevo jefe de la inteligencia militar rusa.

El director del GRU llamó la atención de Brennan por el nerviosismo que mostró cuando hablaron. Quizá fuera porque «se preguntaba si en aquellos momentos ya sabía yo que su organización había realizado con éxito su primera ronda de ciberataques relacionados con las elecciones —pensaría más tarde Brennan—. Ojalá lo hubiera sabido, pero no lo sabía».*

«Putin se te comerá la tostada»

El 17 de marzo, mientras Brennan estaba en Moscú, Donald Trump se aseguró la nominación para la presidencia por el Partido Republicano. «Cuando quedó claro que iba

* A finales de marzo de 2016, el GCHQ [Cuartel General de Comunicaciones del Gobierno, por sus siglas en inglés], el equivalente británico de la NSA, detectó que el Oso Elegante llamaba a Rusia desde el interior de las redes informáticas del Comité Nacional Demócrata en Washington. Los británicos avisaron a la NSA. Pero se trataba de una noticia ya conocida: la NSA se lo había dicho al FBI seis meses antes. Un agente del FBI había llamado por teléfono a un técnico del Comité Nacional Demócrata para avisarlo. El técnico pensó que quien llamaba tal vez fuera un impostor. No hizo nada, y el agente del FBI tampoco insistió. El Comité Nacional Demócrata no se tomó en serio la amenaza hasta finales de mayo.

a ser una carrera entre Trump y Clinton —diría Brennan—, creo que fue cuando [los rusos] intensificaron sus esfuerzos. No solo para denigrar a Hillary, sino también para promocionar las posibilidades de él».[3]

Los servicios de inteligencia rusos volcaron todas sus energías en las elecciones el 29 de marzo, cuando Trump contrató a Paul Manafort como jefe y estratega de campaña. Manafort se había ofrecido a trabajar gratis —a Trump le gustaban esas cosas— y en el mes de mayo se convertiría en el director de la campaña del candidato republicano. Cuando Victoria Nuland, la principal especialista en Rusia del Departamento de Estado, se enteró de la noticia, quedó atónita. «¡Manafort! —se dijo para sus adentros—. ¡Lleva quince años siendo un títere de Rusia!».[4] Rusia había sido cliente suyo, oficialmente y bajo cuerda, desde que había firmado un contrato de asesor político en 2005, prometiendo «beneficiar magníficamente al Gobierno de Putin».

Manafort había llamado la atención de la estación de la CIA en Kiev ya en 2013. Junto con su socio en los negocios, un agente de inteligencia ruso llamado Konstantín Kilimnik, estuvo en Ucrania trabajando para el presidente ucraniano apoyado por el Kremlin, que le había pagado diecisiete millones de dólares, de los cuales Manafort había blanqueado ilegalmente 12.700.000. Los servicios de inteligencia rusos poseían un expediente de información comprometedora sobre él, incluida su deuda de muchos millones de dólares con un oligarca del Kremlin y confidente de Putin por un negocio que había salido mal. Manafort intentó saldar esa deuda a cambio de datos de sondeos internos de la campaña de Trump. Dijo que esos datos demostraban que Trump podía alcanzar la victoria en las elecciones de noviembre por un estrecho margen si la campaña organizaba feroces ataques contra la reputación de Hillary Clinton en estados tradicionalmente demócratas como Míchigan, Pensilvania y Wisconsin. Se los entregó a Kilimnik, que a su vez se los entregó a unos agentes de inteligencia rusos del GRU, que se pusieron manos a la obra. Kilimnik, por su parte, pretendía que Manafort vendiera a Trump un «plan de paz» para Ucrania por el que se cedía a Putin el control de una república autónoma en el corazón mismo de la zona este del país, ocupada desde 2014 por tropas rusas.

Como descubrirían la CIA y el FBI cuando ya era demasiado tarde, «hubo amplios contactos entre individuos relacionados con la campaña de Trump y los rusos, ya fueran ciudadanos rusos o agentes de inteligencia rusos o rusos que tenían contacto con la inteligencia rusa —diría Brennan—. Era evidente que la campaña de Trump pretendía contar con la ayuda de Rusia».[5] Los rusos mantuvieron 38 reuniones e intercambiaron 272 emails y conversaciones telefónicas con miembros del equipo de Trump, incluidos su futuro consejero de Seguridad Nacional, el teniente general retirado Michael Flynn, y su futuro fiscal general, el senador por Alabama Jeff Sessions. En resumen, treinta y tres agentes de campaña de alto rango mantuvieron esas conversaciones, o bien tuvieron conocimiento de ellas. Y todos, incluido Trump, mintieron sobre esos contactos o los ocultaron cuando el FBI, el Congreso o los periodistas les preguntaron al respecto.

El 31 de marzo, Trump reunió en Washington a su círculo más estrecho de consejeros de política exterior. Entre sus cinco integrantes estaba un asesor en materia de energía y subempleado de veintiocho años llamado George Papadopoulos, quien dijo que podía ayudar a concertar una reunión entre Trump y Putin, gracias a la mediación de un conocido suyo llamado Joseph Mifsud, un profesor maltés que tenía muchos contactos en el Ministerio de Asuntos Exteriores de Rusia. Los dos se reunieron el 26 de abril en el Andaz Hotel de Londres. Mifsud dijo a Papadopoulos que acababa de regresar de Moscú, donde se había enterado por unos funcionarios rusos de alto rango de que el Kremlin poseía información comprometedora sobre Clinton, en forma de miles de correos electrónicos. Mifsud, espía reclutado por los rusos, se había enterado de aquel secreto por un contacto suyo en la Agencia de Investigación de Internet, una organización tapadera de inteligencia rusa cuyos agentes se hacían pasar online por estadounidenses desde un edificio de oficinas de San Petersburgo. Desde 2015, y cada vez con más contundencia desde que se puso en marcha la campaña, la Agencia de Investigación de Internet había venido inundando las redes sociales con material de desinformación y propaganda que atacaba despiadadamente a Clinton y apoyaba a Trump; llegó a 126 millones de usuarios estadounidenses de Facebook y creó cincuenta mil cuentas falsas de Twitter. La CIA desconocía su existencia.

El 10 de mayo, entre copas de gin-tonic en un bar de Londres, Papadopoulos compartió la historia de los emails robados con un hombre al que acababa de conocer, un diplomático llamado Alexander Downer, Alto Comisionado de Australia en el Reino Unido. Downer no sabía qué hacer con él ni con su información, pero incluyó una breve nota sobre el asunto en un telegrama enviado a su ministro de Asuntos Exteriores en Canberra. La información se archivó y permaneció olvidada durante diez semanas.

El 26 de mayo, Trump se aseguró la nominación por el Partido Republicano y, al día siguiente, proclamó públicamente, por vigésima octava vez, su admiración por el líder ruso. Clinton contraatacó diciendo: «Elogia a dictadores como Vladímir Putin». Y añadió: «Dejo a los psiquiatras que expliquen el afecto que siente por los tiranos. Yo solo me pregunto cómo alguien puede estar tan equivocado sobre quiénes son los verdaderos amigos de los Estados Unidos. Porque es una cosa importante. Si no sabes exactamente con quién estás tratando, hombres como Putin se comerán tu tostada».[6] La verdadera fiesta comenzaría cuando, el 6 de junio, Clinton se asegurara la nominación por el Partido Demócrata. Pero fue a ella a la que se zamparon los rusos.

El 8 de junio, una organización tapadera del GRU llamada DCLeaks, presentada por un personaje virtual perteneciente al servicio de inteligencia ruso llamado Guccifer 2.0, empezó a colgar el primero de miles de correos electrónicos robados al Comité Nacional Demócrata. Algunos revelaban la existencia de luchas intestinas y de fricciones en el campo de Clinton. Aquellos vertidos de documentación, cuidadosamente calibrados por el GRU, continuarían hasta el mismo día de las elecciones. Los líderes del Comité Nacional Demócrata, presas del pánico, cerraron sus redes, las limpiaron durante todo un fin de semana y decidieron decir al *Washington Post* que unos piratas informáticos rusos se habían infiltrado en sus sistemas y habían robado los archivos.

Y entonces Julian Assange metió la cuchara.

Assange llevaba mucho tiempo asegurando que era un periodista, redactor y editor inmerso en una valerosa cruzada contra el secretismo. Ese manto de respetabilidad se había vuelto cada vez más delgado. Había quedado totalmente raído en 2012, cuando Assange se convirtió en tertuliano pagado de RT, la cadena de televisión dedicada a hacer propaganda de Rusia. Cuando el redactor jefe de RT visitó a Assange en la embajada de Ecuador en Londres, donde había solicitado refugio tras violar la libertad bajo fianza impuesta por un tribunal sueco, acusado de agresión sexual, los medios de comunicación rusos anunciaron en 2013 que RT había llegado a un acuerdo con WikiLeaks para recibir «nuevas filtraciones de informaciones secretas».

El 12 de junio de 2016 —tres días después de que Donald Trump Jr., Paul Manafort y el yerno de Trump, Jared Kushner, se reunieran en la Torre Trump con un abogado ruso que había prometido ensuciar la imagen de Clinton—, Assange dijo a un periodista británico: «WikiLeaks tiene por delante un gran año. Poseemos emails relacionados con Hillary Clinton que están pendientes de ser publicados».[7] Ya había recibido la primera entrega, y esperaba muchas más. El 21 de junio, Guccifer 2.0 colgó otra serie de documentos del Comité Nacional Demócrata, algunos de los cuales detallaban diversas vulnerabilidades políticas de Clinton. Assange escribió entonces en un mensaje privado a la tapadera del GRU: «Si tenéis algo relacionado con Hillary, lo queremos», asegurando que la mercancía robada tendría «un impacto mucho mayor» si la publicaba WikiLeaks. Los emails eran tantos que a los rusos les costó trabajo reenviarlos, hasta que el director de la oficina de RT en Londres fue a la embajada de Ecuador y pasó clandestinamente a Assange un *pendrive* de muchísima capacidad.

El 14 de julio, el GRU logró hacerle llegar un gigabyte de archivos encriptados. Guccifer, su personaje virtual anunció: «La parte principal de la documentación, miles de archivos y de emails, se las he dado a WikiLeaks. Los publicarán muy pronto». El 22 de julio, tres días antes de que diera comienzo la convención demócrata en Filadelfia, Assange publicó el siguiente tuit: «¿Estáis preparados para Hillary? Empezamos nuestra historia hoy mismo con veinte mil emails del Comité Nacional Demócrata».

A partir de aquel día, la campaña de Trump construyó toda una estrategia alrededor de Assange, animando a WikiLeaks, elogiando su labor y recibiendo a cambio adelantos de los próximos documentos que iba a sacar. La campaña tenía conocimiento de antemano de todas las publicaciones de importancia de WikiLeaks gracias a Roger Stone, un chanchullero que se dedicaba a manejar los trapos sucios de la política desde los tiempos de Nixon, antiguo socio de negocios de Manafort, y que durante mucho tiempo había sido lobista de Trump; Stone había obtenido ese material a través de una vía extraoficial que lo había puesto en contacto con Assange.* La NSA no tardó en detectar y rastrear una multitud de mensajes directos enviados a través de Twitter entre el GRU y WikiLeaks. Si hasta entonces no había estado claro que Assange colaboraba con los espías de Putin, ahora lo estaba.

«Se trataba de un territorio inexplorado»

Brennan se dio cuenta por primera vez de que los rusos no solo estaban llevando a cabo labores de espionaje, sino que estaban organizando una campaña de sabotaje, una agresión

* Stone fue condenado a cuarenta meses de cárcel por manipulación de testigos, obstrucción a la justicia y falso testimonio durante la investigación del fiscal especial sobre el papel de Rusia en la campaña presidencial de 2016. Trump le conmutó la pena antes de que entrase en la cárcel y lo indultó en 2020.

propia de una verdadera guerra política, totalmente distinta de cualquiera que hubieran conocido los Estados Unidos.

El lunes 25 de julio, su todoterreno negro se detuvo ante el cuartel general de la CIA al amanecer. Durante el fin de semana, Brennan había pedido a sus agentes y a sus analistas que esa mañana dejaran sobre su escritorio todo lo que sabían acerca de la operación montada por los rusos. Deseaba que le presentaran sus informes oficiales y el material de información de inteligencia sin elaborar en el que se basaban: la información no filtrada suministrada por los agentes secretos reclutados, por los servicios de inteligencia de países extranjeros amigos y a través de las interceptaciones electrónicas. Revisó lo que la NSA, el FBI y el Departamento de Seguridad Interior tenían acerca de los rusos. El despacho estaba lleno de pilas y pilas de carpetas de tres anillas. Brennan se reunió con los jefes de la Casa Rusia de la CIA, el epicentro de las operaciones contra el Kremlin, así como con los principales agentes de contrainteligencia y de la Dirección General de Innovación Digital. Leyó algunos historiales de las actividades de espionaje rusas contra los Estados Unidos que se remontaban varias décadas. Los rusos habían intentado manipular la política de los Estados Unidos desde los años treinta, cuando sus espías habían puesto en su nómina a un congresista por Nueva York. El FBI había avisado recientemente al congresista de derechas por California Dana Rohrabacher, un agitador defensor de Putin, de que los rusos estaban intentando reclutarlo. «Creo que hay dos individuos que están pagados por Putin: Rohrabacher y Trump. Lo juro por Dios», había dicho en junio a un grupo de colegas suyos del Partido Republicano el líder de la mayoría de la Cámara de Representantes, el congresista por California Kevin McCarthy.[8]

Brennan descubrió que la CIA no estaba al corriente de la guerra de información de Rusia. La agencia no había acabado de entender que «el ciberespacio es un ámbito enorme desde el que se puede influir en las opiniones, los puntos de vista, los votos y las actitudes de la gente —comentó Brennan—. Pero sabíamos que los rusos estaban ya navegando por los sistemas electorales de determinados estados, básicamente elaborando un mapa de su infraestructura —dijo—. Y nos preocupaba que intentaran destruir el censo electoral el día de los comicios. Y éramos conscientes de ello; observábamos, con la esperanza de que en realidad no hicieran nada en el terreno tecnológico. Pero el área más amplia y más significativa en la que se desarrolló la interferencia rusa fue la operación de influencia en la opinión pública. Y me enteré [cuando ya era demasiado tarde] de un montón de cosas acerca de la amplitud y el éxito de lo que habían hecho los rusos en el ámbito de las redes sociales».[9]

Al mismo tiempo que Brennan iba empapándose de la información de inteligencia disponible, el torrente de emails que Assange había sacado refrescó la memoria de Alexander Downer, el diplomático australiano destinado en Londres. El 26 de julio, se presentó en la embajada estadounidense ante la Corte de St. James. Habló con la jefa adjunta de la misión acerca del consejero de Política Exterior de Trump que le había contado que los rusos pretendían hacer públicos materiales comprometidos acerca de Clinton y procedentes del ciberespionaje. La diplomática informó a su vez a dos personas de la embajada. Una era el asesor legal del FBI. La otra era la jefa de estación de la CIA: Gina Haspel.

Al día siguiente, en una conferencia de prensa, Trump pidió a los servicios de inteligencia rusos que piratearan y publicaran un archivo que Clinton había eliminado de una cuenta de correo privada que había utilizado como secretaria de Estado. «Rusia, si me estás escuchando —dijo—, espero que puedas encontrar los treinta mil emails que faltan». Unas horas más tarde, por primera vez, el GRU se coló en las direcciones de correo electrónico utilizadas por el despacho privado de Clinton y atacó a setenta y seis de las cuentas de su campaña.

El 28 de julio por la mañana, después de pasarse tres largos días y tres largas noches repasando la información de inteligencia, Brennan llamó a la persona en la que más confiaba, Avril Haines, que en aquellos momentos era la principal viceconsejera de Seguridad Nacional de Obama. «Necesito ver al presidente —dijo—. Es importantísimo que lo haga hoy mismo».[10] A las 13.45, la Casa Blanca dispuso una mesa para cuatro —Obama; Haines; la consejera de Seguridad Nacional, Susan Rice, y el jefe de gabinete, Denis McDonough— y ofreció un ligero almuerzo a base de sopa y ensalada en un pequeño comedor al lado del despacho oval. Brennan no se anduvo con rodeos. «Señor presidente, parece que los esfuerzos de los rusos por socavar la integridad de las elecciones de noviembre son mucho más intensos, decididos y graves de lo que habíamos conocido hasta ahora —empezó diciendo—. Putin ha autorizado esas actividades», y su intención era que fuera elegido Trump, a costa de destripar a Clinton. La CIA sabía que la operación había sido dirigida por Putin porque un agente secreto reclutado en el Kremlin llamado Oleg Smolenkov así se lo había dicho, confirmando la información de inteligencia obtenida por medio de interceptaciones electrónicas. Brennan les comunicó el hecho de que la CIA tenía un espía en el campo de Putin, un logro verdaderamente notable; lo hizo en la más estricta confidencia e insistió en que el secreto no podía salir de aquella sala.*

El presidente preguntó si los rusos podían realmente modificar el resultado de las votaciones, como habían hecho en Ucrania en 2014, o encontrar formas de sabotear estado por estado el recuento del Colegio Electoral mediante el uso de electrones. Obama preguntó: ¿Podían eliminar el censo electoral? ¿Hacer desaparecer los nombres de los electores? ¿Impedir que la gente votara? ¿Y qué había del

* Smolenkov había sido durante mucho tiempo consejero del principal asesor de política exterior de Putin para asuntos estadounidenses, Yuri Ushakov, que había sido embajador de Rusia en los Estados Unidos desde 1999 hasta 2008. Probablemente fuera reclutado poco después de la caída de la Unión Soviética, antes de que se uniera al embajador en Washington a finales del siglo XX. Los medios de comunicación rusos lo denunciaron ante la opinión pública con la ayuda de algunos agentes de inteligencia de Putin, dos años después de que la CIA, temiendo por su vida, lo sacara clandestinamente de Rusia y lo trasladara a los Estados Unidos a través de Montenegro en 2017.

dinero? ¿Estaban financiando en secreto a Trump? Brennan respondió al presidente que solo había una forma de averiguarlo: «La CIA, el FBI y la NSA tienen que trabajar juntos en esto». Crearía un equipo en el cuartel general de la CIA formado por agentes de estos tres organismos, que intentarían comprender el ataque de modo que el presidente pudiera decidir cómo devolver el golpe.

«Habíamos conseguido que el trabajo quedara solo entre nosotros —recordaría Brennan—. Aquel esfuerzo de los servicios de inteligencia iba a suponer un desafío enorme. Y también el esfuerzo policial iba a suponer un desafío enorme partiendo de donde estábamos. En muchos sentidos se trataba de un territorio inexplorado».[11] ¿Qué iba a decir Brennan a los rusos? ¿Qué iba a decir Obama al pueblo estadounidense? ¿Qué iba a poner la CIA en juego contra los espías de Putin? «Estábamos navegando por unos bajíos con los que no me había encontrado nunca», comentaría.

«Agente de la Federación Rusa sin que él lo sepa»

El viernes 29 de julio por la mañana, Brennan llamó a Comey, el director del FBI, y prometió que iba a contarle todo lo que la CIA había podido saber acerca de la operación de los rusos, incluido todo lo relacionado con la participación de los estadounidenses. Aquel fin de semana, el FBI abrió un expediente de contraespionaje llamada en clave CROSSFIRE HURRICANE [Huracán de Fuego Cruzado]. La investigación tenía que plantearse una pregunta espantosa. ¿Había miembros de la campaña de Trump colaborando con los rusos? ¿Estaba haciéndolo el propio Trump? El viernes siguiente, Mike Morell planteó esa misma pregunta en un artículo en apoyo de Clinton aparecido en el *New York Times*. Lo que publicó Morell era extraordinario en dos sentidos. Los dirigentes de la CIA, incluso los retirados, no tomaban partido públicamente por nadie en la carrera presidencial. Y dijo a millones de personas lo que muchos de sus colegas pensaban: Trump estaba actuando como si fuera un activo de los rusos.

«En el mundo de la inteligencia —escribiría el antiguo vicedirector de la CIA—, diríamos que el señor Putin ha reclutado como agente de la Federación Rusa al señor Trump sin que él lo sepa».[12] Al fin y al cabo, Putin era un mero producto del KGB, formado para identificar y explotar las debilidades de las personas. «Eso fue exactamente lo que hizo al principio en las primarias —señaló Morell—. El señor Putin jugó con las vulnerabilidades del señor Trump mediante halagos. Y este respondió justamente como el señor Putin había calculado que lo haría. El señor Putin es un gran líder, dice el señor Trump, sin tener en cuenta que ha asesinado y encarcelado a periodistas y adversarios políticos, que ha invadido a dos de sus vecinos y que está llevando su economía a la ruina. El señor Trump ha adoptado, además, posiciones políticas coherentes con los intereses rusos, no con los estadounidenses, respaldando el espionaje ruso contra los Estados Unidos, y apoyando la anexión de Crimea por parte de Rusia». Morell, que en su día había leído decenas de perfiles de líderes extranjeros elaborados por la CIA, retrataba al candidato a la presidencia como un déspota en potencia. «Trump no solo no está calificado para el cargo, sino que además puede suponer una amenaza para nuestra seguridad nacional —concluía—. Sería un comandante en jefe mediocre, incluso peligroso».

Mike Hayden intervendría también poco después, expresando su propia valoración: Quizá Trump no fuera un agente ruso, pero era algo muy parecido. «Preferiría otro término sacado de lo más recóndito de la era soviética: *polezni durak*», escribiría Hayden en el *Washington Post*, un tonto útil manipulado por Moscú.[13] Leon Panetta dio un paso más allá. «En mi fuero interno no me cabe duda de que Trump y Rusia estaban, abro comillas, trabajando juntos, cierro comillas, con la finalidad de mejorar las oportunidades de ganar de Trump —diría—. Rusia manipulaba a Trump, y Trump se comportaba también de una forma que claramente favorecía a los rusos».[14]

Trump montó su propio ataque contra el carácter de su adversaria cuando aceptó la nominación del Partido Republicano: «He aquí el legado de Hillary Clinton: muerte, destrucción, terrorismo y debilidad». Durante todo el mes de agosto, Trump la atacó cada vez con más intensidad. Era una tapadera del ISIS. Estaba mentalmente enferma. Iba a robar las elecciones, a amañar los resultados y a hacerse con el poder mediante un fraude. Assange repitió las palabras de Trump en una entrevista concedida al *New York Times* a través de Facebook, en la que llamaba a Clinton «un demonio que va a poner la soga al cuello a todo el mundo en cuanto gane las elecciones». La Agencia de Investigación de Internet colgó online esos mismos temas y otras teorías de la conspiración por el estilo. Las herramientas y los troles del Kremlin seguían la campaña electoral al lado de Trump, eran sus sucedáneos invisibles.

En otro tiempo el ataque de Rusia a la democracia habría unido a los líderes estadounidenses. Ahora no. Obama había dicho a Brennan que informara a la Pandilla de los Ocho —los líderes del Senado y de la Cámara de Representantes y los de las comisiones de Inteligencia de ambas cámaras— acerca de la operación tramada por Putin. Pero el 6 de septiembre, cuando informó al líder de la Minoría del Senado, Mitch McConnell, representante de Kentucky, recibió un desaire inesperado. «Me dijo: "Bueno, parece como si la CIA y usted intentaran evitar que Donald Trump sea elegido"», recordaría Brennan.[15] Cuando Obama convocó a los líderes del Congreso a la Casa Blanca y les pidió que firmaran una declaración conjunta condenando el ataque de los rusos, McConnell se negó a hacerlo. «Cuanto más fuerte fuera la indignación de los dos partidos por la interferencia de Rusia, más peso y más credibilidad tendría entre el pueblo estadounidense —diría Brennan—. McConnell se resistió a ello. Puso a su partido por encima de la identidad nacional y de la lealtad al país [...]. Le preocupaba que si se hacían revelaciones que demostraran que los rusos estaban implicados en las elecciones, se vieran mermadas las posibilidades de Trump. Quería evitar que ocurriera eso».[16]

A Obama lo atormentaba la duda de si debía o no acusar a los rusos. ¿Cómo iba a decir a los ciudadanos estadounidenses que la CIA había llegado a la conclusión de que Putin estaba intentando que eligieran a Trump? No se vio con ánimos para hacerlo. Tuvo miedo de que pareciese que pretendía influir en el resultado de las elecciones poniendo un dedo en la balanza de la imparcialidad, aunque el Kremlin estaba poniendo en ella los dos pies. Y tampoco quería provocar una guerra cibernética en toda regla con Putin: el teniente general James Clapper, director de Inteligencia Nacional, le había avisado de que los rusos habían introducido un software malicioso —el Oso Energético— en la red eléctrica estadounidense. Con unos cuantos clics en la tecla adecuada, podían dejar a oscuras muchas ciudades y hacer caer las redes eléctricas el día de las elecciones, sembrando el caos e imposibilitando el recuento de votos.

«El presidente creía que, si tenía que tomar medidas más agresivas contra Rusia, siempre estaría a tiempo de hacerlo —diría Brennan—. Pero ¿qué habrían podido hacer los rusos para contrarrestarlas? Y, si las contrarrestaban, ¿de qué otro modo habrían podido interferir en las elecciones?».[17] Como observaría tajantemente, una escalada en ese sentido podía correr el riesgo de convertirse en una verdadera guerra: «El ecosistema de la arena internacional tenía ahora un importante componente digital. Y es en ese componente en el que los servicios de inteligencia, los servicios de seguridad y las Fuerzas Armadas están más activos ante un incremento de la tensión o ante un conflicto militar».[18]

Cinco semanas de reuniones ininterrumpidas en la sala de crisis entre los guardianes de la seguridad nacional de los Estados Unidos no bastaron para dar lugar a una declaración presidencial acerca del ataque de los rusos. Finalmente, a primeros de octubre, Clapper se hartó. Tenían que decir *algo*. Si no lo hacían, un día lo pagarían carísimo. El secretario de Seguridad Interior, Jeh Johnson, y él lucharon a brazo partido para encontrar las palabras adecuadas. *Trump* y *Putin* no estaban entre ellas. Al cabo de tres días, elaboraron una nota de prensa de tres párrafos que pensaron que serviría para alertar al pueblo estadounidense. Empezaba diciendo:

> La comunidad de inteligencia de los Estados Unidos está segura de que el Gobierno ruso ha dirigido las recientes acciones que han comprometido los emails de personas e instituciones de los Estados Unidos, incluidas las organizaciones políticas estadounidenses. Las recientes revelaciones de emails supuestamente pirateados, en páginas web como DCLeaks y WikiLeaks, y por parte del personaje virtual Guccifer 2.0, encajan con los métodos y las motivaciones de las acciones emprendidas por los rusos. Esos robos y esas revelaciones tienen por objeto interferir en el proceso electoral de los Estados Unidos [...]. Basándonos en la envergadura y el carácter sensible de esas acciones, creemos que solo personalidades rusas del rango más elevado han podido autorizar dichas actividades.

La declaración se hizo pública el viernes 7 de octubre a las tres de la tarde. Setenta y tres minutos después, el *Washington Post* publicó el vídeo *Access Hollywood*, en el que Trump se jactaba de agredir sexualmente a mujeres. Media hora más tarde, WikiLeaks lanzó otro aluvión de emails de la campaña de Clinton, robados seis meses antes por los rusos y almacenados desde entonces como si de un arsenal de bombas de mano se tratara. Los batallones de periodistas de Washington que cubrían las noticias políticas quedaron deslumbrados y fascinados por semejante bombardeo. El puñado de reporteros encargados de la información de inteligencia tuvo que pelearse con sus directores para encontrar un hueco en el que incluir los artículos sobre Rusia, que acabaron relegados a las últimas páginas.

«Me asombra —diría Morell— comprobar que no ha habido un clamor de indignación mayor por parte del Congreso, del poder ejecutivo y de los medios de comunicación. La gente ha aceptado sin más [...] que se haya producido semejante ataque contra nuestra democracia».[19]

El 19 de octubre, cuando los candidatos celebraron su último debate, Clinton lanzó otra advertencia sobre la agresión de Rusia. Trump rechazó rotundamente la idea y absolvió a Putin de toda responsabilidad:

> TRUMP: Él ha dicho cosas bonitas sobre mí. Si nos lleváramos bien sería algo bueno. Por ella no tiene ningún respeto...
>
> CLINTON: Bueno, eso es porque él preferiría tener a un títere como presidente de los Estados Unidos.
>
> TRUMP: De títere nada. De títere nada. ¡Tú sí que eres un títere!
>
> CLINTON: Está muy claro que no va usted a admitir...
>
> TRUMP: No, ¡tú sí que eres un títere!
>
> CLINTON: ... que los rusos se han dedicado a lanzar ciberataques contra los Estados Unidos de América, que usted ha fomentado el espionaje contra nuestro pueblo, que usted está dispuesto a seguir la línea de Putin, a suscribir su lista de deseos, a disolver la OTAN, a hacer todo lo que él quiera que haga, y que sigue usted contando con su ayuda, porque él tiene un claro favorito en esta carrera electoral [...]. Tenemos diecisiete agencias de inteligencia, civiles y militares, y todas han llegado a la conclusión de que esos ataques de espionaje, esos ciberataques, proceden de los niveles más altos del Kremlin y han sido diseñados para influir en nuestras elecciones. Yo encuentro todo eso enormemente preocupante. Y creo que ya es hora de que usted se posicione...
>
> TRUMP: Esta no tiene ni idea de si es Rusia, China o cualquier otro. No tiene ni idea... Hillary, no tienes ni idea... Y nuestro país no tiene ni idea.

Trump casi dio en el blanco en este último punto. No bastaba que los servicios de inteligencia hubieran dado la voz de alarma. El presidente tenía que asegurarse de que el pueblo la oyera. Pero Obama no había dicho al país lo que sabía que era verdad.

«Hemos hecho grande a América»

El 9 de noviembre de 2016, nos aguardaba una noche insomne, escribió un trol ruso en el cuartel general de la Agencia de Investigación de Internet en San Petersburgo. *Cuando, cerca de las ocho de la mañana, llegó el resultado más importante de nuestro trabajo, descorchamos una botellita de champán* [...]. *Tomamos un trago cada uno y nos miramos unos a otros a los ojos* [...]. *Y dijimos casi al unísono: «Hemos hecho grande a América».*[20] Trump había ganado en Míchigan, Pensilvania y Wisconsin, tres estados indecisos que habían sido objetivos específicos de los agentes de inteligencia rusos, previamente armados por su *polezni durak* Paul Manafort, por 10.704, 46.765 y 22.177 votos, respectivamente. Eso otorgaba a Trump cuarenta y seis votos electorales; si Clinton hubiera sacado unos poquitos más en cada estado, se habría hecho con el Colegio Electoral de los Estados Unidos, además de ganar el voto popular. Trump se había convertido en el próximo presidente de los Estados Unidos por menos de ochenta mil votos.

Los barones de la inteligencia estadounidense estaban convencidos de que los ataques rusos habían sido una de las claves de su victoria. «Estoy seguro de que los rusos alteraron el signo de algunos votos —diría Brennan—. No sé si fue una papeleta o dos millones [...], pero hubo una cantidad importante de votos que cambiaron de signo a raíz de las operaciones de influencia electoral de los rusos».[21] Clapper llegó a la siguiente conclusión: «Sabiendo lo que sé sobre lo que hicieron los rusos, la envergadura de la operación, lo variada que fue y los millones de estadounidenses a los que afectó [...], resulta poco creíble la conclusión de que la actividad de los rusos no perturbó las decisiones de los electores y, por consiguiente, no perturbó las elecciones».[22] Pete Strzok, que dirigió la investigación CROSSFIRE HURRICANE como subdirector adjunto del Departamento de Contrainteligencia del FBI, se mostraría de acuerdo: «Sin la ayuda de los rusos —dijo—, no creo que Trump salga elegido».[23]

Algunos colegas suyos pensaban que la inteligencia rusa había puesto su mira en Trump mucho tiempo antes. El ahora presidente había visitado por primera vez Moscú en 1987, con la intención de construir un hotel de lujo en la Plaza Roja, enfrente del Kremlin, en sociedad con el Gobierno ruso, y ya había dado indicios de querer presentar su candidatura a la presidencia. Sus negocios inmobiliarios por todo el mundo y su solvencia después de su bancarrota dependerían en parte del dinero ruso. Le gustaban las mujeres eslavas y engañaba a su esposa. Había vuelto a Moscú a dirigir un certamen de belleza de su propiedad en 2013. «¿Creéis que Putin vendrá a la gala de Miss Universo? —había tuiteado. Y a continuación había añadido—: Y si es así, ¿se convertirá en mi nuevo mejor amigo?».

El veterano de la Casa Rusia Rolf Mowatt-Larssen, todo un baluarte del puesto de la CIA en Moscú y un experto en cazar topos, dijo: «No me cabe duda de que Donald Trump fue un objetivo [perseguido por los agentes de la inteligencia rusa durante esos años]. No hay más que ver sus vulnerabilidades. A los rusos no les habrían pasado desapercibidas. Puedo asegurarles que nunca habrían dejado pasar la ocasión de abordar a un hombre de negocios estadounidense tan influyente, independientemente de que pensaran o no que un día llegara a presidente. Lo habrían abordado».[24] La codicia de Trump, su corrupción y su egocentrismo habían hecho de él un objetivo durante treinta años.

En 2016, Trump seguía intentando construir un hotel en Moscú, flirteando descaradamente con Putin y galopando hacia la Casa Blanca con el apoyo encubierto de la inteligencia rusa. Como experimentado agente del KGB, Putin sabía cómo manejar a Trump. Influía en él con halagos y apoyo político, y a cambio conseguía más influencia. «Cree que puede manipular a Donald Trump —diría Morell un mes después de las elecciones—, no ya porque esté siempre dándole vueltas en la cabeza a cuestiones financieras y todo eso, sino porque Vladímir Putin, como antiguo agente de inteligencia, sabe que, cuando alguien tiene una personalidad narcisista, resulta muy, pero que muy fácil ganártelo, y conseguir que haga lo que quieres con solo halagarlo. Eso fue lo que hizo Putin y Trump respondió como él esperaba».[25] Fiona Hill, la biógrafa de Putin que prestaría servicio como directora del Consejo Nacional de Seguridad para Rusia y Europa en la Casa Blanca de Trump durante dos años y medio, dijo: «Eso es exactamente lo que hace un agente operativo. Identifica una debilidad y chantajea a su objetivo. Y Putin pondrá su mira en los líderes mundiales [...]. Creo firmemente que también ha puesto su mira en el presidente Trump».[26]

El objetivo último de lo que Mike Hayden calificó de la operación encubierta más lograda de la historia fue el pueblo estadounidense. Morell diría más tarde al periodista Robert Draper: «Esta ha sido la única vez en la historia de los Estados Unidos que hemos sido atacados por un país extranjero, y no nos hemos unido como nación. De hecho, nos ha dividido todavía más [...]. Ha ahondado nuestras divisiones. Estoy absolutamente convencido de que a todos esos agentes de inteligencia rusos que armaron y dirigieron el ataque contra nuestra democracia en 2016, Putin en persona les puso sus medallas».[27]

No habrían podido hacerlo sin Assange. «¡Me encanta WikiLeaks!», proclamó Trump durante la campaña electoral. Y lo mismo hizo Mike Pompeo, el hombre al que eligió director de la CIA.

«Pillado: 19.252 emails del Comité Nacional Demócrata filtrados por WikiLeaks», proclamó exultante Pompeo en Twitter durante la convención demócrata. Al igual que Trump, promocionó la labor de Assange y ridiculizó la idea de que Rusia fuera su fuente. «Francamente —declaró a FOX News—, está bastante claro quién ha invitado a los rusos a hacer daño a los Estados Unidos, y ha sido Hillary Clinton». Pompeo era un congresista ultraconservador de Kansas, agresivo y enormemente ambicioso, que se había pasado tres años atacando a Clinton desde su sillón en la Comisión de Inteligencia de la Cámara de Representantes. «No cabe duda de que las vidas de los estadounidenses están hoy en peligro debido a sus actos», había dicho en una carta enviada en julio a Clapper. Pompeo también había mostrado su desdén hacia Trump, y en términos muy claros.[28] En el mes de marzo, durante las primarias del Partido Republicano, había avisado de que, si era elegido, Trump sería «un presidente autoritario que ignorará nuestra Constitución».[29] Pero una vez que Trump consiguió la nominación, Pompeo se pegó a él como una rémora se adhiere a un tiburón. Steve Bannon, el cínico estratega del presidente electo, promovió a Pompeo para que lo nombraran director de la CIA, y en noviembre de 2016 consiguió para él una audiencia con Trump, que no lo había investigado. La reunión fue breve y poco significativa. Al día siguiente, sonó el teléfono de Pompeo. Trump le ofreció el puesto con el que había soñado.

—¡Va a ser magnífico, tremendo! —le dijo el presidente.[30]

«¿Acaso estamos viviendo en la Alemania nazi?»

El 11 de diciembre, el *New York Times* y el *Washington Post* publicaron la conclusión de la CIA de que los rusos habían tratado de conseguir que fuera elegido Trump. «No me lo creo —comentó el presidente electo—. Son las mismas personas que dijeron que Sadam Huseín tenía armas de destrucción masiva».[31] Anunció también que leería el informe diario al presidente solo si le convenía y cuando le conviniera. No le convino. «Lo tocaba. En realidad no leía nada», comentaría Ted Gistaro, el veterano analista de la CIA encargado de informar a Trump.[32] Era propenso a «salirse por la tangente —dijo Clappe—. Puede que hubiera ocho o nueve minutos de verdadera información de inteligencia después de una hora de discusión».[33] (Rompiendo con lo que era la tradición, la CIA no informó al presidente electo acerca de los programas de acción encubierta hasta unas pocas semanas después de su toma de posesión). Trump no hacía más que vociferar a Gistaro y poner objeciones al «bulo de Rusia», y echaba la culpa a la CIA de filtrar noticias a los periodistas con el único afán de socavar la legitimidad de su elección. Durante una reunión informativa, comentaría Gistaro, «se despachó durante diez minutos hablando de que lo que nos proponíamos era destruirlo». El ataque de Rusia contra las elecciones, escribiría un experto en historia de la CIA, se había convertido «en el asunto con mayor carga política de la historia del traspaso de poder de un presidente a otro».[34]

Obama ordenó a la CIA, al FBI y a la NSA que le presentaran un último informe sobre la operación y que luego lo compartieran con Trump. Los expertos de la CIA en Rusia, informática y contrainteligencia elaboraron un documento de alto secreto para que solo lo vieran Obama, Trump y la Pandilla de los Ocho. Beth Sanner, aclamada analista de la CIA que dos años más tarde se convertiría en responsable de presentar los informes a la Casa Blanca de Trump, diría que había efectuado «un riguroso esfuerzo por desclasificar aquel informe tan secreto» para la opinión pública.[35] La CIA tenía que «considerar seriamente lo que hay que desclasificar y lo que debe permanecer clasificado, con el fin de proteger nuestras fuentes y nuestros métodos —afirmó Sanner—. Hace falta gente que realmente entienda los riesgos que comporta cada frase». La fuente que más protección necesitaba era el agente que la CIA había reclutado en Moscú.

El 6 de enero de 2017, Brennan; Clapper; Comey; el director de la NSA, Mike Rogers, y Ted Gistaro se reunieron en la Torre Trump con el presidente electo; Pompeo; el consejero de Seguridad Nacional designado, Mike Flynn; el vicepresidente electo, Mike Pence, y otros cuatro miembros del equipo de traspaso de poderes de Trump. Clapper dijo que las pruebas de que Rusia había distorsionado las elecciones y de que Putin había sido el responsable de la operación eran tan sólidas que Trump ni siquiera trató de discutirlo. La reunión casi termina sin contratiempos.

Pero cuando Brennan describió cómo la fuente humana de la CIA había informado acerca del papel directo de los servicios de inteligencia rusos, Trump se burló. Esa gente, dijo, eran unos «sinvergüenzas», capaces de decir cualquier cosa por una limosna. Entonces Comey, el director del FBI —en contra de los consejos de Brennan y Clapper—, se llevó aparte a Trump para mantener una charla en privado acerca de un *dossier* preparado para la campaña de Clinton por Christopher Steele, antiguo agente de inteligencia británico, que había estado al frente del departamento del MI6 especializado en Rusia. El informe en cuestión empezaba diciendo: «El régimen ruso ha venido cultivando, apoyando y ayudando a TRUMP durante por lo menos cinco años». Comey tenía una copia que le había dado el senador John McCain, y el *dossier* en cuestión había circulado entre muchos periodistas de Washington, aunque ninguno lo había publicado. Tampoco la CIA ni el FBI habían verificado aquella información todavía en bruto; parte de ella muy en bruto. Sostenía, entre otras cosas, que el Kremlin podía chantajear a Trump por sus fechorías financieras y sexuales, incluida una cita mantenida con prostitutas en un hotel de Moscú y grabada en secreto, durante la gala de Miss Universo de 2013. Comey justificó su decisión de hablar del informe, aduciendo que inevitablemente acabaría por hacerse público, y que Trump no merecía ser coaccionado de esa forma.

El *dossier* salió a la luz en la prensa cinco días después de la reunión, del mismo modo que el informe público desclasificado. Trump mezcló las dos cosas. Todo era un bulo. «Creo que ha sido vergonzoso que las agencias de inteligencia hayan admitido cualquier tipo de información que haya resultado ser falsa y fraudulenta —afirmó—. Es algo que habría hecho y que efectivamente hizo la Alemania nazi [...]. ¿Acaso estamos viviendo en la Alemania nazi?». Brennan dijo al *Wall Street Journal* que Trump no tenía derecho a calificar a sus espías de Gestapo estadounidense. «Que diga a las familias de los ciento diecisiete agentes de la CIA a los que se recuerda en nuestro monumento conmemorativo de honor que sus seres queridos, que dieron la vida por su país, eran parecidos a los nazis. Lo he encontrado repugnante».[36]

Pompeo dijo a Trump que debía ir a la CIA el sábado 21 de enero, al día siguiente de jurar su cargo como cuadragésimo quinto presidente, y deshacer el entuerto. La prensa había afirmado que «Trump odiaba a las agencias de inteligencia. Yo estaba mejor informado», comentaría Pompeo.[37] El 19 de enero llamó al cuartel general de la CIA y dijo a Meroe Park, la tercera persona de mayor rango de la agencia, que actuaría como directora en funciones el día del traspaso de poderes, que Trump iría a Langley dentro de cuarenta y ocho horas. Le ordenó que montara el escenario delante del monumento conmemorativo y que se asegurara de que había un público numeroso para escuchar su discurso. La conversación resultó muy incómoda. Pompeo todavía no había sido confirmado en su puesto por el Senado. Seguía siendo un simple congresista por Kansas. La señora Park quedó desconcertada.

«Me dijo que teníamos que cancelarlo —recordaría Pompeo—. "Demasiado tarde", le contesté».

23

Besamanos y tiro en la rodilla

«No hay nadie que sienta tanto interés por el mundo de los servicios de inteligencia y por la CIA como Donald Trump», dijo el presidente en cuanto empezó su discurso televisado en el cuartel general de la CIA, en la tarde del sábado 21 de enero de 2017. A sus espaldas podía verse el muro conmemorativo de la agencia. Sus estrellas grabadas en mármol son iconos sagrados de la CIA, al igual que el pasaje del Evangelio según San Juan esculpido en letras grandes en el muro opuesto: «Y conoceréis la verdad, y la verdad os hará libres».

«La razón de que seáis mi primera parada es que, como bien sabéis, mantengo una guerra continua con los medios informativos —dijo—. Son gente de la peor calaña. —Los allí congregados rieron y aplaudieron—. Hacen que parezca como si yo tuviera un conflicto con la gente de los servicios de inteligencia. Y simplemente quiero que sepáis una cosa: la razón de que seáis la primera parada es exactamente todo lo opuesto, exactamente. —Sonrió a su público—. Probablemente casi todos los que os encontráis en esta sala hayáis votado por mí». Se hizo un silencio incómodo. Luego colmó de elogios a Pompeo. «Es una joya». Se oyeron unos tímidos aplausos. «Muchos de vosotros ya lo conocéis. Pero vais a ver. Como siempre, tendremos grandes figuras. Pero él es alguien que será muy especial, porque, si tuviera que enumerar a los más importantes, él es quien sin duda tal vez haya sido, en cierto modo, ya me entendéis, el más importante para mí». Luego, también colmó de elogios a su consejero de Seguridad Nacional. «El general Flynn está justo ahí. Levanta la mano. ¡Qué persona más estupenda!». Más aplausos. Mike Flynn se vería obligado a dimitir tres semanas más tarde por haber mentido al FBI sobre las conversaciones secretas que había mantenido con el embajador ruso.

Y, a continuación, Trump pasó a elogiarse a sí mismo. Dijo que un millón y medio de personas había asistido a su toma de posesión. Era mentira. Dijo que había sido portada de la revista *Time* en quince ocasiones. Era mentira. Y concluyó su alocución ante las cuatrocientas personas de la CIA que se hallaban allí reunidas, en la entrada de mármol de la central de la CIA, diciendo: «Os quiero. Os respeto. No hay nadie a quien yo respete tanto». Y eso también era mentira.

El discurso de Trump fue toda una profanación. Enseguida aparecieron unos ramos de flores junto al muro conmemorativo. No había muerto nadie, pero sí había muerto algo.

Pompeo enseguida se convirtió en una de las figuras más influyentes de la presidencia de Trump. Durante sus quince meses en la CIA rompió con un tabú al intentar dar forma a la política exterior de los Estados Unidos. «La CIA no hace política», afirma la página web de la agencia. Pompeo hacía política en cuanto podía. Trataría de deshacer todo lo que Obama y Brennan habían hecho con anterioridad. Desempeñaría el papel de secretario de Estado hasta conseguir el cargo. Fue el único miembro de la élite del equipo de seguridad nacional del presidente que no acabó siendo despedido u obligado a dimitir. Durante los cuatro años de su primer mandato, Trump tuvo seis consejeros de Seguridad Nacional, cuatro secretarios de Defensa y cuatro directores de Inteligencia Nacional. ¿Cómo lo consiguió Pompeo? Lo hizo sin ayuda de nadie. Creía en Dios, trabajaba con ahínco, disparaba a la rodilla de sus enemigos y besaba la mano del presidente, sonriendo cada vez que este hablaba, pavoneándose ante él con su estilo pretencioso. Su lealtad rozaba el vasallaje; traía a la mente la figura de James Schlesinger, el que había sido el máximo responsable de la Oficina de Presupuestos del presidente Nixon antes de sustituir a Richard Helms como director de la CIA, en 1973. Schlesinger «tenía realmente tatuadas en el cuerpo las iniciales R. N.», comentaría Helms.[1] Las primeras palabras que pronunció al asumir su cargo en la séptima planta fueron breves: «Estoy aquí para garantizar que no vais a joder a Richard Nixon».[2]

En cuanto podía, Pompeo se ponía del lado de Trump, sin manifestar nunca, ni una sola vez, el más mínimo desacuerdo con él. «Discuto con todo el mundo —diría el presidente—, salvo con Pompeo».[3] Si no estaba de viaje para reunirse con otros jefes de inteligencia extranjeros, su primera parada cada mañana era un escondrijo en el Edificio de Oficinas Ejecutivas Eisenhower, junto a la Casa Blanca. Cuando el presidente recibía un informe de inteligencia en el despacho oval, Pompeo se lo entregaba y aprovechaba la ocasión para pasar un largo rato con él, ofreciéndole exhaustivos comentarios al respecto. Se quitó de encima a Dan Coates, el nuevo director de Inteligencia Nacional, que por su cargo era el verdadero encargado de informar al presidente. «Nos vemos todos los días —comentaría con orgullo Pompeo—. Es como un reloj».[4] Pero eso no era del todo verdad. «Trump recibía el informe de los servicios de inteligencia solo dos o tres veces a la semana», señala un registro oficial de la CIA. Normalmente, el presidente pasaba cuatro o cinco horas, todas las mañanas, viendo televisión y tuiteando, y empezaba a trabajar a eso de las once; la reunión informativa solía tener lugar a última hora de la mañana o a primera hora de la tarde. Y Pompeo no llegaba al cuartel general de la CIA hasta que había terminado su entrevista con Trump.

«Era una especie de misil teledirigido hacia el culo de Trump», comentaría a propósito de Pompeo un antiguo embajador estadounidense a Susan Glasser, periodista de *The New Yorker*.[5] Su ardiente devoción por el presidente era vista como una jugada inteligente por los máximos dirigentes de la CIA, que se basaban en el principio de que hay que tener a los amigos cerca y a los enemigos aún más cerca. La reputación de la CIA en el seno del Gobierno dependía en gran parte de la proximidad que pudiera mantener su director con el centro de poder presidencial. Pero había una pega. Aunque a veces Pompeo servía de escudo térmico para la CIA, protegiéndola del fuego de la ira del presidente, también protegía a Trump de los informes de inteligencia que este no quería oír. Y nunca alzó la voz en público para defender a la CIA de los feroces ataques del mandatario.

«Me preocupaba que el presidente pudiera meternos en una guerra»

La primera decisión relativa al personal que tomó Pompeo fue nombrar a Gina Haspel su directora adjunta. Se habían conocido cuando ella era jefa de estación en Londres y recibía a los miembros de la Comisión de Inteligencia de la Cámara de Representantes que estaban de viaje por Europa. Lo único que sabía la opinión pública de ella era que había supervisado actos de tortura en Tailandia y que había ejecutado la orden de Jose Rodriguez de destruir las cintas en las que dichos actos se habían grabado. Pompeo la eligió porque le habían impresionado su «agresividad, patriotismo y brillantez»,[6] así como por ser «una conservadora de conservadores», pero sobre todo para mostrar su apoyo a lo que había hecho la CIA en los centros de detención clandestinos. Había manifestado que la publicación por parte de la senadora Feinstein del *Informe sobre tortura* había «puesto en peligro muchas vidas estadounidenses», y que quienes habían utilizado la técnica del submarino no eran unos torturadores, sino verdaderos patriotas, unos «héroes, no los burdos instrumentos de un juego liberal con el que se entretienen la Unión Americana de Libertades Civiles y la senadora Feinstein. El hecho de que [Feinstein] hiciera público ese informe es la demostración de un lavado narcisista de la propia imagen que está fundamentalmente reñido con su deber para con el país». Lo había dicho con toda la intención, aunque en privado se había disculpado con

Feinstein durante su confirmación en el Senado. «Me equivoqué cuando la acusé fundamentalmente de ser una traidora», reconoció. Fue así como, a partir de entonces, se ganó a la senadora.

Pompeo concedió a Haspel máximos poderes para dirigir la CIA en el cuartel general, para supervisar sus operaciones y para elegir a sus subordinados más importantes. Haspel eligió a Tomas Rakusan como nuevo jefe del servicio clandestino en agosto de 2017. Era el agente que se había infiltrado en Bagdad unos meses antes de que los estadounidenses invadieran Irak, haciéndose pasar por un agente de seguridad checo durante el día y localizando los sistemas de defensa aérea y las concentraciones de tropas de Sadam durante la noche. Su bravura y astucia lo hicieron merecedor de la Cruz Distinguida de la Inteligencia. Rakusan, al que todo el mundo llamaba Tom, era, y sigue siendo, un desconocido para la opinión pública. Su nombramiento fue, y sigue siendo, un secreto. En el momento en el que escribo, su nombre no ha aparecido nunca ni en un periódico ni en un libro. La única mota de polvo digital acerca de su pasado solo mostraba un título de bachillerato superior por la American University School de Beirut, Líbano, cuyo cuerpo estudiantil incluía a los hijos de diplomáticos y espías. Rakusan había entrado en la CIA en 1981, a los veintiún años, y había prestado servicio en cuatro ocasiones como jefe de estación, la última vez en Jordania, antes de convertirse en jefe de la División para Oriente Próximo en 2013 y en jefe adjunto del servicio clandestino a las órdenes de Greg Vogle en 2015. A pesar de la reñida competencia, hacía mucho que a Rakusan llevaba se lo consideraba uno de los agentes más listos y duros de la CIA.

Pompeo solía decir que le encantaban «los soldados de élite» —asesinos a sangre fría en el combate, aliados del Gobierno partidarios de la política de «no hacer prisioneros»—, y su segunda decisión importante en lo referente al personal de la agencia fue volver a sacar al campo de batalla a Mike D'Andrea, que por aquel entonces se hallaba en un despacho revisando las operaciones encubiertas que había en marcha. Haspel lo había avisado de que mucha gente que había trabajado para Mike, el Ayatolá Mike, tenía miedo de él o lo despreciaba. Mirándolo a los ojos, Pompeo midió a D'Andrea: «Me han contado que eres un gilipollas, un capullo con el que es imposible trabajar. Él sonrió y me contestó a la perfección: "Señor director, *no* es imposible trabajar conmigo". Lo contraté enseguida»,[7] y lo puso al frente de un nuevo centro de misiones dedicado a poner en marcha operaciones encubiertas y muy agresivas contra Irán.*

Pompeo se oponía rotundamente al acuerdo multinacional firmado por la administración Obama con Irán en 2015, que había impuesto fuertes restricciones al programa nuclear de este último, incluida una férrea vigilancia internacional, a cambio de un alivio limitado de las sanciones económicas. El pacto se había podido sellar al término de arduas y complejísimas negociaciones en un complejo vacacional de Omán, conducidas por Bill Burns, vicesecretario de Estado, un grupo de diplomáticos estadounidenses y Norm Roule, un veterano de la CIA que llevaba treinta y cuatro años en la agencia y que dirigía la estación de Irán. La cuestión nuclear iraní constituía, en opinión de Burns, «el desafío más explosivo del panorama internacional».[8] Sus negociaciones habían sido tan secretas

* El 3 de enero de 2020, D'Andrea y la CIA —en coordinación con el Mando Central y a instancias del secretario de Estado Pompeo— asesinaron a Qasem Soleimani, quien durante veinte años había sido jefe de la Fuerza Quds de la Guardia Revolucionaria de Irán, padrino de Hezbolá y cerebro de infinidad de atentados con bomba en las carreteras, que habían acabado con la vida o mutilado a muchos soldados estadounidenses en Irak. Soleimani fue eliminado con el ataque de un dron en las inmediaciones del aeropuerto de Bagdad. D'Andrea había seguido su rastro mediante una vigilancia exhaustiva, y había establecido su localización en el momento de su muerte con la ayuda de una red de espías que operaban desde el aeropuerto. Trump comunicó que Soleimani había planeado volar por los aires cuatro embajadas estadounidenses en cuatro capitales de Oriente Medio, incluida Bagdad. Pompeo dijo que esos ataques eran «inminentes». Luego se descubrió que no había ningún informe de inteligencia que sostuviera dichas afirmaciones, aunque es incuestionable que Soleimani tenía las manos manchadas de sangre de un gran número de estadounidenses.

como la planificación del ataque que acabó con la vida de Bin Laden; el acuerdo fue sumamente favorable para los Estados Unidos y contó con el apoyo unánime del secretario de Defensa, Jim Mattis, del secretario de Estado, Rex Tillerson, del jefe del alto Mando Conjunto, el general Joseph Dunford, y del consejero de Seguridad Nacional, H. R. McMaster. Todos creían que romper aquel acuerdo podía conducir a una guerra.

Pompeo calificaba el pacto de «pura locura» y quiso ponerle fin. «El primer paso —diría— era cerrar la boca de los analistas abrumadoramente partidarios del acuerdo nuclear» que había en la CIA y que habían informado una y otra vez de que Irán cumplía las restricciones impuestas, que habían ralentizado a todas luces los avances de ese país en lo referente a la fabricación de una bomba nuclear. Pompeo hizo polvo el trabajo de esa gente. Después de una serie de reuniones del Consejo de Seguridad Nacional, le dijo a Trump que los informes de inteligencia de la CIA eran irrelevantes y le aconsejó que renunciara al pacto. Fue muy convincente: el presidente lo llamó «el peor acuerdo de todos los tiempos» y lo rompió de manera unilateral. En unas memorias que estaba escribiendo por aquel entonces tras retirarse del Departamento de Estado, Burns dijo que la demolición por parte de Trump del acuerdo con Irán fue «exactamente ese tipo de apuesta arriesgada, prepotente e irreflexiva que ya había destruido nuestra capacidad de influencia con anterioridad, y que fácilmente puede volver a hacerlo».

Pompeo aplaudía las alocadas ocurrencias del presidente en materia de política exterior. En cierta ocasión, durante una de las reuniones informativas sobre asuntos de inteligencia, Trump le hizo la siguiente pregunta: «¿Cómo nos iría si entramos en guerra con México?». Pompeo comentaría que, en su opinión, Trump estaba «simplemente comprobando y expandiendo las distintas ideas que pudieran resultar útiles para cumplir las promesas más esenciales que había hecho al pueblo americano». Consintió que Trump amenazara con descargar una lluvia nuclear de «fuego e ira» sobre Corea del Norte. «Kim Jong-un acaba de declarar que el «botón nuclear está siempre listo sobre su escritorio —tuiteó el presidente—. Yo también tengo un botón nuclear, pero es mucho más grande y poderoso que el suyo, ¡y mi botón funciona!». Pompeo escribió que «la estrategia de utilizar una retórica tan incendiaria como la de Kim ha sido una idea brillante. Ninguna otra administración se habría atrevido a hacerlo». Trump amenazó con «arrasar por completo Corea del Norte» en su primer discurso ante la Asamblea General de las Naciones Unidas. Mike Hayden escribiría el siguiente comentario: «Antes me preocupaba que el presidente pudiera meternos en una guerra con ese lenguaje suyo. Pero en ese momento temí que nos ordenara empezar una».[9]

Para sorpresa de los analistas de la CIA, durante el primer año de Trump «Corea del Norte probó diversos misiles de todo tipo, prácticamente todos los meses, e hizo un ensayo con el arma nuclear más potente hasta la fecha —dijo Andy Kim, al que Pompeo sacó de su retiro para reincorporarlo a la CIA como jefe del nuevo Centro de Misiones para Corea del Norte—. Se dejaron oír voces fuertemente discrepantes con el Gobierno estadounidense, por no llegar a una solución de compromiso con los norcoreanos. A muchos les preocupaba aquella situación y pedían que los Estados Unidos se sentaran a hablar con Corea del Norte para reducir las tensiones».[10] Pompeo convenció a Trump de que lo enviara a Pionyang para reunirse con el presidente Kim y poder preparar el terreno para celebrar una cumbre entre los dos mandatarios. Durante el encuentro, la conversación comenzó con Kim, diciendo: «Señor director, no pensé que viniera usted. Sé que ha intentado matarme». Pompeo cuenta que contestó: «Señor presidente, sigo intentándolo». Sonrisas de los allí presentes. El tirano juró que iba a abandonar su programa nuclear. Ni que decir tiene que Kim mentía, pero Trump creyó en su palabra.

«Nuestras operaciones se pusieron inmediatamente en peligro»

El 13 de abril de 2017, Pompeo pronunció su primer discurso público como director de la CIA, en el Centro de Estudios Estratégicos e Internacionales de Washington. No era un discurso que deseara pronunciar. El tema eran WikiLeaks y Julian Assange, al que Trump y él habían elogiado por sabotear la campaña de Clinton. Ahora se dedicaba a sabotear a la CIA.

«WikiLeaks actúa como un servicio de inteligencia hostil, habla como un servicio de inteligencia hostil y ha animado a sus seguidores a encontrar empleos en la CIA con el fin de obtener información de inteligencia —dijo Pompeo—. Centran de manera abrumadora su interés en los Estados Unidos, al tiempo que buscan el apoyo de organizaciones y países antidemocráticos. Ya es hora de calificar a WikiLeaks como lo que realmente es, un servicio de inteligencia hostil no estatal, alentado a menudo por actores como Rusia».[11]

Assange había conspirado al perpetrar el robo de secretos más grande de la historia y su posterior revelación. En marzo, había empezado a lanzar 34 terabytes robados a la CIA —equivalentes a unos dos mil millones de páginas de datos— bajo el nombre de Vault 7. Describían con todo detalle más de mil herramientas de hackeo y armas cibernéticas o softwares maliciosos, desarrollados por la agencia. Incluían sistemas de ciberespionaje que daban a los espías y agentes secretos reclutados en el extranjero la capacidad de infiltrarse en los *smartphones* y las redes informáticas de gobiernos extranjeros, servicios de inteligencia hostiles y grupos terroristas. El ladrón había sido Josh Schulte, un sociópata con trastorno límite de la personalidad y ávido coleccionista de pornografía infantil al que la CIA había contratado en 2012, cuando solo tenía veintiún años. Contribuyó a construir esas herramientas en el Departamento de Apoyo a las Operaciones del Centro de Ciberinteligencia de la CIA, en el que predominaba un ambiente como de hermandad estudiantil.

Schulte era una fuerza perturbadora tremenda, capaz de enfurecer a sus colegas y superiores, hasta tal punto que le fueron revocados sus poderes de administrador de sistemas. Irritado por la pérdida de aquel privilegio, los había reconstruido clandestinamente, se había introducido en la red de desarrolladores y había robado la caja de herramientas al completo. A finales de abril y primeros de mayo de 2016, se lo había mandado todo a WikiLeaks, justo cuando Assange se disponía a publicar el primer conjunto de documentos que los rusos habían robado al Comité Nacional Demócrata.

Aquel latrocinio dejó a la CIA desolada. «Las funciones que habíamos venido desarrollando durante años y ahora habían sido reveladas al público fueron diezmadas —dijo Sean Roche, el número dos de la Dirección General de Innovación Digital de la CIA—. Nuestras operaciones se pusieron inmediatamente en peligro».[12] Decenas, si no centenares de ellas, fueron reducidas o clausuradas, incluidas las labores de espionaje contra objetivos rusos, chinos, norcoreanos, iraníes, de al-Qaeda y del ISIS. Muchas de las operaciones dependían de los agentes secretos extranjeros reclutados que, con gran riesgo por su parte, habían hecho cosas como colocar un pendrive de la CIA en el ordenador de un adversario. Aquella pérdida «minó inmediatamente las relaciones que teníamos... con socios extranjeros fundamentales, que a menudo se habían puesto en peligro para ayudar a la agencia», comentaría Roche. Reconstruir el arsenal de ciberespionaje costaría a la CIA cientos de millones de dólares durante los años venideros.

En octubre, dos meses después de que el FBI detuviera a Schulte, un grupo de trabajo de la CIA presentó el siguiente informe: «No nos dimos cuenta de la pérdida que se había producido hasta un año después, cuando WikiLeaks lo anunció públicamente. [Peor aún,] si los datos hubieran sido robados en beneficio de un Estado enemigo y no se hubieran publicado, probablemente seguiríamos todavía sin conocer su pérdida».[13] El informe daba por supuesto que Assange lo había compartido todo con los rusos, incluido el código fuente de las herramientas de hackeo. «Las revelaciones de la Vault 7 de WikiLeaks han sacado a la luz múltiples fallos actuales de la CIA —continuaba diciendo el grupo de trabajo—. [Los agentes de la CIA habían] priorizado la construcción de armas informáticas a expensas de dar seguridad a sus propios sistemas. Las prácticas cotidianas de seguridad se habían relajado de forma lamentable... y tampoco supimos facilitar a cada agente la capacidad de garantizar que todos los sistemas de información de la agencia habían sido construidos de forma segura y seguían siendo seguros durante todo su ciclo vital. Como nadie tenía esa capacidad, nadie era responsable».

Trump había quedado fascinado por un autodenominado denunciante de la comunidad de inteligencia llamado William Binney al que había visto en Fox News afirmando que la CIA había utilizado las herramientas de hackeo para incriminar al Kremlin por su papel en las elecciones de 2016. La teoría de la conspiración fue respaldada por los presentadores de la Fox Sean Hannity y Ann Coulter, así como por el ministro de Asuntos Exteriores de Rusia, Serguéi Lavrov. El presidente ordenó a Pompeo que invitara a Binney al cuartel general de la CIA y escuchara cómo argumentaba que el ataque contra la democracia estadounidense era una labor hecha desde el interior del país. Según Binney, Pompeo estuvo escuchándolo durante una hora y dio a entender que algunos empleados del FBI y de la NSA tal vez estuvieran interesados en su historia. «La comunidad de inteligencia no estaba siendo honesta a este respecto —dijo Binney—. Yo estoy deseando ayudar a las personas que necesitan la verdad para descubrir la verdad».[14] El director de la CIA no hizo registro de este encuentro en sus memorias.

Pompeo contraatacó a WikiLeaks durante todo el verano y el otoño de 2017. Al calificarlo de servicio de inteligencia hostil, dio libertad a la CIA para emprender operaciones agresivas de contrainteligencia con el fin de desbaratarla, y a partir del pirateo de Vault 7, el grupo no volvió a conseguir más secretos del Gobierno estadounidense. Pompeo dijo que «no tenéis más que ir a la cuenta de Twitter de WikiLeaks para ver que cada mes recuerdan a la gente que puedes ser becario de la CIA y convertirte en un soplón verdaderamente explosivo [...]. Creo que nuestra comunidad de inteligencia tiene por delante un montón de trabajo para imaginar cómo responderles». Posteriormente iría a por Assange con todas sus ganas. La estación de la CIA de Londres lo espiaba en su escondite de la embajada de Ecuador y se enteró de que los rusos planeaban sacarlo clandestinamente de Inglaterra y llevárselo a Moscú, según William Evanina, director del Centro Nacional de Contrainteligencia. Todo ello llevó a Pompeo a plantearse la posibilidad de elaborar un plan de secuestro de Assange para entregarlo a la custodia de los estadounidenses. No pasó nada de eso. Assange todavía no había sido acusado de espionaje y la idea de llevar a cabo una extradición extrajudicial en Londres era anatema para los abogados de la CIA. El creador de WikiLeaks seguiría encerrado en una habitación de veintiocho metros cuadrados dentro de la embajada.

En la primavera de 2019, Ecuador retiró la concesión de asilo a Assange, la policía británica ejecutó inmediatamente la orden de detención, y los Estados Unidos lo acusaron de espionaje por robar documentos secretos en connivencia con Chelsea Manning. («No sé nada de WikiLeaks», dijo Trump tras la detención de Assange). Pasó los cinco años siguientes en una cárcel británica, luchando para no ser extraditado a los Estados Unidos. Finalmente, cuatro meses después de que impusieran a Josh Schulte una condena a cuarenta años de cárcel, Assange accedió a declararse culpable y fue puesto en libertad.

Nunca fue acusado por el papel desempeñado en el robo de Vault 7. Trump nunca dijo nada acercas del ciberataque perpetrado contra la CIA. Sus últimas palabras sobre Assange fueron: «Creo que se le ha tratado muy mal».

«Un acuerdo de rendición con los talibanes»

Como candidato a la presidencia y durante sus primeros meses como comandante en jefe del país, Trump se había dedicado a despotricar contra la guerra de Afganistán exigiendo una retirada inmediata y unilateral de las tropas estadounidenses. La CIA avisó de las consecuencias que aquello podría tener: los talibanes volverían inmediatamente al poder y al-Qaeda reviviría como una amenaza para los Estados Unidos en apenas uno o dos años. Ahora su postura había cambiado. Trump seguía queriendo salir de Afganistán, pero también quería ganar la guerra. No confiaba en la capacidad de sus generales —a los que llamó a la cara «un puñado de idiotas y niñatos»—[15] para vencer a los talibanes.* De modo que recurrió a la CIA.

Pompeo se reunió con Trump a mediados de julio de 2017 en su club de Bedminster, New Jersey, y llevó consigo a los funcionarios de mayor rango de la División de Actividades Especiales, del Centro de Antiterrorismo y del Centro de Misiones para Asia Meridional y Central. Su propuesta fue gastar decenas de millones de dólares en someter a los talibanes. A corto plazo, aquella solución resultaba políticamente útil para el presidente. «Al pueblo americano no le importa que haya equipos de la CIA participando ahí en una guerra encubierta —dijo Ken Stiles, agente veterano del Centro de Antiterrorismo—. Lo que le importa es que haya allí cincuenta mil soldados estadounidenses».[16] De ese modo, en el verano de 2017, Afganistán se convirtió en la guerra de Pompeo, y lo seguiría siendo durante todo el tiempo que estuvo dirigiendo la CIA. En cuanto Trump derogó las normas aprobadas por Obama para impedir las muertes de civiles, Pompeo se puso al frente de los ataques con drones. Ordenó a un pequeño escuadrón de agentes

* Esta invectiva, durante una reunión plenaria en el Pentágono celebrada el 20 de julio de 2017, indujo al secretario de Estado Rex Tillerson a farfullar que Trump era «un puto tarado». La prensa informó puntualmente del comentario y Tillerson no lo desmintió. Trump había contratado a Tillerson, ejecutivo de una petrolera y auténtico trotamundos, por recomendación ni más ni menos que de Bob Gates, que lo había conocido cuando habían estado en la junta directiva de la organización Boy Scouts of America. Trump había tomado nota de su censura y había decidido echar a Tillerson y sustituirlo por Pompeo cuando llegara el momento oportuno.

paramilitares que atacaran a los líderes de los talibanes y a la Red Haqqani, una mafia terrorista creada por un veterano de la guerra de la CIA contra los soviéticos de los años ochenta, que llevaba a cabo operaciones militares y enviaba terroristas suicidas contra el Gobierno afgano y sus aliados estadounidenses.

Pompeo prometió públicamente que la CIA iba a arrasarlos. «No podemos llevar a cabo nuestra misión si no somos agresivos, brutales, implacables, despiadados —dijo en un discurso pronunciado el 12 de octubre—. Tenemos que centrarnos en aplastar a nuestros enemigos».[17] La nueva máxima colocada en la pared del puesto de la CIA de Kabul era «Vencer rápidamente», esto es, cambiar la marcha de la guerra antes de que Trump volviera a cambiar de idea. La nueva estrategia duró menos de seis meses. En la primavera de 2018, el ejército estadounidense calculaba que las fuerzas de los talibanes habían aumentado hasta unos sesenta mil combatientes aproximadamente, más del doble de los que eran siete años antes, y el cuádruple del volumen de las tropas estadounidenses presentes en Afganistán.

Ahora Trump quería otra vez salir de Afganistán. El 26 de abril de 2018, nombró a Pompeo secretario de Estado y le ordenó hacer un trato con los talibanes. El plan había sido forzar al enemigo a sentarse a la mesa de negociaciones. Pompeo dejó la mesa de negociaciones en manos del enemigo. Eligió como enviado suyo a Zalmay Khalilzad, el diplomático estadounidense, afgano de nacimiento, que había sido embajador de Bush en Kabul, Bagdad y ante las Naciones Unidas. («He oído decir que es un embaucador —comentó Trump en una reunión celebrada en el despacho oval con Pompeo, Haspel y el resto de su equipo de seguridad nacional—. Aunque para esto lo que se necesita es un embaucador»).[18] En las negociaciones de Khalilzad con los talibanes, celebradas en un lujoso hotel de Doha, la capital de Qatar, se excluyó arteramente al Gobierno afgano. También Pompeo hizo todo lo posible por ocultar a todo el resto del Gobierno estadounidense los detalles del trato que estaba negociando. Pero hizo saber a los talibanes que «los Estados Unidos estaban dispuestos a salir pitando del país y a dar de ese modo legitimidad internacional al enemigo —diría Lisa Curtis, analista de la CIA desde hacía muchos años, directora principal del Consejo de Seguridad Nacional para Asia Meridional y Central desde 2017 hasta 2021 y miembro destacado de la delegación estadounidense en Doha—. En la forma en la que los Estados Unidos negociaban con los talibanes en Doha, todo indicaba desesperación por llegar a un arreglo que disimulara la retirada de sus tropas so capa de acuerdo de paz negociada».[19] Cuando se filtró la existencia de las negociaciones, Pompeo y Khalilzad prometieron repetidamente que los talibanes iban a romper sus lazos con al-Qaeda, desoyendo los avisos de la CIA que aseguraban que esa creencia era una mera ilusión. Trump quería invitar a los líderes talibanes a Camp David para sellar el acuerdo de Doha... justo antes del aniversario de los ataques del 11-S. (La encargada de presentar los informes al presidente, la veterana analista de la CIA Beth Sanner, preguntó irónicamente a sus colegas: «¿E Ivanka se pondrá burka?»).[20] La ocasión de hacerse una foto no llegó a producirse. Pero el trato se cerró.

Dos días después de que se firmara el pacto, Trump recibió en el informe diario al presidente un comunicado que decía que unos agentes de la inteligencia militar de Rusia habían pagado varios millones de dólares a los combatientes talibanes para que atacaran a los soldados de los Estados Unidos y de la OTAN en Afganistán. Era el precio que pagaba Putin como venganza por el apoyo en forma de miles de millones de dólares que la CIA había entregado a la resistencia afgana durante la ocupación soviética del país de los años ochenta. La tarifa estándar era doscientos mil dólares por cada estadounidense muerto. Trump y Pompeo ignoraron cuidadosamente el informe de la CIA en aras del tortuoso trato que habían hecho con los talibanes.

«El acuerdo de Doha tuvo un efecto verdaderamente pernicioso, más psicológico que otra cosa, sobre el Gobierno de Afganistán y sobre su ejército, ya que fijaba una fecha segura para el momento en el que íbamos a marcharnos y ellos podían esperar que cesara cualquier tipo de ayuda», dijo el general Frank McKenzie, jefe del Mando Central estadounidense.[21] El acuerdo obligaba también a los Estados Unidos a poner fin a los ataques aéreos contra los talibanes. A medida que estos iban reforzándose, el Gobierno afgano y su ejército tenían que hacer frente a un acoso implacable.

Al ejecutar las órdenes del presidente, Pompeo allanaba el camino hacia la derrota más demoledora de los Estados Unidos desde la guerra de Vietnam. En vista de las consecuencias, el segundo consejero de Seguridad Nacional de Trump, H. R. McMaster, comentó secamente: «Nuestro secretario de Estado firmó un acuerdo de rendición con los talibanes».[22]

24

El peligro existencial

«Conozco la CIA como la palma de mi mano —dijo Gina Haspel en la sesión de confirmación de su cargo ante la Comisión de Inteligencia del Senado, el 9 de mayo de 2018—. Sé lo que necesitamos para tener éxito en nuestras misiones».[1]

Haspel era la primera agente de carrera del servicio clandestino que había sido escogida para dirigir la CIA en cuarenta y cinco años, y también la primera mujer. Había pasado la mitad de su vida como espía, dirigiendo o supervisando operaciones contra los rusos, sus aliados y sus agentes. Como vicedirectora, había pasado varias semanas antes de la sesión de confirmación trabajando con sus homólogos británicos, con el fin de demostrar que los espías de Putin habían intentado matar en Inglaterra a un antiguo oficial de inteligencia ruso con un agente nervioso de uso militar. Había convencido personalmente a Trump de que respondiera a las operaciones encubiertas de Rusia mediante la expulsión de sesenta espías que ocupaban puestos diplomáticos en Washington y Nueva York, la acción más contundente con diferencia que su administración adoptaría contra el Kremlin. Putin aplicó la ley del talión y se vengó expulsando a varios estadounidenses que trabajaban en la embajada de Moscú y en el consulado de San Petersburgo, un revés grave, pero transitorio, para la misión de espionaje de la CIA en Rusia.

Haspel pintaría una imagen romántica de sus primeros años como espía. «Recuerdo muy bien mi primer encuentro con un agente secreto extranjero —contaría. (Había sido en Etiopía, a finales de los años ochenta, cuando ese país estaba todavía en la órbita soviética y la CIA respaldaba a las guerrillas que luchaban contra el Gobierno socialista, en una guerra civil tan larga como brutal)—. Era una noche oscura, sin luna, y me encontré con un agente al que no había visto nunca. Cuando lo recogí, el hombre me entregó la información y yo le entregué quinientos dólares extra destinados a los hombres que tenía a sus órdenes. Fue el comienzo de una aventura con la que siempre había soñado».

En 2011 y 2012, Haspel había sido la jefe de estación en Nueva York, donde había mantenido una relación extraordinaria con David Cohen, el subcomisario de Inteligencia del Departamento de Policía de la Ciudad de Nueva York y veterano de la CIA, donde había prestado servicio durante treinta años.* Haspel trabajó con un equipo secreto del Departamento de Policía, la Unidad de Demografía, creada por un agente de la CIA que acabó convirtiéndose en la mano derecha de Cohen. La unidad estaba formada por policías de origen pakistaní y árabe que dirigían a un grupo de confidentes y que se infiltraron en diversas comunidades de musulmanes de la ciudad y sus suburbios, en nombre del Centro de Antiterrorismo. El estatuto de la CIA le prohíbe espiar a ciudadanos estadounidenses, pero Cohen había podido hacerlo en lugar de Haspel. Había sido su protector en la CIA. En 1996, cuando Cohen era el jefe del servicio clandestino, nombró a Haspel jefe de estación en Azerbaiyán, antigua república soviética enclavada entre Rusia e Irán; Haspel fue nombrada después jefa adjunta de operaciones sobre Rusia en 1998. Dio las gracias a Cohen,

* No debemos confundirlo con el David Cohen que había sido subdirector de la CIA con John Brennan. Cuando Associated Press publicó una serie de artículos, merecedora de un Premio Pulitzer, acerca de la relación de la CIA y el Departamento de Policía de Nueva York, exponiendo que la pareja había «desdibujado la clarísima línea divisoria entre espionaje internacional y nacional», el inspector general de la CIA emprendió una investigación que exoneró a Haspel y a sus agentes.

sin nombrarlo, cuando prestó testimonio en su sesión de confirmación: «Cuando un exigente directivo de la vieja escuela anunció que era yo la persona que había escogido para jefe de estación de un pequeño, pero importante, centro fronterizo, unos cuantos competidores se me quejaron directamente a mí: "¿Por qué iban a enviarte a ti?". Debo mucho a ese directivo por creer en mí, en un momento en el que eran pocas las mujeres a las que se daban esas oportunidades». Haspel acabaría promocionando a tres mujeres a lo más alto de la cadena de mando de la CIA: Beth Kimber, encargada de dirigir el servicio clandestino, Didi Rapp, como directora de análisis de inteligencia, y Dawn Meyerriecks, encargada de la Dirección General de Ciencia y Tecnología.

Ahora era ella la que se encontraba en la cúspide después de treinta y tres años de carrera. Cualquier otro candidato con su experiencia habría sido confirmado en su puesto por unanimidad. Pero la pregunta acerca de la tortura estuvo a punto de hacerla fracasar. La estancia de Haspel en el centro de detención clandestino de Tailandia, donde quince años antes había estado al frente de la brutal práctica del submarino, ocupó la mayor parte de las dos horas y media que duró la sesión, su primera aparición pública ante el pueblo estadounidense.

La senadora por California Kamala Harris, apoyándose en su formación como fiscal, la interrogó de manera contundente:

> PREGUNTA: ¿Cree usted que las anteriores técnicas de interrogatorio fueron inmorales?
>
> RESPUESTA: Senadora, creo que los agentes de la CIA a los que usted se refiere...
>
> P.: Responda sí o no. ¿Cree usted que las anteriores técnicas de interrogatorio fueron inmorales? No le pregunto si cree usted que eran legales. Le pregunto si cree usted que eran inmorales.
>
> R.: Senadora, creo que la CIA...
>
> P.: Responda sí o no.

R.: ... hizo un trabajo extraordinario para impedir otro ataque contra este país, dados los instrumentos legales que estamos autorizados a utilizar.

P.: Por favor, responda sí o no. ¿Cree usted, viendo las cosas en retrospectiva, que esas técnicas eran inmorales?

R.: Senadora, lo que yo creo sentada hoy aquí es que apoyo las elevadas normas morales a las que hemos decidido atenernos.

P.: Por favor, ¿puede usted responder a la pregunta?

R.: Senadora, creo que ya he respondido a la pregunta.

P.: No, no lo ha hecho.

Las respuestas amorales de Haspel volvieron en su contra a casi la mitad del Senado. Fue confirmada en su puesto por un margen de solo cinco votos, tras enviar a la Comisión de Inteligencia una carta en la que decía: «Con el beneficio de ver las cosas retrospectivamente y con mi experiencia como dirigente de alto rango de la agencia, el programa de interrogatorios mejorado no es un tipo de operación que habría debido emprender la CIA».[2]

Los senadores habían prestado poca atención a casi todas las demás cuestiones. Hicieron solo una pregunta acerca de la hostilidad de Trump hacia la inteligencia estadounidense. Haspel la esquivó. No hicieron ninguna pregunta sobre Rusia. Pronto surgiría una multitud de ellas. Como había hecho desde el comienzo de su campaña, Trump siguió demostrando que estaba a merced de Putin. Continuó machacando a la CIA y al FBI, denigrando su labor de espionaje y de contrainteligencia, y calificándola de conspiración con el fin de socavar la legitimidad de su elección y de sabotear su presidencia. Durante los treinta meses siguientes, Haspel tendría que enfrentarse al hecho de que Trump era un valiosísimo aliado geopolítico de Putin, que apoyaba sus políticas, repetía como un loro su propaganda y negaba la evidencia de su guerra política contra la democracia estadounidense.

Fue la primera directora de la CIA que tuvo que enfrentarse a un terrible dilema: ¿Qué debería hacer la CIA cuando el presidente de los Estados Unidos es una amenaza para la seguridad nacional?

Un relato de ficción

El 13 de julio, Dan Coats, el director de Inteligencia Nacional, dijo al Congreso que los rusos amenazaban con sabotear las redes informáticas y los sistemas gubernamentales estadounidenses, incluidas las próximas elecciones de mitad de mandato. Invocó el 11-S y afirmó: «Las luces de alarma parpadean en rojo de nuevo. La infraestructura digital que sirve a nuestro país es literalmente objeto de ataque».[3] Ese mismo día, Robert S. Mueller III, el fiscal especial encargado de la investigación acerca del papel de Rusia en las elecciones de 2016, formuló cargos contra doce agentes del GRU por el ataque de Putin contra la democracia estadounidense. Mueller tenía los verdaderos nombres de los rusos, sus alias estadounidenses, sus vínculos con Assange y, a través de este, con la campaña de Trump. Algunas de sus pruebas provenían del Centro de Contrainteligencia de la CIA y de sus colegas de la Casa Rusia. El fiscal especial ya había conseguido varias condenas del principal consejero de Seguridad de Trump, Mike Flynn, por mentir acerca de sus tratos secretos con los rusos, y al primer director de campaña de Trump, Paul Manafort, por varios delitos, incluidos sus tratos corruptos con políticos ucranianos pro-Putin. Mueller también había procesado al socio de negocios de Manafort, el agente operativo de inteligencia ruso Konstantín Kilimnik.

Manafort llevaba mucho tiempo promocionando una teoría de la conspiración, lanzada por primera vez por Kilimnik, según la cual no había que culpar a los rusos de piratear los servidores de la campaña del Partido Demócrata. Los que lo habían hecho habían sido los ucranianos, que habían acusado al Kremlin y habían conspirado con los demócratas para pasar de tapadillo el servidor a un oligarca ucraniano. Esta escandalosa mentira era un «relato de ficción ideado y propagado por los propios servicios de seguridad rusos», dijo Fiona Hill, la directora principal del Consejo de Seguridad Nacional para Rusia y Europa.[4] Pero Trump aseveró que él sabía que era verdad porque Putin así se lo había dicho durante un encuentro privado, en la reunión en la cumbre de los veinte celebrada en Hamburgo, en julio de 2017. Obsesionado con esa falsedad, había ordenado a su abogado personal, Rudy Giuliani, el exalcalde de Nueva York, que fuera a Ucrania y encontrara pruebas de que la mentira era la verdad.

El 16 de julio de 2018, Trump asistió al lado de Putin a una conferencia de prensa en Helsinki. Un periodista le preguntó: «Justo en este momento el presidente Putin ha negado tener nada que ver con la interferencia en las elecciones de 2016. Todas las agencias de inteligencia estadounidenses han llegado a la conclusión de que Rusia fue la que lo hizo. Mi primera pregunta para usted, señor, es: ¿a quién cree usted? Y mi segunda pregunta es, ahora que lo está viendo todo el mundo, ¿va usted a decírselo al presidente Putin, va usted a denunciar lo sucedido en 2016 y a advertirle que no vuelva a hacerlo?». Trump dijo que tenía «dos cosas que decir». La primera fue: «¿Dónde está el servidor? Quiero saber dónde está el servidor y qué es lo que dice el servidor». Y luego dijo: «Mi gente se presentó ante mí. Dan Coats se presentó ante mí, y también algunos otros. Dijeron que creían que había sido Rusia. Yo tengo aquí al presidente Putin. Acaba de decir que no ha sido Rusia. Esto es lo que tengo que decir: no veo ningún motivo de que lo fuera [...]. Tengo que decirle que el presidente Putin ha sido hoy extraordinariamente contundente en su negativa. Pero de verdad quiero ver el servidor. ¿Dónde están esos servidores? Han desaparecido. ¿Dónde están?». Los periodistas, al principio, quedaron desconcertados —¿qué servidores?— y, luego, sorprendidos. El presidente había degollado a la inteligencia estadounidense mientras Putin contemplaba la escena con una sonrisa de satisfacción.

La actitud sumisa de Trump provocó una explosión. «He visto a la inteligencia rusa manipular a mucha gente a lo largo de mi carrera profesional, y nunca se me habría ocurrido que el presidente de los Estados Unidos fuera uno de los que iban a ser manejados por la vieja KGB», dijo el congresista Will Hurd, agente veterano de la CIA y miembro de la Comisión de Inteligencia de la Cámara de Representantes por el Partido Republicano.[5] Brennan dijo que la actuación de Trump había sido «ni más ni menos que traición».[6] Panetta la calificó de «uno de los momentos más trágicos de la historia de las relaciones entre un presidente de los Estados Unidos y la comunidad de inteligencia».[7]

Coats y sus colegas se preguntaron en voz alta qué ascendiente tenía Putin sobre Trump. No tenían respuesta. Pompeo guardó silencio, y lo mismo hizo Haspel. Cuando esta última habló con Trump en el despacho oval en los meses que siguieron a la cumbre de Helsinki, no lo contradijo ni se enfrentó a él. Tuvo mucho cuidado con los informes de inteligencia sobre Rusia que pudieran desencadenar la violenta cólera de Trump contra la CIA y nunca habló en público para defender a sus trabajadores de los ataques del presidente. «Los que habíamos trabajado con Haspel a lo largo de los años teníamos muy pocas esperanzas de que reaccionara contra este presidente», dijo el destacado agente de antiterrorismo Douglas London, veterano de la CIA, donde había trabajado durante treinta y cuatro años, y que había llevado a cabo operaciones contra los rusos por todo Oriente Medio y Asia.[8]

Pero Haspel reaccionó con fuerza contra el presidente tras el asesinato, el 2 de octubre, de Jamal Kashoggi, combativo periodista que había escrito para el *Washington Post* unas columnas de opinión en las que criticaba al régimen represivo de Arabia Saudí. Kashoggi fue asesinado y desmembrado con una sierra en el consulado saudí en Estambul, por orden del soberano *de facto* del reino, el príncipe heredero Muhammad bin Salmán. El príncipe había venido cortejando a la Casa Blanca de Trump y se había ganado su favor a base de cultivar la amistad del yerno del presidente, Jared Kushner, que en 2021 consiguió de los saudíes una inversión por valor de dos mil millones de dólares para su empresa emergente de capital de inversión. La amistad entre ambos, junto con las promesas de los saudíes de comprar armas estadounidenses por valor de cientos de miles de millones de dólares, fue uno de los pilares de la política exterior de Trump en Oriente Medio. El presidente rechazó las acusaciones de asesinato y defendió en público y en privado al soberano saudí en sus reuniones con distintos miembros del Congreso. «Le he salvado el culo —diría Trump más tarde al periodista del *Washington Post* Bob Woodward—. Logré conseguir que el Congreso lo dejara en paz [...]. Afirma con mucha contundencia que no lo hizo».[9]

La CIA decía que sí lo había hecho. «El príncipe heredero consideraba a Kashoggi una amenaza para el reino y, a grandes rasgos, apoyó el empleo, si era necesario, de medidas violentas para silenciarlo», fue la conclusión alcanzada por la agencia, y añadió que Muhammad bin Salmán había enviado a su equipo de seguridad personal para que llevase a cabo el asesinato.[10] Tras informar a puerta cerrada al Congreso sobre lo que sabía la CIA, Haspel autorizó a sus agentes a que contaran al *Washington Post* cómo sabían lo que sabían. Entre las pruebas de las que disponían estaba una grabación de audio obtenida mediante un dispositivo de escucha colocado por los turcos en el consulado saudí. «Los turcos entregaron a la CIA una copia de ese audio —publicó el *Washington Post* el 16 de noviembre—, y la directora de la agencia, Gina Haspel, lo ha escuchado».[11] (Veinte años antes, Haspel había prestado servicio como directora adjunta de estación en Turquía. Hablaba el idioma del país, había mantenido estrechos lazos con la inteligencia turca y había volado a Ankara para escuchar en persona la cinta). «El audio demuestra que Kashoggi fue asesinado a los pocos instantes de entrar en el consulado —continuaba el artículo del *Washington Post*—. Kashoggi murió en el despacho del cónsul general saudí, al que puede oírse manifestando su desagrado por la necesidad de deshacerse del cadáver de Kashoggi». El hecho de que Haspel hubiera puesto su nombre en el relato publicado por el *Washington Post* venía a subrayar que la información de inteligencia era irrefutable. Trump se puso hecho una furia cuando leyó el artículo. «No han llegado a ninguna conclusión —mintió—. La CIA no dice que lo hayan hecho ellos».[12] La CIA no disponía de hechos indiscutibles, dijo, sino de «sensaciones», otra censura escandalosa. A quien creía él era al príncipe, igual que había creído a Putin, y no a su servicio de inteligencia. A partir de ese momento, no volvió a confiar en Haspel. Ni tampoco ella podría confiar en él.

La hostilidad de Trump llegó al paroxismo después de que Haspel testificara, el 29 de enero de 2019, en el Congreso acerca de las amenazas a las que se enfrentaban los Estados Unidos. La directora de la CIA contradijo directamente al presidente, que afirmaba que había conseguido derrotar al ISIS («Siguen siendo peligrosos», dijo Haspel),[13] que Irán estaba desafiando las sanciones que le habían sido impuestas por su empeño en conseguir la bomba nuclear («los iraníes están cumpliendo con sus compromisos») y que él personalmente había desactivado la amenaza nuclear de Corea del Norte (Kim seguía «empeñado en desarrollar un misil de largo alcance provisto de carga nuclear, que supondría una amenaza directa para los Estados Unidos»). El presidente respondió con insultos mordaces. «¡Quizá el servicio de inteligencia debería volver a la escuela primaria! —tuiteó—. El personal de inteligencia parece enormemente pasivo e ingenuo [...]. ¡Están equivocados!».

Su mente estaba obnubilada. No quería que los hechos lo confundieran. Él era un ideólogo —si las reprimendas y los enfados pueden llamarse ideas—, y la ideología era el enemigo de la inteligencia.

«El peligro existencial para una nación»

Al atacar a Haspel y a la CIA y posicionarse al lado de dictadores y déspotas, el presidente ejercía, «en público, una presión política enorme e inapropiada, para obligar a los dirigentes de la comunidad de inteligencia a alinearse con sus objetivos políticos —comentó Doug Wise, jefe de estación de la CIA en cuatro ocasiones, cuyas misiones se habían desarrollado por todo el mundo—. El peligro existencial para una nación se presenta cuando el responsable de conformar su orientación corrompe el papel de las agencias de inteligencia, que consiste en proporcionar una información imparcial y apolítica que le permita elaborar sus decisiones».[14]

En aquellos momentos, Trump conducía la nave del Estado no ya guiado por la brújula de sus consejeros, sino por sus impulsos fluctuantes y sus resentimientos fanáticos. A comienzos de 2019, después de dos años en el cargo, se había deshecho de las personas que habían frenado sus peores instintos, como el secretario de Defensa Jim Mattis y el jefe de gabinete de la Casa Blanca John Kelly, generales de cuatro estrellas retirados que comentaron, acertadamente, que habían jurado lealtad a la Constitución, no al presidente. «Es un idiota —era la conclusión alcanzada por Kelly, y un fascista por añadidura—. No tiene sentido intentar convencerlo de nada. Se ha salido de madre».[15] Su tercer consejero de Seguridad Nacional, John Bolton, ardiente partidario de la guerra, no tardó en descubrir que no podía razonar con el presidente y enseguida dejó de intentarlo.*

Tras despedir al fiscal general Jeff Sessions por no haber sido capaz de frustrar la investigación de Mueller, Trump lo sustituyó por Bill Barr, que había dirigido el Departamento

* Mattis escribió en 2020: «Donald Trump es el primer presidente que he conocido en toda mi vida que no intenta unir al pueblo estadounidense; ni siquiera finge intentarlo. Por el contrario, lo que intenta es dividirnos». Kelly dijo en 2023 que Trump «no tiene ni idea de qué es lo que representan los Estados Unidos de América y tampoco tiene ni idea de lo que son los Estados Unidos de América, [y además] no siente más que desprecio por nuestras instituciones democráticas, por nuestra Constitución y por el imperio de la ley». En 2024 Bolton escribió: «Trump no es apto para ser presidente. Si sus primeros cuatro años fueron malos, otros cuatro serán todavía peores». Hoy día, aún resulta sorprendente leer las memorias de Bolton y Barr, que recogen los desquiciados desvaríos del presidente y su alejamiento de la realidad, y recuerdan que se adhirieron a una conspiración de silencio mientras Trump permaneció en su cargo.

de Justicia con el presidente Bush padre. A finales de los años sesenta, siendo todavía un estudiante de tercer curso en la escuela preparatoria de élite Horace Mann de Nueva York, Barr había dejado boquiabierto a un orientador universitario que le había preguntado cuáles eran sus ambiciones. «Le dije que el objetivo de mi carrera era llegar a ser director de la CIA —contaría Barr—. La entrevista duró muy poco».[16] De hecho había trabajado para la CIA durante los años setenta como becario, analista y enlace de bajo nivel con el Congreso, antes de unirse al Departamento de Justicia con las administraciones de Reagan y Bush. Como Dick Cheney, al que había conocido bien, era un fervoroso seguidor en la teoría del ejecutivo unitario en lo tocante al poder presidencial. Esta teoría sostiene que el presidente tiene una autoridad absoluta sobre todo el Gobierno federal y que ni el Congreso ni los tribunales pueden limitarlo, especialmente en materia de seguridad nacional. Trump pensaba que eso significaba que tenía, como él dijo, «derecho a hacer lo que me dé la gana como presidente».[17] Y eso incluía utilizar el Departamento de Justicia para destruir a sus enemigos políticos, reales o imaginarios, dentro y fuera del Gobierno.

Trump creía que la CIA era la capital del *Deep State* [el Estado profundo], una criptocracia de espías, militares y diplomáticos que usurpaba sus poderes y estaba empeñada en destruirlo. Su mentalidad conspirativa había distorsionado la investigación sobre Rusia —presidida por un republicano de toda la vida e inveterado director del FBI—, hasta convertirla en una inmensa trama dirigida en secreto por los jefes de inteligencia de la administración Obama. Dijo que, durante la anterior campaña presidencial, Obama había intervenido la Torre Trump y que la CIA probablemente seguía espiándolo. Acusó a Brennan de haber utilizado el servicio británico de espionaje electrónico, el GCHQ (siglas en inglés del Cuartel General de Comunicaciones del Gobierno), como tapadera para mantener lejos de cualquier vigilancia las huellas de la CIA. Todo aquello habría ocurrido mientras Haspel estaba destinada como jefa de estación en Londres. El GCHQ publicó una curiosa declaración pública, en la que se calificaba aquella acusación de «absolutamente ridícula».

Barr era un cínico y, aunque era más listo que él, optó por seguir la corriente al presidente y sus delirios. «Creo que, en efecto, ha habido espionaje —comentó—. Tengo que estudiarlo».[18] En primer lugar, hizo cuanto pudo para eliminar el informe del fiscal especial de Mueller y sembró la duda sobre sus conclusiones: que los rusos habían trabajado para ayudar a Trump a ganar las elecciones, que los responsables de la campaña de Trump habían colaborado con ellos y que Trump había intentado obstruir a la justicia durante la investigación. En segundo lugar, encargó a John Durham —el mismo fiscal federal que se había negado a presentar cargos por los asesinatos y las torturas de los prisioneros de la CIA— que investigara a los investigadores del FBI y de la CIA. Durham sometió a Brennan, así como a los principales analistas y agentes de contrainteligencia, a un interrogatorio implacable acerca de las conclusiones a las que habían llegado sobe que Rusia había acudido en ayuda de Trump. Brennan dedujo, con razón, que Trump pretendía que lo juzgaran por alta traición. Y, en tercer lugar, Barr defendió en nombre de Trump que se abrieran los archivos del sistema operativo de la CIA sobre el ataque de los rusos contra la campaña electoral para que los revisara el presidente. No se sabe por qué, Trump creía que revelarían las ignominias del Estado profundo.

Haspel se negó una y otra vez a entregarlos. Incurrió en la furia de Trump al rechazar sus acometidas contra la ciudadela del secreto. La CIA abrigaba un temor bien fundado en que el presidente revelara al mundo entero sus fuentes y sus métodos. Trump tenía la costumbre de llevarse documentos de altísimo secreto a su residencia de la Casa Blanca y de no devolverlos nunca, incluidos archivos sobre operaciones encubiertas y sobre los agentes secretos del servicio clandestino reclutados en el extranjero. Estaba convencido de que le pertenecían.

«Todo el plan estaba destinado a fracasar»

En la primavera de 2019, muchas de las ideas de Trump sobre asuntos de vida o muerte en materia de política exterior dependían no ya de los analistas de la CIA o del consejo de la NSC, sino de los halagos de Vladímir Putin.

El líder ruso lo había inducido a pensar que Corea del Norte no representaba ninguna amenaza nuclear, una falsedad que desmentían los informes de la CIA. Y lo que era más ominoso todavía, Putin había convencido al presidente de que retirara de Siria a las fuerzas estadounidenses y dejara el conflicto en manos de Moscú. Aquella decisión llevó al secretario de Defensa Mattis a dimitir en señal de protesta, enfureció a los agentes de la CIA que habían arriesgado sus vidas para apoyar a la oposición siria y abrió a Rusia las puertas para recuperar el estatus del que había disfrutado durante la Guerra Fría como potencia influyente en la región. «En el curso de una sola semana, el presidente había revertido en Siria décadas de éxito en los esfuerzos del Gobierno estadounidense (en los que yo mismo había participado sobre el terreno en diversos países de Oriente Medio como agente operativo) para eliminar a Rusia como actor principal en Oriente Medio», comentó Marc Polymeropoulos, que por entonces prestaba servicio como vicedirector de la CIA para Rusia.[19] Se puso furioso al ver, en una grabación de vídeo, cómo un soldado ruso izaba la bandera de su país en una base estadounidense abandonada de Siria, escena que simbolizaba «la más absoluta humillación pública del Gobierno estadounidense. Los órganos de propaganda de Rusia celebraron esta imagen, pues comprendieron perfectamente lo bajo que habían caído los Estados Unidos».

En Helsinki, en la entrevista cara a cara que mantuvieron en privado, Putin había convencido a Trump de que Ucrania había pirateado las elecciones de 2016 para apoyar a Clinton. Adoctrinado de esa manera, Trump creía ahora que los ucranianos no solo habían robado el fantasma del servidor del Comité Nacional Demócrata, sino que además habían sellado una tortuosa alianza con Joe Biden, su rival para las elecciones de 2020. Esta fantasía, alimentada por la desinformación de los rusos y atizada por un Rudy Giuliani enloquecido, empezó a consumir a Trump. No cabía en sí de cólera, y ordenó a Pompeo y a Bolton que hicieran algo al respecto. Mientras tanto, Giuliani enviaba al presidente y al secretario de Estado paquetes y paquetes de propaganda suministrada por políticos ucranianos respaldados por el Kremlin. Barr pensaba que Giuliani era un «misil sin dirección», que su misión era «una bobada increíble» y que sus informes para la Casa Blanca eran una bomba de relojería. «Todo el plan estaba destinado a fracasar», escribiría tres años después, aunque en su momento no dijo ni una palabra.[20] La única figura destacada del mundo de Trump que se atrevió a hablar fue su primer consejero de Seguridad Interior, Tom Bossert, otro hombre con experiencia y curtido en mil batallas al que Trump había despedido de su cargo. «Esa teoría de la conspiración tiene que desaparecer —comentó—. Si continúa obsesionado con esa ballena blanca, va a hundirse solo».[21]

La estación de la CIA en Kiev tenía un vivo y continuo interés en los agentes de inteligencia rusos que endosaban mentiras a Giuliani y, a través de él, a Trump y al pueblo estadounidense. Haspel era perfectamente consciente de la obsesión del presidente y sabía que perseguía una ilusión. Los analistas de la CIA llegarían más tarde a la conclusión de que Putin era el que supervisaba la operación de desinformación, como parte de una nueva campaña de guerra política para ayudar a Trump a ser reelegido en 2020.

El 25 de abril, la embajadora de los Estados Unidos en Ucrania, Marie Yovanovitch, cogió el teléfono en Kiev a la una de la madrugada y oyó a un funcionario del Departamento de Estado que le mandaba abandonar su puesto y regresar a casa en el primer avión. La orden provenía de Trump, a instancias de Giuliani, y había sido ejecutada por Pompeo, que fingió ser inocente cuando echó a la embajadora a los leones. El abogado del presidente juró y perjuró que Yovanovitch había socavado todos sus esfuerzos por persuadir al Gobierno de Ucrania de que investigara a

Biden, que ese mismo día había puesto en marcha su campaña para la Casa Blanca. La destitución de la embajadora tuvo un «efecto verdaderamente demoledor en la moral de todos los equipos con los que trabajo» en la NSC, la CIA y el Departamento de Estado, diría Fiona Hill.[22]

La embajadora salió de Kiev el día de la toma de posesión del nuevo presidente de Ucrania, Volodímir Zelenski, un actor que había desempeñado ese mismo papel en una popular comedia televisiva. Zelenski estaba ahora al mando de un ejército hostigado que llevaba cinco años combatiendo contra los rusos y los separatistas del este de Ucrania respaldados por el Kremlin, y que había perdido a unos trece mil soldados en el campo de batalla. Los Estados Unidos habían suministrado más de mil quinientos millones de dólares en armas y material bélico a Ucrania desde que los rusos habían empezado sus ataques en 2014. El Pentágono y el Departamento de Estado habían prometido enviarle 391 millones más antes del 30 de septiembre, incluidos fusiles de francotirador, lanzagranadas propulsados por cohete, radares de contrabatería, equipos de visión nocturna, y otros materiales.

Trump volvió a hablar con Putin el 3 de mayo. Fiona Hill participó en la llamada; al cuartel general de la CIA llegó una transcripción. Comentó a sus colegas que Putin «menospreció a Ucrania de mala manera, dijo que era un país corrupto, dijo que Zelenski se hallaba dominado por los oligarcas».[23] Para entonces, el autócrata ruso había moldeado la percepción que tenía Trump de cómo utilizar el poder. «A lo largo de su presidencia —diría posteriormente Hill—, Trump llegaría a parecerse más a Putin en el ejercicio de la política y por sus predilecciones que a cualquiera de sus predecesores presidenciales más recientes».[24] No iba a hacer a América más grande otra vez. Iba a hacerla más parecida a Rusia».

Trump dijo al jefe de gabinete en funciones de la Casa Blanca, Mick Mulvaney, fundador del Caucus de la Libertad de la Cámara de Representantes, de tendencia derechista, que en cierta ocasión había llamado a Trump «un ser humano terrible»,[25] que retuviera los 391 millones de dólares en ayuda militar para influir sobre Zelenski. El 10 de julio, Gordon Sondland, un acaudalado contribuyente a la campaña electoral al que Trump había nombrado embajador ante la Unión Europea, acorraló al consejero de Seguridad Nacional de Ucrania, que había acudido a la Casa Blanca con el fin de concertar una conversación cara a cara entre Zelenski y Trump. En presencia de Hill y de un estrecho ayudante suyo, Sondland dijo a Mulvaney que podía conseguir que se produjera ese encuentro... si los ucranianos se unían a Giuliani en la persecución de la ballena blanca.

Hill quedó horrorizada. Y lo mismo un destacado analista de la CIA de treinta y tantos años, un hombre delgado, de barba rala, y con un máster por Harvard en Estudios sobre Rusia, Europa del Este y Asia Central obtenido en 2010. Este individuo había ascendido rápidamente en la agencia como experto en Ucrania y en 2017 había pasado a formar parte del Consejo de Seguridad Nacional. Había regresado a la agencia tras descubrir que la Casa Blanca de Trump era insoportable. Muchos jóvenes idealistas ingresan en la CIA con la idea romántica de poder ser testigos de la historia y, quizá, incluso de cambiar su rumbo. Él estaba a punto de tener esa oportunidad.

Trump calificó su conversación con Zelenski del 25 de julio de «llamada telefónica perfecta». Primero, lo tentó con la prometida ayuda militar. Y luego, añadió: «Pero me gustaría que nos hicieras un favor». Ucrania obtendría las armas en cuanto su Gobierno sacara algún trapo sucio sobre Biden. Dijo a Zelenski que Giuliani y Barr lo llamarían para hacer un seguimiento de la operación. Trump actuaba como un capo de la mafia, practicando la extorsión y haciéndola pasar por diplomacia. Pompeo escuchó toda la conversación. El delegado de la NSC de Hill para Europa, Alexander Vindman, también asistió a la llamada, que escuchó desde la sala de crisis. A diferencia de Pompeo, no se mordió la lengua. Vindman, teniente coronel del Ejército de los Estados Unidos y ucraniano de nacimiento, condecorado con un Corazón Púrpura en Irak, dijo a su hermano gemelo Eugene, asesor de ética jurídica del Consejo de Seguridad Nacional: «Si lo que acabo de oír se hace público, el presidente será objeto de una investigación para su destitución».[26] Trump destituiría posteriormente a los dos.

El analista de la CIA leyó en la página web del Gobierno ucraniano el informe oficial de Kiev sobre la llamada telefónica, incluidas las exigencias de Trump, y empezó a profundizar en el caso. Habló por teléfono con Fiona Hill, que acababa de presentar su dimisión y estaba intentando desconectar en Hawái. A continuación se trasladó a la Casa Blanca a consultar a Vindman, al que conocía de sus tiempos en el Consejo de Seguridad Nacional. Vindman calificó la táctica de Trump de «enloquecida» y «aterradora», según el informe que redactó el analista en una queja-denuncia que envió de forma anónima al despacho del inspector general de la comunidad de inteligencia, Michael Atkinson, abogado de carrera del Departamento de Justicia. La carta, de fecha 12 de agosto, empezaba diciendo:

> En el curso de mis deberes oficiales, he recibido información procedente de múltiples funcionarios del Gobierno de los Estados Unidos, según la cual el presidente del país utiliza el poder de su cargo para solicitar la interferencia de un país extranjero en las elecciones estadounidenses de 2020. Esa interferencia comporta, entre otras cosas, presionar a otro país para que investigue a uno de los principales rivales políticos internos del presidente. Su abogado particular, el señor Rudolph Giuliani, es un personaje fundamental en toda esa actividad. También el fiscal general Gerald Barr parece estar implicado.

Nada de lo que comunicaba el denunciante era un secreto dentro del círculo más íntimo de Trump. Todos sabían que había coaccionado al presidente de Ucrania, que luchaba contra Rusia por la supervivencia de su país, para que lo ayudara a ganar la reelección como presidente de los Estados Unidos. Trump dijo explícitamente a Bolton que iba a congelar la ayuda militar a Ucrania, a menos y hasta que este país le suministrara información comprometida.

Pompeo, como siempre, guardó silencio y mantuvo una actitud cómplice. Solo Barr hizo algo: cuando se enteró de la carta del denunciante anónimo por el asesor jurídico de la CIA, hizo todo lo que pudo por enterrarla, pues Trump lo había implicado en la trama. Pero fracasó.

Tras tomarse el tiempo necesario para considerar las acusaciones creíbles y urgentes, Atkinson decidió que la ley lo obligaba a remitir la carta a las comisiones de Inteligencia del Congreso, cosa que hizo cuatro semanas más tarde. Trump lo destituyó también a él de inmediato.

«Las agencias de inteligencia se han desmadrado»

Dan Coats sabía que sus días como director de Inteligencia Nacional estaban contados desde la conferencia de Helsinki, y en privado había decidido dimitir cuando acabara el verano. El presidente lo arrojó antes por la borda. El 28 de julio, tres días después de la llamada perfecta, Trump había enviado a Coats un tuit destituyéndolo sin previo aviso y anunciando a la persona que iba a sustituirlo: John Ratcliffe, un ultraconservador que llevaba tres mandatos en el Congreso como representante por Texas. Ratcliffe había presentado su candidatura a las elecciones con una biografía de campaña en la que se inventaba todo un historial de hazañas como fiscal federal en casos de terrorismo. Antes de ganar su escaño, había ejercido como abogado especializado en daños personales y alcalde de Heath, Texas, localidad de siete mil habitantes. Había formado parte del Comisión de Inteligencia de la Cámara de Representantes durante menos de un año; su asistencia al mismo había sido irregular y su conocimiento de los asuntos a tratar, escaso. Pero el presidente lo había visto en Fox News despotricando contra «el bulo de Rusia», y le había gustado la forma en la que aparecía en la televisión.

Trump dijo que Ratcliffe iba a ayudarlo a meter en cintura a la CIA: «Creo que necesitamos a alguien así, que sea fuerte y pueda realmente ponerle freno. Como habéis podido ver todos, las agencias de inteligencia se han desmadrado. Se han desmadrado».[27] Esta declaración fue el primer signo claro de que el presidente estaba dispuesto a situar a manipuladores políticos al frente de la inteligencia estadounidense con el fin de proteger su poder. Pero, al cabo de una semana, Trump se vio obligado a retirar el nombramiento de Ratcliffe. Los dirigentes republicanos del Senado dijeron a la Casa Blanca que no iban a ratificarlo; era un individuo insignificante y un bocazas, inadecuado para el cargo. Cambiarían de parecer al llegar la primavera de 2020, cuando Trump resucitó a Ratcliffe y lo colocó como mandamás de los servicios de inteligencia del país, imponiendo al Senado su nombramiento y asignándole la misión de controlar la CIA y ponerla a las órdenes del presidente.

El 10 de septiembre, cuando las comisiones de Inteligencia del Congreso recibieron la carta del denunciante anónimo de manos del inspector general, el grupo demócrata de la Cámara de Representantes puso en marcha una investigación sobre el presidente que inmediatamente desembocaría en la incoación de un proceso de destitución. Trump sospechaba de la existencia de un topo dentro del Consejo de Seguridad Nacional. «Quiero saber quién es la persona que dio al denunciante anónimo la información, porque eso lo sitúa cerca de ser un espía —dijo el 26 de septiembre—. Ya sabéis lo que solíamos hacer en los viejos tiempos, cuando éramos listos, ¿verdad? A los espías y a los traidores, ¿verdad? Solíamos tratarlos de manera un poquito distinta de como los tratamos ahora».[28]

El denunciante fue objeto de feroces ataques públicos en el Congreso y online cuando el grupo republicano de la Cámara de Representantes filtró su nombre a unos troles derechistas. Lo amenazaron de muerte varias veces; la CIA le asignó una escolta y le aconsejó que se fuera de su domicilio y se mudara a una sucesión de hoteles distintos. Dejó constancia por escrito de su «enorme temor por la violenta reacción contra mí» y de su miedo a «incurrir en la cólera de Trump».[29] Y no fue el único que tuvo que enfrentarse a un violentísimo acoso por alzarse en contra de

Trump, que era capaz de movilizar a una multitud airada con un simple tuit. «Muchos fueron obligados a abandonar el Consejo de Seguridad Nacional porque sintieron temor por su propia seguridad», según testificó Hill en la investigación para el proceso de destitución.[30] Ella misma recibió amenazas de muerte y llamadas telefónicas violentas en su domicilio particular, hechas por partidarios de Trump que la acusaban de «confabularse con toda clase de enemigos del presidente».

Cuando el congresista por California Adam Schiff, antiguo fiscal y presidente de la Comisión de Inteligencia de la Cámara de Representantes, se puso al frente de las sesiones para la destitución, Trump arremetió contra él con centenares de tuits —llamándolo *corrupto*, *maníaco* y *perturbado*—, y las consiguientes amenazas contra su vida obligaron a ponerle un servicio de guardaespaldas las veinticuatro horas. El presidente ordenó a sus ayudantes que se negaran a responder a las preguntas y que ignoraran las citaciones que los obligaban a comparecer. No obstante, varios embajadores y funcionarios de alto rango del Departamento de Estado y del Consejo de Seguridad Nacional testificaron bajo juramento acerca del chantaje perpetrado por el presidente contra Ucrania. Trump los llamó «escoria humana».

El 18 de diciembre, la Cámara de Representantes recusó al presidente por su abuso de poder y su obstrucción a las investigaciones del Congreso. La condena exigía dos tercios de los votos del Senado, donde los republicanos se negaron a escuchar cualquier testimonio e irremediablemente consiguieron su absolución. Antes de que lo absolvieran, Schiff les hizo una advertencia.

«Ha traicionado la seguridad de nuestra nación y lo volverá a hacer —dijo—. Ha puesto en peligro nuestras elecciones y lo volverá a hacer. Ustedes no lo cambiarán. Ustedes no pueden frenarlo».

25

«Vamos camino de un golpe de Estado de derechas»

Tomas Rakusan tenía como misión infiltrarse en el Kremlin. Este superespía de la CIA había luchado contra Sadam Huseín y al-Qaeda, pero los rusos eran su gran enemigo. Llevaba ese odio metido en lo más profundo de su ser. Sus padres eran checos, y él tenía nueve años cuando los tanques y los soldados soviéticos aplastaron la Primavera de Praga en 1968. Veía en el ataque de Putin contra los Estados Unidos otro 11-S. Y la CIA había quedado deslumbrada por él.

Rakusan se puso al frente del servicio clandestino cuando Greg Vogle se retiró en agosto de 2017, tras pasar dos años como adjunto suyo. Ya había jurado emprender una renovación completa de la Casa Rusia de la CIA, creada hacía setenta años con el fin de reunir información de inteligencia sobre la Unión Soviética y llevar a cabo operaciones encubiertas para socavar la influencia de esta en el mundo. Infiltrarse en los consejos supremos del Kremlin había sido la mayor aspiración de la CIA en sus primeros tiempos, y también una meta nunca alcanzada. La misión fue resucitada con una urgencia vital.

Rakusan empezó por traer a decenas de agentes de antiterrorismo que habían luchado contra al-Qaeda y sus descendientes durante quince años. Les dijo: «Los rusos manipularon nuestras putas elecciones. ¿Cómo podemos tener seguridad de que no volverá a pasar una cosa así?». No le importaba si hablaban ruso o no, o si habían puesto alguna vez los pies en Moscú o no. Tampoco el nuevo vicedirector del Centro de Misiones para Europa y Eurasia, Marc Polymeropoulos, ni el nuevo director de la Casa Rusia, Patrick Weninger, disfrutaban de esa ventaja. Rakusan dijo que tenían que aprovechar su experiencia en localizar y reclutar terroristas y utilizarla contra Rusia, sus espías, diplomáticos y oligarcas. Su objetivo era conseguir información de inteligencia sobre las intenciones del líder ruso y su círculo más íntimo por medio del espionaje.

Además de sabotear la democracia estadounidense, «el Kremlin intentaba asesinar a los disidentes en el extranjero, fomentaba el malestar en las democracias europeas, y en lo tocante a los Estados Unidos aplicaba una política de suma cero, lo que significaba que cualquier cosa que perjudicara a los Estados Unidos y a sus aliados era algo bueno para Rusia —contaría Polymeropoulos—. Ese era el adversario al que nos enfrentábamos, y estábamos obligados a combatirlo en todos los rincones del mundo».[1]

La transformación de la Casa Rusia exigía «un cambio de mentalidad, remitirnos a lo que habíamos aprendido en los últimos diecisiete años durante las largas guerras en las que habíamos participado, y aplicarlo», diría Weninger.[2] Diez años antes se había hecho un nombre en la CIA por reclutar y manejar a un terrorista de nivel medio de al-Qaeda, utilizar la información de inteligencia que este le había proporcionado para quitar de en medio a sus compañeros yihadistas y salvarle después la vida, cuando sus jefes sospecharon de su traición. Al igual que Polymeropoulos, había prestado servicio en la estación más inhóspita, la base de Shkin, en Afganistán, con Vogle como jefe de estación, y había sido vicejefe de estación en Jordania a las órdenes de Rakusan. Había visto el alcance del sabotaje de Putin y sus aliados en los Estados Unidos cuando estuvo de jefe de estación en Europa, desde 2014 hasta 2017. Pero cuando el cargo en la Casa Rusia quedó vacante, la persona que durante mucho tiempo había sido su mentor en la séptima planta le advirtió: «No vas a querer ese puesto. Vamos a tener que hacer una cantidad enorme de cambios en él. Va a ser difícil. La gente no va a querer cambiar». Al día siguiente, contaría, su mentor volvió a llamarlo: «He estado pensando en ello toda la noche. Quiero que tú te hagas cargo del puesto. Voy a cambiarlo. Y tú vas a ayudarme a hacerlo».

Algunos miembros de la vieja guardia de la Casa Rusia habían mantenido «ese tipo de idea anticuada de que no era factible reclutar a rusos —comentaría Polymeropoulos—. Los que veníamos de fuera de ese mundo dijimos: "Mirad, respetamos vuestra experiencia, pero intentémoslo. Seamos más agresivos. Tal vez no sea un objetivo tan difícil como pensamos"».[3] Los nuevos dirigentes escribieron un manifiesto titulado «Llamamiento a las armas», y se lo enviaron al personal de la CIA. Se inspiraron en la rápida y habilidosa movilización del Centro de Antiterrorismo contra al-Qaeda en Afganistán. «Comprendimos que la amenaza rusa era tan seria como el reto para la seguridad nacional al que tuvimos que enfrentarnos el 12 de septiembre de 2001 —comentó Polymeropoulos—. No podíamos permitirnos el lujo de perder este combate».[4]

Rakusan y Weninger recurrieron a los jefes de la seguridad nacional estadounidense: a los secretarios de Defensa, a los consejeros de Seguridad Nacional y a los directores de la NSA y del FBI. Fueron a ver a los dirigentes de la Comisión de Inteligencia del Senado, cuyos miembros estaban redactando un informe demoledor de los dos partidos, en cinco volúmenes, acerca del ataque ruso y del papel de los responsables de la campaña de Trump en él. «Hubo unanimidad por parte de ambos partidos en que debíamos abandonar la posición defensiva», dijo Weninger. «¿Cuánto dinero necesitáis? —habían preguntado los senadores—. Adelante y pillad a esos hijos de puta». Las comisiones de Inteligencia del Congreso les habían dado decenas de millones de dólares, y la Casa Rusia había doblado sus dimensiones en menos de dos años.

Haspel había puesto a disposición de Rakusan a tantas personas como este le había pedido, herramientas informáticas de la Dirección General de Innovación Digital, investigaciones exhaustivas de los analistas y todo su apoyo moral. Rakusan estaba tan empeñado en su objetivo que intercambió sus trabajos con Beth Kimber en diciembre de 2018. Aunque los dos eran muy testarudos y a veces chocaban, pensaban lo mismo sobre esta misión. Kimber pasó a ser la nueva jefa del servicio clandestino, y él asumió el mando directo del Centro de Misiones para Europa y Eurasia y, de paso, de la Casa Rusia. Sobre el papel, parecía que era un paso atrás. En realidad, Rakusan había dado un paso adelante. «Lo que él había hecho era inventarse un paradigma nuevo y sacarnos de aquel en el que seguíamos estancados desde el comienzo de la Guerra Fría —dijo Tom Sylvester, que pasaría a dirigir el servicio clandestino en 2023—. El meollo del asunto eran las decisiones concretas que permitieran garantizar que entraba la luz del día en la Casa Rusia».[5]

La Casa Rusia llevaba mucho tiempo siendo la parte más secreta e incomunicada de la CIA. Durante cuarenta y cinco años, hasta el fin de la Guerra Fría, había sido el corazón del Departamento Soviético. El anterior jefe de este, Milt Bearden, la comparaba con una aldea aislada, en un valle recóndito de alta montaña, que había estado cubierta de nieve durante décadas. El centro de reuniones de la Casa Rusia en el cuartel general seguía decorado con pósteres de propaganda soviética que representaban a campesinos musculosos y soldados apuestos. Un tercio de la Casa Rusia era una habitación interior en la que los administradores y analistas habían trabajado durante toda su carrera en el más absoluto secreto; la naturaleza de su trabajo no había cambiado básicamente desde que Winston Churchill llamara a la Rusia de Stalin «un acertijo envuelto en un misterio dentro de un enigma». Guardaban y atesoraban la información de inteligencia cosechada a lo largo de años y años de operaciones peligrosas, difíciles y arriesgadas. Eran reacios a compartir sus secretos con extraños, y todos eran extraños. Eran orgullosos, casi arrogantes. Para vergüenza suya, no habían sabido ver el ataque del Kremlin durante las elecciones de 2016 hasta que ya era demasiado tarde.

El planteamiento de Rakusan fue enormemente innovador cuando impuso su voluntad a la Casa Rusia. Ordenó a la vieja guardia en la trastienda que desempolvara sus archivos secretos, los saneara para proteger sus fuentes y sus métodos y los compartiera con el servicio clandestino y, lo que es más importante, con los aliados de los estadounidenses en el extranjero. En el pasado, esos secretos se habían considerado siempre demasiado sensibles; la posibilidad de que la CIA compartiera su información de inteligencia sobre Rusia había sido siempre una calle de sentido único. Todo eso cambió, y el resultado fue ni más ni menos que revolucionario. Aquel momento de transformación marcó la vuelta del espionaje a su lugar tradicional de preeminencia dentro de la CIA, después de un eclipse de veinte años.

Rakusan y sus agentes trabajaban ahora en estrecho contacto con los británicos, los holandeses, los ucranianos, los polacos, los checos, los estonios y los servicios de inteligencia de otros países de toda Europa y del mundo, cruzando información de inteligencia, planificando operaciones al dedillo y reclutando fuentes rusas. «La moral estaba altísima —diría Polymeropoulos—. La pasión contagiosa y el dinamismo de Rakusan, Kimber y Weninger recordaban a muchos, empezando por mí, los terribles pero tonificantes días que siguieron al 11-S, cuando la CIA tenía una misión igualmente clara y con la concentración al máximo».

Polymeropoulos voló a Moscú para reunirse con el personal de la estación de la CIA y sus homólogos rusos. Estos sabían que iba a venir y le dijeron que se mantuviera alejado, consejo que él ignoró. El 5 de diciembre de 2017, antes del amanecer, se despertó sobresaltado en su cama del Hotel Marriott. La habitación daba vueltas, sentía náuseas y vértigo y no podía andar. De pronto era uno más de los cerca de mil quinientos estadounidenses —principalmente espías, diplomáticos y militares— que habían quedado noqueados en diversos países, entre ellos Cuba, Polonia, Georgia, Australia y Taiwán. ¿Aquel fenómeno todavía inexplicado llamado síndrome de La Habana había sido causado por ataques rusos con armas de energía dirigida? La Oficina de Servicios Médicos de la CIA no pensó que hubiera sido así, pero su labor era tan mala y estaba tan mal considerada entre el personal de la agencia que, su director, Keith Bass, se vio obligado a dejar el cargo. (En el momento de escribir estas páginas, Bass ha sido nombrado por Donald Trump para administrar la Oficina de Sistemas de Sanidad del Pentágono, con un presupuesto de 54.000 millones de dólares, y los orígenes del citado síndrome siguen sin conocerse). Las extenuantes migrañas que sufría Polymeropoulos lo obligaron a retirarse de la CIA en diciembre de 2018.

«El factor impredecible ocupaba un sillón en el despacho oval»

En 2019, tras dos años de rejuvenecimiento, «la CIA se hallaba de hecho en una posición de fuerza que le permitiría reaccionar contra la amenaza rusa», comentó Polymeropoulos. Cuando empezó 2020, continuaba reuniendo y trasladando información de inteligencia sobre la guerra política y las campañas de propaganda de Rusia, reclutando nuevas fuentes en los márgenes del círculo íntimo de Putin y cogiendo impulso. Pero en su contraataque tuvo que hacer frente a un obstáculo enorme.

«El factor impredecible ocupaba un sillón en el despacho oval», comentaría Polymeropoulos. La cólera del presidente había hecho de aquellos tiempos «quizá la época más difícil para ser un agente de inteligencia desde la creación de la CIA en 1947».[6] Por mucho que la CIA luchara contra el Kremlin, resultaría imposible ganar la guerra, al menos mientras Trump siguiera siendo el comandante en jefe del país y mantuviera su extraña alianza con Putin.

El Senado absolvió a Trump el 5 de febrero de 2020: todos los republicanos, menos uno, rechazaron su destitución. La absolución desencadenó su venganza. «Evidentemente lo envalentonó —observó John Bolton—. Ahí está Trump diciendo: “Me he salido con la mía”. Y pensando: “Si me he salido con la mía una vez, puedo hacerlo otra”».[7] Bolton, que cinco meses antes había cesado repentinamente como tercer consejero de Seguridad Nacional de Trump, nunca fue capaz de encontrar la integridad ni el valor suficientes para testificar contra él.

La Casa Blanca se había convertido en un manicomio, en un lugar «en el que todo era como un coche de payasos en llamas que corriese a toda velocidad hacia un almacén lleno de fuegos artificiales», en palabras de Stephanie Grisham, por aquel entonces secretaria de prensa del presidente.[8] Trump empezó a purgar a todos los miembros del Gobierno a los que considerara desleales, empezando por los embajadores del Departamento de Estado, los miembros del Consejo de Seguridad Nacional y los funcionarios del Pentágono que habían prestado testimonio en su proceso de destitución. Estaba furioso con la CIA y con la Dirección General de Inteligencia Nacional por informar de que Putin estaba haciendo todo lo posible para que saliera reelegido. Veía en ellos los pilares del Estado profundo y a los creadores del «bulo de Rusia». Se propuso infiltrarse en la dirección de inteligencia con peones del movimiento MAGA (Make America Great Again) que hicieran de saboteadores, intentando matar al mensajero o, si fracasaban en ese intento, destruyendo el mensaje. Bill Burns, el futuro director de la CIA, escribiría que Trump estaba destrozando los cimientos del Gobierno estadounidense: «Al poner la mira en un "Estado profundo" imaginario, en realidad ha creado un Estado débil, una amenaza existencial para la democracia del país y para los intereses de sus ciudadanos».[9]

Trump impuso en primer lugar un severo castigo a Joseph Maguire, director en funciones de Inteligencia Nacional. Alto mando, durante largo tiempo, de los SEAL, que se había retirado como vicealmirante y había dirigido el Centro Nacional de Antiterrorismo, Maguire se había hecho cargo de la dirección general seis meses antes. El 14 de febrero, Maguire y Haspel fueron al despacho oval e intentaron hablar con Trump de las amenazas contra las elecciones de 2020, pero el presidente estalló sin previo aviso. «¡Eh, Joe! —dijo a Maguire—. Tengo entendido que mantuviste una reunión informativa con Adam Schiff y que le dijiste que Rusia me prefiere a mí».[10] Maguire no había sido el que había informado a Schiff, pero eso era lo que menos importaba. Lo echaron con un tuit, y Ric Grenell, el amigote de Trump, se convirtió en director en funciones de Inteligencia Nacional, nominalmente el jefe de Haspel. Grenell, un trol derechista de Twitter al que el presidente había nombrado embajador en Alemania, donde sus imperiosas advertencias habían provocado la indignación del Gobierno anfitrión, no estaba cualificado en absoluto para convertirse en el mandamás de la inteligencia estadounidense, salvo por su lealtad a Trump, que era absoluta, lo mismo que su capacidad de asestar una puñalada por la espalda a cualquiera.

Por orden del presidente, Grenell echó a los responsables de la Dirección General de Inteligencia Nacional, privando de toda experiencia a los puestos más altos del escalafón y haciendo de un fanático del movimiento MAGA llamado Kash Patel su mano derecha. Dos años antes, Patel había trabajado como asistente por el Partido Republicano en la Comisión de Inteligencia de la Cámara de Representantes, y se le había asignado la tarea de socavar la investigación sobre Rusia. Posteriormente, Trump lo había nombrado miembro del Consejo de Seguridad Nacional, donde, para mayor disgusto de sus superiores, había prestado servicio como topo del presidente durante la investigación para su destitución. Ahora el presidente tenía la intención de utilizar a Grenell y a Patel para espiar para él a los espías.

En abril, para espanto del fiscal general Barr, Trump intentó hacer a Patel subdirector del FBI. «La sola idea de intentar asignar a Patel un papel como ese demostraba una asombrosa desconexión de la realidad», observaría Barr.[11] Juró que aquel nombramiento solo se produciría «por encima de mi cadáver». Después de tres intentos fallidos de perpetrar semejante acto de subversión, Trump dio marcha atrás, pero no por mucho tiempo. Al cabo de siete meses, intentaría instalar a Patel como subdirector de la CIA.

Trump sabía que el Senado no confirmaría nunca a Grenell como mandamás de la inteligencia nacional, así que recurrió de nuevo al nombramiento fallido de su presentador favorito de Fox News, John Ratcliffe, para máximo dirigente de la inteligencia del país, y el 21 de mayo logró colar, finalmente, al congresista texano a los republicanos del Senado, otrora reacios a aceptarlo. La ratificación de Ratcliffe se resolvió por 49 a 44 votos, el margen más estrecho para conseguir el puesto que haya habido nunca. El resultado de la votación colocó a Ratcliffe en lo más alto de la comunidad de inteligencia estadounidense, y Patel siguió como su principal lugarteniente, encargados ambos por el presidente de supervisar a Haspel y de vengarse de la CIA por los informes que había presentado.

La pareja se dispuso, pues, a saquear la Casa Rusia, hurgando entre los expedientes de alto secreto en busca de cualquier cosa que pudiera satisfacer el deseo de Trump de negar que era el candidato escogido por Putin y apoyar su ataque contra la CIA, a la que consideraba el cuartel general de la conspiración del Estado profundo, el laboratorio en el que se había inventado la idea de que Rusia había influido en las elecciones. Durante todo el verano, y hasta bien entrado el otoño, siguieron intentando encontrar fragmentos de información de inteligencia no elaborada, en su incesante afán de anotarse puntos políticos para la campaña en pro de la reelección del presidente. Haspel se opuso a ellos lo mejor que pudo.

Ratcliffe se negó a publicar la estimación anual de amenaza que tradicionalmente presentaba la comunidad de inteligencia y que durante tres años había supervisado los ataques de Putin contra los Estados Unidos. Cortó el flujo de información clasificada a Schiff y a sus colegas demócratas de la Comisión de Inteligencia, arremetiendo contra ellos y acusándoles de filtrar la información. Al final de su breve reinado, su propia dirección general dijo al Congreso que había retrasado, distorsionado y obstruido la información acerca de la interferencia de Rusia en las elecciones. Ratcliffe alimentó sobre todo la obsesión de Trump y su convicción de que los demócratas habían utilizado a la CIA y a la NSA para socavar su poder.

«Obama lo sabía todo. El vicepresidente Biden, que no puede ser más tonto, lo sabía todo —dijo Trump el 13 de agosto en Fox—. Brennan y Clapper [...] espiaron mi campaña, lo cual es alta traición. Espiaron antes y después de que yo ganara, utilizando el aparato del servicio de inteligencia de los Estados Unidos para acabar con un presidente, con un presidente elegido legalmente, con un presidente de los Estados Unidos elegido como es debido. Es el mayor delito político de la historia de este país».[12]

El 29 de agosto, por orden del presidente, Ratcliffe canceló todas las sesiones informativas efectuadas de manera oral ante el Congreso sobre el tema de la interferencia rusa en las elecciones. Schiff y la presidenta de la Cámara de Representantes, Nancy Pelosi, pusieron el grito en el cielo. «El pueblo estadounidense tiene el derecho y la necesidad de saber que otro país, Rusia, está intentando ayudar a decidir quién va a ser su próximo presidente», dijeron. Biden también hizo oír su protesta. «El presidente Trump espera que Vladímir Putin impulse una vez más su candidatura y tape sus espantosos fallos a la hora de conducir a nuestro país a superar las múltiples crisis a las que nos enfrentamos. Y no quiere que el pueblo estadounidense conozca los pasos que Vladímir Putin va dando para ayudar a que Trump sea reelegido».[13]

Pero la CIA los conocía.

«Rusia juega con nosotros como si fuéramos marionetas»

«Estimamos que el presidente Vladímir Putin y los cargos más altos de Rusia conocen y probablemente dirigen las operaciones de influencia emprendidas por su país con el fin de denigrar al anterior vicepresidente de los Estados Unidos, apoyar al actual presidente y alimentar la discordia pública con vistas a las elecciones estadounidenses del mes de noviembre», empezaba diciendo la edición de 31 de agosto del *WIRe*, oficialmente el *Worldwide Intelligence Review*.[14] El *WIRe* es un boletín de la CIA, clasificado como máximo secreto, que circula más o menos entre unas trescientas personas, todas ellas empleados de la Casa Blanca, del Pentágono o del Departamento de Estado, así como entre los miembros de las comisiones de Inteligencia y los líderes del Congreso. Es un compendio de informes de agentes y analistas de la CIA, la NSA, el FBI y los departamentos de Estado, del Tesoro y de Seguridad Interior, así como de expertos en inteligencia de fuentes abiertas.

Las operaciones de influencia habían infectado Washington a los niveles más altos, asegurándose de que los engaños de Putin formaran parte de las deliberaciones de Trump y del discurso del Partido Republicano. Los rusos habían escogido con precisión a sus tontos útiles, y encontraron un verdadero filón en las personas que eran capaces de atraer la atención del presidente, en persona o a través de la televisión. Los espías rusos —así como sus agentes secretos ucranianos, los medios de comunicación estatales de Rusia, sus troles y representantes online que se hacían pasar por estadounidenses— blanqueaban su desinformación acerca de Biden y las elecciones inminentes a través de Rudy Giuliani, Fox News y los miembros republicanos del Congreso a los que escuchaba el presidente. Introducir sus mentiras en el imperio mediático del movimiento MAGA, dirigido por los presentadores de las televisiones de derechas y sus invitados, era una forma de llegar al público estadounidense mejor de lo que lo habían sido Facebook y Twitter cuatro años antes.

El 31 de agosto, *WIRe* citaba como ejemplo el trabajo llevado a cabo por Andriy Derkach, un diputado ucraniano que además había sido agente de inteligencia ruso durante mucho tiempo. (Diez días después, Derkach sería condenado por el Departamento del Tesoro por llevar a cabo «una campaña de influencia encubierta» destinada a socavar las elecciones; posteriormente sería procesado por blanqueo de dinero). Había trabajado durante muchos meses con Giuliani, escribiendo calumnias sobre Biden y tachándolo de corrupto. Había inculcado sus mentiras al senador Ron Johnson, el presidente republicano de la Comisión de Seguridad Interior. A su vez, el senador había escenificado una serie de sesiones teatrales, en las que se había dedicado a sembrar falsedades sobre Biden, su familia y Ucrania. Entre ellas cabría citar la acusación, repetida cuarenta y dos veces por Trump a lo largo de su campaña electoral, de que Hunter Biden había recibido tres millones y medio de dólares de un oligarca ruso.

Algunos agentes del FBI habían avisado al senador Johnson de que era objeto de una operación de influencia, pero él se los quitó de encima diciendo que solo pretendían «ofrecer a los medios de comunicación tendenciosos una ocasión de acusarme en falso de ser un instrumento de los rusos».[15] Johnson no era el único político destacado que bailaba al son que tocaba el Kremlin, al amplificar su desinformación en el Congreso y en la televisión. El senador favorito de Trump, el republicano Lindsay Graham, había comentado con tristeza: «Rusia juega con nosotros como si fuéramos marionetas».[16] Y así fue como jugó con el propio Graham. A finales de septiembre, cinco semanas antes de las elecciones, Ratcliffe hizo llegar al senador un fajo de documentos —previamente rechazados por los republicanos de la Comisión de Inteligencia del Senado, que los consideraron carentes de base—, en los que se pretendía demostrar que Hillary Clinton había tenido mucho que ver con los bulos de los rusos. Graham los hizo públicos. Fueron pocos los que los creyeron.

«¿DÓNDE ESTÁN LAS DETENCIONES?»

El coronavirus llevaba machacando el país desde el mes de marzo y el presidente había estado mintiendo sobre él desde el primer momento. Había pretendido que la CIA lo calificara de arma biológica china, cosa que evidentemente no era. Había restado importancia a la pandemia con una catarata de discursos incoherentes. Más de cuatrocientos mil estadounidenses murieron durante los últimos diez meses de su presidencia, un precio más alto que el que pagaron con sus vidas todos los que habían muerto durante la Segunda Guerra Mundial, y muchas de esas vidas se perdieron como consecuencia de la insuperable ignorancia e incompetencia de Trump.

El 1 de octubre, los médicos diagnosticaron que Trump sufría un caso grave. La Casa Blanca llevaba semanas siendo un importante centro transmisor del virus. El presidente había dado positivo quince días antes y, tras negar los resultados, había infectado a su esposa, a varios asistentes cercanos y a un montón de periodistas. Cuando volvió a la Casa Blanca, después de un tratamiento de tres días con esteroides y medicamentos experimentales en el Walter Reed National Military Medical Center, estaba más desquiciado que nunca.

Su persecución de la ballena blanca era patológica. Quería encarcelar a sus adversarios por conspirar con el fin de tramar el bulo de Rusia. «¡¿Dónde están las detenciones?! —tuiteó el 7 de octubre—. ¡¡¡BIDEN, OBAMA, Y LA TRAMPOSA DE HILLARY ENCABEZARON ESA TRAMA TRAIDORA!!! ¡NO DEBERÍA PERMITIRSE QUE BIDEN PRESENTARA SU CANDIDATURA! ¡¡¡LO HAN PILLADO!!!». Concretamente, quería que John Brennan fuera acusado de alta traición por utilizar a la CIA para espiar su campaña en 2016, cosa que no había hecho. Acorraló al fiscal general: ¿por qué no había procesado a ese hijo de puta? «Por lo que sabemos, la CIA no se apartó de la senda que debía seguir en los momentos previos a las elecciones», le respondió Barr. «¿Y tú te has tragado esa mierda, Bill? —le espetó Trump a gritos—. Todo el mundo sabe que Brennan estaba metido en todo esto». Barr perdió la templanza: «Bueno, señor presidente, si sabe usted lo que pasó, soy todo oídos. Tal vez estemos perdiendo el tiempo al abrir una investigación. Tal vez todos esos sabiondos de salón que le cuentan que disponen de pruebas podrían presentarse aquí e ilustrarnos un poco».[17]

Y eso fue lo que hicieron. Los murmuradores que rodeaban a Trump entraron en la órbita más cercana al presidente. Los cabecillas del grupo eran Rudy Giuliani, su abogado particular, envuelto en una nube de alcohol, y Mike Flynn, el desacreditado consejero de Seguridad Nacional de

Trump, ahora fiel seguidor de las tenebrosas conspiraciones de QAnon.* Los dos estaban aliados con la abogada de Flynn, Sidney Powell, otra fiel seguidora de QAnon. Flynn la llamaba el ángel de la guarda de la justicia estadounidense. Powell convenció a Trump de que indultara a su defendido por mentir al FBI acerca de sus conversaciones encubiertas con líderes rusos. «Desde los primeros días de la administración Trump —contaría Barr—, Powell apareció a menudo en programas de Fox News, poniendo en entredicho el relato del Rusiagate». Trump la vio por televisión y se convirtió en un gran fan suyo.

Durante todo el mes de octubre, Powell se dedicó a lanzar ataques furibundos contra la CIA y su directora, acusándolas de ser una fuerza subversiva. Estaba poseída por una fantasía, que había expuesto públicamente por primera vez en la FOX el 6 de noviembre, tres días después de las elecciones. Dijo que la CIA tenía un superordenador, cuyo nombre clave era HAMMER [Martillo], y un programa informático, llamado SCORECARD [Tarjeta de Puntuación], con los que se podía piratear el resultado de las elecciones y robar votos. La CIA había utilizado ese diabólico invento para que Obama y Biden ganaran en 2012. John Brennan lo había usado para promover el proyecto que ambos tenían de convertir a Estados Unidos en un país comunista. Biden lo había utilizado para obtener la nominación como candidato del Partido Demócrata a la presidencia. Y Gina

* QAnon era un torbellino de disparates online. Entre sus postulados más destacados, habría que citar la tesis de que el Partido Demócrata era una secta satánica de pedófilos sedientos de sangre, que dirigía una banda de tráfico de niños y era el meollo de una organización criminal cuyo objetivo era derrotar a Trump. Sus seguidores creían que Trump era un salvador, que combatía en secreto a aquella secta de corruptores de menores y tenía la intención de detener y ejecutar a miles de sus integrantes, incluidos los líderes del Partido Demócrata, cuando llegara el día llamado «de la Tormenta». Una acreditada encuesta llevada a cabo en octubre de 2020 reveló que la mitad de los partidarios de Trump creían en QAnon. Trump dijo al senador Mitch McConnell: «A mi juicio, son básicamente gente que desea tener un buen Gobierno».

Haspel lo había programado con el fin de derrotar a Trump en 2020.

Haspel ocupaba ya un lugar destacado en la lista de enemigos de Trump. Había bloqueado sus intentos de registrar los archivos de la Casa Rusia acerca del apoyo de Putin a su presidencia. Había opuesto resistencia a sus llamadas para pedirle que localizara y destruyera al informante de la CIA que había encendido la mecha del proceso para destituirlo. Nunca le había prestado juramento de fidelidad. Se había negado a participar en su campaña electoral. No había sido su cómplice.

El presidente decidió despedirla, así como al secretario de Defensa y al director del FBI. Pretendía decapitar al Estado profundo de una vez por todas, antes de que este acabara con él. Tenía previsto hacerlo tan pronto como declarara su victoria en las elecciones.

«Vamos camino de un golpe de Estado de derechas»

Los estadounidenses tuvieron tres maneras de interpretar los resultados de las elecciones, que tardaron diez angustiosos días en saberse. Podría parecer que se había producido un corrimiento de tierras, una victoria aplastante. Joe Biden había ganado por más de siete millones de votos y un margen de 306 frente a 232 miembros del Colegio Electoral. Pero ni mucho menos. El Colegio Electoral se decantó por Biden por menos de cuarenta y cinco mil votos en el total de Georgia, Arizona y Wisconsin.

Y luego estaba la manera de hacerlo de Trump. «Habrá una transición suave [...] a una segunda administración Trump —soltó con una sonrisita de satisfacción el secretario de Estado Pompeo en una conferencia de prensa el 10 de noviembre—. ¿Vale? Estamos preparados».[18]

Atrincherado en la Casa Blanca, clamando que todo había sido un fraude, Trump despidió al secretario de Defensa con un simple tuit: «Mark Esper ha sido eliminado».

El pecado original de Esper había sido advertir que la desclasificación total de la información de inteligencia que había exigido el presidente habría supuesto un daño enorme para la seguridad nacional. Trump ya había despachado a cinco secretarios de Defensa, a cuatro consejeros de Seguridad Nacional, a cuatro directores de Inteligencia Nacional y a cuatro jefes de gabinete de la Casa Blanca, en su afán de contar con unas lealtades ciegas.

Al día siguiente, Gina Haspel llamó por teléfono al general Mark Milley, el presidente del Estado Mayor Conjunto. «Ayer fue un día espantoso —le dijo—. Vamos camino de un golpe de Estado de derechas. Todo esto es una locura».[19] Haspel y Milley permanecieron en contacto permanente, montando guardia en previsión de un ataque sorpresa por parte del presidente... en el extranjero o dentro de los Estados Unidos. Haspel sabía por su propia experiencia en países como Turquía, Azerbaiyán y Etiopía cómo actuaban los autócratas. Su pronóstico de que Trump planeaba derrocar al Gobierno estadounidense mediante un autogolpe, un golpe de Estado desde arriba, era muy concreto. Y tenía la sensación, no sin razón, de que tal vez fuera la suya la próxima cabeza que rodara.

Trump instaló entonces en la cúpula de las Fuerzas Armadas estadounidenses a una troika de individuos del movimiento MAGA. El coche de los payasos había llegado al Pentágono.

Kash Patel, nuevo jefe de gabinete y secretario de Defensa en la sombra, se distinguió inmediatamente por presentar al general Milley una orden presidencial falsa por la que debía retirar de inmediato todas las fuerzas estadounidenses de Irak y Somalia; el general vio lo que era y la anuló. Poco después Haspel recibió una carta del despacho del secretario de Defensa: por orden del presidente, el Pentágono recortaba el presupuesto de la División de Actividades Especiales de la CIA y de sus operaciones paramilitares. La misión de Patel en el Pentágono incluía encontrar los archivos de alto secreto de la NSA que demostraban que Obama y Brennan habían espiado e interceptado las comunicaciones de Trump. La misión había sido un fracaso. No existían.

El nuevo subsecretario de Defensa para Inteligencia y Seguridad fue Ezra Cohen, un joven protegido de Mike Flynn, al que McMaster había despedido como director general del Servicio de Inteligencia del Consejo de Seguridad Nacional al cabo de seis meses debido a su insolencia. Para su consternación, Cohen había descubierto que los seguidores de QAnon pensaban que Q era él, el funcionario de la administración Trump que trabajaba en secreto para destapar a la secta del Estado profundo formada por violadores de niños y adoradores de Satanás. El nuevo subsecretario de Defensa para Asuntos de Política fue Anthony Tata, un general de brigada retirado al que el presidente había catapultado al poder cuando lo vio por televisión en FOX, despotricando contra Barack Obama y diciendo que era un terrorista musulmán, así como que había que detener a John Brennan por conspirar para asesinar a Trump. Tata había tuiteado al antiguo director de la CIA: «Pídete lo que quieras: pelotón de fusilamiento, ahorcamiento público, cadena perpetua como puta de toda la cárcel... o métete la pistola en la boca y pégate un tiro sin más. Tú eliges».[20]

El presidente creía que Haspel había almacenado y escondido en la CIA muchas pruebas contundentes, todo un arsenal de ellas.* Trump planeaba quitarla de en medio y poner en su lugar a Patel. «La idea era poner a Kash como

* Durante aquel mes caótico o poco después, Trump se hizo con una gruesa carpeta que en otro tiempo había estado guardada en una caja fuerte, en una cámara de seguridad del cuartel general de la CIA. Contenía información de inteligencia en bruto que la CIA, la NSA, el FBI y los aliados de los Estados Unidos en la OTAN habían reunido acerca de los rusos, incluidas las fuentes que había detrás de la estimación de inteligencia de enero de 2017, según la cual Putin había intentado ayudar a que Trump ganara las elecciones. Este cofre de los secretos desapareció, y no ha vuelto a verlo nadie. (Jeremy Herb *et alii*, «The Mystery of the Missing Binder: How a Collection of Raw Russian Intelligence Disappeared Under Trump», CNN, 15 de diciembre de 2023; cf. <https://www.cnn.com/interactive/2023/12/politics/missing-russia-intelligence-trump-dg/>.

director adjunto, cargo que no necesita la aprobación del Senado, y luego despedir a Gina al día siguiente, dejando a Kash al mando», diría Cohen.[21] El plan en cuestión era fruto de la influencia de Mike Flynn y Sidney Powell, que en aquellos momentos se encontraban en el centro del turbulento mundo de Trump.

El 14 de noviembre, Trump puso a Giuliani y a Powell al frente de su equipo de abogados, con el propósito de anular el resultado de las elecciones. Al día siguiente, los dos aparecieron en FOX News. Powell afirmó que Haspel había obstruido la búsqueda que ella misma había emprendido del software que permitía a la CIA manipular las elecciones, «lo que me lleva a preguntarme hasta qué punto lo ha utilizado la CIA en diferentes lugares en su propio beneficio. Y no llego a comprender por qué Gina Haspel sigue ahí al frente de la CIA. Tendrían que echarla inmediatamente».[22] Y añadió: «El presidente Trump ganó no ya por cientos de miles de votos, sino por millones de votos, que fueron desviados por ese software diseñado expresamente con esa finalidad». La máxima autoridad del país en materia de seguridad del proceso electoral, Chris Krebs, director de la Agencia de Ciberseguridad y Seguridad de las Infraestructuras, calificó aquellas declaraciones de mero absurdo y aseguró a los estadounidenses que las elecciones habían sido impecables y que no había habido fraude alguno. Trump lo despidió de forma fulminante.

En una conferencia de prensa celebrada el 19 de noviembre, Giuliani se dedicó a despotricar durante treinta y ocho minutos acerca de los votos fraudulentos de Biden, que aseguraba que él había descubierto, mientras por su cara corrían regueros de color negro de una mezcla de sudor y tinte para el pelo. Luego, Powell elaboró un poco más el mismo argumento: las elecciones habían sido robadas debido a «la afluencia masiva de dinero comunista procedente de Venezuela, Cuba y probablemente China»,[23] que había recibido Dominion Voting Systems; esta empresa, encargada del recuento de votos, había sido sobornada por los comunistas para desviar votos hacia Biden por medio de un algoritmo secreto. «Se trata de la interferencia extranjera más elaborada que se ha producido en nuestras elecciones de la forma más criminal que puedan ustedes imaginar», dijo.

Un periodista de un canal de noticias de derechas le preguntó por los «informes según los cuales hubo un elemento de hardware, probablemente un servidor detectado en Alemania. ¿Es eso verdad? ¿Y está relacionado con esto?».

—Es verdad —respondió Powell.

Powell llamó luego al Pentágono a Ezra Cohen, con una exigencia urgente. «Gina Haspel ha sido herida y se encuentra bajo custodia en Alemania —dijo Powell—. Tienes que lanzar una misión de operaciones especiales para recogerla».[24] Su historia centraba su atención en el servidor del HAMMER, el sistema de computación secreto de la CIA, el dispositivo del plan para robar las elecciones a Trump. Powell dijo a Cohen que Haspel había emprendido una misión secreta destinada a apoderarse de él y destruirlo, con el fin de eliminar las pruebas de la conspiración. Pretendía que el Pentágono lanzara un ataque con un comando encargado de detenerla y hacer público el papel desempeñado por la CIA en el fraude electoral. Cohen, todo hay que decirlo, no llamó al Equipo Seis del SEAL. Pensó que Powell se había vuelto loca.

Las fantasías conspirativas acerca de la todopoderosa CIA estaban a la orden del día entre las almas engañadas que en otro tiempo habrían tenido alucinaciones con santos y demonios, pero raramente, si es que alguna vez llegaron a hacerlo, afectaron a los consejos superiores de la seguridad nacional estadounidense. No tardaron en propagarse por QAnon variaciones en torno al cuento de Powell. Una de ellas afirmaba que Haspel había sido encarcelada en Guantánamo y acusada de alta traición. Otra contaba que había fallecido al servicio de la conjura de la CIA contra los Estados Unidos.

La conjura de Trump contra Haspel empezó a tomar forma el 8 de diciembre, cuando el presidente ordenó a Patel que interrumpiera su viaje a Asia y regresara a Washington.

Trump dio ánimos al jefe de gabinete de la Casa Blanca, Mark Meadows, un hombre pusilánime que había sido miembro fundador del Caucus de la Libertad de la Cámara de Representantes. Dijo a Meadows que tenía que portarse como un hombre y darle la noticia a Haspel: Trump iba a despedir al director adjunto de la CIA, Vaughn Bishop, y sustituirlo por Patel. El presidente suponía que Haspel dimitiría sin hacer ruido; si no, ya se encargaría él de destituirla. En cualquier caso, el 11 de diciembre Patel se convertiría en director de la CIA. Trump tenía previsto también despedir al director del FBI después de decapitar a la CIA. Lo movía el delirio de que en algún rincón de los sótanos de la Casa Rusia había un archivo de alto secreto capaz de condenar a Obama, Clinton y Brennan por alta traición.

Haspel se enteró del plan, y ese mismo día acudió a la Casa Blanca para presentar el informe diario de inteligencia al presidente, por primera vez después de muchas semanas. Recordó a Trump lo dura que ella era, lo hábil que era la CIA a la hora de matar a terroristas y lo fundamental que era la agencia para su poder. Salió del despacho oval, se dirigió al despacho del jefe de gabinete y se enfrentó a Meadows, que le dijo por primera vez que se iba a nombrar a Patel para ocupar su puesto ese mismo día. No estaba dispuesta a tolerarlo, le respondió Haspel. Si pensaban despedirla o iban a obligarla a dimitir, tenía que oírselo decir al propio presidente. Meadows abandonó su despacho y, al cabo de unos minutos, volvió para decirle que Trump había dado marcha atrás. No tardó en propagarse por toda el ala oeste el rumor de que Haspel había agarrado una bomba de mano política y estaba dispuesta a tirar de la anilla. Si ella caía, los dirigentes de la comunidad de inteligencia estadounidense caerían con ella, reconviniendo a Trump con una dimisión en masa en señal de protesta.

«Gina, que es una gestora muy astuta y una servidora pública increíble, tenía ya organizado lo que yo llamo un pacto suicida —dijo Alyssa Farah Griffin, la directora de comunicaciones de la Casa Blanca de Trump—. Toda la comunidad de inteligencia se iría con ella si sucedía algo así

[...]. La comunidad de inteligencia en pleno. Así que fueron capaces de impedirlo».[25]

El 14 de diciembre, el fiscal general Barr se trasladó a la Casa Blanca a presentar su dimisión a Trump. El presidente le entregó un informe de un autodenominado experto en seguridad electoral, el mismo individuo que había facilitado a Powell y a sus aliados de extrema derecha el cuento del servidor secreto que tenía la CIA en Alemania. «Es una prueba determinante de que las máquinas de Dominion Voting Systems fueron manipuladas —dijo Trump—. Este informe significa que yo he ganado las elecciones y que voy a tener un segundo mandato».[26] Barr le echó una ojeada y vio que era una insensatez. Pensó que si Trump «creía realmente en aquel chisme, estaba desconectado de la realidad de forma muy significativa».

Poco antes de las siete de la tarde del viernes 18 de diciembre, Flynn y Powell se colaron en la Casa Blanca sin invitación y se reunieron con el presidente en el despacho oval. El general destituido y su abogada pirada propusieron dar un golpe militar con el fin de revertir el resultado de las elecciones. Flynn, que el día antes había dicho por televisión que Trump iba a declarar la ley marcial, le presentó un borrador de orden ejecutiva de tres páginas de extensión para que la firmara. Escrita con el lenguaje de una resolución de autorización de acción encubierta, decía así: «Con efecto inmediato, el secretario de Defensa confiscará, reunirá, retendrá y analizará todas las máquinas, equipos, información almacenada electrónicamente y registros de materiales» relacionados con las elecciones recurriendo a la Guardia Nacional.[27] Cuatro semanas después del día de toma de posesión, el Pentágono, que seguía presidiendo Patel como jefe de gabinete, presentaría sus hallazgos a Ratcliffe en la Dirección General de Inteligencia Nacional. Para ejecutar la orden, Trump nombraría a Flynn su mariscal de campo y consagraría a Powell como su asesora especial, armada con la facultad de procesar a todos los estadounidenses que hubieran conspirado para echar del poder a Trump. Aquella fue la entrevista más conspiratoria celebrada en el despacho oval desde la «grabación de la pistola humeante», en la que el presidente Nixon ordenó a la CIA que lo ayudara a encubrir la irrupción en el Hotel Watergate, allá por 1972. Pero fue más disparatada que cualquiera de las aberraciones que hubieran podido ocurrírsele a Nixon.

Un abogado de la Casa Blanca que había visto a Flynn y a Powell colarse en el despacho oval, solicitó el apoyo de sus colegas, incluido Pat Cipollone, el asesor legal de la Casa Blanca. Se interpusieron colocándose junto al presidente y a continuación se produjo una pelea llena gritos y palabrotas, en la que Flynn los maldecía llamándolos rajados, y ellos lo maldecían a él tachándolo de loco. Trump se puso de parte de los impulsores del golpe de Estado y afirmó que iba a nombrar a Powell su principal asesora jurídica. La discusión se prolongó durante seis horas, hasta pasada la medianoche, y los abogados de la Casa Blanca se marcharon pensando que la habían perdido.

Una hora más tarde, a la 1:42 del 19 de diciembre, Trump publicó un tuit en el que invitaba a la insurrección. *Estadísticamente imposible haber perdido las elecciones de 2020. Gran manifestación de protesta en Washington D. C. el 6 de enero. ¡Id todos, será tremendo!* El golpe de Estado de derechas que había pronosticado Haspel se produciría ese día en el Capitolio, y sería un ataque violento a la democracia estadounidense, encabezado por el presidente de los Estados Unidos.

26

La puerta de la gloria

A lo largo del siglo xx, todos los comandantes en jefe de los Estados Unidos habían creído en lo que había dicho el presidente Woodrow Wilson cuando metió al país en la Primera Guerra Mundial: «El mundo debe convertirse en un lugar seguro para la democracia. Su paz debe asentarse sobre los cimientos probados de la libertad política». Estas palabras habían sido también un credo para la CIA.

Los medios para alcanzar ese fin habían sido a veces brutales. Los golpes de Estado organizados por la CIA habían derribado a líderes elegidos libremente; se habían cambiado las elecciones con maletas de dinero en metálico y se habían apoyado a dictadores en nombre de los Estados Unidos. Esas misiones constituyeron un sólido fundamento de la política exterior estadounidense para todos los presidentes, desde Truman hasta Reagan. También lo fue la lucha contra el comunismo soviético, y la CIA participó en esa batalla en todos los rincones del mundo. Sus veteranos creían que habían estado del lado de los buenos cuando habían enviado misiles a los muyahidines afganos y habían pasado de contrabando imprentas para Solidaridad en Polonia durante los años ochenta. Esas operaciones encubiertas habían socavado el poder del Kremlin, que era el objetivo último de la Guerra Fría y que siempre lo había sido desde la fundación de la CIA. Y una vez que los rusos perdieron, el mundo se transformó, o esa era la impresión que había dado. Cuando dio comienzo el siglo xxi, el número de democracias existentes en el mundo era más o menos igual al de autocracias.

Nunca antes en la historia de la civilización habían florecido tantas naciones libres.

Ese momento fue efímero. Desde entonces, la curva de la libertad en el mundo se había convertido en una línea, para ir cayendo posteriormente de forma continuada. La decadencia global de la democracia había dado comienzo cuando Bush invadió Irak, utilizando los avisos falsos de la CIA para justificar la guerra y ensuciando la imagen de los Estados Unidos como faro de la libertad. La ascensión al poder de Trump había hecho que el mundo tomara nota y entendiera que la propia democracia estadounidense se hallaba en un grave aprieto, que su política se había sumido en una guerra tribal, y que su capacidad de inspirar a los oprimidos no era más que un recuerdo lejano. Desde su cargo, el presidente atacó la libertad de prensa, la libertad de religión y la legitimidad de las elecciones libres. Despojó al Departamento de Estado de sus embajadores, se burló de sus mandos militares, y abrazó a dictadores que asesinaban y encarcelaban a sus adversarios. En el momento de la insurrección de Trump, la autocracia era una vez más el régimen imperante en grandes zonas del mundo. El número de países democráticos se había hundido hasta alcanzar los niveles más bajos desde los años cincuenta. La libertad había fenecido debido a la corrupción del diálogo político y a la gradual erosión de las libertades civiles, los derechos humanos y la igualdad de la justicia bajo el imperio de la ley.

Trump había puesto a los Estados Unidos al borde de la anarquía. El temor a que fuera un país fallido perduraba como el hedor de los gases lacrimógenos, mientras los equipos de limpieza empezaban a reparar las ventanas destrozadas del Capitolio y recogían las pancartas rotas de los golpistas.

«Realidades escatológicas»

La CIA había soportado cuatro años de desgobierno de Trump y salió de ellos en gran medida indemne, en buena parte debido a los esfuerzos de Gina Haspel por salvaguardar al cuartel general de la cólera del presidente. «Hay que atribuir un mérito enorme a Gina, mucho mayor del que a menudo se le reconoce, por haber sabido proteger este lugar —diría su sucesor, Bill Burns—. Hizo mucho por ayudar a aislar este lugar, especialmente en los últimos meses [de la administración Trump]».[1]

Biden nombró a Burns director de la CIA el 11 de enero de 2021, cinco días después de la insurrección en el Capitolio. Esta decisión sería una de las más trascendentales de su presidencia. Considerado por sus colegas el mejor funcionario del Servicio Exterior de su generación, Burns había dirigido, antes de que Biden lo eligiera, la Fundación Carnegie para la Paz Internacional, el laboratorio de ideas más antiguo de los Estados Unidos, fundado en 1910 con el objetivo de abolir la guerra. Guardaba un gran parecido con el primer presidente de dicha institución, Elihu Root, que había sido secretario de Estado del presidente Theodore Roosevelt, ganador del Premio Nobel de la Paz y gran maestre de la política exterior estadounidense en las décadas que vieron a los Estados Unidos convertirse en una potencia mundial. El periodista Robert Draper hizo una descripción memorable, aunque un tanto melodramática de Burns: «Una figura de elevada estatura, discreta, de ojos cansados, cabellos grises y bigote recortado. Un tipo que podría uno imaginarse fácilmente en cualquier novela de John le Carré, susurrando al oído de algún dignatario en una fiesta en alguna embajada que la ciudad está a punto de caer en manos de los rebeldes y que habrá un barco esperando en el puerto a medianoche».[2]

Burns no se había dedicado nunca al espionaje, pero no era ningún extraño en la CIA. Había colaborado estrechamente con sus agentes y analistas durante casi cuarenta años. Ryan Crocker, su amigo íntimo y colega durante mucho tiempo en el Departamento de Estado, observó en cierta ocasión que embajadores y jefes de estación de la CIA habían trabajado «codo con codo en todos los rincones del mundo desde el final de la Segunda Guerra Mundial. Llevamos el mismo tipo de vida. Nuestros hijos crecen juntos.

Arrostramos el mismo tipo de riesgos. Nos entendemos unos a otros. En términos de afinidades culturales, estamos muy cerca».[3] Burns era un buen ejemplo de ello. Había estado en el centro de unión entre inteligencia y diplomacia desde el comienzo de su carrera; había trabajado con jefes de estación de la CIA en Oriente Medio y en Rusia que luego ocuparían altos cargos en la agencia, incluido Steve Kappes, director adjunto de 2006 a 2010; Mike Sulick, jefe del servicio clandestino a las órdenes de Kappes; y Tom Rakusan, elegido por Haspel como jefe del servicio clandestino. Aquellos agentes tenían «una extraordinaria habilidad para trabajar con personas que quizá tenían un recelo natural hacia los estadounidenses —observó Burns—. La inteligencia trata de interacciones humanas, lo mismo que la diplomacia».[4]

Durante sus cuatro años como director de la CIA, Burns enlazó inteligencia y diplomacia hasta convertirlas en una fuerza destinada a sustituir las armas como máxima expresión de la autoridad estadounidense en el extranjero. Creía que, durante lo corrido del siglo XXI, los Estados Unidos habían estado encadenados a una estrategia fundamentalmente errónea, demasiado centrada en tácticas antiterroristas y demasiado enfrascada en un pensamiento mágico acerca de la capacidad que tenían los estadounidenses de transformar el mundo a punta de pistola.

Nacido en 1956 en Fort Bragg, Carolina del Norte, hijo de un general de división del Ejército que había dirigido la Agencia de Control de Armamento y Desarme en tiempos del presidente Reagan, Burns había ingresado en el Servicio Exterior en enero de 1982 y había trabajado allí durante treinta y tres años.* Su ascenso en el Departamento

* «Mi carrera no despegó como un cohete», contaría más tarde. Como funcionario de bajo rango en Jordania, se había prestado voluntariamente a conducir un camión cargado de suministros a lo largo de casi mil kilómetros de carreteras llenas de baches, desde la embajada de Ammán hasta el puesto avanzado estadounidense de Bagdad, durante la guerra entre Irak e Irán. «Sencillamente parecía una aventura interesante —comentó—. Llegué hasta la frontera. Un oficial de seguridad iraquí al otro lado del límite de Irak (que guardaba un parecido sorprendente con Sadam

de Estado había sido meteórico; su fluidez con el árabe y el ruso sería comparable a su dominio de la diplomacia muscular en la década de predominio global estadounidense que siguió al fin de la Guerra Fría. Llegó a Jordania como embajador de los Estados Unidos en agosto de 1998. La tercera noche de su estancia allí, un ataque terrorista contra el recinto de su delegación fracasó en el último momento. Unos días después, al-Qaeda hizo explotar varias bombas en la embajada estadounidense en Nairobi y en Dar es-Salam, la primera batalla de una guerra que devoraría a los soldados, los espías y los diplomáticos de los Estados Unidos.

Burns había vuelto a Washington para ponerse al frente de la División para Oriente Próximo del Departamento de Estado en abril de 2001. Sus colegas y él habían puesto en entredicho la advertencia de la CIA en torno al arsenal de Sadam, habían pronosticado que la invasión de Irak sería un desastre y habían avisado de sus peligros en un memorándum oficial titulado *La tormenta perfecta*. Pero acabaron reculando y Burns no fue capaz de adoptar en solitario una postura en contra de la guerra. «Eso sigue siendo lo que más lamento de toda mi carrera profesional —señalaría más tarde—. La invasión de Irak sigue siendo el pecado original. Fue fruto de la hibris [...], la idea enloquecida, irresponsable y desatinada de que convulsionar violentamente las cosas» serviría para traer la paz y la democracia al mundo árabe.[5] Durante los veinte años siguientes, «nos vimos arrastrados una y otra vez al atolladero de nuestras desventuras en Oriente Medio»,[6] mientras que Rusia y China incrementaban su poder global.

En agosto de 2005 logró el que pensaba que era el trabajo de sus sueños, embajador en Rusia: diez años antes ya había ocupado un puesto muy elevado en la embajada de Moscú. «El Kremlin está pensado para intimidar a quien

Huseín) confiscó el camión». Burns fue conducido a Bagdad bajo escolta policial, el camión y su carga desaparecieron y yo «me pasé las tres décadas y media siguientes aterrorizado ante la idea de que me retuvieran el sueldo» por ello.

viene de fuera —contaría—. Entras en esos grandes salones de techos enormes, recorres un pasillo interminable, se te abren unas puertas de bronce de dos pisos de altura y esperas a presentar tus credenciales de embajador a Vladímir Putin y marcharte. Y Putin no es un personaje particularmente imponente. Mide apenas uno setenta, me parece. Pero todo está orientado a que resulte impactante y sobrecogedor [...], y realmente así es». Uno de sus primeros invitados en Moscú había sido Barack Obama, flamante senador por Illinois, que hizo una parada en Moscú camino de Ucrania. Al término de una cena informal, estuvieron hablando hasta medianoche sobre Putin y la guerra de Irak; los dos pensaban lo mismo acerca de la locura de la invasión estadounidense y el desastre de la ocupación.

Según su apreciación, Putin era un hombre vengativo que pretendía restaurar el estatus de Rusia como nación imperial. Casi ya al final de su estancia como embajador en Moscú, en marzo de 2008, Putin lo había convocado a la dacha presidencial, a las afueras de la capital, diciéndole que fuera solo. Indignado por las insinuaciones de Bush en el sentido de admitir a Ucrania en la OTAN, el autócrata lanzó un sermón al embajador: «¿Acaso no sabe su Gobierno que Ucrania es inestable? ¿Acaso no saben ustedes que Ucrania no es ni siquiera un país de verdad?». ¿Y por qué querían los Estados Unidos resquebrajar a Rusia? Aquel verano Burns abandonó Moscú con destino a Washington con una sensación de aprensión, mientras las relaciones entre Rusia y los Estados Unidos se sumían en sus peores momentos desde comienzos de los años ochenta.

Burns había prestado servicio con Obama como subsecretario para Asuntos Políticos del Departamento de Estado, el tercer puesto de mayor responsabilidad, y luego como secretario de Estado adjunto desde julio de 2011 hasta que se retiró en noviembre de 2014; lo sucedió Tony Blinken, que había sido consejero de Seguridad Nacional adjunto del vicepresidente Biden y que luego se convertiría en su secretario de Estado. Echando la vista atrás a aquellos últimos tres años, Burns los vería como una época de ocasiones perdidas. «Tras la imprudencia de su antecesor, el mantra repetido una y otra vez por Obama, "¡No la cagues!", no era más que una norma de sensatez —escribiría en su libro de memorias aparecido en 2019, *The Back Channel*—. Pero había otras realidades escatológicas en materia de política exterior. Y también ahí la cagaron»,[7] especialmente en las ruinas dejadas por las dos largas guerras y las desalentadoras consecuencias de la Primavera Árabe; así que, al final, «Obama no pudo superar el legado recibido en Oriente Medio».

En su última misión diplomática, Burns había trabajado en medio del mayor secretismo, con el fin de cerrar el acuerdo destinado a cambiar el mundo por el que se obligaba a Irán a frenar su programa de armas nucleares, y había observado cómo Mike Pompeo, mientras se dedicaba a hacer política como director de la CIA, había convencido a Trump de que lo hiciera pedazos, a pesar de las durísimas objeciones del resto del equipo de Seguridad Nacional. Como regalo de despedida, Trump y Pompeo habían puesto en manos de Biden y Burns una copa envenenada: el acuerdo de Doha, que habían pactado con los talibanes.

«Un instrumento de rendición»

«Es un instrumento de rendición, no un acuerdo de paz», dijo David Petraeus, comandante en jefe de las fuerzas estadounidenses en Afganistán antes de convertirse en director de la CIA.[8] «El peor acuerdo diplomático que he visto nunca», comentó Douglas London, director de Antiterrorismo para Asia Meridional y del Sudoeste, incluido Afganistán, de la CIA en tiempos de Trump.[9] (Burns pensaba lo mismo). «Trump será responsable de las consecuencias, en el terreno político y en el militar», había advertido en junio de 2020 el antiguo consejero de Seguridad Nacional John Bolton.[10] Pero sería Biden el que tuviera que asumir la carga.

Pompeo y su enviado, Zalmay Khalilzad, se habían reunido con los talibanes de manera unilateral, excluyendo al

Gobierno afgano, y habían negociado el acuerdo con el líder de facto de los talibanes, el mulá Abdul Ghani Baradar, viceministro de Defensa del Gobierno talibán antes de que la CIA y el ejército estadounidense lo derrocaran en diciembre de 2001. Baradar había coordinado posteriormente y durante años los ataques contra las fuerzas estadounidenses. La CIA y el ISI lo habían capturado en Karachi en 2010; Khalilzad, actuando en nombre de Trump, convenció a los pakistaníes de que lo liberaran en 2018. Trump había llamado por teléfono a Baradar en Doha, después de que firmase el acuerdo, y le dijo: «Sois un pueblo duro y tenéis un gran país y yo comprendo que luchéis por vuestra patria [...]. La retirada de unas fuerzas extranjeras de Afganistán va ahora en interés de todos».[11] Y a continuación le preguntó: «¿Necesitáis algo de mí?». Baradar contestó: «Necesitamos que se libere a los prisioneros».[12]

A instancias de Trump, el Gobierno afgano liberó a unos cinco mil prisioneros, incluidos algunos altos mandos de la guerra. El puesto de la CIA en Kabul comunicó que su liberación había hecho retoñar de inmediato la fuerza militar de los talibanes. Ni Pompeo ni Khalilzad habían consultado al Pentágono o al Consejo de Seguridad Nacional, ni les habían notificado de antemano que habían firmado un protocolo secreto por el que los Estados Unidos tenían prohibido apoyar al ejército afgano en el combate. Cuando Trump dejó el cargo, había retirado de Afganistán a todos los soldados estadounidenses, menos a unos dos mil quinientos. Los talibanes disponían ahora de más de treinta veces ese número de combatientes dispuestos para la batalla. Las únicas obligaciones a las que se veían sometidos en virtud del acuerdo de Doha era abstenerse de atacar a los estadounidenses y negarse a dar cobijo a al-Qaeda. Mantendrían solo la primera de esas promesas.

El pacto de Doha exigía que todas las fuerzas estadounidenses abandonaran Afganistán el 1 de mayo de 2021, seis semanas después de que Burns tomara posesión de su cargo, tras su ratificación por unanimidad, cosa rara, por parte del Senado. Deseoso de ganar tiempo, Biden anunció, el 14 de abril, que los Estados Unidos iniciarían la retirada el 1 de mayo, pero que no la terminarían hasta el vigésimo aniversario de los ataques de al-Qaeda contra los Estados Unidos. El 11-S seguía atormentando al país como una pesadilla.

A finales de abril, Burns voló en secreto a Kabul para entrevistarse con Dave Pitts, el jefe de estación de la CIA. Pitts, hombre de cincuenta y muchos años, veterano de las fuerzas especiales y durante largo tiempo agente paramilitar, había ocupado cargos de responsabilidad en la estación de Bagdad y había prestado servicio en Afganistán desde 2012 hasta 2015. Ahora estaba al mando de casi doscientos agentes y supervisaba las Unidades Cero, compuestas por tres mil afganos, adjuntos nominalmente a la Dirección General de Seguridad Nacional del Gobierno de su país, que trabajaban para la CIA como soldados, traductores y guardaespaldas en la lucha contra el terrorismo. Pitts sabía sin duda alguna que los talibanes mantendrían su promesa de reanudar los combates si no se respetaba el plazo límite del 1 de mayo, y pronosticó con una precisión impresionante cómo y dónde llevarían a cabo su campaña.*

Burns había preguntado cómo iba a acabar la guerra. ¿Cuál era el peor escenario imaginable? ¿Qué pasaría si resultaba todavía peor? La inteligencia táctica de la CIA era

* En Kabul, los agentes y analistas de la CIA y sus colegas utilizaban una herramienta de inteligencia artificial, llamada Raven Sentry, para predecir los ataques del enemigo contra los estadounidenses y sus aliados afganos con una exactitud sorprendente. Llamaban a su oficina «la taquilla del empollón». La herramienta en cuestión incorporaba comunicación de código abierto, incluidos datos históricos que se remontaban a la época de la ocupación soviética, cuando la CIA había prestado apoyo a las guerrillas afganas. La revista de la Escuela de Guerra del Ejército de los Estados Unidos comunicaría: «En algunos casos, los ataques modernos se produjeron exactamente en los mismos emplazamientos, con una composición similar de las tropas insurgentes, durante el mismo periodo y con armas idénticas a las de sus homólogos rusos durante los años ochenta». Thomas W. Spahr, «*Raven Sentry*: Employing AI for Indications and Warnings in Afghanistan», *Parameters*, verano de 2024.

buena; su inteligencia estratégica —su capacidad de prever sorpresas—, no.

Poco después de que Biden jurase su cargo, los analistas de la CIA, en un lamentable error de cálculo, estimarían que los talibanes no iban a ser capaces de ganar su guerra hasta finales de 2022. No habían sabido ver el daño que el acuerdo de Doha había causado a la moral de los afganos y, por lo tanto, habían sobrevalorado la capacidad de aguante de su Gobierno. En junio, revisaron sus planteamientos. Ahora consideraban por unanimidad que Kabul no se enfrentaría a ningún ataque de envergadura hasta finales de 2021, mucho después de que las tropas estadounidenses se hubieran marchado. Su confianza en sus informes no era muy alta, y había buenos motivos de que así fuera. Era un misterio cuánto tiempo lograría resistir el ejército afgano. La CIA podía valorar su fuerza numéricamente, pero no su voluntad de combatir.

El 2 de julio, en la oscuridad de la noche, los Estados Unidos abandonaron la base aérea de Bagram, donde en otro tiempo habían estado acantonadas más de cien mil tropas estadounidenses; apagaron las luces y cerraron sus puertas, sin comunicárselo al Gobierno afgano. Aquella decisión resultó más desmoralizadora que el acuerdo de Doha. Los soldados del ejército afgano empezaron a deponer las armas y a quitarse los uniformes, y los talibanes empezaron a entrar en las capitales de provincia de las zonas rurales.

El 6 de julio, la CIA había dado la voz de alarma y había anunciado que Kabul no iba a poder resistir el ataque de los talibanes cuando se produjera. Evidentemente los encargados de llevarle el informe no convencieron al presidente. Biden siguió insistiendo en que el Gobierno afgano no iba a caer y en que los estadounidenses no se verían obligados a huir del país a punta de pistola. Durante la conferencia de prensa celebrada el 8 de julio, se mostró furibundo:

> PREGUNTA: ¿Es ahora inevitable una toma de Afganistán por los talibanes?
>
> PRESIDENTE: No, no lo es.

PREGUNTA: ¿Por qué?

PRESIDENTE: Porque usted... Las tropas afganas disponen de trescientos mil soldados bien equipados —tan bien equipados como cualquier ejército del mundo— y una fuerza aérea frente a unos setenta y cinco mil talibanes [...].

PREGUNTA: Su propia comunidad de inteligencia ha estimado que es probable que el Gobierno afgano se venga abajo.

PRESIDENTE: Eso no es verdad [...]. Eso no es verdad... No han... No han... No han llegado a esa conclusión. [...]

PREGUNTA: ¿Ve usted algún paralelismo entre esta retirada y lo que ocurrió en Vietnam?

PRESIDENTE: Ninguno en absoluto. Cero.[13]

Esto era en parte el fruto de que los generales mintiesen a Biden y, en parte, de que Biden se mintiese a sí mismo. El 13 de julio, algunos de los diplomáticos que permanecían en la embajada estadounidense, espoleados por los informes del puesto de la CIA, formularon una curiosa protesta a través del canal disidente del Departamento de Estado, con línea directa con el secretario de Estado Tony Blinken. Advirtieron que los Estados Unidos no estaban preparados para una toma de la capital por parte de los talibanes, y que la embajada carecía de un plan de huida. Hasta entonces, el Departamento de Estado no había considerado nunca en serio la posibilidad de una evacuación a gran escala, porque nunca había creído que los talibanes pudieran invadir Kabul tan pronto. Los disidentes protestaban también porque el papeleo había enmarañado las solicitudes de visados especiales de más de veinte mil afganos que habían colaborado con los Estados Unidos y cuyas vidas se hallarían en peligro si los estadounidenses se iban sin ellos.

El 3 de agosto por la noche, los talibanes se habían apoderado de la mitad del país. Lograrían controlar el resto en once días. Pero ni la CIA ni el Pentágono habían efectuado «ninguna estimación de inteligencia que diga que el

Gobierno va a caer y que el ejército va a caer [de forma inminente] —dijo el general Milley, presidente del Estado Mayor Conjunto—. Todavía el 3 de agosto, y hay otra declaración el 8 de agosto, siguen hablando de semanas, quizá meses».[14]

Tras la caída de la ciudad de Kandahar el 11 de agosto por la noche, Haines convocó a las siete de la mañana una reunión de emergencia del equipo de seguridad nacional y avisó de que Kabul sería la próxima plaza en caer. Finalmente, Biden tuvo que enfrentarse a la concatenación de crisis que se le venían encima y, el 12 de agosto, ordenó a la embajada estadounidense, en la que se alojaba también el puesto de la CIA, que se preparara para echar el cierre. El Departamento de Estado solicitó oficialmente que el Pentágono comenzara la evacuación en serio. Diplomáticos y espías empezaron a quemar documentos clasificados y a trasladarse en helicóptero a un edificio seguro en el aeropuerto internacional Hamid Karzai, donde unos tres mil soldados y marines estadounidenses iban llegando en avión para llevar a cabo la evacuación que pondría fin a la ocupación militar estadounidense de Afganistán.

Kabul cayó el 15 de agosto. El ejército y las fuerzas de seguridad afganas, adiestradas y equipadas por los Estados Unidos, con un coste de cientos de miles de millones de dólares, habían «depuesto las armas y se habían disuelto en un brevísimo lapso de tiempo», dijo el general Milley. Los talibanes habían recogido las armas que habían abandonado y habían entrado en la capital sin disparar ni un solo tiro. Ashraf Ghani, presidente afgano, huyó del país y se trasladó a Abu Dabi. Los últimos diplomáticos que abandonaron la embajada estadounidense arriaron la bandera y salieron pitando en un helicóptero Chinook rumbo al aeropuerto. En Eagle Base, el cercano puesto avanzado paramilitar de la CIA, unos agentes hicieron saltar por los aires sus vehículos, destruyeron sus discos duros, reunieron a todas las Unidades Cero que había repartidas por el país y ordenaron el abandono de las bases que tenía la CIA en Khost y Shkin, donde sus camaradas habían perdido la vida a manos de al-Qaeda.

El último agente de la CIA en abandonar Shkin prendió fuego a la base. La calavera de un Texas Longhorn que en otro tiempo había contemplado el panorama desde lo alto de la fachada del bar lo veía ahora desde aquel simple montón de escombros calcinados. Cuando llegaron los talibanes, uno de sus combatientes exclamó: «¡Solo nos han dejado los huesos!».[15]

«Los talibanes no nos han derrotado. Nos hemos derrotado nosotros solos»

Durante los últimos días de abril de 1975, cuando el ejército de Vietnam del Norte ponía sitio a Saigón, el jefe de estación de la CIA, Tom Polgar, capitaneó la evacuación del personal de la embajada estadounidense, junto con otros agentes de la CIA y los agentes secretos reclutados por ellos, mientras los marines llegaban en helicóptero a los terrenos de la embajada y a la azotea de la estación de la CIA para ponerlos a salvo y trasladarlos a unos barcos anclados cerca de la costa. A pesar de los denodados esfuerzos de Polgar, los Estados Unidos dejaron atrás a varios millares de survietnamitas que habían servido a la causa estadounidense, abandonándolos a un cruel destino a manos del enemigo. En el último momento, Polgar escribió un telegrama al cuartel general de la CIA y, a continuación, destrozó la máquina con la que lo había enviado:

> Ha sido un combate largo y costoso, y lo hemos perdido. Esta experiencia, única en la historia de los Estados Unidos, no marca necesariamente el final de los Estados Unidos como potencia mundial. La severidad de la derrota y las circunstancias en las que se ha producido, sin embargo, parecerían exigir un replanteamiento [...]. Esperemos que no tengamos otra experiencia como la de Vietnam y que hayamos aprendido la lección. Saigón se despide.

Treinta años después, Polgar recordaría: «Mientras subíamos los estrechos peldaños de metal que daban acceso al helipuerto de la azotea, sabíamos que dejábamos atrás a miles de personas en el complejo de logística de la embajada. Todos sabíamos cómo nos sentíamos al ser los capitanes de una causa perdida».[16]

El 16 de agosto, en Kabul, decenas de miles de afganos empezaron a congregarse a las puertas de la terminal civil, situada en el lado sur del aeropuerto internacional. Un puñado de ellos fue tiroteado por los soldados estadounidenses que intentaban contener a la impetuosa multitud. Algunos centenares treparon por los muros de alambre espinoso y se colaron en las pistas, buscando frenéticamente un vuelo que los sacara de allí. Otros se subieron a las alas de los aviones que hacían cola para despegar. Unos cuantos se agarraron al fuselaje de un gigantesco avión de transporte militar C-17 que ya tenía sus motores encendidos. Cayeron del avión al asfalto de la pista, y aquellos fueron sus últimos momentos, grabados fielmente por las cámaras de los periodistas afganos.* El *New York Times* informó: «Aquellas imágenes evocaban la dramática salida de los estadounidenses de Vietnam y sintetizaban el sobrecogedor colapso de Afganistán tras el abandono de los Estados Unidos».[17]

Los Estados Unidos intentaron llevar a cabo una de las evacuaciones por vía aérea de mayor envergadura de la historia, y la más compleja desde la caída de Saigón, con unas tropas demasiado escasas y una planificación también muy deficiente. Mientras la temperatura alcanzaba los 35 °C, los tiradores talibanes, los marines estadounidenses y las tropas de la Unidad Cero hicieron retroceder a la multitud enloquecida de personas desesperadas, algunas de las cuales murieron acribilladas a balazos y pisoteadas a las puertas del aeropuerto. «Vivo con los recuerdos de hombres y mujeres

* La evacuación supuso un desastre político para el presidente Biden, cuyos índices de aprobación cayeron en picado en el curso de la evacuación aérea del mes de agosto, quedando por debajo del 50 por ciento, sin que nunca volvieran a recuperarse.

pasando por las alambradas, lacerando sus cuerpos para tener aunque solo fuera una oportunidad de que yo les permitiera acceder al aeropuerto —comentaría Sam Aronson, un funcionario consular del Departamento de Estado—. Recuerdo haber ofrecido una dicotomía espantosa a una joven madre a cuyo marido cortaron el paso los talibanes: "Suba al avión y no vuelva a ver a su marido nunca más o salga del aeropuerto y pierda la única oportunidad que tiene de ser libre"».[18]

Lo más horroroso fue ver cómo una multitud de personas aterrorizadas eran aplastadas en la Puerta de la Abadía, la única salida que tenía la población civil afgana por decreto de los estadounidenses, vigilada por un grupo de marines jóvenes, muchos de los cuales habían sido desplegados por primera vez en una zona de combate. Miles y miles de personas, algunas agitando en la mano su pasaporte provisto de visados recién rarificados, suplicaron durante días y días una simple oportunidad de escapar.

Bill Burns tomó un avión y presenció aquella vorágine el domingo 22 de agosto; pasaría la noche en la terminal militar, en el lado norte del aeropuerto. Declaró que su misión era «simplemente persuadir a los talibanes de que nos dejaran llevar a cabo la evacuación y no se entrometieran en ella»,[19] tratando de garantizar que ni los estadounidenses ni sus aliados recibieran un tiro por la espalda cuando intentaban salir de Afganistán. El hecho de que el director de la CIA fuera el que negociara el asunto en nombre de los Estados Unidos era importante, aunque solo fuera «porque las connotaciones que habría tenido el envío del secretario de Estado, o de un diplomático de alto rango, habrían supuesto una especie de reconocimiento» de que los talibanes eran un Gobierno legítimo. No sería la primera vez ni la última que Burns ejerciera como diplomático de inteligencia, un delicado arte que pocos otros han dominado nunca.

«De modo que voy a entrevistarme con el mulá Baradar —diría Burns—. Él tiene sus guardaespaldas y yo tengo los míos, y todos ellos hace unas semanas estaban pegándose tiros unos a otros, con el dedo apretando el gatillo [...].

Pensé: "'¡Ah, estupendo! Vamos a celebrar una entrevista y esto se va a convertir en un tiroteo". Por fortuna, las cosas se calmaron. Ellos entendieron el mensaje, y en ese momento, creo, la opinión de Baradar era que les estábamos aguando la fiesta. Aquel era el momento de triunfo nacional de los talibanes y, en vez de poder disfrutar de su victoria, se encontraban con aquella escena en el aeropuerto que distraía la atención de la gente». Se dio cuenta de que los talibanes estaban demasiado ansiosos de que los estadounidenses se fueran. No hacía falta que los convenciesen.

Burns preguntó al jefe de estación de la CIA, Dave Pitts, cuál era el plan de evacuación de la agencia. Por fortuna, él tenía uno, aunque el Departamento de Estado no tuvo uno hasta que los talibanes hubieron tomado Kabul; sus enviados habían improvisado sobre la marcha, en medio del temor y del caos. Pitts disponía de una lanzadera de helicópteros de fabricación rusa que volaban de la base Eagle al aeropuerto, pero eso era lo de menos. Había ideado su propia vía de escape. Se llamaba la Puerta de la Gloria, un nombre grandilocuente para designar un pasillo de paredes de hormigón voladas con explosivos, situado en el lado norte del aeropuerto, que estaba controlado por paramilitares de la CIA, comandos de las Fuerzas Delta y tropas de la Unidad Cero. Los soldados afganos de la CIA, una hueste de espías afganos reclutados a lo largo y ancho del país y sus familias salieron de Kabul por aquel corredor. Y lo mismo hicieron varios centenares de civiles afganos cuyas vidas corrían peligro. «Cuando vi que los oficiales estadounidenses de la Puerta de la Gloria introducían por allí a pie sus activos más valiosos, tuve la idea de que yo podía hacer lo mismo», declaró Aronson, el funcionario consular del Departamento de Estado.[20] Con ayuda de un joven afgano del que se había hecho amigo, porque había trabajado como traductor para las fuerzas especiales estadounidenses, Aronson hizo pasar a cincuenta y dos personas pertenecientes a trece familias afganas por la Puerta de la Gloria y logró salvarlas.

La CIA consiguió sacar a casi toda su gente. «Una de nuestras obligaciones más profundas es la que tenemos con nuestros socios afganos —dijo Burns—. Pudimos sacar a miles de socios nuestros y a sus familias», unas treinta mil personas en total. Pero para vergüenza eterna de los Estados Unidos, a la mayoría de los afganos que habían trabajado para la causa estadounidense a lo largo de dos décadas los dejaron atrás. Más de setenta mil aliados abandonados —incluidas decenas de millares de personas que disponían de visado o estaban a la espera de recibirlo— quedarían en peligro de muerte a merced de la venganza de los talibanes.

Burns salió de Afganistán en avión el 25 de agosto, con un mal presentimiento. «Recuerdo recorrer en coche el aeropuerto internacional de Kabul y pasar por la Puerta de la Abadía —dijo—. Una corriente de amenaza sobre la que estábamos reuniendo información de inteligencia en aquel momento, tan intensa como no he visto nunca en mi vida».

La CIA estaba captando señales alarmantes de un inminente ataque con coche bomba en el aeropuerto a manos del ISIS-K (siglas en inglés del Estado Islámico del Khorasán), el grupo terrorista con base en Kabul.* A las cuatro y media de la tarde, los mandos de las Fuerzas Armadas estadounidenses en Afganistán mantuvieron una videoconferencia con el secretario de Defensa Lloyd Austin y el general Milley, desde el Pentágono, y con los generales del CENTCOM desde Qatar. «No creo que la gente se dé cuenta

* Formado en 2015 por yihadistas pakistaníes y uzbekos, el ISIS-K luchaba contra los talibanes por el control de Afganistán, llegando a atacar una maternidad, una universidad y distintos grupos de ayuda en su campaña de terror, a consecuencia de la cual resultaron muertas o heridas miles de personas. Tras la caída de Kabul, sus dimensiones y su carácter letal aumentaron. En enero de 2024 asesinó a noventa y seis iraníes durante un homenaje a Qassem Soleimani, el líder de la Guardia Revolucionaria muerto a causa de un ataque con drones perpetrado por la CIA y el Pentágono en 2020. Soleimani había capitaneado la lucha de Irán contra el ISIS-K y sus filiales. En marzo de 2024, este mismo grupo asesinó a ciento cuarenta y cinco personas en una sala de conciertos de Moscú. La CIA había avisado previamente tanto a los iraníes como a los rusos, pero nadie le hizo caso. En ISIS-K, la K es la inicial de Khorasán, un imperio medieval que incluía Afganistán y varias partes de Irán, Pakistán y Asia Central.

de la increíble cantidad de peligro que hay sobre el terreno», dijo Austin, avisando de un inminente «suceso con un número enorme de bajas».[21] Los mandos militares sobre el terreno dijeron que la Puerta de la Abadía era la que se enfrentaba al mayor peligro y detallaron sus planes de cerrarla en el plazo de veinte horas. No pudieron cumplirlo.

Al día siguiente, a las 16.40, un escuadrón de soldados de las fuerzas especiales se presentó en la Puerta de la Gloria y ordenó que todo el mundo abandonara la zona de inmediato: había un coche bomba dirigiéndose al aeropuerto. La orden no llegó a las tropas estadounidenses situadas en la Puerta de la Abadía y, aunque lo hubiera hecho, la multitud era tan grande y la situación estaba tan fuera de control que cualquier cosa que hubieran podido hacer no habría servido de nada. Además, el ataque no se produjo con un coche bomba. Un terrorista del ISIS-K vestido de negro hizo estallar un chaleco bomba en la Puerta de la Abadía a las 17.50. Unos diez kilos de rodamientos de bolas atravesaron la marea de gente allí congregada, causando la muerte a ciento setenta civiles afganos y a trece miembros de las Fuerzas Armadas de los Estados Unidos (once marines, un soldado y un marinero, los últimos estadounidenses que murieron en Afganistán).

La búsqueda del conductor del coche bomba fantasma continuó. El 29 de agosto, durante ocho horas, analistas de inteligencia y operadores de drones de la recién creada Célula de Ataque Inminente del Mando Central en Qatar siguió a un Toyota Corolla blanco por las calles de Kabul. Dos juegos de ojos mecánicos se dedicaron a observar el coche: un dron de vigilancia de la CIA provisto de una cámara y un dron militar Reaper armado con un misil Hellfire. El Reaper disparó contra un Toyota Corolla blanco que acababa de aparcar junto a una casa de un barrio residencial cerca del aeropuerto de Kabul. El general Milley lo calificó de «ataque justo» contra el ISIS-K. Era mentira. El último ataque estadounidense con drones había matado a Zemari Ahmadi, un trabajador de una organización caritativa contra la malnutrición con base en California, y a otros nueve civiles inocentes, incluidos siete niños de su familia.

Un minuto antes de la medianoche del 30 de agosto, despegó de Kabul el último avión militar estadounidense. Los Estados Unidos habían huido de Afganistán, siguiendo los pasos de los ejércitos de la Unión Soviética, el Imperio británico, Genghis Khan y Alejandro Magno. Habían pasado veinte años, se había gastado un billón de dólares, habían muerto 2.448 soldados estadounidenses, otros 20.722 habían resultado heridos y las mentes de varios millares más habían quedado dañadas para siempre. Entre los fallecidos había 3.846 subcontratados estadounidenses, 1.144 miembros de las fuerzas armadas aliadas, sesenta y seis mil miembros del Ejército y la policía nacional afgana, 444 cooperantes, 62 periodistas, al menos trece agentes de la CIA... y decenas de millares de civiles afganos que habían trabajado para los Estados Unidos. Otrora había sido la guerra buena, la guerra justa, la guerra que la Casa Blanca de Bush había llamado Operación Libertad Duradera. Ahora era una causa perdida. Cuando los estadounidenses hubieron alzado el vuelo, el general H.R. McMaster diría la última palabra: «Los talibanes no nos han derrotado. Nos hemos derrotado nosotros solos».[22]

Dave Pitts fue uno de los últimos en abandonar Kabul. En octubre de 2021, Burns lo nombró jefe de la CIA para Asia Meridional y Central, zona que cubría trece países, incluidos Afganistán y Pakistán. Tendría una última misión que cumplir en la tierra de los talibanes.

Unos meses después de su regreso al cuartel general, sus agentes y sus colegas de antiterrorismo le dieron una buena noticia. Habían descubierto que Ayman al-Zawahiri, líder de al-Qaeda desde la muerte de Osama bin Laden, residía en una elegante casa segura de cuatro plantas en un barrio de alto standing de Kabul, a unos tres kilómetros de la ahora abandonada embajada estadounidense. Al-Zawahiri, que contaba ya setenta años, no salía nunca de la casa, salvo para tomar un poco el sol por las mañanas y respirar aire fresco en su costosa terraza del tercer piso. El edificio era propiedad de un secretario de alto rango de Sirajuddin Haqqani, el ministro del Interior del Gobierno talibán, un hombre al que los Estados Unidos calificaban de terrorista global. Haqqani era hijo de un destacado señor de la guerra afgano, apoyado por la CIA durante la yihad contra los soviéticos y elogiado por el presidente Reagan, que lo calificó de luchador por la libertad.

Burns llevó a la sala de crisis una maqueta construida a escala de la casa segura de al-Zawahiri e informó a Biden sobre el plan de la CIA para matarlo. Biden le dio su aprobación a condición de que no murieran personas inocentes. La operación fue «el resultado de innumerables horas de recopilación de información de inteligencia durante muchos años», dijo el veterano de la CIA Mick Mulroy.[23] Burns guardó la maqueta a escala en su despacho de la séptima planta como si fuera un tótem.

Una mañana de verano, cuando el sol se levantaba sobre Kabul y sonaba la llamada a la oración desde los minaretes de la ciudad, al-Zawahiri salió a saludar el amanecer. Dos misiles Hellfire acabaron con el emir de al-Qaeda. Y en ese momento se cerró un largo capítulo de la historia de la CIA.

27

Inteligencia humana

Cinco semanas después de la caída de Kabul, Tom Sylvester pronosticó que Rusia estaba preparándose para invadir Ucrania. El hallazgo no fue fruto de ningún momento de entusiasmo, ni de ningún destello de inspiración ni de la revelación de una sola fuente en concreto. Muchos arroyos de información de inteligencia, que venían por una miríada de canales, se habían convertido ya en un caudaloso río a primeros de octubre de 2021. Remontando la corriente, la CIA había llegado a la conclusión de que Putin iba a entrar en guerra.

Como nuevo jefe de la CIA para Europa y Eurasia, Sylvester se había encargado del llamamiento a las armas contra el Kremlin, heredando los tres años de trabajo de su antecesor, Tom Rakusan, cuya renovación de la Casa Rusia había duplicado y vuelto a duplicar el reclutamiento de fuentes rusas. «Hay dos maneras en las que, a mi juicio, lo que hizo Tom durante estos años realmente marcó la diferencia —dijo Bill Burns—. Una era simplemente restaurar el punto de atención de lo que hacía la Casa Rusia y su significación, pues con los años habíamos logrado asentar una buena cantidad de conocimientos sobre Rusia y de buenos hablantes de ruso. Y luego, lo segundo que había hecho Tom con todo ese esfuerzo había sido responder a los servicios secretos rusos, que no habían tenido tanto empuje [antes de la llamada a las armas,] trabajando con socios de enlace en el extranjero para revelar y desbaratar las actividades de inteligencia rusas. Ambas cosas, en mi opinión, crearon unos cimientos realmente sólidos» para el asalto de la CIA al Kremlin.[1]

«Y entonces, lo que intentamos construir con eso, a partir de la primavera de 2021, fue una nueva dimensión de reclutamiento —comentaría Burns—. La verdad es que aquella fue una ocasión única, de las que solo se dan una vez en una generación, especialmente desde el momento en que empezaron a sonar los tambores de guerra, dada la desafección reinante en algunos sectores de la élite rusa y de la sociedad rusa en general» contra el régimen de Putin. Dave Marlowe, al que Burns había nombrado jefe del servicio clandestino en junio de 2021, dijo que la CIA había empezado «por buscar por todo el mundo a rusos que estén tan disgustados con Putin como nosotros».[2] Y encontró a bastantes.

La CIA pudo operar con los agentes rusos recién reclutados —y atreverse a compartir la información de inteligencia con espías aliados— gracias en parte a Paula Doyle, que quince años antes había contribuido a acabar con la red de fabricación de armas nucleares de A. Q. Khan. Había ayudado a arreglar las deficiencias de los sistemas de comunicaciones secretas de la CIA que habían dado lugar a la muerte de los agentes reclutados en China e Irán. Doyle comentó que sus equipos y ella habían «definido la capacidad que tendría la CIA de tratar a nuevos espías sensatos, utilizando técnicas ideadas para conseguir que continuaran siendo productivos y seguros. Estábamos centrados absolutamente en ganar la guerra de espionaje para los que vinieran después de nosotros»,[3] cuando se retirara como vicedirectora adjunta de Operaciones de tecnología de la CIA.

Sylvester dijo que Doyle había dado respuesta a una cuestión urgente planteada por los agentes operativos encargados de transmitir y recibir información de inteligencia secreta: «¿Cómo garantizamos que los rusos no puedan infiltrarse entre ellos inmediatamente?».[4] Tranquilizados de ese modo, los jefes de estación de todo el mundo habían convencido a las agencias extranjeras de que los ayudaran a espiar a los agentes de los servicios de inteligencia, militares y diplomáticos rusos.

«Se tomó una decisión estratégica sobre cómo compartir inteligencia. La usábamos como un mecanismo de influencia para que los gobiernos que no hubiesen cooperado con nosotros en el pasado empezaran a hacerlo».[5] «El hecho de que compartiéramos una información precisa con muchos, muchos socios nuestros, que pronosticaba con exactitud que Rusia iba a emprender la guerra fue, según nos dijeron, el trabajo más eficaz que había hecho la CIA con ellos y por ellos en los últimos dieciocho años», comentaría Sylvester. El intercambio de información de inteligencia allanó la vía para crear una ruta de doble sentido con los servicios de inteligencia extranjeros, y «les permitió abrir canales de cooperación y de información de inteligencia que hasta ese momento no habían compartido con nosotros. Para muchos de ellos supuso un acto de confianza enorme. Pero para otros muchos supuso también un gran riesgo, basado en la información que estábamos compartiendo».*

Burns había solicitado ayuda a todos los organismos de inteligencia estadounidense para que apoyaran a la CIA en su búsqueda. Los departamentos de Seguridad Nacional y Contrainteligencia del FBI habían redoblado sus esfuerzos para espiar a los rusos. Paul Nakasone, el general de cuatro estrellas al mando de la NSA y su Comando Cibernético habían ejercitado sus capacidades de interceptación electrónica con los hombres de Putin. El secretario de Defensa Lloyd Austin había centrado la atención de los satélites espía

* En una reunión trascendental, Patrick Weninger, en representación de la Casa Rusia, se entrevistó con sus homólogos de las diversas agencias de espionaje de dentro y fuera de la OTAN, incluidas las del Reino Unido, Ucrania y los Países Bajos, que acudieron a La Haya, donde, en otro tiempo, había trabajado Weninger como jefe de estación. La información de inteligencia fluyó en ambos sentidos: los holandeses habían desarrollado una red de agentes reclutados en Rusia y en Ucrania en su larga búsqueda de pruebas que demostraran la culpabilidad de los rusos en el derribo del Vuelo 17 de Malaysia Airlines en 2014, en el que habían perdido la vida 193 holandeses. La labor de los agentes de la inteligencia holandesa dio lugar a la condena de dos rusos y un colaborador ucraniano en 2022.

del Pentágono en los movimientos del ejército ruso. Avril Haines, la antigua directora adjunta de la CIA, estaba ahora al frente de la Dirección General de Inteligencia Nacional, y había invertido muchos millones de dólares en esa tarea, en coordinar a las diecisiete agencias que supervisaba y en asignar a decenas de analistas la labor de estudiar y contrastar la información que habían logrado reunir.

A medida que iba cobrando fuerza, la llamada a las armas se había convertido en esa oportunidad única, como las que se dan solo una vez en una generación, de la que hablaba Burns, una ocasión de llevar a cabo un cambio radical en la CIA, una vuelta a su misión principal: el espionaje. Durante veinte años, sus agentes habían intervenido en una guerra de antiterrorismo y en una campaña de contrainsurgencia derivada de la guerra contra el terrorismo. «Habíamos centrado nuestra atención en *eso*, y China y Rusia habían centrado su atención en *nosotros*», dijo Mike Morell en un testimonio oral publicado el 11 de septiembre de 2021.[6]

La CIA no había sabido deducir las intenciones militares de los rusos durante la Guerra Fría. Ahora, treinta años después de que la hoz y el martillo se alzaran por última vez en la plaza Roja, sus espías habían podido fijar su atención en el interior del Kremlin y habían adivinado los secretos que solo el espionaje puede revelar.

«Estoy convencido de que los rusos van a iniciar la invasión»

«Hoy, a fecha de 11 de octubre, estoy convencido de que los rusos van a iniciar la invasión de Ucrania —dijo el general Nakasone—. El peso de la información de inteligencia era distinto de cualquier cosa que hubiéramos visto con anterioridad».[7]

Esa mañana, Burns y Haines se trasladaron al despacho oval a presentar esa información al presidente Biden y a la vicepresidenta Harris. El secretario de Estado Blinken, el secretario de Defensa Austin y el general Milley se unieron a ellos. Los espías y los agentes secretos reclutados por la CIA, las interceptaciones de las comunicaciones efectuadas por la NSA y los satélites de reconocimiento fotográfico del Pentágono contaban unánimemente la misma historia. «En realidad llamamos la atención sobre Rusia [basándonos] en una colección verdaderamente exquisita [de información de inteligencia] y en la profunda experiencia [...] para interpretarla y saber lo que quería decir», comentó Linda Weissgold, antigua encargada de presentar a Bush los informes en la Casa Blanca, y actualmente directora de análisis de inteligencia de la CIA.[8]

Burns dijo al presidente que Putin tenía la intención de llevar a cabo la invasión cuando llegara el invierno. «No solo habíamos visto la concentración de tropas en las fronteras de Ucrania, sino que también, gracias a la información que habíamos conseguido, sabíamos lo que los dirigentes rusos pensaban y tenían planeado hacer en realidad con esas fuerzas», comentaría Blinken.[9] Haines señaló que Putin estaba dedicando mucho dinero a planes de contingencia militar y a fortalecer sus tropas de reserva. «Había muchas cosas que realmente hacían de esto un argumento mucho más convincente —dijo—. Las decisiones presupuestarias que se habían tomado, otras modalidades de información de inteligencia a su alrededor, la campaña de información que estaban llevando a cabo. Hasta que no juntabas todos esos elementos, no veías cómo encajaba la imagen».[10]

Burns y sus colegas expusieron hasta el más mínimo detalle el orden de batalla del ejército ruso y sus estrategias operacionales. Dando por supuesto que la CIA estaba en lo cierto en lo concerniente a la magnitud de la invasión que se avecinaba, dijo, aquella «sería la mayor operación bélica por tierra llevada a cabo en Europa desde la Segunda Guerra Mundial».[11] Los ucranianos opondrían denodadamente resistencia, pero la CIA calculaba que las posibilidades de que lograran defender su país eran prácticamente nulas. (Tras sobrevalorar la capacidad de aguante del ejército afgano, sus analistas infravaloraron ahora la voluntad de los ucranianos de combatir). La información de inteligencia apuntaba a un ataque más o menos idéntico al de la invasión soviética de Checoslovaquia en 1968, cuando doscientos cincuenta mil soldados habían tardado cien horas en conseguir sus objetivos militares. La CIA se figuraba que Kiev caería con la misma rapidez.

¿Por qué iba Putin a hacer aquello?, preguntó Biden. ¿Qué era lo que estaba pensando? Burns lo sabía. Durante veintidós años, dijo, había visto cómo el presidente ruso había ido cociéndose en un caldo tóxico de agravios, inseguridad y ambición. Creía que la CIA había arruinado el Imperio soviético que él había intentado resucitar, y que había apoyado las posteriores sublevaciones en países como Ucrania, que en otro tiempo habían estado bajo el control del Kremlin. Era un apóstol de la revancha. Burns había oído decir directamente a Putin que estaba obsesionado con Ucrania, insistiendo en que no era un país, sino una parte integrante del Imperio ruso desde hacía mil años. Ahora se había convencido a sí mismo de que su obligación era apoderarse de Ucrania por la fuerza y hacer realidad su destino de restablecer la Rusia imperial.

El presidente Biden envió a Burns en misión a Moscú con la orden de persuadir a Putin, si podía, de que no lo hiciera. El director de la CIA puso sus pies en la imponente grandiosidad del Kremlin el 2 de noviembre y se entrevistó con Yuri Ushakov, consejero de política exterior de Putin, Nikolái Pátrushev, compañero durante largo tiempo de Putin en el KGB y director de su Consejo de Seguridad, y Serguéi Naryshkin, director de su servicio de inteligencia exterior. Putin no asistió a la reunión. Intervino desde su mansión en la localidad balnearia de Sochi, a orillas del mar Negro, donde se hallaba confinado durante la cuarta oleada del coronavirus que asoló Moscú. Burns le expuso con todo detalle lo que sabía la CIA acerca de sus planes, y le advirtió de las consecuencias a las que debería hacer frente si seguía adelante con su ataque contra Ucrania, incluidas la imposición de severas sanciones económicas con las que se pretendía paralizar el sistema bancario de Rusia y destrozar el valor de su divisa.

«Se mostró claramente poco propenso a dar marcha atrás —contaría Burns—. Podía uno ver su absoluto convencimiento de que iban a arrollar a Ucrania, de que había modernizado el ejército ruso hasta tal punto que los ucranianos no tenían nada que hacer. Regresé prácticamente convencido de que iba a emprender la invasión. Y ello en parte debido a lo que habíamos podido ver, a la información que habíamos reunido gracias a la inteligencia humana y técnica. Pero en parte también por la obsesión que habíamos visto que se reforzaba en Putin a lo largo de los años con que Rusia no podría ser una gran potencia, de que él no podría convertirse en un gran líder ruso, si no controlaba a Ucrania y sus decisiones. Y yo pensé que aquella era la oportunidad que tenía de hacerla realidad».[12]

El 12 de enero de 2022, Burns voló hasta Kiev. «El presidente me envió a hablar con Zelenski —comentaría—. En aquellos momentos habíamos reunido una información de inteligencia bastante precisa acerca de lo que planeaban los rusos, empezando por decapitar al régimen ucraniano y matar a Zelenski, y llevar a cabo un ataque relámpago, tal como ellos lo visualizaban, a través de la frontera bielorrusa, destinado a conquistar Kiev». A partir de aquel día, «compartimos de manera sistemática la información con los ucranianos, para ayudarlos a que se prepararan a defenderse».[13]

Putin se había equivocado de mala manera al juzgar la fuerza de su ejército, mostrándose ciego a las mentiras y la corrupción que lo corroían y a la incompetencia y la arrogancia de los generales que estaban a su mando. Pero Ucrania no podía repeler a los rusos solo por la fuerza de las armas. Su arma más poderosa sería la inteligencia secreta.

«Estuvimos juntos al pie del cañón»

La estación de la CIA en Kiev llevaba ocho años trabajando con los ucranianos, desde que la revolución popular de 2014 había derrocado al presidente títere instalado por Putin en Kiev. Los servicios de inteligencia ucranianos tuvieron que ser desmontados y reconstruidos; sus efectivos estaban llenos de agentes rusos que habían saqueado sus oficinas y habían quemado sus archivos durante la revuelta. Aquel mes de abril, tras la ocupación y la anexión de la península de Crimea por Putin y el envío de varias unidades de fuerzas especiales con el fin de apoyar la lucha de los separatistas del este de Ucrania, John Brennan había volado a Kiev en secreto, o eso pensaba él. Un topo infiltrado en la inteligencia ucraniana había comunicado su llegada a los medios de comunicación estatales de Rusia. Estos informaron inmediatamente de su visita, calificándola de prueba de que la CIA dirigía la política de Ucrania, y publicaron una imagen manipulada con Photoshop de Brennan vestido de payaso.

La realidad era terriblemente seria. A partir de aquel día, cuatro jefes de estación sucesivos de la CIA, respaldados por un numeroso y cada vez mayor grupo de trabajo en Langley, se esforzaron por ayudar a Ucrania a crear un servicio de espionaje propio del siglo XXI. La CIA le proporcionó de todo, desde un complejo en el que establecer un nuevo cuartel general hasta adiestramiento paramilitar en la base de la División de Actividades Especiales de Harvey Point, Carolina del Norte. Una pequeña unidad de agentes de la Sección Terrestre de la división se trasladó a la zona ocupada del este de Ucrania para adiestrar a sus aliados, completamente asediados, en el uso de técnicas de tiro de largo alcance, guerra con vehículos antitanque, comunicaciones encubiertas y camuflaje. En el cuartel general de la CIA, la misión de convertir los servicios de inteligencia ucranianos en unos socios de confianza quedó bajo la supervisión de cinco jefes seguidos del servicio clandestino: Greg Vogle, Tom Rakusan, Beth Kimber, David Marlowe y Tom Sylvester, que pasaría a ocupar esa dirección en el verano de 2023. La inversión tendría un rendimiento enorme.

«La CIA fue muy rápida y profesional a la hora de ayudarnos en nuestro objetivo de reconstruir las capacidades de inteligencia de Ucrania —dijo Valentin Nalivaichenko, que en 2014 había sido nombrado director del Servicio de Seguridad de Ucrania, el SBU—. Tuvimos que empezar por erradicar a cualquier traidor, topo y demás agentes prorrusos existentes en el SBU. Eso significó que en una semana despedimos a más del 90 por ciento de los máximos dirigentes del SBU. Eso supuso también que tuvimos que encontrar rápidamente a gente nueva para sustituirlos. Por supuesto, resultó muy difícil. Sin embargo, sin limpiar primero la *agentura* rusa existente dentro del SBU, habría sido imposible generar la confianza de la CIA [...]. Enseguida empezamos a ejercitarnos con nuestros socios estadounideses para crear una nueva fuerza de contrainteligencia en Ucrania, una hazaña que llevamos a cabo en unos pocos meses».[14]

Esa fuerza fue creada por el teniente general Valeri Kondratiuk, que dirigía el servicio de inteligencia militar, el HUR. Sus agentes se habían infiltrado en la agencia rival rusa, el GRU, y ayudaron a la CIA a destapar a los hackers que habían conspirado para ayudar a que Trump fuera elegido en 2016. La CIA les proporcionó equipos de espionaje para crear redes de vigilancia en el este de Ucrania y pinchar los teléfonos móviles de altos oficiales del Ejército y de los servicios de inteligencia rusos que llegaban de Moscú a visitar la línea del frente. El general Kondratiuk se puso al mando de una nueva unidad paramilitar, creada por el puesto de la CIA y adiestrada por agentes de la Sección Terrestre de la División de Actividades Especiales, que llevó a cabo operaciones de sabotaje detrás de las líneas enemigas. Desde 2017, enviaría a agentes secretos adiestrados por la CIA en Alemania y Polonia, en misiones clandestinas de espionaje en el interior de Rusia. Su sucesor, el teniente general Kyrylo Budánov, dirigió personalmente algunas de esas operaciones. La alianza con la CIA «no hizo más que reforzarse durante los cinco años siguientes —dijo Budánov—. Se incrementó sistemáticamente. La cooperación se extendió a otros ámbitos y adquirió mayor envergadura».[15]

En el momento en el que Burns se puso al frente de la agencia, los ucranianos habían demostrado ser tan hábiles como la propia CIA para convencer a algunos rusos de que traicionaran a su país, o quizá incluso más. «Decimos que nos dedicamos a espiar —comentó David Marlowe—. Pero lo que realmente hacemos es tener relación con personas que se dedican a espiar, y a cambio les damos algún tipo de compensación. Y de ese modo, si vamos a invitar a alguien a mantener una relación en la que corren el riesgo de ser encarcelados o de morir, por traicionar a su tribu o a su institución o a su país, porque creen en lo que están haciendo con nosotros, tenemos que ser muy prudentes al respecto».

Los ucranianos eran menos prudentes, y no les faltaban motivos. «Para un ruso, dejarse reclutar por un estadounidense es cometer el acto más definitivo y absoluto de traición —señaló Kondratiuk—, pero ser reclutado por un ucraniano es simplemente charlar entre amigos tomando una cerveza».[16]

Los servicios de espionaje de Kiev, resucitados por la CIA, estaban convirtiéndose para los estadounidenses en una de las mejores fuentes de información de inteligencia sobre los rusos; y la CIA estaba convirtiéndose en la mejor defensa de los ucranianos contra ellos. «Probablemente aquella fuera una de las mejores inversiones que hayan hecho la CIA y el Gobierno estadounidense —comentó Sylvester—, había generado la confianza, la intimidad y la capacidad que hacen falta en épocas en las que se necesita tener la sensación de que estáis juntos al pie del cañón». Durante el otoño de 2021, la CIA había impartido a los ucranianos un curso de posgrado en operaciones de espionaje y actividades paramilitares, y además le había dado la capacidad de comprender y utilizar un flujo constante de información de inteligencia estadounidense.

«Si me pregunta usted cuáles son los dos principales factores [que permitieron a Ucrania aguantar frente a los rusos] —dijo Sylvester—, uno radicaría en las decisiones tomadas a partir de 2014 de invertir, de dedicar dinero, personas y adiestramiento de forma continuada hasta el comienzo de la guerra. Y el segundo fue esa decisión continuada de compartir información de inteligencia y los reiterados viajes de nuestro director por toda Europa», trabajando para unir los servicios de espionaje de la OTAN en previsión de la invasión de Rusia.

«Esta es la inteligencia de la nación»

Cuando ayudaron a crear un plan de todo el Gobierno contra una invasión rusa, Burns y Haines dirigían un resurgimiento de la tradición de guerra política estadounidense, adormecida durante largo tiempo. La inteligencia estadounidense había identificado a centenares de espías que se habían hecho pasar por diplomáticos en las embajadas rusas de toda Europa; todos ellos serían descubiertos y expulsados por los países aliados. La guerra económica de los Estados Unidos golpearía a los oligarcas y los personajes influyentes de Putin donde más duele, con la imposición de una serie de sanciones que congelaron cinco mil millones de dólares de los activos del banco central de Rusia en los Estados Unidos y bloqueando el uso de fondos de reserva extranjeros destinados a sostener el rublo. Burns y Blinken empezaron a trabajar juntos para unir a los países de la OTAN, reforzando la alianza que Trump había arruinado.

De manera trascendental, Burns contribuyó a convencer a Biden de que lanzara una espectacular ofensiva relámpago de información de inteligencia. Los Estados Unidos anunciaron que sabían, más allá de toda duda, que Rusia iba a invadir Ucrania.

La capacidad de predecir un ataque sorpresa era una cosa; la decisión de compartir con todo el mundo la información de inteligencia que explicaba con todo detalle los planes de Putin era otra muy distinta. Los argumentos tenían que ser contundentes. Todavía perduraba el hedor de los desastrosos informes de la CIA acerca del arsenal de Sadam, dieciocho años después de que abrieran la senda de la guerra de Irak. Desde entonces, los aliados de los Estados Unidos habían puesto en entredicho los juicios de la CIA acerca de los acontecimientos mundiales. Cuando, a mediados de noviembre, Haines presentó a los ministros de los países de la OTAN un informe de inteligencia descafeinado, chocó con un profundo escepticismo. «¿De verdad? ¿No estará usted exagerando de algún modo esa amenaza? —comentó que le habían preguntado—. ¿Va esto a meternos de lleno en el lío, en vez de ayudarnos realmente a prepararnos a hacerle frente?».

Burns pensaba que un redoble de tambor constante de información de inteligencia del máximo secreto, presentada abiertamente como hechos irrefutables, determinaría la percepción de la opinión pública acerca de las intenciones de Putin, convencería a los aliados dudosos de la OTAN, uniría a Europa frente a la agresión rusa y, probablemente, lo disuadiría de perpetrar el ataque, aunque se trataba de una apuesta muy arriesgada. Haines y él contaron con el apoyo unánime de sus colegas. El general Nakasone dijo: «Esta es la inteligencia de la nación. No es la de una agencia ni la de la comunidad de inteligencia ni la de quien quiera que sea. Si beneficia a nuestra seguridad nacional, ¿por qué no vamos a hacerlo?».[17]

Biden ordenó a su consejero de Seguridad Nacional, Jake Sullivan, que orquestara la desclasificación selectiva de secretos, revisados para proteger las fuentes de la información y sus métodos. A finales de enero y comienzos de febrero de 2022, los secretarios de prensa de la Casa Blanca, el Departamento de Estado y el Pentágono expusieron detalladamente los movimientos de las tropas rusas, la trama para instalar un dirigente prorruso en Kiev, y un ataque de bandera falsa montado por el Kremlin. El intercambio de secretos «permitió al presidente construir una coalición fuerte [dentro de la OTAN] —comentó Burns—. Ayudó a que los ucranianos se defendieran. Y contribuyó a desarmar las falsas narrativas que decían que yo había observado a Putin sacar pecho que eso tuviese consecuencias en muchas ocasiones en el pasado».[18]

El 17 de febrero, la campaña de guerra informativa alcanzó su punto culminante cuando Blinken se presentó ante el Consejo de Seguridad de las Naciones Unidas y expuso el meollo de su información de inteligencia. Su discurso, a decir verdad, fue una imagen especular de la declaración que hiciera Colin Powell ante el Consejo de Seguridad en 2003. Blinken dijo que la operación de bandera falsa consistiría en «un acto violento del que Rusia culpará a Ucrania o una acusación escandalosa que Rusia lanzará contra el Gobierno ucraniano. Podría ser un falso ataque "terrorista" en la forma del estallido de una bomba dentro de Rusia, el descubrimiento inventado de una fosa común, la puesta en escena de un ataque con drones contra civiles, o un ataque falso —o incluso real— con armas químicas».[19] El Kremlin había preparado un vídeo en el que se veían explosiones, cadáveres y gente llorando por las víctimas de un ataque terrorista ucraniano, todo ello con el fin de crear un pretexto para la guerra. «En respuesta a esta provocación manufacturada —dijo Blinken—, los niveles más altos del Gobierno ruso tan vez celebren unas espectaculares reuniones de emergencia con el fin de abordar esa llamada crisis. Hará unas declaraciones públicas afirmando que Rusia tiene que reaccionar para defender a los ciudadanos rusos o a los rusos étnicos de Ucrania. Se ha planeado que el ataque dé comienzo a continuación. Caerán sobre toda Ucrania misiles y bombas rusas. Se bloquearán las comunicaciones. Los ciberataques causarán un apagón de las instituciones clave de Ucrania. Después, los tanques y los soldados rusos avanzarán contra objetivos esenciales, que ya han sido identificados y definidos en planes perfectamente detallados. Creemos que entre esos objetivos está la capital del país, Kiev, una ciudad de dos millones ochocientos mil habitantes».

Blinken concluyó su alocución diciendo: «Pues bien, soy consciente de que algunos han puesto en entredicho nuestro informe, recordando ejemplos anteriores en los que la información de inteligencia acabó por no verse confirmada. Pero permítanme que sea muy claro: Estoy hoy aquí no para empezar una guerra, sino para evitarla».

Una semana después, Rusia invadió Ucrania. Biden había ordenado la evacuación de la embajada, pero Burns insistió al presidente en que permitiera que un núcleo de agentes de la CIA permaneciera en el país. Proporcionaron al ejército y a los servicios de espionaje ucranianos información de inteligencia trascendental sobre dónde iban a atacar los rusos y los tipos de armas que iban a utilizar. «Sin ellos —dijo Iván Bakánov, a la sazón director del SBU—, no habría habido manera de que pudiéramos resistir a los rusos ni derrotarlos».[20]

«Pagar con la misma moneda»

El general Milley había llamado por teléfono a su homólogo en Moscú unos días antes de que diera comienzo la guerra. «Lo que están haciendo ustedes es un error estratégico enorme —dijo al general Valeri Guerásimov, jefe de Estado Mayor de las Fuerzas Armadas rusas—. Entrarán allí en quince días, no saldrán de allí en quince años y, durante todo ese tiempo, lo único que tendrán serán bolsas de cadáveres volviendo a Moscú».[21] A medida que fuera avanzando el conflicto, sin que se viera el fin, todos los signos daban a entender que Milley tenía razón.

Inmediatamente después de la invasión, Biden firmó una resolución de acción encubierta, por la que autorizaba a la CIA a suministrar apoyo de información de inteligencia para llevar a cabo operaciones letales contra las fuerzas rusas en territorio ucraniano. Después, Burns se entrevistó con Zelenski y visitó la estación de la CIA en Kiev en trece ocasiones; para efectuar esos viajes era preciso volar hasta Polonia y realizar un trayecto de doce horas en tren desde la frontera polaca hasta la capital ucraniana. Burns se trasladaba a menudo hasta las líneas del frente para ver personalmente cómo iban los combates. Con cada viaje, la colaboración de inteligencia estadounidense con Ucrania era más profunda. En algunos aspectos se guardaban las distancias: la CIA no dirigía ni controlaba minuciosamente a sus homólogos. En otros, no se quería participar ni de lejos, como, por ejemplo, en un número sorprendente de misiones de sabotaje contra depósitos de combustible y objetivos militares dentro de Rusia, cuya precisión dependía de algo más que de Google Earth. Y unos cuantos fueron completamente inaceptables. Los ucranianos no decían a la CIA cuándo se proponían asesinar a sus enemigos en Rusia ni en el territorio ocupado de Ucrania. Aunque la CIA proporcionaba a los ucranianos la información de inteligencia que les permitía poner a los mandos militares rusos en el punto de mira, intentó disuadirlos de llevar a cabo un ataque selectivo el primero de mayo de 2022, que a punto estuvo de alcanzar a Guerásimov, cuya brutal indiferencia por las vidas de civiles inocentes había marcado la pauta de la ofensiva rusa.

Cinco semanas después se suscitó una tensión insostenible en el puesto de la CIA en Kiev. El servicio de inteligencia militar de los Países Bajos había avisado a la agencia de que había unos comandos ucranianos dispuestos a volar el gaseoducto Nord Stream, valorado en veinte mil millones de dólares. Sus tuberías iban de Rusia a Alemania a través del mar Báltico; la factura energética germana constituía uno de los baluartes de la economía rusa. Las objeciones de la CIA solo sirvieron para retrasar tres meses aquellos planes. A primeros de septiembre, un equipo formado por seis hombres utilizó una empresa fantasma polaca para alquilar un yate de recreo en Alemania; un buzo de aguas profundas se zambulló en el Báltico para colocar varias cargas explosivas en el gaseoducto.

El 26 de septiembre, las bombas estallaron. El coronel del SBU que había dirigido el sabotaje, Román Chervinsky, declaró posteriormente que también había «planeado y ejecutado» operaciones para asesinar a algunos líderes separatistas rusos en Ucrania.[22] Las explosiones submarinas infligieron un grave daño económico a Rusia, provocaron indignación en Alemania y dieron lugar a una investigación criminal internacional. Pero en vista de los incesantes ataques rusos contra escuelas, hospitales, orfanatos, parques infantiles, hoteles y edificios de apartamentos, aparte de centrales de energía y otros objetivos civiles en Ucrania, la explosión del Nord Stream no modificó para la CIA la ecuación moral de la guerra.

Antes bien, la guerra había devuelto al servicio clandestino a lo que eran sus raíces.

La existencia de las operaciones encubiertas de la CIA y del concepto de guerra política como instrumento de poder se debía a George Kennan, el diplomático que había contribuido a establecer la embajada estadounidense en Moscú en 1933 y que prestó servicio en ella como director adjunto de la misión diplomática durante la Segunda Guerra Mundial. Durante las dos generaciones siguientes, Kennan fue considerado el especialista en el Kremlin más destacado de los Estados Unidos. Después de la guerra, regresó a los Estados Unidos para prestar servicio como director de planificación política del Departamento de Estado, encargado de informar directamente el secretario de Estado, el general George C. Marshall, y al secretario de Defensa, James Forrestal. Stalin se había puesto en pie de guerra con la intención de apoderarse de media Europa, y los Estados Unidos no disponían de ningún plan para detenerlo.

En septiembre de 1947 —setenta años antes de la fecha en la que el mundo tuvo noticia de la voladura del Nord Stream—, Kennan había propuesto a Forrestal que la CIA, que acababa de nacer, «pagara con la misma moneda» a los soviéticos.[23] Poco después, hizo un llamamiento en pro del «inicio de una guerra política» contra ellos: el uso coordinado del espionaje, de las sanciones económicas, de la diplomacia y de operaciones de información de inteligencia, con el fin de obtener la victoria sobre el adversario sin disparar ni un solo tiro. Para la recién nacida CIA, sus misiones incluirían acciones de espionaje, sabotaje, propaganda y apoyo a los movimientos de resistencia clandestina.

Todo eso y más era lo que ahora llevaban a cabo los servicios de inteligencia ucranianos, adiestrados, equipados y alentados por la CIA. Burns y sus colegas del Pentágono, del Departamento de Estado y del Consejo de Seguridad Nacional proyectaban el poder estadounidense contra el Kremlin sin que el presidente tuviera que enviar a los marines. La desclasificación y la publicación de información de inteligencia secreta habían revelado y desmontado eficazmente los planes de Putin de utilizar la desinformación y las mentiras como instrumentos de guerra.

Durante todo el verano y el otoño de 2022, la estación de la CIA en Moscú informó de la consternación y la desconfianza reinante entre las élites rusas ante el fracaso de la invasión de Ucrania. Putin había pretendido demostrar al mundo que Rusia era una gran potencia conquistando Ucrania. Había puesto a la vista de todo el mundo la podredumbre de su régimen. Los Estados Unidos lo habían considerado «un gánster muy astuto, al que no frenan los hechos, ni la ley, ni la moral ni la verdad», en palabras de John Sullivan, embajador estadounidense en Moscú entre octubre de 2019 y septiembre de 2022.[24] La invasión había puesto de manifiesto que ni era astuto ni tenía un pensamiento estratégico. «Realmente pensaba que iba a poder tomar Kiev en menos de una semana, y creía que iba a poder establecer rápidamente su dominio sobre Ucrania —comentó Burns—. Putin es muy aficionado a decir que Ucrania no es un país de verdad. Bueno, pues los países de verdad contraatacan, y eso es precisamente lo que han hecho el presidente Zelenski y mis homólogos de inteligencia del ejército ucraniano».[25]

Los ucranianos sobrevivirían como un pueblo libre, afirmó, «mientras sigamos apoyándolos».

28

La moralidad del espionaje

El 14 de noviembre de 2022, Burns voló a Ankara para mantener una conversación urgente con su homólogo ruso, Serguéi Naryshkin. Su encuentro en el cuartel general de los servicios de inteligencia de Turquía fue el primero llevado a cabo entre dos funcionarios de alto rango de sus respectivos países desde la invasión de Ucrania. Biden había enviado a Burns en una misión cuya finalidad era evitar una guerra nuclear.

Putin había lanzado amenazas no precisamente veladas de utilizar armas nucleares contra Ucrania y sus palabras pretendían también someter a un chantaje político a la OTAN y a los Estados Unidos. Desde la invasión, había puesto sus fuerzas nucleares en alerta máxima, había hecho pruebas con un misil balístico intercontinental y había avisado de que Rusia utilizaría todos los medios a su disposición, incluidas las armas nucleares, si así lo decidía. Burns sabía que el peligro era real. «Dada la potencial desesperación del presidente Putin y de los dirigentes rusos, en vista de los reveses que han sufrido hasta el momento en el terreno militar, ninguno de nosotros puede tomarse a la ligera la amenaza planteada de un posible recurso a armas nucleares tácticas o a armas nucleares de corto alcance* —había di-

* La potencia explosiva de las armas nucleares «de corto alcance» dentro del arsenal ruso iba desde los 0,3 kilotones aproximadamente —más o menos unas trescientas toneladas de TNT— hasta los 15 kilotones aproximadamente. Las armas nucleares más tácticas estaban diseñadas para ser

cho en abril, dos meses después de la invasión—. Lo observamos con mucha atención. Es una de nuestras responsabilidades más importantes aquí en la CIA».[1]

En septiembre, la CIA y la NSA habían interceptado una conversación entre algunos mandos en el campo de batalla que daba a entender que tal vez Putin no hablaba de farol. En el informe diario al presidente había figurado un análisis exhaustivo de esas escuchas. En la CIA algunos estimaron que las posibilidades de un ataque nuclear se situaban en cincuenta-cincuenta. «Tenemos una amenaza directa del uso del arma nuclear si, efectivamente, las cosas siguen por el camino que han venido llevando», había comentado Biden el 6 de octubre en Nueva York, ante un grupo de acaudalados captadores de fondos.[2] Blinken y Milley habían llamado a sus homólogos rusos para protestar, pero todo había sido en vano. El secretario de Defensa, Lloyd Austin, llamó por teléfono al ministro de Defensa ruso, Serguéi Shoigú, dos veces en tres días. Shoigú sostuvo que Ucrania estaba dispuesta a utilizar una bomba sucia contra sus tropas, signo evidente de los planes que tenían los rusos de inventarse un pretexto de bandera falsa para utilizar armas nucleares tácticas sobre el terreno. Austin le dijo que estaba mintiendo. Burns compartió la información de inteligencia acerca de esa amenaza con el ministro de Seguridad del Estado de China; poco después el presidente Xi amonestó públicamente a Putin por hacer sonar de ese modo los tambores de guerra.

Naryshkin había llegado a Ankara pensando que Burns estaba dispuesto a negociar un alto el fuego, en virtud del cual Rusia podría quedarse con el territorio que había arrebatado a Ucrania. Burns le hizo ver que eso era una pura ilusión. Le advirtió que dijera a Putin que se dejara de amenazas y provocaciones. En los términos más contundentes posibles, le avisó de las consecuencias de que Rusia rompiera el tabú nuclear. El Pentágono había decidido también

utilizadas como proyectiles de artillería, pero las más pequeñas podrían caber en una mochila.

jugar a la guerra: si Putin hacía estallar un arma de destrucción masiva, las fuerzas estadounidenses destruirían al ejército de Rusia en el campo de batalla de Ucrania.

Putin reaccionó trasladando todo un arsenal de armas nucleares tácticas a Bielorrusia, cuya frontera meridional se encuentra a unos cien kilómetros al norte de Kiev. Disfrutaba jugando a la guerra psicológica tanto dentro como fuera de su país, y siguió utilizando el fantasma de la tercera guerra mundial para movilizar a sus ciudadanos y amedrentar a los países de la OTAN. «La propaganda del Estado se dedica a preparar a la gente para que piense que la guerra nuclear no es una mala cosa —comentó el periodista ruso Dmitri Murátov, galardonado con el Premio Nobel de la Paz—. Aquí, en los canales de televisión, se promocionan la guerra y las armas nucleares como si se tratara de un anuncio de comida para animales de compañía».[3]

«Un verdadero choque frontal»

Burns y Naryshkin dejaron atrás las amenazas de un apocalipsis inminente. Llegaron a un trato por el que se liberaría a Brittney Griner, la jugadora de baloncesto estadounidense que se hallaba recluida en una colonia penitenciaria, que en otro tiempo había formado parte del archipiélago gulag de Stalin, un verdadero infierno incluso para los estándares rusos. Aquel acuerdo supuso el comienzo de veintiún meses de intensa diplomacia de inteligencia llevada a cabo por Burns y los agentes de la CIA en Moscú, Berlín, Varsovia, Riad, Estambul y Washington. Todo desembocaría en un gran pacto: un intercambio de prisioneros que, por sus complejidades e intrigas, superaría los trueques de espías llevados a cabo durante la Guerra Fría.

Previamente Burns había propuesto a Aleksandr Bórtnikov, el agente de carrera del KGB que había dirigido el servicio federal de seguridad, el FSB, restablecer un canal de información de inteligencia oficial para el intercambio de prisioneros. La CIA y el KGB habían abierto en 1983 una línea telefónica directa, para mantener discusiones por vía extraoficial, en el momento de máxima tensión de la Guerra Fría entre Washington y Moscú, pero había quedado en desuso tras la disolución de la Unión Soviética en 1992. En la primera y única reunión en la cumbre que celebraron Biden y Putin en junio de 2022, habían acordado resucitarla y el puesto de la CIA en Moscú se convirtió en la centralita telefónica usada para llevar a cabo las negociaciones sobre el canje de prisioneros. Se abrigaba la esperanza de que, una vez que el jefe de estación y los agentes operativos diseñaran un acuerdo con sus homólogos rusos, Burns podría llevar a cabo las negociaciones en firme necesarias para sellarlo.

Griner, que había empezado a jugar en una liga rusa fuera de la temporada de las Phoenix Mercury, había sido detenida nueve meses antes en el aeropuerto de Moscú, por posesión de menos de un gramo de aceite de hachís, para el que además disponía de prescripción médica, juzgada por contrabando de drogas y condenada a nueve años de cárcel. Burns se ofreció a cambiarla por uno de los traficantes de muerte más destacados, Víktor Bout, otrora candidato a ingresar en el GRU, que desde los años noventa se había dedicado a vender armas de fabricación soviética a señores de la guerra, terroristas y estados canallas de todo el mundo. Bout había sido detenido en Tailandia, en el curso de un golpe llevado a cabo por agentes de la oficina antidrogas de los Estados Unidos, que se hicieron pasar por guerrilleros colombianos, juzgado en Manhattan, en 2011, y condenado a veinticinco años de prisión. El acuerdo fue un canje directo: el traficante de armas por la famosa atleta. El 8 de diciembre, veinticuatro días después de la entrevista de Burns y Naryshkin en Ankara, Griner y Bout fueron puestos en libertad en el aeropuerto de Abu Dabi.

En enero de 2023, seis semanas después de la liberación de Griner, la CIA propuso canjear al estadounidense Paul Whelan por dos espías rusos, marido y mujer, que acababan de ser detenidos en Eslovenia, el país enclavado entre Italia, Austria, Hungría y Croacia; la pareja, que se hacía pasar por argentinos, había intentado infiltrarse en los servicios de inteligencia de dichos países. Whelan, un antiguo marine expulsado con deshonor que trabajaba como asesor de seguridad de una empresa en Moscú, había sido acusado de un cargo de espionaje en 2019 y condenado a dieciséis años de cárcel. El FSB rechazó el acuerdo. A mediados de marzo, Burns llamó a Bórtnikov para insistir en que se llegase a una solución, pero el ruso se mostró inflexible. La CIA no tardaría en descubrir por qué.

Putin quería elevar la apuesta. El 29 de marzo, el FSB arrestó a Evan Gershkovich, corresponsal del *Wall Street Journal* destinado en Moscú, y lo acusó de espionaje.* Las informaciones de Gershkovich sobre el ejército ruso y sus fracasos en Ucrania habían hecho de él un objetivo evidente, un rehén valioso, y un mero peón de un juego despiadado. Este hecho tan cruel había resultado manifiesto para Biden y Burns a raíz de su detención. «Se llegó a reconocer en todo el Gobierno, tanto por nosotros, como por la CIA o la Casa Blanca, que iba a necesitarse algo más que un canje de uno por uno», dijo el embajador Roger Carstens, el enviado especial del Departamento de Estado para cuestiones de rehenes.[4] La CIA «desempeñó un papel descomunal» en «un verdadero choque frontal» entre Biden, Burns y Blinken, a la hora de resolver el dilema de los prisioneros estadounidenses.

Burns proponía ahora redoblar la apuesta. La llamada a las armas de la CIA había llevado a la detención de espías de infiltración profunda en Noruega y Polonia, además de la pareja arrestada de Eslovenia, durante 2022. La estación de la CIA de Moscú propuso añadirlos a la apuesta por Gershkovich y Whelan durante la siguiente reunión con el FSB prevista para noviembre de 2023. El jefe de la estación comunicó que Putin pretendía cobrarse un precio mayor.

* La acusación era absurda. La CIA había renunciado en 1977 a utilizar empleos de periodista como cobertura, aunque hacerse pasar por reportero había sido durante treinta años un camuflaje perfecto para muchos agentes operativos en plena Guerra Fría. Resultaba fácil ver por qué: el trabajo de un corresponsal extranjero era ir a otros países y hacer preguntas incisivas a perfectos extraños.

Los rusos insistieron en la liberación de Vadim Krásikov, un coronel del FSB que estaba condenado a cadena perpetua en una cárcel alemana. Krásikov había matado a tiros en 2019 a un rebelde checheno exiliado en Alemania, con una pistola provista de silenciador, en una zona infantil en pleno Tiergarten, el elegante parque arbolado del centro de Berlín. Para Putin, sacarlo de la cárcel era una cuestión de lealtad: Krásikov había formado parte del personal de seguridad del presidente en el Kremlin, y sus órdenes habían venido de arriba. Para el canciller alemán, Olaf Scholz, la idea resultaba aberrante, a menos que hubiera un imperativo moral más alto. Y ese imperativo era la obtención de la liberación del prisionero político Alexéi Navalni, el disidente ruso al que Putin había intentado asesinar con un agente nervioso, había encarcelado con falsas acusaciones después de una farsa judicial y, finalmente, había encerrado en una celda helada de aislamiento, en una colonia penitenciaria desolada a setenta kilómetros al norte del círculo polar ártico. El canciller tuvo que enfrentarse a una intensa resistencia de su equipo de seguridad nacional y de sus consejeros políticos. ¿Los desautorizaría y liberaría a Krásikov en aras de un buen motivo como la liberación de Navalni?

Biden planteó esta pregunta a Scholz en el despacho oval el 9 de febrero de 2024. «Por usted estoy depuesto a intentarlo», contestó el canciller.[5]

Una semana después, el Kremlin anunció que Navalni había fallecido a los cuarenta y siete años. Su muerte acabó de paso con las negociaciones secretas con los alemanes. La noticia saltó el 16 de febrero, durante las primeras horas de la Conferencia de Seguridad de Múnich, celebrada anualmente, donde la vicepresidenta Harris dirigió la delegación estadounidense. En una entrevista privada, pidió a Scholz que mantuviera sobre la mesa la cuestión del destino del asesino de Putin a pesar de la muerte de Navalni. Harris mantuvo también una conversación a solas con el primer ministro de Eslovenia, Robert Golob, que le aseguró que liberaría a los dos espías rusos detenidos en su país cuando llegara el momento de llevar a cabo un intercambio de prisioneros. Scholz aguantó hasta el 7 de junio, y no cedió hasta recibir una carta personal de Biden en la que le persuadía de que lo hiciera.

Esta situación creó el marco idóneo para la celebración de una reunión trascendental, convocada en el secreto más estricto, de entre todos los lugares posibles, en la capital de Arabia Saudita.

El propio Burns estaba yendo y viniendo constantemente a Oriente Medio, asumiendo la ingrata tarea de concertar una paz. Con una ayuda de los Estados Unidos por valor de dieciocho mil millones de dólares, los israelíes estaban sacrificando a decenas de miles de palestinos en venganza por el asesinato de mil doscientos israelíes a manos de Hamás en octubre de 2023, en el curso de un ataque que no supieron prever los líderes políticos, militares y de inteligencia ni de Israel ni de los Estados Unidos. Una semana antes, el consejero de Seguridad Nacional Jake Sullivan había dicho que Oriente Medio estaba más tranquilo de lo que había estado en dos décadas. Por medio de bombas de fabricación estadounidense, Israel se dedicaba ahora a arrasar Gaza, destruyendo hospitales y universidades, y sembrando el terror entre dos millones de civiles. Biden sopesó la posibilidad de suspender el suministro de armas a los israelíes con el fin de que moderaran su conducta, pero lo único que hizo fue aplazar un envío. Aprobó tácitamente los ataques de Israel en Líbano, Siria e Irán, llevados a cabo con el fin de acabar con los dirigentes militares de Hezbolá y Hamás. Tal vez pensara que el éxito de la inteligencia de Israel matando a los líderes terroristas suponía un contrapeso al despiadado asesinato de mujeres y niños a manos del ejército israelí.

A lo largo de un solo año, Burns efectuó catorce viajes —a Doha, El Cairo, Ammán, Tel Aviv, París y Varsovia—, intentando negociar un alto el fuego y la liberación de los rehenes retenidos en Gaza, reuniéndose con los directores del Mosad y de los servicios de inteligencia egipcios, con el presidente de Egipto y con el primer ministro de Qatar, entre otros. (Los qataríes hablaron con los líderes políticos de

Hamás, que vivían en el exilio; y estos, a su vez, hablaron con sus líderes militares en Gaza). Burns fue el principal negociador estadounidense, y no solo por el hecho de que había conocido ya a muchos de los principales actores del conflicto de Oriente Medio durante sus veinticinco años como diplomático. Numerosos líderes del mundo árabe, incluidos los jefes de los terroristas, pensaban que la CIA era la organización más influyente de la política exterior estadounidense. Burns creía que aquel era un ejemplo en el que la mítica capacidad de influencia de la CIA no era algo malo. Pero la fuerza de la lógica no logró convencer al intransigente Benjamín Netanyahu ni al menguante número de los intransigentes líderes de Hamás que seguían sobreviviendo a los incesantes intentos israelíes por acabar con ellos. Todos creían en la lógica de la fuerza.

«Hemos estado a punto [de conseguirlo] al menos en un par de ocasiones, pero se nos escaparon —dijo Burns mientras las matanzas en Gaza continuaban—. Al final, la cosa no va de corchetes en los textos ni de fórmulas creativas cuando está uno intentando negociar la liberación de un rehén o un acuerdo de alto el fuego. De lo que va es de unos líderes que al final tienen que reconocer que ya basta, que lo perfecto rara vez está en el menú, especialmente en Oriente Medio».[6] En mayo de 2024, Burns había presentado una propuesta concreta de alto el fuego a Netanyahu y su gabinete de guerra. Tardaron ocho meses en firmarlo y solo dos en romperlo.

«No puedo imaginarme nada más importante»

La CIA y los rusos se sentaron a negociar en Riad el 25 de junio. Los estadounidenses pusieron sobre la mesa un borrador de intercambio de prisioneros.

Presentaron el precio que pedían por el asesino Krásikov: la libertad de Vladímir Kará-Murzá, un periodista ruso-británico cuyo trabajo lo había hecho acreedor del Premio Pulitzer al comentario político en 2024 —y a una condena a veinticinco años de cárcel por alta traición—, así como la de seis activistas rusos encarcelados que habían trabajado con Navalni, con distintas organizaciones de defensa de los derechos humanos o en la oposición política; la de Alsu Kurmásheva, una periodista de Radio Europa Libre/Radio Libertad, además de ciudadana estadounidense, acusada de actuar como agente extranjera no registrada; la de Sasha Skochilenko, artista y música rusa, y la de un estudiante de bachillerato, un abogado especializado en inmigración y un especialista en ciencias políticas. Todos habían sido encarcelados por delitos contra el Estado. A cambio de Evan Gershkovich y Paul Whelan, los rusos recibirían a seis espías que estaban en prisión, entre ellos Krásilov, y dos ciberdelincuentes encarcelados en los Estados Unidos. La llave que permitiría abrir las celdas de los presos políticos de Rusia era el valor que Putin diera a la vida de un asesino a sangre fría. El 27 de junio, los agentes del FSB regresaron a Moscú para presentar los términos de la propuesta a Putin.

Aquella noche, cincuenta y un millones de personas vieron a Biden tartamudear y titubear en un debate televisado contra Trump en Atlanta; espantados, algunos no tardaron en darle la espalda. Cuando hablaba, el hilo de su pensamiento se cortaba; cuando permanecía en silencio, tenía la mandíbula desencajada y la mirada ausente, como si hubiera olvidado quién era. Tenía ochenta y un años, era un hombre cansado e incapaz de articular palabra, y costaba trabajo imaginar que pudiera volver a ser presidente otros cuatro años. En una sola noche había hecho de Trump el candidato favorito, sin paliativos, a regresar a la Casa Blanca. Los siguientes días representarían la mayor humillación de su vida y uno de los momentos más destacados de su presidencia.

Burns habló con Bórtnikov durante el fin de semana del 4 de julio y le insistió en que aceptara la oferta. A finales de la semana siguiente, la CIA y el FSB se reunieron en Estambul, donde primero se había abierto el canal de comunicación entre ambas organizaciones y donde podría consumarse el acuerdo con una serie de vuelos planificados con la mayor atención y procedentes de seis países distintos.

Putin aceptó los términos del trato el 17 de julio, con una pequeña trampa: liberaría solo a los prisioneros ya condenados. Dos días después, los magistrados de los juicios farsa de Gershkovich y Kurmásheva aceleraron los trámites para darlos por concluidos, emitiendo sendos veredictos de culpabilidad e imponiéndoles duras condenas. Aquello puso todo lo demás en movimiento, salvo por un último detalle. Eslovenia todavía no había hecho público el indulto oficial de la pareja de espías rusos que tenía presos; el perdón era imprescindible para su liberación y, sin no se daba, el trato podía descarrilar.

El domingo 21 de julio, el presidente de los Estados Unidos, enfermo de COVID-19 y profundamente deprimido, se hallaba recluido en su residencia de vacaciones de Rehoboth, Delaware. A las 12.09 hizo una llamada al primer ministro de Eslovenia y se aseguró los indultos. Noventa y siete minutos después, publicó una declaración en las redes sociales: *Creo que lo que redunda en un mayor beneficio para mi partido y para el país es que me retire y me concentre únicamente en cumplir con mis obligaciones como presidente durante el resto de mi mandato*. Después de cincuenta y dos años de vida política, iba por fin a renunciar al poder. Luego anunció que deseaba que Harris se presentara como candidata en su lugar.

Burns regresó a Ankara unos días después para organizar la logística de los vuelos de los prisioneros con la Organización, como era conocida la agencia de inteligencia turca. A lo largo de los años, la Organización había detenido y torturado a disidentes y periodistas al tiempo que colaboraba con los Estados Unidos en la lucha contra al-Qaeda y el ISIS. Eran pocos los servicios de inteligencia a los que la CIA considerara socios que respetaran los derechos humanos. Pero Turquía era el único país de la OTAN que mantenía un estrecho diálogo político con Rusia, a menudo a expensas de su reputación internacional, y era el punto de contacto lógico para llevar a cabo el canje de prisioneros.

La CIA y el Departamento de Estado planificaron con el mayor esmero una serie de vuelos procedentes de Moscú, Washington, Berlín, Varsovia, Oslo y Liubliana. El 1 de agosto por la mañana, un avión despegó de Ankara hacia el norte, con destino a Rusia cruzando el mar Negro, y otro hacia el oeste, con destino a los Estados Unidos, sobrevolando el océano Atlántico. A su regreso, Krásikov y sus camaradas fueron recibidos como héroes por Putin. Y, más tarde, unos minutos antes de la medianoche, tras un vuelo de trece horas a bordo de un Gulfstream G550 del Departamento de Estado, Gershkovich, Kurmásheva y Whelan pisaron la pista de la base conjunta Andrews, a unos veinte kilómetros al sudeste de la Casa Blanca. Biden y Harris estaban allí para recibirlos. «No puedo imaginarme nada más importante» que su libertad, dijo el presidente.[7]

«Intentar cambiar el mundo que los rodea»

A medida que iban agotándose los días y las semanas de la presidencia de Biden, así como sus facultades cognitivas y su capacidad de hablar, el mundo se acercaba a un estado de guerra total. Rusia, China, Corea del Norte e Irán se habían aliado contra Estados Unidos y la OTAN en la guerra de Ucrania. Estos cuatro países habían formado un eje de autocracias con el fin de emprender una nueva guerra fría contra Occidente. Putin se dedicaba a atacar objetivos civiles en Ucrania con drones kamikaze iraníes, había enviado diez mil soldados norcoreanos al campo de batalla, y compraba a China máquinas, herramientas y microelectrónica con el fin de fabricar nuevos misiles y tanques para su país.

China, por su parte, compraba petróleo a Irán para respaldar el apoyo de Teherán al Kremlin, colaboraba con Rusia en el desarrollo de nuevas armas y realizaba maniobras conjuntas con Rusia en el mar de la China Meridional suscitando la alarma de Taiwán y de Corea del Sur, y no digamos la del cuartel general de la CIA. Burns había creado un Centro de Misiones para China en 2021, que tres años después ya había consumido una quinta parte del presupuesto de la agencia, alrededor de tres mil millones de dólares al año. Sus analistas habían llegado a la conclusión de que los chinos estaban llevando a cabo una campaña «destinada a suplantar a los Estados Unidos como la potencia mundial más importante —como diría David Marlowe tras retirarse como jefe del servicio clandestino de la CIA—. No se han cortado ni un pelo. Así lo han declarado abiertamente, y sus acciones son un reflejo coherente de sus intenciones».[8]

Biden no se daba cuenta de que el mundo que él había conocido estaba acabándose, y que el sistema de leyes y principios construido al término de la Segunda Guerra Mundial para mantener la paz estaba haciéndose añicos. El anciano presidente carecía de estrategia para una nueva era de conflicto global. Y nunca había formulado un plan de guerra para armar a Ucrania, sencillamente lo había enmarcado en una lucha existencial entre principios democráticos y poder autoritario. Rusia, en cambio, siempre tenía objetivos explícitos: conquistar Ucrania y suprimir la identidad y la cultura de su pueblo. De modo que la CIA siguió concentrada en ayudar a los ucranianos a acabar con el enemigo.

Zelenski dijo que los rusos habían perdido un número enorme de combatientes —198.000 de ellos habían resultado muertos, y más de 550.000 heridos—, mientras que los ucranianos habían perdido a 43.000 soldados, muertos en el campo de batalla, y 370.000 heridos. El número de rusos que, según se decía, habían perdido la vida en treinta y cuatro meses de conflicto era más del triple que el número de estadounidenses muertos durante los dieciséis años de la guerra de Vietnam. Los Estados Unidos habían facilitado a Ucrania ayuda militar por valor de más de 135.000 millones de dólares, cuya letalidad se veía multiplicada por la información de inteligencia en tiempo real sobre las posiciones rusas, proporcionada en buena parte por el puesto de la CIA en Kiev. Pero «las armas de los Estados Unidos y de la OTAN tardaban demasiado tiempo en llegar a Ucrania y lo hacían en medio de demasiadas restricciones», diría Paula Doyle.[9] Cuando los republicanos del Congreso bloquearon el envío de armas durante cinco meses, convirtiendo a Ucrania en rehén de sus exigencias de poner freno a la inmigración en la frontera meridional de los Estados Unidos, el curso de la guerra cambió en beneficio de Rusia, hasta que los republicanos cedieron por fin en abril de 2024.

«La idea de Putin siempre ha sido que tenemos un trastorno de déficit de atención, y que siempre vamos a estar distraídos —diría Burns tres meses después—. Yo creo, y mis colegas de la CIA también creen, que Putin se equivoca en eso, del mismo modo que se equivocó profundamente en cuanto a la voluntad de resistencia de los ucranianos y a la voluntad de Occidente, de los Estados Unidos y de todos nuestros socios de ayudar a los ucranianos».[10] Pero las armas suministradas por los Estados Unidos no llegaron a satisfacer las esperanzas de victoria que abrigaba Zelenski, incluida la devolución de todo el territorio ucraniano. Hasta las últimas semanas de su presidencia, Biden había prohibido a Ucrania utilizar misiles de largo alcance estadounidenses para atacar los aeródromos rusos, lo que dio lugar a continuos y catastróficos ataques de Rusia contra edificios de apartamentos, escuelas, hospitales y centrales eléctricas, todos ellos verdaderos crímenes de guerra. Pero, a pesar de todo el dolor y el sufrimiento que había causado, Putin no estaba ni mucho menos cerca de la victoria.

«En cierto sentido Putin ha sufrido ya una derrota estratégica —dijo Burns en julio de 2024—. Si el objetivo de Ucrania es ser un país todavía más fuerte, más independiente, más soberano y capaz de tomar sus propias decisiones, los ucranianos ya han ganado, y Putin ha perdido».[11] Dos semanas después, el ejército ucraniano, dirigido por el SBU, lanzó una audaz contraofensiva y se apoderó de decenas de localidades rusas en los alrededores de la ciudad de Kursk, haciendo prisioneros a cientos de soldados y obligando a la evacuación de ciento veinte mil civiles. Resultó imposible ocultar la consternación de Putin y la desorganización de su ejército. El impacto de la contraofensiva de Ucrania en Kursk fue enorme, y con razón. Sus tropas habían llevado a cabo la primera invasión de Rusia desde la Segunda Guerra Mundial, propinando un severo golpe a los veinticinco años de campaña de Putin para presentar a Rusia como una superpotencia resurgente, causando una dolorosa herida no solo al Ejército, sino al propio Estado. «Putin tuvo su mejor momento el día antes de la invasión porque llegó a tener todo el poder del que va a disponer nunca —comentó David Marlowe—.[12] Su objetivo era quitárselo todo a Ucrania, amenazar a la OTAN e influir en su unificación y demostrar al mundo que Rusia es poderosa desde el punto de vista militar, económico y diplomático. Despilfarró todo eso, hasta la última migaja».

Sylvester calificó la supervivencia de Ucrania como un triunfo de la HUMINT, la información de inteligencia humana, el alma y el corazón del espionaje. Este término fue acuñado al comienzo de la Guerra Fría para diferenciar la labor de los espías humanos de la SIGINT, la información de inteligencia de señales reunida por la recién nacida NSA, y de la IMINT, la información de inteligencia a partir de imágenes, obtenidas por los aviones U2 y los satélites de reconocimiento fotográfico. Estas tecnologías habían socavado el espionaje tradicional, había advertido ya en 1983 el antiguo director de la CIA, Richard Helms. «Con el paso del tiempo, se produjo una distorsión que amenazó con cambiar el carácter de nuestro trabajo —dijo—. Los que se dedicaban a reunir información con artilugios técnicos empezaron a denigrar el trabajo de los que reunían información humana. El nuevo lema de los aficionados a los cachivaches era: "Dadnos el dinero y dejadnos el trabajo a nosotros". Y, en efecto, ¿por qué asumir riesgos utilizando espías cuando cualquier chisme iba a decirte lo que querías saber? Pero detrás de eso se escondía una falacia. Y el debate en torno a los elementos de esa falacia sigue con nosotros hoy día e irremediablemente volverá a surgir de vez en cuando en el futuro. ¿Por qué? Pues porque los artilugios no pueden adivinar las intenciones del ser humano. Aunque los ordenadores puedan programarse para que piensen, no llegarán necesariamente a la misma conclusión que el señor [Yuri] Andrópov —el que durante largo tiempo fuera el director del KGB y por entonces máximo líder de la Unión

Soviética—.* Si hay alguna debilidad en nuestro sistema de inteligencia —concluía Helms—, se encuentra en nuestra capacidad de imaginar lo que los líderes de una potencia extranjera van a hacer en una determinada situación».[13]

Todo esto seguía siendo verdad cuarenta años después. Si la CIA tenía a diez analistas estudiando la transcripción de una conversación interceptada, «llegarán a diez valoraciones analíticas distintas de lo sucedido», observó Sylvester.[14] Pero «si hablas con alguien que estaba realmente en la habitación», quizá descubras la verdad o algo muy parecido a la verdad. «Cuando hablamos de inteligencia humana, realmente se trata de la recopilación de todo lo que tiene que ver con la forma en la que piensan nuestros adversarios y cómo actúan, y con el contexto en el que se toman esas decisiones».

Algunos agentes del servicio clandestino habían tenido durante mucho tiempo «una idea muy raquítica de lo que es el espionaje, de lo que es la inteligencia humana, como si solo se midiese por la cantidad de informes que repartes por ahí y por el número de agentes clandestinos que has reclutado —comentó—. Bueno, eso tal vez fuera importante en 1982».[15] Ya no lo era. Las personas a las que había reclutado la CIA para infiltrarse en el Kremlin «no son un número de caso. No son números en una carpeta. Son seres humanos que han decidido realizar un trabajo increíblemente valiente y cosas muy audaces para intentar cambiar el mundo que los rodea».

La capacidad de los Estados Unidos de avisar al mundo del advenimiento de la invasión rusa y de mitigar su fuerza tras el inicio de la guerra se había fundamentado en gran medida en la CIA. «Todo ello se basaba en el espionaje, en

* En este sentido Helms previó con cuarenta años de antelación los problemas a los que se enfrenta actualmente la CIA al tener que utilizar la inteligencia artificial para tareas que van más allá del mero resumen de la información contenida en un mar de datos. Los poderes de predicción de la IA siguen sin ser superiores a los de la mente humana. Todavía carece de sentido común o de la capacidad de hacer frente a la ambigüedad.

la inteligencia humana, en la recopilación de ideas de personas para generar política», dijo Sylvester.[16] Y lo mismo había ocurrido con la década de apoyo encubierto de la CIA a Ucrania. La misión dependía de la capacidad de «construir relaciones humanas» con sus militares y sus agentes de inteligencia. «¿Es eso espionaje? Desde luego. En eso consiste la HUMINT [...]. Y creo que eso debería muy revelador —añadió—. Es una compilación de todos los elementos que forman un servicio humano».

«La máxima inmoralidad y la máxima moralidad»

La idea de que en el corazón del espionaje y de la acción encubierta hay una humanidad chocaba con la percepción de la opinión pública que consideraba que la CIA era, en el mejor de los casos, amoral y, en el peor, inmoral hasta la médula. Pero esa idea era esencial para el reclutamiento de agentes extranjeros, tarea que constituía el núcleo mismo de la misión de la CIA. La agencia había tenido la suerte de que los Estados Unidos, pese a todos sus defectos, habían ocupado un terreno moral más alto que sus peores enemigos. Durante muchos años había afirmado que defendía la democracia y los derechos humanos frente a la tiranía y la opresión. Actualmente esa postura quizá parezca un mito.

Pero durante todo el siglo XXI, «cuando los líderes autoritarios de Moscú, Beijing y Teherán utilizaron la coerción y una fuerza letal para obligar a sus ciudadanos y a otros países a plegarse a su voluntad, invariablemente indujeron a unos súbditos, por lo demás movidos por el patriotismo, a protestar y a dejar que los metieran en la cárcel o que los asesinaran, a obedecer, aunque a costa de mantener su cólera oculta, o, por el contrario, a reunir el valor de trabajar clandestinamente entre bastidores con Washington y con nuestros aliados más estrechos —dijo Paula Doyle, la creadora de la magnífica operación que permitió impedir que los países canallas consiguieran armas nucleares—. Entre estos últimos hubo algunos que acudieron a la CIA buscando venganza. Otros deseaban el poder necesario para cambiar sus sistemas. Otros querían dinero para conseguir un estilo de vida o un retiro que, de otro modo, habrían sido imposibles. Otros hacían prácticamente cualquier cosa con tal de llevar a sus familias a Occidente a vivir en libertad. Ellos eran la razón de que nosotros tuviéramos una CIA. *Ellos* fueron los que nos suministraron sus planes y propósitos de guerra. *Ellos* fueron los que nos suministraron sus planes y propósitos nucleares. *Ellos* fueron los que nos dieron acceso físico a lugares peligrosos y a detalles culturales que hicieron posibles las operaciones encubiertas y que —en algunos casos— estas tuvieran un éxito tremendo».[17]

La alianza entre un agente operativo de la CIA y un agente secreto reclutado en el extranjero era una mezcla de confianza y de traición, basada en la fe de este último en los Estados Unidos y su decisión de cometer una traición. «Al igual que la guerra, el espionaje es un negocio sucio —observó William Hood, miembro fundador de la CIA que pasó veintiocho años ejecutando misiones contra los soviéticos—. Despojado de su supuesta gloria, la labor de un soldado es matar. Quitadle toda la palabrería del espionaje, y la labor del espía es traicionar la confianza».[18] Sin embargo, la confianza era el meollo de las relaciones humanas existentes entre un agente de la CIA y un agente secreto reclutado en el extranjero. Su asociación era «una alianza, no muy distinta a un matrimonio [...], un vínculo forjado a fuerza de penalidades y de riesgos, en aras de un bien mayor», comentó Juan Cruz, jefe de la División para América Latina en tiempos de Obama.[19]

«Es un negocio esquizofrénico —dijo Luis Rueda, autor del plan de acción encubierta ejecutado por Sylvester con los kurdos, con el fin de subvertir el régimen de Sadam—. A nivel táctico, tiene que ver con seres humanos. Descubrimos qué necesita el presunto agente, ya sea dinero, una ratificación o lo que sea, y lo ayudamos o la ayudamos a conseguirlo. Dedicamos un esfuerzo enorme a protegerlos. Estamos a su lado. Sin embargo, a nivel estratégico, todo va de proteger y promover los intereses nacionales de los Estados Unidos. ¿Estamos ayudando a los ucranianos? Sí. Pero lo hacemos porque eso debilita a Rusia y fortalece nuestra posición, no por ningún sentido de moralidad ni por ningún impulso humanitario. Ayudamos a la gente y al mismo tiempo la utilizamos. Hemos sacrificado a personas con el fin de que las relaciones humanas promuevan los intereses de los Estados Unidos».[20]

La letanía de sacrificios de ese estilo era muy larga. Los combatientes kurdos de más edad todavía recordaban cómo habían sido traicionados por el secretario de Estado Henry Kissinger, que había interrumpido el apoyo clandestino de la CIA a su lucha armada contra Sadam y había dejado que se enfrentaran a la cólera despiadada del dictador. El líder kurdo Mustafá Barzani había apelado a Kissinger en una carta: «Excelencia, los Estados Unidos tienen una responsabilidad moral y política para con nuestro pueblo».[21] No obtuvo respuesta. Kissinger había adoptado al respecto una actitud de absoluta sangre fría. «Acción encubierta —había dicho en 1975— no debe confundirse con obra de misioneros».

El reverendo William Sloan Coffin Jr. se mostraría de acuerdo con él. Opositor fieramente comprometido con la guerra de Vietnam en sus años de capellán de la universidad de Yale, Coffin había sido un anticomunista igualmente apasionado como agente de la CIA en Múnich a comienzos de los años cincuenta. El Pentágono había ordenado al servicio clandestino que consiguiera los planes del Kremlin para la tercera guerra mundial, misión semejante en aquellos momentos a pedir el envío de espías a Marte. Coffin había reclutado y adiestrado a algunos exiliados rusos que formaron equipos de paracaidistas de cuatro miembros y se trasladaron en avión al otro lado del telón de acero, hasta la Unión Soviética, casi hasta las afueras de Moscú. No sobrevivió ninguno. Coffin sabía que se trataba de misiones suicidas. No tuvo por ello el menor escrúpulo.

«Los fines no siempre justifican los medios —dijo en 2005—. Pero son lo único que puede hacerlo».[22]

Durante los veinte años transcurridos entre el fin de la guerra de Corea y el fin de la guerra de Vietnam, legiones de jóvenes agentes se habían graduado en la academia militar de los Estados Unidos de West Point y poco después, por propia elección o por casualidad, habían entrado en el servicio clandestino. Durante esas dos décadas fueron adiestrados por el director de formación de la CIA, Hugh Cunningham, que, como Bill Coffin y su amigo George H. W. Bush, era un hombre de Yale y miembro de su sociedad secreta más importante, Skull and Bones. El código de honor de West Point era muy claro: «Un cadete no mentirá, ni engañará, ni robará ni tolerará a los que lo hagan». Al adoctrinar a sus discípulos para ingresar en su propia sociedad secreta, Cunningham les había enseñado otro *ethos*.

«Debemos tener la máxima inmoralidad y también debemos tener la máxima moralidad», les había dicho.[23] Esas palabras podrían servir como lema para la CIA. Combinar estas dos ideas para que fueran verdad exigía una fe inquebrantable en la justicia de la misión.

«Me pasé toda mi carrera dentro de la CIA mintiendo, embaucando, robando, manipulando y engañando», comentó James Olson, el dirigente de la Casa Rusia durante la Guerra Fría y jefe del servicio de contrainteligencia durante sus treinta años de carrera.[24] Olson era un católico ferviente que, como brújula moral, utilizaba la teoría de la guerra justa del teólogo medieval Tomás de Aquino: si para un soldado era moralmente correcto matar en una guerra justa, entonces mentir, embaucar y robar estaba justificado para subvertir a Rusia y al resto de enemigos de Estados Unidos. Cometer traición y traicionar a sus líderes en nombre del país era un requisito indispensable a la hora de reclutar agentes secretos. «Si vamos a defender a nuestro país de los males que lo acechan fuera, no podemos salir con las manos atadas a la espalda —dijo Olson en 2021—. Tenemos que pelear duro. Y *esa* es la cuestión. ¿Cuán duro es duro? ¿Cuándo nos pasamos de la raya? ¿Cuándo traicionamos los valores por defender los cuales peleamos con tanta dureza? ¿Cuándo nos convertimos en *ellos*?».

«La infantería de nuestra ideología»

La CIA se había pasado de la raya durante los veinte primeros años del siglo XXI sirviéndose de un instrumento de tortura y de una herramienta de muerte, valiéndose de prisiones crueles y ejecutando a personas inocentes, aunque la responsabilidad moral correspondiera a los presidentes que dieron las órdenes, no a los agentes que las ejecutaron. La agencia había puesto en su punto de mira a un ciudadano estadounidense, si bien terrorista, y lo había asesinado por orden de Obama. «El precedente de un presidente de los Estados Unidos que es capaz de matar a un ciudadano nacional en cualquier circunstancia, simplemente estampando su firma en una orden, es peligroso», había advertido Bob Gates.[25] Los analistas de la CIA habían suministrado la desastrosa información de inteligencia para justificar la invasión de Irak, aunque el derramamiento de sangre que provocó la guerra manchó para siempre las manos del hombre que la había empezado. El 11 de septiembre, que actualmente parece el primer día del nuevo milenio, los estadounidenses habían visto para su consternación que, cuando la información de inteligencia falla, las personas mueren.

Un cuarto de siglo después seguían enterándose de que la información de inteligencia sirve para algo, de que puede salvar vidas. Y la CIA había salvado miles de vidas más de las que había quitado durante los cuatro años que la dirigió Bill Burns. Así lo hizo en un solo día durante el verano de 2024. Sus agentes habían frenado un ataque potencialmente catastrófico de cuatro jóvenes seguidores del ISIS-K que pretendían poner una bomba en un concierto de Taylor Swift en Viena, en un recinto que podía dar cabida a setenta mil personas. «Conspiraron para matar a un número enorme de gente, a decenas de millares de personas, en ese concierto, entre ellas a muchos estadounidenses, no me cabe duda», aclaró al mundo el director adjunto de la CIA, David Cohen, el 28 de agosto de 2024.[26] Dijo que la detención de los sospechosos había sido «un día verdaderamente bueno» para la CIA.

Días más difíciles aguardaban más allá del horizonte oscuro que tenía delante. Las amenazas a las que se enfrentaban los Estados Unidos y sus aliados eran tan graves como cualquiera de las que había tenido arrostrar desde el fin de la Guerra Fría. «El mundo está volviéndose cada vez más complejo y cada vez más peligroso —dijo Tom Sylvester—. A lo largo y ancho del planeta nuestros adversarios hacen todo lo que pueden» para socavar el poder de Estados Unidos e instaurar un régimen autoritario. Rusia y China dependían de «otros países que temen su dominación, temen su tiranía y solo colaboran por un sentido de intimidación o porque creen que les conviene, o porque son sobornados»; pero los Estados Unidos tenían aliados en todo el mundo que «se identifican con nosotros y con lo que pretendemos hacer en este mundo». A lo largo de ocho décadas, la CIA había hecho lo que había podido para proteger a los Estados Unidos, por medios tanto morales como inmorales. Sus agentes se habían visto a sí mismos como un ejército secreto combatiendo en una batalla por lo que en otro tiempo se había llamado el mundo libre. Ahora el peligro más inmediato al que se enfrentaba el país era uno que la CIA no podía evitar. Y era la amenaza que se cernía sobre la propia democracia estadounidense.

Los agentes de inteligencia de un país, observó John Le Carré, son «la infantería de nuestra ideología».[27] En Estados Unidos siguen las órdenes del presidente y solo del presidente. Ahora el Tribunal Supremo había dictaminado que los presidentes estaban por encima de la ley, protegidos de cualquier procesamiento por delitos cometidos en el ámbito de su poder. Un presidente «que admite haber ordenado el asesinato de sus rivales políticos o de sus críticos [...] tiene la oportunidad de que se le conceda la inmunidad», había escrito la juez Sonia Sotomayor en una nota de discrepancia con la decisión del tribunal por 6 votos a 3. «El presidente es ahora un rey por encima de la ley». Los veteranos de la CIA John Sipher y James Petrila se mostraron de acuerdo: «Si un presidente decidiera declarar a un rival político culpable de alta traición, desplegar un grupo paramilitar para asesinar a dicho rival y ordenar al fiscal general que firme un documento que diga que la muerte de dicho rival es necesaria para "garantizar la libertad" serían actos oficiales para los que el presidente gozaría de inmunidad».[28] Ese temor no era tan descabellado. Donald Trump había acusado de traición a Obama, a Biden y al director de la CIA John Brennan, y había prometido vengarse de sus enemigos si volvía al poder.

Un director ejecutivo sin ley podía ordenar a la CIA que sirviera como policía secreta a su servicio. Podía ordenar que espiara a ciudadanos estadounidenses y proporcionase apoyo clandestino a dictadores de derechas, como había hecho en el más absoluto secreto durante la Guerra Fría. Podía exigir que sus agentes dejaran de llevar a cabo operaciones contra Rusia, que financiaran a mercenarios para que encerraran a los inmigrantes en un campo de concentración o que mataran a sus oponentes políticos tanto dentro como fuera del país. A menos que sus agentes se rebelaran contra sus órdenes, la CIA ya no sería un servicio de inteligencia sometido al imperio de la ley, sino un arma secreta empuñada por un hombre situado por encima de ella.

Tom Sylvester prestó servicio durante tres días como director en funciones de la Agencia Central de Inteligencia a comienzos del nuevo año, regresando a dirigir el servicio clandestino en la primavera. En ese breve lapso, el papel de los Estados Unidos en el mundo había cambiado para siempre, sus alianzas se habían hecho añicos y sus enemigos se habían envalentonado. Y mirando retrospectivamente a sus treinta y cuatro años de servicio en la CIA, Tom Sylvester reflexionaría acerca del poder de los tiranos para determinar el destino de los países. Como soldado desconocido, había luchado contra Sadam, el-Asad y Putin, y ahora daba testimonio de lo que había visto. «He tenido esa posición ventajosa para observar, a lo largo de las últimas décadas, lo que ha sucedido en la historia del mundo. Y lo que continúa horrorizándome y asombrándome es el hecho de que algunos individuos aislados tienen en sus manos la capacidad de causar dolor y sufrimiento —dijo—. A tantas personas inocentes... Tanto dolor, tanta destrucción, tanto sufrimiento [...]. Y creo que esa es para mí la parte más difícil».

Epílogo

La autocracia en los Estados Unidos de América

El 20 de enero de 2025, Donald Trump juró su cargo en la Rotonda del Capitolio, el mismo lugar que cuatro años antes había tomado al asalto un grupo de sus seguidores. Su discurso inaugural colmó de elogios la figura del presidente William McKinley, el candidato electo de los magnates desaprensivos que dirigían el país a comienzos del siglo XX. McKinley había convertido los Estados Unidos en un imperio tras apoderarse de Filipinas, Hawái, Guam, Cuba y Puerto Rico, y después de alcanzar el acuerdo que supuso la creación del canal de Panamá. Y a través de él, Trump invocó el espíritu del destino manifiesto, la ideología según la cual Dios dio a los Estados Unidos el derecho divino de ocupar territorios mediante el uso de las armas y el dinero. Prometió hacer el país más grande en el futuro y expandir sus dominios, incluso a costa de la soberanía de otras naciones. Quería adueñarse del canal de Panamá, anexionarse Canadá y comprar Groenlandia. Si Rusia podía apropiarse de importantes regiones de Ucrania, ¿por qué no iba a poder él establecer un nuevo mapa del mundo, incluso por la fuerza si era necesario?

El asunto fue uno de los primeros que tuvo que afrontar en nuevo director de la CIA, John Ratcliffe. Era probable que le dijera al presidente todo lo que este quisiera oír; había prometido alinear a la CIA con la visión del mundo que tenía Trump. Los candidatos a los cargos más importantes de la agencia tendrían que pasar un examen de lealtad. Deberían responder a tres preguntas: ¿Habían votado a Trump? ¿Acaso no habían sido robadas las elecciones de 2020? ¿Cómo reaccionaron ante la insurrección del 6 de enero? Muchos agentes y analistas de la CIA temieron ser despedidos cuando Ratcliffe puso en marcha la purga ideológica ordenada por Trump. El posible heredero de Sylvester perdió cualquier oportunidad de convertirse en jefe del servicio clandestino cuando la Casa Blanca se enteró de su apoyo incondicional a Ucrania.

«Expulsaremos a todos personajes corruptos que hay en nuestras instituciones de seguridad nacional e inteligencia», había jurado el presidente.[1] El nuevo secretario de Defensa era Pete Hegseth, un presentador de Fox News que había convencido a Trump de que indultara a criminales de guerra estadounidenses acusados de agresión sexual y abuso de ingesta de alcohol. Enseguida despidió a todos los abogados de prestigio del Pentágono, los auditores generales militares con poder para decir que una orden del presidente era contraria a la ley y debía ser desobedecida, y en su lugar contrató a su abogado personal. La apologeta de Putin y teórica de la conspiración Tulsi Gabbard fue nombrada directora de Inteligencia Nacional. A los agentes de la CIA les pareció una cosa deplorable el hecho de que esa mujer fuera a convertirse en la persona encargada de supervisar el informe diario de inteligencia al presidente; las probabilidades de que los servicios de inteligencia de países aliados se negaran a compartir información secreta con la nueva directora eran muy elevadas. El saboteador político favorito de Trump, Kash Patel, asumió el mando del FBI, hizo dimitir a sus dirigentes y prometió vaciar su cuartel general, desmanteló sus divisiones de seguridad nacional e inteligencia y ordenó investigar a los enemigos políticos del presidente.*

* El padre fundador Alexander Hamilton estaba convencido de que ningún presidente sensato nombraría a alguien «cuyo único mérito fuera [...] ser de una manera u otra un aliado personal suyo o poseer la insignificancia y adaptabilidad necesarias para convertirlo en un instrumento

Esos tres personajes representaban el desastre de la inmerecida ascensión al poder. Concederles autoridad en materia de seguridad nacional de los Estados Unidos constituía una verdadera locura a ojos de los agentes profesionales de inteligencia. Pero colocar a Ratcliffe en lo más alto de la CIA era de una lógica apabullante, en opinión de Trump.

Ratcliffe se había ganado el puesto gracias a sus ocho meses como director de Inteligencia Nacional en 2020, cuando se había dedicado a distorsionar los informes y los análisis sobre los rusos para complacer al presidente. «Este idiota está abusando de su cargo —había respondido por aquel entonces Mike Hayden en un tuit—. El jefe de la comunidad de inteligencia no debe meterse en política. ¡Es un acto reprobable!».[2] (Hayden predijo que, si Trump ganaba un segundo mandato, los Estados Unidos «serán como Rusia o China. Una dictadura de tres al cuarto»). John Sipher, veterano de la Casa Rusia, había avisado de que Ratcliffe consideraba a la CIA «un lugar en el que buscar pedacitos de información que puedan ser utilizados como armas políticas, en detrimento de las fuentes y los métodos, [con el objetivo de crear] una narrativa de ficción con fines políticos».[3] Decía que era una especie de «juego de niños el inventar cualquier historia que se quiera, uniendo una serie de detalles elegidos entre millones y millones de páginas de informes guardados por las agencias de inteligencia».

El historial de Ratcliffe como jefe de inteligencia era un presagio de lo que iba a ocurrir en la CIA. «Se produce un desastre cuando los responsables políticos insisten en que los servicios de inteligencia se ajusten a un patrón políticamente satisfactorio —escribió en enero de 2025 el antiguo director adjunto y director en funciones de la CIA,

servil de su agrado». (*Federalist,* n.º 76, 1 de abril, 1788). Sin embargo, esas eran precisamente las cualidades que pedía Trump. «El totalitarismo en el poder sustituye invariablemente a todos los talentos de primera fila, sean cuales fueren sus simpatías, por aquellos fanáticos y chiflados cuya falta de inteligencia y de creatividad sigue siendo la mejor garantía de su lealtad», como dice Hannah Arendt en *Los orígenes del totalitarismo* (1951).

John McLaughlin— [y] se produce un desastre cuando los agentes de inteligencia tienen la tentación de discernir ese patrón y se aprovechan de él».[4]

El presidente había jurado vengarse del Estado profundo imaginario. Por recomendación de Ratcliffe, Trump retiró las autorizaciones de seguridad a cincuenta veteranos de la CIA, incluidos los antiguos directores y directores en funciones Hayden, Panetta, Brennan, McLaughlin y Morell, a los que consideraba miembros prominentes de ese Estado profundo. La agencia ya no podría contar con la experiencia y los conocimientos de esos hombres. A continuación, Trump suprimió los datos de seguridad armada que protegían a tres hombres que se exponían a amenazas de muerte por su papel en el asesinato en 2020 de Qasem Soleimani, comandante de la Guardia Revolucionaria iraní. Su decisión puso en peligro las vidas de Mike Pompeo, otrora su fiel y sumiso director de la CIA y secretario de Estado, John Bolton, su antiguo asesor de Seguridad Nacional, y Mark Milley, que acababa de retirarse como presidente del Estado Mayor Conjunto. El acto de venganza de Trump hizo sonrojar a Tom Cotton, el ultraconservador presidente de la Comisión de Inteligencia del Senado, que se preguntó en voz alta si los agentes de inteligencia iban ahora a negarse a participar en misiones de alto riesgo relacionadas con Irán, China o Corea del Norte. Cuando testificó ante la comisión, Ratcliffe rozó el perjurio al tratar de encubrir su papel en un chat de señales que reveló al mundo diversos secretos de carácter militar y de inteligencia de los Estados Unidos de América.

Ratcliffe eliminó las políticas de la CIA que exigían una plantilla diversificada y despidió a la gente contratada para implementarlas. La orden más reciente, firmada por Gina Haspel y renovada por Bill Burns, decía que «la capacidad de la CIA para llevar a cabo su misión más compleja, esto es, reunir información de inteligencia del extranjero [...] y emprender acciones encubiertas [...] exige que fichemos a los mejores del país», independientemente de su raza y de su sexo.[5] La decisión de Ratcliffe no auguraba nada bueno. Durante más de cuarenta años el servicio clandestino había tratado de reclutar y conservar en sus filas a agentes afroamericanos y estadounidenses de origen árabe y de origen asiático debido a una razón muy lógica: enviar a un grupo de blancos a espiar en lugares como Somalia, Pakistán o China no era una muy profesional. En la época de la vigilancia técnica omnipresente, la CIA necesitaba desesperadamente espías capaces de mezclarse con la población local en tierras extranjeras, individuos que, como los mejores analistas, tenían un buen dominio de las lenguas y las culturas de los países a los que habían sido destinados. Ahora iba a resultar difícil encontrar ese tipo de personas y mantenerlas en las filas de la agencia. «¡Menuda estupidez! —lamentaría Marc Polymeropoulos—. La diversidad es la principal fuerza de la agencia. Es nuestra mejor carta. Es la razón de que no nos pillen».[6]

Ratcliffe rechazó alegremente una propuesta de Trump de proteger a la CIA de la avalancha de despidos sumarios y dimisiones forzadas que asolaban al Gobierno por exigencia del presidente. El director presionó a los agentes y a los analistas más experimentados para que optaran por abandonar el barco. Luego, él y sus ayudantes enviaron a Elon Musk y a su equipo un correo electrónico no confidencial con la lista de todo el personal contratado por la CIA en los años 2023 y 2024, poniéndolos en el altar sacrificial de los recortes presupuestarios. La lista en cuestión contenía los nombres de pila reales de esa gente seguidos por las iniciales de sus apellidos. El jefe de contrainteligencia de la CIA solicitó de inmediato una valoración de los daños; era harto probable que los espías chinos pudieran acceden a ese correo electrónico gracias a sus infiltraciones en las redes informáticas del Gobierno estadounidense y los atroces sistemas de seguridad de los operativos de Musk. La extensión de esa lista reflejaba el hecho de que el reclutamiento de nuevos talentos por parte de la CIA había alcanzado cotas históricas en los últimos dos años; mientras Burns se esforzaba por reforzar el Centro de Misiones para China, se había preparado en la Granja a cientos de individuos para poder mandarlos a Beijing. Ahora resultaría sumamente peligroso enviar a esa gente al extranjero. Para hacer frente a semejante desastre, Ratcliffe decidió despedir a un gran número de esas personas recién contratadas, sacrificando así el futuro de la agencia, sin dejar de ejercer cada vez más presión en la vieja guardia para que optara por presentar su dimisión. El FBI, tras quedarse sin cabezas visibles, tuvo que enfrentarse a dos pesadillas en el ámbito de la contrainteligencia. Una era el enfado de cientos de espías jóvenes que se habían quedado en la calle por culpa del director de la CIA. Otra era el enorme peligro en materia de seguridad que había provocado la decisión de Trump de poner los sistemas de información del Gobierno en manos de Elon Musk, su fanático lugarteniente.

Con permiso de Trump, Musk tenía ahora a una serie de datos que detallaban los miles de millones de dólares que gastaba el Gobierno, los expedientes personales y de seguridad de dos millones de funcionarios del Estado y los presupuestos vigentes de todas las agencias de inteligencia del país, incluidos los sistemas de alto secreto utilizados por la CIA para pagar los servicios de enlace en el extranjero y reclutar agentes. Dejar semejante tesoro en sus manos era simplemente una locura. Musk llevaba más de dos años hablando con Putin; si los espías rusos no se hubieran infiltrado en sus redes, serían culpables de negligencia criminal. Y su manera servil de adular a los líderes chinos indicaba que iba a ponerse a «saltar como un mono de feria cuando Xi Jinping llame en un momento de necesidad», comentaría Vivek Ramaswamy, el antiguo socio y candidato a la presidencia en la operación pirata de Musk, el Departamento de Eficiencia Gubernamental.[7] Musk y su equipo de veintitantos colegas del mundo de la tecnología eran blancos móviles. «Un servicio de inteligencia extranjero tiene que encontrar simplemente a alguien cercano a Musk que esté motivado por: (a) la codicia; (b) el ego; (c) el desprecio por los Estados Unidos; (d) un problema de drogas, o (e) todo eso a la vez», diría Brian Greer, antiguo abogado de la CIA; era el camino a una mina de oro.[8]

Mientras la inteligencia estadounidense iba doblándose bajo el peso de la malevolencia de Trump, Ratcliffe invitó a Musk a acudir a la CIA para imponer en ella su voluntad. Había pasado buena parte del tiempo secuestrado en la séptima planta, del todo indiferente a la agitación que había provocado. En pocas semanas, el flamante director había herido mortalmente el espíritu de la agencia y había debilitado la fuerza de su pericia. En el cuartel general, la moral empezaba a hundirse hasta unas cotas no alcanzadas en los últimos veinte años o más. Un presentimiento funesto ensombrecía el ambiente, la sensación de que se avecinaba un gran desastre.

A continuación, Trump empezó a asestar una serie de golpes al sistema de seguridad nacional que los Estados Unidos habían ido creando en los últimos ochenta años, tras el fin de la Segunda Guerra Mundial. En una de las setenta órdenes ejecutivas que emitió en sus cinco primeras semanas en el cargo, allanó el camino para que el país pudiera desdecirse de los tratados que había firmado y retirarse de las organizaciones plurinacionales a las que se había adherido desde 1945. Los fundadores de la CIA habían asistido a la creación de dichas instituciones y del orden global que estas habían impuesto. Algunos veteranos de la agencia comenzaban a pensar que tal vez estuvieran asistiendo a su destrucción. La idea de que Trump estuviera dispuesto a abandonar la OTAN ya era mala de por sí. Pero lo que realmente perturbaba su conciencia era que el presidente traicionara con tanta frialdad a Ucrania y abrazara la causa de Rusia con tanta desfachatez.

Durante diez años, numerosos espías, políticos, ciudadanos y periodistas estadounidenses se habían preguntado hasta dónde llegaba la afinidad del presidente con Putin. ¿Acaso era Trump el tonto útil del dirigente ruso? ¿Tenían los antiguos soviéticos un interés particular en él? ¿Era posible que lo hubieran reclutado para su causa? ¿O era él mismo el que se había adherido a ella? ¿Se trataba simplemente de que a Trump le gustaba Putin porque quería ser como él, un autócrata con un poder absoluto? Todo eso había sido un misterio, pero ahora la respuesta parecía clara, tan clara como una descarga de relámpagos. Trump no era un agente de Putin. Era su aliado. El presidente de los Estados Unidos se había pasado al otro bando.

Los rusos no cabían en sí de alegría. El mundo iba como querían. «La nueva administración está cambiando rápidamente todas las configuraciones en materia de política exterior —diría Dmitri Peskov, portavoz del Kremlin—. Y eso coincide en gran medida con nuestro plan».[9] La CIA había combatido contra semejante ideología por todo el mundo durante casi ochenta años.

El 24 febrero, coincidiendo con el tercer aniversario de la invasión de Ucrania, los Estados Unidos se unieron al eje autoritario. Votaron junto a Rusia, Corea del Norte e Irán en contra de una resolución de las Naciones Unidas que exigía la retirada de sus fuerzas por parte de Rusia, la rendición de cuentas por sus crímenes de guerra y la devolución del territorio ucraniano. Con ese voto, Trump rompió la confianza de los aliados de los Estados Unidos y se puso abiertamente al lado de sus enemigos. Luego tachó a Zelenski de dictador, lo acusó de haber empezado la guerra, le exigió que concediera a los Estados Unidos derechos sobre los recursos minerales de Ucrania por valor de medio billón de dólares como compensación —elevada al cuádruple— por el apoyo prestado gratuitamente al país por los estadounidenses e intentó obligarlo a aceptar un alto el fuego. No era la primera vez que había intentado chantajear a Ucrania.

El 5 de marzo, Trump interrumpió el apoyo de la inteligencia estadounidense. Ratcliffe clausuró el Grupo de Trabajo sobre Ucrania. Hegseth y Gabbard cortaron el flujo de inteligencia de señales, frenaron la entrega de material de reconocimiento aéreo y bloquearon el acceso de Ucrania a las imágenes satelitales comerciales. El daño causado sería inmediato y demoledor. Medio ciego ante el enemigo, con sus defensas destrozadas y con la cuerda del salvavidas que la unía a la CIA totalmente cortada, Ucrania estuvo a punto de desmoronarse bajo una lluvia de misiles y de ataques con drones de Rusia, y no tardó en perder terreno en beneficio de los invasores. Al cabo de una semana, Trump aflojó la llave a Zelenski cuando este cedió a la idea de un alto el fuego en los términos impuestos por los Estados Unidos. Putin planteó sus propios términos. Unos términos que no incluían el mantenimiento de la democracia en Ucrania. Trump no ofreció a los ucranianos garantía alguna de seguridad, solo la amenaza de un cambio de régimen apoyado por los Estados Unidos, y la promesa de una ocupación sin fin por parte de Rusia. Estaba dispuesto a vender Ucrania a Moscú del mismo modo que había entregado Afganistán a los talibanes. El país más extenso de Europa se enfrentaba a un futuro muy triste.

«La fecha de la muerte de Ucrania ha sido borrada muchas veces de su lápida funeraria y escrita de nuevo otras tantas veces a lo largo de los años y a lo largo de los siglos —comentó Ed Bogan, jefe de estación de la CIA en Kiev en dos ocasiones y hombre de gran experiencia, mucho antes de la invasión rusa de 2022 y también poco después de ella—. Si nos vamos —señaló—, creo que Ucrania perderá el territorio que Rusia ha conquistado hasta la fecha. La fe en nuestros valores, en los valores que hemos declarado como estadounidenses, se verá radicalmente socavada. Quizá para siempre».[10] Y si Rusia vencía «en una guerra de conquista, de alguna manera dará lugar a nuestra próxima guerra mundial». Un Putin envalentonado pelearía por reconquistar los países de Europa otrora atrapados en el Imperio soviético.

«Lo hecho, hecho está, y Ucrania ha luchado valientemente», se lamentó Paula Doyle.[11] Sus palabras sonaban a discurso fúnebre en elogio del país y de los esfuerzos llevados a cabo por la CIA para sostenerlo. Si Putin se quedaba con los despojos de la guerra, «el carácter sacrosanto de la soberanía se desmoronará ante nuestros ojos», y será el preludio de la próxima invasión rusa. Tras un largo estudio, Doyle había llegado a la conclusión de que «el guion de Putin es inquietantemente similar al utilizado por Hitler entre 1938 y 1940», una estrategia de «propaganda, ataques sin prueba alguna contra la etnicidad y las vinculaciones religiosas, falsos acuerdos de apaciguamiento, anexiones sin derramamiento de sangre e invasiones y ocupaciones relámpago». ¿Qué impediría a Trump hacer un trato con Putin que recordara el pacto Hitler-Stalin de agosto de 1939, cuyos protocolos secretos permitían a Alemania y a Rusia repartirse Europa? ¿Qué impediría entonces a Moscú atacar Polonia o Finlandia? ¿O incluso los Estados Unidos?

Los Estados Unidos se enfrentaban a un gran peligro dentro y fuera de sus fronteras. Al tiempo que el presidente arremetía contra sus libertades civiles y sus instituciones democráticas, acabando la labor que había comenzado su banda, los instrumentos de los servicios de inteligencia y de seguridad nacional estaban en manos de aficionados y de aduladores. Los cimientos de su política exterior iban desgastándose y desmoronándose. El Departamento de Estado cerraba embajadas y consulados en todo el mundo. Desaparecía la cobertura diplomática que daban decenas de estaciones y bases de la CIA. El contingente de espías y analistas más experimentados de la agencia era cada vez menor. Los lazos irrecuperables que unían a la CIA con sus aliados internacionales más estrechos se deshacían. El riesgo de un fallo catastrófico de inteligencia era tan alto como lo había sido a comienzos del siglo XXI.

Imaginémonos lo que podría ocurrir si, en los días por venir, un nuevo ataque sorpresa golpease los Estados Unidos. ¿Qué impediría al presidente declarar la ley marcial o cancelar las elecciones? ¿Podrían oponerse a él el Congreso o el Tribunal Supremo? ¿Quién lo desobedecería si ordenase al servicio clandestino reconstruir las cárceles secretas, derrocar al Gobierno de una nación soberana o asesinar a sus enemigos políticos? La CIA no ha desafiado nunca a ningún presidente. Pero es posible que los agentes de la CIA con una moralidad mayor se resistiesen. Y tal vez pasasen años antes de que se contaran sus historias.

31 de marzo de 2025

Agradecimientos

Los periodistas, al igual que los espías, son buenos por lo que valen sus fuentes. Quiero expresar mi agradecimiento al más de un centenar de hombres y mujeres de la CIA que, cuando empecé a escribir este libro, hablaron conmigo, a menudo largo y tendido, contestando pacientemente a un aluvión de preguntas y, sobre todo, accediendo a dar la cara con sus nombres y apellidos. Cada una de esas personas dio forma al presente libro, aunque no todas aparezcan citadas. Deseo dar las gracias especialmente a William J. Burns, Leon Panetta, Mike Hayden, John Brennan, Tom Sylvester, Paula Doyle, Robert Gorelick, Jim Lawler, Margaret Henoch, Luis Rueda, Mark Polymeropoulos, John Sipher, Linda Weissgold, Jim Cotsana, Rolf Mowatt-Larsen, Doug Wise y Steve Hall. En el cuartel general de la CIA, Tammy Kupperman Thorp, directora de la Oficina de Asuntos Públicos desde mayo de 2021 hasta enero de 2025, organizó las entrevistas con los dirigentes de la agencia e hizo todo lo que pudo para responder a mis innumerables preguntas.

Mientras se imprimen las páginas de *La misión*, se ha iniciado una campaña de represión del derecho de libertad de expresión de antiguos agentes y analistas de la CIA. «El presidente revocará de inmediato las acreditaciones de seguridad de cualquier antiguo director, subdirector u otro agente de inteligencia de alto rango que ponga en entredicho su trabajo en la prensa o en las redes sociales sin la autorización previa del director en ejercicio», decía el Proyecto de Transición Presidencial 2025, un plan de gobierno para la segunda administración Trump. «Es necesario un mayor número de instrumentos para prevenir filtraciones de inteligencia que puedan ser utilizadas como arma en debates políticos». Se produjo inmediatamente un efecto paralizador. En su primer día en el cargo, Trump revocó sus acreditaciones a dieciséis agentes retirados de la CIA citados en el presente libro, varios más cuyo testimonio ha sido de gran trascendencia se anticiparon a la cólera del presidente, y unos cuantos pidieron que se suprimieran de estas páginas sus nombres y sus palabras. El presente libro no habría podido presentarse ni escribirse de manera oficial bajo un régimen semejante. Tal vez sea el último de su especie durante un tiempo.

Pronto hará cuarenta años de mi primera visita al cuartel general de la CIA en busca de una historia. Siempre estaré en deuda con Gene Roberts, el que durante largo tiempo fuera editor ejecutivo del *Philadelphia Inquirer*, por enviarme a Afganistán en 1987 e iniciarme en el mundo de la CIA. Dos colegas de mis tiempos gloriosos en el *Inquirer* han aportado su granito de arena en el presente libro. Bob Drogin, que más tarde cubrió la información sobre seguridad nacional para *Los Angeles Times*, leyó los primeros capítulos del manuscrito. Vernon Loeb, que se encargaba de todo lo relacionado con los servicios de inteligencia para el *Washington Post*, me ofreció sus valiosísimos comentarios. Durante mis dieciséis años en el *New York Times*, tuve la suerte de trabajar para el difunto Joe Lelyveld y para su sucesor como editor ejecutivo, Bill Keller, y el placer de colaborar con periodistas de gran talento como David Sanger, Ginger Thompson, Lydia Polgreen y Lynsey Addario, por citar a unos pocos.

Un equipo de investigación de primera elaboró una cronología que abarcaba un cuarto de siglo para que yo pudiera escribir estas páginas: Emma BB Doyle, Ruby T. Doyle, Ford Fishman, Mego Saienni, Pascal Peppe, Bill Harvey, Kelpy Cathedral, Phoebe Fregoli, Olive Malone y Arlen Levy.

Kathy Robbins, mi queridísima agente literaria desde hace treinta años, me condujo hasta Peter Hubbard, vicepresidente y editor de Mariner Books, y juntos han traído al mundo *La misión*. En The Robbins Office, Janet Oshiro, Grace Garrahan y Alexandra Sugarman han defendido el fuerte. Matthew Snyder de CAA ha proporcionado sus sabios consejos. Susanna Lea ha representado con gran habilidad el presente libro en otros países. Elaina Richardson volvió a invitarme a Yaddo, la colonia de artistas y escritores en Saratoga Springs, Nueva York, donde mis libros han tomado forma en los últimos veinte años.

Se lo debo todo, toda mi buena suerte y toda mi felicidad, a Kate, Emma y Ruby Doyle. Mi vida está dedicada a ellas, al igual que el presente libro.

Notas

1. El horizonte oscuro

1. Entrevista del autor a Richard Helms.

2. Richard Kerr *et alii*, «Issues for the US Intelligence Community: Collection and Analysis on Iraq», *Studies in Intelligence* vol. 49 n.º 3 (2005); cf. <https://www.cia.gov/resources/csi/static/issues-for-US-intel.pdf>.

3. Entrevista del autor a Milt Bearden.

4. Tim Weiner, «The C.I.A. Limps Toward 50», *New York Times*, 20 de julio de 1997; cf. <https://www.nytimes.com/1997/07/20/weekinreview/aging-shop-ofhorrors-the-cia-limps-to-50.html?searchResultPosition=10>.

5. Entrevista del autor a George H. W. Bush.

6. Duane R. Clarridge, *A Spy for All Seasons: My Life in the CIA* (Simon and Schuster, Nueva York, 1997), pp. 410-411.

7. George J. Tenet, en colaboración con Bill Harlow, *At the Center of the Storm: My Years at the CIA* (HarperCollins, Nueva York, 2007), p. 20.

8. Henry A. Crumpton, *The Art of Intelligence: Lessons from a Life in the CIA's Clandestine Service* (Penguin, Nueva York, 2012), p. 140.

9. Entrevista del autor a John Gannon.

10. Tenet, *At the Center of the Storm*, p. 17.

11. Russ Travers, «The Coming Intelligence Failure», CIA, *Studies in Intelligence,* primavera de 1997; cf. <https://www.cia.gov/static/coming-intelligence-failure.pdf>.

12. Informe del Comité Especial Permanente de la Cámara de Representantes, «Counterterrorism Intelligence Capabi-

lities and Performance Prior to 9/11», 17 de julio de 2002. Esta fatídica previsión no resultaba nueva para Tenet. Poco después de llegar a la CIA como subdirector en 1995, Jack Devine, veterano de los servicios clandestinos en los que había pasado treinta años y posteriormente jefe interino de la agencia, le había dicho: «George, te lo advierto, alguien va a disparar hoy una bala en el norte de Irak, y dentro de dos años descubrirás dónde va a dar» (Entrevista del autor a Jack Devine). Tenet se había visto limitado a tener que escribir cartas al presidente pidiendo más dinero, aunque con escasos resultados. Finalmente, en octubre de 1998, ocho semanas después de que al-Qaeda atacara dos embajadas estadounidenses a la vez en África con sendos conches bomba, Tenet convenció al Congreso de que le concediera una asignación extraordinaria, por una sola vez, de mil ochocientos millones de dólares. Aquel empujoncito fue una de las rarísimas ayudas recibidas del Congreso, que con mucha más frecuencia se dedicaba a tratar a la CIA a baquetazos. La Comisión de Inteligencia de la Cámara de Representantes, presidida por el republicano Porter Goss, antiguo agente de la CIA y futuro director de este mismo organismo, había puesto en circulación una feroz crítica pública diciendo que la agencia tenía «un compromiso y una competencia no muy convincentes» a la hora de llevar a cabo labores de espionaje, y que carecía de «la profundidad, la amplitud y la pericia analítica para supervisar los desarrollos políticos, militares y económicos mundiales» (Tim Weiner, «House Panel Says C.I.A. Lacks Expertise to Carry Out Its Duties», *New York Times*, 19 de junio de 1997; cf. <https://www.nytimes.com/1997/06/19/us/house-panel-says-cia-lacks-expertise-to-carry-out-itsduties.html?searchResultPosition=5>).

13. Tenet, *At the Center of the Storm*, p. 46.

14. Tenet, *At the Center of the Storm*, pp. 136-137. John Brennan, jefe de gabinete de Tenet durante el periodo de traspaso de poderes, dijo que Bush padre influyó en la decisión de su hijo de mantener a este al frente de la CIA: «En realidad, Bush hijo no sabía de George nada más que lo que había oído decir a otras personas, y creo que su padre... dio al presidente Bush una idea bastante positiva de él», diría Brennan. Transcripción de la entrevista de *Frontline*, 8 de marzo de 2006; cf. <https://www.pbs.org/wgbh/pages/frontline/darkside/interviews/brennan.html>.

2. Interdicción, negativas y engaño

1. Entrevista del autor a la embajadora Roberta Jacobson. A menos que se advierta lo contrario, los hechos acerca del Programa de Cierre del Puente Aéreo (ABDP, por sus siglas en inglés, de Air Bridge Denial Program) y las citas de los agentes de la CIA cuyos nombres no se especifican como fuentes han sido tomados del informe del inspector general de la CIA John Helgerson, «Procedures used in Narcotics Airbridge Denial Program in Peru, 1995-2001», 25 de agosto de 2008, aprobado para su publicación con tachaduras en noviembre de 2010; cf. <https://www.cia.gov/readingroom/docs/PROCEDURES%20USED%20IN%20NARCOTICS%20AIRBRIDGE%20DENIAL%20PROGRAM%20IN%20PERU%2C%201995-2001.pdf>.

2. Entrevista del autor a Luis Rueda.

3. Philip Mudd, *Black Site: The CIA in the Post 9/11 World* (Liveright, Nueva York, 2019), p. 105.

4. Casa Blanca, Despacho del Presidente, «Resumption of U.S. Drug Interdiction Assistance to the Government of Peru», 8 de diciembre de 1994; cf. <https://nsarchive2.gwu.edu/NSAEBB/NSAEBB44/doc12.pdf>. El correspondiente «Memorandum of Justification for Presidential Determination Regarding the Resumption of U.S. Aerial Tracking Information Sharing and Other Assistance to the Government of Peru», se encuentra en Helgerson, pp. 296-298.

5. Entrevista del autor a Jack Devine.

6. Tim Weiner, «The CIA's Most Important Mission: Itself», *New York Times*, 10 de diciembre de 1995; cf. <https://www.nytimes.com/1995/12/10/magazine/the-cia-s-mostimportant-mission-itself.html?searchResultPosition=3>.

7. Jose A. Rodriguez Jr., en colaboración con Bill Harlow, *Hard Measures: How Aggressive CIA Actions After 9/11 Saved American Lives* (Threshold Editions, Nueva York, 2012), p. 27.

8. Fred F. Manget, «Intelligence and the Criminal Law System», *Stanford Policy and Law Review*, marzo de 2018; cf. <https://law.stanford.edu/wpcontent/uploads/2018/03/manget.pdf>.

9. Entrevista del autor a Rand Beers.

3. «Resultaba todo tristemente absurdo»

1. Testimonio de Tenet, Comisión de los Servicios Armados del Senado, 7 de marzo de, 2001; cf. <http://fas.org/irp/congress/2001_hr/s010308t.html>.

2. John Rizzo, *Company Man: Thirty Years of Controversy and Crisis at the CIA* (Scribner, Nueva York, 2014), p. 168.

3. Rumsfeld, citado en Gen. Richard J. Myers, en colaboración con Malcolm McConnell, *Eyes on the Horizon: Serving on the Front Lines of National Security* (Threshhold, Nueva York, 2009), p. 140. Myers era el presidente del Estado Mayor Conjunto en 2001.

4. Testimonio oral de Zalmay Khalilzad, Miller Center, University of Virginia; cf. <https://millercenter.org/the-presidency/presidential-oral-histories/zalmay-khalilzad-oral-history>.

5. Milam citado en Steve Coll, *Ghost Wars: The Secret History of the CIA, Afghanistan and Bin Laden, from the Soviet Invasion to September 10, 2001* (Penguin, Nueva York, 2004), p. 498.

6. Henry A. Crumpton, *The Art of Intelligence: Lessons from a Life in the CIA's Clandestine Service* (Penguin, Nueva York, 2012), pp. 154-155.

7. George J. Tenet en colaboración con Bill Harlow, *At the Center of the Storm: My Years at the CIA* (HarperCollins, Nueva York, 2007), pp. 151-154.

8. Tenet, *At the Center of the Storm*, pp. 151-154.

9. Testimonio oral de Colin Powell y Richard Armitage, Miller Center, University of Virginia; cf. <https://millercenter.org/the-presidency/presidential-oral-histories/colin-l-powell-and-richard-l-armitage-oral-history>. La CIA había venido informando verbalmente a Bush, como era tradición que hiciera con los candidatos a la presidencia, desde septiembre de 2000, y esa preparación era esencial para mantenerlo al día. Bush no era un hombre de mundo. Había estado pocas veces en el extranjero; su viaje más largo fuera del país era el que había hecho a China en 1975, cuando su padre era el jefe de la oficina diplomática estadounidense en Beijing, y no era más que un niñato bisoño y aficionado a la bebida, que intentaba sin mucho éxito ligar con alguna joven china. Ningún presidente electo desde Calvin Coolidge había estado tan poco preparado en materia de asuntos exteriores.

10. Testimonio oral de Powell y Armitage, Miller Center; cf. <https://millercenter.org/the-presidency/presidential-oral-histories/colin-l-powell-and-richard-l-armitage-oral-history>.

11. Entrevista a John Brennan, «The Dark Side», *Frontline*, 8 de marzo de 2006; cf. <https://www.pbs.org/wgbh/pages/frontline/darkside/interviews/brennan.html>.

4. La bahía de las Cabras

1. Entrevista del autor a David Petraeus.
2. Entrevista del autor a Luis Rueda.
3. Entrevista del autor a Luis Rueda.
4. Testimonio oral de Robert Gates, Miller Center, University of Virginia; cf. <https://millercenter.org/the-presidency/presidential-oral-histories/robert-gates-oral-history>.
5. Kenneth M. Pollock, "Ahmed Chalabi, RIP", Brookings Institute, 4 de noviembre de 2015; cf. <https://www.brookings.edu/blog/markaz/2015/11/04/ahmad-chalabi-rip/>.
6. Armitage, citado en William J. Burns, *The Back Channel: A Memoir of American Diplomacy and The Case for Its Renewal* (Random House, Nueva York, 2019), p. 164. Entre los periodistas que compraron lo que quería vender Chalabi, cabría citar a Judith Miller, del *New York Times*. «Ha proporcionado la mayor parte de las exclusivas de primera plana sobre armas de destrucción masiva a nuestro periódico», decía Miller en tono jactancioso en un email enviado a un colega suyo. Muchas de esas exclusivas siguieron teniendo de exclusivo el hecho de ser falsas. Por ejemplo, Chalabi le facilitó a esta reportera la información que publicó en diciembre de 2001, acerca de un desertor iraquí que ofrecía testimonio ocular sobre unas «instalaciones secretas para la fabricación de armas biológicas, químicas y nucleares en pozos subterráneos, mansiones particulares y bajo el Hospital Saddam Hussein de Bagdad». El artículo era versión taquigráfica del relato de un mentiroso probado, Chalabi, que pretendía que los Estados Unidos le allanaran el camino hacia el poder. El periódico publicó un extenso y doloroso *mea culpa* por este caso de negligencia profesional en mayo de 2004.
7. Zinni citado en John Lancaster, «A Nominee's Long Road to "No"», *Washington Post*, 2 de octubre de 2000; cf. <https://

www.washingtonpost.com/archive/politics/2000/10/03/a-nominees-long-road-to-no/e824d893-4e91-4003-b30a-3f23c2fd6fbd/>.

8. Tenet, en Bill Harlow, ed., *Rebuttal: The CIA Responds to the Senate Intelligence Committee's Study of Its Detention and Interrogation Program* (Naval Institute Press, Annapolis, 2015), p. 2.

5. El nuevo mundo

1. Garrett M. Graff, *The Only Plane in the Sky: An Oral History of 9/11* (Avid Reader Press, Nueva York, 2019), pp. 12, 97.

2. Garrett M. Graff, *The Only Plane in the Sky: An Oral History of 9/11* (Avid Reader Press, Nueva York, 2019), pp. 12, 97.

3. Transcripción de la entrevista a McLaughlin, *Frontline*, PBS, 19 de mayo de 2015; cf. <https://www.pbs.org/wgbh/frontline/article/john-mclaughlin-cia-interrogations-were-legal-moraland-effective/>.

4. John Rizzo, *Company Man: Thirty Years of Controversy and Crisis in the CIA* (Scribner, Nueva York, 2014), pp. 172-173.

5. Testimonio oral de Hayden, Miller Center, University of Virginia; cf. <https://millercenter.org/the-presidency/presidential-oral-histories/michael-hayden-oral-history>.

6. Entrevista a Rice en Yaniv Barzilai, *102 Days of War: How Osama bin Laden, al Qaeda and the Taliban Survived 2001* (Potomac Books, Washington, 2013), p. 84.

7. Sir Christopher Meyer, embajador del Reino Unido, prestó declaración sobre esta conversación con Condoleezza Rice ante la Comisión Chilcot acerca del papel del Reino Unido en la guerra de Irak.

8. Rumsfeld hizo esta tremenda declaración cuando el equipo del Consejo de Seguridad Nacional volvió a reunirse en la Casa Blanca, según el coordinador de antiterrorismo Richard Clarke. Según esta versión, «aquella noche, en pleno 11-S, se presentaron Rumsfeld y los demás, y cuando por fin regresó el presidente, celebramos una reunión. Y dijo Rumsfeld: "Ya sabéis, tenemos que darle a Irak", y todos se lo quedaron mi-

rando… Yo por lo menos me lo quedé mirando, y Powell también se lo quedó mirando, como si quisiéramos decir: "Pero ¿de qué diablos estás hablando?". Y él dijo —nunca lo olvidaré—: "No hay suficientes objetivos en Afganistán. Tenemos que bombardear más para demostrar… o sea, ya sabéis… que somos grandes y fuertes, y que no nos vamos a dejar intimidar por este tipo de ataques". Y, desde luego, yo comenté ya aquella noche, y creo que Powell lo reconoció, que Irak no tenía nada que ver con el 11-S. Pero parece que aquello no impresionó a Rumsfeld lo más mínimo», Cullen Murphy y Todd S. Purdum, «An Oral History of the Bush White House», *Vanity Fair*, 28 de diciembre de 2008; cf. <https://www.vanityfair.com/news/2009/02/bush-oral-history200902>.

9. Richard A. Clarke, *Against All Enemies: Inside America's War on Terror* (Free Press, Nueva York, 2004), p. 32.

10. Tyler Drumheller, en colaboración con Elaine Monaghan, *On the Brink: An Insider's Account of How the White House Compromised American Intelligence* (Carroll & Graf, Nueva York, 2006), pp. 29-32. Drumheller era el jefe del servicio clandestino en Europa. La cena aparece descrita brevemente en Tenet, *At the Center of the Storm*, pp. 172-173.

11. Crumpton, *The Art of Intelligence: Lessons from a Life in the CIA's Clandestine Service* (Penguin, Nueva York, 2012), p. 186.

12. Morell en colaboración con Bill Harlow, *The Great War of Our Time: The CIA's Fight Against Terrorism–from al Qa'ida to ISIS* (Twelve, Nueva York, 2015), p. 65.

13. Cofer Black, citado en Bob Woodward, *Bush at War* (Simon & Schuster, Nueva York, 2002), p. 52.

14. Morell, *The Great War of Our Time*, p. 65.

15. Rumsfeld, Wolfowitz, Black y Bush citados y parafraseados en Robert Draper, *To Start a War: How the Bush Administration Took America into Iraq* (Penguin, Nueva York, 2020), pp. 17-20.

16. Testimonio oral de Colin Powell y Richard Armitage, Miller Center, University of Virginia; cf. <https://millercenter.org/the-presidency/presidential-oral-histories/colin-l-powell-and-richard-l-armitage-oral-history>.

17. Morell, *The Great War of Our Time*, p. 63.

18. Abdul Salam Zaaef, *My Life with the Taliban* (Columbia University Press, Nueva York, 2010), p. 147.

19. Robert L. Grenier, *88 Days to Kandahar: A CIA Diary* (Simon & Schuster, Nueva York, 2015), p. 10.

20. Testimonio oral de Ryan Crocker, Miller Center, University of Virginia; cf. <https://millercenter.org/the-presidency/presidential-oral-histories/ryan-crocker-oral-history>.

21. Tenet, en Bill Harlow, ed., *Rebuttal: The CIA Responds to the Senate Intelligence Committee's Study of Its Detention and Interrogation Program* (Naval Institute Press, Annapolis, 2015), p. 2.

22. Tenet, *At the Center of the Storm*, p. 239.

23. Testimonio oral de Gates, Miller Center, University of Virginia; cf. <https://millercenter.org/the-presidency/presidential-oral-histories/robert-gates-oral-history>.

24. Entrevista a Winston Wiley de Mike Morell, «Intelligence Matters», podcast de CBS News, 11 de agosto de 2011; cf. <https://www.cbsnews.com/news/intelligence-matters-presentsremembering-911-with-winston-wiley/?intcid=CNM-00-10abd1h>.

25. Testimonio oral de Gates, Miller Center, University of Virginia; cf. <https://millercenter.org/the-presidency/presidential-oral-histories/robert-gates-oral-history>.

26. Morell citado en *Confronting Saddam Hussein: George W. Bush and the Invasion of Iraq* (Oxford University Press, Nueva York, 2023) p. 68.

27. Entrevista del autor a Linda Weissgold.

28. Transcripción de entrevista a Cindy Storer, «Manhunt: The Search for bin Laden», CNN, 27 de abril de 2013.

29. George W. Bush, *Decision Points* (Crown, Nueva York, 2010), p. 158.

30. Conferencia de prensa de Bush en la Casa Blanca, 11 de octubre de 2001; cf. <https://georgewbush-whitehouse.archives.gov/news/releases/2001/10/20011011-7.html>.

31. Intervención de Bush en la sesión conjunta del Congreso, 20 de septiembre de 2001.

32. Woodward, *Bush at War*, p. 153.

33. Testimonio oral de Powell y Armitage, Miller Center, University of Virginia; cf. <https://millercenter.org/the-presidency/presidential-oral-histories/colin-l-powell-and-richard-l-armitage-oral-history>.

34. Entrevista a McLaughlin en Barzilai, *102 Days of War*, pp. 55-56.

35. Crumpton, *The Art of Intelligence*, p. 181.

36. Jose A. Rodriguez, Jr. en colaboración con Bill Harlow, *Hard Measures: How Aggressive CIA Actions After 9/11 Saved American Lives* (Threshhold Editions, Nueva York, 2012), p. 30.

37. Transcripción de entrevista a Rodriguez, «Manhunt: The Search for bin Laden», CNN, 27 de abril de 2013; cf. <https://transcripts.cnn.com/show/se/date/2013-05-27/segment/02>.

38. Jose A. Rodriguez, Jr. en colaboración con Bill Harlow, *Hard Measures: How Aggressive CIA Actions After 9/11 Saved American Lives* (Threshold Editions, Nueva York, 2012), pp. 32-38.

39. Jose A. Rodriguez, Jr. en colaboración con Bill Harlow, *Hard Measures: How Aggressive CIA Actions After 9/11 Saved American Lives* (Threshold Editions, Nueva York, 2012), pp. 32-38.

40. Jose A. Rodriguez, Jr. en colaboración con Bill Harlow, *Hard Measures: How Aggressive CIA Actions After 9/11 Saved American Lives* (Threshold Editions, Nueva York, 2012), pp. 32-38.

41. Entrevista del autor a Enrique Prado.

42. Gary Schroen, *First In: An Insider's Account of How the CIA Spearheaded the War on Terror* (Ballentine Books, Nueva York, 2005), p. 38.

43. Crumpton, *The Art of Intelligence*, p. 198.

44. Testimonio oral de Rumsfeld, Miller Center, University of Virginia; cf. <https://millercenter.org/the-presidency/presidential-oral-histories/donald-rumsfeld-oral-history>.

45. Crumpton, *The Art of Intelligence*, p. 239.

46. General Richard Myers, en Testimonio oral de Rumsfeld, Miller Cent er, University of Virginia; cf. <https://millercenter.org/the-presidency/presidential-oral-histories/donald-rumsfeld-oral-history>.

6. «Todos íbamos improvisando sobre la marcha»

1. Karzai citado en Bette Dam, *A Man and A Motorcycle: How Hamid Karzai Came to Power* (Ipso Facto, Ámsterdam, 2014), p. 8.

2. Grenier, *88 Days to Kandahar: A CIA Diary* (Simon & Schuster, Nueva York, 2015), p. 139.

3. Jason Elliot, *An Unexpected Light: Travels in Afghanistan* (Picador, Londres, 2011), p. 52.

4. Grenier, *88 Days to Kandahar*, p. 146.

5. Haass citado en Ahmed Rashid, *Descent into Chaos: The U.S. and the Disaster in Pakistan, Afghanistan, and Central Asia* (Penguin, Nueva York, 2008), p. 76.

6. Entrevista a Stephen Hadley en *What We Need to Learn: Lessons from Twenty Years of Afghanistan Reconstruction*, Inspector General Especial para la Reconstrucción de Afganistán, agosto de 2021; cf. <www.sigar.mil/pdf/lessonslearned/SIGAR-21-46-LL.pdf>.

7. Consejo de Seguridad Nacional, «U.S. Strategy in Afghanistan» (con las correcciones hechas por Rumsfeld), 16 de octubre de 2001; cf. <https://nsarchive.gwu.edu/document/24546-office-secretary-defense-donald-rumsfeld-snowflake-douglas-feith-strategy-october-30>. Una nota manuscrita revela que la estrategia fue aprobada por el Consejo de Seguridad Nacional el 16 de octubre.

8. «White House dismisses bin Laden nuclear threat», CNN, 10 de noviembre de 2001, Internet Archive Wayback Machine; cf. <http://www.cnn.com/2001/WORLD/europe/11/10/ret.binladen.nuclear/index.html>.

9. Woodward, *Bush at War* (Simon & Schuster, Nueva York, 2002), p. 311.

10. Entrevista a Berntsen en Barzilai, *102 Days of War: How Osama bin Laden, al Qaeda and the Taliban Survived 2001* (Potomac Books, Washington, 2013), pp. 78-79.

11. Barzilai, *102 Days of War*, p. 75.

12. Capitán Jason Amerine, «The Battle of Tarin Kowt», *Frontline*, PBS, 12 de julio de 2002; cf. <https://www.pbs.org/wgbh/pages/frontline/shows/campaign/ground/tarinkowt.html>.

13. Jane Perlez, «Afghan Trying to Do "Big Things" at Big Risk», *New York Times*, 5 de noviembre de 2001; cf. <https://www.nytimes.com/2001/11/05/world/a-nation-challenged-taliban-foe-afghantrying-to-do-big-things-at-big-risk.html?-searchResultPosition=2>.

14. James Dobbins, «Our Man in Kabul», *Foreign Affairs*, 4 de noviembre de 2009; cf. <https://www.foreignaffairs.com/articles/afghanistan/2009-11-04/our-mankabul>.

15. Philip Mudd, *Takedown: Inside the Hunt for Al Qaeda* (University of Pennsylvania Press, Filadelfia, 2013), p. 11.

16. Grenier, *88 Days to Kandahar*, pp. 251-252.

17. Tim Weiner, «Bin Laden Reported Spotted in Fortified Camp in Afghan East», *New York Times*, 25 de noviembre de 2001; cf. <https://www.nytimes.com/2001/11/25/world/nation-challenged-fugitive-bin-laden-reported-spotted-fortified-camp-afghan-east.html>.

18. Testimonio oral de Tommy Franks, Miller Center, University of Virginia; cf. <https://millercenter.org/the-presidency/presidential-oral-histories/tommy-franks-oral-history>.

19. Transcripción de entrevista a Karzai, *Frontline*, PBS, 7 de mayo de 2002; cf. <https://www.pbs.org/wgbh/pages/frontline/shows/campaign/interviews/karzai.html>.

20. Testimonio oral de Barnett Rubin, Afghanistan Project, Foreign Affairs Oral History Collection, Association for Diplomatic Studies and Training; cf. <https://adst.org/afghanistan-project-barnett-rubin/>.

21. Michael Morell en colaboración con Bill Harlow, *The Great War of Our Time: The CIA's Fight Against Terrorism–from al Qa'ida to ISIS* (Twelve, Nueva York, 2015), pp. 75-76.

22. Testimonio oral de Ryan Crocker, Miller Center, University of Virginia; cf. <https://millercenter.org/the-presidency/presidential-oral-histories/ryan-crocker-oral-history>.

23. Matthew Rosenberg, «With Bags of Cash, C.I.A. Seeks Influence in Afghanistan», *New York Times*, 29 de abril de 2013; cf. <https://www.nytimes.com/2013/04/29/world/asia/cia-delivers-cash-to-afghan-leaders-office.html>.

24. Entrevista del autor a Michael Metrinko; véase asimismo el testimonio oral de Metrinko, Association for Diplomatic Studies and Training. Foreign Affairs Oral History Project; cf. <https://www.adst.org/OH%20TOCs/Metrinko,%20Mike.toc.pdf>.

25. Embajada de los Estados Unidos (Kabul), Asunto: «Confronting Afghanistan's Corruption Crisis», 15 de septiembre de 2005, National Security Archive, George Washington University; cf. <https://nsarchive.gwu.edu/document/24555-u-s-embassy-kabul-cable-003681-subject-confronting-afghanistan-s-corruption-crisis>. Para la corrupción de Ahmed Wali Karzai y el apoyo recibido de los agentes de la CIA, véase Dexter Filkins,

Mark Mazzetti y James Risen, «Brother of Afghan Leader Said to Be Paid by C.I.A.», *New York Times*, 28 de octubre de 2009; cf. <https://www.nytimes.com/2009/10/28/world/asia/28intel.html>; y Dexter Filkins, «Death of an Afghan Godfather», *New Yorker*, 12 de julio de 2011; cf. <https://www.newyorker.com/news/news-desk/death-of-an-afghan-godfather>.

26. Entrevista a Hadley en *What We Need to Learn*.

27. Entrevista a Barnett Rubin en SIGAR, «Corruption in Conflict: Lessons from the U.S. Experience in Afghanistan», septiembre de 2016; cf. <https://www.sigar.mil/interactive-reports/corruption-in-conflict/index.html>.

28. Roger Pardo-Maurer, «Greetings from Scenic Kandahar», email del 11-15 de agosto de 2002, National Security Archive, George Washington University; cf. <https://nsarchive.gwu.edu/document/24550-combined-joint-specialoperations-task-force-coalition-coordination-cell-kandahar>.

7. Líos enormes, como no se habían visto nunca

1. Entrevista a Kristen Wood de Mike Morell, *Intelligence Matters*, podcast, WGHN, 15 de marzo de 2023; cf. <https://wghn.com/2023/03/15/u-s-invasion-of-iraq-20-years-later-intelligence-matters/>.

2. Entrevista a Tyler Drumheller, *Constitution Project's Task Force on Detainee Treatment*, Open Society Foundations; cf. <https://www.opensocietyfoundations.org/publications/report-constitution-project-s-task-force-detainee-treatment>.

3. Scott Shane, «Inside a 9/11 Mastermind's Interrogation», *New York Times*, 22 de junio de 2008; cf. <https://www.nytimes.com/2008/06/22/washington/22ksm.html?searchResultPosition=1>.

4. Comentarios de Bush durante el almuerzo del Comité Republicano de Connecticut, The White House, 9 de abril de 2002; cf. <https://georgewbush-whitehouse.archives.gov/news/releases/2002/04/20020409-8.html>.

5. Entrevista a Jose Rodriguez, *Manhunt: The Search for bin Laden*, CNN, 27 de abril de 2013; cf. <https://transcripts.cnn.com/show/se/date/2013-05-27/segment/02>.

6. Entrevista a Richard Armitage, en *Torturing Democracy*,

8 de enero de 2008; cf. <https://nsarchive2.gwu.edu/torturing democracy/interviews/richard_armitage.html>.

7. *Senate Select Committee on Intelligence Report on the Central Intelligence Agency's Detention and Interrogation Program*; en adelante *Informe sobre tortura*, p. 32; cf. <www.intelligence.senate.gov/sites/default/files/publications/CRPT-113srpt288.pdf>.

8. John Rizzo, *Company Man: Thirty Years of Controversy and Crisis at the CIA* (Scribner, Nueva York, 2014), pp. 185-187.

9. Entrevista a Rizzo, «Secrets, Politics, and Torture», *Frontline*, PBS; cf. <https://www.pbs.org/wgbh/frontline/documentary/secrets-politics-and-torture/transcript/>.

10. Rizzo, *Company Man*, pp 185-187.

11. George W. Bush, *Decision Points* (Crown, Nueva York, 2010), p. 169. Cuando Bush publicó sus memorias, Rizzo preguntó a Tenet si lo que reconocía el presidente era verdad. «George no se acuerda de nada de eso —escribió Rizzo—. ¿Cómo podría George (y, de hecho, cómo podría nadie) olvidarse de haber tenido conversaciones con el presidente de los Estados Unidos sobre algo así?». Las propuestas de interrogatorios brutales siguieron siendo un secreto celosamente guardado dentro de la CIA, en parte debido a la premisa razonable de que algunos agentes de alto rango podrían considerarlas impropias de un estadounidense. «La gente va diciendo que esto no puede compararse con los soviéticos —comentó Tyler Drumheller, el jefe del servicio clandestino para Europa—. Por supuesto que se puede». No obstante, la práctica del método de tortura llamado el submarino no era desconocido en los Estados Unidos. En 1968, un oficial estadounidense fue sometido a consejo de guerra por aplicar el submarino a un prisionero de guerra norvietnamita. En 1983, el sheriff del condado de San Jacinto, Texas, fue condenado a diez años de cárcel por utilizar esa técnica de tortura para sacar confesiones a sospechosos.

12. Ali Soufan, *The Black Banners: How Torture Derailed the War on Terror after 9/11*, edición desclasificada (W. W. Norton, Nueva York, 2020), p. 404.

13. Declaración de James Mitchell, audiencias preliminares, 11-S: Khalid Sheikh Mohammad, *et alii*, 20 de enero de 2020; cf. <https://www.judicialwatch.org/wpcontent/uploads/2021/06/Deposition-Testimony-Jan-20-31-2020-.pdf>.

14. La reunión fue descrita por Mitchell en sus memorias,

escritas conjuntamente con el que fuera durante mucho tiempo oficial encargado de relaciones públicas de la CIA Bill Harlow; cf. *Enhanced Interrogation: Inside the Minds and Motives of the Islamic Terrorists Trying to Destroy America* (Crown, Nueva York, 2016) pp. 12-16.

15. Entrevista del autor a Ric Prado.

16. Entrevista a Philipp Mudd, *Manhunt: The Search for bin Laden*, CNN, 27 de mayo de 2013; cf. <https://transcripts.cnn.com/show/se/date/2013-05-27/segment/02>.

17. Entrevista del autor a Jim Cotsana.

18. Bill Harlow, ed., *Rebuttal: The CIA Responds to the Senate Intelligence Committee's Study of Its Detention and Interrogation Program* (Naval Institute Press, Annapolis, 2015), p. 55.

19. Entrevista del autor a Jim Cotsana.

20. *Ibid.*

21. Kwasniewski citado en John Pomfret, *From Warsaw with Love: Polish Spies, the CIA, and the Forging of an Unlikely Alliance* (Holt, Nueva York, 2021), p. 204.

22. Cuando la Oficina de Responsabilidad Profesional del Departamento de Justicia revisó el contenido de los informes sobre torturas, un abogado de la Oficina de Asesoría Jurídica llamado Patrick Philbin, posteriormente asesor adjunto de la Casa Blanca con el presidente Trump y que había planteado su preocupación por ellas, comentó: «En 2002 no se sabía que los detenidos permanecían en pañales, posiblemente durante varios días seguidos. Tampoco se sabía que los detenidos fueran obligados a permanecer despiertos con las manos esposadas y sujetas al techo [...]. Del mismo modo, en 2002 tampoco habían sido descritos a la Oficina de Asesoría Jurídica la manipulación de la comida y el racionamiento del agua, esas cosas ni siquiera fueron tenidas en consideración [...]. Todos estos factores contribuyeron a crear una imagen del proceso de interrogatorio muy distinta de la que se presentó en 2002». Philbin dijo también que él «no pensaba que el informe ofreciera un análisis suficiente que permitiera llegar a la conclusión de que privar del sueño a una persona durante días y días manteniéndola con las manos atadas con esposas sujetas al techo y en pañales, y al mismo tiempo utilizando con ella otras técnicas no supusiera traspasar la raya de infligir "dolor físico grave"». En 2005, cuando Alberto Gonzales, jefe de gabinete del fiscal general, planteó

a James Comey, el número dos del Departamento de Justicia, la cuestión de volver a autorizar las técnicas descritas en los informes sobre tortura, Comey le dijo que «esa opinión volvería a atormentar al fiscal general y al Departamento de Justicia y le instó a no permitirla [...]. Le dije que la gente que ahora estaba presionándolo no estaría ahí cuando el ventilador esparciera la mierda». La presión venía de la Casa Blanca y de la CIA. Efectivamente, el ventilador esparciría la mierda cuando la administración Bush ya no estuviera en el poder y la Comisión de Inteligencia del Senado empezara a trabajar en el llamado *Informe sobre tortura*, una décima parte del cual fue desclasificado en 2014.

23. Bush, *Decision Points*, p. 169.

24. Bush, *Decision Points*, p. 151.

25. Salim contra Mitchell, declaración registrada en vídeo de Jose Rodriguez, 7 de marzo de 2017; cf. <https://static01.nyt.com/packages/pdf/us/20170620_interrogations/jose-rodriguez.pdf>.

26. *Informe sobre tortura*, p. 479.

27. *Summary and Reflections of Chief of Medical Services on OMS Participation in the RDI Program*, p. 41. Desclasificado el 14 de agosto de 2018; cf. <https://www.aclu.org/sites/default/files/field_document/oms_summary.pdf>.

28. Entrevista del autor a Jim Cotsana.

29. *Informe sobre tortura*, p. 50.

30. *Ibid.*

31. Mitchell, *Enhanced Interrogation*, p. 92.

32. *Debriefing of 'Abd al-Rahim al-Nashiri. CIA cable from Haspel to headquarters*, 15 de noviembre de 2002; cf. <https://nsarchive.gwu.edu/document/16772-document-02-gina-haspel-s-day-one-report-cia>.

33. *Informe sobre tortura*, pp. 67-68.

34. Mitchell, *Enhanced Interrogation*, p. 105 ss.

35. Entrevista del autor a Jim Cotsana.

8. Qué se hace cuando no se sabe qué hacer

1. George J. Tenet en colaboración con Bill Harlow, *At the Center of the Storm: My Years at the CIA* (HarperCollins, Nueva York 2007), pp. 452-460.

2. *The Commission on the Intelligence Capabilities of the United States Regarding Weapons of Mass Destruction Report to the President of the United States*, 31 de marzo de 2005, p. 196; cf. <https://irp.fas.org/offdocs/wmd_report.pdf>.

3. Peter Eisner y Knut Royce, *The Italian Letter: How the Bush Administration Used a Fake Letter to Build the Case for War in Iraq* (Rodale, Nueva York, 2007) p. 119.

4. «Downing Street Memo», 23 de julio de 2002, National Security Archive, George Washington University; cf. <https://nsarchive2.gwu.edu/NSAEBB/NSAEBB328/II-Doc14.pdf>.

5. Testimonio oral de Colin Powell y Richard Armitage, Miller Center, University of Virginia; cf. <https://millercenter.org/the-presidency/presidential-oral-histories/colin-l-powell-and-richard-l-armitage-oral-history>.

6. Entrevista a Powell en «Hard Lessons: The Iraq Reconstruction Experience», Office of the Special Inspector General for Iraq Reconstruction, 2009.

7. Armitage citado en Ron Suskind, *The One Percent Doctrine: Deep Inside America's Pursuit of Its Enemies Since 9/11* (Simon and Schuster, Nueva York, 2006), p. 225.

8. Bob Woodward, *Plan of Attack* (Simon and Schuster, Nueva York, 2004), p. 281.

9. Testimonio oral de Doug Feith, Miller Center, University of Virginia; cf. <https://millercenter.org/the-presidency/presidential-oral-histories/douglas-j-feith-oral-history>.

10. Tenet, *At the Center of the Storm*, p. 310.

11. Entrevista del autor a Mark Lowenthal.

12. Sherman Kent, «Estimates and Influence», *Foreign Service Journal* (abril de 1969) p. 17.

13. Entrevista de Mike Morell a Andy Makridis, *Intelligence Matters*, podcast, WGHN, 15 de marzo de 2023; cf. <https://wghn.com/2023/03/15/u-s-invasion-of-iraq-20-years-later-intelligence-matters/>.

14. Entrevista de Mike Morell a Kristin Wood, *Intelligence Matters*, podcast.

15. Entrevista del autor a Luis Rueda.

16. Michael Morell en colaboración con Bill Harlow, *The Great War of Our Time: The CIA's Fight Against Terrorism–from al Qa'ida to ISIS* (Twelve, Nueva York, 2015), p. 102.

17. Tim Weiner, «Naiveté at the C.I.A.», *New York Times*,

7 de junio de 1998; cf. <https://www.nytimes.com/1998/06/07/weekinreview/the-world-naivete-at-the-cia-every-nation-s-just-another-us.html>.

18. Entrevista del autor a Margaret Henoch.

19. WINPAC Mission Statement, CIA, sin fecha, aunque de aproximadamente abril de 2001; cf. <https://www.cia.gov/readingroom/docs/DOC_0005462544.pdf>.

20. Robert Draper, *To Start a War: How the Bush Administration Took America into Iraq* (Penguin, Nueva York, 2020), p. 390.

21. Testimonio oral de Hayden, Miller Center, University of Virginia; cf. <https://millercenter.org/the-presidency/presidential-oral-histories/michael-hayden-oral-history>.

22. Paul Pillar, «Intelligence, Policy, and the War in Iraq», *Foreign Affairs*, marzo/abril de 2006.

23. Entrevista del autor a Jim Lawlor.

24. Tenet, *At the Center of the Storm*, p. 362.

25. Draper, *To Start a War*, p. 268.

26. Testimonio oral de Condoleezza Rice y Stephen Hadley, Miller Center, University of Virginia; cf. <https://millercenter.org/the-presidency/presidential-oral-histories/condoleezza-rice-and-stephen-hadley-oral-history>.

27. Testimonio oral de Powell, Miller Center, University of Virginia; cf. <https://millercenter.org/the-presidency/presidential-oral-histories/colin-powell-oral-history>.

28. Draper, *To Start a War*, p. 276.

29. Morell, *The Great War of Our Time*, pp. 95-96.

30. Steven R. Weisman, «Powell Calls His U.N. Speech a Lasting Blot on His Record», *New York Times*, 9 de septiembre de 2005; cf. <https://www.nytimes.com/2005/09/09/politics/powell-calls-his-un-speech-a-lasting-blot-on-his-record.html>.

9. Místicos sufíes y muertos vivientes

1. Elizabeth Szanto, «Contesting Charismatic Authority: Qadiri Sufism in Iraqi Kurdistan», comunicación presentada en la Middle Eastern Studies Association, noviembre de 2014.

2. Entrevista del autor a Bill Burns.

3. Marc Polymeropoulos, «The Last Great American Arabist», *Washington Examiner*, 15 de marzo de 2021; cf. <https://

www.washingtonexaminer.com/opinion/the-last-great-american-arabist>.

4. Rice, citada en George J. Tenet con Bill Harlow, *At the Center of the Storm: My Years at the CIA* (HarperCollins, Nueva York, 2007), p. 362.

5. Entrevista del autor a Luis Rueda.

6. Testimonio oral de Donald Rumsfeld, Miller Center, University of Virginia; cf. <https://millercenter.org/the-presidency/presidential-oral-histories/donald-rumsfeld-oral-history>.

7. Wallace citado en coronel Joel D. Rayburn y coronel Frank K. Sobchak, eds., *The U.S. Army in the Iraq War: Volume 1: invasion, insurgency, Civil War 2003-2006* (U.S. Army War College Press, Carlilse, PA., 2019) p. 111.

8. Testimonio oral de Colin Powell and Richard Armitage, Miller Center, University of Virginia; cf. <https://millercenter.org/the-presidency/presidential-oral-histories/colin-l-powell-and-richard-l-armitage-oral-history>.

9. Entrevista del autor a Jay Garner.

10. William J. Burns, *The Back Channel: A Memoir of American Diplomacy and the Case for Its Renewal* (Random House, Nueva York, 2019), p. 175.

11. Entrevista del autor a Jay Garner.

12. Garrett M. Graff, «Orders of Disorder: Who Disbanded Iraq's Army and De-Ba'athified Its Bureaucracy?», *Foreign Affairs*, 5 de mayo de 2023; cf. <https://www.foreignaffairs.com/middle-east/iraq-united-states-orders-disorder>.

13. Entrevista a Condoleezza Rice, U.S. Department of State, Office of the Historian, 12 de julio de 2014, en David E. Johnson, Agnes Gereben Schaefer, Brenna Allen, Raphael S. Cohen, Gian Gentile, James Hoobler, Michael Schwille, Jerry M. Sollinger, Sean M. Zeigler, «The U.S. Army and the Battle for Baghdad: Lessons Learned-And Still to Be Learned» (RAND Corporation, Santa Monica, Calif., 2019), p. 72; cf. <https://www.rand.org/pubs/research_reports/RR3076.html>.

14. David Petraeus, «Secrets of Statecraft», Hoover Institution podcast, 23 de febrero de 2022; cf. <https://www.hoover.org/research/secrets-statecraft-educationgeneral-david-petraeus>.

15. Autoridad Provisional de la Coalición, «CPA Fusion

Cell Threat Warning», 4 de junio de 2003, citado en James Dobbins, Seth G. Jones, Benjamin Runkle, Siddhartha Mohandas, «Occupying Iraq: A History of the Coalition Provisional Authority» (RAND Corporation, Santa Monica, Calif., 2009), p. 92; cf. <https://www.rand.org/content/dam/rand/pubs/monographs/2009/RAND_MG847.pdf>.

16. Burns, *The Back Channel*, pp. 176-177.

17. Entrevista a McManaway, en Dobbins *et alii*, «Occupying Iraq», pp. 98-99; cf. <www.rand.org/content/dam/rand/pubs/monographs/2009/RAND_MG847.pdf>.

18. Entrevista de Mike Morell a Jane Green, *Intelligence Matters*, podcast, CBS News, 17 de marzo de 2023; cf. <https://www.cbsnews.com/news/u-s-invasion-of-iraq-20-years-later-intelligence-matters/>.

19. Tenet, *At the Center of the Storm*, p. 433. Tenet se refiere a Seidel como autor de este informe de situación no por su nombre, sino como «funcionario de mayor rango de la CIA en Bagdad».

20. Tenet, *At the Center of the Storm,* p. 430.

21. Testimonio oral de L. Paul Bremer III, Miller Center University of Virginia; cf. <https://millercenter.org/the-presidency/presidential-oral-histories/l-paul-bremer-iii-oral-history>.

22. Entrevista a McManaway en Dobbins *et alii*, «Occupying Iraq», *op. cit.*, p. 98-99.

23. Informe de situación de Seidel citado en Tenet, *At the Center of the Storm*, p. 434.

24. Tenet, *At the Center of the Storm*, p. 433. Tenet se refiere a Seidel como autor de este informe de situación no por su nombre, sino que lo llama el «funcionario de mayor rango de la CIA en Bagdad».

25. Entrevista del autor a Luis Rueda.

10. Una operación magnífica

1. Discurso de Pavitt en la Foreign Policy Association, 21 de junio de 2004; cf. <https://irp.fas.org/cia/product/ddo_speech_062404.html>.

2. Entrevista del autor a Jim Lawler.

3. Entrevista del autor a Paula Doyle.

4. Entrevista del autor a Rolf Mowatt-Larsen.

5. Entrevista del autor a Robert Gorelick.

6. *Ibid.*

7. Entrevista del autor a Don Gregg.

8. Informe no clasificado para el Congreso en el que se resume la Evaluación de Inteligencia de la Nación sobre Corea del Norte, octubre de 2002, National Security Archive, George Washington University; cf. <https://nsarchive2.gwu.edu/NSAEBB/NSAEBB87/nk22.pdf>.

9. Entrevista del autor a Paula Doyle.

10. Kappes citado en William Tobey, «Cooperation in the Libya WMD Disarmament Case», *Studies in Intelligence*, vol. 61, n.º 4 (extractos, diciembre de 2017), CIA; cf. <https://www.cia.gov/static/c134fac60c8d3634a28629e6082d19eb/Cooperation-in-Libya-WMD.pdf>.

11. Entrevista del autor a Alberto Manenti.

12. William J. Burns, «A World Transformed and the Role of Intelligence», 59th Annual Ditchley Lecture, 1 de julio de 2023; cf. <https://www.ditchley.com/sites/default/files/Ditchley%20Annual%20Lecture%202023%20transcript.pdf>.

13. Entrevista del autor a Robert Gorelick.

11. La factura del carnicero

1. Comentarios de George Tenet, Georgetown University, 5 de febrero de 2004; cf. <https://irp.fas.org/cia/product/dci020504.html>.

2. Oficina del Inspector General de la CIA, «Comments on Report and Recommendations of the Special Accountability Board Regarding the Death of Iraqi Detainee Manadal al-Jamaidi», 22 de junio de 2007 (desclasificado en mayo de 2023); cf. <https://www.documentcloud.org/documents/23834045-c05500527>.

3. Entrevista a Rizzo, Constitution Project, Task Force on Detainee Treatment, p. 101, Open Society Foundations; cf. <https://www.opensocietyfoundations.org/publications/report-constitution-project-s-task-force-detainee-treatment>.

4. General de brigada George Fay, «Investigation of the Abu Ghraib Detention Facility and 205th Military Intelligence Bri-

gade», pp. 44-45; cf. <https://apps.dtic.mil/sti/pdfs/ADA429125.pdf>.

5. Constitution Project, Task Force on Detainee Treatment, p. 95; cf. <https://docs.pogo.org/report/2013/TCP-Detainee-Task-Force-Report.pdf>.

6. Entrevista del autor a Ilana Berry.

7. Testimonio de Tenet, Comisión del 11-S, 14 de abril de 2004; cf. <https://irp.fas.org/congress/2004_hr/041404tenet.html>.

8. George J. Tenet en colaboración con Bill Harlow, *At the Center of the Storm: My Years at the CIA* (HarperCollins, Nueva York, 2007), pp. 479-481.

9. Informe sobre Inteligencia del Comité Permanente Especial de la Cámara de Representantes, 21 de junio de 2004; cf. <https://irp.fas.org/congress/2004_rpt/h108-558.html>.

10. Testimonio oral de James Baker III, Miller Center, University of Virginia; cf. <https://millercenter.org/the-presidency/presidential-oral-histories/james-baker-iii-oral-history-2014>.

12. Guerra de guerrillas

1. McLaughlin citado en Michael Allen, *Blinking Red: Crisis and Compromise in American Intelligence After 9/11* (Potomac Books, Washington D.C., 2013), p. 30.

2. Jose Rodriguez Jr. en colaboración con Bill Harlow, *Hard Measures: How Aggressive CIA Actions After 9/11 Saved American Lives* (Threshold Editions, Nueva York, 2012), p. 155.

3. Scott McClellan, *What Happened: Inside the Bush White House and Washington's Culture of Deception* (Public Affairs Press, Nueva York, 2008), pp. 125, 128.

4. «Senator Kerry's Remarks», *New York Times*, 23 de septiembre de 2004; cf. <https://www.nytimes.com/2004/09/23/politics/campaign/senator-kerrys-remarks.html>.

5. Testimonio oral de Condoleezza Rice y Stephen Hardley, Miller Center, University of Virginia; cf. <https://millercenter.org/the-presidency/presidential-oral-histories/condoleezza-rice-and-stephen-hadley-oral-history>.

6. David Brooks, «The C.I.A. Versus Bush», *New York*

Times, 13 de noviembre de 2004; cf. <https://www.nytimes.com/2004/11/13/opinion/the-cia-versus-bush.html>.

7. Mark Follman, «Right Hook», *Salon*, 7 de octubre de 2004; cf. <https://www.salon.com/2004/10/07/cia_12>.

8. Declaración jurada de James Olson, *U.S. v. Kyle Dustin Foggo*,10 de febrero de 2009; cf. <https://s3.amazonaws.com/propublica/assets/docs/foggo_139_2.pdf>.

9. Declaración jurada de James Olson, *U.S. v. Kyle Dustin Foggo*, 10 de febrero de 2009; cf. <https://s3.amazonaws.com/propublica/assets/docs/foggo_139_2.pdf>.

10. Jose Rodriguez, *Hard Measures*, p. 135-141.

11. Declaración de James Olson, *U.S. v. Kyle Dustin Foggo*, 10 de febrero de 2009; cf. <https://s3.amazonaws.com/propublica/assets/docs/foggo_139_2.pdf>.

12. Declaración jurada de Porter Goss, *U.S. v. Kyle Dustin Foggo*, 23 de enero de 2009; cf. <https://s3.amazonaws.com/propublica/assets/docs/foggo_139_2.pdf>.

13. Jose Rodriguez, *Hard Measures*, p. 142.

14. Dana Priest y Walter Pincus, «Deputy Chief Resigns From CIA», *Washington Post*, 12 de noviembre de 2004; cf. <https://www.washingtonpost.com/archive/politics/2004/11/13/deputy-chief-resigns-fromcia/8c9a760b-3fbf-4fdd-b8ee-4d427a269369/>.

15. Testimonio oral de Robert Gates, Miller Center, University of Virginia; cf. <https://millercenter.org/the-presidency/presidential-oral-histories/robert-gates-oral-history>.

16. Testimonio oral de John Negroponte, Miller Center, University of Virginia; cf. <https://millercenter.org/the-presidency/presidential-oral-histories/john-negroponte-oral-history>.

17. Testimonio oral de Michael Hayden, Miller Center, University of Virginia; cf. <https://millercenter.org/the-presidency/presidential-oral-histories/michael-hayden-oral-history>.

18. Thomas Fingar, *From Mandate to Blueprint: Lessons from Intelligence Reform* (Stanford University Press, Stanford, California, 2021), p. 79.

19. Entrevista del autor a Thomas Fingar.

20. Declaración de McCain ante el pleno del Congreso, *Congressional Record*, 5 de octubre de 2005 (Senado), pp. S11061-S11120.

21. Rizzo, *Company Man: Thirty Years of Controversy and Crisis at the CIA* (Scribner, Nueva York, 2014), p. 6.

22. Entrevista a Rodriguez en *The Spymasters*, documental, Showtime, 28 de noviembre de 2015.

23. Entrevista a Goss en *The Spymasters*.

24. Jose Rodriguez, *Hard Measures*, p. 151.

25. Laura Rozen, «Poker, Hookers, and Black Contracts», *Mother Jones*, 1 de octubre de 2008; cf. <https://www.motherjones.com/politics/2008/10/poker-hookers-and-black-contracts-or-how-make-cia-trial-go-away/>.

26. Nada Bakos en colaboración con Davin Coburn, *The Targeter: My Life in the CIA, Hunting Terrorists and Challenging the White House* (Back Bay Books, Nueva York, 2020), p. 243.

27. Stanley McChrystal, *My Share of the Task: A Memoir* (Portfolio, Nueva York, 2012) p. 118.

28. Testimonio oral de Satterfield, SMU Center for Presidential History; cf. <https://www.smu.edu/dedman/research/institutes-and-centers/Center-for-Presidential-History/CMP/The-Surge-in-Iraq/David-Satterfield>.

29. Testimonio oral de Rice, SMU Center for Presidential History; cf. <www.smu.edu/-/media/Site/Dedman/Academics/InstitutesCenters/CPH/Collective-Memory-Project/The-Surge/Rice-Condoleezza--FINAL--20199.pdf>.

30. National Intelligence Estimate, *Trends in Global Terrorism: Implications for the United States*, abril de 2006.

13. La nube negra

1. Departamento de Estado, telegrama procedente del embajador Richard LeBaron, embajada de Kuwait, «Regional CT Strategy for Iraq and its Neighbors: Results and Recommendations», 18 de marzo de 2006; cf. <https://wikileaks.org/plusd/cables/06KUWAIT913_a.html>.

2. Dexter Filkins, «The Shadow Commander», *New Yorker*, 30 de septiembre de 2013; cf. <https://www.newyorker.com/magazine/2013/09/30/the-shadow-commander>.

3. «Generation Kill: A Conversation with Stanley Mc-Chrystal», *Foreign Affairs*, marzo/abril de 2013.

4. Jane Schmucker, «Goss Shy on Talk of Bush Shake-Up»,

Toledo Blade, 7 de mayo de 2006; cf. <https://www.toledoblade.com/local/education/2006/05/07/Goss-shy-on-talk-of-Bush-shake-up/stories/200605070045>.

5. Testimonio oral de Michael Hayden, Miller Center, University of Virginia; cf. <https://millercenter.org/the-presidency/presidential-oral-histories/michael-hayden-oral-history>.

6. Michael V. Hayden, *Playing to the Edge: American Intelligence in the Age of Terror* (Penguin, Nueva York, 2016), pp. 180 ss.

7. Hayden, *Playing to the Edge*, p. 188.

8. Testimonio oral de Hayden.

9. Jose A. Rodriguez, Jr. en colaboración con Bill Harlow, *Hard Measures: How Aggressive CIA Actions After 9/11 Saved American Lives* (Threshold Editions, Nueva York, 2012), pp. 3-9.

10. Hayden, *Playing to the Edge*, p. 207.

11. Rodriguez, *Hard Measures*, p. 10.

12. Hayden, *Playing to the Edge*, pp. 192–193. Véase asimismo Rice, *No Higher Honor*, p. 502; y Peter Baker, *Days of Fire: Bush and Cheney in the White House* (Anchor, Nueva York, 2013), pp. 483-485.

13. Entrevista del autor a Michael Hayden.

14. Hayden, *Playing to the Edge*, pp. 233, 237.

15. Testimonio oral de Hayden.

16. *Ibid.*

17. Testimonio oral de Stephen Hadley, SMU Center for Presidential History; cf. <https://www.smu.edu/-/media/site/dedman/academics/institutescenters/cph/collective-memory-project/the-surge/hadley-stephen-final-20199.pdf>.

18. Robert M. Gates, *Duty: Memoirs of a Secretary at War* (Knopf, Nueva York, 2014), p. 4.

19. Testimonio oral de Hayden.

20. Testimonio oral de Condoleezza Rice, Dedman College of Humanities and Sciences, Southern Methodist University; cf. <https://www.smu.edu/dedman/research/institutes-and-centers/center-for-presidential-history/cmp/the-surge-in-iraq/condoleezza-rice>.

21. National Intelligence Estimate, *Prospects for Iraq's Stability: A Challenging Road Ahead*, January 2007; cf. <https://www.dni.gov/files/documents/Newsroom/Reports%20and%20Pubs/20070202_release.pdf>.

14. «¿Hasta dónde estábamos dispuestos a llegar?»

1. Correspondencia del autor por email con David Petraeus.

2. McChrystal citado en Shultz, *Transforming US Intelligence for Irregular War: Task Force 714 in Iraq*, p. 194.

3. Entrevista de Odierno en Eric Schmitt y Thom Shanker, *Counterstrike: The Untold Story of America's Secret Campaign Against Al Qaeda* (Times Books, Nueva York, 2011), p. 76.

4. Amy Davidson Sorkin, «I Really Resent You Using the Word Torture: Q & A with Jose Rodriguez», *New Yorker*, 18 de julio de 2012; cf. <https://www.newyorker.com/news/amy-davidson/i-really-resent-you-using-the-word-torture-q-a-with-jose-rodriguez>.

5. Richard H. Shultz Jr., *Military Innovation in War: It Takes a Learning Organization A Case Study of Task Force 714 in Iraq*, informe de la Joint Special Operations University (JSOU Press, MacDill Air Force Base, Florida, 2016), p. 49; cf. <https://permanent.access.gpo.gov/gpo81311/ld.php.pdf>.

6. Hayden, *Playing to the Edge: American Intelligence in the Age of Terror* (Penguin, Nueva York, 2016), pp. 312, 323.

7. Khalid Al-Ansary y Ali Adeeb, «Most Tribes in Anbar Agree to Unite Against Insurgents», *New York Times*, 18 de septiembre de 2006; cf. <https://www.nytimes.com/2006/09/18/world/middleeast/18iraq.html>.

8. MacFarland citado en William Doyle, «The CIA's Secret Victory in Iraq», *Small Wars Journal*, 12 de junio de 2011; cf. <https://smallwarsjournal.com/blog/journal/docstemp/791-doyle.pdf>.

9. Transcripción de entrevista con Petraeus, *Frontline*, 29 de julio de 2014; cf. <https://www.pbs.org/wgbh/frontline/article/david-petraeus-isiss-rise-in-iraq-isnt-a-surprise/>.

10. Testimonio oral de Crocker, Miller Center, University of Virginia; cf. <https://millercenter.org/the-presidency/presidential-oral-histories/ryan-crocker-oral-history>.

11. Plan de Misión Conjunta, Mando Central de los Estados Unidos, desclasificado en mayo de 2015; cf. <https://ahec.armywarcollege.edu/CENTCOM-IRAQpapers/0295.%20Joint%20Campaign%20Plan%20Development.pdf>.

12. Testimonio oral de Douglas Lute, Miller Center, University of Virginia; cf. <https://millercenter.org/the-presidency/presidential-oral-histories/douglas-lute-oral-history>.

13. Testimonio oral de Crocker, Miller Center.

14. Entrevista a Hayden en Ronen Bergman, *Rise and Kill First: The Secret History of Israel's Targeted Assassinations* (Random House, Nueva York, 2018) p. 581.

15. Hayden, *Playing to the Edge*, p. 264.

16. Robert M. Gates, *Duty: Memoirs of a Secretary at War* (Knopf, Nueva York, 2014), p. 173-176.

17. Testimonio oral de Hayden, Miller Center, University of Virginia; cf. <https://millercenter.org/the-presidency/presidential-oral-histories/michael-hayden-oral-history>.

18. Gates, *Duty: Memoirs of a Secretary at War*, pp. 175-176.

19. Hayden, *Playing to the Edge*, p. 267.

20. Dana Hedgpeth, "Blackwater's Owner Has Spies for Hire", *Washington Post*, 3 de noviembre de 2007; cf. <https://www.washingtonpost.com/wpdyn/content/article/2007/11/02/AR2007110202165.html?noredirect=on>.

21. James Risen y Mark Mazzetti, «30 False Fronts Won Business for Blackwater», *New York Times*, 4 de septiembre de 2010; cf. <https://www.nytimes.com/2010/09/04/world/middleeast/04blackwater.html>.

22. Gates citado en Michael G. Waltz, *Warrior Diplomat: A Green Beret's Battles from Washington to Afghanistan* (Potomac Books, Washington, D.C., 2014), p. 205.

23. Testimonio oral de Hayden, Miller Center, *op. cit.*

24. Dailey citado en Eric Schmitt y David E. Sanger, "Pakistan Shuns C.I.A. Buildup Sought By U.S.", *New York Times*, 27 de enero de 2008; cf. <https://www.nytimes.com/2008/01/27/world/asia/27pakistan.html?searchResultPosition=6>.

25. Waltz, *Warrior Diplomat*, p. 318.

15. La visión del ojo de Dios

1. Jose Rodriguez, «A CIA Veteran on What Zero Dark Thirty Gets Wrong About the Bin Laden Manhunt», *Washington Post*, 3 de enero de 2013; cf. <https://www.washingtonpost.com/opinions/a-cia-veteran-on-what-zero-dark-thirty-gets-wrong-about-the-bin-laden-manhunt/2013/01/03/4a76f1b8-52cc-11e2-a613-ec8d394535c6_story.html>.

2. Rodriguez, *Hard Measures: How Aggressive CIA Actions After 9/11 Saved American Lives* (Threshold Editions, Nueva York, 2012), pp. 198-202, 261.

3. Rizzo, *Company Man: Thirty Years of Controversy and Crisis at the CIA* (Scribner, Nueva York, 2014), p. 23.

4. Rodriguez, *Hard Measures*, p. 24.

5. Discurso de Hayden, «Playing to the Edge», Miller Center, University of Virginia, 4 de noviembre de 2016; cf. <https://millercenter.org/american-forum/playing-edge>.

6. Testimonio oral de Hayden, Miller Center.

7. Dirección General de Inteligencia de la CIA, «Lebanon: Theology of Power», informe de la CIA, 1986, citado en Matthew Levitt, *Hezbollah: The Global Footprint of Lebanon's Party of God* (Georgetown University Press. Washington, DC, 2013), p. 28.

8. «Oral History: Reflections of DCI Colby and Helms on the CIA's "Time of Troubles"», *Studies in Intelligence* 58, n.° 2, CIA Center for the Study of Intelligence; cf. <https://www.cia.gov/csi/static/reflections-times-of-trouble.pdf>.

9. Daniel Benjamin y Steven Simon, *The Age of Sacred Terror* (Random House, Nueva York, 2002), p. 345.

10. Ronen Bergman, *Rise and Kill First: The Secret History of Israel's Targeted Assassinations* (Random House, Nueva York, 2018), p. 599.

11. *Idem*, p. 602.

12. Hayden Testimonio oral de Hayden, Miller Center.

13. Entrevista a Hayden en Baker, *Days of Fire: Bush and Cheney in the White House* (Anchor, Nueva York, 2013), p. 598.

14. Testimonio oral de Hayden, Miller Center.

15. Hayden, *Playing to the Edge: American Intelligence in the Age of Terror* (Penguin, Nueva York, 2016), p. 354.

16. McCain citado en Robert D. Novak, «" Rogue" CIA», *Washington Post*, 18 de noviembre de 2004; cf. <https://www.washingtonpost.com/archive/opinions/2004/11/18/roguecia>.

17. Barack Obama, «The War We Need to Win», 1 de agosto de 2007, *The American Presidency Project*; cf. <https://www.presidency.ucsb.edu/node/277525>.

18. Entrevista a Hayden en Eric Schmitt y Thom Shanker, *Counterstrike: The Untold Story of America's Secret Campaign Against Al Qaeda* (Times Books, Nueva York, 2011), p. 101.

19. Testimonio oral de Hayden, Miller Center.

20. Bob Woodward, *Obama's Wars* (Simon and Schuster, Nueva York, 2010), p. 5.

21. Testimonio oral de Hayden, Miller Center.

22. «General McChrystal on Drones: "They Are Hated on a Visceral Level"», *Atlantic*, 7 de enero de 2013.

23. McChrystal, *My Share of the Task: A Memoir* (Portfolio, Nueva York, 2012), p. 310.

24. Declaración de McCain ante la Cámara, Congressional Record Volume 160, Number 149, 9 de diciembre de 2014; cf. <https://irp.fas.org/congress/2014_cr/ssci-rdi.html>.

16. No hay término medio

1. Transcripción de entrevista a Rizzo, *Frontline*, 6 de septiembre de 2011; cf. <https://www.pbs.org/wgbh/frontline/article/john-rizzo-the-lawyer-who-approved-cias-most-contro versial-programs/>.

2. Hayden, *Playing to the Edge: American Intelligence in the Age of Terror* (Penguin, Nueva York, 2016), p. 360.

3. Michael Morell, en colaboración con Bill Harlow, *The Great War of Our Time: The CIA's Fight Against Terrorism–from AL Qaida to ISIS* (Twelve, Nueva York, 2015), pp. 148-149.

4. Leon Panetta, «No Torture. No Exceptions», *Washington Monthly*, 1 de enero de 2008; cf. <https://washingtonmonthly.com/2008/01/01/no-torture-no-exceptions-28/>.

5. Entrevista del autor a Leon Panetta.

6. Transcripción de entrevista a Rizzo, *Frontline*, 8 de septiembre de 2011; cf. <https://www.pbs.org/wgbh/frontline/article/john-rizzo-the-lawyer-who-approved-cias-mostcontro versial-programs/>.

7. Robert M. Gates, *Duty: Memoirs of a Secretary at War* (Knopf, Nueva York, 2014), p. 293.

8. Entrevista del autor a Leon Panetta.

9. *Ibid.*

10. *Ibid.*

11. *Ibid.*

12. Testimonio oral de Hayden, Miller Center, University

of Virginia; cf. <https://millercenter.org/the-presidency/presidential-oral-histories/michael-hayden-oral-history>.

13. Leon Panetta en colaboración con Jim Newton, *Worthy Fights: A Memoir of Leadership in War and Peace* (Penguin, Nueva York, 2014), p. 220.

14. John O. Brennan, *Undaunted: My Fight Against America's Enemies, at Home and Abroad* (Celadon, Nueva York, 2020), p. 226.

15. Steve Coll, *Directorate S: The CIA and America's Wars in Afghanistan and Pakistan* (Penguin, Nueva York, 2018), p. 358.

16. Brennan, *Undaunted,* p. 233.

17. Entrevista del autor a Marc Polymeropoulos; entrevista de Polymeropoulos a Mike Morell, *Intelligence Matters*, podcast, CBS News, 20 de diciembre de 2020; cf. <https://www.cbsnews.com/news/former-senior-cia-officer-recalls-killing-of-service-members-by-suicide-bomber-humam-al-balawi/>.

18. Joby Warrick, *The Triple Agent: The al-Qaeda Mole Who Infiltrated the CIA* (Anchor, Nueva York, 2011), p. 134.

19. Entrevista del autor a Marc Polymeropoulos.

20. Allen citado en Voice of America, «CIA Faults Lax Security for Afghan Base Attack», Noticiario de Voice of America, 19 de octubre de 2010; cf. <https://www.voanews.com/a/ciafaults-lax-security-for-afghan-base-attack--105380643/166517.html>

21. Panetta citado en Mark Mazzetti, «Officer Failed to Warn CIA Before Attack», *New York Times*, 20 de octubre de 2010; cf. <https://www.nytimes.com/2010/10/20/world/asia/20intel.html>.

17. Las llaves del castillo

1. Acta de acusación, *United States of America v. Julian Paul Assange,* 24 de junio de 2020.

2. Ellen Nakashima, «Who is WikiLeaks Suspect Bradley Manning?», *Washington Post*, 16 de abril de 2011; cf. <https://www.washingtonpost.com/lifestyle/magazine/who-is-wikileaks-suspect-bradley-manning/2011/04/16/AFMwBmrF_story.html>.

3. Ellen Nakashima, «Who is WikiLeaks Suspect Bradley Manning?», *Washington Post*, 16 de abril dels 2011; cf. <https://

www.washingtonpost.com/lifestyle/magazine/who-is-wikileaks-suspect-bradley-manning/2011/04/16/AFMwBmrF_story.html>.

4. Robert Mackey, «Taliban Study WikiLeaks to Hunt Informants», *New York Times*, 30 de julio de 2010; cf. <https://archive.nytimes.com/thelede.blogs.nytimes.com/2010/07/30/taliban-study-wikileaks-to-hunt-informants/>.

5. Crowley citado en Greg Myre, «How Much Did WikiLeaks Damage U.S. National Security?», NPR (National Public Radio), 12 de abril de 2019; cf. <https://www.npr.org/2019/04/12/712659290/how-much-did-wikileaks-damage-u-s-nationalsecurity>.

6. Scott Shane, «The Lessons of Anwar al-Awlaki», *New York Times*, 30 de agosto de 2015; cf. <https://www.nytimes.com/2015/08/30/magazine/the-lessons-of-anwar-al-awlaki.html>.

7. Opinión de Barron citada en "To Kill an American", editorial sin firma, *New York Times*, 6 de febrero de 2013; cf. <https://www.nytimes.com/2013/02/06/opinion/to-kill-an-american.html>.

8. Entrevista del autor.

9. Michael Morell en colaboración con Bill Harlow, *The Great War of Our Time: The CIA's Fight Against Terrorism–from AL Qaida to ISIS* (Twelve, Nueva York, 2015), p. 147.

10. Brennan, *Undaunted*, p. 227.

11. Entrevista del autor a Cameron Munter.

12. Entrevista del autor a Leon Panetta.

13. Robert M. Gates, *Duty: Memoirs of a Secretary at War* (Knopf, Nueva York, 2014), pp. 539-540.

14. Gates, *Duty*, pp. 538-542.

15. Clapper citado en Garrett Graff, «I'd Never Been Involved in Anything as Secret as This», *Politico*, 30 de abril de 2021; cf. <https://www.politico.com/news/magazine/2021/04/30/osama-bin-laden-death-white-house-oral-history-484793>.

18. El lado correcto de la historia

1. Associated Press, «Bin Laden's thoughts unearthed in a journal handwritten by his daughter», 2 de noviembre de 2017; cf. <https://www.latimes.com/world/la-fg-bin-laden-journal-20171102-story.html>.

2. Entrevista del autor a Leon Panetta.

3. Michael V. Hayden, *Playing to the Edge: American Intelligence in the Age of Terror* (Penguin, Nueva York, 2016), p. 318.

4. Michael Morell en colaboración con Bill Harlow, *The Great War of Our Time: The CIA's Fight Against Terrorism–from AL Qaida to ISIS* (Twelve, Nueva York, 2015), p. 185.

5. Robert M. Gates, *Duty: Memoirs of a Secretary at War* (Knopf, Nueva York, 2014), p. 506.

6. Chris Stevens, «Scene-setter for Secretary Rice's Visit to Libya», telegrama del Departamento de Estado, 29 de agosto de 2008, en «U.S. Embassy Cables: Profile of 'Intellectually Curious' but 'Notoriously Mercurial' Gaddafi», *Guardian*, 7 de diciembre de 2010; cf. <https://www.theguardian.com/world/us-embassy-cables-documents/167961>.

7. William J. Burns, *The Back Channel: A Memoir of American Diplomacy and the Case for Its Renewal* (Random House, Nueva York, 2019), pp. 324–325.

8. Stevens citado en Gates, *Duty*, p. 523.

9. Robin Wright, «Former Ambassador Robert Ford on the State Department Mutiny on Syria», *New Yorker*, 17 de junio de 2016; cf. <https://www.newyorker.com/news/news-desk/former-ambassador-robert-ford-on-the-state-department-mutiny-on-syria>.

10. Morell, *The Great War of Our Time*, p. 196.

11. Entrevista del autor a Leon Panetta.

12. Leon Panetta en colaboración con Jim Newton, *Worthy Fights: A Memoir of Leadership in War and Peace* (Penguin, Nueva York, 2014), p. 334.

13. Panetta citado en Chris Whipple, *The Spymasters: How the CIA Directors Shape History and the Future* (Scribner, Nueva York, 2020), p. 258.

14. Transcripción de entrevista a Crocker, *Frontline*, PBS, 17 de mayo de 2017; cf. <https://www.pbs.org/wgbh/frontline/documentary/the-secret-history-of-isis/transcript/>.

15. Petraeus citado en Rajiv Chandrasekaran, *Little America: The War Within the War for Afghanistan* (Vintage, Nueva York, 2013), p. 325.

16. Entrevista del autor a Marc Polymeropoulos.

19. «Siempre hay alguien vigilando»

1. Michael Morell en colaboración con Bill Harlow, *The Great War of Our Time: The CIA's Fight Against Terrorism–from AL Qaida to ISIS* (Twelve, Nueva York, 2015), p. 203.

2. Entrevista del autor a David Petraeus.

3. Morell, *The Great War of Our Time*, pp. 203-204.

4. Comentarios de Bush, Universidad de Varsovia, 15 de junio de 2001; cf. <https://georgewbush-whitehouse.archives.gov/news/releases/2001/06/text/20010615-1.html>.

5. Peter Baker, *Days of Fire: Bush and Cheney in the White House* (Doubleday, Nueva York, 2013), p. 471.

6. Comentarios de Hillary Clinton, Sesión Plenaria de la OSCE, Vilna, Lituania, 6 de diciembre de 2011, Archivos del Departmento de Estado de los Estados Unidos; cf. <https://2009-2017.state.gov/secretary/20092013clinton/rm/2011/12/178315.htm>.

7. Entrevista del autor a Robert S. Wang.

8. Entrevista del autor a Paula Doyle.

9. Entrevista del autor a David Petraeus.

10. Citizen Lab, «Statement on the Fatal Flaws Found in a Defunct CIA Covert Communications System», 29 de septiembre de 2022; cf. <https://citizenlab.ca/2022/09/statement-on-the-fatal-flaws-found-in-a-defunct-cia-covert-communications-system/>. Citizen Lab publicó sus hallazgos en una investigación conjunta con los periodistas de Reuters Joel Schectman y Bozorgmehr Sharafedin en «America's Throwaway Spies: How the CIA Failed Iranian Informants in its Secret War with Tehran», Reuters, 29 de septiembre de 2022; cf. <https://www.reuters.com/investigates/special-report/usa-spies-iran/>.

11. Vernon Loeb, «Petraeus Ghostwriter 'Clueless' to Affair», *Washington Post*, 12 de noviembre de 2012; cf. <https://www.washingtonpost.com/lifestyle/style/petraeusghostwriter-clueless-to-affair/2012/11/12/c1271634-2ce4-11e2-89d4-040c9330702a_story.html>.

12. *United States v. Petraeus*, Ley de Información, 3 de marzo de 2015; cf. <https://www.ncwd.uscourts.gov/sites/default/files/general/Petraeus.pdf>.

13. Morell, *The Great War of Our Time*, p. 204.

14. Trevor Royle, *A Dictionary of Military Quotations* (Simon and Schuster, Nueva York, 1989), p. 41.

15. John Brennan, *Undaunted: My Fight Against America's Enemies, at Home and Abroad* (Celadon, Nueva York, 2020), p. 284.

20. «Letal y legal»

1. Brennan, *Undaunted: My Fight Against America's Enemies, at Home and Abroad* (Celadon, Nueva York, 2020), pp. 131-136.

2. Comentarios de Rizzo, Cardozo School of Law, 10 de febrero de 2013; cf. <https://larc.cardozo.yu.edu/cgi/viewcontent.cgi?article=1003&context=cardozo-news-2013>.

3. Sesión de confirmación de Brennan para su cargo, Comisión de Inteligencia del Senado, 7 de febrero de 2013; cf. <https://www.intelligence.senate.gov/sites/default/files/hearings/transcript.pdf>.

4. Email de Mudd incluido en el *Informe sobre tortura*, p. 12; cf. <https://www.intelligence.senate.gov/sites/default/files/publications/CRPT-113srpt288.pdf>.

5. *Informe sobre tortura*, p. 406.

6. *Idem*, p. 192.

7. Scott Shane, «Acting C.I.A. Chief Critical of "Zero Dark Thirty"», *New York Times*, 30 de diciembre de 2012; cf. <https://www.nytimes.com/2012/12/23/us/politics/acting-cia-director-michael-j-morell-criticizes-zero-dark-thirty.html>.

8. Brennan, *Undaunted*, pp. 285 ss.

9. Entrevista del autor a Leon Panetta.

10. Brennan, *Undaunted*, p. 316.

11. Entrevista a Jones, podcasta de *Intercepted*, 11 de diciembre de 2019; cf. <https://theintercept.com/2019/12/11/we-tortured-some-folks-the-reports-daniel-jones-on-the-ongoing-fight-to-hold-the-cia-accountable/>.

12. Palabras de Brennan, Consejo de Relaciones Exteriores, 11 de marzo de 2014; cf. <https://www.cfr.org/event/cia-director-brennan-denies-hacking-allegations>.

13. Biden citado en Brennan, *Undaunted,* p. 326.

14. Palabras de Obama, Universidad de Defensa Nacional, 23 de mayo de 2013; cf. <https://obamawhitehouse.archives.gov/the-press-office/2013/05/23/remarks-president-national-defense-university>.

15. Spencer Ackerman, «The Proxy War Over a Top Biden Adviser», *Daily Beast*, 6 de julio de 2020; cf. <https://www.thedailybeast.com/the-proxy-war-over-joe-biden-adviser-avril-haines>.

16. Haines citada en Erin Blanco, «"Just Because It's Legal Doesn't Make It Right": The Ultimate Government Insider Contemplates Life Outside», *Politico*, 29 de octubre de 2024; cf. <https://www.politico.com/news/magazine/2024/10/29/avril-haines-biden-intelligence-adviser-profile-00180753>.

17. Declaración del presidente acerca de la elección de Avril Haines como viceconsejera de Seguridad Nacional, 18 de diciembre de 2014; cf. <https://obamawhitehouse.archives.gov/the-press-office/2014/12/18/statement-president-selection-avril-haines-deputy-national-security-advi>.

18. Cunningham citado en John Marks, *The Search for the «Manchurian Candidate»* (Times Books, Nueva York, 1979), p. 26.

19. Tenet en Bill Harlow, ed., *Rebuttal: The CIA Responds to the Senate Intelligence Committee's Study of Its Detention and Interrogation Program* (Naval Institute Press, Annapolis, 2015), p. 5.

20. Michael Morell en colaboración con Bill Harlow, *The Great War of Our Time: The CIA's Fight Against Terrorism–from AL Qaida to ISIS* (Twelve, Nueva York, 2015), p. 274.

21. George Orwell, «Politics and the English Language», 1946, The Orwell Foundation; cf. <https://www.orwellfoundation.com/the-orwell-foundation/orwell/essays-and-other-works/politics-and-the-english-language/>.

22. Rodriguez, en Harlow, ed., *Rebuttal*, p. 37.

23. Hayden, en Harlow, ed., *Rebuttal*, p. 11.

24. Conferencia de prensa de Barack Obama, 1 de agosto de 2014, White House Archives; cf. <https://obamawhitehouse.archives.gov/the-press-office/2014/08/01/press-conference-president>.

21. «Monos besucones»

1. Entrevista a Victoria Nuland, «The Putin Files», *Frontline*, PBS; cf. <https://www.pbs.org/wgbh/frontline/interview/victoria-nuland/#highlight-3137-3166>.

2. Palabras de Barack Obama, La Haya, 25 de marzo de 2014; cf. <https://obamawhitehouse.archives.gov/the-press-office/2014/03/25/press-conference-president-obama-and-prime-minister-rutte-netherlands>.

3. Entrevista del autor a John Brennan.

4. Ledgett citado en Joseph Marks, «NSA Engaged in Massive Battle with Russian Hackers», *NextGov*, 3 de abril de 2017; cf. <https://www.nextgov.com/cybersecurity/2017/04/nsaengaged-massive-battle-russian-hackers-2014/136683/>.

5. Mandia citado en David Sanger, *The Perfect Weapon: War, Sabotage, and Fear in the Cyber Age* (Broadway Books, Nueva York, 2018), pp. 188-189.

6. Entrevista del autor a William Evanina.

7. James Comey citado en Ellen Nakashima, «Hacks of OPM Databases Compromised 22.1 Million People, Federal Authorities Say», *Washington Post*, 9 de julio de 2015, Internet Archive Wayback Machine; cf. <https://web.archive.org/web/20180726051157/https://www.washingtonpost.com/news/federal-eye/wp/2015/07/09/hack-of-security-clearance-system-affected-21-5-million-people-federal-authorities-say/>.

8. Michael Hayden citado en Dan Verton, «Impact of OPM Breach Could Last More Than 40 Years», Fedscoop, 10 de julio de 2015; cf. <https://fedscoop.com/opm-losses-a-40-year-problem-for-intelligence-community/>.

9. Duyane Norman citado en Jenna McLaughlin y Zach Dorfman, «"Shattered": Inside the secret battle to save America's undercover spies in the digital age», *Yahoo! News*, 30 de diciembre de 2019; cf. <https://www.yahoo.com/news/shattered-inside-the-secret-battle-to-save-americas-undercover-spies-in-the-digital-age-100029026.html>.

10. Para las palabras de Meyerriecks, véase la conferencia sobre GEOINT, Tampa, Florida, 23 de abril de 2018; citada en Mark Pomerleau, «CIA Rethinks How to Protect Operatives' Digital Lives», C4ISRNet; cf. <https://www.c4isrnet.com/

intel-geoint/2018/04/23/cia-rethinks-how-to-protect-operatives-digital-lives/>.

11. Brenner citado en Jenna McLaughlin y Zach Dorfman, «"Shattered": Inside the secret battle to save America's undercover spies in the digital age», *Yahoo! News*, 30 de diciembre de 2019; cf. <https://www.yahoo.com/news/shattered-inside-the-secret-battle-to-save-americas-undercover-spies-in-the-digital-age-100029026.html>.

12. Hallman citado en Patrick Tucker, «Meet the Man Reinventing CIA for the Big Data Era», *DefenseOne*, 1 de octubre de 2015; cf. <https://www.defenseone.com/technology/2015/10/meet-man-reinventing-cia-big-data-era/122453/>.

13. Jennifer Ewbank, «CIA Deputy for Digital Innovation Talks Mission, Partnerships and Espionage Challenges», *The Cipher Brief*, 2 de diciembre de 2021; cf. <https://www.thecipherbrief.com/cia-deputy-for-digital-innovation-talks-mission-partnerships-and-espionage>.

14. John Brennan, *Undaunted: My Fight Against America's Enemies, at Home and Abroad* (Celadon, Nueva York, 2020), p. 292-296.

15. Larry Pfeiffer citado en Natasha Bertrand y Daniel Lippman, «Spies Fear a Consulting Firm Helped Hobble U.S. Intelligence», *Politico*, 2 de julio de 2019; cf. <https://www.politico.com/story/2019/07/02/spies-intelligence-community-mckinsey-1390863>.

16. Entrevista de Mike Morell a Avril Haines y David Cohen, *Intelligence Matters*, podcast, CBS News, 23 de enero de 2019; cf. <https://www.cbsnews.com/news/transcript-david-cohen-avril-haines-talk-with-michael-morell-on-intelligence-matters/>.

17. Brennan, *Undaunted*, p. 298.

18. Vogel, según la interpretación del periodista, en David Ignatius, «Will John Brennan's Controversial CIA Modernization Survive Trump?», *Washington Post*, 17 de enero de 2017; cf. <https://www.washingtonpost.com/opinions/will-john-brennans-controversial-cia-modernization-survive-trump/2017/01/17/54e6cc1c-dcd5-11e6-ad42-f3375f271c9c_story.html>.

19. Palabras de Barack Obama, University of Chicago Law School, 8 de abril de 2016, White House Archives; cf. <https://

obamawhitehouse.archives.gov/the-press-office/2016/04/08/remarks-president-conversation-supreme-court-nomination>.

20. Entrevista de Morell a Haines y Cohen, *Intelligence Matters*, podcast.

21. Entrevista del autor a Steve Hall.

22. Entrevista de Mike Morell a Bill Burns, *Intelligence Matters*, podcast, CBS News, 13 de marzo de 2019; cf. <https://www.cbsnews.com/news/transcript-william-burns-talks-with-michael-morell-on-intelligence-matters/>.

23. Daniel Fried citado en Vazha Tavberidze, «With the 2008 Georgia War, "We Knew What Was Coming, But We Were Slow to Believe It"», Radio Europa Libre, 14 de agosto de 2022; cf. <https://www.rferl.org/a/georgia-russia-war-fried/31987472.html>.

24. Transcripción de entrevista a Mike Morell, *Politico*, 11 de diciembre de 2017; cf. <https://www.politico.com/magazine/story/2017/12/11/the-full-transcript-michael-morell-216061/>.

25. Molly Schwartz, «The Man Who Taught the Kremlin How to Win the Internet», *The World*, 4 de mayo de 2018; cf. <https://theworld.org/stories/2018/05/04/man-who-taught-kremlin-how-win-internet>.

26. General Philip Breedlove citado en John Vandiver, «SACUER: Allies Must Prepare for Russia "Hybrid War"», *Stars and Stripes*, 4 de septiembre de 2014; cf. <https://www.stripes.com/migration/saceur-allies-must-prepare-for-russia-hybrid-war-1.301464>.

27. Entrevista del autor a Leon Panetta.

22. El tonto útil

1. William J. Burns, *The Back Channel: A Memoir of American Diplomacy and the Case for Its Renewal* (Random House, Nueva York, 2019), p. 326.

2. John Brennan, *Undaunted: My Fight Against America's Enemies, at Home and Abroad* (Celadon, Nueva York, 2020), p. 362.

3. Entrevista del autor a John Brennan.

4. Victoria Nuland citada en Michael Isikoff y David Corn,

Russian Roulette: The Inside Story of Putin's War on America and the Election of Donald Trump (Twelve, Nueva York, 2018), p. 94.

5. Entrevista del autor a John Brennan.

6. Discurso sobre política exterior de Clinton, 2 de junio de 2016; cf. <https://time.com/4355797/hillary-clinton-donald-trump-foreign-policy-speechtranscript/>.

7. Scott Shane y Mark Mazzetti, «The Plot to Subvert an Election», *New York Times*, 20 de septiembre de 2018; cf. <https://www.nytimes.com/interactive/2018/09/20/us/politics/russia-interference-election-trump-clinton.html>.

8. Adam Entous, «House Majority Leader to Colleagues in 2016: "XI Think Putin Pays Trump"», *Washington Post*, 17 de mayo de 2017; cf. <https://www.washingtonpost.com/world/national-security/house-majority-leader-to-colleagues-in-2016-i-think-putin-pays-trump/2017/05/17/515f6f8a-3aff-11e7-8854-21f359183e8c_story.html>.

9. Entrevista del autor a John Brennan.

10. Brennan, *Undaunted*, p. 367.

11. Brennan, transcripción de entrevista, *Frontline*, PBS, 27 de julio de 2017; cf. <https://www.pbs.org/wgbh/frontline/interview/john-brennan/>.

12. Michael J. Morell, «I Ran the C.I.A. Now I'm Endorsing Hillary Clinton», *New York Times*, 5 de agosto de 2016; cf. <https://www.nytimes.com/2016/08/05/opinion/campaign-stops/i-ran-the-cia-now-im-endorsing-hillary-clinton.html?searchResultPosition=1>.

13. Michael V. Hayden, «Former CIA chief: Trump is Russia's Useful Fool», *Washington Post*, 3 de noviembre de 2016; cf. <https://www.washingtonpost.com/opinions/former-cia-chief-trump-is-russias-usefulfool/2016/11/03/cda42ffe-a1d5-11e6-8d63-3e0a660f1f04_story.html>.

14. Entrevista del autor a Leon Panetta.

15. Entrevista del autor a John Brennan.

16. *Ibid.*

17. Brennan, transcripción de entrevista, *Frontline*.

18. Entrevista del autor a John Brennan.

19. Entrevista a Morell, en Ashish Kumar Sen, «US Must Deliver a "Painful" Response to Putin for Russian Meddling», *New Atlanticist* (blog), Atlantic Council, 13 de diciembre de 2016; cf. <https://www.atlanticcouncil.org/blogs/new-atlan

ticist/us-must-deliver-a-painful-response-to-putin-for-russian-meddling/>.

20. Citado en *Russian Active Measures Campaigns and Interference in the 2016 U.S. Election, Volume 2: Russia's Use of Social Media*, informe de la Comisión de Inteligencia del Senado, 2019.

21. Entrevista del autor a John Brennan.

22. Clapper citado en Sean Illing, «Former Top Spy James Clapper Explains How Russian Swung the Election to Trump», *Vox*, 31 de mayo de 2018; cf. <https://www.vox.com/2018/5/31/17384444/james-clapper-trump-russia-mueller-2016-election>.

23. Entrevista del autor a Pete Stzrok.

24. Entrevista del autor a Rolf Mowatt-Larssen.

25. Entrevista a Morell en *Sun*, «US Must Deliver a 'Painful' Response to Putin for Russian Meddling».

26. Testimonio de Fiona Hill, Investigación de la Cámara de Representantes para Proceso de Destitución, 14 de octubre de 2019, Just Security; cf. <https://www.justsecurity.org/wp-content/uploads/2019/11/ukraine-clearinghouse-hill_transcript-2019.10.14.pdf>.

27. Robert Draper, «Unwanted Truths: Inside Trump's Battles with U.S. Intelligence Agencies», *New York Times*, 8 de agosto de 2020; cf. <https://www.nytimes.com/2020/08/08/magazine/us-russia-intelligence.html>.

28. Carta de Mike Pompeo a James Clapper, 7 de julio de 2016.

29. Susan Glasser, «Mike Pompeo, the Secretary of Trump», *New Yorker*, 26 de agosto de 2019; cf. <https://www.newyorker.com/magazine/2019/08/26/mike-pompeo-the-secretary-of-trump>.

30. Mike Pompeo, *Never Give an Inch: Fighting for the America I Love* (Broadside Books, Nueva York, 2023) p. 16.

31. David Nakamura y Greg Miller, «Trump, CIA on Collision Course over Russia's Role in U.S. Election», *Washington Post*, 11 de diciembre de 2016; cf. <https://www.washingtonpost.com/politics/trump-cia-on-collision-course-over-russias-role-in-us-election/2016/12/10/ad01556c-bf01-11e6-91ee-1adddfe36cbe_story.html>.

32. Gistaro y Clapper citados en John Helgerson, *Getting to Know the President: Intelligence Briefings of Presidential Candidates and Presidents-elect, 1952-2016*, Center for the Study of

Intelligence Central Intelligence Agency, octubre de 2021; cf. <https://www.cia.gov/resources/csi/static/Getting-to-Know-the-President-Fourth-Edition-2021-web.pdf>.

33. Gistaro y Clapper citados en John Helgerson, *Getting to Know the President: Intelligence Briefings of Presidential Candidates and Presidents-elect, 1952-2016*, 4.ª ed., octubre de 2021, Center for the Study of Intelligence, CIA; cf. <https://www.cia.gov/resources/csi/static/Getting-to-Know-the-President-Fourth-Edition-2021-web.pdf>.

34. Helgerson, *Getting to Know the President*.

35. Entrevista del autor a Beth Sanner.

36. Shane Harris, «CIA Director John Brennan Rejects Donald Trump's Criticism», *Wall Street Journal*, 17 de enero de 2017.

37. Mike Pompeo, *Never Give an Inch* (Broadside Books, Nueva York, 2023), p. 4.

23. Besamanos y tiro en la rodilla

1. Entrevista de Richard Helms a Stanley Kutler, transcripción en posesión del autor.

2. Christopher R. Moran y Richard J. Aldrich, «Trump and the CIA», *Foreign Affairs*, 24 de abril de 2017; cf. <https://www.foreignaffairs.com/united-states/trump-and-cia>.

3. Olivia Nuzzi, «My Private Oval Office Press Conference with President Trump, Mike Pence, John Kelly, and Mike Pompeo», *New York Magazine*, 10 de octubre de 2018; cf. <https://nymag.com/intelligencer/2018/10/my-private-oval-office-press-conference-with-donald-trump.html>.

4. Palabras de Mike Pompeo, Center for Strategic and International Studies, 13 de abril de 2017; cf. <https://www.csis.org/analysis/discussion-national-security-cia-director-mike-pompeo>.

5. Susan Glasser, «Mike Pompeo, the Secretary of Trump», *New Yorker*, 26 de agosto de 2019; cf. <https://www.newyorker.com/magazine/2019/08/26/mike-pompeo-the-secretary-of-trump>.

6. Mike Pompeo, *Never Give an Inch* (Broadside Books, Nueva York, 2023), pp. 24, 31.

7. Mike Pompeo, *Never Give an Inch* (Broadside Books, Nueva York, 2023), pp. 24, 31.

8. William J. Burns, *The Back Channel: A Memoir of American Diplomacy and the Case for Its Renewal* (Random House, Nueva York, 2019), p. 383.

9. Michael V. Hayden, *The Assault on Intelligence: American National Security in an Age of Lies* (Penguin Press, Nueva York, 2018) p. 179.

10. Palabras de Andrew Kim acerca de la desnuclearización de Corea del Norte y la diplomacia EEUU-RDCN, Stanford University, 22 de febrero de 2019; cf. <https://aparc.fsi.stanford.edu/news/transcript-andrew-kim-north-korea-denuclearization-and-us-dprk-diplomacy>.

11. Palabras de Pompeo, Center for Strategic and International Studies.

12. Testimonio de Sean Roche, *Los Estados Unidos contra Schulte*, 19 de febrero de 2020; cf. <https://www.documentcloud.org/documents/6782056-200219-Schulte-Trial-Transcript.html>.

13. Grupo de Trabajo sobre Wikileaks, Informe Final, 17 de octubre de 2017; cf. <https://context-cdn.washingtonpost.com/notes/prod/default/documents/5c3a0160-a21a-47d2-be78-f27dd0274195/note/6b42529f-61e8-4ed6-86ab-f272df27db5a>.

14. Binney citado en Duncan Campbell y James Risen, «CIA Director Met Advocate of Disputed DNC Hack Theory –at Trump's Request», *The Intercept*, 7 de noviembre de 2017; cf. <https://theintercept.com/2017/11/07/dnc-hack-trump-cia-director-william-binney-nsa/>.

15. Carol D. Leonnig y Philip Rucker, «"You're a Bunch of Dopes and Babies': Inside Trump's Stunning Tirade Against Generals"», *Washington Post*, 17 de enero de 2020; cf. <https://www.washingtonpost.com/politics/youre-a-bunch-of-dopes-and-babies-inside-trumps-stunning-tirade-against-generals/2020/01/16/d6dbb8a6-387e-11ea-bb7b-265f4554af6d_story.html>.

16. Thomas Gibbons-Neff, Eric Schmitt y Adam Goldman, «A Newly Assertive C.I.A. Expands Its Taliban Hunt in Afghanistan», *New York Times*, 22 de octubre de 2017; cf. <https://www.nytimes.com/2017/10/22/world/asia/cia-expanding-taliban-fight-afghanistan.html>.

17. Palabras de Pompeo, UT Austin National Security Forum, 12 de octubre de 2017; cf. <https://www.legistorm.com/stormfeed/view_rss/1110531/organization/95196/title/pompeo-delivers-remarks-at-ut-austin-national-security-forum.html>.

18. Trump citado en John Bolton, *The Room Where It Happened: A White House Memoir* (Simon and Schuster, Nueva York, 2020), p. 215.

19. Lisa Curtis, «How the Doha Agreement Guaranteed US Failure in Afghanistan», Hoover Institution, 2021; cf. <https://www.hoover.org/sites/default/files/research/docs/curtis_webreadypdf.pdf>.

20. Sanner citada en Maggie Haberman, *Confidence Man: The Making of Donald Trump and the Breaking of America* (Penguin, Nueva York, 2022), p. 385.

21. Robert Burns y Lolita C. Baldor, «US General: Afghan Collapse Rooted in 2020 Deal with Taliban», Associated Press, 29 de septiembre de 2021; cf. <https://apnews.com/article/joe-biden-afghanistan-kabul-taliban-lloyd-austin-4496393071505484162b434602776a9f>.

22. Meridith McGraw, «Mike Pompeo Takes His Own Arrows over the Afghanistan Collapse», *Politico*, 26 de agosto de 2021; cf. <https://www.politico.com/news/2021/08/26/mike-pompeo-afghanistan-collapse-506927>.

24. El peligro existencial

1. Sesión de confirmación de Haspel en su cargo, Comisión de Inteligencia del Senado, 9 de mayo de 2018; cf. <https://www.intelligence.senate.gov/hearings/open-hearing-nomination-gina-haspel-be-directorcentral-intelligence-agency#>.

2. Charlie Savage, «Gina Haspel Likely to Be Confirmed as C.I.A. Chief After Repudiating Torture», *New York Times*, 15 de mayo de 2018; cf. <https://www.nytimes.com/2018/05/15/us/politics/gina-haspel-cia-torture-letter-senate.html>.

3. Dan Coats citado en Juliam E. Barnes, «“Warning Lights are Blinking Red”, Top Intelligence Office Says of Russian Attacks», *New York Times*, 13 de julio de 2018; cf. <https://

www.nytimes.com/2018/07/13/us/politics/dan-coats-intelligence-russia-cyber-warning.html>.

4. Testimonio de Fiona Hill, Investigación de la Cámara de Representantes para Proceso de Destitución, 14 de octubre de 2019, Just Security; cf. <https://www.justsecurity.org/wp-content/uploads/2019/11/ukraine-clearinghouse-hill_transcript-2019.10.14.pdf>.

5. Tuit del congresista Will Hurd, 16 de julio de 2018, X (entonces llamado Twitter); cf. <https://x.com/WillHurd/status/1018931248457306115>.

6. Tuit de John Brennan, 16 de julio de 2018, X (entonces llamado Twitter); cf. <https://x.com/JohnBrennan/status/1018885971104985093>.

7. Panetta en Mary Louise Kelly, «How the Relationship Between Trump and His Spy Chiefs Soured», NPR, 29 de octubre de 2019; cf. <https://www.npr.org/2019/10/29/773127809/how-the-relationship-between-trump-and-his-spy-chiefs-soured>.

8. Douglas London, «The CIA in the Age of Trump», Just Security, 10 de febrero de 2020; cf. <https://www.justsecurity.org/68539/the-cia-in-the-age-of-trump/>.

9. Bob Woodward, *The Trump Tapes* (Simon and Schuster, Nueva York, 2023), p. 190.

10. «[Redacted] Assessing the Saudi Government's Role in the Killing of Jamal Khashoggi", informe de la CIA, 11 de febrero de 2021, documento parcialmente desclasificado por la directora de Inteligencia Nacional Avril Haines, 25 de febrero de 2021; cf. <https://www.dni.gov/files/ODNI/documents/assessments/Assessment-Saudi-Gov-Role-in-JK-Death-20210226v2.pdf>.

11. Shane Harris, Greg Miller y Josh Dawsey, «CIA Concludes Saudi Crown Prince Ordered Jamal Khashoggi's Assassination», *Washington Post*, 16 de noviembre de 2018; cf. <https://www.washingtonpost.com/world/national-security/cia-concludes-saudi-crown-prince-ordered-jamal-khashoggis-assassination/2018/11/16/98c89fe6-e9b2-11e8-a939-9469f1166f9d_story.html>.

12. «Trump Rebuffs CIA Conclusion Linking MBS to Khashoggi Killing as "Feelings"», *Middle East Monitor*, 23 de noviembre de 2018; cf. <https://www.middleeastmonitor.com/2018

1123-trump-rebuffs-cia-conclusion-linking-mbs-to-khashoggi-killing-as-feelings>.

13. Testimonio de Haspel, Comisión de Inteligencia del Senado, 29 de enero de 2019.

14. Wise citado en Mark Landler, «An Angry Trump Pushes Back Against His Own "Naive" Intelligence Officials», *New York Times*, 30 de enero de 2019; cf. <https://www.nytimes.com/2019/01/30/us/politics/trump-intelligence-agencies.html>.

15. Kelly citado en Bob Woodward, *Fear: Trump in the White House* (Simon and Schuster, Nueva York, 2018), p. 286.

16. William P. Barr, *One Damn Thing After Another: Memoirs of an Attorney General* (William Morrow, Nueva York, 2022), p. 27.

17. Palabras de Trump, reunión en la cumbre de Turning Point USA, 23 de julio de 2019, White House Archives; cf. <https://trumpwhitehouse.archives.gov/briefings-statements/remarks-president-trump-turning-point-usas-teen-student-action-summit-2019/>.

18. Barr citado en Devlin Barrett y Karoun Demirjian, «Attorney General Says He Believes "Spying Did Occur" in Probe of Trump Campaign Associates», *Washington Post*, 10 de abril de 2019; cf. <https://www.washingtonpost.com/world/national-security/attorney-general-faces-second-day-of-questioning-about-muellers-report/2019/04/09/362cc648-5b02-11e9-a00e-050dc7b82693_story.html>.

19. Marc Polymeropoulos, «A Call to Arms: Taking the Russia Threat Seriously», Just Security, 6 de diciembre de 2019; cf. <https://www.justsecurity.org/67623/a-call-to-arms-taking-the-russia-threat-seriously/>.

20. Barr, *One Damn Thing After Another*, p. 300.

21. Tom Bossert, citado en Sheryl Gay Stolberg, Maggie Haberman y Peter Baker, «Trump Was Repeatedly Warned That Ukraine Conspiracy Theory Was "Completely Debunked"», *New York Times*, 29 de septiembre de 2019; cf. <https://www.nytimes.com/2019/09/29/us/politics/tom-bossert-trump-ukraine.html>.

22. Testimonio de Fiona Hill, investigación de la Cámara de Representantes para Proceso de Destitución, 14 de octubre de 2019, Just Security; cf. <https://www.justsecurity.org/

wp-content/uploads/2019/11/ukraine-clearinghousehill_transcript-2019.10.14.pdf>.

23. Testimonio del asistente adjunto del Secretario de Estado para Asuntos de Europa y Eurasia George Kent, investigación de la Cámara de Representantes para Proceso de Destitución, 15 de octubre de 2019, Just Security; cf. <https://www.justsecurity.org/wp-content/uploads/2019/11/ukraine-clearinghouse-2019.10.15.kent_transcript.pdf>.

24. Fiona Hill, *There Is Nothing for You Here: Finding Opportunity in the Twenty-First Century* (Harper Collins, Nueva York, 2021), p. 219.

25. Quint Forgey, «Mulvaney Once Called Trump a "Terrible Human Being" Ahead of 2016 Election», *Politico*, 15 de diciembre de 2018; cf. <https://www.politico.com/story/2018/12/15/mulvaney-trump-terrible-human-being-1066657>.

26. Alexander Vindman, «What I Heard in the White House Basement», *Atlantic*, 1 de agosto de 2021; cf. <https://www.theatlantic.com/politics/archive/2021/08/trump-ukraine-call-impeachment-vindman/619617/>.

27. Comunicado de la Casa Blanca de Trump citado en Zachary Cohen y Nicole Gaouette, «Trump Says Ratcliffe Will 'Rein In' US Intelligence Agencies as Spy Chief», CNN, 30 de julio de 2019; cf. <https://www.cnn.com/2019/07/30/politics/trump-ratcliffe-rein-in-us-intelligence-agencies/index.html>.

28. Maggie Haberman y Katie Rogers, «Trump Attacks Whistle-Blower's Sources and Alludes to Punishment for Spies», *New York Times*, 26 de septiembre de 2019; cf. <https://www.nytimes.com/2019/09/26/us/politics/trump-whistle-blower-spy.html>.

29. Greg Jaffe, «The CIA Analyst Who Triggered Trump's First Impeachment Asks: Was It Worth It?», *Washington Post*, 20 de octubre de 2024; cf. <https://www.washingtonpost.com/politics/2024/10/20/cia-analyst-whistleblower-trump-impeachment-ukraine/>.

30. Testimonio de Fiona Hill.

25. «Vamos camino de un golpe de Estado de derechas»

1. Marc Polymeropoulos, «A Call to Arms: Taking the Russia Threat Seriously», Just Security, 6 de diciembre de 2019; cf. <https://www.justsecurity.org/67623/a-call-to-arms-taking-the-russia-threat-seriously/>.

2. Entrevista de Jack Murphy y Dave Parke a Weninger, «An Inside Look at the Covert Fight Against Russia», *Team House*, 10 de octubre de 2024; cf. <https://www.youtube.com/watch?v=5z5QMm6RKdA&t=217s>. El autor entrevistó a Weninger para esos antecedentes en 2023 y 2024.

3. Entrevista del autor a Marc Polymeropoulos.

4. Polymeropoulos, «A Call to Arms», *op. cit.*

5. Entrevista del autor a Tom Sylvester.

6. Marc Polymeropoulos, «The Ties That Bind the CIA in the Face of Presidential Attack», Just Security, 18 de agosto de 2020; cf. <https://www.justsecurity.org/72043/the-ties-that-bind-the-cia-in-the-face-of-presidential-attack/>.

7. Robert Draper, «This Was Trump Pulling a Putin», *New York Times*, 11 de abril de 2022; cf. <https://www.nytimes.com/2022/04/11/magazine/trump-putinukraine-fiona-hill.html?searchResultPosition=8>.

8. Jill Colvin, «Takeaways from Trump aide's account of chaotic White House», Associated Press, 30 de septiembre de 2021; cf. <https://apnews.com/article/donald-trump-entertainment-europe-arts-and-entertainmentroyalty-25b7dbdaaafd46a5e95df14c7d2f3b39>.

9. William J. Burns y Linda Thomas-Greenfield, «The Transformation of Diplomacy», *Foreign Affairs*, noviembre-diciembre de 2020; cf. <https://www.foreignaffairs.com/articles/united-states/2020-09-23/diplomacy-transformation>.

10. Robert Draper, «Unwanted Truths: Inside Trump's Battles with U.S. Intelligence Agencies», *New York Times*, 8 de agosto de 2020; cf. <https://www.nytimes.com/2020/08/08/magazine/us-russia-intelligence.html>.

11. Barr, *One Damn Thing After Another: Memoirs of an Attorney General* (William Morrow, Nueva York, 2022), p. 522.

12. Entrevista a Trump en Brooke Singman, «Trump Lays Down Gauntlet for Barr on Durham Probe: Either 'Greatest Attorney General' or "Average Guy"», Fox News Channel,

13 de agosto de 2020; cf. <https://www.foxnews.com/politics/trump-barr-durham-probe-gauntlet>.

13. Joe Biden, Declaración sobre la decisión del ODNI de poner fin a las reuniones informativas sobre la interferencia en las elecciones, 29 de agosto de 2020; cf. <https://medium.com/@JoeBiden/my-statement-on-the-odnisdecision-to-end-election-interference-briefings-4b98e4eca239>.

14. CIA, *Worldwide Intelligence Review*, 31 de agosto de 2020. Esa misma conclusión sería ampliada en un informe posterior del Consejo Nacional de Inteligencia: «Estimamos que el presidente Putin autorizó, y que diversas organizaciones gubernamentales rusas llevaron a cabo, operaciones de influencia destinadas a denigrar la candidatura del presidente Biden y del Partido Demócrata, a apoyar al expresidente Trump, a socavar la confianza del pueblo en el proceso electoral y a exacerbar las divisiones sociopolíticas en los Estados Unidos». Consejo Nacional de Inteligencia, *Foreign Threats to the 2020 US Federal Elections*, desclasificado el 15 de marzo de 2021; cf. <https://www.dni.gov/files/ODNI/documents/assessments/ICA-declass-16MAR21.pdf>.

15. Ron Johnson, citado en Ellen Nakashima, Shane Harris y Tom Hamburger, «FBI Was Aware Prominent Americans, Including Giuliani, Were Targeted by Russian Influence Operation", *Washington Post*, 1 de mayo de 2021; cf. <https://www.washingtonpost.com/national-security/rudy-giuliani-fbi-warning-russia/2021/04/29/5db90f96-a84e-11eb-bca5-048b2759a489_story.html>.

16. Lindsey Graham, citado en Andrew Desiderio, «Senate Intel Chair Privately Warned That GOP's Biden Probe Could Help Russia», *Politico*, 27 de febrero de 2020; cf. <https://www.politico.com/news/2020/02/27/richard-burr-joe-biden-probe-russia-118025>.

17. Barr, *One Damn Thing After Another*, pp. 525-526.

18. «Pompeo Promises "A Smoth Transition to a Second Trump Administration"», NPR, 10 de noviembre de 2020.

19. Haspel, citada en Bob Woodward y Robert Costa, *Peril* (Simon and Schuster, Nueva York, 2021), p. 152.

20. Max Boot, «Anthony Tata Should Be Running a QAnon Bulletin Board–Not the Pentagon Policy Shop», *Washington Post*, 24 de junio de 2020; cf. <https://www.washingtonpost.com/

opinions/2020/06/24/odious-track-record-trumps-pentagon-pick-is-too-long-recant/>.

21. Ezra Cohen citado en Adam Ciralsky, «"The President Threw Us Under the Bus": Embedding with Pentagon Leadership in Trump's Chaotic Last Week», *Vanity Fair*, 22 de enero de 2021; cf. <https://www.vanityfair.com/news/2021/01/embedding-with-pentagon-leadership-in-trumps-chaotic-last-week>.

22. Transcripción en «Why Doesn't Biden Camp Want to Know Truth About Voting Irregularities?», Fox News Channel, 15 de noviembre de 2020; cf. <https://www.foxnews.com/transcript/why-doesnt-biden-camp-want-to-know-truth-about-voting-irregularities>.

23. Transcripción de conferencia de prensa de campaña de Trump, 19 de noviembre de 2020; cf. <https://www.rev.com/blog/transcripts/rudy-giuliani-trump-campaign-press-conference-transcript-november-19-election-fraud-claims>.

24. Jonathan Karl, *Betrayal: The Final Act of the Trump Show* (Dutton, Nueva York, 2021), pp. 170-173.

25. Testimonio de Alyssa Farah Griffin, Comité del 6 de enero, 15 de abril de 2022; cf. <https://www.govinfo.gov/content/pkg/GPO-J6-TRANSCRIPT-CTRL0000062452/pdf/GPO-J6-TRANSCRIPT-CTRL0000062452.pdf>.

26. Barr, *One Damn Thing After Another*, pp. 553-555.

27. Borrador de orden ejecutiva, «Presidential Findings to Preserve Collect and Analyze National Security Information Regarding the 2020 General Election», con fecha 16 de diciembre de 2020, *Politico*; cf. <https://www.politico.com/f/?id=0000017e-920d-d65f-a77e-fbad182f0000>.

26. La puerta de la gloria

1. Entrevista del autor a Bill Burns, cuartel general de la CIA, julio de 2024.

2. Robert J. Draper, «William Burns, a C.I.A. Spymaster with Unusual Powers», *New York Times*, 9 de mayo de 2023; cf. <https://www.nytimes.com/2023/05/09/us/politics/william-burns-cia-biden.html>.

3. Testimonio oral de Ryan Crocker, Miller Center, Uni-

versity of Virginia; cf. <https://millercenter.org/the-presidency/presidential-oral-histories/ryan-crocker-oral-history>.

4. Entrevista del autor a William J. Burns.

5. William J. Burns, *The Back Channel: A Memoir of American Diplomacy and the Case for Its Renewal* (Random House, Nueva York, 2019), pp. 169, 196.

6. «The Diplomacy Imperative: A Q&A with William J. Burns», *The Foreign Service Journal*, American Foreign Service Association, mayo de 2019; cf. <https://afsa.org/diplomacy-imperative-qa-william-j-burns>.

7. Burns, *The Back Channel*, p. 334.

8. Entrevista a Petraeus, «America and the Taliban», *Frontline*, PBS, 25 de abril de 2023; cf. <https://www.pbs.org/wgbh/frontline/documentary/america-and-the-taliban/transcript/>.

9. Entrevista del autor a Douglas London.

10. John Bolton, *The Room Where It Happened: A White House Memoir* (Simon and Schuster, Nueva York, 2020), p. 443.

11. Julian Borger, «Trump Reportedly Tells Taliban Official "You Are a Tough People" in First Phone Call», *Guardian*, 3 de marzo de 2020; cf. <https://www.theguardian.com/us-news/2020/mar/03/trump-reportedly-tells-taliban-official-you-are-tough-people-amid-peace-deal-row>. El contenido de la llamada salió de los talibanes; la Casa Blanca se negó a facilitarlo. Trump acababa de ser sometido a un proceso de destitución por su «llamada telefónica perfecta» a Ucrania.

12. Steve Coll and Adam Entous, «The Secret History of the U.S. Diplomatic Failure in Afghanistan», *New Yorker*, 10 de diciembre de 2021; cf. <https://www.newyorker.com/magzine/2021/12/20/the-secret-history-of-the-us-diplomatic-failure-in-afghanistan>.

13. Conferencia de prensa de Biden, 8 de julio de 2021, la Casa Blanca; cf. <https://bidenwhitehouse.archives.gov/briefing-room/speeches-remarks/2021/07/08/remarks-by-president-biden-on-the-drawdown-of-u-s-forces-in-afghanistan/>.

14. Testimonio del general Mark Milley, Comisión para las Fuerzas Armadas del Senado, 28 de septiembre de 2021; cf. <https://www.armed-services.senate.gov/imo/media/doc/21-73_09-28-2021.pdf>.

15. Franz J. Marty, «Visit to a Lost CIA Base in Afghanistan», Military.com, 9 de diciembre de 2021; cf. <https://www.

military.com/daily-news/2021/12/09/visit-lost-cia-base-afghanistan.html>.

16. Entrevista del autor a Tom Polgar.

17. Carlotta Gall y Ruhullah Khapalwak, «Chaos Ensues at Kabul Airport as Americans Abandon Afghanistan», *New York Times*, 16 de agosto de 2021; cf. <https://www.nytimes.com/2021/08/16/world/asia/afghanistan-airport-evacuation-us-withdrawal.html>.

18. Testimonio de Sam Aronson, Comisión de Asuntos Exteriores de la Cámara de Representantes, 15 de septiembre de 2023; cf. <https://foreignaffairs.house.gov/wp-content/uploads/2024/04/Interview-of-Sam-Aronson_FINAL.pdf>.

19. Entrevista del autor a Bill Burns.

20. Testimonio de Sam Aronson. Véase asimismo Mitchell Zuckoff, «"Screw the Rules"», *Atlantic*, 11 de abril de 2023; cf. <https://www.theatlantic.com/ideas/archive/2023/04/the-secret-gate-book-afghanistan-kabul-airport-evacuation/673682/>.

21. Lara Seligman, «Pentagon Prepared for "Mass Casualty" Attack at Kabul Airport Hours Before Explosion», *Politico*, 20 de agosto de 2021; cf. <https://www.politico.com/news/2021/08/30/pentagon-mass-casualty-attack-kabul-507481>.

22. General H. R. McMaster citado en Meridith McGraw, «Mike Pompeo Takes His Own Arrows over the Afghanistan Collapse», *Politico*, 26 de agosto de 2021; cf. <https://www.politico.com/news/2021/08/26/mike-pompeo-afghanistan-collapse-506927>.

23. Mick Mulroy citado en Peter Baker, Helene Cooper, Julian E. Barnes, y Eric Schmitt, «U.S. Drone Strike Kills Ayman al-Zawahri, Top Qaeda Leader», *New York Times*, 1 de agosto de 2022; cf. <https://www.nytimes.com/2022/08/01/us/politics/al-qaeda-strike-afghanistan.html>.

27. Inteligencia humana

1. Entrevista del autor a Bill Burns.

2. Comentarios de Dave Marlowe, «CIA at 75», Hayden Center, 21 de noviembre de 2022.

3. Entrevista del autor a Paula Doyle.

4. Entrevista del autor a Tom Sylvester.

5. *Ibid.*

6. «Twenty Years After 9/11: Reflections from Michael Morell», *CTC Sentinel*, vol. 14, n.º 7 (septiembre de 2021).

7. Testimonio oral del general Paul Nakasone, en Erin Banco *et alii*, «“Something Was Badly Wrong”: When Washington Realized Russia Was Actually Invading Ukraine», *Politico*, 24 de febrero de 2023; cf. <https://www.politico.com/news/magazine/2023/02/24/russia-ukraine-war-oral-history-00083757>.

8. Transcripción de una entrevista a Linda Weissgold, *The Langley Files* podcast, CIA; cf. <https://www.cia.gov/static/71a46d54dcd4507d077364f3a415ba9e/The-Langley-Files-File-008-CIAs-Analytics-Chief-On-The-Tradecraft-Behind-The-Agencys-Assessments-Transcript.pdf>.

9. Testimonio oral de Tony Blinken, en Banco *et alii*, «“Something Was Badly Wrong”».

10. Testimonio oral de Avril Haines, en Banco *et alii*, «“Something Was Badly Wrong”».

11. Testimonio oral de Bill Burns, en Banco *et alii*, «“Something Was Badly Wrong”».

12. Entrevista del autor a Bill Burns.

13. *Ibid.*

14. Valentyn Nalyvaichenko citado en Jason Jay Smart, «CIA Worked with SBU to Root Out Russian Spies», *Kyiv Post*, 26 de febrero de 2024; cf. <https://www.kyivpost.com/post/28678>.

15. Adam Entous y Michael Schwirtz, «The Spy War», *New York Times*, 25 de febrero de 2024; cf. https://www.nytimes.com/2024/02/25/world/europe/cia-ukraine-intelligence-russia-war.html.

16. Entous y Schwirtz, «The Spy War», *op. cit.*

17. Testimonio oral de Nakasone, en Banco *et alii*, «“Something Was Badly Wrong”».

18. Entrevista del autor a Bill Burns.

19. Discurso de Antony Blinken, Consejo de Seguridad de la ONU, 17 de febrero de 2022; cf. <https://usun.usmission.gov/remarks-by-secretary-antony-j-blinken-at-the-un-security-council-on-russias-threat-to-peace-and-security/>.

20. Entous y Schwirtz, «The Spy War», *op. cit.*

21. Testimonio oral del general Mark Milley, en Banco *et alii*, «"Something Was Badly Wrong"».

22. Shane Harris e Isabelle Khurshudyan, «Ukrainian Military Officer Coordinated Nord Stream Pipeline Attack», *Washington Post*, 11 de noviembre de 2023; cf. <https://www.washingtonpost.com/national-security/2023/11/11/nord stream-bombing-ukraine-chervinsky/>.

23. George Kennan a James Forrestal, 27 de septiembre de 1947, Record Group 165, ABC files, 352:1, National Archives and Records Administration.

24 John J. Sullivan, *Midnight in Moscow: A Memoir from the Front Lines of Russia's War Against the West* (Little, Brown, Boston, 2024), p. 241.

25. Puntualizaciones de William Burns, Aspen Security Forum, 20 de julio de 2022, CIA; cf. <https://www.cia.gov/static/Aspen-Security-Forum-Fireside-Chat-Final.pdf>.

28. La moralidad del espionaje

1. Comentarios de Burns, Georgia Tech, 14 de abril de 2022; cf. <www.cia.gov/static/Director-Burns-Speech-and-QA-Georgia-Tech.pdf>.

2. Biden citado en David Sanger en colaboración con Mary K. Brooks, *New Cold Wars: China's Rise, Russia's Invasion, and America's Struggle to Defense the West* (Crown, Nueva York, 2024), p. 297.

3. Murátov citado en Steve Rosenberg, «Nuclear warning from Russia's Nobel-winning journalist», BBC, 29 de marzo de 2023; cf. <https://www.bbc.com/news/world-europe-65119595>.

4. Entrevista a Roger Carstens, *Washington Post Live*, 12 de agosto de 2024; cf. <https://www.washingtonpost.com/washington-post-live/2024/08/12/transcript-world-stage-con versation-with-roger-d-carstens/>.

5. Roger Carstens, reunión informativa de la Casa Blanca, 1 de agosto de 2024; cf. <https://www.whitehouse.gov/brie fing-room/press-briefings/2024/08/01/background-press-callon-todays-multilateral-prisoner-exchange/>.

6. Comentarios de Burns, conferencia sobre amenazas de The Cipher Brief, Sea Island, Georgia, 9 de octubre de 2024.

7. Peter Baker, «With Prisoner Swap, Biden Scores a Win as His Term Nears Its End», *New York Times*, 1de agosto de 2024; cf. <https://www.nytimes.com/2024/08/01/us/politics/biden-hostage-swap.html>.

8. David Marlowe, «China is our only real Existential Threat, says Former Senior CIA Officer», The Cipher Brief, 4 de septiembre de 2024; cf. <https://www.thecipherbrief.com/column_article/china-is-our-only-real-existential-threat-says-former-senior-cia-officer>.

9. Paula Doyle, «Cipher Brief Experts on What to Watch for in 2025», The Cipher Brief, 29 de diciembre de 2024; cf. <https://www.thecipherbrief.com/cipher-brief-experts-on-what-to-watch-for-in-2025>.

10. Entrevista del autor a Bill Burns.

11. *Ibid.*

12. Palabras de Dave Marlowe, «CIA at 75», Hayden Center, 21 de noviembre de 2022.

13. Palabras de Helms, Cena de los Premios OSS, Washington, DC, 24 de mayo de 1983; cf. CIA, <https://www.cia.gov/readingroom/docs/CIA-RDP91-00901R000500150023-5.pdf>.

14. Transcripción de entrevista a Tom Sylvester (identificado como «Tom S.»), podcast en *The Langley Files*, 28 de febrero de 2024; cf. CIA, <https://www.cia.gov/podcast/static/7fc60a07d1232f824585b88a796d3097/The-Langley-Files-File-014-Transcript.pdf>.

15. Entrevista del autor a Tom Sylvester.

16. *Ibid.*

17. *Ibid.*

18. William Hood, *Mole: The True Story of the First Russian Spy to Become an American Counterspy* (Brassey's, Washington, DC, 1993), p. IX.

19. Palabras de Juan Cruz, «The Humanity of Espionage», Catholic University of America, 28 de febrero de 2019; cf. <https://ihe.catholic.edu/event/the-humanity-of-espionage/>.

20. Entrevista del autor a Luis Rueda.

21. Daniel Schorr, «Telling It Like It Is: Kissinger and the Kurds», *Christian Science Monitor*, 18n de octubre de 1996; cf. <https://www.csmonitor.com/1996/1018/101896.opin.column.1.html>.

22. Entrevista del autor al reverendo William Sloan Coffin Jr.

23. Se trataba de un lema que, «aunque tuviera cierto carácter idealista en la primitiva CIA, ha quedado grabado en mi mente desde entonces», dijo Chuck Cogan, que informó a este autor sobre las doctrinas de Cunningham. Cogan fue tal vez el último espía caballero y uno de los primeros discípulos de Cunningham; prestó servicio en la CIA de 1954 a 1991 y ejerció como jefe de la División para Oriente Próximo y Asia Meridional desde 1979 hasta 1984. Señaló que «Cunningham quería decir que debemos actuar con inmoralidad (pues qué otra cosa puede ser la inmoralidad, sino convencer a una persona de que traicione a su país), pero que en nuestra vida personal debemos mostrar los más altos niveles de moralidad». Por ejemplo, no podías mentir a tus colegas, falsificar tus informes o inflar tu cuenta de gastos. «Pero el hecho cierto es que, si no querías manipular a las personas —señaló Cogan—, no podías pertenecer a la Dirección General de Operaciones de la CIA».

24. James M. Olson, «Spycraft and Soulcraft», 28 de abril de 2021; cf. <https://albertmohler.com/2021/04/28/james-olson/>.

25. Entrevista a Bob Gates, *The Spymasters*, *op. cit.*

26. Julian E. Barnes, «C.I.A. Warning Helped Thwart ISIS Attack at Taylor Swift Concert in Vienna», *New York Times*, 28 de agosto de 2024; cf. <https://www.nytimes.com/2024/08/28/us/politics/cia-isis-warning-taylor-swift-concert.html>.

27. Matthew J. Bruccoli y Judith S. Baughman, eds.,*Conversations with John le Carré* (University Press of Mississippi, Jackson, 2004), p 35.

28. James Petrila y John Sipher, «How the Supreme Court's Immunity Ruling Could Really Backfire», *Washington Post*, 25 de julio de 2024; cf. <https://www.washingtonpost.com/opinions/2024/07/25/supreme-court-immunity-ruling-cia/>.

Epílogo. La autocracia en los Estados Unidos de América

1. Shane Harris, «Trump's "Deep State" Revenge», *Atlantic*, 12 de noviembre de 2024; cf. <https://www.theatlantic.com/politics /archive/2024/11/intelligence-agencies-trump-loyalists/680625/>.

2. Tweet de Hayden, 19 de octubre de 2020, procedente de una cuenta ya borrada.

3. John Sipher, «The Intelligence Director Who Is Undermining Trust and Truth», *New York Times*, 20 de octubre de 2020; cf. <https://www.nytimes.com/2020/10/20/opinion/john-ratcliffe-trump.html>.

4. John Mclaughlin, «The New Administration Meets the Intelligence Community: What Should We Expect?», The Cipher Brief, 13 de enero de 2025; cf. <https://www.thecipherbrief.com/column_article/the-new-administration-meets-the-intelligence-community-what-should-we-expect>.

5. 2020-2023 CIA Diversity and Inclusion Strategy, documento borrado de la página web pública de la CIA el 23 de enero de 2025.

6. Marc Polymeropoulos, email enviado al autor.

7. Vivek Ramaswamy citado en Russel L. Honoré, «Elon Musk Is a National Security Risk», *New York Times*, 29 de diciembre de 2024; cf. <https://www.nytimes.com/2024/12/29/opinion/elon-musk-china-classified-secrets-national-security-russia-doge.html?searchResultPosition=1>.

8. Brian Greer, post de Bluesky, 2 de febrero de 2025; cf. <https://bsky.app/profile/secretsandlaws.bsky.social/post/3lh7y2qaiyc2v>.

9. Peskov, citado en Francesca Ebel, «Washington now "largely aligns" with Moscow's vision, Kremlin says», *Washington Post*, 2 de marzo de 2025; cf. <https://www.washingtonpost.com/world/2025/03/02/russia-ukraine-trump-zelensky-clash/>.

10. Entrevista del autor a Ed Bogan.

11. Paula Doyle, «What to Watch for in 2025», The Cipher Brief, 29 de diciembre de 2024; cf. <https://www.thecipherbrief.com/cipher-brief-experts-on-what-to-watch-for-in-2025>.

Índice analítico